本书由东北师范大学哲学社会科学校内重大培育项目（17ZD023）、东北师范大学文学院资助出版。

百年国学导论

张洪兴 ◎ 著

人民出版社

一个没有历史文化的民族是可悲的奴隶之邦，一个有历史文化而不知尊重历史文化的民族则是不可救药的生物之群。本书试图以中国的逻辑思考中国的问题。

——作者题记

目录

下编　百年国学分论

上编 国学弁言

邵一萍 花鸟图

一、国学首先是一种态度

孔子谓季氏："八佾舞于庭，是可忍也，孰不可忍也？"

——《论语·八佾》

中国之于中国，中国人之于中国人，究竟意味着什么？仅仅是因为生活在一个叫"中国"的地方吗？仅仅是如歌中所唱的"黑眼睛、黑头发、黄皮肤"吗？仅仅是日益庞大的 GDP 吗？除此之外可还有什么本质特征？中华文明绵延五千年，沉淀到中国人血液中的文化基因是什么？是否还在传承或者正在消失？当下中国人骨子里究竟是什么？中国人都去做美国人就好吗？中国人堂堂正正地做中国人就不好吗？

或许我的问题过于幼稚，但幼稚的问题往往不容易回答，我对此即甚为困惑。我断断续续学英语的时间竟然有三十年，但既说不好也写不好，注定不会成为美国人。笨人自有笨人的主意，就想老老实实做一个中国人；但后来又发现做中国人也不容易，因为有相当一部分中国人不想做中国人，看到的常常是讥讽中国、谩骂中国、诋毁中国甚至诅咒中国的言论，想来也奇怪，到底是中国哪里得罪了这些中国人呢？我已快到"知天命"的年龄，既不会去追随、也不能去追随更无法去追随一些聪明的中国人骂中国，只想安静地过自己中国人的日子，但有些问题还是需要思考。老子强调"以身观身，以家观家，以乡观乡，以天下观天下"（《老子》五十四章），孔子强调"修己以敬""修己以安人""修己以安百姓"（《论语·宪问》），遵从二位先贤[①]意见，我对问题的思考也就从自己说起，而"观天下""安百姓"以至于像张载所说的"为天地立心，为生民立命，为往圣继绝学，为万世开太平"之类，我则力有不逮。

作为大学教师，我每学年要讲授《中国文化概论》《国学经典导读》等课程。在上课之初，我总是首先小心地申明自己的立场："我坚持中国文化本位，

---

① 儒家、道家构成了中国古代文化的主干。我所论传统文化，以儒家、道家为基础。

或者说我是文化保守主义者（姑且先给自己扣个'帽子'），对于我课堂上讲到的自己弘扬传统文化的'一家之言'，我坚持不讨论、不辩论、不争论的原则①，请大家务必谅解。"我深知自己嘴笨舌拙，有关的争议中国人已经争辩了一百多年，我是无论如何也不会说服别人的。《中国文化概论》作为本科生的选修课，我在上课时却又总是希望学生对中国、对中国人能有起码的文化认同，并不断地鼓动甚至是"利诱"他们在课下背诵某一种经典。我说："趁你们现在年轻、记忆力尚好的时候，一定要去背诵经典。《孟子》《庄子》篇幅较长，我不提倡；《大学》《孝经》《中庸》《老子》《论语》还可以吧，《大学》《孝经》不到两千字，《中庸》三千多字，《老子》五千字，《论语》一万多字；哪怕背诵《离骚》也可以，大家学文学史时学过的，两千四百多字。既然这门课是选修课，我就有制定考试规则的权力；你们在期末考试前能够背诵其中任何一种经典的，在同等条件下，成绩为优秀！"经我不断动员，大概能有超过上课人数三分之一的学生背诵某一种经典，但以《大学》《中庸》《老子》居多，这对我来说已经很满足了！我在上大学的时候，曾背过《离骚》，下了很多的功夫；还曾特别喜欢《周易》，从清代孙星衍《周易集解》学起，也希望自己能够背诵下来，但后来抄了一遍明代来知德《易经集注》之后就放弃了，觉得这是一项不可能完成的任务。所以，学习、背诵经典是一件苦差事——学习本身并不是一件快乐的事情②。我1970年出生在山东省沂源县，从小学到中学，家里穷，没有买过课外书，考上大学是唯一的目的，所以只是反复地学习、背诵教材，已经失去了诵读经典的最好时机，故而先天、后天俱是不足，实在是人生一大憾事。当然，我的学习方法乃至教学方法，定当遭人诟病，但人总要有些"个性"，不是吗？

所以，我还是先申明"不讨论、不辩论、不争论"的原则。《庄子·渔父》篇中，渔父曾指责孔子说："今子既上无君侯有司之势，而下无大臣职事之官，而擅饰礼乐，选人伦，以化齐民，不泰多事乎！"对于渔父的教导，孔子心悦诚服。

---

① 《庄子·齐物论》中说："既使我与若辩矣，若胜我，我不若胜，若果是也？我果非也邪？我胜若，若不吾胜，我果是也？而果非也邪？其或是也？其或非也邪？其俱是也？其俱非也邪？我与若不能相知也，则人固受其黮闇，吾谁使正之？使同乎若者正之，既与若同矣，恶能正之？使同乎我者正之，既同乎我矣，恶能正之？使异乎我与若者正之，既异乎我与若矣，恶能正之？使同乎我与若者正之，既同乎我与若矣，恶能正之？"庄子希望齐同物论，泯灭是非，所以认为辩论毫无价值。

② 最近一些年来，很多人推崇"快乐教育"。如果学习的过程能使人"快乐"，天底下大概就没有不快乐的事情了，至少本人是不赞成这种教育理念的。

此则虽是庄子寓言，是庄子或庄子学派杜撰或编造出来的"故事"，但渔父说的话却很值得玩味。庄子在《齐物论》中是极力批判"成心"的，也就是批判先入之见，批判主观成见。在这里，渔父有"成心"吗？被异化为道家代言人的孔子有"成心"吗？批判"成心"的庄子有"成心"吗？或许每个人都有自己的"成心"吧。举个现实些的例子来说吧，比如人们对鲁迅的认识就有很大的差别。钱理群在《追寻生存之根：我的退思录》中说："鲁迅就这样自自然然地走进了我的生命的深处，他说的话正是我想说的，更确切地说，我想说而说不清楚的话，他说出来了，我想不清楚的问题，他一语点破了，我的思考浅尝即止之处，他深入了，我想不到的地方，他想到了……鲁迅在那些被封杀的日子里，成了我唯一可以促膝交谈的朋友；在令人窒息的高压下，与鲁迅无拘无束的对话，成了我精神的唯一依托。"[1] 话语中饱含深情，这是崇拜鲁迅者的立场。而苏雪林[2] 教授则完全不同，她在鲁迅去世后曾写信劝蔡元培不要参加鲁迅治丧委员会，称鲁迅是"玷辱士林之衣冠败类，二十四史儒林传所无之奸恶小人"[3]，这是"反鲁者"的立场。苏雪林教授活了百余岁，在长达五六十年的时间里都在批判鲁迅，可谓至为执拗。所以，人们对每个人物、每一个事件的评价都会有自己的先入之见，谁能够把"我"完全排除在外呢？——我当然也有自己的"成心"，也有我的是非。渔父对孔子的"指责"同样也适合我，自己无名无位无权无势，是不是也很"多事"？但我既有自己的"成心"，就还是有一些自己的话要说。

人们年少时往往轻狂，但却极易艳羡成功、崇拜英雄、膜拜伟人。我上初中时，从教材上学习鲁迅的文章，听老师讲鲁迅的故事，崇拜之情油然而生，憧憬着将来自己也要做一个像鲁迅一样的作家，甚至想象中给自己起了一个"鲁兴"的笔名。这种发自内心的诚挚的情感一直持续了二三十年，我在读研期间，1996年11月4日长春《新文化报·文化视点》为纪念鲁迅去世60周年曾编发了一组文章，其中还有我的一篇名为《殉道的基督》的文章，把鲁迅与基督同列，

---

① 钱理群：《追寻生存之根：我的退思录》，广西师范大学出版社2005年版，第315页。

② 苏雪林：（1897—1999），浙江瑞安人，著名学者、作家。1921—1925年留学法国；回国后长期在大学任教，曾任安徽大学、武汉大学教授。1949年后离开大陆，在台湾省立师范大学、台南成功大学任教，影响甚大。参看石楠《苏雪林年表》（《安徽师范学院学报》2006年第5期）、李志孝《对一个被文学史回避的作家的研究——苏雪林研究述评》（《辽宁师范大学学报》2007年第2期）等文章。

③ 苏雪林：《我论鲁迅》，传记文学出版社（台北）1979年版，第54页。

内心的敬仰是不言而喻的。但最近几年来，我的想法有了切实的改变①——我总要长大、成熟、老去，总会有自己的想法与主张，总会有个人的、有关世事人心的心得与体会，不是吗？王阳明龙场悟道，所谓"圣人之道，吾性自足"②，应该是中国人从年轻到老去一辈子所要努力的方向。我是研究《庄子》的，在庄子的思想世界里本没有英雄与伟人，只有至人、真人、德人、全人、圣人、天人。我今年48岁，已经快到"知天命"的年龄，现在更喜欢从普通人、从"凡人"的角度思考一些问题，虽然很肤浅甚至仍旧幼稚。在《庄子·逍遥游》篇中，大鹏"怒而飞，其翼若垂天之云""水击三千里，抟扶摇而上者九万里"，声势浩大，能力超强；但蜩、学鸠、斥鴳并不为大鹏的声势叫好，反而嘲笑大鹏③，认为自己的飞行术并不差，甚至也能够达到"飞之至也"的境界，庄子说这是"小大之辩"。大鹏与斥鴳各有各的快乐与逍遥，其逍遥一也，其不逍遥

① 对于鲁迅，近些年来我总有些不解的疑问。鲁迅对于妻子朱安的态度，只能从包办婚姻的角度去理解吗？朱安一生的孤苦谁去告慰？与女学生许广平的恋爱，只能从追求爱情自由的角度去评论吗？如果这些可以略而不论，鲁迅与周作人失和绝交以至于老死不相往来，究竟该如何解释呢？按理说，周氏兄弟父亲早逝，周作人在成长、求学、事业发展过程中都得到鲁迅的莫大的帮助，长兄若父，究竟是什么原因让周作人如此地决绝呢？周作人1923年7月18日致鲁迅的信——"鲁迅先生：我昨日才知道，——但过去的事不必再说了。我不是基督徒，却幸而尚能担受得起，也不想责谁，——大家都是可怜的人间。我以前的蔷薇的梦原来都是虚幻，现在所见的或者才是真的人生。我想订正我的思想，重新入新的生活。以后请不要再到后边院子里来，没有别的话。愿你安心，自重。"（《周作人致鲁迅信》，见《鲁迅研究动态》1985年第5期）——这封简短的信中，周作人可谓字字泣血，其中隐藏了什么样的秘密？陆建德先生有《鲁迅与许广平的"三·一八"记忆》一文，立足文献，详细梳理了鲁迅、许广平在女师大学潮尤其是"三·一八"惨案中的所作所为，在学潮最为关键的时刻，鲁迅为什么要"挽留"作为学运总干事的许广平去请愿而让她抄了半天《小说旧闻钞》呢？（见《东方早报·上海书评》，2013年7月30日）据许广平在《鲁迅回忆录》中记载，许广平在学生队伍集合前到鲁迅住处送抄完的《小说旧闻钞》，转身要走时："鲁迅问我：'为什么这样匆促？'我说：'要去请愿！'鲁迅听了以后就说：'请愿请愿，天天请愿，我还有些东西等着要抄呢。'那明明是先生挽留的话，学生不能执拗，于是我只得在故居的南屋里抄起来。"（许广平《鲁迅回忆录》，作家出版社1961年版，第17—18页）……我的问题或许很幼稚，但这些幼稚的问题却让我很惶恐。我只是凡夫俗子，仰望着伟人的星空，却不期淋在了淫雨中。

② 王阳明：《年谱一》。见《王阳明全集》（下册）卷三十三，上海古籍出版社1992年版，第1228页。

③ 蜩与学鸠笑之曰："我决起而飞，抢榆枋，时则不至而控于地而已矣，奚以之九万里而南为？"斥鴳笑之曰："彼且奚适也？我腾跃而上，不过数仞而下，翱翔蓬蒿之间，此亦飞之至也。而彼且奚适也？"

亦一也，此其物性使然。我造不出大鹏的声势，只想努力做一个蜩、学鸠或斥鴳。我思考的问题是，人的本质的特征是什么？人究竟该怎样生活抑或怎样死亡？人与人之间该是怎样的关系？人应该过怎样的道德生活？如何提升精神境界？如何安处人心？——这当然是我作为一个蜩、学鸠或斥鴳的思考——启蒙主义者或者什么思想家是大鹏式的思考。而对于这些问题，我自己是没有答案的，有的只是片断式的胡思乱想。

在我看来，从人的角度来说，有知识、学问、智慧、道德四者。在这四者之间，有知识未必有学问，有学问未必有智慧，有智慧未必有道德。何也？有知识没有成体系，则不足以成为学问；知识成了体系，有了学问，却未必能明断是非，则不足成为智慧；即使能明断是非，又往往钩心斗角，逞强使气，则断然没有道德；道德者，人生之境界也，中国之境界也。而在另一个层面上，有些人未必有知识学问，却有生的智慧与做人的道德，这就足够了。譬如"文盲"吧，他可能没上过几天学，认识不了几个字，却不去控制别人，不去役使别人，不去欺辱别人，不去坑害别人，能够安然对待自己的生活，安然对待世事的变迁，安然对待自己的生命；而某些自诩有知识学问的人，却往往鼓噪唇舌、夸夸其谈、文过饰非，甚至是搬弄是非、荼毒生灵，说到底无非是名利二字①，此人生之境界不同。在这方面，中国古代儒家、道家都有相关的论述。《论语·学而》中孔子说："弟子入则孝，出则弟，谨而信，泛爱众而亲仁。行有余力，则以学文。"在孔子看来，人生在世，孝、悌、信、仁是人的基本

---

① 台湾学者刘述先甚至批评说："从现实的观点看来，知识分子的性格决不完全可爱、可敬。知识分子的理想是有学问、有气节、有血性的个人，但知识分子的实际则往往不只是徒托之于空言，而且有不成比例的自大狂，却又伴随着根深蒂固的自卑感。知识分子表面上清高，其实好名、好利、好色、好权、好势，无一不好，只不过不得其门而入，故作姿势而已！"（见景海峰编：《儒家思想与现代化——刘述先新儒学论著辑要》，中国广播电视出版社1992年版，第212页）何怀宏《知识分子的道德责任》一文中也批评说："现代知识分子还有一个鲜明的特征就是'辞令技巧'，这的确也是他们的所长，他们太会说话或者写文章，他们容易美化自己的理想图景，也太善于批判别人，或者避开真实的论据交锋，比如说指责对方'过于简单'；他们也相当善于过滤事实，选择材料或者词语的描述以打击自己的对手，或者攻击经验和常识；在他们的理念明显失败之后，也还善于文过饰非，掩盖自己的错误，为自己寻找出种种合理化的借口。"（见何怀宏《知识分子的道德责任》，见［美］托马斯·索维尔著，张亚月、梁兴国译《知识分子与社会·推荐序》，第Ⅵ页）。

属性，而代表知识学问的"文"①则是附丽人生的外在特征②。在《学而》中，子夏也说："贤贤易色，事父母能竭其力，事君能致其身，与朋友交言而有信。虽曰未学，吾必谓之学矣。"子夏认为，人应该注重德行修养，包括侍奉父母能竭尽其力，侍奉君主能够献出自己一切甚至生命，与朋友交往言而有信。做到这些，即便没有学习知识技能，也跟学了差不多。道家比儒家更加注重道德修养。《老子》四十八章说"为学日益，为道日损。损之又损，以至于无为"，认为"为学"与"为道"路径相反，知识学问反而会成为修道、得道的掣肘；庄子更认为知识学问不值一晒，《庄子·养生主》中说："吾生也有涯，而知也无涯。以有涯随无涯，殆已！已而为知者，殆而已矣！"强调生命有限，知识无涯，以有限的生命去追求无限的知识，只会让人徒增迷惑。这里需要说明的是，我并不是反智主义者，只是强调道德修养之于人之为人的重要性。如果所学知识、学问能够帮助自己加强道德修道，则会相得益彰。

所以，在中国传统文化语境中，孔子虽主张"述而不作"（《论语·述而》），却成为"至圣先师"，成为中国第一等的圣人，而那些著作等身者却并不见得有如何高大、如何高明。现在的问题是，人类自启蒙运动以来，知识学问与道德修养渐行渐远，知识学问只是人们谋生的技能、谋生的手段；而个人的道德品质成为私人领域，具有了隐私权；如出了什么问题，便以"私人生活"为"挡箭牌""遮羞布"。基于自己中国的立场，我对肇始于17世纪欧洲的启蒙主义并不以为然。启蒙主义者虽然打倒了上帝，最终确立了所谓自由、平等、人权等基本原则；但结果又怎么样？一个又一个新的"上帝"不断产生。或者可以说，启蒙主义者也把自己当成了"上帝"，对他人甚至整个人类指手画脚，告诉人

---

① 朱熹：《论语集注》中取郑玄的话，认为"文"指古代礼、乐、射、御、书、数"六艺"。

② 当然，孔子始终都在强调学习的重要性，故《论语》以《学而》为第一篇。但孔子所谓学内涵丰富，往往侧重道德修养的内容，非当下所谓纯粹的知识技能。如《论语·阳货》篇中说："子曰：'由也，女闻六言六蔽矣乎？'对曰：'未也。''居，吾语女。好仁不好学，其蔽也愚；好知不好学，其蔽也荡；好信不好学，其蔽也贼；好直不好学，其蔽也绞；好勇不好学，其蔽也乱；好刚不好学，其蔽也狂。'"而《论语·泰伯》篇中孔子则说："恭而无礼则劳，慎而无礼则葸，勇而无礼则乱，直而无礼则绞。"故两章对照，杨树达《论语疏证》中说："然则二章义实同。特彼言不好学，举其因，此章言无礼，明其果，为异耳。此知不好学者正谓不学礼也。"（《论语疏证》，江西人民出版社2007年版，第117—118页）孔子说礼，仍旧强调礼的精神意蕴，与道德修养同是一辙。

们怎样思想、怎样生活，咄咄逼人，高高在上①。这种宏大"叙事"突出的是个人中心主义，激活了人类无休无止、无边无际、无穷无尽的欲望，把人类绑在了技术文明（物质文明）的列车上。况且，启蒙主义者自己做得如何，只有鬼知道②。

当下，各类的名人明星、大师大咖也把自己当成了神，他们的"粉丝"也把他们当作神。我们看各类的报道，往往见到什么"男神""女神""影帝""影后""天王""女王"之类，在这些称呼的背后，反映的是人们怎样的心态呢？有这么多的神、帝、王存在，人与人之间还能够平等吗？人们若都成为某种"粉"，连庄子所说的心灵自由（逍遥）都达不到，行动的自由就大打了折扣。或许，在人类的基因中，天生就有一种不平等的崇拜强者的、崇拜王者的因子③，这是很难或者说不可能消除的。在某种程度上，人类的自由平等就在于自己选择"神"、崇拜自己"神"的自由平等。我现在常有一种怀疑：启蒙主义者对人类文明的贡献，甚至还不足以抵消他们对人类文明的破坏④，18世纪以来人类的战争（包括世界大战）、重大的灾难、血腥的屠杀乃至人性的堕落，都与启蒙主义有直接或间接的关系，中国有句对联说"岂有文章觉天下，忍将功业苦苍生"，大概也是这个意思。从这个角度讲，老子的"小国寡民"（《老子》八十章）、庄子的"至德之世"（《庄子·马蹄》）也能给人以启示。大概只有在庄子的境界里，人心才是自在的、自主的、自由的。

冯友兰在《新原人》中从觉解的角度，把人生境界分为四个层次，即：自然境界、功利境界、道德境界和天地境界，影响甚大。觉解是什么？冯氏解释

---

① 陈鼓应先生在谈到西方哲学时说："西方哲学侧重于神本，神是唯一的、唯我独尊的，是带有独断性的西方性的自我。"（赵海霞：《借镜西学谱系法，潜心体究道之妙——陈鼓应教授访谈录》，《文艺研究》2018年第4期）这大概是西方哲学的本质特征。

② 比如卢梭，他被誉为18世纪法国伟大的思想家、教育家，但他一生都依附女人、游走在女人之间，享受着与不同女人的不同的性爱；他把与女仆生的5个孩子都送进了育婴堂（孤儿院），抛弃了他们，毫无作为丈夫、作为父亲的责任与义务，说他以至诚之心思考人类的未来、创新教育的理论？我不信以。卢梭虽有《忏悔录》，书中试图为自己抛弃孩子辩解，试图为自己对华伦夫人的无情无义（在卢梭落魄时，华伦夫人多次资助卢梭，是卢梭的养母兼情人）辩解，但这样的说辞有什么用处呢？卢梭的忏悔未必不会成为恶的榜样。

③ 心理学家早就指出：人需要寻找认同的偶像，藉此一方面忽视自身的缺陷与困境，另一方面满足心理上的归属感与价值感。——转引自傅佩荣：《这个社会生病了！》，见《杂文月刊》（选刊版），2009年第8期。

④ 对中国而言，启蒙的过程在某种程度上即是西方对中国文化殖民的过程。

得不胜其烦，说到底，"解是了解""觉是自觉"①，简之又简；但"觉"与"解"合在一起，内涵要复杂很多，冯氏反复举例予以说明，还是让人有恍惚迷离之感②。人生有不同的境界吗？评价的标准是什么呢？是由自己还是由他人来评判？是从人性善还是人性恶角度来划分？人性有如此明了吗？人生的目的有如此简单吗？③中国传统文化对人心的复杂性是有深刻认识的。《论语·公冶长》中，因"宰予昼寝"④，孔子非常生气，骂宰予"朽木不可雕也，粪土之墙不可杇也"，并反省自己"始吾于人也，听其言而信其行；今吾于人也，听其言而观其行。于予与改是"。对自己学生的失望，从听其言信其行到听其言观其行的转变，体现了孔子对人性的怀疑与忧虑。庄子在《列御寇》篇中借孔子之口说："凡人心险于山川，难于知天。天犹有春秋冬夏旦暮之期，人者厚貌深情。故有貌愿而益，有长若不肖，有顺懁而达，有坚而缦，有缓而钎。"⑤人们外在的表征与内心的"城府"常常不一致。所以，有些人一面是天使，一面又是魔鬼，他们的人生境界该怎样界定呢？转瞬间就要变换吗？

　　人生的境界究竟是怎样的呢？我既缺少世界眼光，没有宇宙情怀，也不能会通中西，只能立足中国的传统，在儒家、道家的思想世界里找些光亮。如果非要把人生分为不同的境界的话，我更喜欢把人生境界分为功利境界、道德境界、自然境界三个不同的层次。人来到这个世界上，首先要解决吃穿住行的问题，

①　冯友兰：《三松堂全集》第四卷，河南人民出版社2001年版，第471页。
②　冯友兰：《三松堂全集》第四卷，河南人民出版社2001年版，第464—477页。
③　冯友兰在《新原人》第七章《天地》中举例说："例如一人办一医院，他的目的，若是要想使他自己得名得利，他的行为，即是求利底行为。他的境界，即是功利境界。他的目的，若是为社会服务，他的行为即是行义底行为，他的境界，即是道德境界。若有些宗教家，办医院，'行善事'，不为求自己名利，亦不是专为社会服务，而是为神或上帝服务，为对于神或上帝底尽职。若他的目的真是如此，而又纯是如此，则他的行为，即是宗教底行为，他的境界，即近乎所谓天地境界。我们说他的目的的必需真是如此，而又纯是如此，因为有些人为神或上帝服务，其目的是想以此为手段，以求得神或上帝的恩惠。若其目的是如此，则他的行为，又只是求利底行为；他的境界，又只是功利境界。"冯友兰：《三松堂全集》第四卷，河南人民出版社2001年版，第564页。
④　关于宰予"昼寝"，有三种解释：一是白天睡觉，这是较为通行的说法；二是昼（畫）是繁体字"畫"（画）之误，"昼寝"实为"画寝"，指绘饰房屋，这在当时是一种奢侈越礼的行为；三是指男女白天行房事，这是儒家不能容忍的行为。
⑤　陈鼓应在《庄子今注今释》（下）中把这段话译为："孔子说：'人心比山川还要险恶，比知天还要困难。天还有春夏秋冬早晚的一定时期，人却是容貌淳厚心情深沉。所以有外貌谨厚而行为骄溢，有貌似长者而其实不肖，有外貌圆顺而内心刚直的，有看似坚实而内心慢慢，看似舒缓而内心急躁。'"（中华书局1983年版，第845页）

还要尽可能实现吃得肥美、穿得精致、住得敞亮、行得迅捷；而这个世界上资源有限，并不能保证每个人都能够饭来张口、衣来伸手，并不能保证每个人都能住豪宅、坐名车，并不能保证每个人都有下属保姆侍候，故而"功利"二字是每个人都不可能绕开的"结"。即便是孔子也不讳言对功利、对功名富贵的追求，他在《论语·述而》中说"富而可求也，谁执鞭之士，吾亦为之。如不可求，从吾所好"；司马迁《史记·货殖列传》中则说得更为直白，"天下熙熙，皆为利来；天下攘攘，皆为利往"——"利来""利往"拨动着每个人的心弦，造成人世间无数的竞争、纷争、战争，造成人与人之间无数的永不停止的钩心斗角、面红耳赤、大打出手甚至血流漂橹。故而，我把功利境界作为人生的第一境界。冯友兰在《新原人·自然》一章中把"过原始生活底人、小孩子及愚人"作为自然境界^①，是具有歧视义的，没有必要。

如何由功利境界提升到道德境界？有些人能够得到功利，如果他止步不前，就只能是功利境界；有些人虽得不到功利，但他如加强道德修养，同样能够达到道德境界。我前文说的知识、学问、智慧、道德也是达到道德境界的重要途径，由知识、学问、智慧而道德，古人所说的"颜回之乐"即是一例^②。儒家学说体系中，仁^③是基本的、核心的概念，是儒家道德境界之根本。为了能够达到"仁"，最主要的途径即是"义"，通过外在的"义"达到内在的"仁"，没有"义"则儒家视功利为粪土，也就是上文中孔子所谓功利"如不可求"的界限与尺度；"不义而富且贵，于我如浮云"（《论语·述而》），孔子如是说。道家则完全批判功利，即便能够得到或者已经得到也要摒弃，《老子》中经常出现"功成而弗居"（第二章）、"功遂身退"（第九章）、"功成而不有"（第三十四章）、"功成而不处"（第七十七章）之类的句子，强调要顺应天道；庄子则对功利予以挞伐，如《庚桑楚》篇中说"贵富显严名利六者，勃志也"，强调在道德世界中修心养性。

---

① 冯友兰：《三松堂全集》（第四卷），河南人民出版社2001年版，第464—477页。

② "颜回之乐"一直为人们津津乐道。《论语·雍也》中孔子赞美颜回："贤哉回也！一箪食、一瓢饮，在陋巷，人不堪其忧，回也不改其乐。贤哉回也！"庄子虽批判儒家，有时尖酸刻薄极尽挖苦之能事，但三十三篇中涉及颜回，都恭敬有加，不乏赞美之辞，对"颜回之乐"描述得更为具体。《庄子·让王》篇中，孔子对颜回说："回，来！家贫居卑，胡不仕乎？"劝颜回出仕为官。颜回却回答说："不愿仕。回有郭外之田五十亩，足以给飦粥；郭内之田十亩，足以为丝麻；鼓琴足以自娱，所学夫子之道者足以自乐也。回不愿仕。"颜回能够正视贫穷，并能够自娱自乐，是儒家、道家笔下的道德之士。

③ 冯友兰《新原人》中称之为"同天境界"。见冯友兰：《三松堂全集》（第四卷），河南人民出版社2001年版，第570页。

　　什么是自然境界呢？我为什么把自然境界放在功利境界、道德境界之上呢？人一辈子生、老、病、死，生和死是两个关节点。为了生，人们求功利、问是非、修道德。问题是，人生就如一条射线，人们只知道自己出生的那一个原点，却不知道自己生命"射线"的长度，于是就忧愁恐惧。当人们年轻、热情洋溢的时候，不管是求功利还是修道德，都不会关心自己的生命"射线"还有多长；但当人过了"不惑之年"以后，死亡会一步步走近，能知"天命"吗？"天命"又是什么？很多人就会进入"中年危机"。只有打通生死关口，领悟生命只是一个自然而然的过程，才能进入自然境界。《庄子·至乐》篇中，庄子妻子去世后，他"箕踞鼓盆而歌"，引起惠子的指责，庄子解释说："然察其始而本无生；非徒无生也，而本无形；非徒无形也，而本无气。杂乎芒芴之间，变而有气，气变而有形，形变而有生。今又变而之死，是相与为春秋冬夏四时行也。"在庄子看来，生命就如春、夏、秋、冬四时运行一样，生死相依，死生一体。我觉得，庄子可能通过这次体悟，打通了生死玄关，从而才真正成为一位伟大的思想家。这种自然境界，对每一个人而言，不管是早是晚、是难是易、是好是坏，都会到达，因为每个人固有一死。对功利境界的人而言，辛辛苦苦大半辈子，功名利禄已收入囊中，如今转眼即逝，生命该如何收场呢？那些享人间极乐者，老来又如何呢？如齐景公，作为诸侯，一生富贵荣华，当他率群臣登上牛山时，望着繁花似锦的临淄城，感慨生命逝去，哀叹"若何滂滂去此而死乎"，不禁泪下沾襟，有了著名的"牛山之叹"[①]；再如汉武帝，作为一代帝王、九五之尊，生杀予夺，八面威风，但他在《秋风辞》却说"欢乐极兮哀情多，少壮几时兮奈老何"，是多么的无奈与悲凉！相反，那些功不成、名不就、钱不多、位不显的人反而容易放得下。对于道德境界的人而言，进入自然境界要容易得多，因为修道德自然涉及生生死死——上天总是有公平的一面。王阳明去世前说：

[①] 齐景公"牛山之叹"，见《晏子春秋》《列子》《韩诗外传》等典籍。如《晏子春秋·谏上》记载："景公游于牛山，北临其国城而流涕曰：'若何滂滂去此而死乎！'艾孔、梁丘据皆从而泣。晏子独笑于旁。公刷涕而顾晏子曰：'寡人今日游悲，孔与据皆从寡人而涕泣，子之独笑，何也？'晏子对曰：'使贤者常守之，则太公、桓公将常守之矣；使勇者常守之，则庄公、灵公将常守之矣。数君者将常守之，则吾君安得此位而立焉？以其迭处之，迭去之，至于君也，而独为之流涕，而独为之流涕，是不仁也。不仁之君见一，谄谀之臣见二，此臣之所以独窃笑也。'"（吴则虞：《新编诸子集成·晏子春秋集释（上）·内篇谏上·景公登牛山悲去国而死晏子谏》，中华书局1962年版，1982年印，第63页）对于"牛山之叹"，人们常常批判齐景公贪生怕死，其实贪生怕死是每个人正常不过的心理；晏子能够跳脱出去，是其道德修养的结果——古如晏子者又有几人？

"此心光明，亦复何言！"这是何等的胸襟与气度，与汉武帝境界立判！当然，信仰宗教的人，如基督教、佛教、伊斯兰教，也可以通过虚设的彼岸世界，在上帝或佛陀或真主的指引下达到自然境界，但毕竟是靠外力的作用，走的是捷径，多的是宗教情感。相比较而言，儒道两家通过道德境界达到自然境界，要比宗教观念直接得多、有担当得多甚至悲壮得多——一个把死亡放在心底的、通过自身长期地、不懈地努力来消解死亡的恐惧与悲哀的民族是一个敢于承担的、坚韧的伟大的民族！如果能够了解这一点，也就找到了理解中国古代文学的钥匙，从先秦诗歌到《红楼梦》，中国文学中总有一种尚悲的意蕴。其实，自然境界就是要求人们领悟生的自然而然，领悟死的自然而然；是向生的境界，也是向死的境界；是人道（生命）效法、遵循大道的境界，也是大道遵循或顺应人道的"自己如此"①。人们达到自然境界的方式方法或者不同，结果却是一个样子，没有尊卑，没有贵贱，人人向死而平等，功成名就者的自怜或贫穷孤陋者的自卑都没有意义②。一个人生老病死，就一辈子，仅仅就一辈子，在这一辈子中又有太多的担心、不安、忧虑、紧张、恐惧，能够心平气和地自然地生活，能够心平气和地自然地死亡，是一件多么不容易的事情！真心希望人人（包括我自己）能够早一天勘破功利、勘破生死，沐浴在生命的辉光中。我们每个人也都应该珍爱生命，珍爱生活。

中国学术路径与西方迥然不同。总体而言，中国人重道不重技，多的是实践体认；西方人则相反，重技不重道（因其心灵有宗教支撑），工业革命以来技术文明飞速发展，引领着世界发展的潮流。在西方现代学术体系未植入中国之前，中国人本不在意专业的划分，文、史、哲一体，注重整体与直觉。这一方面道家更为突出。春秋战国时期"百家争鸣"，让庄子深感不安，并由此发出深沉的哀叹："悲夫，百家往而不反，必不合矣！后世之学者，不幸不见天地之纯，古人之大体，道术将为天下裂。"（《庄子·天下》）当然，庄子是

---

① 《老子》二十五章中说："人法地，地法天，天法道，道法自然。"这里有一个问题，道本身是道家最高的范畴，为什么还有"法自然"呢？根据王中江先生在《道与事物的自然：老子"道法自然"实义考论》一文中考证，"道法自然"确切意思是"道遵循或顺应万物的自己如此"（《哲学研究》2010年第8期）。也就是说，一方面，人道效法、遵循地道，地道效法、遵循天道，天道效法、遵循大道；另一方面，大道也遵循或顺应人道的"自己如此"，遵循或顺应地道的"自己如此"，遵循或顺应天道的"自己如此"。上述两个方面是有机统一的，否则，《庄子·知北游》篇所谓"道在屎溺"就成了一句空话。

② 在笔者看来，中国人在死亡面前平等，西方人在上帝面前平等——这大概就是平等的意义。如果不领悟死亡的意义，就不能真正理解中国文化的精髓。

从道家的大道一体、人性素朴角度而言的，但也从一个侧面反映出古代人们重道术轻学术的观念。所以，不管中国学术是不是"为天下裂"，其指向是一直不变的，即重道修德，把人生、社会作为一个整体予以观照。整体而言，中国的学术就是做人的学问，就是以实践为导向的修身养性。根据西方的学科体系，划分中国学术，则显得不伦不类，如我们当下研究国学，就面临一个非常尴尬的境地，找不到一个恰当的"身份"；而如果用中国观念观照西方的学术，结果又会如何？大概没有人想过——百余年来的中国学者大概连想都不会去想，或者连想都不敢去想，又或者连想都不屑去想。中国话语与西方话语能够实现平等对话吗？从百余年的现当代学术史看，从目前的学术思想状况看，答案肯定是否定的。西方人以"胜利者"自诩、以"老大"自居，自然是居高临下地俯视中国思想文化乃至整个中国；更为惨烈的是，部分中国人更是推波助澜，掀起了一场史无前例的"骂祖""掘坟"运动。中国标准被嗤之以鼻，甚至被认为是罪大恶极，哪来的中西之间的平等对话？

正是中西学术思想的标准不同，那些20世纪初出国留学归来的"海归"们（新派学人），就成为批判中国文化的中坚力量。他们在国外找到了"投枪"和"匕首"，找到了攻击中国传统文化的武器，回国后就向着"落后的""腐朽的""万恶的"旧制度、旧道德、旧思想、旧文化猛烈开火了。如前文所说，根据中国的标准，学术学问最终以人性修养为指归；但在新派学人笔下，他们看过的西方（包括日本）的书，他们接受的西方理论，却成为他们逞强使气、摇唇弄舌的"子弹"。在笔者粗陋的认识里，西方学术标准下的文科、理科也并不相同。理科从业人员中有天才，他们惊才艳艳，在年轻时就可能有一些重要的发明或发现，成为伟大的科学家；文科从业人员则更多是一种实践的体认，如闭门造车般"发明"人生伟大的理论，实是一件可笑的事情。用凭空想象的"乌托邦"，指导人类的生活与实践，指导人类的精神生活，可能吗？

我这里先说一下胡适吧。1910年，19岁的胡适到美国留学，先在康奈尔大学读农科后改学文学；1915年9月转入哥伦比亚大学哲学系，从杜威那里学到了实证主义哲学；1917年9月回国即成为北京大学教授，以"洋博士"的身份教书、著作[①]；1922年成为北京大学教务长兼代理文科学长，成为全国文科的领袖级人物，这是何等的荣耀！那时的中国人对"海归""洋博士"是多么崇拜啊，钱钟书先生在《围城》中称之为"洋进士"，比旧时的金榜题名要荣耀很

---

① 详情见本书"胡适杂议"一章。

多。1919年2月，署名"胡适博士著"的《中国哲学史大纲》（上卷）出版时，时任北京大学校长的蔡元培亲为作序并给予高度评价，引起当时学术界的轰动，当时人们的"追星"热潮比起当下人们对某些学术"超男""超女"的热捧，大概有过之而无不及。胡适是天才吗？与其说胡适是天才，不如说胡适是人造的"神"——他学哲学不到两年时间就成为北大的教授，是何等的神速①！而中国某些人对一个二十几岁的"神"顶礼膜拜，是何等的奇观！纵观胡适的一生，如果说他著作等身，这是事实；但如果说他学问如何高深、对人心有怎样的洞察、对丰富中国人乃至人类的精神生活有怎样的贡献，我不信也。

作为中国社会的一个成员，或者说作为一个中国人，他与中国、与中华民族究竟是什么关系呢？按理说，即便是在突出个人、彰显个性甚至是个人主义膨胀的时代，也应该坚持个人与集体、个人与国家、个人与民族甚至个人与历史的命运共同体意识，覆巢之下无完卵，一荣俱荣，一损俱损。这应当是一个基本的常识。但我们看到的往往是，百余年来，相当一部分中国人开口即骂中国，开口即骂中国的文化，开口即骂中国人的祖宗，仿佛不骂就不过瘾，不骂就显得没有品位，不骂就不合潮流——完全以"他者"的身份在评论与自己毫不相关的事情！更令人吊诡的是，那些喋喋不休、张口闭口骂中国人的人，居然成了英雄，居然成了明星，居然成了国学大师，居然被奉若神明！举个最简单的粗俗的例子，如果有人骂你的父母、骂你的祖宗，你不打他两个耳光（没有能力或者不屑）也就算了，但总不至于欣欣然欢喜雀跃吧，但事实恰恰如此，哀莫大焉！当然，历史上的中国包括当下的中国，也有很多东西不尽如人意，或者说有阴暗面、错误甚至罪恶，可以去批评批判，但开口即是讥嘲谩骂则不会带来任何建设性的成果，只会带来混乱与破坏。况且，任何文明都有负面、阴暗的东西，被部分中国人奉为"圭臬"的美国，也并不都是阳光灿烂的日子。所以，对于中国文化，最起码应该有同情之理解，我在后文中会反复阐明这样的观点。

随着我的态度、立场的转变，我年轻时崇拜的英雄渐渐褪去了耀眼的"光环"，而现在我较为钦服的人物则有了辜鸿铭、梁漱溟、钱穆和徐复观。当然，我对他们四人的研究并不深入，这里也仅仅是基于中国的态度和立场。我先说一下他们的大致情况。

---

① 陈独秀当时作为北京大学文科学长，与胡适同是皖派学人，对胡适赞赏有加，向时任北京大学校长的蔡元培极力推荐。胡适成为学术"超星"，陈独秀功不可没。

　　辜鸿铭（1857—1912），生于南洋，父亲辜紫云，母亲为葡萄牙人，被称为"辜疯子""老顽固""腐儒""清末最后一根辫子"，也被印度圣雄甘地称为"最尊贵的中国人"。1867 年，随其义父到英国，接受了严格的、系统的西化教育。1880 年，辜鸿铭到新加坡（英国殖民地）任职，次年遇到《马氏文通》的作者马建忠，与之长谈三日，遂仰慕中国文化，于是回到中国（香港），埋头苦读中国经典，成为中国文化最忠实的拥趸。从 1883 年辜氏在英文报纸《华北日报》发表《中国学》[①] 文章开始，他用英文翻译了《论语》《中庸》等儒家经典，出版了《中国的牛津运动》（1909 年，英文著本）、《春秋大义》（1915 年，即《中国人的精神》），在西方产生了巨大的影响。我之所以推崇辜氏，一方面是因为他虽然是个"混血儿"，虽然受到严格的西化教育，但在当时反传统文化的浪潮中，没有丝毫嫌弃中国文化，反而钟情于中国文化；另一方面是因为他不但昂首挺胸宣扬中国文化，也敢于和轻视、批判中国文化的人作斗争（包括日本首相伊藤博文[②]），这种态度、这种立场、这种担当、这种精神当是中国清末民初第一人。当然，辜鸿铭也有他的局限，一些论调也不合时宜，如为晚清唱赞歌，如歌颂慈禧皇太后，如主张男人纳妾，且中国文化也不是一片光明，自然也有需要批判的落后的、愚昧的、黑暗的东西，这些都需要辩证地看待。

　　梁漱溟（1893—1988），原籍广西桂林，生于北京。中学毕业后参加同盟会，从事革命活动。曾任教于北京大学哲学系，后从事于社会运动、乡村建设，著作有《东西文化及其哲学》（1921）、《中国文化要义》（1949）、《人心与人生》（1984）、《我的努力与反省》（1987）等，被誉为"中国最后一位儒家"。梁氏一生致力于研究人生问题、中国问题，见解卓异，尤其是在危难中铁骨铮铮，

---

① 该文梳理了西方19世纪以来的汉学发展情况，批判了西方汉学家的学术态度。

② 19世纪末日本首相伊藤博文访华时，曾会晤辜鸿铭，名为请教孔孟学说，却语含讥诮：先生留学欧美，精通西学，难道还不知孔子之教，能行于数千年前，而不能行于当今吗？辜鸿铭微微一笑，道：孔子的思想，就好比数学家的加减乘除，几千年前是三三得九，几千年后依然是三三得九。你说，难道还会是三三得八不成？贵国如果没有孔子之教，焉能有今日，我看不是因了洋人的那点玩意儿吧！不待对方发话，辜鸿铭又接着说了下去：不过，阁下说的也不是完全没有道理，这十九世纪的数学是改良了，刚才我们说三三得九也有不正确之处。比如说，我们中国人向洋人借款，三三得九却七折八扣变成了三三得七，有时连七还得不到，成了个大大的负数。到了还钱时，三三得九却连本带利还了三三得十一！嘿，我倒真是不识时务，落伍得很！一席话说得伊藤博文大窘，再无他语，后来见人就说辜鸿铭有金脸罩、铁嘴皮功夫。（摘自钟兆云：《解读辜鸿铭》，《书屋》2002年第10期）

不失气节，保留了古代士大夫一丝血脉。

钱穆（1895—1990），字宾四，江苏无锡人。7 岁入私塾，1912 年辍学后任教于家乡小学，自学苦读。1930 年，因发表《刘向歆父子年谱》成名，被聘为燕京大学国文讲师，后历任北京大学、北平师范大学、西南联大、齐鲁大学、四川大学等大学教授。1950 年秋，在香港创办新亚书院。1967 年后，定居台北，任文化大学史学研究所所长等职。钱氏一生研治经史子集，有著作七十余部，代表作有《先秦诸子系年》《中国近三百年学术史》《中国文化史导论》等。钱氏人性淳厚，事业沉实，坚持对中国文化的温情与敬意，为中国文化的存续贡献了毕生精力，实不愧为一代学术宗师。

徐复观（1903—1982），湖北浠水人，始名秉常，字佛观，经由熊十力改名为复观。少从父受教，继在武昌高等师范及国学馆接受中国古代经典教育。1928 年赴日，入日本士官学校，"九·一八"事变后回国。授军职，参与军事、政治活动。后拜入熊十力门下，重拾对中国传统文化的信心，代表作有《中国人性论史》《两汉思想史》《中国艺术精神》等。徐氏学术研究起步虽晚，但经军事、政治历练，其识见绝非一般书斋之士所能比，故思虑精纯，所见深远，其成就超过乃师熊十力，实为现代学术大家。

下面我集中摘录几段梁漱溟、钱穆、徐复观三人著作中能够鲜明表明他们对中国传统文化态度立场的段落：

> 熊先生[①]在解放后著有《原儒》一书（上、下两册约共三十万言，1956年中国科学院为之印行，新华书店曾有售）。书中不少援引民主主义社会主义的话，乃至采用马克思主义观点的说话，来宏（弘）扬孔子的内圣外王之学，其实完全是失败的。从"五四"运动"打倒孔家店"以来，思想界一直把中国古学当学术研究资料看待，儒家未曾得到公认共许的价值，而熊先生却一开头便先肯定下来，全然不顾人家听不进去，说到临末人家还是不承认，这怎么能行？
>
> 说孔子以前的上古文化赖孔子而传者，其文化大要即如是，其流传也大要即限止于是；其功在孔子，其过不在后人。说孔子以后数千年文化赖孔子而开者，其根本点就在二千五百年来大有异乎世界各方，不以宗教为中心的中国文化端赖孔子而开之。或认真说：二千五百年来中国文化是不以环绕着某一宗教为中心而发展的，寻其所从来者盖甚早甚早，而其局面

---

① 指熊十力先生。

之得以开展稳定则在孔子。再申言之：一贯好讲情理，富有理性色彩的中国社会文化生活，端由孔子奠其基础。①

《今天我们应当如何评价孔子》长文，是梁漱溟1974年2月在"批林批孔"运动中的发言，连讲两个半天。这位81岁的倔强老人，在席卷全国的"批林批孔"的浪潮中，自己的命运虽如动荡摇晃的扁舟，随时可能倾覆，但他仍能够坚守自己做人、做学问的原则，怎能不让人动容？上文梁氏第一段话中，有两个现象值得注意：一是批评熊十力的《原儒》，表现了对该类著作的不满；二是说明中国古学（儒家著作）已经完全失去了经典的地位，儒家的价值已经消失殆尽，这是一种令人痛惜的现实。第二段话中对孔子历史地位的评价，梁氏是在引述夏曾佑《中国古代史》、柳诒徵《中国文化史》中对孔子的评价后展开的。1917年梁氏应邀入北大任教前，就告诉校长蔡元培、文科学长陈独秀②："我此番到北大，实怀抱一种意志一种愿望，即是为孔子为释迦说个明白，出一口气。"③为了给孔子"出一口气"，梁氏矢志不渝一辈子，即便是在如火如荼的、声势浩大的"批林批孔"运动中也是如此，这就是一个人的操守、一个学者的担当！

我平生自幼至老，只是就性之所近为学。自问我一生内心只是尊崇孔子，但亦只从《论语》所言学做人之道，而不是从孔子《春秋》立志要成为一史学家。

我一生最信守《论语》第一章孔子的三句话："学而时习之，不亦悦乎。有朋自远方来，不亦乐乎。人不知而不愠，不亦君子乎！"这是教我们一个人的做人之道，亦即是教我们做学问的最大纲领。我自七岁起，无一日不读书。我今年九十三岁了，十年前眼睛看不见了，但仍每日求有所闻。我脑子里心向往之的，可说只在孔子一人，我也只是在想从《论语》学孔子为人千万中之一二而已。别人反对我，冷落我，我也不在意。我只不情愿做一孔子《论语》中所谓的小人，"人不知而不愠，不亦君子乎！"④

钱穆93岁时，接受某杂志的访问，开口即强调自己"一生内心只尊崇孔子"。

① 梁漱溟：《今天我们应当如何评价孔子》，《梁漱溟全集》（第七卷），山东人民出版社1990年版，第271、296页。

② 在梁氏看来，蔡元培、陈独秀等是"所谓新青年派，皆是崇尚西洋思想，反对东方文化的"，这让梁氏感到"压迫之严重"。梁漱溟：《我的努力与反省》，漓江出版社1987年版，第66—67页。

③ 梁漱溟：《我的努力与反省》，漓江出版社1987年版，第67页。

④ 钱穆：《九十三岁答某杂志问》，《钱宾四先生全集51·八十忆双亲师友杂忆合刊》附录一二，联经出版事业公司（台北市）1998年版，第471、472页。

钱穆著作繁富，对孔子可谓情有独钟。而且，钱氏只强调做人的问题，强调儒家的做人之道，对别人的冷落毫不在意，其双目虽失明，但内心何其光明！

> 我以迟暮之年，开始学术工作，主要是为了抗拒这一时代中许多知识分子过分为了一己名利之私，不惜对中国数千年文化，实质上采取自暴自弃的态度，因而感愤兴起的。我既无现实权力，也无学术地位，只是站在学术的坚强立足点上说出我的意见，才能支持我良心上的要求，接受历史时间的考验。①

> 在今日，既有人以满身污秽的自卑心理来面对政治问题，也有人以"满面羞惭"的自卑心理来面对文化问题。在此种人的心目中，觉得只有咒骂侮辱自己的历史文化，才能减轻作为一个中国人的罪孽感。……文化上反历史文化者的口头理由，是说不打倒自己的历史文化，西方的文化便走不进来；把这一代人的阴鄙堕退，一笔写在自己的历史文化身上。其实，人类文化都是由堂堂正正的人所创造出来，都要由堂堂正正的人所传承下去。只有由平实正常的心理所形成的堂堂正正的态度，才能把古今中外的文化平铺在自己面前，一任自己理性良心的评判、选择、吸收，消化。满面羞惭的自卑心理使一个人在精神上抬不起头来，这固然不能正视自己的历史文化，同样也不能正视西方的历史文化。②

徐复观四十多岁才开始从事学术研究，坚持以自己的良心说出自己的意见，其对学术现状的洞察可谓入木三分。郭继民《徐复观的治学观》一文中说："在徐先生看来，作为一名学者，'无真实国族社会之爱，即不能有人类之爱。无人类之爱，则心灵封锁鄙恶，决不能发现人生。此种人，此种作品，皆与文学无关。'"③其所论"于我心有戚戚焉"！其实，不管是写诗作文，还是从事学术研究，首先需要一种情怀，有情怀才有境界——辜鸿铭、梁漱溟、钱穆和徐复观四人以其对中华文明的拳拳之心，舒展情怀，境界至大焉！

上面我简单说了一下辜、梁、钱、徐四人对中国传统文化的态度和立场，他们用自己的心血捍卫着中国传统文化的尊严。梁氏等四人都是心智正常的堂堂正正的人，他们热爱甚至痴迷于中国传统文化，必有其内在的合理性。他们的态度和立场应该对每一个传统文化研究者，对每一个中国人都具有重要的启

---

① 徐复观：《中国思想史工作中的考据问题》，《两汉思想史》第三卷代序，华东师范大学出版社2001年版，第1页。
② 徐复观：《学术与政治之间·乙集自序》，九州出版社2013年版，第8页。
③ 郭继民：《徐复观的治学观》，《学习时报》2016年1月7日第6版。

示。其实，文化有差异，文明无优劣，中国传统文化并不是落后的、愚昧的、堕落的、"吃人"的文化，而是绵延数千年的、生生不息的、具有内在生命力的文化。古代中国人也是堂堂正正的人，他们创造的也是堂堂正正的历史文化，为什么要将他们"妖魔化"呢？鲁迅去世时，郁达夫曾说"一个没有英雄的民族是可悲的奴隶之邦，一个有英雄而不知尊重的民族则是不可救药的生物之群"，人们耳熟能详。我借用这句话，简单改一下，作为我的对中国传统文化的基本的态度："一个没有历史文化的民族是可悲的奴隶之邦，一个有历史文化而不知尊重历史文化的民族则是不可救药的生物之群。"

中国人有自己的历史文化，中国人应尊重自己的历史文化！

二、中国人的"活法"

子曰："视其所以，观其所由，察其所安，人焉廋哉？人焉廋哉？"

——《论语·为政》

我在讲《中国文化概论》时，总是不厌其烦地讲解中国文化生成的基础，包括独特的地理环境、完整的历史传承、自给自足的农耕经济、严密的宗法制社会等四个方面，目的是要突出历史条件与历史语境，对中国文化的独特性有整体上的认知。说到文化，概念有上百种或者更多，说到底无非是一种"活法"，中国文化讲的是中国人的"活法"。我在这里首先想说的是，中国文化在生成阶段，是中国人自愿地、自觉地、自主地选择，具有历史的合理性与合法性，任何无视中国文化绵延五千年、无视中国文化历史的辉煌灿烂、无视中国文化对世界文化的巨大贡献的说法，要么是闭着眼睛装作看不见的自欺欺人，要么是不怀好意甚至是居心叵测。有关文化的内涵及特征，任何一部文化史著作都会讲得很仔细，我后文中还会约略提及，这里不再赘述。

我们知道，物质决定意识，物质是人类生存和发展的基础。物质小到夸克（层子）大到星球，形态各异，姿态纷呈。人类看得见的、看不见的，都对人的意识形态产生实实在在的、至为重要的、决定性的影响，毕竟人的生存权、生命权是第一位的。人要活着，就要首先解决吃穿住用的问题，这对原始先民而言尤其如此。在原始社会，生产力低下，物质极端贫乏，先民们要为生计日夜奔波，辛苦劳顿，甚至要为此付出生命的代价。对物的欲求作为人类的集体记忆，会沉积到人类潜意识中，成为人类的"基因"。世界上的每一个人、每一个族群、每一个民族，纵便生活方式不同，吃的、穿的、住的、用的林林总总，千差万别，但剥下笼罩在这些"物质"之下的层层面纱，最终涌动在人心底的、影响人们思维的、控制人们言行的最本质的东西，无非是个由具体的"物"而抽象化的"利"字——利的欲念就像一条绳索牵引着人类前行，忽视甚至抹杀利的驱动力只会是"乌托邦"式的空想。它可以外化为权势功名，外化为荣华富贵，外化为鲜衣美食，外化为朱轮华毂。对利的争夺往往是最原始的、赤裸裸的、兽性的；但人毕竟是有理智的人，人与人之间既有竞争也有妥协，形成生产"利"、分配"利"、控制"利"的共同遵循的原则和机制，由此形成人类不同的文明形态。一方面，物或利供养着人类的生命，推动着人类文明的进步，这是其正面的、积极的响应；另一方面，物或利也带来纷争或者战争，带来人性堕落，这是其负面的、消极的响应。这正面的和负面的、积极的和消极的两个方面，都会存在于任何文明形态中，它们相辅相成，有机融合为一体。所以，善与恶、美与丑、富贵与贫贱、高尚与卑劣总是相伴而生，有时甚至相互转化，这正是人类社会的精彩之处，中国古代阴阳互化的思维正鲜明体现了这个特点。

中西文明的差异也即在于此。中国古代以农耕文明为基础，为保证农业生产生活的有序进行，最大程度地保证人们能够安居乐业，中国古代人根据阴阳互化的原则，力求在物与利欲求中、在其正面与负面、积极与消极的响应中找到平衡点，周公旦制礼作乐之后，在礼与乐的约束下，最终移利于位，并进而囿位以德，坚持人本主义，回到人本身，《周易》中说的"位"①，儒家所谓君君、臣臣、父父、子子，都是在强调通过"位"来实现利益的生产与分配（消费），来解决利益的矛盾与纷争。以商业文明为基础的西方文明则不同，他们不回避"利"，正视对利益的追求，把"利"作为社会发展的内驱力，使之合法化、有序化，可以说是移利于法②，并进而扬法为序，使"利"的经纬延伸至社会的每个角落，以此推动社会的发展与进步——这注定了是一种直线型的无穷无止的发展模式；同时，通过张扬个人的价值，通过宣扬自由、平等、民主等理念来消解或者说遮掩物与"利"本身带来的矛盾③，最终发展到资本主义，发展到金融资本主义，这自然也有其历史的合理性与存在的合法性的。中西文明在对"利"的态度、获取"利"的方式方法、消解"利"的负面响应等方面，路径不同，本不应有优劣之分。

中国古代农耕文明中有哪些正面的、积极的基因呢？周公制礼作乐、儒家倡言仁义道德，由此形成了怎样的中国精神呢？

---

① 《周易》六十四卦384爻（或386爻）即是384（或386）个"位"，由"位"而衍化为时局。
② 古罗马的法律是西方文明的重要基石。
③ 既然每个人都是自由、平等的，个人的贫穷乃至衣不蔽体、忍饥挨饿就都是自身的原因，怨不得别人；既然民主是每个人的权利，个人当然可以表达自己的欲求，但民主以大多数为原则，自身的欲求实现不了也怨不得社会。自由、平等、民主等理念最初也只不过是西方社会的"润滑剂""缓冲剂"或者说是"消毒剂"，是消解社会矛盾的方式方法。

一是致和谐。中国古代农耕文明以自给自足的小农经济为主。一方面，以家庭为单位，农业生产独立性较强，家庭即可成为一个生产单元，与其他家庭要和睦相处，互不相妨；另一方面，家庭成员之间、劳动力与劳动力之间、家庭与家庭之间也需要相互协作，共同应对大自然、社会发生的风险，所以，"和"的观念潜移默化间形成，并且深得人心。周公制礼作乐，固化了这种"和"的观念，而儒家的阐发又使"和"的理念得以升华，《论语·学而》提出的"礼之用，和为贵"即是这一理念的高度概括，《论语·颜渊》中子夏所谓："君子敬而无失，与人恭而有礼！四海之内，皆兄弟也！"四海之内，人人皆为兄弟，则是儒家对礼作用下的人与人关系的一种期待。而乐则在引导人们内心和合、引导社会和谐方面有更大的作用。《礼记·乐记》中说："乐者，天地之和也。""故乐也者，动于内者也，礼也者，动于外者也。乐极和，礼极顺，内和而外顺，则民瞻其颜色而弗与争也；望其容貌而民不生易慢焉。"这里，在区分礼与乐关系的同时，突出了乐在影响人们内在精神方面的作用。需要指出的是，儒家虽然强调"和"，但并不是无原则的调和、同一，而是有一定条件和原则的，《论语·子路》中说的"君子和而不同，小人同而不和"就是这个道理。

二是合时宜。农业生产必须要依农时劳作，否则即颗粒无收，《孟子·梁惠王上》中反复强调时的重要性，说"不违农时，谷不可胜食也""斧斤以时入山林，材木不可胜用也"，这可以说是经验性的共识。中国古代的礼乐制度，不管是礼仪仪式还是乐舞的编排，都体现了时的观念，不同的季节、时令有不同的仪式、乐舞。从大的方面来说，周公制礼作乐，是根据西周的基本国情，对夏、商礼乐损益的结果。朱熹在谈到这个问题时，说"夏、商损益，继周者亦必有损益，盖气运升降，不容不尔。特圣人能因时而不逆之耳"（《朱子全书》），强调不逆时，因时而动，才有了周的礼乐文明。而到孔子之时，出现了礼崩乐坏的局面，孔子虽然汲汲于恢复周礼，但他仍然强调因时制宜。《论语·卫灵公》篇中，颜渊向孔子请教治国方略，孔子说："行夏之时，乘殷之辂，服周之冕，乐则韶舞，放郑声，远佞人。"这里，夏之时，指的是夏历，即天文历法；殷之辂，指商时的大车；周之冕，指西周的衣冠，突出了一个与时俱进的观念。《礼记·礼器》中更是明确提出了"礼，时为大"的观念，强调天时、地理（时）。

三是讲敬让。一方面要敬天、敬神，因为农业生产劳作是靠"天"吃饭。如果风调雨顺，先人们会有好的收成，一年的衣食住用便可无忧，否则就要忍饥挨饿，流离失所，于是他们意识中就产生了超自然的天、神等观念，希望帮助解脱苦难。另一方面，要敬祖先、敬长者，因为农业生产要靠经验，要靠长者的传、帮、带，宗法的观念自然就会产生。推而广之，人与人之间的交往，也应以诚敬为先，无敬则不成礼。在回应哀公"何谓为政"的问题时，孔子也说："古之为政，爱人为大。所以治爱人，礼为大。所以治礼，敬为大。"（《礼记·哀公问》）《礼记》开篇也说："经礼三百，曲礼三千，可以一言以蔽之曰：'毋不敬'。"礼的名目虽然纷繁复杂，但以敬为核心内容。《礼记·曲礼上》中还提出了一个礼的重要的原则——自卑而尊人，只要做到自卑而尊人，即便是小商小贩，也能够有尊严。敬是人内在的品性，外在的表现则为让。敬与让相连，在礼的各种仪式中，揖让、退让是必须遵循的基本原则，体现的是对他人的尊重与关注，一般要求"三揖""三让"，如《仪礼·士昏礼》称："揖入。至于庙门，揖入；三揖，至于阶，三让。"谦让、退让也是礼的"自卑而尊人"原则的体现。

四是重义理。植根于农耕文明中的礼乐制度，给人的感觉是繁文缛节，让现代人生厌，其实繁杂的仪式只是表象而已，其本质还是蕴涵其中的义理。《论语·阳货》中孔子说："礼云礼云，玉帛云乎哉？乐云乐云，钟鼓云乎哉？"礼只是写在玉帛上的条条框框吗？乐只是钟鼓等乐器上演奏出来的声音吗？答案是否定的。《论语·八佾》中孔子说的："人而不仁，如礼何？人而不仁，如乐何？"强调礼乐的内在精神，强调礼乐以"仁"为内在灵魂。《礼记·礼器》中对礼主义理的特点说得更为全面，"先王之立礼也，有本有文。忠信，礼之本也；义理，礼之文也。无本不立，无文不行。礼也者，合于天时，设于地财，顺于鬼神，合于人心·理万物者也"，强调忠信是礼之本，义理是礼之文，它们与天地相合，与人心相顺，与万物相济。《礼记·礼运》中还强调了礼治"人情"（喜、怒、哀、惧、爱、恶、欲七情）的功能，把人情比作"圣人之田"，如何"种田"呢？其途径就是"修礼以耕之，陈义以种之，讲学以褥之，本仁以聚之，播乐以安之"，强调了礼乐仁义的重要性。

中国古代农业文明中有哪些负面的、消极的特征呢？我这里只简单提及四点：

一是唯利是图。在农耕社会中，农夫从播种到收获，实属不易，在勤劳节俭之余，自然也会形成唯利是图的特点。这一方面西方商业文明亦如是，此人类之通病。但需要指出的是，中国人的唯利是图，由于周公的礼乐教化，由于儒家伦理的束缚，由于道家思想的解构，两千余年来至少在表面上并不彰显，而一旦打破了儒、道的"牢笼"，中国人就可能变为赤裸裸的金钱拜物教者，比西方人甚至有过之而无不及——这是当下各种社会问题的一个原因所在。

二是各自为是（政）。农民在土地上劳作，农作物的选择、耕种、收获都要由自己来决定，很容易形成俗语所说的"一亩三分地"想法，"我的地盘我做主"，于是各自为是；延伸到政务治理上，则是各自为政，都想自己说了算，别人建议或意见则往往被认为是"手伸得太长""管闲事""抢地盘"，以自我为中心考量。

三是趋时附势。受农时观念的影响，中国人知道要"抓时机""抢机遇"，知道"机不可失，失不再来"；则由此衍义，借机取巧、投机钻营盛行。在以"位"（移利于位）来解决利益分配的社会里，由"位"而形成的对势的依附是获得利益的便捷的途径，于是见风使舵、趋炎附势成为一些人的不二选择。

四是因循守旧。农耕文明本身重经验、轻冒险，在春夏秋冬的循环里，年复一年，重因循，少变化；对土地的依赖，使人们安土重迁，中国人生产方式、生活习性中都有因循守旧的因子。

这些负面的、消极的基因在中国古代文化中客观地、自然而然地存在着。人们对它们或者批判，或者规避，或者消解，或者因势利导；而对它们的或矛盾或纠葛或斗争，正推动着中国文明的进步与发展，正体现出不同的人生态度与不同的人生境界。我们以儒家为例，说一下儒家对上述四个方面的响应。对于唯利是图，我们前文中已经说过，儒家并不讳言对利益的追求，但一切依义作为取舍的标准，如孔子说"不义而富且贵，于我如浮云"（《论语·述而》），追求利益的正当性。对于各自为是（政），儒家从自身的道德修养做起，由己及人，由人而国家，由国家而天下，从而消解个人的"小我"，《论语·宪问》中孔子强调的"修己以敬""修己以安人""修己以安百姓"，《礼记·大学》中所说的格物、致知、诚意、正心、修身、齐家、治国、平天下[①]，都是这个意思。把自己与家、国、天下密切联系起来，这是孔子、是儒家的社会担当。对于趋时附势，孟子认为孔子是"圣之时者也"（《孟子·万章下》），赞扬孔子善于洞察世态、把握时局，但他绝没有丝毫投机取巧的意味，否则他也不会去周游列国，饱受十几年颠沛流离之苦。儒家以礼义为指归，《礼记·冠义》中说"凡人之所以为人者，礼义也。礼义之始，在于正容体，齐颜色，顺辞令"，

---

① 《礼记·大学》："古之欲明明德于天下者，先治其国；欲治其国者，先齐其家；欲齐其家者，先修其身；欲修其身者，先正其心；欲正其心者，先诚其意；欲诚其意者，先致其知，致知在格物。物格而后知至，知至而后意诚，意诚而后心正，心正而后身修，身修而后家齐，家齐而后国治，国治而后天下平。"

通过礼义的约束，通过构建刚健至正的君子人格①，来构筑趋炎附势的"防火墙"。对于因循守旧，儒家在制度层面，法先王（周公）之法，我们当然可以认为是因循守旧，但也可以认为是托古改制——在当时的情况下，能托古改制已经很不错了——让孔子领着一帮学生"闹革命"吗？事实证明孔子的托古改制也并没有问题。退一步讲，即便是在制度层面孔子的"因循"没有价值，但儒家所推崇的道德人心方面的修养却没有问题，仁义礼智信也值得推崇——随着时代变迁内涵可以有所不同，但其基本的价值取向却是中国人成为中国人的重要标尺。

一种文化或者说一种文明如果要获得强大的、持久的生命力，它必须要关注人性与人心，必须要解决人之所以生、之所以死的基本问题。中国传统文化具有整体性的特征，儒道两家盘根错节，构成了中国古代"文化树"的主干；它们脱胎于《周易》，儒家承继了《周易》乾道的功能与特征，道家承继了《周易》阴道的功能与特征，二者相辅相成，此长彼消，此消彼长，生生不息。儒道两家是如何解决中国人生与死的基本问题的呢？这是涉及中国文化生命力的根本性的问题，必须要有一个较为清楚的认识。为了更为直观地从整体上把握中国古代思想的状态，我引进了道德生态②的概念，强调思想道德间的交流、碰撞、交融，以及在此基础之上形成的如自然界生态系统般的鲜活有生命力的、彼此制约的大系统。我曾发表过《论中国古代道德生态的形成及其特点》③《中国古代道德生态浅论》④两篇文章，内容上虽有重复，但我觉得这是需要反复阐明的重大学术问题，这里也应该进一步予以阐释。

生死事大。儒道两家学说都是围绕生与死的问题展开的，但是二者的学术路径明显不同，儒家由生入死，道家由死入生。

要解决生的问题，首先要赋予人生以意义。人生究竟有什么意义呢？这是

---

① 在此方面，孟子思想特别突出，如《孟子·滕文公下》中说："富贵不能淫，贫贱不能移，威武不能屈，此之谓大丈夫。"《孟子·尽心下》中说："说大人，则藐之，勿视其巍巍然。堂高数仞，榱题数尺，我得志，弗为也。食前方丈，侍妾数百人，我得志，弗为也。般乐饮酒，驱骋田猎，后车千乘，我得志，弗为也。在彼者，皆我所不为也；在我者，皆古之制也，吾何畏彼哉？"话语中充满浩然之气。

② 所谓道德生态，指的是社会道德各形态之间以及社会道德与其他社会资源之间平衡的、稳定的、有序的、和合的联系。详见笔者《国内外道德生态理论研究现状及发展趋势》（《渤海大学学报》2017年第1期）。

③ 见《学术论坛》2013年第2期。

④ 见《光明日报·理论周刊》2014年7月16日。

个难以讨论甚至不可讨论的话题，每个人、每个团体、每个族群、每个宗教都有自己的"界说"，且时代不同内涵各异。儒家思想当然不可能是孔子凭借一己之力臆造出来的学说，它是在西周以来农耕文明、礼乐文明基础之上产生的。孔子适逢其会，以自己的大智慧予以理论升华，才有了契合中国人人心与人性的影响至深至远的学说。对于生而言，儒家注重人德人道，孔子讲仁修礼，孟子舍生取义，乃至于后来的仁、义、礼、智、信"五常"，乃至于后来的孝、悌、忠、信、礼、义、廉、耻"八德"，都是对人之所以为人的规范与提升；孟子的"性善论"、荀子的"性恶论"虽然内容不同，但其逻辑终点并无二致，只不过孟子要唤醒、弘扬人性中的"善"，而荀子则是要约束、消解人性中的"恶"以转向"善"。所以，在儒家的人生世界中，没有彼岸世界虚幻的价值，没有长生不堕轮回的承诺，没有地狱的惊悚和天堂的奢华，有的只是实实在在的道德的养成。儒家让人像个"人样儿"，做个"人样儿"，有个"人样儿"，成个"人样儿"，人生的意义也即如此。对于死而言，《论语·先进》中记载，子路曾向孔子请教死亡的问题，孔子说"未知生，焉知死"——孔子为什么回避死亡的问题呢？或许在孔子看来，一个人只有活得清楚明白，才可以死得明白清楚；每个人都要面对死亡，而在道德层面对生命本身没有透悟（没有达到自然境界）之前，讨论死亡问题徒劳无益，只会徒增烦恼。和死亡相联系，则是鬼神之事。《论语·先进》中，孔子对子路提出的"事鬼神"的问题同样避而不答[1]，说"未能事人，焉能事鬼"。在"事人"与"事鬼神"的关系上，孔子把"事人"排在前列，立足人事，这显然与孔子"不语怪、力、乱、神"（《论语·述而》）的态度一脉相承。根据孔子话语的逻辑，如果能"事人"之后，能不能"事鬼神"呢？又如何"事鬼神"呢？中国人鬼神观念根深蒂固，孔子当然不是无神论者，《论语·八佾》中就强调"祭如在，祭神如神在"；但孔子的智慧的光辉，并没有让他去构建一个虚无缥缈的彼岸世界，而是在前人基础上、在现世中构建了一个庄严肃穆的精神世界，即通过人的行为方式、通过死亡的仪式、通过宗庙化的运作规则，让活着的人感悟死亡。《礼记》中，对丧服丧事的描述事无巨细，包括《檀弓》《丧服小记》《丧大记》《奔丧》《问丧》《服问》《三年问》《丧服四制》等篇章，可以说是繁文缛节。这些仪式让人厌烦吗？能单纯地从实用的功利的角度来看待这个问题吗？孔子弟子宰我就有这样的困惑，并为此请教

---

[1] 《论语·先进》中孔子回避子路提出的"事鬼神""敢问死"两个重大问题，也可能与孔子因材施教的原则有关。子路为人忼直好勇，性格直率，或许孔子觉得不适合与他讨论生死、鬼神等重大问题。

孔子。宰我认为，父母之丧三年时间太久，三年不为礼乐则礼坏乐崩。而孔子认为，人出生后至少要三年时间才能离开父母之怀（还不包括抚养长大成人的时间），父母去世后为其服丧三年是最基本的回报；居丧期间不能穿精美的衣服（穿丧服）、不能吃美味的食物、不能住舒适的房子，以表达心中的哀痛；而宰我居丧期间"食夫稻，衣夫锦"未觉不安，实为"不仁"①。其实，相对于人而言，形式（仪式）本身即是文明的重要组成部分，《礼记·曲礼上》所谓"经礼三百，曲礼三千"说到底也无非是各种形式（仪式），人要通过形式（仪式）来表达情感，来升华情感，来凝聚人心。孔子强调守丧三年，是对父母情感的表达，是对人生价值的思考，也是对死亡意义追索——人只有见惯了死亡，才会习惯死亡，才会去神圣化死亡，才会接受死亡；而人接受死亡是个艰难的过程，因此才有了神圣化死亡的各种各样的方式与仪式（宗教的方式与仪式更为普遍）。儒家强调慎终追远（《论语·学而》），主张厚葬，要求国有宗庙、家有祠堂，维护宗法制下的祭祀体系，这些都是把死亡神圣化的具体举措。进一步说，把死亡神圣化，也即把人生神圣化，以死亡来反观、反照人生，因为每个人都有死亡的一天，参与别人（包括父母）死亡的仪式即是"见证"自己死亡的模样，别人成鬼成圣成神也可涤荡自己的灵魂。概而言之，儒家把祖先神化，把人生神化，以生来事死，让生人感悟死亡，或者说赋予死亡以意义。

相对于儒家而言，道家的生死观念则要简单很多，因为道家思想的根基是无，以无入有，又复归于无。道家是如何来附丽人生与死亡的呢？这当然要从道家的道说起。道家的道是"众妙之门"，但又"玄之又玄"（《老子》第一章），让人觉得恍惚迷离，不可捉摸②，这正是道家思想的妙处③。老子比孔子的高明处在于：孔子重点强调人之为人的理路（如仁义礼智信），侧重点在德的方面；而老子首先扯起了道的旗帜，赋予道以神圣的本体意义，"道

---

① 宰我问："三年之丧，期已久矣。君子三年不为礼，礼必坏；三年不为乐，乐必崩。旧谷既没，新谷既升，钻燧改火，期可已矣。"子曰："食夫稻，衣夫锦，于女安乎？"曰："安。""女安则为之！夫君子之居丧，食旨不甘，闻乐不乐，居处不安，故不为也。今女安，则为之！"宰我出。子曰："予之不仁也！子生三年，然后免于父母之怀。夫三年之丧，天下之通丧也。予也，有三年之爱于其父母乎？"（《论语·阳货》）

② 如《老子》二十一章中描述："孔德之容，惟道是从。道之为物，惟恍惟惚。惚兮恍兮，其中有象。恍兮惚兮，其中有物。窈兮冥兮，其中有精。其精甚真，其中有信。自古及今，其名不去，以阅众甫。吾何以知众甫之状哉？以此。"

③ 其流弊也极为深远，后文中会予以检视。

生一，一生二，二生三，三生万物"（《老子》四十二章）、"孔德①之容，惟道是从"（《老子》二十一章），道是产生万事万物的总根源。庄子对老子之道极尽张扬之能事，《庄子·大宗师》《知北游》《渔夫》等篇中都在反复强调天地万物依赖道才得以产生发展②。另一方面，老庄之道又具有遍存性，天地万物（包括人）皆有道，老子强调"道法自然"，即强调大道遵循或顺应天道、地道或人道的"自己如此"；庄子对此又有进一步的发展，《庄子·天地》篇中提出"行于万物者，道也"的论点，《庄子·知北游》篇"每下愈况"的寓言中更提出了"道在屎溺"的论断，强调道的无所不在。老庄道家通过修道、得道来附丽人生。在道的引领下，人人都可以逍遥自在。总体来看，道家以无、静、虚三字为诀窍，由无而静，由静而虚，在虚静中体悟人生的真谛。可以说，儒家仁义礼智信是正说人生，做的是人生的"加法"；而道家无静虚则是反说人生，做的是人生的"减法"。道家尤其是庄子③，首先全面批判、解构了世俗社会、世俗人生的价值。在庄子看来，人生短暂，充满了苦难，《知北游》中说："人生天地之间，若白驹之过隙，忽然而已。注然勃然，莫不出焉；油然漻然，莫不入焉。已化而生，又化而死。生物哀之，人类悲之。"《庄子·齐物论》中说："一受其成形，不亡以待尽。与物相刃相靡，其行尽如驰而莫之能止，不亦悲乎！终身役役而不见其成功，茶然疲役而不知其所归，可不哀耶！人谓之不死，奚益！其形化，其心与之然，可不谓大哀乎？人之生也，固若是芒乎？其我独芒，而人亦有不芒者乎？"人生在世，即为外物所役，挣扎有时，彷徨无端，到头来只是白忙活一场。并且，庄子也全面批判消解了人的势位富贵、功名利禄等无穷无尽的欲望，《庄子·庚桑楚》篇中说："贵富显严名利六者，勃志也；容动色理气意六者，谬心也；恶欲喜怒哀乐六者，累德也；去就取与知能六者，塞道也。"这些性情和欲望都会使人勃志、谬心、累德、塞道，因而人们便被层层的假

---

① 德即是道的外在表现。"德者道之舍，物得以生"（《管子·心术》），德只是道赋予个体内在的品性。

② 如《大宗师》中说："夫道有情有信，无为无形；可传而不可受，可得而不可见；自本自根，未有天地，自古以固存；神鬼神帝，生天生地；在太极之先而不为高，在六极之下而不为深，先天地生而不为久，长于上古而不为老。"《知北游》中说："天不得不高，地不得不广，日月不得不行，万物不得不昌。此其道与！"《渔夫》篇还说："且道者，万物之所由也。庶物失之者死，得之者生；为事逆之则败，顺之则成。"

③ 我一直觉得，在对人性与人心的认识、修养方面，庄子的思想乃至对后世的影响都要超过老子。

面遮盖起来，失去了本真。庄子本人则忠实地践行了自己的主张，摒弃功名利禄，《庄子·秋水》篇中，写楚王派二使者聘用庄子，庄子以神龟作喻，表示自己宁愿"生而曳尾于涂中"，也不出仕。庄子也批判、消解儒家所推崇的仁义，指责仁义"为桎梏凿枘"（《庄子·在宥》），儒家让天下之心"失其常然"（《庄子·骈拇》），让人们迷失本性。庄子把人生的"减法"做到了极致，《庄子·至乐》篇"髑髅乐死"寓言中对世俗社会中人生、人世、人情批判得最为彻底。髑髅认为活着有亡国之事、斧钺之诛、不善之行、冻馁之患、春秋之累、礼义之烦等，而死了之后，才能生活于"无君于上，无臣于下，亦无四时之事"的境界里，生前与死后的对比形成了强烈的反讽。基于这样的认识，道家认为生命过程从无开始，而死（无）则是其母、其根，只有"复守其母"（《老子》五十二章）、"复归其根"（《老子》十六章），才能达到"死而不亡者寿"（《老子》三十三章）、"没身不殆"（《老子》十六章）的境界。在《庄子·至乐》篇"庄子妻死"的寓言中，庄子又有了进一步的思考，"然察其始而本无生；非徒无生也，而本无形；非徒无形也，而本无气。杂乎芒芴之间，变而有气，气变而有形，形变而有生。今又变而之死。是相与春秋冬夏四时行也"，人们从出生到死亡，生而死，死而生，就如春夏秋冬四时交替一样，自然而然。如果说儒家把死亡神圣化，道家则把死亡自然化。

这样，在儒道生死观念的影响下，中国人能够正视死亡，不回避死亡[1]，并赋予死亡以道德意义——儒家由生入死，方有人生的趣味；道家由死入生，方

---

[1] 每年过春节时，人们常常见到"五福临门"春联，典型地体现了中国人的生死观念。"五福"的观念源远流长，早在《尚书·洪范》中就讲到"五福"："一曰寿，二曰富，三曰康宁，四曰攸好德，五曰考终命。"（十三经注疏整理委员会《尚书正义》，北京大学出版社2000年版，第383页）这里的"考终命"即是老死、善终之意——中国人把"善终"贴在自己的大门口，把死亡作为一种自然而然的生命的过程，并进而归结为"天命"，所谓"死生有命，富贵在天"（《论语·颜渊》篇）是也，而"天命"即是天地运行、生死交替、万物化生的规则，《左传·昭公二十五年》中说："生，好物也；死，恶物也。好物，乐也；恶物，哀也。哀乐不失，乃能协于天地之性，是以长久。"（十三经注疏整理委员会《春秋左传正义》，北京大学出版社2000年版，第1675页）我们前文中讲到齐景公"牛山之叹"时，晏子对生死的理解也是一例。正因为有死才有生，有生也必定有死，如此而已。

太极模式人生示意图

有人死的解脱①。生为天，死亦为天，此观念是高于宗教意义上的生死观的②。儒家生死观念正如太极图中的阴阳鱼，相辅相成。儒家由生入死，做足了人生的"加法"；道家由死入生，做足了人生的"减法"；二者的契合点，正是人性与人心。或者可以说，中国文化具有典型的人本主义的特征，是典型的人本主义的文化，儒家道家构成了中国人生（生与死）的太极模式，儒家为阳，道家为阴，二者以人为中心，此长彼消，此消彼长，生生死死，死死生生，圆融互补（如图所示）——儒道整体观照下的中国文化，之所以具有强大的生命力，之所以绵绵不息，之所以成为世界上最为优秀的文明形态之一，原因即在于此。我们了解、认识、观照中国文化，一定要有整体的眼光，尤其要从整体上把握儒家道家思想，把儒道结合起来，才能把握中国文明的精髓。如果没有道家支撑的儒家，人生则显得过于沉重，活得太实、太忙、太累，少了很多乐趣；如果没有儒家支撑的道家，人生则没有基本的生存基础，也显得过于沉静，活得太虚、太静、太空。二者共同构成了中国文化、中国哲学的主干③。

其实，中国人的生活很纯粹。苏轼诗云"人似秋鸿来有信，事如春梦了无痕"，这两句诗高度概括了中国人的生命与生活：前一句浓缩了儒家学说。就当下来说，人从出生以后，上幼儿园、小学、中学、大学，到结婚生子、成家

---

① 其实也是生之解脱。

② 西方基督教文化则是在生之地纵情享乐，在死之地安顿灵魂。这在歌德《浮士德》中有集中的体现。浮士德精神苦闷、自杀未遂后，本与魔鬼靡非斯特签了协议：靡非斯特满足浮士德生前的所有要求，但浮士德死后靡非斯特则要取走他的灵魂。在靡非斯特的帮助下，浮士德经历了所谓的爱情、政治、艺术、事业等悲剧之后，在将死之时，靡非斯特根据协议收取浮士德的灵魂，但上帝却派天使把浮士德的灵魂接到了天堂。这给西方人怎样的暗示呢？是不是生前纵情享乐甚至可以为非作歹，死后灵魂自有上帝拯救呢？在浮士德与贫民少女玛甘泪所谓的恋爱过程中，玛甘泪的母亲、哥哥甚至玛甘泪本人都死于非命，他们的生命就卑微得可以完全忽视吗？《浮士德》是西方文化的一个缩影。

③ 关于中国哲学主干的问题，一直有些争论。一些人说起中国文化，张口就提儒家如何，认为儒家是中国哲学的主干；陈鼓应等人为道家张目，提出道家在中国哲学史上居于主干地位（《论道家在中国哲学史上的主干地位——兼论道、儒、墨、法多元互补》，《哲学研究》1990年第1期）。其实，儒家、道家本就是人生的两个层面，本无所谓主干不主干之说；只不过在日常生活乃至社会治理方面，儒家居于显性的位置；而道家尤其是庄子思想则温养了两千年的中国人的心灵。

立业，就如秋天大雁南飞一样，匆匆忙忙，准时守信。而后一句凝练了道家的意旨，人们每天忙忙碌碌，为生活呕心沥血，为抱负殚精竭虑，为理想忍辱负重，到最后也只如春梦一般了无痕迹。中国人知道，生活应该是什么样子，人生本来是什么样子，生命究竟是什么样子，所以少了些不切实际的幻想，立足于人本身，构建自己生活的世界。我们看明太祖朱元璋颁布的"六谕圣言"①，包括孝顺父母、尊敬长上、和睦乡里、教训子孙、各安生理、毋作非为六条，仅仅24个字，太简单吗？作为皇帝的圣旨，它要晓谕全国，每个老百姓都要明白、遵从；而这简单的24个字却基本上概括出了中国人做人的基本要义，或者说中国儒家文化的基本要义，即便是现在，能够做到这六条，也不失成为一个好人，一个有道德的人，一个没有被异化的纯粹的人。"孝敬父母"不应该吗？父母生养子女，为子女成长费尽心力，不孝敬父母是为禽兽；"尊敬长上"不应该吗？因为年龄、社会地位等原因，每个人都有自己的社会角色，都是社会网格中的一个"点"，对长者、对上级有起码的尊敬，是自己工作得以顺利进行的基础，是和谐人际关系的基础，是自己安身立命、养家糊口的基础；"和睦乡里"不应该吗？远亲不如近邻，邻里之间和睦相处，是健康生活、身心和顺的外在表现；"教训子孙"不应该吗？父母生养子女是最起码的义务（这是人类作为一个物种，生存、繁衍的基础），子女成长为有文化、有教养、有道德的人，是父母生活和生命的重要组成部分；"各安生理"不应该吗？因为出身、地域、家庭、机遇等的不同，人们既不在同一个起跑线上，也不会到达同一个终点（死亡除外），嫉妒羡慕恨有用吗？趾高气扬甚至盛气凌人有意义吗？每个人都有自己的生命轨迹，每个人都是一个"世界"——这个"世界"或大或小、或长或短、或富或穷，都是属于自己个人的，每个人都应该珍惜自己的"世界"；"毋作非为"不应该吗？人生于世，每个人都会为生计奔波，或农或工或商或仕，付出劳动获得回报理所当然，这才是人间正道，而对那些骗人、欺人、坑人、害人的胡作非为之辈理应唾弃。朱元璋的"六谕圣言"是如此地简单，但现在很多中国人已经做不到了。

在我看来，中国先秦时期有三场对话（三个故事），作为中国人一定要清楚地了解，一定要清楚地知道，因为每个人的人生都是自己的，每个人都有选择自己怎样生活的权利，每个人也都要承担某种生活方式的责任；而这三场对

---

① 明太祖"六谕圣言"，又称为"圣训六条""教民六条"等，洪武三十年（1397）颁行。明末清初，范鋐作《六谕衍义》，18世纪初，该书经琉球传至日本，在明治维新前是日本的教科书，影响很大。

话（三个故事）提供了三种生活方式，并与我前文中提到的人生三种境界即功利境界、道德境界、自然境界相对应。且看下面三段话：

> （苏秦）说秦王书十上而说不行，黑貂之裘弊，黄金百斤尽，资用乏绝，去秦而归。赢縢履蹻，负书担橐，形容枯槁，面目犁黑，状有归（愧）色。……归至家，妻不下纴，嫂不为炊，父母不与言。苏秦喟叹曰："妻不以我为夫，嫂不以我为叔，父母不以我为子，是皆秦之罪也。"……于是乃摩燕乌集阙，见说赵王于华屋之下，抵掌而谈，赵王大悦，封为武安君，受相印。革车百乘，锦绣千纯，白璧百双，黄金万镒，以随其后……将说楚王，路过洛阳。父母闻之，清宫除道，张乐设饮，郊迎三十里；妻侧目而视，倾耳倾听；嫂蛇行匍伏，四拜自跪而谢。苏秦曰："嫂何前倨而后卑也？"嫂曰："以季子之位尊而多金。"苏秦曰："嗟乎！贫穷则父母不子，富贵则亲戚畏惧，人生在世，势位富贵，盍可忽乎哉！"——《战国策·秦策》[①]

苏秦为功名利禄汲汲奔走，是典型的功利境界。功利境界是有很大的诱惑力的，苏秦成功前异常落魄，成功后则荣华富贵，反差何其巨大！

> 孔子适周，将问礼于老子。老子曰："子所言者，其人与骨皆已朽矣，独其言在耳。且君子得其时则驾，不得其时则蓬累而行。吾闻之，良贾深藏若虚，君子盛德容貌若愚。去子之骄气与多欲，态色与淫志，是皆无益于子之身。吾所以告子，若是而已。"孔子去，谓弟子曰："鸟，吾知其能飞；鱼，吾知其能游；兽，吾知其能走。走者可以为罔，游者可以为纶，飞者可以为矰。至于龙，吾不能知其乘风云而上天。吾今日见老子，其犹龙邪！"——《史记·老子韩非列传》[②]

这是中国历史上一场伟大的对话。因礼崩乐坏，孔子要恢复周礼，并以仁为思想总纲领，周游列国十余年，宣扬自己的学说。如果孔子贪图个人的安逸与享受，即便鲁国国君弃其不用，他照样可以有学生们的拥戴，照样可以锦衣玉食，照样可以有自己的影响力，但他毅然离开鲁国（当时已经五十多岁），期间历经千难万险、千辛万苦，却矢志不渝，其气魄与胸怀很少有人比得上，实是中国第一等的伟人、第一等的圣人——我说到孔子时总忍不住赞美几句！孔子适周问礼于老子，时间虽不能确定，当发生在孔子而立之

---

① 何建章：《战国策注释》，中华书局1990年版，第75—76页（个别字有改动）。
② 司马迁：《史记》（第七册），中华书局1959年版，第2140页。

年后 ①。这则对话（故事）中，表现了儒家道德人生与道家道德人生的不同，老子所谓的"君子得其时则驾，不得其时则蓬累而行"，所批评孔子的"骄气与多欲，态色与淫志"，都是基于道家原则的。儒家和道家的学术路径不同，一个做人生的"加法"，一个做人生的"减法"，我们前面已有论述。作为人生不同的道德境界，其实也是不同人不同境遇的不同选择。

> 屈原既放，游于江潭，行吟泽畔，颜色憔悴，形容枯槁。渔父见而问之曰："子非三闾大夫与！何故至于斯？"屈原曰："举世皆浊我独清，众人皆醉我独醒，是以见放！"渔父曰："圣人不凝滞于物，而能与世推移。世人皆浊，何不淈其泥而扬其波？众人皆醉，何不哺其糟而歠其醨？何故深思高举，自令放为？"屈原曰："吾闻之，新沐者必弹冠，新浴者必振衣。安能以身之察察，受物之汶汶者乎？宁赴湘流，葬于江鱼之腹中。安能以皓皓之白，而蒙世俗之尘埃乎！"渔父莞尔而笑，鼓枻而去，乃歌曰："沧浪之水清兮，可以濯吾缨。沧浪之水浊兮，可以濯吾足。"遂去，不复与言。——《楚辞·渔父》②

屈原自动放弃生命，并不值得提倡。但屈原的生命是纯粹的，他坚持自己爱楚国的理想，在他第二次被楚顷襄王熊横放逐之后，在楚国国都被秦国大将白起攻破之后，宁折不屈，宁为玉碎，毅然跳汨罗江而死。我之所以把屈原的人生列为自然境界 ③，是因为他与楚国共进退；是因为他秉持自己高洁的人格，

---

① 相关的论述很多，可参看陈鼓应、白奚：《孔老相会及其历史意义》（《南京大学学报》1998年第4期），詹剑峰：《老子其人其书及其道论》（华中师范大学出版社2006年版）等论著。

② 李山：《楚辞选译》，中华书局2005年版，第144—145页（格式有改动）。另，《庄子》中也有《渔父》篇，宣扬的是道家思想。

③ 其实，孔子、庄子死前与其弟子的对话更能体现人生的自然境界。据《礼记·檀弓上》记载："孔子蚤作，负手曳杖，逍遥于门，歌曰：'泰山其颓乎！梁木其坏乎！哲人其萎乎！'既歌而入，当户而坐。子贡闻之曰：'泰山其颓，则吾将安仰？梁木其坏，哲人其萎，则吾将安放？夫子殆将病也？'遂趋而入。夫子曰：'赐！尔来何迟也？夏后氏殡于东阶之上，则犹在阼也。殷人殡于两楹之间，则与宾主夹之也。周人殡于西阶之上，则犹宾之也。而丘也殷人也。予畴昔之夜，梦坐奠于两楹之间。夫明王不兴，而天下其孰能宗予？予殆将死也。'盖寝疾七日而没。"据《庄子·列御寇》记载："庄子将死，弟子欲厚葬之。庄子曰：'吾以天地为棺椁，以日月为连璧，星辰为珠玑，万物为齎送。吾葬具岂不备邪？何以加此！'弟子曰：'吾恐乌鸢之食夫子也。'庄子曰：'在上为乌鸢食，在下为蝼蚁食，夺彼与此，何其偏也！'"孔子、庄子或许早就参悟死亡，达到自然境界，但我觉得屈原的自然境界更为纯粹。

不能"以身之察察，受物之汶汶"；是因为他生命的价值已经无法实现或者说已经实现，生命的轨迹已到了尽头。对屈原来说，跳汨罗江而死是他生命的一个自然的进程——他以他的死，铭其志，壮其行，彰其德，实乃崇高之至！屈原与渔父的对话，也是一场伟大的对话，体现了两种生命态度与生活主张。

我上面列举的三组对话（故事），分别代表了中国人的人生态度与人生境界，我不想评价太多——这本就是每个人自己的事情，是每个人自己的选择，也是每个人自己承担的责任——在中国文化语境中，中国人的生命是自己的，不是"上帝"的。其实，中国人可以入世，也可以隐居；可以入仕为官，也可以为道为僧；可以追求功名利禄，也可以追求道德人生、颜回乐处；可以由功利境界渗透死亡而进入自然境界，也可以由道德境界体悟死亡进入自然境界。生活是自己的选择，生命就是这么一个样子。人这一辈子究竟该怎样生活？有疑问吗？需要指点迷津吗？还是先问问自己再说吧。

中国人的生活本来安静、平和，虽有压迫剥削，虽然战争流血，但在几千年的历史长河中，中国人能够自给自足，能够延续自己生命的根本，能够维持自己文化的传承，甚至能够艺术地、优雅地生活；但现在的中国已经被绑在了西方物质文明的列车上——中国人只能够运用自己的智慧，借鉴自己的文明成果，尽可能地予以修正吧！

三、中西之间

子曰：“攻乎异端，斯害也已。”

——《论语·为政》

  2016年4月5日，郑永年先生在《联合早报·郑永年专栏》发表了一篇名为《对话文明与文明对话》的文章，其中某些内容与我构思的此节内容暗合。在该篇文章中，郑先生对中国文明四个阶段尤其是第二个阶段的划分我不敢苟同[①]，但他对中国当下文明表述却切中肯綮。他认为：“在近代西方文明进入中国之后，中国文明到底是如何反应的，是被动的反应，还是主动的反应，这是学术界一

[①] 郑永年先生认为："中国文明从古代到近代可以分为四个阶段。第一阶段是形成阶段，从约公元前11世纪至公元2世纪。在这个古典阶段，中国发展出了其基本观念和制度，后来成为其他东亚国家和地区古典遗产的一部分。第二阶段是佛教时期（公元3世纪至10世纪），其间在东亚占统治地位的文化力量是大乘佛教，而各种本土的传统则存活在社会层面。第三阶段为新儒学时期，从公元11世纪至19世纪，其中新儒学在新的社会与文化中占有领导地位，而佛教则在当时的群体基层中力求生存。第四阶段为近代以来，在这一时期，扩张中的西方文明冲击着东亚国家，到今天这种冲击还没有中止。"梁启超在1902年发表《论中国学术思想变迁之大势》时，把中国数千年学术思想概括为七个时代："一、胚胎时代，春秋以前是也。二、全盛时代，春秋末及战国是也。三、儒学统一时代，两汉是也。四、老学时代，魏、晋是也。五、佛学时代，南北朝、唐是也。六、儒、佛混合时代，宋、元、明是也。七、衰落时代，近二百五十年是也。八、复兴时代，今日是也。"（梁启超：《论中国学术思想变迁之大势》（1902—1903）。见汤志钧等编：《梁启超全集》（第三集），中国人民大学出版社2018年版，第15页）吕思勉先生在《先秦学术概论》（1933年）中亦认为："吾国学术，大略可分七期：先秦之世，诸子百家之学，一也。两汉之儒学，二也。魏、晋以后之玄学，三也。南北朝、隋、唐之佛学，四也。宋、明之理学，五也。清代之汉学，六也。现今所谓新学，七也。"（吕思勉：《吕思勉全集》（3），上海古籍出版社2016年版，第362页）这里，梁启超所谓第五时代、吕思勉所谓第四时期，与郑先生所谓佛教时期相合，但梁启超、吕思勉都着眼于学术思想，与"中国文明"还是不同的范畴；且即便是梁、吕所论，也无甚依据。在我看来，中国并没有一个文化（文明）或者学术上占统治地位的佛教时期。佛教刚刚传入中国时，还打着道家的旗号，以方便传布并扩大影响；魏晋南北朝时期佛教虽然飞速发展，但与道家道教相互融合，是一个快速中国化（中国文化与佛教对话的结果）的过程；在两宋时期（包括元代）佛教在整个中国文化中的地位，尚不及道教，更不及儒家。

直在争论的问题。不过，以中国直到今天所流行的话语来看，中国的反应不仅是被动的，而且并没有看到西方文明和本土文明之间的对话，也就是说，本土文明仍然被排挤在西方文明之外。"为什么中国本土文明仍然被排挤在西方文明之外呢？按理说，如果文明能够对话，则首先要处于一种平等的地位，首先要没有一种先入为主的、孰优孰劣的、以西方文明为中心的态度，否则根本就没有对话的可能。

从中国历史情况看，中原地区与北方游牧地区虽然冲突不断，但二者之间文化交融却是主线，中原地区的富足与文明以及由此形成的文化软实力光芒四射，以至于游牧民族统治者在取得"龙庭"之后，就会采用中原地区的意识形态与治国方略，即便是在北方建立政权的辽代亦是如此。据《辽史·义宗倍传》记载，辽太祖阿保机称帝后，曾就国家的意识形态问题征求大臣们的意见，群臣皆以佛对，阿保机断然拒绝，认为"佛非中国教"；耶律倍答以孔子，阿保机大悦，即在国内建孔子庙，祭拜孔子[①]。在辽太祖的意识中，"中国教"与"非中国教"泾渭分明，或许他早已把自己当作了一个中国人。其实，孔子作为中华文明标志性人物，元、清的统治也是从尊孔开始的。元大德十一年（1307）秋，元武宗海山加称孔子为"大成至圣文宣王"；清顺治二年（1645），清世祖福临加尊孔子为"大成至圣文宣先师"，从而合理地加入到中华民族历史传承的序列中来，内化为中华民族的一部分。恩格斯在《反杜林论》中曾经说："每一次由比较野蛮的民族所进行的征服，不言而喻地都阻碍了经济的发展，摧毁了大批的生产力。但是在长时期的征服中，比较野蛮的征服者，在绝大多数情况下，都不得不适应征服后存在的比较高的'经济情况'；他们为被征服者所同化，而且大部分甚至还不得不采用被征服者的语言。"[②] 这一论断对中国尤为适合。

中国人大概是世界上最具有包容性的族群，这主要体现在以下几个方面：

第一，中国古代不以人种来划分人群，不以人种来制造社会"壁垒"分化社会，而是以文化来凝聚人心。《左传》解释"华夏"一词时说"有服章之美谓之华，有礼仪之大故称夏"，可以说，"华夏"一词是文化上的称谓。人们只要服章

---

① 《辽史·宗室列传》记载：时太祖问侍臣曰："受命之君，当事天敬神。有大功德者，朕欲祀之，何先？"皆以佛对。太祖曰："佛非中国教。"倍曰："孔子大圣，万世所尊，宜先。"太祖大悦，即建孔子庙，诏皇太子春秋释奠。（《辽史》第三册，中华书局1974年版，1209页）

② 《马克思恩格斯选集》（第三卷），人民出版社1966年版，第293页。

与礼仪合乎规范，则都为华夏之人，这种观念自古及今不曾断绝。唐太宗李世民曾说，"夷狄亦人耳，其情与中夏不殊。人主患德泽不加，不必猜忌异类。盖德泽洽，则四夷可使如一家；猜忌多，则骨肉不免为仇敌"①，中国人看重的是人心与人情。

第二，中国人虽有鬼神观念，虽有迷信思想，但从整体来看，中国一直是一个世俗社会；相对于基督教、伊斯兰教等文明形态而言，中国人宗教观念淡薄，没有形成一神教②，没有宗教极端势力。所以，在中国没有异教徒，没有宗教狂热，没有宗教仇恨，没有宗教战争，人们可以信仰道教，可以信仰佛教，可以信仰伊斯兰教，可以信仰基督教，且信教不信教是个人自己的事情，没有人为的约束与限制——中国文化中没有产生像伊斯兰原教旨主义尤其是ISIS那种极端组织的"土壤"。说到底，中国人可能信这教那教，也可能同时信这教那教，但其目的往往是祈求获得保佑，获得某种福祉，仍然是功利的、世俗化的、现世的。

第三，儒家道家思想具有包容性。儒道学说都立足于人性与人心，主张天人合一③，要求人与人之间、人与社会之间乃至人与自然万物之间的和平、和气、和谐，儒家如张载所谓"民吾同胞，物吾与也"、道家如庄子所谓"齐物论"（齐物之论或齐同物论），就都具有这方面的特质。

第四，中国人满意于或者说满足于自己的生活，缺乏侵略意识。我前面已经说过，从中国文化生成角度而言，相对封闭的地理环境、自给自足的农耕经济、严密的宗法制社会以及完整的历史传承，决定了中国文化的基本特点；而儒道思想联结其中，形成了中国人安土重迁、守分自足的特点。中国人习惯于安稳地过日子，习惯于努力过好自己的日子。这一点，在中国明朝生活多年的意大利人利玛窦有切身的体会。利玛窦1582年到达澳门，1610年5月死于北京，可以说是一个老到的中国通。他在《利玛窦中国札记》说："在即将结束关于中国政府机构的这一章的时候，把他们与欧洲人不同的一些别的事物也记录下来，似乎是十分值得的。首先，如果我们停下来想一想，就会觉得非常值得注意的是，在这样一个几乎具有无数人口和无限幅员的国家，而各种物产又极为丰富，虽

① 司马光：《资治通鉴》（卷第一百九十七），中华书局1956年版，第6216页。
② 在笔者看来，一神教意味着对信众精神上的控制，比如基督教。《圣经》中总是反复歌颂神的功绩；《旧约·申命记》中反复告诫教徒们"除了我以外，你不可有别的神""不可为自己雕刻偶像""你和你子子孙孙一生敬畏耶和华，谨守他的一切律例、诫命""神是独一的主"，等等（中国基督教协会《圣经》，南京爱德印刷有限公司1996年版，第172—173页）。
③ 当然，儒家、道家天人合一思想内涵不同。

然他们有装备精良的陆军和海军，很容易征服邻近的国家，但他们的皇上和人民却从未想过要发动侵略战争。他们很满足于自己已有的东西，没有征服的野心。在这方面，他们和欧洲人很不相同，欧洲人常常不满意自己的政府①，并贪求别人所享有的东西。西方国家似乎被最高统治权的念头消耗得筋疲力尽，但他们连老祖宗传给他们的东西都保持不住，而中国人却已经保持了达数千年之久。这一论断似乎与我们的一些作者就这个帝国的最初创立所做的论断有某些关系，他们断言中国人不仅征服了邻国而且把势力扩张到远及印度，我仔细研究了中国长达4000多年的历史，我不得不承认从未见到有这类征服的记载，也没听说过他们扩张国界。正相反，我常常就这一论断询问中国博学的历史学家们，他们的答复始终如一，即情形不是这样的而且也不可能是这样的。姑不论做出这种错误记载的作者声誉如何，错误之所以出现很可能是因为发现有中国人到过中国国境以外的证明。例如，人们可以引证菲律宾群岛，中国人曾打入那里的私人企业，但不是官方正式委派的。"②利玛窦对中国文化的认识，"当然比道听途说的黑格尔要高明得多"③。

　　总之，中国传统文化本就有一份从容和自信，先秦以来"大中华圈儿"的不断扩展，正说明了中华文明生命力、吸纳力乃至于承受力、忍耐力之强大，正说明了中华文明根深叶茂、绵绵长久的魅力之所在；但不幸的是，欧洲的工业革命来了，欧洲的启蒙运动来了，欧美的殖民主义来了，欧美的扩张与掠夺来了——殖民主义、资本主义以摧枯拉朽之势涤荡着非洲、亚洲、大洋洲，乃至北美洲、南美洲。中英鸦片战争对中国的影响是巨大的——中国人几乎无法承受，《南京条约》签订后，帝国主义的铁骑开始肆意地践踏着中国的土地，

---

① 或许，利玛窦触摸到了中西文明的一个本质差异。中华文明注重群体观念，注重人与人、人与社会、人与政府（统治者）之间的合作，在人群之中实现人生的价值，而西方文明则重视人的个体价值。就知识分子层面而言亦然。中国知识分子寻求与政府（统治者）的合作，以成为士大夫为荣，西方知识分子以批判政府（统治者）为荣，或许在中国传统文化语境中很难有西方所谓的知识分子。故而，若以西方的标准评价中国的知识分子，则斥之以"鹰犬""帮凶""走狗""爪牙"，甚无谓也——当然，中国的知识分子若在政治黑暗、统治腐朽的时期，仍一味地粉饰太平，则是天良泯灭，丧尽人伦，殊为可恶！

② 利玛窦、金尼阁著，何高济等译，何兆武校：《利玛窦中国札记》，中华书局1983年版，第58—59页。

③ 罗荣渠在《汉字：神奇的文字，文化的功臣》一文中说："利玛窦懂得在尊重悠久的中华文明的前提下传播西方基督教文明。他通过苦学而精通汉语和汉文典籍，是非常难得的。他对汉字文化的认识当然比道听途说的黑格尔要高明得多。"见罗荣渠：《汉字：神奇的文字，文化的功臣》，《汉字文化》1994年第1期。

西方的价值观念开始肆意地侵蚀着中国人的心灵，中华文明遭到肆意地人为破坏。司空图《河湟有感》诗云："一自萧关起战尘，河湟隔断异乡春。汉儿尽作胡儿语，却向城头骂汉人。"说得过分吗？

有关中国文化乃至中国人的批判，"国民劣根性"绝对是百余年来的"热词"。什么是国民劣根性？顾名思义，根者，根本也，也就是说，中国文化从"根"上就坏了，就烂了，中华民族是卑劣的民族，中国人是低下的种群；换句话说，中华文明五千年简直就一无是处，礼仪乐制、诸子百家、秦砖汉瓦、唐诗宋词、明清宫阙简直就是一堆垃圾，低等的民族如何创造出伟大的文明？！——这是何等的幼稚的、可笑的、荒谬的逻辑，中国人不配在这个世界上生存吗？

中国"国民劣根性"的观念并非产生于中国本土，而是产自欧洲的"舶来品"，其实质则是"莫须有的'国民劣根性'"[①]。中国人是如何一步步被矮化、丑化、妖魔化的呢？中国人的"国民劣根性"是如何形成的呢？我对此研究甚少，这里先引用周宁先生、程巍先生的一些研究成果——我对二位先生的观点深为赞同。

周宁先生在《"被别人表述"：国民性批判的西方话语谱系》一文中说：

西方启蒙运动以来有关中国国民性的理论，已由多种文本共同构成一个话语系统，有其自身的主题、思维方式、价值评判体系、意象和词汇以及修辞传统。中国现代国民性批判是在西方的中国国民性话语传统影响下进行的。

从孟德斯鸠开始，西方思想界试图在现代世界观念秩序中确立中国的国民性，在后启蒙时代的东方学背景下，相关主题的不同文本，逐渐构筑起一个知识体系，经过赫尔德的发展，最后完成于黑格尔的历史哲学。此时，中国的国民性话语，作为殖民主义帝国主义意识形态语境中生产与组织"中国意义"的表述系统，已经具有一个统一的主题，即中国国民的奴性；已经形成一套相对稳定的概念，如中国的自然环境、政治专制、道德堕落、愚昧迷信、历史停滞如何塑造并表现这种奴性；已经表现出一种既定的陈述方式，如首先在与西方对立比较的东方化语境中确定中国国民性的精神核心并历数其多种特征，尤其是道德范畴内的反面例证；已经以学术建制的方式沟通了知识与权力，为西方扩张提供了启蒙与自由大叙事下的正义理由。

---

① 潘志和：《阿Q"国民劣根性"误植与误读》，《中央社会主义学院学报》2012年第3期。

中国的国民性话语的四个条件已经齐备于黑格尔的相关论述中。首先，他在自由精神展开的世界秩序中将中国的国民性本质确定为奴性，然后一一论述这种本质的奴性在中国社会各个方面的表现，最后，他以人类历史的进步与自由的绝对原则断言被欧洲人征服是各东方帝国的必然命运，中国也将屈服于这种命运。

西方关于中国国民性的话语在黑格尔那最后确立。黑格尔哲学体系本身的庞大精密，无疑以一种似是而非的完整性与深刻性为其谋得话语权威。黑格尔关于中国国民性的看法，在西方具有普遍的影响力，19世纪西方有关中国国民性的看法，基本上是黑格尔总结与确立的。[①]

周宁先生在《天朝遥远——西方的中国形象研究》一书中说：

所谓西方的本质或东方的本质，都是某种文化构成物，其想象与虚构的成分要远远大于真实。西方历史上绝大多数时间内都比东方更迷信，东方在历史的绝大多数时间里也比西方更先进。西方人认为，理性是西方文化精神的精华，可直到18世纪，西方主张理性的启蒙哲学家，还推崇中国的理性与宽容精神，批判西方的神学与宗教政治迫害。

18世纪启蒙思想为东西方二元对立的观念提供了一种文明与野蛮的尺度，……19世纪的进化论思想，在文明与野蛮的历史尺度之外，又为东西方二元对立的观念提供了一个种族差异等级的自然的尺度，并以科学的方式表述出来。

在西方19世纪的世界观念中，东方与西方的二元对立秩序，又与白种与有色人种、文明与野蛮二元对立秩序重合起来。东方便是有色人种野蛮的民族与国家，西方便是白种与文明的民族与国家。三种概念的重合是西方不同时代世界观念秩序的重合，其中包括古典思想、启蒙哲学与进化论种族主义。这种重合类比本质上是随意性的，但表述得非常确凿，它与其说是科学，不如说是神话。意识形态或话语的功能便是将历史中虚构的东西自然化，构筑出某种所谓的"本质"，将某种权力秩序确定下来，使其显得不可置疑也不可动摇。

在西方的东西二元对立的世界观念中，中国形象表现出的东方性，是一点点逐渐积累起来的。传教士们即使在歌颂中国的时代，也不经意

---

① 周宁：《"被别人表述"：国民性批判的西方话语谱系》，《文艺理论与批评》2003年第5期。

地透露出有关中国经济贫困、政治暴戾、道德败坏的消息。笛福与安森首先塑造了懦弱、奸诈、不诚实、肮脏、贫困的中国形象，孟德斯鸠又在这些道德堕落的特征外，加上了政治专制残暴的特征。从伏尔泰到孔多塞、马戛尔尼，中国文明停滞的形象也一点点确定下来，中国不仅在政治上专制，道德上败坏，在技术上落后，精神上也是愚昧野蛮的。这种观点在黑格尔那里得到最系统严密的哲学化表述。在堕落的东方的整体背景下，他不仅将中国形象的各个方面涂抹得一片漆黑，而且为这种黑暗找到了一个黑暗的中心，一个终极的、解释性的原因，即自由精神在中国还没有出现，而自由精神是人性与历史的起点。到此为止，中国不仅具备了所有的、否定性的东方性，而且将这种东方性发挥到极致。中国人精神愚昧，他们的智力是野蛮人或孩子的，他们将自己变成暴政与贫困的奴隶，却丝毫意识不到这一点。他们头脑混乱，被各种愚蠢的念头与迷信充满着，经常做出各种各样怪异不道德的事。他们邪恶、虚伪、软弱而又残暴，他们不懂科学，技术落后，他们停滞在历史的起点上，把整个文明变成重复毁灭的废墟⋯⋯

出现在19世纪末20世纪初的"黄祸"论，具有明显的种族主义色彩。

被异化、丑化与漫画化的中国人形象，广泛流行于19世纪西方社会的"中国佬"套话中，野蛮或半野蛮的中国佬丑陋、怪诞、邪恶，留着猪尾巴一样的长辫子，裹着小脚，打着伞，拿着扇子，男不男，女不女，细眼睛似笑非笑，诡计多端，说话怪声怪气，从早到晚抽鸦片，吃猫、狗、蛇、老鼠之类的动物，溺死女婴，以残忍为消遣，愚昧无知，信奉一些乱七八糟的鬼神，软弱可欺又经常妄自尊大，容易受宠若惊又容易忘恩负义，既是奴隶又是叛徒⋯⋯总之，中国人是一个愚昧、懒惰、不诚实、肮脏甚至可能凶残的劣等民族，他们没有善良的本性，甚至没有作恶的能力。[①]

正如周先生所言，所谓西方的本质或东方的本质，大都是根据某个特定历史阶段的历史虚构——"意识形态或话语的功能便是将历史中虚构的东西自然化"，对中国"国民劣根性"的勾画完全是一种诬蔑！任何文化中都有不光彩的、阴暗的甚至罪恶的一面，正是正与负、高与底、优与劣的斗争才推动文明的前行。在西方文化中，有所谓无所不能、至善至美的上帝在，在西方实力强大之后，其野

---

① 周宁：《天朝遥远——西方的中国形象研究》（下），北京大学出版社2006年版，第727、728、729、733、787、791页。

心便急剧膨胀：西方人以执着地、锲而不舍地、近乎痴迷的传教士精神，努力要把上帝的神光播撒到世界的各个角落。李光耀先生晚年，在谈到自己对死亡的认识问题时，有一段关于基督教的文字，就很能说明这个问题："我身边那些曾经百般尝试让我信仰基督教的人后来都放弃了。我夫人也不信，她曾经有个学生时代就很要好的女同学，这个人信教信得不行，每次都劝我夫人也成为基督教徒。我夫人后来不理这个同学了，她说，这个人每次找我都是劝我信教，就没别的话题，真是太荒诞了。"①信不信上帝本是自己个人的选择，但反复的游说、劝说恰恰是一个"洗脑"的过程，像李光耀及夫人这般意念坚定实属不易。

与传教士精神相呼应，则是"异教徒"的观念。西方人眼中，不信从上帝即是"异教徒"，是要被声讨、被惩罚甚至被处死的，是要下地狱的，如我们耳熟能详的：11 世纪至 13 世纪欧洲长达 200 年的十字军东征即是打着征讨异教徒的旗帜；但丁《神曲》中异教徒在地狱第六层燃烧的坟墓中受到炙烤；乔尔丹诺·布鲁诺（1548—1600）被宗教裁判所判为"异端"烧死在罗马鲜花广场；莎士比亚笔下的异教徒夏洛克被肆无忌惮地骂作"恶狗一样的犹太人"；欧洲殖民者包括建国后的美国人对美洲印第安人的屠杀简直暗无天日；19 世纪 70 年代美国作家布莱特·哈特（1836—1902）的诗歌《异教徒中国佬》在美国广为流传，诗中有"我们被这群廉价的中国劳工给毁了"的句子，"异教徒中国佬"成了美国人对中国人的代称……一神教中的异教徒简直就是罪大恶极——西方文化"内修文明、外施暴力"特征明显。在上帝的神光中，西方人把自己"打扮"为正义与真理的化身，聚焦并放大中国文化的阴暗面，西方人眼中的中国形象每况愈下，以至于西方长达半个世纪的教科书中公然地、全面地抨击中国，抹黑中国，以至于中国在备遭蹂躏、中国人面临国破家亡时仍有"黄祸"之论，以至于中国人成为无知、丑陋、愚昧、肮脏的劣等民族的代表，以至于世界列强在中国殖民、八国联军入侵中国时都显得理直气壮！

西方人丑化、污蔑中国，作为中国人，按理说应该予以猛烈反击；退一步讲，即便没有能力反击，也应该表达自己愤怒的态度；再退一步讲，即便不想表达自己的愤怒的态度，也应该保留自己日后追究的权力——最起码的民族尊严还应该保留一点儿吧。但是，当时的中国人已经被西方人（包括日本）骂惯了、吓怕了、打懵了；而接触过西方世界（包括日本）的中国人，

---

① 该文见《李光耀论死亡：生命的意义在于做到了自己想做的》一文，节选自《李光耀观天下》，财经网、中华网、和讯网、广州日报大洋网等网站2015年3月23日都有转载；《新一代》杂志2015年5月15日也以李光耀《我选择离去》为题予以发表。

则艳羡西方（包括日本）的技术文明、物质文明，服膺西方学术话语与精神说教，西方人对中国"国民劣根性"的批判[①]，非但没有让他们觉得愤怒，反而眼前一亮，找到了批判中国的"法宝"，并在西方人基础上进一步掀起了批判"国民劣根性"的浪潮——对照西方人丑化、妖魔化中国的文字，胡适等人在 20 世纪初对中国文化的批判，并没有多少新意——中国的部分社会精英出国留学几年归来，就学会了骂自己的祖宗，实可哀叹！当然，我们宁愿相信，20 世纪初社会精英对中国文化的批判，是基于满腔的爱国热忱的，是基于"恨铁不成钢"的发展中国的愿望的，是基于富足的西方物质文明、技术文明的空想中的，但其流弊巨大而深远——中国人没有了自己的声音，中国人没有了自己的价值判断与价值取向，中国人没有了民族自尊心，中国人失去了文化认同感，中国人迷失了自己，越来越多的中国人成为"黄种白心"的伪中国人。摩罗在《"国民劣根性"学说是怎样兴起的？》一文中说："戊戌政变是中国近代史上一个转折性事件，它使得中国政治精英和文化精英按照现代性价值理念改造中国、壮大中国的愿望遭遇重大心理挫折，他们对于通过迅速的富国强兵举措来抵制西方的屠杀与掠夺顿时完全绝望。精英群体在文化信心和民族信心崩溃之后，不得不接受了西方殖民者的文化霸权及其对中国的妖魔化描述，不得不从精神文化、民族性格甚至人种层面为中国的失败与绝望寻找原因。从此以后，这只无辜的羊真的认为自己国民性很肮脏，甚至常常怀疑自己确实污染过狼的水源，'否则那只狼为什么非得吃掉我不可呢？'——这只可怜的中国羊一百年来常常进行这样的现代性反省和人文思考。"[②] 对中国国民性的批判，代表人物当属鲁迅。他不但批判国民性，而且还试图改造国民性。他在给许广平的信中说："最初的革命是排满，容易做到的，其次的改革是要国民改革自己的坏根性，于是就不肯了。所以此后最要紧的是改革国民性，否则，无论是专制，是共和，是什么什么，招牌虽换，货色照旧，全不行的。"至于如何改造国民性，鲁迅自己并没有什么办法，"但说到这类的改革，便是真叫作'无从措手'"[③]——"莫须有"的国

---

① 其实，如果非要给文化"安"一个劣根性问题的话，我甚至觉得西方基督教（一神教）文化更具有劣根性，因为不信仰上帝的人就是异教徒，好在基督教后来进行了世俗化的改造。其实，"一神教"说穿了就是只有"一种人"，缺少最起码的包容心，这与"和而不同"的中国文化迥异其趣。

② 摩罗：《"国民劣根性"学说是怎样兴起的？》，《书屋》2008年第10期。

③ 鲁迅：《鲁迅全集》（第十一卷），人民文学出版社2005年版，第31—32页。

民劣根性如何改革呢？亚丹·弗格森（Adam Ferguson）在1767年就曾说过"社会道德秩序，乃人类行为之结果，而非人类设计之执行"①，国民性本是千百年来在历史中积淀下来的一国人民之特性（非单指中国），即便是卓尔不凡、惊才艳艳的伟大人物也不能改革或设计出什么国民性来，鲁迅本就是在努力处理一个伪命题。程巍在《泰坦尼克号上的"中国佬"——种族主义想象力》则分析说："当鲁迅使用'国民性'或'民族性'这一本质主义的概念时，他就把一种'历史'的现象描述成了一种'种族'的固有特征，把一种'历史的表情'当作了一种'种族的表情'，并且完全忽视了这种'历史的表情'与1842年以来西东列强长久的武力凌辱和文化殖民给中国人造成的'精神的瘫痪'有着某种关系。疗治这种'精神瘫痪症'的药方不是'全盘西化'，因为它恰是造成这种'精神瘫痪症'的原因之一，而是在内心不断复活民族（国家）历史上那些'伟大时刻'和伟大人物的精神，并赋予它们一种现实感。"②此说颇有见地。

西方人矮化、丑化甚至妖魔化中国人、中国文化（包括其他有色人种），是为了突出西方人种、西方文化的优越性，为其在世界范围内推行殖民主义、帝国主义提供理论支撑，并由此产生了许多以西方为中心的"冠冕堂皇"的理论——西方人把自己当成了"上帝"，当成了"神"，当成了"救世主"——而中国新派学人则自惭形秽，佩服得五体投地。程巍《泰坦尼克号上的"中国佬"——种族主义想象力》一书中说："中国的'现代自我'形成于戊戌变法与新文化运动之间，那正是西方的'军事胜利带来[西方的]精神胜利'的一个'全球传播'的高峰时刻：西方殖民主义意识形态家们征用西方现代'科学学说'——诸如博物学、动植物分类学、进化论、文明等级论、人种学、地图绘制学、种族性和民族性理论等等，以便将西方中心主义及其全球统治呈现为一个'文明等级'和'社会进化'的层级景观，同时，这一呈现过程伴随着西方对于世界历史的西方中心主义的大规模书写，而服膺西方现代'科学学说'及以之为理论基础的西方的世界历史写作却不察其殖民主义和种族主义意识形态性的中国西化派人物（所谓'启蒙家们'），则不断强化这些'科学学说'和殖民史学在国人心中的至尊地位，以'更新'国人对于历史时空

---

① 转引自林毓生：《中国意识的危机——"五四"时期激烈的反传统主义》，贵州人民出版社1988年版，第82—83页。

② 程巍：《泰坦尼克号上的"中国佬"——种族主义想象力》，漓江出版社2013年版，第6—7页。

的感知方式。"① 西方由军事霸权、经济霸权发展而来的话语霸权，影响何其大也！较为典型地体现西方人话语霸权的则是西方媒体、政客、资本家乃至于当事人在闻名世界的泰坦尼克号沉没后的"表演"，它使这一起由船长和船员疏忽甚至玩忽职守造成的灾难性事件演变为彰显盎格鲁—撒克逊人的"骑士精神"和"英雄气概"的"杰作"。而同样，泰坦尼克号上幸存的6名中国人② 被踩在了脚下，他们被描述成了偷渡客，成了装扮成女人苟且偷生的卑鄙无耻者。事实果真是如此吗？

2012年10月，程巍先生在《中华读书报》发表了《泰坦尼克号上的"中国佬"》和《泰坦尼克号上的"中国佬"（续）》③两篇文章，并于2013年出版了著作《泰坦尼克号上的"中国佬"——种族主义想象力》④一书，详细梳理了泰坦尼克号海难发生的前前后后，揭示了西方人近乎自恋的"道德优越感"。程巍先生在《泰坦尼克号上的"中国佬"——种族主义想象力》一书后记中，介绍了自己的写作过程，其中说"在几个月的时间里，我通过美国国家图书馆旧报PDF版数据库翻阅了数百份1912年4—6月间的美国报纸，并将这种'e考据'撰写成了一篇近2万字的研究文章，以揭示流传至今的泰坦尼克号海难叙事的种族主义，并为遭到这种种族主义构陷的泰坦尼克号上的'中国佬'恢复名誉"（程著315页）。程先生在大量英文一手资料的基础上，以点带面，研究种族主义问题，视角独特而深刻，能给我们很多的启示。这里主要摘录程先生一些研究成果。

纵观西、中方对泰坦尼克号海难及围绕着幸存的6名"中国佬"的"叙事"，

---

① 程巍：《泰坦尼克号上的"中国佬"——种族主义想象力》，漓江出版社2013年版，第8页。

② 泰坦尼克号船上共有8名中国乘客，他们是来自香港的司炉工。程巍在《泰坦尼克号上的"中国佬"（续）》一文中介绍说：受码头工人罢工的影响，英国轮船公司面临船员短缺的情况，而雇用与工会没有关联且廉价的船员成了摆脱困境的途径。"唐纳德公司的阿那特号（该船包租给了大西洋水果公司，从中美洲西印度群岛往美国运送热带水果）当时停泊在纽约港，缺少司炉工。公司决定派8名来自香港的华人司炉工（'英国臣民'）搭乘泰坦尼克号前往纽约港，在那里转船至阿那特号。他们并不进入美国，不违反美国禁止华工入境的'排华法案'。公司为他们买了一张三等舱的集体票"。他们是合法地、光明正大地、堂堂正正地登上泰坦尼克号的。

③ 程巍：《泰坦尼克号上的"中国佬"》《泰坦尼克号上的"中国佬"（续）》，分别发表于《中华读书报》2012年10月17日、10月24日。

④ 程巍：《泰坦尼克号上的"中国佬"——种族主义想象力》，漓江出版社2013年版。下文所引该书中内容，只随文注以"程著×页"字样。

大体上可分为"自恋"（西方人）、"构陷"、"自虐"（中国人）"三部曲"。

首先，是西方人"自恋"式的道德优越感。当泰坦尼克号海难发生后，4月16日《纽约时报》登出一篇名为《泰坦尼克号令人惊恐的灾难》的长篇报道。其中写道：

> 泰坦尼克号出发时船上乘客和船员共2358人，其中乘客1455人，到目前为止只救起675人，据消息称，幸存者"几乎全为妇女和儿童"。……当卡帕西亚号抵达海难现场并发现救生艇里坐着的几乎全是妇女和儿童时，这一事实就有了至高的意义。（程著126页）

而在同一天，《皮特森评论报》刊出一篇有关"海难场景"的报道，其中写道：

> 在此，让我们停留一下，向泰坦尼克号上可敬而又具有骑士精神的绅士们——从勇敢的船长斯密斯先生，到他手下的最卑微的船员，再到船上的那些美国名流以及来自其他国家的乘客——致意，他们在面临死亡的惊恐时刻，像个真正的男子汉那样退后站立，也让妇孺——不论来自头等舱的身着睡袍、戴着珠宝的夫人，还是来自三等舱的身着棉纱衣和粗布鞋的穷妇——进入救生艇，而救生艇的数目太少，这些男子中的一部分将不能获救。（程著127页）

4月19日零时（距卡帕西亚号救援船抵达纽约才两个多小时），《纽约时报》登出了第一批"生还者的故事"，其按语写得至为深刻，至为感人：

> 以下是自泰坦尼克号海难生还的人们带给我们的故事，一个在生死之际展示出英雄气概和刚毅精神的故事。故事讲述得栩栩如生，使人有亲临现场之感。男人们恪守着女士优先的命令，站立在高处的甲板，望着与他们分别的妻子和孩子在下面的甲板被转移进救生艇。对他们中的大部分来说，这是永别了。如果他们那时还没有明白这一点，那至少也预感到了这一点。给出的命令是女士优先，而他们严格遵守。同船的1600名男子，几乎全部都将交给死神，而他们平静地、勇敢地等待这一时刻的来到，秩序井然，没有发生任何混乱。海上的规则战胜了自然的第一法则。船上的乐队依然在演奏，灯光也依然闪耀，难逃此劫的男子们等待着最后一刻。他们像英雄一样赴死，他们死得像男子汉。这是一个悲惨的可怕的故事。但它告诉我们文明是怎样战胜了原始的野性的本能，一种更标准、更加高贵的人性从中出现并征服了众人。在人类历史上，我们还没有见过比这更加令人鼓舞的集自我控制、献身、勇气、男子汉气概于一身的光辉事例。（程

著 208—209 页）

上述报道，都在鼓吹海难发生时"妇女和儿童"的生命权优先的原则，而男人像"真正的男子汉"，有"骑士精神"，并赋予这场海难"至高的意义"。当"生还者委员会"主席哥德贝克受到指责时[1]，《纽约先驱报》在 4 月 21 日登出了《哥德贝克夫人的讲述》一文为其辩解，其中说：

> 她哀求她的丈夫跟她进救生艇，但他拒绝了。当船员们开始朝海面放这只救生艇时，艇里还有些空座。据哥德贝克夫人说，她再次恳求她的丈夫像其他男子那样跳进救生艇。"当我看到他不想进救生艇时"，哥德贝克夫人说，"我就喊道，'看在上帝的份上，那就跟我说句再见吧！'突然，伊斯梅先生和一位船员抓住哥德贝克先生，将他抛向救生艇。他设法抓住救生艇上的绳子，艇里的一些人和我一起将他拉了进来。"（程著 111 页）

哥德贝克夫人想象力可谓丰富！有关泰坦尼克号海难的报道可谓是连篇累牍，有些还自相矛盾，英国文坛大家萧伯纳对这种"美国式新闻"颇不以为然，称之为"罗曼蒂克谎言的一次大爆发"；5 月 14 日，在泰坦尼克号海难发生一个月、当大西洋两岸齐声颂扬盎格鲁—撒克逊人的"英雄主义"的狂热时刻，萧伯纳在《每日新闻报》发表公开信，称"如此公然撒谎是令人深感恶心的国家之耻"（程著 31 页）。当然，萧伯纳的言论也受到了批判。

其次，是构陷泰坦尼克号上的"中国佬"，构陷中国人。上面提到的 4 月 19 日《纽约时报》第一批"生还者的故事"所加按语的后面，语气"陡然"一转，说："有些故事也谈到了意大利和中国的司炉工的狂乱的行为，他们纵身从甲板跳进救生艇，踩伤了艇里的一些女人。"（程著 209 页）在正文中，该报道援引斯滕格尔夫人的话说：

> 斯滕格尔夫人激动地说，她目睹了一些可怕的场面。她说，中国人和司炉工在救生艇还未从顶甲板放下时，就躲进了救生艇的底部。一些男人从甲板跃进坐着妇女的救生艇，踩伤了她们。（程著 210 页）

---

[1] 泰坦尼克号海难生还者离开海难现场不久，船上的头等舱和二等舱生还者选举产生了一个"生还者委员会"，由头等舱乘客哥德贝克（蕾丝进口商）担任主席。哥德贝克在从甲板登上 5 号标准救生艇逃生时，带着一个鼓鼓囊囊足以占据一个人空间的大行李箱，并带着它上了救援船卡帕西亚号，一直带到纽约。《纽约时报》记者目测"这只褐色帆布行李箱一米见方、厚约 30 厘米"。当哥德贝克的"帆布行李箱"见报后，哥德贝克受到指责，他辩称这只行李箱并非从泰坦尼克号上带来，而是购自卡帕西亚号的船员，里面装的是卡帕西亚号上的乘客送给他的御寒的衣物。程巍先生认为哥德贝克的辩解不合情理，这只行李箱"极有可能放着他从欧洲买来的贵重物品"。

程巍先生认为，斯滕格尔夫人所说大概是此类有关"泰坦尼克号上的'中国佬'"的叙事的最早版本——"不仅是因为刚刚走下卡帕西亚号的斯滕格尔夫人在码头上就对记者谈到了'中国佬'，还因为，与后来其他多数生还者的带有不肯定口吻的'据说'、'听说'不同，斯滕格尔夫人宣称自己'目睹'了这些'中国佬'的行为——她是'目击者'，因而具有了权威性。"（程著209—210页）这里，斯滕格尔夫人只是说"中国人和司炉工在救生艇还未从顶甲板放下时，就躲进了救生艇的底部"，而《纽约时报》的记者"张冠李戴"，把"从甲板跃进坐着妇女的救生艇"的事也安在了"中国佬"身上。后来，斯滕格尔夫人在接受采访时又补充说，"中国人和司炉工如何在救生艇还未放下时就藏匿在救生艇里，而当他们被发现后，他们竟拒绝划桨，说自己累了"（程著214页）。其实，斯滕格尔夫人在4月14日夜12点55分即进入了5号标准救生艇，而那只据称"有6个中国佬藏匿其底部"的C号折叠式救生艇至迟在次日凌晨1点40分之后才离开甲板，斯滕格尔夫人如何目睹"中国佬"的"丑行"呢？中国的司炉工并不会说英语，她又如何听他们说"自己累了"呢？这简直就是污蔑！之后，有关泰坦尼克号上丑陋的"中国佬"的故事就有了多种多样的版本，如4月19日《华盛顿邮报》刊登一篇对三等舱乘客热吉纳·斯坦纳的采访，其中记载："我听说，有6个或7个司炉工和中国佬被击毙了，因为他们试图冲进救生艇里的妇女们中间去。"（程著221页）再如，4月20日《纽约时报》刊登一篇名为《中国偷渡客》的报道，则写得更为细致、更为具体：

> 从下沉的泰坦尼克号获救的人中，有6个中国人。他们在泰坦尼克号还未离开英国港口前就偷偷溜进了其中一只救生艇，当该船撞上冰山时，他们并不惊慌失措，他们知道，如果泰坦尼克号有沉船危险，救生艇会放到海面。他们随身都带着女人用的披巾，当他们听到船上有人大喊"女士优先入艇"时，他们就拿披巾把自己遮起来，让船员们误认为他们是女人。

> 黑暗使得他们成功躲过别人的审视。直到他们被救上卡帕西亚号，才知他们是中国人。据说卡帕西亚号的一些船员要把他们扔回海里，但其指挥官不想这么做，而是将他们关进了船上的囚室。至于这些中国佬当初为何未被泰坦尼克号船员及乘客发现，让卡帕西亚号上的人百思不得其解。

> 今天，联邦政府官员将这些被囚禁的中国佬带走，而为遣送他们回国而必需的手续正在办理中。（程著221—222页）

泰坦尼克号的"中国佬"在这篇报道中又成了"偷渡客""逃票者"，具有超强的甚至是未卜先知的能力，"故事情节"太过离奇。再如，4月21日《华盛顿邮报》的报道中说："有些故事还提到了苦力，说他们在惊恐中，同时在他们的种族特性的驱使下，如何把女人推在后面，自己先登上救生艇以逃生，但从船上副官的手枪里发射的子弹结果了他们的性命。"这则报道则上纲上线，直接将8个"中国佬"的"卑劣行径"与其"种族性"挂钩，并视之为其"种族性"的必然体现（程著230页）。

其三，是中国人"自虐"，从而坐实了中国人的"劣根性"。中国人不乏天真的热情，一方面，它使中国人有求新求变的意愿；另一方面，它也让中国人在强者面前，低眉顺耳，人云亦云，盲目信从，甚至完全否定自我。而二者结合，容易使那些心志不坚、趋炎附势之辈改头换面，背弃自我，投入"他者"怀抱。20世纪以来，部分国人在西方文明面前也是如此，他们自惭形秽，坚持西化的主张，动辄就批判中国人、批判中国文化，甚至信口雌黄，以迎合西方人观点、学说、价值观念，成为西方文明的代言人。4月17日，俄亥俄州《丹佛邮报》记者在克里夫兰市的唐人街采访"美国华商会"特别代理 Henry Moy Fot（华人的英文名字），对泰坦尼克号海难的看法，刊发了《中国规则：先救男人，而非女人》报道。Henry Moy Fot 认为："假若泰坦尼克号是艘中国船，并由中国船员控制，那么，将没有任何一个妇女或儿童获救。对一艘中国轮船的船员来说，当轮船下沉时，船员的职责是先救男人，儿童次之，最后才轮到妇女。这种顺序基于这么一种理论，即男人对国家来说最为宝贵，而儿童可以找到养父，至于妇女，一旦失去丈夫则失去依靠。"（程著176—177页）中国什么时候有过这样的规则？Henry Moy Fot 简直是胡说八道！但是，对中国文化所知甚少的在《排华法案》影响下的美国人却信以为真，纷纷转载或引用 Henry Moy Fot 的谈话，以为又找到了批判落后的、愚昧的中国的"靶子"——他们把"女士优先"作为"文明国家"的标志。4月18日，《纽约时报》以《中国反规则而行之》有醒目大字标题转载道："俄亥俄州克里夫兰市，4月17日：假若泰坦尼克号是艘中国轮船，并由中国船员控制，那么，将没有任何一个妇女或者儿童获救。这番话出自今日逗留克里夫兰市的美国华商会特别代理 Henry Moy Fot。'当一艘中国轮船下沉时，船员的职责是先救男人，儿童次之，最后才轮到妇女。'这位特别代理说……"（程著178页）Henry Moy Fot 不负责任的乱说，竟然在美国演变成了"中国规则"，成为中国是野蛮民族的又一明证。

泰坦尼克号海难发生后，消息很快传到中国，上海《申报》《字林报》（英文报）等报纸开始报道这起海难，延续了欧美报刊的赞颂之声，如4月20日《申报》发表了题为《再纪英国大商船遇难详情》的报道，其中写道："数分钟内，见艇覆已揭去，船员静立其旁预备卸下，于是始知必遇重大之危机。楼下之搭客亦蜂拥而上，船长乃发命曰：男客悉由艇旁退后，女客悉退至下层甲板。男客闻令寂静退立，或身倚铁栏，或行于甲板之上，旋见卸下之艇皆落至下层甲板，妇女皆安然入艇。……然并未见紊乱秩序及争先入艇之举动，亦未闻唏嘘啜泣者。夫诸人虽知顷刻之间咸将投身海内，反藉救生圈以存万一之希望，而仍能镇定如恒，不稍惊乱，亦可奇也。"（程著273页）满是溢美之词。并且，泰坦尼克号上的"中国佬"也很快出现在《申报》上，在《再纪英国大商船遇难详情（续昨）》一文中就写道："有华人六名，潜伏于救生艇底，直至诸艇升至卡配西亚号后，始经人寻出。内有二人因搭客叠坐其上，压烂而毙。"真是贪生怕死，丑陋之极！据程巍先生考证，这段话"可能译自4月20日《毕斯比每日评论》登出的'19日发自纽约'的电讯"（程著275页），内容大同小异。

英美人对泰坦尼克号海难的"叙事"感动了无数中国人。1912年6月，由中华民国教育部审定的供高小学生使用的《共和国教科书·新国文》教材就编入了《铁达尼邮船遇险记》，以培养"新国民"。其中写到泰坦尼克号遇难时的情景时说：

> 是日铁达尼叠得无线电报，知有大冰山，在航路之北方。船长下令警备，沿航路之南而进。夜将半时，忽觉全船振荡。旅客不以为意，嬉游如故。盖深信制造之坚固，设备之周至，必无意外事也。

> 船既遇险，船长督率船员，百计救护。既知无可为，乃发令下小艇。小艇既备，又令男子退后，妇孺登艇。男子闻令即退，穆然无有喧哗者。妇孺既毕登，男子以次登艇。时船已就沉，其不及艇者，或植立船上，或跃入海中，无有出怨语者。

> 时船中电灯照耀，俨如白昼。乐工奏曲，不改常度。久之，乃易其欢愉之调，而为庄重之歌。歌曰："上帝乎！吾将近汝。"洎船沉，歌声乃随之俱沉于海底。船中有邮局职员五人，因救护邮件，遂以身殉之。

> 是役也，船员无不以死守职，秩序井然。旅客之舍身救人者，不可胜数。妇女亦镇定，罕闻啜泣声。间有依恋其夫，誓不愿行者。船员亦听之，不相强也。

该文的作者显然吸取了英美泰坦尼克号海难"叙事"的精华，写得如临其境，栩栩如生，极力美化欧美人的"骑士精神"和"英雄气概"。之后，上海商务印书馆1924年版《高小新撰国文教科书》袭用了《共和国教科书·新国文》教材之《铁达尼邮船遇险记》，上海中华书局1926年版"新学制适用"的"小学高级文体公民教科书"（张鸿英编）也编入了《地但尼^①邮船之沉没》一文，内容与《铁达尼邮船遇险记》大同小异，数以百万计的中国青少年都从泰坦尼克号上的"英雄故事"中汲取人生"营养"。

按理说，如果泰坦尼克号上的"英雄故事"都真实存在的话，也值得中国人学习、借鉴，汲取其中的精神力量；但事实的真相远非如此。更为可怕的是，当时在西化风潮的影响下，中国的新派学人正在激烈地批判中国的国民性或者说是国民"劣根性"；而两相对比，势必成为中国国民"劣根性"的又一佐证。1936年10月，林语堂主编的上海《西风》杂志第二期发表了洪鹄所写的《铁达尼上的国耻》一文。该文先是表现欧美人的"英雄气概"和"崇高精神"，然后就写泰坦尼克号上的"中国佬"的卑鄙与无耻：

> ……可就在这个时候，丢尽中国人面子的事发生了。"四个中国人鬼鬼祟祟地躲进一只救生艇的船底去"。
>
> 这是《哈柏士杂志》上所说的。中国人不惯遵守秩序的精神，在这里表现无遗。这是我们的奇耻大辱。
>
> 中国又多了一个国耻！^②

据程巍先生查证，洪鹄《铁达尼上的国耻》所据英文乃是1934年1月《哈柏士杂志》所登的汉森·鲍德温的《皇家邮轮泰坦尼克号》，但鲍德温文章中指责了戈登先生、戈登夫人等10人的冷酷自私的行为，洪鹄却为了突出"多了一个国耻"的分量删掉了^③。

经历"自恋"（西方人）、"构陷"、"自虐"（中国人）"三部曲"，在属于优秀种族的富有"骑士精神"和"英雄气概"的文明的西方人面前，中国人的国民劣根性就昭然若揭了。泰坦尼克号上的"中国佬"是中西文明冲突的典型案例。最后，我们再摘录程巍先生的几段话，以揭示中西文明冲突的真相：

> 在泰坦尼克号海难的最后时刻，船上的8个"中国佬"并没有显示出慌乱，而是按照船上副官的命令耐心等候在右舷的甲板上。一只只救生艇从甲板

---

① 即泰坦尼克，译名不同。

② 洪鹄：《铁达尼上的国耻》，《西风》第二期（1936年10月），第146—147页。

③ 汉森·鲍德温的《皇家邮轮泰坦尼克号》文中完整段落是："'富翁专用救生艇'离开了泰坦尼克号——此为1号救生艇，本可搭载40人，却只坐了戈登先生、戈登夫人及其他十个人。随后，惊恐失措的[三等舱]移民们朝救生艇挤去。一个船员用拳头对付他们，另一个向天空放了三枪，恐慌才被压制……四个中国人鬼鬼祟祟地躲进一只救生艇的船底去。"

上放下去，里面有男有女，大多还空了一些座位，不时有几个男子纵身从甲板上跳入正在缓慢下放的救生艇，而这8个"中国佬"依然站立在甲板上，属于最后才离开——并没有来得及全部离开——泰坦尼克的那些男子。最初制造有关这8个"中国佬"的谣言的人，恰恰是那些早早就进入救生艇并逃之夭夭的人，他们只能靠想象来"发明"他们根本就没有见到的场景。他们的"发明"既来自于流行的种族主义想象，又投合这一想象，自然就被当作事实而为美国报刊广为传播，并传播到世界，作为中国人的"种族劣根性"的铁证。（程著266—267页）

当人们"宁可相信"这些相互冲突的故事的真实性时，他们就进入了"信仰"领域——所谓"信仰"领域，是一个"价值"或者"意义"领域，而不是"事实"领域，人们并不是因为"上帝"的存在而信仰"上帝"，而是感到需要一个"上帝"而为自己创造了这么一个"上帝"。毋宁说这是一个"心理现实主义"，是建构这个世界的景观并赋予它以秩序和意义的一种话语方式——正如他们"宁可相信"船上的盎格鲁—撒克逊人或者说美英男子在海难中全都像绅士一样礼让，像骑士一般刚毅，恪守"妇孺优先"的规则而情愿将死亡留给自己；而事实上，在泰坦尼克号海难全部705名生还者中（这还不包括冻死在救生艇里或登上卡帕西亚号后死去的那几个英美男子），男子占了一半，而美英男子又在其中占了一多半，而且他们大多在那几个"中国佬"之前就陆续逃离了泰坦尼克号，并拒绝让自己所乘坐的救生艇返回救人（最终，近20只救生艇中，只有一只返回了沉船现场），尽管绝大多数救生艇还空有座位，其中6只几乎空了一大半座位，足以再容纳三四百人，而被遗弃在沉船上的还有165名妇女和儿童。然而，种族主义不是一种知识，而是一种权力意志，它惯于通过"制造事实"来论证自己。与其说先有泰坦尼克号上的"中国佬"的"卑劣行径"才有中国人的"种族卑劣性"，不如说先有中国人的"种族卑劣性"的话语建构才有泰坦尼克号上的"中国佬"的"卑劣行径"。他们的"卑劣行径"发生在排华主义者们的想象中。①

2017年年初，历史学家哈斯（Charles Haas）公布了一份由当年参与泰坦尼克号海难救援船"麦凯—贝内特号"（Mackay-Bennett）所发出的电报。内容显

---

① 程巍：《泰坦尼克号上的"中国佬"——种族主义想象力·序》，漓江出版社2013年版，第3页。

示：该船总计找到了 334 具尸体。因船舱空间不足，救援船优先将一等舱和二等舱那些富人乘客的尸体带回，而较穷的三等舱乘客尸体，则直接丢入海中。救援船长表示，主要原因是救援船空间和防腐设备不足；一位铁达尼号拍卖师表示："我们是在 2017 的社会来看这些电报。但在 1912 年的价值观有别于现在，当时有阶级之分，一个富人即使死了还是优先穷人。"[①] 其实，西方人即便死了，也没有享受到他们鼓吹的、信以为真的平等！

由此，人们对中国文化的批判就形成了一种惯性，"对照着'内修文明、外施暴力'的西方世界来寻找我们的国民劣根性，是近代以来一条错误的文化思路。可是知识精英们的思想一旦进入了这样的路径，一时就难以回头。他们如此擅长于反思自己的缺陷，可是，当他们的反思进入自虐状态时，他们对于自己的自虐状态却缺乏足够的反思，以至于长驱直入一百年"[②]，以至于当下仍有不少人（包括学者）张口就会批判中国的国民劣根性。我在这里还想说一下新加坡《联合早报》2016 年 3 月 28 日报道的一个事例。

2016 年 3 月底，一位在新加坡打工开班车的中国东北司机，在路过植物园时，路边有违章停车而使路面变窄，因担心车辆（新车）剐蹭扣工资，他就把车停下来，致使道路堵车，也耽误乘车人赶路；后来因怕犯众怒，这位司机还是小心地、勉强把车开了过去。这本是生活中一个小"插曲"，但新加坡国立大学东亚研究所高级研究员郭良平先生"怒"了，据此写了一篇名为《国民性和中国软实力的欠缺》的文章。该文章用了较长的篇幅细述了东北司机的不作为（竟然一点儿也没有指责违章停车者），然后笔锋一转，竟然写到了中国国民的劣根性上来，且看原文：

> 没有人格健康发育的空间和条件，使中国人的"劣根性"疯长，扭曲的人格比比皆是。拆台、使绊儿、吹牛、诈骗、攀比、拼爹、坑爹、阿谀奉承、见风使舵、相互倾轧、落井下石、嫉贤妒能、勾心斗角、做人无道德底线，这些都是在夹缝中生存的人格的表现，其本质是一种奴性。

然后，笔锋又一转，竟然开始大赞美国的国民性，再看原文：

> 乐观向上、积极阳光、敢说敢干、见义勇为、从不墨守成规、有很强的领导能力，这些个人品质是美国软实力的最深厚的基础，也是为什么经过十多年的刀兵相向和浴血相搏，美国人（昨天的死敌）在越南比中国人（昔

---

① 上述内容，详见凤凰资讯、搜狐新闻、网易新闻等各大网站，2017 年 3 月 1 日。
② 摩罗：《"国民劣根性"学说是怎样兴起的？》，《书屋》2008 年第 10 期。

日的盟友）更受欢迎。美国的普通老百姓给人的感觉是朴实、正直、容易亲近，甚至还有点"傻"。[1]

我近来比较关注有关中国国民性的文章，刚开始看到这篇文章的标题时，心里觉得肯定又有中国人"惹事"了，果不其然。但我看文章内容时，越看越觉得莫名其妙。这位东北司机是行为不当，让人挑理处便是"吼着说你们为什么找我的不是，这不是我的错，你们应该打电话找管理人员（领导）来调查解决问题"[2]；新加坡社会以法治著称，若怕耽误时间，打电话叫警察把违章车辆拖走即可，何必怪罪到一个为了养家糊口而辛苦在国外打工的司机身上？况且，一个东北司机能代表中国人吗？这位著名学府的高级研究员可谓见微知著、洞若观火，据此批判中国人的"劣根性"，据此又赞美美国人的"优根性"，据此又推论出中国软实力欠缺，是不是扯得有些远？新加坡华人或者华人的后裔占很大的比例，郭良平先生是不是华人或华裔我不知道，但他仅据一个个案批判中国人"劣根性"的做法却让我分外熟悉。郭先生的这篇文章还是引起了一些关注，韩惠吉写了一篇名为《东北司机一声吼》[3]文章与之商榷，其中说"还有就是国民性的比较这回事，郭文贬了中方的，赞了美方的国民性。不能说完全乱谈一气，但读来还是让人感觉不够妥当，不够公平"——想让人妥当、公平地比较不同的文明，何其难也！其实，百余年来的一个基本事实是，西方人趾高气扬地把中国踩在脚下，而某些跪伏的中国人却要努力腆起脸来，给欧美人一个媚笑——笑得是那样灿烂真诚！

总之，1840年后，中国输得很惨，中华文明也坠入谷底，以至于某些中国人都羞于做中国人。毋庸讳言，西方进入现代社会以来，300余年间一直引领世界发展的潮流，启蒙运动以来所鼓吹的自由、民主、平等、宪政、人权等观念被认为是普世价值，并成为现代性的最重要组成部分。在我看来，所谓的普世价值，对西方来说或许是最好的制度设计理念，但至于能不能适用于其他文明形态则另当别论：其一，自由、平等、民主、人权等理念是西方商业文明移利于法、扬法为序（详见前文）的结果，说到底这些理念都是在"利"的原则运行之下产生的机制，都是为了商业（资本）运行、获取利润的手段。其二，这些理念都是相对的，美国的民主自由是之于美国人的、中国的民主自由是之于

---

① 郭良平：《国民性和中国软实力的欠缺》，《联合早报》2016年3月28日。

② 我上大学后一直生活在东北。东北人不像南方人说话轻声细语，大声说话甚至"吼"出一两句来，一般情况下是在为自己分辩，没有多少恶意。

③ 韩惠吉：《东北司机一声吼》，《联合早报》2016年4月6日。韩惠吉，办公室文员。

中国人的，内涵并不相同，美国有美国的民主自由，中国也有中国的民主自由，应不相妨。其三，这些理念立足于人与人之间的关系，规范人与人之间的利益；而中国文化立足于人性与人心，修己以及人，中西文明侧重点不同。其四，所谓普世价值或许是一神教观念在世俗社会中的体现，以美国为首的西方社会在世界推行其意识形态与价值观念，只不过是在宣扬另一种传教士精神。其五，从实践层面来讲，文化传统不同，现实国情不同，即便实行相同的制度，结果可能会迥异，甚至带来灾难性的后果，美国武力入侵伊拉克扶持起来的所谓民主政府、那些发生"阿拉伯之春"的国家莫不如此，无数的普通民众死于战火，无数人民流离失所，无数难民死于非命，晏婴在《晏子春秋》中说"橘生淮南则为橘，生于淮北则为枳，叶徒相似，其实味不同，水土异也"，所言不差。其六，以美国为首的西方民主，已经从精英民主发展为大众民主，在互联网时代，两党制或多党制很容易撕裂社会，造成内耗、内斗，严肃的政治越来越成为娱乐社会的一部分，或者说，政治越来越娱乐化，使选举成为"可笑的民主""可笑的竞争"。其实，我心中一直有一个良好的愿望——从几千年中国文化发展历史来看，历次中国文化的陷落（有时甚至长达几百年），必带来巨大的反弹；且陷落越深，反弹越大——我一直试图表达"儒、道支撑的中国古代文明模式，是最符合人之道的、最适应人类发展的模式"①的想法；我热切希望所有中国人能够认同自己的文化，热切希望中华文明的复兴，热切希望中华民族扬眉吐气的一天早日到来！

回到我们这里讨论的中西之间的话题，我突然觉得中西间文明本就不该有冲突，世界上各民族和谐共生、和平相处该多好！中西文明的路向不同，刻在英国威斯敏斯特大教堂无名墓碑的碑文或许就昭示了这一点。据王锟在《〈大学〉与威斯敏斯特大教堂的无名墓碑》一文中介绍说："在英国著名的威斯敏斯特大教堂地下室的墓碑林中，有一块普普通通的墓碑，粗糙的花岗岩质地，外形呆板而缺乏美感。它与周围二十多位英国国王那质地上乘、雕刻精美的墓碑，以及牛顿、达尔文、狄更斯等名人的墓碑相比，显得黯然失色，毫不起眼；而且，它没有墓主人的名字和生卒年月，更没有一丁点介绍墓主人生平的文字。就是这座微不足道的无名氏的墓碑，却名扬世界。凡是来威斯敏斯特大教堂的人，可以不去参观那些曾经显赫一时的英国国王的墓碑，可以不去参观牛顿等

---

① 见拙著：《〈庄子〉"三言"研究·学〈庄子杂记〉》（代序），学苑出版社2011年版，第18页。

世界名人的墓碑，但没有不去参观无名氏墓碑的，而且没有不被这块无名氏墓碑所折服和震撼的，确切地说，没有不被无名氏墓碑上的碑文所折服和震撼的。"无名墓碑为什么如此有名呢？到底是什么碑文如此"折服和震撼"人心？我们且看该碑文及其中译文：

> When I was young and free and my imagination had no limits, I dreamed of changing the world.

> 当我年轻时，我的想象力从没有受到过限制，我梦想改变这个世界。

> As I grew older and wiser, I discovered the world would not change, so I shortened my sights somewhat and decided to change only my country. But it, too, seemed immovable.

> 当我成熟以后，我发现我不能改变这个世界，于是我将目光缩短了些，决定只改变我的国家。但是，我的国家似乎也是我无法改变的。

> As I grew into my twilight years, in one last desperate attempt, I settled for changing only my family, those closest to me, but alas, they would have none of it.

> 当我进入暮年后，我发现我不能改变我的国家，我的最后愿望仅仅是改变一下我的家庭。但是，这也不可能。

> And now as I lie on my deathbed, I suddenly realize: If I had only changed myself first, then by example I would have changed my family.

> From their inspiration and encouragement, I would then have been able to better my country, and who knows, I may have even changed the world.

> 当我躺在床上，行将就木时，我突然意识到：如果一开始我仅仅去改变我自己，然后作为一个榜样，我可能改变我的家庭。

> 在家人的帮助和鼓励下，我可能为国家做一些事情。然后谁知道呢？我甚至可能改变这个世界。[1]

在我看来，西方商业文明的开拓冒险精神与基督教传教士精神相结合，西方人就会有一种无往不胜的气概、掌控一切的欲望和开疆拓土的雄心，他们与一神教无所不能、无所不在的上帝同在，因而时时有改变世界、掌控世界的冲动（不只年轻人），某些人张口即世界该如何、人类该如何，尤其是在启蒙运

---

[1] 此处碑文及中译文见王锟《〈大学〉与威斯敏斯特大教堂的无名墓碑》，《光明日报·国学》2014年7月1日。

动以后；至于自己本人的心性休养如何，他们则置之不理——即便有了错、犯了罪也可到上帝面前忏悔。而中国文化中，修身养性是一个支点，只有修身才能齐家、治国、平天下，推己及人乃至及天下，强调"己所不欲，勿施于人"（孔子），强调"老吾老以及人之老，幼吾幼以及人之幼"（孟子），没有陷入功利境界的中国人一直把道德修养作为生命的一个过程——与其从科技文明、物质文明角度勾画人类光辉灿烂的前景，还不如停下脚步、静下心来看一看英国威斯敏斯特大教堂无名墓碑的碑文吧；在不远的将来，西方人就会重新发现中华文明的魅力！

我在这一小节里讨论了中国国民性、中国国民劣根性的问题（后文中还要反复说明）。其实，"国民性"本是个中性词，在日本文化语境中则是赞颂日本国民性、日本国民精神的，只是在中国百余年来文化批判中成了一个针对中国人的贬义词。我们既然反对中国国民劣根性的说法，那么真正的中国国民根性是什么呢？或许我们从美国哈佛大学神学院教授大卫·查普曼的报告中窥见一些端倪。2017年6月11日，"凤凰财知道"网站以《哈佛教授：中国人自己都不知道的一个民族特征，让他们屹立至今》为题介绍了查普曼报告的内容。查普曼在报告中采取比较方法，"不下十次用激情的语调总结中国神话故事的内核：中华民族特征"。我现在转引部分内容：

我们的神话里，火是上帝赐予的；希腊神话里，火是普罗米修斯偷来的；而在中国的神话里，火是他们钻木取火坚韧不拔摩擦出来的！这就是区别，他们用这样的故事告诫后代，与自然作斗争！

面对末日洪水，我们在诺亚方舟里躲避，但中国人的神话里，他们的祖先战胜了洪水，看吧，仍然是斗争，与灾难作斗争！

如果你们去读一下中国神话，你会觉得他们的故事很不可思议，抛开故事情节，找到神话里表现的文化核心，你就会发现，只有两个字：抗争！假如有一座山挡在你的门前，你是选择搬家还是挖隧道？显而易见，搬家是最好的选择。然而在中国的故事里，他们却把山搬开了！可惜，这样的精神内核，我们的神话里却不存在，我们的神话是听从神的安排。

每个国家都有太阳神的传说，在部落时代，太阳神有着绝对的权威，纵览所有太阳神的神话你会发现，只有中国人的神话里有敢于挑战太阳神的故事：有一个人因为太阳太热，就去追太阳，想要把太阳摘下来。当然，最后他累死了——我听到很多人在笑，这太遗憾了，因为你们笑这个人不自量力，正是证明了你们没有挑战困难的意识。但是中国的神话里，人们把他当作英雄来传颂，因为他敢于和看起来难以战胜的力量作斗争。

在另一个故事里，他们终于把太阳射下来了，中国人的祖先用这样的故事告诉后代：可以输，但不能屈服。中国人听着这样的神话故事长大，勇于抗争的精神已经成为遗传基因，他们自己意识不到，但会像祖先一样坚强。因此你们现在再想到中国人倔强的不服输精神，就容易理解多了，这是他们屹立至今的原因。

一个女孩被大海淹死了，她化作一只鸟复活，想要把海填平——这就是抗争！

一个人因为挑战天帝的神威被砍下了头，可他没死，而是挥舞着斧子继续斗争！ ①

查普曼教授对中国神话的解读，是否可以帮助我们更好地理解中国国民的根性呢？——如果真要讨论中国国民"根性"的话，查普曼教授所言或是一个思路。而"凤凰财知道"在介绍查普曼教授报告内容后所做的评论，则更有意思：

老子的"天地不仁，以万物为刍狗"，说的就是要生存就得靠自己，不能靠苍天。这比"神爱世人"听起来残酷，但非常现实。

我们从小听到大，并口口相传给下一代的这些神话故事，体现的绝不仅是故事那么简单。每个文明在初期都是有神论，但唯独我们的文明不畏惧神，也许正因为我们深刻理解老子的那句话，所以我们的祖先从不把生存的希望寄托于神的眷顾，也因此，很多人说中国人没有信仰。呵呵，没信仰的民族能存续5000年吗？

实际上，勇于抗争，不怕输，更不会服输，是我们的民族精神，也是我们的信仰。

我相信，上述评论比百余年来某些学术专家、大师、大咖对中国文化的批评要高明得多。

---

① 上述内容，依次涉及了钻木取火、大禹治水、愚公移山、夸父追日、后羿射日、精卫填海、刑天舞干戚等故事。按：后网络有人考证，这篇文章中所谓查普曼教授查无此人，不知是真是假；但在笔者看来，不管是不是这位教授所写，文章所讲的内容是没有问题的。

四、非题外的话

子曰："学而不思则罔，思而不学则殆。"

——《论语·为政》

我在前面已经首先申明，我是个文化保守主义者。我认为中国文化同西方文化一样，是人类光辉灿烂的文明形态，是中国人生之所依、死之所归的安身立命的根本。我反对抹黑中国文化、污名化中国人的做法，更反对中国"国民劣根性"的讨论——中国人是堂堂正正的人，中国文化是堂堂正正的文化。在另一方面，我并不是文化复古主义者，坚持与时俱进、与时俱化的原则，在坚持自己文化"根性"的前提下，立足于当下的中国，吸收人类文明的成果，希望中国人过自己的生活。

其实，文化是有层次的，张岱年《中国文化概论》中把文化分为物态文化层、制度文化层、行为文化层、心态文化层等四个层次[1]，傅佩荣在凤凰网一次专访时把文化分为器物层次、制度层次、理念层次等三个层次[2]，相比较而言，我觉得后者更为简明扼要，也更容易掌握。在器物层次，随着社会的发展，尤其是技术文明的推动下，人们的生活日用常变常新，即使想把旧东西留下来都很难，所以器物层次的变化是常态。在制度层次，一个族群乃至不同族群生活在一起，在利益的产出、分配、消费等方面，要有规则、制度来约束，形成不同的利益格局；而利益格局的变化，必然引起规则、制度的相应变化，所以制度层次的变化也是常态。在理念层次，特定族群（民族）的哲学、宗教、文学、艺术等会升华为特定的意识形态，随历史发展渐渐沉淀到族群（民族）血脉中，形成特定

---

[1] 张岱年、方克立主编：《中国文化概论》，北京师范大学出版社2004年版，第4页。

[2] 傅佩荣先生说："文化基本上是讲一个社会普遍气氛所显示的结果，文化包括宗教在内，文化有三个层次：第一个是器物层次，像用麦克风、飞机、电脑等等器物方面改善生活；第二是制度层次，社会有制度，让人群的运作有游戏规则，才能够维持正当的发展；第三个是理念层次，就是所谓的宗教、哲学、文学、艺术等等。"见吕美静专访：《傅佩荣：现代人缺乏智慧》，见《凤凰网文化》，2012年03月08日。另，傅佩荣早在《这个社会生病了！》短文中，也有相关论述，见《杂文月刊》（选刊版）2009年第8期。

的价值判断、价值取向以及由此形成的特定的生命关怀，成为特定族群（民族）文化的"标签"，所以由理念层次所形成的特定族群（民族）的核心价值理念，除非该族群（民族）被同化、被文化殖民以至亡族灭种，否则是不会也不能轻易改变的。对于中国文化而言，器物层次、制度层次的内容都可以变，都可以改；而理念层次的内容，尤其是儒家、道家思想互补共生所形成的中国人的核心价值观念，则是中国人成为中国人的依据，要百倍地珍惜，万分地呵护；退一步讲，也要敝帚自珍，万不可抛弃——这是我对中国文化的基本态度。

毫无疑问，当下的社会与古代已是大为不同：现代人可以坐飞机乘高铁去旅行，可以坐地铁开轿车去上班，可以用手机看视频与别人联系；现代人虚拟了一个互联网世界；现代人技术文明一日千里，现代人物质世界日新月异；现代人欣欣然享受着技术文明的成果。但与此同时，在光鲜的技术文明背后，现代人却又不得不面临一系列严峻的问题，如急剧恶化的自然生态，包括毒化的土壤、爆表的空气 PM2.5 指数、污染的江河湖海、日益增多的极端天气等等；社会（道德）生态也在日益退化，包括贫富悬殊、人情冷漠、暴戾乖张、弄虚作假、恃强凌弱、世风浮躁、人心焦灼以及由此带来的精神疾患、病痛折磨、自杀人数居高不下等等。由此，我们不禁要问，现代人比古代人更为高明吗？更加幸福快乐吗？更加符合人之为人的标准吗？——问题是，人之为人的标准又是什么？这是个我无法回答也不能回答的问题。

在我的感觉里，古代人与现代人虽然生活的时代、所拥有的物质资源不同，但在"做人"方面并没有什么大的区别，都有生老病死、喜怒哀乐、酸甜苦辣、悲欢离合；尤其是在情感领域，人的七情六欲自古至今有变化吗？人的情感体验会有升级版吗？没有①！古代人也同样是生老病死一辈子，同样会面对世事风云变化，同样会面临许多窘境、逆境、困境甚至险境，他们的生存智慧不值得我们借鉴吗？现代人为什么要依据进化论的原则，想当然地以为自己比古代人高明呢——现代人真的就比古代人高明吗？所谓人同此心、心同此理，现代中国人与古代中国人其实都有着一样的"心"。所以，我们要坚持尚友古人②的原

---

① 在我看来，现代人虽然拥有便利的交通条件以及发达的通信网络，但情感并没有因此变得丰富而细腻，反而趋于快餐化、粗放化、钝化。被技术文明裹挟的现代人，在欲望的海洋中，已经无暇细细品味人类的美好情感了。

② 《孟子·万章下》中记载："孟子谓万章曰：'一乡之善士斯友一乡之善士，一国之善士斯友一国之善士，天下之善士斯友天下之善士。以友天下之善士为未足，又尚论古之人。颂其诗，读其书，不知其人，可乎？是以论其世也，是尚友也。'"注：尚，同"上"，向上、上溯。尚友古人：向上与古人结交，或者上溯以古人为友。

则。况且，古人已经作"古"，我们现在说什么、批什么、骂什么，他们也不会替自己争辩几句，更不可能奋起反击，我们肆无忌惮、张狂无匹地骂个"底朝天"，甚至掘人家祖坟，就能体现出自己的英雄气概来？就能体现出我们的"高素质""高水平""高文明"来？梁漱溟《批林批孔中学习小组上的一次发言》中说："孔子本人早已过去不在了，他不会说话，他不会申诉。如何评量，大权在我们手中。"[①]是的，"大权在我们手中"，我们可以振振有词，但总不至于信口雌黄，尤其是对我们的先辈，对我们的祖宗！

在我看来，一个民族文明的创新与发展，是在继承传统基础之上的创新与发展，否则只能是无根之木、无源之水。对中国而言，对西方现代文明的借鉴乃至于接受，应该首先立足于本国传统文化，同时也应该是一个扬弃的过程。钱穆先生在谈到中西政治问题时曾指出："中西政理，各有渊源，此皆全民族整个文化之一部。文化更新亦需自本自根，从内身活力发荣滋长。"并认为："若欲政治理论独立，除非从自己传统中找一条路发挥改进，此全与顽固守旧不同。"[②]林毓生在《中国意识的危机——"五四"时期激烈的反传统主义·增订再版前言》亦云："我们知道：自由、理性、法治与民主不能经由打倒传统而获得，只能在旧传统经由创造的转化而逐渐建立起一个新的、有生机的传统的时候才能逐渐获得。"[③]钱、林二人所言甚是，打倒传统是无法建立一个行之有效的新传统的。

在我书架最显眼的位置，摆放着艾恺著的梁漱溟晚年口述《这个世界会好吗？》[④]——梁漱溟执拗而凌厉的眼神有时让我不寒而栗，我也常常想，这个世界会好吗？其实好与不好，每个人的立场、标准不同，得到的"答案"肯定会千差万别，但我仍旧会问我自己——这个世界会好吗？

人类自进入文明社会以来，就一直有基于财富（金钱）分配基础之上的众生平等的愿望，现代社会所谓民主、平等、自由、人权等理念莫不由此种愿望生发生成。由于个人的态度立场、智力能力、道德修养千差万别，人的自私自利的本性与这些现代理念，一方面相辅相成，助长个人主义的膨胀；另一方面，

① 梁漱溟：《今天我们应当如何评价孔子》，《梁漱溟全集》（第七卷），山东人民出版社1990年版，第242页。
② 钱穆：《政学私言》，九州出版社2010年版，第109、111页。
③ 林毓生：《中国意识的危机——"五四"时期激烈的反传统主义·增订再版前言》，贵州人民出版社1988年版，第3页。
④ [美]艾恺：《这个世界会好吗？》（增订本），生活·读书·新知三联书店2015年版。

个人毕竟只是复杂的社会关系的一个点，个人与他人之间、与集团之间乃至与国家民族之间，不可避免地产生各种各样的矛盾，被束缚的个人欲望游走于社会法律法规和道德伦理之间，并尽可能使自己利益最大化。人类社会发展几千年，人们平等的愿望实现了吗？即便没有实现，发展的趋势又如何呢？

我们先看一下人类财富分配方面的变化。人类在经过了依靠血统出身、依靠占有土地、依靠掌握资产来分配社会资源（财富）之后，想当然地以为依靠个人才智占有社会资源才是最"公平"的一种社会模式，而这种可称为知识经济的模式能够充分成就个人才华与财富的梦想；问题是，有多少人在知识经济的浪潮中能够成功呢？其结果又如何呢？且看几组数字。赵灵敏在《"一小撮"人的政治》一文中说：

> 知识经济的游戏规则是"赢家通吃"，只有前几名才能生存，这使得这一行业的财富集中度更高。2004年，扎克伯格创立的Facebook上市后估值超过1000亿美元，但只雇佣不到3000人；而传统制造业的代表通用汽车有106年的历史，市值只有350亿美元，雇员却多达21万人。难以逆转的贫富差距，再加上全球范围民主制度解决问题能力的下降，使得相当多的人成了全球化的受挫者。"[1]

叶鹏飞在《莫名时代的随想》一文中说：

> 瑞士信贷《2014年全球财富报告》指出，包括不动产价值在内的全球财富中位数仅是3650美元；7万7000美元的身价就能晋升全球最富裕10%人口；79万8000美元就能成为全球1%最富裕人口。按照这个标准，全球一半的人口只拥有人类总资产的不到1%，但富裕的1%人口却占有全球48.2%的财富，其中最富裕的138人的财富总和，相当于全球一半的人口。彭博社去年12月30日报道说，全球400名超级富豪的总资产，在2014年一年间增加了920亿美元，达到4.1万亿美元。

> 财富的急速累积则快沦落为缺乏意义的数字游戏。……面簿创办人马克·扎克伯格（Mark Zuckerberg），去年7月24日因为公司股价一天内的涨幅，平添了16亿美元的身价，财富骤升到333亿美元。1984年出生的扎克伯格去年才满30岁，尽管富可敌国，却仍然汲汲营营要让财富翻倍。[2]

---

[1] 赵灵敏：《"一小撮"人的政治》，《联合早报》2014年8月7日。
[2] 叶鹏飞：《莫名时代的随想》，《联合早报》2015年1月4日。

斯蒂格利茨[①]在《全球化及其新的不满情绪》一文中说：

为什么一个我们的政治领袖及许多经济学家声称会让所有人过得更好的事情[②]，会遭到如此唾骂？

从鼓吹这些政策的新自由主义经济学家那里偶尔能听到的一个答案，是人们其实已经过得更好了，只是他们没有意识到而已。因此，处理他们的不满情绪应该是精神科医生而不是经济学家的事。

但收入数据显示，该接受治疗的是那些新自由主义者。发达国家大部分人的生活未能获得改善：美国位于金字塔下层的90%民众的收入，已经停滞了三分之一个世纪之久。全职男性工人的真实（去除通胀因素后）中位数收入，相对于42年前其实更低。在社会底层，实际工资基本维持在60年前的水平。

米拉诺维奇（Branko Milanovic）的新书《全球不平等：全球化时代的新手段》以收入为标准，研究了从1988年至2008年这20年间的赢家和输家，为此提供了一些重要的见解。大赢家中既有全球最顶尖的1%富豪，也包括新兴经济体的中产阶层；而大输家是那些得到很少甚至一无所获的人，包括发达国家的底层贫民和中产工薪阶层。全球化不是造成此状况的唯一原因，但无疑是原因之一。[③]

2018年1月22日，国际援助与发展组织乐施会（Oxfam）发布最新报告《请回报劳动，不要酬谢财富》（*Reward Work*，*Not Wealth*）称，2017年，全球贫富差距进一步扩大。其中，全球最富有的42人所掌握的财富总额等于全球最贫困的37亿人所拥有的财富。与此同时，全球82%的财富都流向了最富有的1%的群体；2016年3月至2017年3月之间，亿万富豪的人数以史无前例的速度增长，2017年平均每两天就诞生一位亿万富豪；得益于华尔街牛市，在2017年前10天，亚马逊创始人贝佐斯的财富就激增60亿美元。2017年，贝佐斯身价高达902亿美元，超过微软创始人比尔·盖茨，登顶世界首富；而与之相反，自2010年起，亿万富豪的财富每年平均增长13%，比普通工人工资增长快6倍，后者的工资

---

① [美]斯蒂格利茨（Joseph Eugene Stiglitz）是诺贝尔经济学奖得主，现为哥伦比亚大学教授、罗斯福研究所首席经济学家，最新著作是《改写美国经济的规则》（*Rewriting the Rules of the American Economy*）。

② 指全球化。

③ [美]斯蒂格利茨：《全球化及其新的不满情绪》（*Globalization and its New Discontents*），见《联合早报》2016年8月10日。

年均增长率仅为 2%。乐施会在报告中举例说，一位就职于世界五大时尚品牌公司的 CEO 每 4 天的工资，就相当于一名孟加拉国制衣女工一辈子所能挣到的钱；在美国，只需要花 1 天多的时间，一名 CEO 就能赚到一名普通工人一整年的工资额。①

上面的数据可怕吗？在这些数字的背后，则是冷冰冰的现实。由于交通和通信手段的提升，极大地缩短了人们间的空间距离，使"地球村"成为可能，这为经济全球化提供了便利条件，从而加速了资本在国际间的流动。毫无疑问，资本是逐利的，经济全球化使资本变得更加肆无忌惮，资本大鳄、金融大佬在全球范围内攫取利润。在知识经济的时代，知识又为资本插上了双翅，使资本飞得更高、更快、更远，从而进一步使全球范围内的贫富差距不可逆转。

由平等观念衍生出的民主体制又如何呢？应当说，民主是个好东西，在很长时间内推动了西方世界文明的进程；或者可以说，民主的程度是国家政治昌明的一个标志。但是，西式民主往往陷入"自己的民主"的怪圈，也就是自己说的才是"民主"，容不得不同的声音与意见，其结果就是分裂团体、分裂族群、分裂社会甚至分裂国家。当下，西式民主呈现出四个方面的倾向：

一是小众化。互联网的虚拟空间，为每个人提供了畅所欲言的平台——当然是公说公的理、婆说婆的理，自以为受压制、受委屈、受到不公平对待的个人或团体就会挺身而出，竭尽全力地为自己"伸张正义"，他们的权益就有了被无限放大的可能。我们知道，狗咬人不是新闻，人咬狗才是新闻，为博读者的"眼球"，小众的诉求更容易被媒体尤其是新媒体报道，成为公众话题，甚至引导舆论导向。政治问题也是如此，赵灵敏在《"一小撮"人的政治》一文中说："中日关系不好，是'一小撮'右翼政治家的错；以巴之间战火连天，是双方'一小撮'激进势力在搞事；香港'一小撮'激进反对派以占领中环相威胁，要实现'公民提名'，甚至要求香港独立；台湾'一小撮'学生占领立法院、反对《海峡两岸服务贸易协议》；……借助于互联网和社交媒体的巨大威力，他们再也不用战战兢兢、委曲求全，从前会被压制和消灭的'一小撮'，其声音和诉求开始无限放大，甚至有绑架和压倒多数、反客为主的趋势。"②事实也常常是这个样子，沉默的大多数往往被忽略掉了。

二是"草根"化。民主的最基本形式，就是一人一票制，不论是"草根"

---

① 上述内容见于网易新闻、凤凰资讯、腾讯财经等互联网各大网站，2018 年 1 月 22 日。
② 赵灵敏：《"一小撮"人的政治》，《联合早报》2014 年 8 月 7 日。

还是精英，不论是穷人还是富人，也不论是无产者还是有产者，一人的一票具有同等的法律效力。这样，西方的精英民主过渡到大众民主。早在1895年，法国学者古斯塔夫·勒庞（1841—1931）在《乌合之众——大众心理学研究》一书中说："当我们悠久的信仰崩塌消亡之时，当古老的社会柱石一根又一根倾倒之时，群体的势力便成为惟一无可匹敌的力量，而且它的声势还会不断壮大。我们就要进入的时代，千真万确将是一个群体的时代。"[①] 去除革命的因素，即便在民主体制内部，"草根"民众也日渐活跃，足以产生"和平演变"的力量。2016年6月24日，英国公投尘埃落定，脱欧派以微弱优势胜出[②]，这大概是包括英国前首相卡梅伦在内的英国精英阶层所没有想到的结果，国际评论也是一边倒的批评，但民主的游戏规则即是如此，虽然又有几百万英国人主张进行第二次公投，但英国政府还是"知趣"地否决了。"草根"民众由于缺乏专业的知识和理性的判断，往往被别有用心者"忽悠"，成为最廉价的"投枪"和"匕首"；而英国公投"最终上演'草根'对精英的'起义'"[③] 则表明，民主的"草根"化有时会靠不住。

三是娱乐化。中国有句古话说"饱暖思淫欲"，人们在吃饱穿暖、衣食无忧之后，就会关注自己的文化生活、精神生活；而且，人们的物质生活越丰富，对精神生活的要求也会越多。当下的社会，无疑是大众化社会；大众化的社会必然带来大众化的文化，而大众化文化排斥精英文化，其首要特点是娱乐化，包括通俗、低俗、媚俗等特点，只要赢得大众的认可，普通人便可一步登天，成为某类明星；而只要成为某类明星，就会得到资本的青睐，赚得盆满钵满。大众文化再配合互联网的传播平台，就会创造出一个又一个令人惊叹的奇迹。据香港《星岛日报》报道，美国小天后泰勒·斯威夫特（Taylor Swift）成为美国财经杂志《福布斯》2016年全球最高收入名人榜榜首，过去一年吸金达1.7亿美元，这可绝对是天文数字！生活的娱乐化必然折射到政治领域，使西方的民主政治也呈现出娱乐化的趋势。在民主体制中，政治人物要想获得选票，必然要尽其可能吸引大众的"眼球"。勒庞指出："从事实的角度看，世上的一切伟人，一切宗教和帝国的建立者，一切信仰的使徒和杰出政治家，甚至再说得平庸一点，一伙人里的小头目，都是不自觉的心理学家，他们对于群体性

① ［法］古斯塔夫·勒庞著，冯克利译：《乌合之众——大众心理学研究》，中央编译出版社2004年版，第6页。
② 脱欧派得票率为51.89%，留欧派得票率为48.11%。
③ 见6月24日新华国际时评。

格有着出自本能但往往十分可靠的了解。正是因为对这种性格有正确的了解，他们能够轻而易举地确立自己的领导地位。"①所以，我们看当下美国的大选，已经成为一个娱乐话题供人消遣。先说共和党总统候选人、地产大亨、被称为"疯子"的特朗普，最初并不被人看好，但他迎合了美国国内民族主义情绪，比如他反移民、攻击穆斯林、带有种族歧视的言论，比如他宣称为打击犯罪，美国应采取"种族归纳"措施②，比如他炮轰民主党总统候选人希拉里是"世界级骗子"，形容她是美国历史上最腐败的候选人③。希拉里也是千方百计迎合选民，以至于表示自己当选后即会公开美国"51区"的秘密和外星生命信息，目的是吸引关注UFO及外星生命的选民。

四是宗教化。按理说，宗教与现代理念的民主是两个格格不入的概念，二者并不相融；且宗教作为一种虚幻的反映世界、安顿心灵的精神式样，在科学昌明的今天，应该退出历史舞台才是，而事实恰恰相反，越来越多的现代人却不得不依赖着宗教、迷恋着宗教、献祭着宗教（包括自己财产、生命与灵魂）。从形式上来说，民主无非是票决制，一人一票；而在宗教主导的国家，国家首脑的选举很容易宗教化——这可是根据严格的民主程序选举出来的，能不承认吗？发生"阿拉伯之春"的国家，虽然推翻专制政权，但宗教的势力尤其是极端宗教势力崛起，并迅速与政治相结合，如埃及穆斯林兄弟会，2012年6月，其下属的自由与正义党主席穆罕默德·穆尔西当选为埃及第五任总统，虽然2013年7月埃及军方废黜了穆尔西，但其显现的力量却不容小觑。

当下，西式民主的小众化、"草根"化、娱乐化、宗教化大有愈演愈烈的趋势，而四者的结合，极易绑架民意、绑架社会，引发民主的暴力，更成为暴力的民主，台湾军人虐狗案可谓是值得世人反思的典型案例。2016年6月27日，台湾网络流出一段台湾海军陆战队"宪兵连"4名军人虐死流浪狗的自拍视频，迅即发酵成为公众事件，在台湾社会引起轩然大波：动物保护人士抗议，引发网络铺天盖地的批判、挞伐；演艺圈艺人纷纷开炮怒轰虐狗军人的残暴行径；动物保护人士当天便包围涉事军人驻地抗议；迫于压力，海军陆战队防空警卫群的指挥官和涉案的3名士兵当天公开向民众道歉，台湾"海军司令"出面道歉；28日"海军参谋长"出席国民党团记者会再度当场鞠躬道歉，但民众仍然包围台当局防

---

① [法]古斯塔夫·勒庞著，冯克利译：《乌合之众——大众心理学研究》，中央编译出版社2004年版，第10页。
② 2016年6月21日，特朗普接受哥伦比亚广播公司《面对国家》节目访问时表示。
③ 据2016年6月23日英国广播公司（BBC）报道。

务主管部门；台湾防务首长冯世宽也二度出面，亲自回应动物保护团体的诉求，数次鞠躬表达歉意，甚至还手持菊花束向遭虐致死的小白狗献花致哀；出访巴拿马的"台湾三军统帅"蔡英文也跨海表示震怒……台湾军人虐狗案9人受到惩处，其中3位犯案军人，2位记大过，列入汰除对象并移送法办，督导不周的长官共6人被记申诫或记过。

在冷战结束之后，福山在其名著《历史的终结及最后之人》中强调，自由民主制度是"人类意识形态发展的终点"和"人类最后一种统治形式"①，事实果真如此吗？其实，不管是鼓吹平等、民主也好，还是宣扬自由、人权也罢，都是这个世界的"面子"；而自西方在全世界范围内开展殖民以来所形成的以西方为中心的霸权逻辑、强权思维则是这个世界的"里子"。每个国家都有自身发展的历史的内在的逻辑，任何一种政体（政权）经过二三百年的发展，都会产生利益集团固化、贫富差距加大、社会撕裂、人心思变等诸多问题，西方的价值观念会成为普世价值？西方的政权模式就应该成为全世界的模式？至少我不这样认为。现在还有一些学者在极力赞美英国等西方列强的殖民统治，而我在冥冥之中却仿佛听到无数的死于西方列强舰炮、枪弹之下的冤魂的哭泣；亚非拉殖民地无数的人白白地死去，没有人或国家会承担责任——哪怕一点儿愧疚②，而殖民地的一些人却还要感激涕零、"叩谢"殖民者的恩赐——我仿佛看到在西方列强国土的上空、在西方人富足生活的背后无数游荡的灵魂，而"上帝"是不许他们进入天堂的！美国《国家利益》双月刊2015年发表《历史上最强盛的五个帝国》的文章，对大英帝国的评语是：

> 英国基本上缔造了现代世界。英国的代议制民主激励了像孟德斯鸠这样的法国启蒙哲学家设计出现代政府理论，这对其他现代欧洲国家产生深远影响。美国的主要特色——致力于自由主义、法治、公民权利和贸易，也都是从英国继承而来并且传播到世界各地的。

> 这些特点也帮助大英帝国茁壮成长，并随心所欲地攻城略地。此外，它的例子被广泛效仿，无论是金融实力还是海上霸权。在其20世纪初的巅峰时期，大英帝国伸展到地球表面四分之一的地方，其版图之大是历史上

---

① [美]弗朗西斯·福山著，黄胜强等译：《历史的终结及最后之人》，中国社会科学出版社2003年版，第1页。

② 在2016年9月8日东亚峰会上，菲律宾总统、"大嘴"杜特尔特拿出一幅美国士兵当年杀戮菲律宾原住民的照片，当着美国总统奥巴马的面说："我们的祖先被他们杀了。他们现在却来跟我们谈论人权。"是不是很吊诡呢？杜特尔特只不过说了句大实话而已。

任何帝国都无法比拟的。①

陈列在《帝国的荣光》一文中接着评价说：

> 英国历史学家颇有同感，而英国历史学界的研究和著述水平又是全世界所公认的。在这些史学家笔下，大英帝国是促使这个世界从野蛮、失序走向文明有序的最重要力量，而美国仅仅是在这之后分享成果并延续英国控制世界方式的新帝国。②

没有大英帝国的殖民统治，这个世界就是野蛮的、失序的？就不是文明有序的？其潜在的逻辑是，西方列强殖民、统治世界，是这个世界文明有序的基础——如此，则中国5000年历史的社会，则都是野蛮的、失序的社会——西方的文明真有如此大的魔力吗？

在我看来，文明的进程也是符合力学基本原理的。文明进步越大，其反噬力则越大，物质层面、文化（精神）层面莫不如此，这是人类逃脱不掉的宿命。在过去的20世纪一百年，应该说，物质财富、民主制度在世界范围内突飞猛进，创造了一个又一个物质财富的神话；但不可否认，20世纪又是一个"大死亡的世纪"③，是一个"最血腥的世纪"④，是一个物种不断灭绝的世纪⑤，是一个生态遭到不断破坏的世纪，是一个人心浮躁、人性张狂悖乱的世纪——多么荒诞的一个世纪！进入21世纪，情况会好转吗？2001年，美国发生了"9·11事件"，标志着一个新时代的到来，恐怖主义开始像蛆一样侵蚀着人类的肌体。2003年，以美国为首的多国部队在未经联合国授权的情况下入侵伊拉克，虽然除掉了萨达姆，但使伊拉克长期陷入战乱的泥潭中，数十万平民死亡。可以说，伊拉克战争拉开了整个中东地区持续动荡的序幕。郑永年先生在《埃尔多安、

---

① 转引自陈列：《帝国的荣光》，《联合早报》2016年7月3日。

② 陈列：《帝国的荣光》，《联合早报》2016年7月3日。

③ 美国前国家安全事务助理兹比格涅夫·布热津斯基在1993年出版的《大失控与大混乱》一书中说：20世纪是个"大死亡的世纪"，"与其前景看好的情况相反，这个世纪成了人类流血最多和怨恨最深的世纪，成了一个幻觉妄想的政治和骇人听闻的屠杀的世纪。司空见惯的残暴达到了空前的程度，杀人是用大规模生产手段有组织进行的。"——转引自王江雨《警惕世界走向失序》，见联合早报网，2016年7月11日。

④ 见1999年10月17日，时任联合国秘书长安南在"联合国日"发表的讲话。

⑤ 科学家无不忧心忡忡地指出，由于人类活动的强烈干扰，近百年来在人类干预下的物种灭绝比自然速度快了1000倍。全世界每天有75个物种灭绝，每一小时就有3个物种被贴上死亡标签。很多物种还没来得及被科学家描述和命名就已经从地球上消失了。据世界《红皮书》统计，20世纪有110个种和亚种的哺乳动物以及139种和亚种的鸟类在地球上消失了。目前，世界上已有593种鸟、400多种兽、209种两栖爬行动物和20000多种高等植物濒于灭绝。见周时奋：《世纪末有多少物种已经灭绝》，《书摘》2006年第4期。

特朗普和未来世界》一文中分析说："美国在中东秩序解体过程中扮演了重要角色，但这种角色则以最快的速度使得美国'自我伤害'。美国建立在其宗教之上的使命感文化，促成其在'9·11'之后的反恐怖主义战争中，希望通过'大中东计划'在当地推行美国式民主。但美国不仅根本建立不了最基本的政治和社会秩序，在最低限度上保障人民的正常生活，乃至生命，而是导致了诸多国家的失败。失败国家的产生和美国关联，但美国对此无能为力。今天的美国已经没有能力、智慧和眼光重新介入中东事务。更为重要的是，美国正在犯冷战后最重大的战略错误，即把战略转移到本来稳定和平的亚洲来对付中国的崛起。美国会有足够的力量把这个地区搞乱，而没有能力来保障这个区域的和平和稳定。"① 从这个角度讲，美国真可谓是当今世界的动荡之源、战乱之源。

写到这里，我所谓的"国学弁言"已近尾声。我知道，因为我的态度、立场、学养与能力的关系，我既不能如福山一样发现什么历史的发展规律，也不能发明什么具有开创性、具有指导意义的理论，我的想法往往是不切实际的空想。但是，我总是希望——

我总是希望，人类应该学会自我克制，知道自己只是自然法则下的一个"物种"，并不是拥有万物、主宰万物的"上帝"；人类若想长久地生存、繁衍并持续地发展，就要摒弃"涸泽而渔、焚林而猎"的发展模式，学会与自然共生共存，尽可能做到"天人合一"；也应该少一些喧嚣与浮华，努力建设一个沉静型社会——对大多数人而言，或许这是一个更加公平的、更加适合生存的社会。

我总是希望，人人都能尽到做人的本分，不管是领袖精英还是平民百姓，都要加强道德修养，不张狂，不盲从，不沉迷，不害人，提升人生的境界，尽可能做一个自主、自在、自由的人。对个体而言，酸甜苦辣是自己的，生老病死是自己的，生命的体验是自己的，生命是自己的，希望别人分担自己的生命吗？每个人不管是富贵还是卑微，"若除去了比较分两的心，各人尽着自己力量精神，只在此心纯天理上用功，即人人自有，个个圆成，便能大以成大，小以成小，不假外慕，无不具足"②——这就是中国的人生境界。

我总是希望，人类能够从西方人的线型思维中解脱出来，让技术文明的列车放慢一些速度——速度快得已经让人头晕目眩。从总体上说，技术文明并不能拯救人类的灵魂，反而让人类成为技术的、物欲的奴隶，因为人的欲望是无

① 郑永年：《埃尔多安、特朗普和未来世界》，《联合早报》2016年8月9日。
② 王阳明：《王阳明全集·传习录上》，上海古籍出版社1992年版，第31页。

穷无止的，是不死不休的，所以，人类应该多一些中国式的智慧，如中庸圆成，如无为寡欲，中与西的结合才能宽猛相济，张弛有度。

我总是希望，人与人之间、家与家之间、国与国之间都应该有良好的道德生态来支撑，彼此间和而不同，不以大欺小，不以强凌弱，不以众暴寡，不以富笑贫。建立良好的道德生态，是社会包容、社会进步、社会文明的重要标志，卑微如祥林嫂、孔乙己者，也都有在这个世界上生活的权利，也都有生的意义与活的价值，不应被嘲笑，更不应被抹杀，所以，既要反对以自我为中心的道德沙文主义，也要反对脱离实际的道德高贵论者的道德洁癖——要防止以"适者生存"为幌子做一些不道德的事情。

我总是希望，中国人在做人的基本理念层面能够回归自己的传统。中国人在中国的土地上生活了几千乃至几万年，从古到今，都是一样的鲜活的生命在这块土地上生存，由此生成的文化血脉生生不息；中国古代文化也曾经灿烂辉煌，理应受到尊重；中国人的生命体验全面、丰富而深刻，这应当是现代中国人的巨大的精神财富，应该得到传承，更不应弃之如"敝屣"。

回顾百余年的国学研究，给我的感觉，恰如曹雪芹《红楼梦》中所说的"乱哄哄，你方唱罢我登场，反认他乡是故乡；甚荒唐，到头来都是为他人作嫁衣裳"——历史就是这样发展过来的，谁也没有办法改变，但有些问题可以反思，且现在已经到了需要反思的时候。如果从更长远的历史背景看待这百余年的国学研究状况，这将是中华民族一个永久的痛。

本书的写作，基于以下三个方面基本的认识：

一是中国文化绵延五千年，是世界上唯一没有中断的文明，具有绵长悠久、生生不息的强大的生命力。作为超巨大体量的文化综合体，可以说是先进与落后共生，精华与糟粕同在，优秀与平庸相济，睿智与愚昧交融，其复杂程度不是几个形容词就能说清楚的，任何以好坏、优劣等黑白二分的评价都是片面的。笔者赞同对中国文化中愚昧的、落后的、糟粕的内容进行批评与批判，这是社会发展、文化发展的动力，但笔者坚决反对对中国文化无原则、无底线的谩骂与诅咒。

二是自西方以坚船利炮打开中国的"大门"之后，自洋务运动开始，中国人一直诚心诚意甚至诚惶诚恐地学习西方，以至于在 20 世纪 30 年代有"全盘西化"主张。但在笔者看来，东西方是异质文明，任何西方的理论学说，如果没有被"中国化"，并没有多少价值；甚至可以说，西方的理论、学说，并不能救中国。

　　三是从世界范围内看，当一个国家的经济社会发展到一定程度，必然会激发该民族、国家对自己文化的热情，强调自己文化的主体性，并在世界范围内追求与其经济社会发展相适应的文化上的"地位"（或可称之为对世界文化的贡献），明治维新之后的日本、19世纪末20世纪初的美国莫不如此。而中国当下已经成为世界第二大经济体，社会各项事业蓬勃发展，不能只成为经济上的"巨人"、文化上的"矮子"；中国传统文化资源得天独厚，中华民族屹立世界五千年，现在已经到了宣扬中国价值、中国标准、中国荣誉的时候。

　　另外，还有三点也需要说明：

　　一、国学的问题，或者说文化的问题，首先是人的问题，归根到底还是人的问题，本书对20世纪二三十年代国民性问题予以重点关注，引用的材料、有关的讨论占了相当大的篇幅，以至于篇章结构比例失调，这是我的"成心"在作祟。

　　二、就书中材料的选取而言，也有着我自己的标准。陈独秀在《答某读者》一文中说："记者之非孔，非谓温良恭俭让信义廉耻诸德及忠恕之道不足取；不过谓此等道德名词乃世界普遍实践道德，不认为孔教自矜独有者耳。"[1] 新派学人或许也认识到中国传统文化的价值，但为达到批判之目的，只捡取中国文化阴暗面予以评说；而我也只是执其一端，并不能够全面、客观地评价新派学人的学术思想成就。

　　三、本文所涉内容颇多，有些超出我的研究范围，故书中多引别人研究成果，或者说仅收集了别人的研究成果，只是为了表达自己的态度与立场而已，这里先致谢意。如有断章取义者，或引用不详处，也请予以谅解。

　　在本书写作的几年间，我的眼前常常浮现出一群人，一群曾经鲜活的中国人。他们曾经衣衫褴褛，他们也曾经锦衣华服；他们曾经笑面如花，他们也曾经痛哭哀号；他们敬奉着祖宗，他们也牵挂着子孙；他们从远古走来，他们的血脉在历史长河中流淌了几千年；他们是伟大的中国人，他们创造了灿烂辉煌的中华文明；他们应该受到尊重，尤其是应该受到他们子孙后代的尊重，我仿佛听到了他们的喃喃低语，在无声地诉说着他们的故事。

2016年7月于沈阳

2018年9月改定

---

[1] 见《新青年》第三卷第5号，1917年7月。

中编　百年国学综论

溥儒　花卉白描图

第一章 近代国学缘起

> 伯牛有疾，子问之，自牖执其手曰："亡之，命矣夫！斯人也而有斯疾也！斯人也而有斯疾也！"

> ——《论语·雍也》

国学的概念中国古已有之，指的是国家官办的学校，是机构的名称，如《周礼·春官·宗伯》中说"乐师掌国学之政，以教国子小舞"。先秦以降，作为机构名称的国学也一直存在，如汉代的太学、隋以后的国子监等，这与近代以来国学的概念明显不同。近代以来的中国国学是如何产生的呢？

第一节 天朝帝国的迷失

与其他文明古国相比，一方面，中华文明绵延数千年而不绝，这本身就是一件幸运的事情；另一方面，中华文明命运多舛，历史进程中又充满了不幸与苦难，尤其是在某些历史的关节点"摔跤"，使文明的步伐出现严重倒退，蒙元、满清入主中原、统治中国即是如此——虽然中华文明有"逆向"征服的能力，但过程却是灾难性的。

一、两宋时期是中国传统文化的高峰

就古代中华文明发展历程来看，宋代应该是鼎盛时期，"天水一朝人智之活动与文化之多方面，前之汉唐，后之元明皆所不逮也"[①]，"华夏民族之文化，历数千年之演进，造极于赵宋之世"[②]。宋太祖赵匡胤发动陈桥兵变皇袍加身后，

---

① 王国维：《静庵文集续编：宋代之金石学》，《王国维遗书》（第五册），上海古籍出版社1983年版，第70页。
② 陈寅恪：《金明馆丛稿二编》，上海古籍出版社1980年版，第245页。

为解决藩镇军阀"尾大不掉"的难题，"杯酒释兵权"，解除了大将石守信等人的兵权，建立了由士大夫主导的文官政府。作为开国皇帝，赵匡胤认为"王者虽以武功克定，终须用文德致治"①，与宰相赵普有"天下何物最大""道理最大"的讨论②；宋太宗也曾对宰相李昉等说"中书、枢密，朝廷政事所出，治乱根本系焉。且天下广大，卿等与朕共理，当各竭公忠，以副任用"③，所以宋代建立起的"祖宗家法"相当开明，后世赵姓皇帝也谨守不变。据《宋史·曹勋传》记载，宋徽宗被虏北方后，曹勋"伴驾"；赵佶授"衣带诏"给曹勋，让其潜回交给康王赵构（宋高宗），其中告诫赵构说"艺祖有誓约藏之太庙，不杀大臣及言事官，违者不祥"④，这是中国历史上的巨大进步。而在士大夫层面，肇始于隋朝的科举制度至宋而臻于完善，下层士人有了更为宽广的晋身之阶；赵氏政权重文抑武的国策为士大夫搭建了极为广阔的政治舞台，极大地激发了士大夫"以天下为己任"的家国情怀。更难能可贵的是，宋朝士大夫群体并不只忠于赵氏政权，而是以天下苍生、社稷安危为念，出现了"大忠"的观念。范仲淹在评价寇准时说"寇莱公当国，真宗有澶渊之幸，而能左右天子，如山不动，却戎狄，保宗社，天下谓之大忠"，并称之为"一代之伟人也"⑤；而范仲淹本人也是宋初士大夫的典范，《宋史·范仲淹传》说他"每感激论天下事，奋不顾身，一时士大夫矫厉尚风节，自仲淹倡之"⑥；欧阳修也评论范氏说"公少有大节，于富贵贫贱，毁誉欢戚，不一动其心，而慨然有志于天下"⑦。可以说，观念的变化是有宋一代政治较为昌明的首要标志。由此，宋初由寇准、范仲淹、欧阳修等人形成的"以天下为己任"士大夫传统，一直传至南宋灭亡。我们且看下面几条记载：

> 至于君，虽得以令臣，而不可违于理而妄作，臣虽所以共君，而不可

---

① 毕沅：《续资治通鉴》（卷十一），岳麓书社2008年版，第142页。

② 沈括：《续笔谈十一篇》中记载：太祖皇帝尝问赵普曰："天下何物最大？"普熟思未答间，再问如前，普对曰："道理最大。"上屡称善。（沈括《梦溪笔谈》，上海书店出版社2003年版，第285页。）

③ 李焘：《续资治通鉴长编》第三册卷二六，雍熙二年十二月，中华书局1995年版，第600页。

④ 脱脱等：《宋史·列传一三八·曹勋传》，中华书局1977年版，第11700页。

⑤ 范仲淹：《范仲淹全集·范文正公文集》卷八《杨文公写真赞》，李勇先等校点，四川大学出版社2002年版，第167—168页。

⑥ 脱脱等：《宋史·列传第七十三·范仲淹传》，中华书局1977年版，10268页。

⑦ 欧阳修：《欧阳修诗文集校笺》（中），洪本健校笺，上海古籍出版社2009年版，第587页。

贰于道而曲从。①

天下者，中国之天下，祖宗之天下，群臣、万姓、三军之天下，非陛下之天下……陛下纵忍为此，其如中国何？其如先王之礼何？其如百姓之心何？②

天下者，天下之天下，非一人之私有故也。③

政事由中书则治，不由中书则乱，天下事当与天下共之，非人主所可得私也。④

彼所谓君者，非有四目两喙、鳞头而羽臂也，状貌咸与人同，则夫人固可为也。⑤

这些言论，既否认了皇帝拥有天下的特权，也把皇帝从神坛上拉下来，还原为普通人，在皇权时代可谓石破天惊，让我们对宋人刮目相看。如果按照正常的逻辑，是不是宋人也能够发展出中国式的近代思想呢？是不是也可以使中国成为近代意义上国家呢？但历史不能假设。中国历史乃至中国文化有自己独特的内在的发展轨迹，或者说是中国的历史的逻辑，或者说是中国的历史的宿命。当一个王朝承平日久，肯定要出现一个昏庸荒淫的皇帝，用奸佞，扰百姓，竭天下人力、物力、财力，然后天灾人祸、内忧外患并起；然后北方游牧民族入侵，战乱频仍，民不聊生；然后改朝换代，旧政权消亡、新政权产生。有宋一代，由于实施重文抑武的国策，消解了宋代社会的骨力与血气；虽然，宋朝是当时世界上最富庶的国家⑥，科技发达，但没落与消亡也在所难免。宋徽宗继位后，

① 罗大经：《鹤林玉露》之卷三甲编"五教三纲"条，王瑞来点校，中华书局1983年版，第49页。
② 当宋高宗、秦桧等人准备与金和议时，监察御史方庭实如是说。见留正等撰：《增入名儒讲义皇宋中兴两朝圣政》，《续修四库全书·史部编年类》第348册，第500页。
③ 朱熹在《万章章句上》中"万章曰：'尧以天下与舜，有诸？'孟子曰：'否。天子不能以天下与人。'"一句下注解。见朱熹：《四书集注·孟子·万章章句上》，中华书局1983年版，第307页。
④ 咸淳三年（1267），监察御史刘黻如是说。见脱脱等：《宋史·列传一六四·刘黻传》，中华书局1977年版，第12248页。
⑤ 邓牧：《君道》篇。见《宋集珍本丛刊·伯牙琴》，线装书局2004年版，第658页。
⑥ 有些学者曾对宋代GDP总量进行估算。英国经济史学家安格斯·麦迪森在《中国经济的长期表现》一书中，认为宋代人均GDP在450—600美元之间（安格斯·麦迪森著，伍晓鹰等译：《中国经济的长期表现》，上海人民出版社2008年版，第20页）；望江海在《富甲天下的大宋王朝》一文中认为，北宋"可以有2280美元的人均GDP"，"明朝的财政收入仅仅是北宋的不到1/10，南宋的不到1/6"，"清朝的财政状况比明朝要好一些……咸丰年间（1850前后），岁入约为3000—4000万两。数量仍然远远小于600年前的宋朝"（望江海《富甲天下的大宋王朝》，《商业文化》2008年12月）。当然，这些数据的准确性还需要厘清。

挟一技之私，冒天下之大不韪，穷奢极欲甚至荒淫无度：重用蔡京、蔡攸、王黼、朱勔、高俅、童贯等奸臣[①]，致使政治、军队败坏；酷爱花石，大搞"花石纲"，劳民伤财；宠信道士，大兴宫观；联金灭辽，战略失当，以至国灭被虏，身辱命丧。南宋的灭亡原因也大致如此[②]。

二、元代统治及其影响

不管过去把赵宋贬得多低，还是现在把有宋一代捧得多高，宋朝三百余年都在那里。宋以后，中华文明基本"骨架"虽然没有改变，以儒道为核心的中国文化以其强大的内在生命力艰难地完成了"逆向"征服的过程[③]，但同时也极大地消耗了自身的生机，时不我待，到近代中国已无法同打了鸡血般昂扬奋进的西方工业（机械）文明相匹敌了。不可否认，元朝入主中原，对华夏文明是一种极大破坏，它推行的一系列政策对中华文明产生了重大而深远的消极影

---

① 参看王曾瑜：《宋徽宗时的奸臣群》，《中华文史论丛》2015年第3期。

② 南宋灭亡的原因，主要包括皇帝昏庸无能、贾似道擅权、吏治腐败、边防松弛、联蒙灭金等原因。黄震（1213—1280）在《古今纪要》卷二十《逸编·本朝》曾从两个方面考察了南宋灭亡的原因：一是政治上的"致变之略"，包括宰相非人、台谏非人、边阃非人三个方面；二是直接造成蒙元入侵的原因，即"致寇之略"，包括"端平入洛"、苛取渔民、拘留郝经。参见何忠礼《试论南宋灭亡之原因及其教训》，《宋史研究论丛》2008年11月。

③ 所谓"逆向"征服的过程，也即华夏政权被推翻后，文化上的"用夏变夷"的过程。"用夏变夷"，出自《孟子·滕文公上》"吾闻用夏变夷，未闻变于夷者也"（杨伯峻：《孟子译注》，中华书局2005年版，第125页）一语，主张不以地域和族类来划分文化，而是强调以华夏文化影响和改变"夷文化"，这也是一个文化融合的过程。元初著名儒士郝经进一步提出了"今日能用士，而能行中国之道，则中国之主也"（郝经：《郝文忠公陵川文集·与宋国两淮制置使书》，山西人民出版社、山西古籍出版社2006年版，第515页）的观点，对推动元代政权接受、推行华夏文明起到了重要作用。在耶律楚材、郝经等儒者努力下，元初统治者开始自觉或不自觉地接受中华文化，接受"汉法"，大尊儒术；1294年，元成宗铁穆耳（1265—1307）即位后即下诏"中外崇奉孔子"；1307年，元武宗海山即位后即加封孔子为"大成至圣文宣王"。清代亦是如此，1636年在盛京建孔子庙，1645年尊孔子为"大成至圣文宣先师"。我们只看一看《祭孔释奠大事纪年》（陈东整理，《孔子学刊》（第五辑），2014年8月）就知道，北方游牧民族入主中原时，第一个尊奉的人就是孔子。马克思在《不列颠在印度统治的未来结果》中说："野蛮的征服者总是被那些他们所征服的民族的较高文明所征服，这是一条永恒的历史规律。"（《马克思恩格斯选集》（卷二），人民出版社1972年版，第70页），说的就是这种文明的逆向征服。

响。吴钩在《为什么说宋代之后华夏文明出现断裂》一文[①]中，"择其大者"列举了"深刻地重塑了宋后中国的历史"的元代政策，这里列其条目并录简要说明：

1."家产制"的回潮。……而来自草原的统治者则将他们所征服的土地、人口与财富都当成"黄金家族"[②]的私产，推行中世纪式的"投下分封制"，"投下户"即是草原贵族的属民，有如魏晋—隋唐时代门阀世族的部曲农奴。

2."家臣制"的兴起。……入元之后，这种公共性的君臣关系被私人性的主奴关系代替，臣成了君之奴仆，许多大臣甚至需要入宫服役。在主奴关系下，君对于臣，当然也是生杀予夺，想廷杖就廷杖，就如惩罚自己的奴隶，一位明朝的观察者说："三代以下待臣之礼，至胜国（元朝）极轻。"

3."诸色户计"的诞生。我们知道，宋代实行募兵制，人民已基本上不用服兵役，劳役亦不多见，差役也开始折钱结算。入元之后，征服者却按草原旧制，推行全民当差服役的"诸色户计"制度：将全体居民按职业划为民户、军户、站户、匠户、盐户、儒户、医户、乐户等等，职业一经划定，即不许更易，世代相承，并承担相应的赋役。

4."驱口制"的出现[③]。宋朝基本上已废除了奴隶制，但元朝征服者又从草原带入"驱口"制度，使奴隶制死灰复燃。所谓"驱口"，意为"供驱使的人口"，即在战争中被俘虏之后、被征服者强迫为奴、供人驱使的人口。元朝的宫廷、贵族、官府都占有大批"驱口"，他们都是人身依附于官方或贵族私人的奴隶。甚至在观念上，全国臣民都被当成是大汗的奴隶，所谓"普天率土，尽是皇帝之怯怜口"。

5."匠籍制"的推行。宋朝的官营手工业多实行"和雇制"与"差雇制"，"和雇"是指从劳动力市场上招聘工匠，作为雇主的政府与工匠是平等且自由结合的雇佣关系；"差雇"则带有强制征调性质，但政府还是需要按

---

① 吴钩：《为什么说宋代之后华夏文明出现断裂》，《科学大观园》2015年第19期。

② "黄金家族"指的是成吉思汗皇室直系子孙。

③ 李凭、全根先：《元代中华文明综论》中说："蒙古诸王、将校和大小汉族军阀都大量掳掠人口，抑为私奴，一次战争所获动辄以万计。这些私奴被称为'驱口'，意即'被俘获驱使的人'。在元代，驱口的种类十分繁多，有属于私家的，属于军户的，也有属于寺庙的，甚至还有奴婢之奴婢曰重台者（《辍耕录》10/15）。而不论他们的归属如何，在法律上，他们都属于贱人，与钱物同，是主人财产的一部分。主人可以将他们任意转卖，更甚者，还有抑勒奴婢逼令为娼（《元史·世祖纪一》及《刑法志二》）及本主杀人以奴偿死（《元史·虞集传》）的现象。"（《晋阳学刊》1993年第3期）

市场价向工匠支付工值。元朝却将全国工匠编入匠籍，强制他们以无偿服役的方式到官营手工场劳动。

6."路引制"的恢复。汉唐时，人民如果要出远门，必须先向官方申请通行证，叫作"过所"。宋人则拥有迁徙之自由，不再需要什么"过所"。但元朝又实行"路引制"来限制人口的流动性……商民出门远行、投宿，必须持有官方开具的"文引"，类似于介绍信，才准许放行、住店。

7."籍没制"的泛滥。籍没，即官府将罪犯的家属、奴婢、财产没收入官。秦汉时，籍没制颇盛，但至宋代时，籍没的刑罚已经很少适用，并严格控制适用，……入元后，籍没制度又泛滥起来，如忽必烈的一道诏书说："凡有官守不勤于职者，勿问汉人、回回，皆论诛之，且没其家。"这当然是财产权观念发生退化的体现。

8.肉刑与酷刑的制度化。

9."人殉制"的死灰复燃。

10."海禁"的设立。中国的"海禁"之设，也是始于元朝。元廷统治中国不足百年，却先后实行过四次"海禁"，"海禁"期间，商民不准出海贸易："禁私贩海者，拘其先所蓄宝货，官买之。匿者，许告，没其财，半给告者"；海外商贸只能由官府出资的"官本船"垄断。这一点，跟宋朝鼓励和保护民间商船出海贸易大不一样。

11."宵禁"的重现。

12.治理体系的粗鄙化。元廷君臣的文化层次跟宋人不可同日而语，这也导致元人无法继承宋朝发达而繁密的治理体系，比如在法制领域，诚如民国法学学者徐道邻先生所指出："元人入主中原之后，宋朝优良的司法制度，大被破坏，他们取消了大理寺，取消了律学，取消了刑法考试，取消了鞫谳分司和翻异移勘的制度。"粗鄙治理体系的特点是税率超低，政府只能维持最简陋的形态，用孟子的话说，这叫作"貉道"；以现代的眼光审视，那种简陋的政府根本无法在历史转型期组织社会与经济的革新。①

吴钩先生列举的元代12条政策应该引起我们的充分关注。周良霄、顾菊

---

① 李凭、全根先：《元代中华文明综论》中也说："在元代，从中央到地方各级官署的实权都掌握在蒙古人、色目人手中，汉人、南人难得参预，至多只能充任副职。而他们的入仕途径又受到严格的限制，很少能做到高官。但是，身居要职的蒙古人却大多不谙政事，不识文字，不知刑名，非汉人、南人则无以为治。"（《晋阳学刊》1993年第3期）

英在《元代史》序言中曾全面分析了蒙元一代对中国社会的影响："毫无疑问，元朝统一全国的伟大历史功绩是肯定的。这一点事实上已为元史学界所公认。……同时，元朝还有它的消极方面。它主要的问题还不仅是一般大家都经常提及的战争破坏与民族压迫政策，因为战争的破坏毕竟只是在一些地区如北方地区，民族压迫政策充其量也只是元朝的近百年统治期内起消极作用的因素。在我们看来，更主要的问题还在于在政治社会领域中由蒙古统治者所带来的某些落后的影响，它们对宋代而言，实质上是一种逆转。这种逆转不单在元朝一代起作用，并且还作为一种历史的因袭，为后来的明朝所继承。它们对于中国封建社会后期的发展进程，影响更为持久和巨大。譬如说，世袭的军户和匠户制度、驱奴制度、诸王分封制度、以军户为基础的军事制度，等等。还有许多制度，它们是由元朝统治者所确立或强化，而为明代所继承，其作用十分深远。如专制皇权的加强，行省制度以及理学统治地位的确立，等等。这都是研究我国封建社会后期制度史中十分引人注目的重大课题。明代的政治制度，基本上承袭元朝，而元朝的这一套制度则是蒙古与金制的拼凑。从严格的角度讲，以北宋为代表的中原汉族王朝的政治制度，到南宋灭亡，即陷于中断。至于经济的发展，从两宋到明末形成明显的马鞍形，这是不言而喻的。从这里，我们就很容易看出元代在中国封建社会后期发展中的重要地位。这种重要地位是由巨大的积极因素与消极因素共同促成的，忽略哪一个方面都将是不全面、不符合历史实际的。"[①] 吴钩、周良霄、顾菊英等人所论，侧重有元一代政治制度层面对中国社会的影响，分析得都很深刻。在我看来，元代乃至后来清代对中国的统治，其影响还体现在更深层次的民族心理、文化心理的变化——而这一点对中国、对中国人、对中华文明的影响更为深远。统治者欣欣然，被统治者惶惶然，竟至长达数百年，岂不悲哉！

在中华民族的历史长河中，我们现在当然可以说有元一代、有清一代具有极大的历史贡献；但是，若回到历史的语境中，当时的蒙古人、满洲人乃至汉人大概很难认同这样的说法，蒙古人、满洲人是征服者、统治者，汉人则是被征服者、被统治者，这是无法改变的历史事实。所以，在长达六七百年的不断融合发展过程中，虽然实现了蒙汉、满汉一家，但这是中华文明艰难地逆向征服的结果；逆向征服也必然会产生反作用力，会消耗了中华文明的元气、底气与生气，使中华文化显出"疲态"甚至处于僵死状态——文明的反噬力是何等

---

① 周良霄、顾菊英：《元代史》，上海人民出版社1993年版，第4—5页。

的巨大，天朝帝国彻底迷失！

朱元璋建立明朝，大都承袭元制；而在中央集权方面，洪武十三年（1380），朱元璋废除丞相，六部（吏、户、礼、兵、刑、工）直接向皇帝负责，又实行特务统治[①]，明宪宗成化后以八股文笼络文人，中国人尤其是在社会精英层面思想一步步被禁锢[②]。清朝立国，虽大都效法明朝，但在社会统治、思想钳制方面有过之而无不及，中国人仿佛患上了文化上的"斯德哥尔摩综合征"，失去了几千年中国人的从容和自信，甚至于没有了中国人应有的模样。更为糟糕的是，西方列强用坚船利炮打开了中国的大门；而1894—1895年中日甲午战争，蕞尔小邦日本竟然打败了天朝帝国，中国的"颜面"荡然无存——从这个角度讲，中日甲午战争对中国人文化心理的戕害无以复加；甚至可以说，中国人一下被"打懵"了，从此分不清东西南北！1895年实在是中国历史的分界点，中国从此快速走上了近代化的过程——虽然这个过程是被迫的、扭曲的甚至是残酷的，而近代国学的概念也很快来到中国。

三、清朝衰亡之原因

有关清朝衰败、灭亡原因很多，包括皇室昏聩、吏治腐败、军备松弛、技术落后乃至白莲教、天理教、太平天国起义、慈禧太后专权误国等诸多方面，相关的讨论可谓汗牛充栋，兹不细述。我在这里只简单谈一下自己对清初"祖宗家法"或者说基本国策的认识[③]。

在皇权极权威权的时代，以皇帝为首的核心官僚集团决定着国家的命运与前途；尤其是皇帝或最高决策者的个人因素，其气魄、胸襟、胆略、智慧、能力至关重要，决定着国家民族的荣辱兴亡。清朝在入关前，地处东北边陲，以游牧渔猎为主，生存环境相对恶劣。但他们以区区之人口、军队、物力和财力

---

① 明代厂卫特务制度始于朱元璋。明太祖朱元璋洪武十五年（1382）设锦衣卫，明成祖朱棣永乐十八年（1420）设"东缉事厂"（东厂），明宪宗朱见深成化十三年（1477）设"西缉事厂"（西厂），爪牙遍布全国。

② 明初制度上、思想上的禁锢产生了巨大的反噬力，造成了晚明社会的虚华与堕落，这也是明朝灭亡的原因之一。

③ 当然，清初的恶政弊政很多，包括易衣冠、剃发、逃人法、投充法、圈地等。这些恶政弊政随着清朝统治的加强，有的成为习俗，有的被废止或改正，对清朝的"国体"不会伤筋动骨。

征服了泱泱华夏大国，拥有了中原、江南广袤的肥沃的土地①，其民族成就感、自豪感会何等强烈！清朝统治整个中国后，其基本的国策当然是扬满抑汉，保持满人的纯种与本色——这对满人来讲当然是天经地义的事情，也是其民族主体性、自豪感的体现。清初几位皇帝都竭力维护满族的习俗②，康熙帝即是一个典型。我们且看《康熙起居注》中的一段话：

> 朕谨识祖宗家训，文武要务并行，讲肄骑射不敢少废，故令皇太子、皇子等既课以诗书，兼令娴习骑射。即如八旗以次行猎，诚恐满洲武备渐弛，为国家善后之策。朕若为一人行乐，何不躬率遄往？近见众人及诸王以下其心皆不愿行猎，朕未尝不闻。但满洲若废此业，即成汉人，此其为国家计久远者哉？文臣中愿朕习汉俗者颇多，汉俗有何难学？一入汉习，即大背祖父明训，朕誓不为此！且内廷亦有汉官供奉，朕曾入于汉习否？或有微幸辅导东宫以为荣名，营求嘱托者，欲令皇太子一依汉人习尚，全不以立国大体为念，是直易视皇太子矣！皇太子其可易视耶？其果自愿效力，何不请效于朕前耶？设使皇太子入于汉习，皇太子不能尽为子之孝，朕亦不能尽为父之慈矣！至于见侍诸子内，或有一人日后入于汉习，朕定不宽宥！且太祖皇帝、太宗皇帝时成法俱在，自难稍为姑息也。③

康熙作为有清一代最为精明、最有胆识、最有作为的皇帝，他清楚知道满人习汉俗"即成汉人"的道理。在这段话中，他一方面表明了自己坚决不习汉俗的决心，另一方面反复强调满洲的"祖父明训""立国大体""成法俱在"，敕令皇太子、皇子不得"入于汉习"，否则"定不宽宥"。康熙帝在位61年，占清朝国祚（267年）的五分之一还要多，其影响可谓巨大。如何保持满人的"立国大体"呢？清朝初期统治虽然大都承袭元明的政策，但有几点需要我们特别指出，它们的影响或者是致命的：

1. 钳制思想，大兴文字狱。清朝以虎狼之师攻城略地，涂炭生灵；入主中原后，在趾高气扬的同时，难免有些心虚胆怯，生怕被指责、被批判进而被推

① 当然还包括西北、西南等中国广大地区。
② 其实，在满人入关之前，清太宗已经注意到这方面的问题。据昭梿：《啸亭杂录》卷一"太宗读金史"条记载：清太宗"尝读《金世宗本纪》，见其申女真人学汉人衣冠之禁，心伟其语。曾御翔凤楼传谕诸王大臣，不许褒衣博带以染汉人习气，凡祭享明堂，必须手自割俎以昭其敬。谆谆数千言，详载圣训。故纯皇帝钦依祖训，凡八旗校射处，皆立卧碑以示警焉。"（见《清代史料笔记丛刊·啸亭杂录》，中华书局1980年版，第1—2页）清太宗皇太极的训示自然会成为有清一代的"祖宗家法"，为满人所遵从。
③ 中国第一历史档案馆整理：《康熙起居注》（第二册），中华书局1984年版，第1639页。

翻，自然会钳制舆论，控制意识形态，故文字之祸尤烈[①]。何西来在周宗奇《文字狱纪实·序》中指出：“清代文字狱，主要集中在前期，历顺治、康熙、雍正、乾隆四代君王，绵延一百三十余年。无论就时间之长，案件之多，还是规模之大，株连之广，花样之翻新，手段之残忍来看，在中国的封建时代，都是没有前例的。”[②]胡奇光在《中国文祸史》中也说，清代文字狱“持续时间之长，文网之密，案件之多，打击面之广，罗织罪名之阴毒，手段之狠，都是超越前代的”[③]。清代惨烈的文字狱在很大程度上“阉割”了中国的学者文人，“阉割”了中国文化，张兵、张毓洲在《清代文字狱的整体状况与清人的载述》一文中论及文字狱影响时说：“清代文字狱的盛行，不仅使众多文化典籍遭到极为严重的破坏，钳制和禁锢了思想文化的发展，败坏了学风、吏治和社会风气，阻碍了历史发展的进程，而且令无数文人惊恐万状、不寒而栗，严重影响了文人心态，破坏了文学生态。”[④]岂止是文人心态、文学生态！在文字狱的威慑下，有清一代在思想领域鲜有建树，诸多学者战战兢兢，如履薄冰，或埋头“故纸堆”中，整理古代典籍（如集解、集释之类）；或对汉人古籍予以辨伪（这大概符合清朝统治者的意识形态），中国学术思想乃至整个中国文化失去了活力。其实，即便没有文字狱，“清以异族，入主中夏，致用之学，必遭时忌。故籍朴学以自

---

① 张兵、张毓洲在《清代文字狱的整体状况与清人的载述》一文中说：清代文字狱别具风貌。首先，仅文字狱数量而言，清代文字狱当在160—170起左右，比历史上其他朝代文字狱总数还要多。其次，就涉案规模之庞大和惩处结果之严酷而论，与历史上其他朝代诸文字狱相比较，也首屈一指。顺治帝是入主北京的第一位清朝君主，在位18年，而清代文字狱实则由他开始。顺治四年（1647）发生的函可《变纪》案是清朝最早的一起文字狱。接着又有五年（1648）的毛重倬等坊刻制艺序案、黄毓祺诗词狱案、冯舒《怀旧集》案、十七年（1660）的张缙彦诗序案等，这些文字狱皆因诗文中流露出不满清朝的情绪而获罪，各案首犯遭受或流放或被杀等较严厉的处罚。康熙帝在位61年，有文字狱11起，其中有两起文字狱案尤为残酷，它打破了人们对康熙的幻想，这就是被卓越的史学家全祖望称为“江浙两大狱”的《明史》案和《南山集》案。雍正帝在位13年，文字狱案逐渐增多，有25起（包括曾静、吕留良案），其处理文字狱案的手段特别又残酷。乾隆帝在位60年，制造各类文字狱案多达135起，占所有清朝文字狱案件的绝大多数。乾隆朝文字狱所涉及的内容包括两个方面：一是触犯皇帝权威的，二是阐扬汉民族精神的。（张兵、张毓洲：《清代文字狱的整体状况与清人的载述》，《西北师大学报》2008年11月第6期）

② 周宗奇：《文字狱纪实》，中国友谊出版公司1993年版，第11页。

③ 胡奇光：《中国文祸史》，上海人民出版社，2006年版，第124页。

④ 张兵、张毓洲：《清代文字狱的整体状况与清人的载述》，《西北师大学报》2008年11月第6期。

保"①——清代学人文人仅能"自保"而已,思想之创新何其难也!不只是学者文人,乾隆时文字狱还扩及社会的基本层面,阴法鲁等人在《中国古代文化史》中指出:"乾隆朝文字狱还有一个显著特点,文字狱的对象已不仅仅限于士大夫,而且扩展到士农工商各个阶层,几乎成为遍及社会的政治运动。"② 如此则人人自危。

2. 控制火器,"屏蔽"军事技术。清朝在侵吞中原的过程中,是尝到过军事技术变革的"甜头"的——红衣大炮③在满洲八旗军打败明军、取得天下的过程中,"师行则车载以从"④,在清军攻潼关⑤、陷扬州⑥、克广州⑦等战役中起了关键性作用,他们奉炮如神⑧,已经认识到红衣大炮的巨大威力。但取得天下之后,清廷对以红衣大炮为代表的军事技术的态度却发生了重大转折。清朝统

---

① 蒋方震:《清代学术概论·序》。见《饮冰室合集·专集》之三十四,中华书局1936年版,第2页。

② 阴法鲁等人:《中国古代文化史》,北京大学出版社2008年版,第29页。

③ 在与满洲人作战的过程中,明朝军队为更加有效地抵御弓马娴熟的彪悍的满洲人,开始购买外国人的火器。明泰昌元年(1620),少詹事徐光启等人派人到澳门,购买了4门英国人制造的新式大炮,称为"红夷大炮"或"西洋大炮"。后来,满洲人讳"夷"为"衣",改称为"红衣大炮"。

④ 赵尔巽等撰:《清史稿》第三十一册第二百三一卷,中华书局1977年版,第9324页。

⑤ 顺治元年(1644)十二月,清军进攻李自成军防守的潼关,"师距潼关二十里立营,候红衣炮军"。"(次年正月)初九日,红衣炮军至,十一日,遂进逼潼关口,贼众凿重壕立坚壁,截我进师之路,于是举红衣炮攻之,贼众震恐,我军相继冲入,诛斩无算"。(见《清实录》第三册《清世祖实录·顺治二年二月》卷一四,中华书局1985年版,第124—125页)

⑥ 顺治二年(1645)清军攻扬州,"大清兵薄城下,炮击城西北隅,城遂破"。(张廷玉等撰:《明史》第二三册第二七四卷《史可法传》,中华书局1974年版,第7022—7023页)

⑦ 顺治七年,尚可喜率部围攻广州,"令诸军皆舍骑籍薪行淖中以济,遂得炮台;据城西楼堞发炮击城西北隅,城圮,师毕登,克广州,俘承恩等,斩六千余级,逐余众迫海滨,溺死者甚众"。(赵尔巽等撰:《清史稿》第三十一册第二百三四卷《尚可喜传》,中华书局1977年版,第9411—9412页)

⑧ 天聪五年(1631),满洲八旗军队中就有了名为"乌真超哈"(意为"重军")的炮兵部队,士卒皆为汉人;天聪六年,皇太极还亲自检阅,恩宠有加。因红衣大炮威力巨大,满洲人尊奉如神,每当新铸造红衣炮成,皇帝为其钦定名号制度(如1631年正月,满洲人命汉官仿造的第一批红衣大炮完成,皇太极亲定名号为"天佑助威大将军"),自太宗始,竟延至清末。(见解立红:《红衣大炮与满洲兴衰》,北京国际满学研讨会论文集,1992年8月1日)

治者很清楚,他们夺取的是汉人的天下,即便取得了胜利,汉人也仍是他们的主要对手,需要时刻防范汉人的反抗、反扑,这就需要他们保持强大的、足以对汉人形成威慑的武力。于是,他们就想当然地采取了所谓扬长避短的做法:一方面,努力保持满人尚武的传统,每年秋天行围狩猎,充分发挥满人弓马骑射的长项。弓马骑射一直是满洲人的看家本领,他们也自以为得意。如康熙帝曾在御批中说:"我国家用兵以来,所向无敌,野战则尽歼,攻城则必克,惟以弓矢戈矛摧坚破强,无有不胜。"①雍正五年"以满洲夙重骑射,不可专习鸟枪而废弓矢,有马上枪箭熟习者,勉以优等"②,可见满人对弓马骑射的重视。另一方面,试图釜底抽薪,加强管制,限制火器的使用与研发,这主要体现在三个方面:

首先是集中管控。康熙朝取消了地方制造火炮的权力,将造炮权全部收回朝廷(退役的废炮亦要解送北京)。乾隆朝控制则更为严厉③,乾隆二十一年(1756)颁布了《钦定工部则例》,严格85种炮的制炮标准,火炮制造受到更为严格的控制。

其次是区别使用。康熙将造炮权收归中央后,造炮处集中在北京紫禁城、景山和铁匠营三处,前者由皇帝直接派员督造,后二者由工部管辖。从制造水平和使用情况来看,清廷火器有"御制"与"厂制"的区别,紫禁城、景山造炮处造"御制"火炮,装备满洲八旗④和蒙古八旗;而铁匠营只能生产欠精良的"厂制"火炮,装备汉军;禁止汉军装备红衣大炮、子母炮等先进火器,康熙帝、雍正帝一脉相承,成为祖宗家法,纵便有些开明将领提出建造先进火炮,也一棍子打死,毫无突破。

再次是"屏蔽"技术。一个政权为维护自己的统治,加强军事管控,也是情理之中的事情,本无可厚非。但清朝统治者刚从游牧渔猎生活中走出来,思维水平和智识能力尚停留在冷兵器时代,这实是中华民族的一大劫难。他们大概以为,在保持满人弓马骑射娴熟传统的同时,"屏蔽"火炮技术(汉

---

① 中仁主编:《康熙御批·康熙三十四年十一月二十二日》,中国华侨出版社1999年版,第842页。

② 赵尔巽:《清史稿》(第一四册,志一百五十四,兵十),中华书局1976年版,第4123页。

③ 据《钦定大清会典则例》记载,乾隆十九年(1754)议准,"官兵民人等如有私铸红衣等大小炮位,将失察之专汛官员革职,兼辖官降四级调用,该督抚降二级留任"。(文渊阁《四库全书·史部·钦定大清会典则例》卷二十三,台湾商务印书馆影印,第620册,第620—437页)

④ 康熙三十年(1691)设火器营,全部由满人组成,使用清廷最精良的火器。

人的长项），即可实现国家长治久安。这种思维放在 15 世纪之前没有问题。但螳螂捕蝉，黄雀在后，此时西方殖民主义者已经虎视眈眈了。清初，曾出现了杰出的火器发明家戴梓（1649—1726），他制造的连珠火铳、子母炮、蟠肠鸟枪等闻名于世，其连珠火铳能 28 连发，被誉为"现代机枪的祖先"[①]，是当时世界上十分先进的火器；可惜戴梓遭降清的张献忠养子陈弘勋"索诈"，以至与之互殴构讼，又遭南怀仁[②]及诸西洋人所忌恨，最终被"徙关东"而客死东北[③]；而连珠火铳落得"当时未通用，器藏于家"的下场[④]。据清内务府造办处的档案记载：道光二十年（1840），齐齐哈尔官员请求造炮，道光帝批谕："奏准。制造五位（炮）在案，令按照咨取厢黄旗神威将军炮，并《皇朝礼器图》式样尺寸，详细估计。"[⑤]神威将军炮式成型于康熙二十年（1681），此时竟毫无改进。道光二十一年（1841），在鸦片战争之际，清廷制造的火炮"神捷将军"仍参照康熙 1718 年制定的炮样和 1667 年宫中旧存红衣大炮为模式，要求"照样铸造"[⑥]，其技术落后程度可想而知；而清初一些较为先进的火炮，如冲天炮、奇炮等都已失传。1873 年，左宗棠在《上总理各国事务衙门》一文中说："尝叹泰西开花炮子及大炮之入中国，自明已然。见在凤关翔府城楼，尚存有开花炮子二百余枚；平凉府西城，见有大洋炮，上镌'万历'及'总制胡'等字，余皆剥蚀。然则利器之入中国三百余年矣，使当时有人留心及此，

---

① 李迪：《中国历史上杰出的科学家和能工巧匠》一书中，称连珠火铳说："这种能连续发射弹丸的火铳和现代的机枪非常相似，可以说是现代机枪的祖先。"（内蒙古人民出版社 1978 年版，第 135 页）；但成东、胡建中在《戴梓的连珠火铳是机枪吗？》一文中，从机枪是"自动武器"的角度，认为"这种枪显然是为了达到连续射击的目的，因此被称为'连珠'；但从构造原理来看，他们与机枪是根本不同的两回事，他们不是自动武器，不能自动连续完成射击的过程，因此把戴梓称为'机枪的祖先'是错误的。"（《自然科学史研究》，第七卷，第 4 期，1988 年版，第 387—392 页）

② 南怀仁（Ferdinand Verbiest，1623—1688），比利时传教士，康熙初来华，精通天文历法、擅长铸炮，官监正（国家天文台最高负责人），累官至工部侍郎，深受康熙帝信任，《清史稿》有传。（赵尔巽等撰：《清史稿·列传五十九·南怀仁传》，中华书局 1977 年版，第三十三册，第 10024、10025 页）

③ 见赵尔巽等撰：《清史稿·列传二百九十二·戴梓传》，中华书局 1977 年版，第四十六册，第 13927、13928 页。

④ 见纪昀著，韩希明译注：《阅微草堂笔记》（下册），中华书局 2014 年版，第 1494 页。

⑤ 《清内务府养心殿造办处各作成做活计清档》"道光二十年六月"，编号 3013，中国第一历史档案馆藏。

⑥ 《清内务府养心殿造办处各作成做活计清档》"道光二十一年九月"，编号 3018，中国第一历史档案馆藏。

何至岛族纵横海上数十年，挟此傲我，索一解人不得也？"①左氏之感慨可谓锥心刺骨。

而欧洲以英国1640年工业革命为开端，工业技术水平飞速发展，火器（军事）技术更有了质的提升，制造出了阿姆斯特朗（英）、克虏伯（德）等新式火炮，在战争中取得了绝对的控制权——新式火炮对手持刀、枪等冷兵器的士兵来说，简直就是一场屠杀！保罗·肯尼迪《大国的兴衰》一书中说："蒸汽机和机制工具等先进技术促使欧洲在经济上和军事上取得决定性的优势。……在1841年和1842年鸦片战争的几次战斗中'复仇女神'号装甲战舰的火力和机动能力对进行防御的中国军队来说是一场灾难，他们被打得一败涂地。……也许19世纪末叶力量对比表现最为悬殊，在一次1898年的恩图曼战役中，吉青纳②的部队用马克西姆速射机枪和李—恩菲尔德来复枪在半个上午的时间里就打死1.1万名伊斯兰教托钵僧，而自己的部队仅损伤48人。因此，火力差距，就如同早已出现的工业生产力差距一样，表明领先国家拥有的资源，为落后国家的50～100倍，从达伽马时期起就已隐约存在的西方全球统治，此时已不受任何限制了。"③在西方殖民主义的炮火下，清廷注定了失败④。

3. 持久海禁，闭关锁国。我们前面说过，中国历史上从元朝开始实行了海禁，但持续时间比较短；明代虽也实行过海禁，但其主要目的是对付倭寇；清朝则不然。清顺治十三年（1656），为了孤立、打败"蜗居"在台湾的郑成功，清政府申严海禁，敕谕浙江、福建、广东、江南、山东、天津各督抚镇曰："海逆郑成功等审伏海隅，至今尚未剿灭，必有奸人暗通线索，贪图厚利，贸易往来，资以粮物。若不立法严禁，海氛何有廓清？自今以后，各该督抚镇着申饬沿海一带文武各官，严禁商民船只私自出海。有将一切粮食货物等项与逆贼贸易者，或地方官察出，或被人告发，即将贸易之人不论官民俱行奏闻正法，货物入官，本犯家产尽给告发之人。其该管地方文武各官，不行盘诘擒缉，皆革职，从重治罪。地方保甲通同容隐，不行举首，皆论死。凡沿海地方，大小贼船可容湾泊登岸

① 《左宗棠全集·书牍》（二）卷十三（同治十二年癸酉），上海书店1986年版，第十三册，第11610页。
② 吉青纳（1850—1916），英国元帅和政治家。
③ ［美］保罗·肯尼迪著，蒋葆英等译：《大国的兴衰》，中国经济出版社1989年版，第188页。
④ 中国古代文化本就有重道轻器的传统，把中国军事技术的落后全部算到清朝政权的头上，也不尽客观、公平。但是，清朝政权对火器的严厉管控，进一步限制、阻碍了军事技术的发展，却是事实。

口子，各该督抚镇俱严饬防守各官，相度形势，设法阻拦，或筑土坝，或树木栅，处处严防，不许片帆入口，一贼登岸。如仍前防守怠玩，致有疏虞，其专汛各官即以军法从事，该督抚镇一并议罪。"①从这些律令可以看出，清政府通过严惩（连坐）、重奖等手段，从中央、督抚镇直至地方保甲织就了一张严密的网络，对国内百姓严格控制。蒋作舟、陈申如在《评明、清两朝的"海禁"、"闭关"政策》一文中评论说："这证明清代一开始就勒紧了中国人民和海外联系的这根绳索，定下了清代开国后对外政策的基调，这就是清初表面好似沿袭明代的'海禁'，实际上很明显，它已对明代'海禁'的内核作了釜底抽薪，把主要矛头从外敌转向人民。这样，就使明朝的'海禁'和清朝的'闭关'二者泾渭分明地区分开来。这种转变是历史倒退，是导致中国近百年来落后挨打的根源之一，从此中国就处于闭关自守作茧自缚的困境。"②为铲除台湾郑氏政权，实现全国的统一，清政府实行"海禁"似也无可厚非；但很不幸的是，清政府把海禁、闭关当成了国策；尤其是当一个工业文明乃至蓝色（海洋）文明即将到来的关键时刻，中国却关上了与世界（西方）交流的大门。

　　1683年，清政府消灭台湾郑氏政权后，虽有短暂的开放海禁政策，但好景不长，由于粮食外流、海贼猖獗等原因，清政府又完全采取了堵、防为主的政策，开始闭关。早在康熙二十三年（1684），清政府在开放海禁的同时，就对造船业、渔业严格限制，明确刑律，如刑部议准："出海贸易之禁已开，其先定处分之例，拏获奸民议叙之条，俱行停止。凡直隶、山东、江南、浙江等省民人，情愿在海上贸易捕鱼者，许令乘载五百石以下船只，往来行走。仍于各口出入之处，豫行禀明该地方官，登记名姓，取具保结，给发印票，令防守官员验票点数，准其出入。如有打造双桅五百石以上违式船只出海者，不论官兵民人，俱发边卫充军。该管文武官员及地方甲长同谋打造者，徒三年。明知打造不行举首者，官革职，兵民杖一百。"③康熙五十六年（1717）初，兵部等衙门遵旨，会同陛见来京之广东将军管源忠、福建浙江总督觉罗满保、广东广西总督杨琳议覆并经康熙帝批准："凡商船照旧东洋贸易外，其南洋吕宋、噶啰吧等处，不许商船前往贸易，于南澳等地方截住。令广东、福建沿海一带水师各营巡查，违禁

① 《清实录·世祖章皇帝实录》（第三册卷一〇二）"顺治十三年六月至七月"，中华书局影印1985年版，第789页。
② 蒋作舟、陈申如：《评明、清两朝的"海禁"、"闭关"政策》，《历史教学问题》1987年第4期。
③ （清）昆冈等修：《续修四库全书·史部·政书类·钦定大清会典事例》（第八百零九册第七百七十六卷），上海古籍出版社影印，第525页。

者严拏治罪。其外国夹板船照旧准来贸易，令地方文武官严加防范。嗣后洋船初造时，报明海关监督，地方官亲验印烙，取船户甘结，并将船只丈尺、客商姓名、货物往某处贸易，填给船单，令沿海口岸文武官照单严查，按月册报督抚存案。每日各人准带食米一升，并余米一升，以防风阻。如有越额之米，查出入官，船户、商人一并治罪。至于小船偷载米粮剥运大船者，严拏治罪。如将船卖与外国者，造船与卖船之人皆立斩。所去之人留在外国，将知情同去之人，枷号三月。该督行文外国，将留下之人，令其解回立斩。沿海文武官如遇私卖船只、多带米粮、偷越禁地等事隐匿不报，从重治罪。并行文山东、江南、浙江将军、督、抚、提、镇，各严行禁止。"①康熙之后，雍正、乾隆都坚定不移地施行海禁、闭关锁国政策，并进而限制西洋人来华贸易，设立公行制度，仅指定广州十三行特定物品的交易，这也为后来鸦片的输入埋下了"祸根"。这样，在严苛管控下，出海所造船只的大小、买卖，出海所带给养多少、行程远近，出海人员的去返、交易环节，都有明文规定，势必把海洋贸易的活力全都扼杀。

清政府的闭关锁国政策是其扬满抑汉基本国策的组成部分。其初衷是加强对汉人的管控，不管是想切断大陆与台湾郑氏的联系也好，还是打击海盗、阻止汉人海外扩展也罢，都是为了巩固其政权——相对于庞大的汉人群体而言，满人只占极少的部分，管理东南沿海尤其是海外贸易实是鞭长莫及，既然不容易或者说很难管理，莫不如干脆关闭起来，这其实是一个简单的逻辑。但其结果则是舍本逐末、捡沙漏金，弄得民不聊生。清朝前期蓝鼎元（1680—1733）在《论南洋事宜书》中早就深刻揭露了海禁之弊端："南洋未禁之先，闽广家给人足，游手无赖亦为欲富所驱，尽入番岛，鲜有在家饥寒窃劫为非之患。既禁以后，百货不通，民生日蹙，居者苦艺能之罔用，行者叹至远之无方，故有以四五千金所造之洋艘，系维朽蠹于断港荒岸之间。驾驶则大而无当，求价则沽而莫售。折造易小，如削栋梁以为杙，裂锦绣以为缕，于心有所不甘。又冀日丽云开，或有弛禁复通之候。一船之敝，废中人数百家之产，其惨目伤心，可胜道耶？沿海居民，萧索岑寂，穷困不聊之状，皆因洋禁。其深知水性、惯熟船务之舵工水手，不能肩担背负，以博一朝之食，或走险海中为贼，驾船图目前糊口之计。其游手无赖，更靡所之群趋台湾，或为犯乱……今禁南洋，有害而无利，但能使沿海居民富者贫，贫者困，驱工商为游手，驱游手为盗贼

① 《清实录·圣祖仁皇帝实录》（三）（第六册卷二七一）"康熙五十六年正月至三月"，中华书局影印1985年版，第658页。

耳。"① 闽粤人多入海经商，借以养家糊口，或能发家致富，但清廷的海禁政策，迫使他们改变了世代因袭的生活方式，由富而贫，有的成为流民，只好铤而走险。蓝鼎元可谓有识之士，他通过海禁前后的对比，明确指出祸在海禁，所揭示出的问题的严重性显而易见，但当权者是不会在乎人微言轻的蓝鼎元的。

中国因为天然的地理环境，在冷兵器时代有幸得到"上天"的眷顾；但在热兵器时代，周边的高山、沙漠、海洋已经阻挡不住西方（包括日本）的坚船利炮。清朝政权秉持扬满抑汉基本国策，大兴文字狱导致思想禁锢，屏蔽军事技术导致军事落后，而闭关锁国又导致孤陋寡闻，失去对世界的观察力与感受力，导致清朝政权和中国人眼盲心瞎，坐井自大，这在鸦片战争前夕的林则徐身上也有同样的体现。1839 年 8 月 3 日，林则徐在替道光帝（清政府）起草的《拟颁发檄谕英国国王稿》② 国书中说：

> 窃喜贵国王深明大义，感激天恩，是以天朝柔怀绥远，倍加优礼，贸易之利垂二百年，该国所由以富庶称者，赖有此也。唯是通商已久，从夷良莠不齐，遂有夹带鸦片，诱惑华民，以致流毒各省者。……大皇帝闻而震怒……若追究夷人历年贩卖之罪，则其贻害深而攫利重，本为法所当诛。惟念众夷尚能悔罪讫诚，将夷船鸦片二万二百八十三箱，由领事馆义律禀请缴收，全行毁化。叠经本大臣等据实具奏，幸蒙大皇帝格外开恩，以自首者情尚可原，姑宽免罪……谅贵国王向化倾心，定能谕令众夷兢兢奉法，但必晓以利害，乃知天朝法度断不可以不懔尊也。

> 中国所行于外国者，无一非利人之物：利于食，利于用，并利于转卖，皆利也。中国曾有一物为害外国否？况如茶叶大黄，外国所不可一日无也。中国若靳其利而不恤其害，则夷人何以为生？又外国之呢羽哔叽，非得中国丝巾不能成织，若中国亦靳其利，夷人何利可图？其余食物，自糖料姜桂而外，用物自绸缎瓷器而外，外国所必需者，曷可胜数。而外来之物，皆不过以供玩好，可有可无，既非中国要需，何难闭关绝市！

> 我天朝君临万国，尽有不测神威，然不忍不教而诛，帮特明宣定例。③

对于上述内容，道光帝朱批曰"得体周到"。林则徐被誉为"中华睁眼看世

---

① 蓝鼎元：《论南洋事宜书》。见王云五：《万有文库》（第二集）之十通第十种《清朝续文献通考》（第一册）卷五十六《市籴一》，商务印书馆1936年版，第8109页。
② 此件与两广总督邓廷桢、广东巡抚怡良会衔，并于同年十二月间由英国船长带往英国。
③ 林则徐：《拟颁发檄谕英国国王稿》。见《林则徐全集·第五册·文录卷》道光十九年六月二十四日（1839年8月3日），海峡文艺出版社2002年版，第221—222页。

界的第一人"，但在这篇文稿中，明显地流露出林氏天朝上国的心态，对英国国王也是盛气凌人，对闭关锁国之害毫不知悉[①]——由此可知，当时的中国人与世界隔绝到怎样的地步！而此时，西方正值工业文明扩张时期，在丛林法则中泱泱中华自然不能幸免，其结果是灾难性的——那时的中国人还不知道这个西方工业文明主导的世界的赤裸裸的丛林法则！法国作家佩雷菲特在《停滞的帝国——两个世界的撞击》一书中，谈到清朝闭关自守时说："乾隆统治下的中国显然是人类历史上最大的帝国。……这辽阔的领土被无法穿越的沙漠与高山以及海盗横行、波涛汹涌的大洋保护着，被万里长城、被无法根除的偏见组成的精神上的长城、被那种认为中央帝国孕育着'天下唯一的文明'的信念保护着。"[②]"他们看到这个从马可·波罗以来大家都说得天花乱坠的帝国竟然如此落后。为什么呢？因为它反对进步、发对科学、反对事业精神。"[③]笔者并不认同佩雷菲特在此书中对中国、对中国人嘲讽式的描述，但其所谓清朝乃至中国人由"偏见组成的精神上的长城"却一语中的——有清一代乃至当今社会确有许多由偏见组成的精神上的长城，滞塞了中国社会的发展。马克思在评论清朝鸦片贸易时也说："一个人口几乎占世界三分之一的幅员广大的帝国，不顾时势，仍然安于现状，由于被强力排斥于世界联系的体系之外，而孤立无依，因此竭力以天朝尽善尽美的幻想来欺骗自己，这样一个帝国终于要在一场殊死的决斗中死去。在这场决斗中，陈腐世界的代表是激于道义原则，而最现代的社会的代表却是为了获得贱买贵卖的特权——这的确是一种悲剧，甚至诗人的幻想也永远不敢创造出这种离奇的悲剧题材。"[④]对中国人来说，清朝帝国的崩塌确实一个"离奇的悲剧"，悲剧的结局即是以数千万乃至更多中国人的生命为代价。

第二节　近代国学概念的产生

我们前文说过，1895年天朝帝国被日本彻底打败，从此改变了中日的格局。

---

① 在鸦片战争之后，林则徐则是不断反思西人制胜之法，深刻体会到西人舰船、枪炮之先进，在贬戍伊犁途中，他多次致信友人谈及此问题。见《林则徐全集·第七册·信札卷》，海峡文艺出版社2002年版，第291、306页。

② [法]佩雷菲特著，王国卿等译：《停滞的帝国——两个世界的撞击》，生活·读书·新知三联书店1993年版，第619页。

③ [法]佩雷菲特著，王国卿等译：《停滞的帝国——两个世界的撞击》，生活·读书·新知三联书店1993年版，第628页。

④ 马克思：《马克思恩格斯选集·鸦片贸易》（第二卷），人民出版社1972年版，第26页。

王泛森在《"思想资源"与"概念工具"——戊戌前后的几种日本因素》一文中，引用了哥伦比亚大学日本文学专家多纳德·金的观察："在战前，日本比较严肃的文学作品大都是用汉文出版的，这是为了向它的读者们保证，该书不是写给无知识的妇女或小孩看的。甲午之后，汉文在日本学校课程中的重要性大幅降低，而且有许多日本人认为，是日本而不是当时的中国，才是中国传统光辉的继承者。"① 从这里，我们也可管中窥豹，了解日本人心态的截然不同的变化。而对于中国人来说，也并没有"记仇"，而是看到了明治维新之后强大的日本，看到了日本学习、借鉴欧洲文明乃至"脱亚入欧"② 带来的实实在在的好处，从日本看到了近代欧洲文明的"曙光"，于是转而向日本学习——日本成为中国学习西方的"中介"，对中国近代以来政治、经济、文化（尤其是学术）、社会产生了重大而深远的影响，甚至于我们当下常用的现代语词也多有从日语转译者，如政府、方针、政策、自由、民主、科学、哲学、社会主义等等③，近代国学的概念即是其中之一。因为日本国学对中国影响重大，这里先予以简要说明。

一、近代日本的国学

古代日本政治、经济、文化、社会等诸多方面都受中国的巨大影响，这是毫无疑问的；即便把古代日本纳入中国文化圈，这也应该没有问题。但随着日本经济、社会的发展，其大和民族的主体性价值就凸显出来——这是族群、国家发展之通例，而突出民族主体价值的基本途径即是文化上张扬其民族意识。日本民族意识的提升主要有以下几个方面的原因：一是中国的衰落，尤其是清朝入主中原，让日本人觉得中国不再高不可攀，华夏族甚至不堪一击——早在

---

① 王泛森：《"思想资源"与"概念工具"——戊戌前后的几种日本因素》。见王泛森：《中国近代思想与学术的系谱》，河北教育出版社2001年版，第154页。

② 1885年3月16日，被誉为"日本启蒙运动的先驱""日本近代教育之父"的福泽谕吉（1834—1901）在日本《时事新报》上发表《脱亚论》一文，声称："我日本国土虽位于亚细亚之东，其国民之精神则已脱出亚细亚之固陋而转向西洋文明。……为今日计，我国不应犹豫等待邻国之开明而共同振兴亚细亚，不如脱离其行列与西方文明之国共进退；对待支那、朝鲜之法，亦不能因其为邻国而给予特别关照，唯有按西洋人对待彼等方式处理之。"《脱亚论》虽只有二千余字，却在日本产生了重大的影响，也为其军国主义侵略中国、朝鲜张目。

③ 顾江萍在其博士论文《汉语中日语借词研究》中分析了2200余条汉语中的日语借词（厦门大学博士学位论文，2007年，第38页）。

丰臣秀吉时代，日本就有征服朝鲜、进而进攻中国的企图。二是日本虽然为阻止天主教的传播[①]，也长期实行了闭关锁国政策，但保留了长崎港与中国、荷兰进行贸易，"荷兰学"包括博物学、医学、物理学、化学等传入日本，日本人的国际视野急遽扩大。三是日本人的自我意识觉醒，既反思、批判中国的汉学，也开始探究日本人固有的价值观念；且中、日几乎同时实行的闭关锁国政策，也为日本人反思与批判汉学提供了契机——日本的国学就此产生了。

日本最初的国学概念，河野省三《国学の研究》[②]认为，它产生于元禄年间（1688—1704）至享保年间（1716—1735），是由神道家倡导的，与近代日本国学概念并不相同。韩东育先生在《日本"古学"与"国学"的各自分工及学理关联》一文中，联系日本的"古学"，梳理了江户时代日本国学的发展脉络，其篇首云："'古学派'，是兴起于江户时代前期、以反对朱子学和阳明学为主旨、主张不依赖宋明儒注释而直接研究中国古典经书的学术流派。该学派始于山鹿素行的'圣学'，继之以江户中期伊藤仁斋的'古义学'，集大成于荻生徂徕的'古文辞学'。三者间风格不同但宗旨接近，历来被日本学界称为江户日本最富于'独创性'的学说体系。与之不同，兴起于江户中期的'国学派'，是通过文献学的方法来研究《古事记》《日本书纪》《万叶集》等日本古典文献的学术派别。该学派以究明儒教和佛教传到日本前日本固有的文化为职责，表现出与'汉学'明显的对立色彩。学派初祖为契冲，经荷田春满、贺茂真渊的积淀而集大成于本居宣长。基于它过于强调神道皇统意义这一事实，因此，该学派亦被称为'国学神道'派或'皇学'派。"[③]文中的荷田春满（1696—1736）、贺茂真渊（1697—1769）、本居宣长（1730—1801）与后来的平田笃胤（1776—1843）四人，都是江户时代国学名家，被誉为日本"四大国学家""国学四大人"。

对于日本国学，我们还需要进一步理清其基本概念，这将有助于我们对中国国学的理解。日本国学有广义与狭义之分。重松信弘在《国学思想》一书中认为，"国学"一词在"在狭义上是神道学的意思，在广义上则是日本的典籍学，在更广的意义上甚至被作为有关日本之学来使用"[④]。《神道大辞典》中对狭义的国学则解释得更为具体："狭义的国学，是指近世所产生的以国家精神为

---

① 16世纪中期，欧洲传教士到达日本，天主教在日本迅速发展。丰臣秀吉乃至德川幕府时代，都对天主教进行了镇压。

② [日]河野省三：《国学の研究》，（东京）大冈山书店1934年版。

③ 韩东育：《日本"古学"与"国学"的各自分工及学理关联》，《求是学刊》2009年第1期。

④ [日]重松信弘：《国学思想》，理想社1943年版，第1页。

中心的一系列的学问运动……国学也被称为古学，所以，古道被作为国学的学问理想的原因也就在这里。所谓古道，是指将国学的国家精神在宗教意义上进行思考时所产生的关于道的认识，并且它只存在于古代。从研究态度和方法上来看，国学非常重视文献，从而又可称作古典学、古文献学……从目的精神上来看，国学是以国家精神或古道作为中心的学问；从态度方法上来看，国学是以古典和古文献作为对象的学问。"① 山田孝雄在《平田笃胤》一书认为："国学就是国家之学，是以理解日本国家的本质、国家的精神，究明日本国家之道为目的之学问。自古以来就存在着构成此学问系统的基础性的东西，但直到近世才形成了国学。"② 河野省三在《神道文化史》也说："国学就是主要通过忠实地研究作为日本文化源流的日本古典，专门阐明作为日本精神中心的神道，并且发扬我国体之精华的学问。"③ 芳贺登等人梳理了日本国学的大致脉络："在日本国学倡导者那里，国学有多种不同的诠释。在契冲那里，它被称作'歌学'；在荷田春满那里，它被称作'古学''倭学''和学'，范围包括国史、法制、歌学、语学；在加茂真渊那里，国学包含国史、国语、国文、法制、故实。本居宣长力主'国学'应称作'皇国学'；平田笃胤则主张称作'御国学''古学'，包含神道、语学、律令之学、国史之学、通俗读物之学、故实诸礼之学、武士道之学。在新国学运动倡导者那里，小中村义象称国学为'古典学'，芳贺矢一称国学是对于历史、有职、语学、文学等知识的集合体，通过文献学的处理，从中得知日本真相的学问。"④ 从这些概念即可以看出，日本学者对国学的理解实在是大同小异。钟少华在《试论近代中国之"国学"研究》一文中直接概括为："日本的'国学'概念针对的是'汉学'概念，而日本的'汉学'概念，恰是他们所讲的中国古典文献学。"⑤ 所以，日本国学有明确的指向性，首先是针对汉学的，即是排斥汉意，撕破汉学的"笼罩"，弘扬日本精神，也即在去中国化的基础上，发掘日本古道古学，凸显日本人特有的主体价值。

平田笃胤被认为是日本国学集大成者，他发展国学为皇国学，认为："世之谓学问，皆汉学之谓，而以神学、和学、国学之名谓皇国之古学，皆以汉土

---

① ［日］下中弥三郎：《神道大辞典》（第二卷），临川书店1974年版，第23—24页。

② 山田孝雄：《平田笃胤》，宝文馆1940年版，第277页。

③ 河野省三：《神道文化史》，地人书馆1943年版，第158页。

④ 芳贺登、林本三之介：《国学运动的思想》，第595—596页。转引自姜义华：《近代中国"国学"的形成与演进》（上），《学术月刊》2007年第7期。

⑤ 钟少华：《试论近代中国之"国学"研究》，《学术研究》1999年第8期。

为正宗而以本国为旁门之说，实不应有。"① 相对于日本人而言，以汉学为正宗，则置日本精神于何地？平田笃胤的观点颇具经典意义。日本学者古田良一《日本通史》中评论说："笃胤，秋田人，文化元年（1804）至江户鼓吹国学，名声颇著，弟子千余，有巨大之势力。其著述亦颇多，关于古道之书有《古史成文》《古史传》《古道大意》等，对佛学则有《出定笑话》《悟道辨》《古今妖魅考》等，对儒教则有《呵妄书》《西籍概言》等，对神道则有《俗神道大意》等。笃胤之学问较之真渊、宣长更纯而略带神道色彩，竭力排斥儒佛及受儒佛之影响之俗神道，谓日本皇国冠绝万国。以日本为万国之宗国，凡儒教、佛教、洋学之祖神均为我而设教，本此立场以研究诸学、论古道、说神，受容外国之文化，均为彻底地保存国粹思想，与真渊、宣长略异。要之国学至笃胤益见宗教化，至幕末转为纯粹之国家主义，以为维新之指导原理。笃胤门下极多尊王之志士，且于神道界加以大革新，久在佛徒手中之神祇，得笃胤而得回复固有之形式。"② 史少博在《论日本国学的历史发展》一文中也评论说："平田笃胤虚构来世，建立了一套神道理论，并极力排斥儒、佛等对神道的影响。他认为'日本是神国'，日本神话中的神是宇宙的主宰，皇室是天照大神的子孙，天皇按照天照大神的旨意统治国民。平田笃胤发挥了本居宣长的皇国之道的神学思想，从国粹主义的角度排斥外来的一切东西。"③ 可谓正中肯綮。平田笃胤的国学思想对后来日本国学影响深远。相对于中国的国粹主义者，平田笃胤的学说在神道光芒的笼罩下，在天照大神的指引下，更具诱惑力和影响力——日本无论如何汉化或者西化，其神道的观念一直是日本人重要的核心凝聚力。

　　1853 年，日本发生了著名的"黑船事件"④，日本"大门"被美国强力打开。随着一系列不平等条约的签订，改革已箭在弦上，于是有了关乎日本国运的明治维新，从而使日本迅速崛起。明治期间，国学的概念与内涵都有了明显的发展，如横山由清在《国学之说》一文中说："国学之名义，以其大者说来，为皇国固有之学，统括汉学洋学及其他诸艺百工，为皇国所用之事业皆为国学，天下之大政为国学之根本，万民之事业为国学之枝叶；以其小者说来，即我辈

---

① [日]大川茂雄、南茂树：《国学者伝记集成》，（东京）名著刊行会，1978年，第1137页。

② [日]古田良一著，章钦亮译：《日本通史》，中国台北编译馆1942年版，第247页。

③ 史少博：《论日本国学的历史发展》，《理论学刊》2015年第12期。

④ 亦称"黑船开国"事件。美国海军准将马休·佩里率领舰队进入江户（东京）岸的浦贺，要求同德川幕府建立外交关系和进行贸易。

习学之物，与汉学洋学等区分之，谓之倭学，国学。"①这里，国学亦有广义、狭义之分。广义的国学无所不包，其根本则是"天下之大政"，其枝叶则是"万民之事业"，具有实践层面的意蕴；狭义的国学则即倭学，与汉学、洋学相区分。明治维新后，西学风盛，日本在全盘西化的轨道上快速前进，而维新之后的日本得到了诸多实实在在的好处，并且打败了亚洲老大帝国中国。"从'日清战争'（即甲午战争，1894—1895）到'日俄战争'（1904—1905），恰好是日本'民族主义'空前高涨的时期"②，虽然日本存在"西风压倒东风"的危险，亦有全盘西化之虞，但在民族主义的鼓荡下，1888年，三宅雪岭（1860—1945）、志贺重昂（1863—1927）等人成立政教社，创办《日本人》杂志，鼓吹国粹主义，提倡保存国粹。这里的国粹，"即是一国特有的、国民共有的气质风尚，是无形的情感、思想、意识，是靠大佛、食品套盒之类有形的粗迹所无法彰显的，一国之国粹只有一种"③，是"无形的精神，一国所特有的、他国无法模拟的东西"④，主要是指日本的国民精神，日本的国民性问题。其主要目的是"以日本历史、传统、文化的独特性来展现日本人的姿态和气概"⑤。三宅雪岭的《真善美日本人》和志贺重昂的《日本风景论》被认为是日本国粹主义的经典著作。

日本国粹主义者主要立足日本（东方）文化，反对全盘西化，极力追求日本（东方）文化与西方文化的平等地位，三宅雪岭的观点极具代表性。三宅雪岭在《哲学涓滴·绪论》中表示："说到东洋、西洋，似乎其优劣判然自明，然在马可·波罗来航的元世祖时代，恐怕是东洋要胜过西洋。若再往前追溯到秦、周时代，东洋之优越则更是不言自明。黑暗世纪的欧洲又是何种状态呢？有名的希腊的繁荣虽然并非微不足道，但岂能与周朝郁郁昌盛的文化相媲美？"三宅雪岭认为，欧洲文明的优越是相对的，"一盛一衰只是自然之势"，"东洋岂会永远甘居下位，西洋又岂能常以优秀夸耀于世？文明的兴衰有时运、

① [日]藤田大诚：《近代国学の研究》，弘文堂2007年版，第61页。
② [日]李冬木：《芳贺矢一〈国民性十论〉与周氏兄弟》，《山东社会科学》2013年第7期。
③ [日]菊池熊太郎：《国粹主义の本拠如何》，《日本人》第16号，明治21（1888）年11月18日。
④ [日]三宅雪岭：《余辈国粹主义を唱道するあに偶然ならんや》，《日本人》第25号，明治22（1889）年5月18日。
⑤ [日]松元三之介著，李冬君译：《国权与民权的变奏——日本明治精神结构》，东方出版社2005年版，第112页。

势运，东洋和西洋并无资质优劣之分"①。在《泰西史家的妄见》一文中，三宅雪岭谈道："泰西史家将白种人的历史视为世界史，可谓荒谬之极。……历史并非只限于当代事迹，还包括中古、上古的事迹。试问白种人在400年前如何，800年前又如何？是哪个种族将成吉思汗视为鬼神？又是哪国国民闻土耳其之名便战栗胆寒？……发达并非白种人专有之物。"②在《伪恶丑日本人》中谈道："我日本开国与欧美通交仅30年，即所谓世界文明的后进国，故急于从所谓先进文明国家的欧美引进吸收新事物，此乃理所当然。然冷静考察两千年来的发展，（我日本的）风俗习惯、礼文艺术，在与他人交际之时断不至于感到羞耻。举凡社会事物，与其模仿他人，莫如发展自家固有的特质。岂能将我国固有之风俗悉尽抹杀。"③但同时，三宅雪岭也强调，"余辈或言国粹助长，或言国粹彰显，并非要维持固守旧物"，"即便是日本固有的风俗、日本独特的习惯以及制度、国产物，如果不适于今日国家的发展，都可以破除之。文明方面如果不利于同泰西诸邦比肩驱驰，则尽可舍弃，岂能留恋旧物而误国家千万年之大计"④。三宅雪岭上述观点，对今日之中国，对今日之中国国学仍有启示，故罗列之。

但是，日本国粹主义者最紧要的危险或者错误，是其鼓吹大东亚共荣，鼓吹"日本东洋盟主"论，企图让日本统领亚洲，甚至主张由日本来改造中国。王俊英《简论三宅雪岭国粹主义思想的特质》一文中评论说："国粹主义思想也从另一个侧面为日本帝国主义的侵略扩张提供了文化支撑，其凌驾于亚洲各国之上的民族优越思想，也是当代日本民族主义的一个重要思想组成部分。"⑤这自然是予以批判的，是值得每一个中国人万分警惕的⑥。

---

① [日]三宅雪岭：《哲学涓滴》，鹿野政直：《近代精神の道程——ナショナリズムをめぐって—》より引用，花神社1977年版，第68页。

② [日]三宅雪岭：《泰西史家的妄见》，《日本人》第57号，明治23（1890）年10月18日。

③ [日]三宅雪岭：《伪恶丑日本人》，鹿野政直：《日本の名著》（37），中央公论社1977年版，第355—356页。

④ [日]三宅雪岭：《余辈国粹主义を唱道するあに偶然ならんや》，《日本人》第25号，明治22（1889）年5月18日。

⑤ 王俊英：《简论三宅雪岭国粹主义思想的特质》，《日本学刊》2011年第5期。上述有关涉及日本国粹主义的内容，多参考该文，特此说明。

⑥ 阿英有《所谓"晚清的中国观"》一文，梳理了中日甲午海战日本取胜之后，日本对"支那"的基本态度，有"吞并"与"保全"两种意见。见《阿英全集》（第六卷），安徽教育出版社2003年版，第17—25页。

这里，还要提一下芳贺矢一（1867—1927）的著作《国民性十论》。该书是当时日本的畅销书，分十章讨论日本国民性问题，具体包括：（一）忠君爱国；（二）崇祖先，重家名；（三）讲现实，重实际；（四）爱草木，喜自然；（五）乐天洒脱；（六）淡泊潇洒；（七）纤丽纤巧；（八）清净洁白；（九）礼节礼法；（十）温和宽恕。日本学者李冬木在《芳贺矢一〈国民性十论〉与周氏兄弟》一文中评论说："其虽然并不回避国民'美德'中'隐藏的缺点'，但主要是讨论优点，具有明显的从积极的肯定的方面对日本国民性加以'塑造性'叙述的倾向。"① 日本自近代社会以来，就展开了国民性问题的讨论。但幸运的是，对于这一关乎民族生存、关乎民族"安身立命"的重大问题，日本人没有在西方文化面前迷失自己，对国民性虽有指责、有批判、有反思，但没有从根本上否定；而是坚持了正面叙说的原则，高扬日本人的精神，以日本人的姿态堂堂正正地面向西方文化；不幸的是，中国人鹦鹉学舌，也以国民性批判自己的文化，动辄批判"吃人的"封建礼教，动辄说中国人"罪孽深重"（胡适语），于是就有了中国人、中国文化"劣根性"的问题，作为中国人仿佛无地自容，这样的批判可有价值？只会扰乱人心，徒增戾气；中国文化如果从"根上"就坏掉了，摆在中国人面前的只有"拿来主义"，就只有全盘西化一途——中国文化绵延五千年，到后来竟被他的子孙说得一无是处，一钱不值，实可哀哉！当下一些中国人还在强调向日本学习，其实中国人不仅要学习日本的技术与制度，更重要的是要学习日本人的爱国之心——爱中国！

芳贺矢一所谓的日本国民"十性"，同样适用于中国人；或者说，这是日本人从中国学去的、积淀升华为日本国民性的中国文化精神。如果说中国文化有"劣根性"的话，那日本是否也是如此？大概没有日本人会认同这一点，只有中国文人、学者还在喋喋不休地探讨中国人的"劣根性"。

二、近代国学概念传入中国

1900 年前后，随着西方和日本的新观点、新学说、新思想、新信仰的涌入，中国人的思想陷入极度混乱之中——中国人就像一个饕餮巨兽，张着巨口，硬生生地要把西方和日本文化吞入肚中。其实，任何批评中国文化保守的言论都

---

① ［日］李冬木：《芳贺矢一〈国民性十论〉与周氏兄弟》，《山东社会科学》2013年第7期。

是对中国人乃至中国文化的一知半解[1]。利玛窦在《中国札记》中说："我认为中国人有一种天真的脾气，一旦发现外国货质量更好，就喜好外来的东西有甚于自己的东西。看来好像他们的骄傲是由于他们不知道有更好的东西以及他们发现自己远远优胜于他们四周的野蛮国家这一事实。"[2] 这话可谓一语中的。或许有人不以为然，认为中国的"三纲五常"延续两千余年而不更改，就是典型的极端保守主义作祟——这同样是对中国文化的误解。在中国古代文化视阈中，"三纲五常"未尝不是古代中国人最为明智的选择："君为臣纲"抵制乱臣贼子，规划社会发展方向，保持社会稳定；"父为子纲"则约束年轻人、约束下一代，尤其是能够有效控制年轻人的叛逆、狂悖之心，确保社会有序发展；"夫为妻纲"约束妇女，维系家庭。而中国人一旦发现了更为有效的、能够带来实际利益与好处的器物、制度甚至于观念，则会蜂拥趋之——即利玛窦所谓"天真的脾气"，如当下每逢节假日去国外抢购，连日本的马桶盖都要疯抢；如智能手机支付功能的普及，在小摊上买两根油条都可以用微信支付，杭州、上海等城市更几乎达到无纸币的"境界"，远远超过一些发达国家。中国人是有强烈的求变、求新的意识的——十三经之首《周易》即是专门讲阴阳变化聚合的，只是由于闭关锁国政策，把这种欲求层层包裹起来而已，而一旦打开了"潘多拉的魔盒"，一些中国人就会变得毫无节操，狂乱、悖逆之心无限膨胀起来。

在20世纪初，为救国图强，中国人掀起了向日本（西方）学习的浪潮。一方面，出国留学人数激增，"从1896年起，大量中国学生涌入日本，光是1906年就有大约8600人前往。美国的日本史权威詹森（Marius Jansen）便认为，以当时中国留日学生的数目而言，可能是到那一刻为止世界史上最大规模的留学生运动，而戊戌前后中国思想文化中的日本因素便与这一波留学运动分不开"[3]。另一方面，大量书籍、各种思想从日本译介到中国。王泛森在《"思想资源"与"概

---

[1] 1926年春天，徐志摩前妻张幼仪留欧5年后回国，她看到的上海街头是这样的："西方的生活方式、思想理念已经进入中国。仅在乘人力车从火车站到家的这段路上，我就亲眼看到了种种变化：先生们头发往后梳得油油亮亮，穿着尖头皮鞋；小姐们留着卷卷的短发，上身穿着薄纱白衬衣，里面的紧身胸罩看得一清二楚，下身着及膝短裙，腿上包着肉色丝袜，脚上踏着高跟鞋。"（张邦梅著，谭家瑜译：《小脚与西服》，黄山书社2011年版，第168—169页）从张幼仪的描述中，中国（上海）人只在短短的5年间，穿着方面就完全变了个样子，中国人保守吗？

[2] 利玛窦、金尼阁著，何高济等译，何兆武校：《利玛窦中国札记》，中华书局1983年版，第23页。

[3] 王泛森：《"思想资源"与"概念工具"——戊戌前后的几种日本因素》。见王泛森：《中国近代思想与学术的系谱》，河北教育出版社2001年版，第154—155页。

念工具"——戊戌前后的几种日本因素》一文中说："早在 1939 年，佐藤三郎就已经出版过一份目录，发现有 152 本日本历史著作被译成中文。此后，这一份中译日本书的目录越加越长，一部重达数公斤的书中搜集了 5767 种书目，但据调查，尚有将近 1000 种书未被收入。试想这是何等庞大的一笔新资源！如果分析这些中译日本书出现的年代，我们便可看出一个清楚的变化：1896—1911 年是译书的高峰，共有 956 本书被译成汉文，1912—1937 年则有 1759 种。"并且说："在大量中译的书籍中，以各级学校的教科书最为大宗，这些新教材铺天盖地铺向中国的每一个角落。"① 从上面的数字中我们就可以看出，当中国人知道自己不如人的时候，当中国人的观念有了一些变化之后，中国人"天真的脾气"就会完全激发出来，开始急于向日本（西方）学习，急于改变落后挨打的局面，急于建设一个全新的中国。

早在 1904 年，《国民日日报》曾撰文，概括中国人变革的历程说："经外界内界无穷之激刺，而吾国之政海亦累生种种变幻之风云：初坚持通商而不可者，继乃议及于制造；坚持制造而不可者，继乃议及于游学；坚持游学而不可者，继乃议及于变法；坚持变法而不可者，继乃议及于保皇；坚持保皇而不可者，继乃议及于立宪；坚持立宪而不可者，继乃议及于革命。"② 变革之心情何等迫切，变革之速度何等惊人，真是只争朝夕！王奇生在《急迫、急切与急进：中国人的百年焦虑与应变》一文中谈到这种现象时，有几段话很有意味：

> 今人难以想象，晚清民国时期，中国人一直被一种强烈而持续的焦虑所困扰。这一焦虑即是"亡国"。翻阅那一时期的报刊，"亡国""灭种"一类字词几乎随处可见。

> 今人反观近现代史，必须高度重视当时中国人所濒临的"亡国"处境及其所产生的持续性焦虑。正是这样一种持续性的"亡国"焦虑和普遍性的"救亡"诉求，导致数代中国精英一直处于一种急迫、急切、急躁、急不可耐、急于求成、急功近利的情绪与情境中。

> 近代以来，尤其是甲午以后，国人的心态，太过焦虑，太想急于求成，太没有耐心。推翻帝制，建立共和，对中国人而言是多么巨大的制度变革，岂能一蹴而就。但国人对国会寄予了太热切和太急功近利的期待。③

---

① 王泛森：《"思想资源"与"概念工具"——戊戌前后的几种日本因素》。见王泛森：《中国近代思想与学术的系谱》，河北教育出版社 2001 年版，第 155—156 页。
② 社说：《中国政界最近之现象》，《国民日日报汇编》1904 年第 1 期，第 45—46 页。
③ 王奇生：《急迫、急切与急进：中国人的百年焦虑与应变》，《北华大学学报》（社会科学版）2017 年第 1 期。

这涉及亿万中国人切身利益甚至身家性命的国家制度变革，就如"走马灯"一样换来换去。章开沅在《辛亥革命与"只争朝夕"》一文中也说："一个接一个方案之尝试，一个又一个方案之被否决，这样一波一波不断推进的梯级式反应，完全是历史紧迫感驱使的结果。这一过程并非匀速，而是加速推进。从通商制造到变法保皇，用了约60年的时间，而从变法保皇到革命，则只不过两三年时间。"①——或许，当时的国人已经是六神无主了！近代国学的概念就是在这样一个大的背景之下从日本传到中国来的，这也就注定了国学在中国的命运多舛，自产生之始即在否定、批判中艰难前行。

至于近代国学概念由何人何时最早从日本传入国内，论者甚众，主要论文有桑兵《晚清民国时期的国学研究与西学》②、钟少华《试论近代中国之"国学"研究》③、卢毅《"国学"、"国故"、"国故学"——试析三词在清季民初的语义变迁和相互关联》④、姜义华《近代中国"国学"的形成与演进》⑤、朱俊瑞《梁启超与近代"国学"概念的提出——兼论中国近代国学思想形成的几种分析路径》⑥、蔡先金《"国学"原义断裂、跨语际挪移与流变性转换考察》⑦，更有田正平、李成军《近代"国学"概念出处考》⑧一文，专门考察近代国学概念从日本的传入问题。综合诸家意见（以《近代"国学"概念出处考》为主），主要有以下几种说法：

①黄遵宪说。1887年，黄遵宪在《日本国志》中提到"近世有倡为国学之说者"。田正平、李成军在《近代"国学"概念出处考》中，详细考察了黄遵宪《日本国志》出现的9处"国学"概念，"其中有5处为介绍或涉及日本江户时代之'国学'"，"4处指的是日本各诸侯之学校，沿用了中国传统意义'国学'指代学

---

① 章开沅：《辛亥革命与"只争朝夕"》。见章开沅：《辛亥前后史事论丛续编》，华中师大出版社1996年版，第142—143页。

② 桑兵：《晚清民国时期的国学研究与西学》，《历史研究》1996年第5期。

③ 钟少华：《试论近代中国之"国学"研究》，《学术研究》1999年第8期。

④ 卢毅：《"国学"、"国故"、"国故学"——试析三词在清季民初的语义变迁和相互关联》，《南京社会科学》2005年第2期。

⑤ 姜义华：《近代中国"国学"的形成与演进》（上、下），《学术月刊》2007年第7期、第8期。

⑥ 朱俊瑞：《梁启超与近代"国学"概念的提出——兼论中国近代国学思想形成的几种分析路径》，《杭州师范大学学报》2010年第2期。

⑦ 蔡先金：《"国学"原义断裂、跨语际挪移与流变性转换考察》，《文史哲》2015年第4期。

⑧ 田正平、李成军：《近代"国学"概念出处考》，《华南师范大学学报》2009年第2期。

校之含义"；所以，二人认为："虽然黄遵宪介绍了日本近代意义上的'国学'，但是，当时中国学者，包括他自己都尚未意识到把国学概念从日本学术中剥离出来，以分析中国固有学术。"蔡先金也认为："黄遵宪视'国学'一词可以共存此两义而不悖，或许可推测黄氏当时就认为日语中'国学'之义仅为本土'国学'之引申义而已。"

②梁启超说。桑兵先生在《晚清民国时期的国学研究与西学》一文中说："目前所知近代最早使用国学一词者有三。其一，1902 年秋梁启超在日本谋创《国学报》，曾和黄遵宪函商，希望由他俩人加上马鸣分任其事。黄遵宪则建议撰写《国学史》[①]。其二，1902 年罗振玉赴日本考察，在所撰《扶桑二月记》中使用了'国学'的概念。其三，据说 1900 年王均卿、沈知方、刘师培、宋雪琴等人在上海创立国学扶轮社。这在时间上尚有可疑，因为国学扶轮社的出版活动，可查证的多在 1905 年以后。"他在《国学与汉学——近代中外学界交往录》一书中，在介绍梁启超与黄遵宪谋办《国学报》，因黄表示异议，计划搁浅后评论说"此事议而未成，却是近代国学概念的重要肇始"[②]。卢毅在《"国学"、"国故"、"国故学"——试析三词在清季民初的语义变迁和相互关联》中表示："目前所知，国人中最先将近代意义的'国学'一词用于中国者乃梁启超。"朱俊瑞在《梁启超与近代"国学"概念的提出——兼论中国近代国学思想形成的几种分析路径》中也认为："近代'国学'概念的使用，梁启超可谓始作俑者。"

③吴汝纶说。1902 年 5 月，吴汝纶东渡日本考察教育，在日期间，"古城贞吉曾明确劝其'勿废经史百家之学，欧西诸国学堂必以国学为中坚'"[③]，提到近代意义上的国学概念——田正平《近代"国学"概念出处考》一文中也单独列为一说，但比较牵强，桑兵先生也没有明确提出这种说法。

④屠仁守说。光绪二十三年（1897）5 月，屠仁守[④]发表了《孝感屠梅君侍

---

① 1902年夏秋间，梁启超曾致信黄遵宪，商办《国学报》。黄遵宪在回信中曾说："公谓养成国民，当以保国粹为主义，取旧学磨洗而光大之。至哉斯言，特此足以立国矣。"（黄公度：《致饮冰室主人书》。见丁文江、赵丰田：《梁启超年谱长编》，上海人民出版社1983年版，第292页）

② 桑兵：《国学与汉学——近代中外学界交往录》，浙江人民出版社1999年版，第278页。

③ 桑兵：《国学与汉学——近代中外学界交往录》，浙江人民出版社1999年版，第280页。

④ 屠仁守：（1832—1903?），湖北孝感人，字梅君。同治进士，选庶吉士、授编修。光绪年间任御史，1889年被革职。1890年后主讲山西令德堂，任山长，主要从事教育活动。

御辨辟韩书》①，文中有感于日本学者古城贞吉的《汉学再兴论》②，感慨说："昨读译《东华》杂志《汉学再兴论》，为之踌躇四顾，默愧之。滋畏之以彼人士犹能言修身齐家，设立教育之当取法；犹知尊《论语》为纯然道义之书，并推存亡消息之理；谓国学勃兴，将压倒西学。我方靡焉欲步其后尘，彼乃皇然而思返古道；我方贬圣贤以尊西洋之善治，彼且稽经史而建东洋之政策。两册鳞次之间，自立也，若彼，自屈也，若此。"田正平在《近代"国学"概念出处考》一文中，据此认为："屠仁守于1897年刊出了《孝感屠梅君侍御辨辟韩书》一文，……反映了戊戌变法前，保守人士感受到西学对中国固有学术的巨大冲击后，试图通过学习日本，弘扬中国固有学术以与之抗衡的文化心态。因此，屠仁守为国内第一次使用近代意义上之国学概念的学者。"

⑤国学倡导者说。1933年，上海人沈庆侅在其著作《国学常识》说："故所谓国学，当然为中国之学，国学一词自无由而成立。《刘略》《隋志》之未尝有国学与非国学之别以此。海通以后，人尚西学，束旧籍于高阁，罗新简于宏厨；于是一般不能研数理、读外国文之徒，大声疾呼，以保存国学相号召，曰：'国学者、国魂也，国命也。非此不足以立国也；保此实所以保国也。'其言之不合论理姑弗问，至国学一词之创、实不得不谓出斯辈人之手。由是观之，中国古代人心目中以为惟华夏有学术，故言学毋庸划中外之界，此古人无国学一称之因也。"③该书封面注明为"初中参考书"，沈氏所言，当属较为通行之观念，故列此一说。

从上面可以看出，近代国学概念究竟是谁从日本最先引入国内，尚不能确定。早在1934年，马瀛在《国学概论》一书中就说："'国学'之名，始自何人，今已无考，然最早出现于光绪末年，可断言也。"④其实，中国国学的兴起，是中国学者自觉向日本学习的结果，其目的与日本学者鼓吹国学并无二致。1902年，黄遵宪在给梁启超的信中说："日本无日本学，中古之慕隋、唐，举国趋而东，近世之拜欧、美，举国又趋而西。当其东奔西逐，神影并驰，如醉如梦，及立

---

① 屠仁守：《孝感屠梅君侍御辨辟韩书》，《时务报》第三十册，中华书局影印本1991年版，第2051—2055页。

② 古城贞吉的《汉学再兴论》，发表于日本《东华》杂志，译文发表在《时务报》第二十二册，第1500—1502页。

③ 沈庆侅：《国学常识》，杭州长兴信记印刷公司1933年版，第2页。

④ 马瀛：《国学概论》，上海大华书局1934年版，第3页。

足稍稳,乃自觉已身在亡何有之乡,于是乎国粹之说起。"①1905年,黄节在《〈国粹学报〉叙》中也说:"昔者日本维新,归藩覆幕,举国风靡,于是欧化主义,浩浩滔天,三宅雄次郎、志贺重昂等,撰杂志,倡国粹保全,而日本主义,卒以成立。呜呼!学界之关系于国界也如是哉!"②日本保全"国粹",去"中国化"与"西化",凸显日本主体价值,中国也应如是。

三、近代国学初兴

近代国学的概念从日本传入中国后,黄节③、邓实④等人风起响应,以保存国粹、国学相号召,高举起国学旗帜。主要包括以下两个方面:

(一)宣扬理论

这里只重点谈一下黄节、邓实等人的观点。

1902年冬,黄节发表《国粹保存主义》,其中说:"一国家有一国家之土地之人民之宗教政治,于是其风俗气质习惯遂各有特别之精神焉。夫有特别之精神,则此国家与彼国家,其土地人民宗教政治与其风俗气质习惯相交通调和,则必有宜于此而不宜于彼,宜于彼而不宜于此者。知其宜而交通调和之,知其不宜则守其所自有之宜,以求其所未有之宜,而保存之。如是,乃可以成一特别精神之国家。""夫国粹者,国家特别之精神也。昔者日本维新,欧化主义浩浩滔天,乃于万流澎湃之中,忽焉而生一大反动力焉,则国粹保存主义是也。"⑤强调要立足国情,传承国家之"特别精神"。1903年2月,黄节发表《游学生

---

① 黄公度:《致饮冰室主人书》。见丁文江,赵丰田:《梁启超年谱长编》,上海人民出版社1983年版,第292页。

② 黄节:《〈国粹学报〉叙》,见桑兵等编:《国学的历史》,国家图书馆出版社2010年版,第18页。

③ 黄节:(1873—1935),原名晦闻,字玉昆,笔名黄纯熙、佩文、黄史氏、兼霞楼主等,广东顺德人。参与创立国学保存会,创办《国粹学报》,任北京大学文学院教授、清华大学研究院导师,并以诗闻名。

④ 邓实:(1877—1951),字秋枚,笔名野残、枚子、鸡鸣风雨楼主等,广东顺德人,生于上海。1902年,在上海创办《政艺通报》,1905年与黄节、章太炎、马叙伦、刘师培等人创立国学保存会,刊行《国粹学报》,是国粹理论的主要提倡者之一。

⑤ 黄节:《国粹保存主义》。见桑兵等编:《国学的历史》,国家图书馆出版社2010年版,第3页。

与国学》一文，倡议设置"国学图书馆"①。1905年2月，黄节又发表《〈国粹学报〉叙》一文，这是国学派的重要宣言。文中指出："立乎地圜而名一国，则必有其立国之精神焉，虽震撼掺杂，而不可以灭之也。灭之则必灭其种族而后可。灭其种族，则必灭其国学而后可。昔者英之墟印度也，俄之裂波兰也，皆先变乱其言语文学，而后其种族乃凌迟衰微焉。迄今过灵水之滨，瓦尔省府之郭，婆罗门之贵种，斯拉窝尼之旧族，无复有文明片影留曜于其间，则国学之亡也。学亡则亡国，国亡则亡族。……甲午创后，駴于日本，复以其同文地迩，情洽而收效为速也，日本遂夺泰西之席，而为吾之师，则其继尤慕日本。呜呼！亡吾国学者，不在泰西而在日本乎！"黄节以深沉的忧患意识，强调国学乃"立国之精神"，"学亡则亡国，国亡则亡族"，且尤以日本为害，所以有了"国奴""学奴"的感慨："呜呼！不自主其国，而奴隶于人之国，谓之国奴；不自主其学，而奴隶于人之学，谓之学奴。奴于外族之专制固奴，奴于东西之学说，亦何得而非奴也。"②黄节从国外亡国亡学之教训来阐释中国国学的重要性，可见其护国保国的拳拳之心。

在黄节发表《国粹保存主义》之后，1903年，春水在《政法学报》第5期发表了《中国国学保存论之一：正气》，强调保存国学③。

邓实是国学派骨干，对国学的理论阐释也形成了自己的体系。他明确指出："夫一国之立必有其所以自立之精神焉，以为一国之粹，精神不灭，则国亦不灭。"④1904年3月，邓实在《政艺通报》上发表《国学保存论》⑤，响应黄节的"国粹保存主义"。之后，又在《国粹学报》上发表一系列有关国学的论文，包括《国学原论》《国学微论》《国学通论》《国学今论》《古学复兴论》《国学讲习记》

---

① 黄节：《游学生与国学》。见桑兵等编：《国学的历史》，国家图书馆出版社2010年版，第6页。

② 黄节：《〈国粹学报〉叙》，见桑兵等编：《国学的历史》，国家图书馆出版社2010年版，第17—18页。

③ 春水：《中国国学保存论之一：正气》。见桑兵等编：《国学的历史》，国家图书馆出版社2010年版，第8—10页。

④ 关于此引文出处，郑师渠在《晚清国粹派的文化观》一文中注为"《鸡鸣风雨楼独立书·语言文字独立》，《政艺通报》1903年第24号"（《历史研究》1992年第6期）；谢保成在《20世纪前期两次关于"国学"与"国粹"、"国故"的论辩》一文中说："邓实为《国粹学报》所写《发刊辞》强调'一国之立必有其所以自立之精神焉，以为一国之粹，精神不灭，则国亦不灭'"。（《探索与争鸣》2008年第11期）

⑤ 邓实：《国学保存论》，见《政艺通报》甲辰年第3号。

《国学真论》《国学无用辨》①等，其中不乏真知灼见。如在《国学通论》中说："夫中国之地理便于农，而儒重农。中国之风俗原于文，而儒重文。中国之政体本于宗法，而儒重君父。则儒教之行中国，固繇乎其地理风俗与政体者矣，此其所以行之二千年，其于人心之微，未有背也。"立足中国农业文明，谈儒教（儒家思想）在中国的影响，富有启发性。在《古学复兴论》中说："学术之大，岂出一途？古学虽微，实吾国粹。孔子之学，其为吾旧社会所信仰者，固当发挥而光大之；诸子之学，湮没既千余年，其有新理实用者，亦当勤求而搜讨之。夫自国之人，无不自爱其自国之学。孔子之学固国学，而诸子之学亦国学也，同一神州之学术，乃保其一而遗其一可乎？"强调诸子学与孔学的平等地位，强调诸子学是国学的重要组成部分。在《国学讲习记》中说："国学者何，一国所自有之学也。……有其国者有其学。……是故国学者，与有国以俱来，本乎地理，根之民性，而不可须臾离也。"强调国学乃国之"自有"的特性。在《国学真论》中说："夫国学者，别乎君学而言之。吾神州之学术，自秦汉以来，一君学之天下而已矣，无所谓国，无所谓一国之学，知有君而不知有国也。……是故有真儒之学焉，有伪儒之学焉。真儒之学，只知有国，伪儒之学，只知有君。知有国则其所学者，上上千载，洞流索源，考郡国之利病，哀民生之憔悴，发愤著书，以救万世，其言不为一时，其学不为一人，是谓真儒之学。若夫伪儒者，所读不过功令之书，所业不过利禄之术，苟以颂德歌功，缘饰经术以取媚时君，固宠图富贵而已。"②强调国学与君学的不同，并从真儒、伪儒的角度分析其利害差异。

除国内黄节、邓实等人之外，1906年，章太炎在日本东京也倡导国学，先后在国学讲习会、国学振起社宣讲，并于1910年将讲义内容以《国故论衡》为名出版。该书"分为小学、文学、诸子学三类，本在学会口说，次为文辞。说解明岊，学理湛深，语皆心得，义无剿取。要使治国学者，醇笃之士弗以短见自封，高明之士弗以缪想自误，多闻之士弗以记诵自安。诚不可不读之书也"③，有较大影响。

另外，还需要特别指出的是，1905年，江起鹏出版了一部《国学讲义》，

---

① 邓实：《国学无用辨》，见《国粹学报》1905年2月—1907年6月，第1、2、3、4、5、9、19、20、27、30期。邓实上述在《国粹学报》上发表的文章，均见桑兵等编：《国学的历史》，国家图书馆出版社2010年版。

② 见桑兵等编：《国学的历史》，国家图书馆出版社2010年版，第40、70、81、91页。

③ 见姜义华：《章炳麟评传》，南京大学出版社2002年版，第454页。

这应该是第一部近代意义上的中国国学专著。在该书中，江起鹏有感于日本明治维新的成功，指出研究国学的目的，在于"定教育之方针，为今我国民一大问题。识者谓莫妙于欧化主义与国粹主义相持并进，庶学于人而不至役于人，不失为我国民之教育。信是则研究国学，其亦学者所有事焉"，即一方面强调"欧化主义与国粹主义相持并进"，另一方面强调"学于人而不至役于人"，保持自己的主体性。至于如何研究国学，江起鹏总结出了四条原则："（一）不徒事诵读，而实奉圣训。（二）不专事诂训，而通知大义。（三）广参世界之学说，以阐发微言。（四）实体先圣之志愿，以普救同胞。一言以蔽之曰，实尊我孔圣者。务去二千年下似是之学说，而还我二千年上真正之孔子。毋拘牵，毋颟顸，毋自封，毋自隘，则庶乎为圆满之国粹主义乎。"[1]江氏虽则尊孔，实则坚持中国文化本位；也并没有故步自封，而是强调"广参世界之学说"；江氏提出的"学于人而不至役于人"极具警示意义。

（二）组织机构

在这一方面，蔡先金在《"国学"原义断裂、跨语际挪移与流变性转换考察》一文中有较为细致的统计，兹引录如下：

在"国学"概念感召下，冠名"国学"之机构团体以及国学报刊亦随之兴起。1903年，叶澜等在沪发起组建翻译团体"国学社"，所译著作多偏向于灌输国人民族意识与自由思想。1903年王均卿、沈知方、刘师培、宋雪琴等人在沪创立"国学扶轮社"，其出版活动则多在1905年以后。1904年，邓实、黄节等在沪发起"国学保存会"，1905年刊行《国粹学报》，公示"发明国学，保存国粹"的宗旨。1906年9月章太炎在日本东京发起"国学讲习会"，不久又在此基础上成立了"国学振起社"，其"广告"云"本社为振起国学、发扬国光而设"。1906年11月6日刊行《国学振起社讲议》（创刊号）。1908年章氏《规新世纪》一文将"国粹""国学""国故"三词作为互换同义词并用。1908年北京吴仲、沈宗畸等人创办《国学萃编》。1909年柳亚子、陈去病、姚光创办"南社"刊行《国学丛选》。1911年在北京、1914年在日本，罗振玉、王国维创办《国学丛刊》。1912年马玉藻在北京、杭州创建"国学会"。1914年在东京、北京由陈尔锡、吕学沅等人创办"国学扶危社"及《国学》杂志。1915年，倪羲抱等人在上海创办"国学昌明社"与《国学杂志》。1919年刘师培、黄侃在北京大学创办"国

① 江起鹏：《国学讲义》，上海新学会1905年版，第1、102页。

故月刊社"并出版《国故》。据当时编印的《国学论文索引》，民国年间刊载国学论文的杂志计 83 种，冠名"国学"或"国粹"者有 13 种。[①]

从这些统计数据我们可以看出，当时国学研究成为一种风气。我们首先应该明确，清末民初有识之士倡导国学是以传统士大夫情怀挽救国运的一种努力，即便亡国也要护持住国学命脉，以期东山再起。陈来先生在《近代"国学"的发生与演变——以老清华国学研究院的典范意义为视角》一文中说："而就观念意识来看，清末国学倡导者的言论，受顾炎武文化意识的影响匪浅。顾炎武关于亡国与亡天下的说法，常常转换为亡国与亡国学的关联，盖顾炎武所谓天下本是作为礼俗政教的文化而言。"更进一步指出了黄节、邓实等人的思想渊源与爱国情怀。

---

① 蔡先金：《"国学"原义断裂、跨语际挪移与流变性转换考察》，《文史哲》2015年第4期。

第二章　百年国学争议 [1]

> 子贡曰："纣之不善，不如是之甚也。是以君子恶居下流，天下之恶皆归焉。"
>
> ——《论语·子张》

近代国学概念从日本传入中国，正值国家危难之际，国人正急切地寻求救亡图强的良方，邓实、黄节等人倡导的"发明国学，保存国粹"的主张，自然也会引发响应。据当年统计，自清季到1935年，中国学人对于"国学"的研究就有七千余篇文章，涉及五百余报章杂志[2]。总体来看，追随者有之，鼓吹者有之，但更多的还是指责、批判、谩骂甚至诅咒（本章中以"争议"统称之），并没有达到"用国粹激动种性，增进爱国的热肠"[3]的目的。本章即讨论这些争

---

① 2015年6月，笔者参加陕西师范大学主办的"国学与传统文化教育学术研究会"，提交了会议论文《国学首先是一种态度——从争议中的百年国学说起》，见《国学与传统文化教育学术研究会论文集》（一）。在谈到国学争议时，曾提出了国学概念之争、国学范畴之争、经学存废之争、科学与人文之争、学科体系之争、文明优劣之争、典籍真伪之辨等七个方面。2016年7月，笔者发表论文《百年国学研究中的五大争议》（《学术探索》第7期），把国学相关争议概括为国学概念范畴之争、文明优劣之争、汉字古籍之争、经学存废之争、学科体系之争五个方面。这里主要对上述内容增删、改动与修正。另外，有关该论文，有两点需要说明：①上述会议论文中概括的七大争议，被某大学教授在其论文中作为脚注直接"引用"。②2015年6月28日，陕西师范大学国学院《艮山杂志》（248期）摘录了该会议论文前半部分的几个段落，以《争议中的百年国学》为名在网上发表（署名"张洪兴"，近2000字）；2017年12月4日，"搜狐文化"等网站发表了题为《国学争议如此之多何时休止》的文章，直接抄袭了《艮山杂志》摘录的论文，其他网站纷纷转载，甚至成为网络"红文"。

② 见北平图书馆索引组编：《国学论文索引》1—4编，内分17类。转引自钟少华：《试论近代中国之"国学"研究》，《学术研究》1999年第8期。

③ 章太炎：《东京留学生欢迎会演说辞》。见汤志钧编：《章太炎政论选集》，中华书局1977年版，第272页。

议，虽曰百年，其实仅为我所管见，且多侧重于20世纪40年代之前。概而言之，包括国学概念之争、国学范畴（书目）之争、民族性优劣之争、文明优劣之争、汉字存废之争、古籍真伪之辨、经学存废之争、学科体系之争等八大方面。

第一节　国学概念之争

我们上一章在讨论日本国学概念时，曾指出日本学者所谓的国学，为的是去"中国化"、去"西化"，强调的是日本国家的本质、日本精神。这一点，梁启超、黄节、邓实等人都是能够了解、掌握的，他们所倡导国学的基本目的也在于此。但是，受西化风潮、日本学术影响，新派学人或者厌弃、批判中国文化，或者望文生义，或者对中国文化浅陋无知，稍不顺意，即群起而攻之。

早在1925年，曹聚仁曾在《春雷初动中之国故学》一文中对当时国学混乱状况进行了说明："吾国学术界观念之模糊，吾人类能知之，即以'整理国故'一事而论：北京大学之国学研究所，以'国学'为帜；无锡之国学专修馆，亦以'国学'为帜；上海同善社之国学专修馆，亦以'国学'为帜，三者虽同标一帜，其实三者必不能并立。盖吾辈若承认北京大学国学研究所研究为'国学'，则无锡国学专修馆、上海国学专修馆所研究者，决非'国学'；若承认同善社之'国学专修馆'为'国学'专修馆，则无锡之国学专修馆、北京之国学研究所，必非'国学'专修馆'国学'研究所。……'国学'之为物，名虽为一，实则为三，北京国学研究所之'国学'，赛先生之'国学'也；无锡之国学专修馆，冬烘先生之'国学'也；上海之国学专修馆，神圣先生之'国学'也。三者在理决无合作之余地，吾辈'认明商标，庶不致误'。"① 谢保成在《20世纪前期两次关于"国学"与"国粹"、"国故"的论辩》一文中也说：

> 时下谈"国学"的文章不少，不能说没有"赛先生之'国学'"，也不敢说没有"神怪先生之'国学'"，但仅就所见，大都"冬烘先生之'国学'"，因其一不知"国学"、"国粹"二词是舶来品；二不知20世纪初、20世纪20年代有过两次关于"国学"与"国粹"、"国故"的论辩；三是互相传抄这样几句话——"国故"包含中国固有历史与文化之全部，其中之精华称"国粹"，以"国故"为研究对象的学问称"国故学"，简称"国学"，

---

① 曹聚仁：《春雷初动中之国故学》（1925年12月30日）。见桑兵等编：《国学的历史》，国家图书馆出版社2010年版，第383—384页。

"国故"与"国学"有相同之处——却不知这是率意捏合两次论辩中的不同观点，甚至不知"国粹"一词辛亥（1911）年后逐渐弃而不用。有此"三不知"，难怪一些日本学者哂笑中国时下说"国学"者的"国学"知识浅薄，最让人家嗤笑的是某些讲"国学"者竟然不知"冬烘"。①

曹、谢二人在这里列出的赛先生之"国学"、冬烘先生之"国学"、神圣（怪）先生之"国学"，足见近代以来国学概念争议、非议不断。陈独秀曾说"国学"这一名词"就是再审订一百年也未必能得到明确的观念，因为'国学'本是含混糊涂不成一个名词"②，不幸被他言中。

一、反对者

他们或认为国学只是沉渣余孽，不屑一顾；或认为国学概念含混不清，过于笼统，不合潮流。我们下面列举几种代表性的说法：

（一）陈独秀认为"国学是什么，我们实在不大明白。当今所谓国学大家，胡适之所长是哲学史，章太炎所长是历史和文字音韵学，罗叔蕴所长是金石考古学，王静庵所长是文学，除这些学问以外，我们实在不明白什么是国学？"并讥讽国学研究者为"在粪秽里寻找香水"，他说，"现在中国社会思想上堆满了粪秽，急需香水来解除臭气，我们只须赶快制造香水要紧，可是胡适之、曹聚仁这几位先生，妙想天开，要在粪秽里寻找香水，即令费尽牛力寻出少量香水，其质量最好也不过和别的香水一样，并不特别神奇，而且出力寻找时自身多少恐要染点臭气"③。在陈独秀看来，胡适等人"研究"国学，只是在摆弄一堆"粪秽"，非但没有价值，还会惹身"臭气"，由此可见陈独秀对中国文化的决绝态度。

（二）曹聚仁在《春雷初动中之国故学》一文中，专设"轰国学"一节，把"炮口"直接对准了国学："国学，直百秽之所聚，众恶之所趋，而中国腐败思想之薮藏所也。所以然者，国学无确定之界说，无确定之范围，笼统不着

---

① 谢保成：《20世纪前期两次关于"国学"与"国粹"、"国故"的论辩》，《探索与争鸣》2008年第11期。
② 陈独秀：《寸铁·国学》（1923年7月）。见任建树编：《陈独秀著作选》（第二卷），上海人民出版社1993年版，第517页。
③ 陈独秀：《寸铁·国学》（1923年7月1日）。见任建树编：《陈独秀著作选》（第二卷），上海人民出版社1993年版，第516—517页。

边际，人乃得盗窃而比附之。故为澄清学术界空气计，不能不轰国学。科学之研究，最忌含糊与武断，而国学二字，即为含糊与武断之象征。"在曹氏看来，国学"不可不轰者"原因有三：一是"就实以察名，'国学'一名，不足以副其实，就名以考实，国学之实，将削足以就履。此国学不可不轰者一"。二是"国学之为名，不但不足代表其对象，且使人因名而生误会，不但使人因名而生误会，且使人习科学而背其科学之规范。此国学不可不轰者二"。三是曹氏引胡适有关国学即国故学缩写的观点，认为"使去'故'而留'国'，则如呼'西瓜'为'西'，'太阳'为'太'"，"诚不知其可省为国学者何在？故国学乃一勉强割裂而成之名词，其不可不轰者三"①。

（三）朱自清在《现代生活的学术价值》一文中说："我想'国学'这个名字，实在太含混，绝不便于实际的应用。你看英国有'英国学'否？日本有'日本学'否？据我所知，现在的国家没有一国有'国学'这个名称，除了中国是例外。"②

（四）何炳松在《论所谓"国学"》一文中号召："中国人一致起来推翻乌烟瘴气的国学！"并陈述了四大理由，"（1）来历不明，（2）界限不清，（3）违反现代科学的分析精神，（4）以一团糟的态度对待本国的学术"。③

（五）现代学者何兆武则说："我不赞成'中学'、'西学'的提法，所以我也不赞成所谓的'国学'。每个国家都有'国学'，都要去宣扬它的国学吗？马克思是哪国学？他本人是德国人，但著作却是在英国写的，它应该属于'英学'还是'德学'？我同意这样的说法，真理是放之四海而皆准的，不应该戴中学、西学、国学这种帽子。"④

（六）裘锡圭先生声明事件。2016年9月3日，复旦大学成立上海儒学院，把我国著名古文字学家、复旦大学出土文献与古文字研究中心教授裘锡圭先生列入了顾问名单。9月10日，裘锡圭先生在复旦大学出土文献与古文字研究中心的官方微信公众号"古文字微刊"上发表声明，表示上海儒学院把他列入顾问名单的行为事先并未征得他的同意。9月12日，"古文字微刊"发布上海儒

---

① 曹聚仁：《春雷初动中之国故学》（1925年12月30日）。见桑兵等编：《国学的历史》，国家图书馆出版社2010年版，第385—386页。

② 朱自清：《现代生活的学术价值》（1926年4月11日）。见朱乔森编：《朱自清全集》（第四卷），江苏教育出版社1990年版，第198—199页。

③ 何炳松：《论所谓"国学"》（1929年1月）。见桑兵等编：《国学的历史》，国家图书馆出版社2010年版，第402—404页。

④ 转引自刘梦溪：《国学辨义》，《文汇报》2008年8月4日。

学院的致歉信，以及裘锡圭先生的最新说明。裘先生在"最新声明"中说："我对一些院校在原有的教学和科研机构之外以国学、儒学一类名义另立研究机构是不以为然的。2005年回复旦以后，看到母校尚未沾染这种风气，深以为幸，不想终究不能'免俗'。所以我是不会支持这一类事情的。"[①]裘先生声明用了"不以为然"四字表明自己对国学、儒学一类机构的态度，虽较为和缓，但或许只是礼节性的用语，其反对国学一类机构、名称的态度应该是坚定的。裘先生的声明代表了当下部分学人对国学的基本立场。

二、支持者

他们根据自己的立场、见解，对国学概念的界定亦是各说各话，莫衷一是。其基本的倾向有二：一是正面宣扬弘扬；二是作为中国文化的别名，予以整体上批判。较为典型的说法有：

（一）"国粹说"[②]

国学兴起之初，章太炎、梁启超、邓实、黄节、刘师培等人便以"国粹"相号召。1905年年初，国学保存会成立时，便以"研究国学，保存国粹"为宗旨，并创办了《国粹学报》。何谓国粹？国粹一词，是日语舶来词，较早见于梁启超1901年《中国史叙论·纪年》一文中，说"中国民族固守国粹之性质，欲强使改用耶稣纪年，终属空言耳"[③]；1902年，梁启超在致信康有为、黄遵宪时，也都使用了"国粹"的概念[④]。之后，黄节、邓实大力宣扬国粹，成为国粹派的骨干。

---

① 上述内容见光明网、中华网、腾讯网、和讯网、搜狐文化、网易财经等各大网站，成为一件公共事件。

② 国粹派一般称国粹，有时也称古学，提出古学复兴论。郑师渠在《晚清国粹派的文化观》一文中说："他们所要复兴的'古学'，是他们所谓的未受'君学''异学'浸染、纯正而健全的先秦时期的中国文化，即先秦诸子学。欧洲藉复兴古希腊文化，而开近代文明的先河；国粹派也希望通过复兴先秦诸子学，重新振兴中国文化。所以邓实在《古学复兴论》中写道：'安见欧洲古学复兴于十五世纪，而亚洲古学不复兴于二十世纪也。呜呼，是则所谓古学之复兴者矣。'"（见《历史研究》1992年第6期）

③ 梁启超：《中国史叙论》（1901）。见汤志钧等编：《梁启超全集》（第二集），中国人民大学出版社2018年版，第316页。

④ 1902年5月，梁启超致信康有为，其中说："即如日本，当明治初元，亦以破坏为事，至近年然后保存国粹之议起。国粹说在今日固大善，然使二十年前而昌之，则民智终不可得开而已。"梁启超：《上康有为书》（1902）。见《梁启超全集》（第十九集），中国人民大学出版社2018年版，第201页。

　　我们前文已介绍了黄、邓的主要观点，这里再补充一些内容。1902年年底，黄节发表了《国粹保存主义》一文，明确宣扬"国粹"及"国粹保存主义"。黄氏强调："发现于国体，输入于国界，蕴藏于国民之原质，具一种独立之思想者，国粹也；有优美而无粗粝，有壮旺而无稚弱，有开通而无锢蔽，为人群进化之脑髓者，国粹也。天演家之择种留良，国粹保存之义也。"需要指出的是，黄氏的"国粹观"，较为开放，并不专指中国之"适宜焉者"，也包括外国之"粹"，他说："本我国之所有，而适宜焉者，国粹也。取外国之宜于我国，而吾足以行焉者，亦国粹也。"①1904年3月，黄节在《国粹学社发起辞》中指出："国粹，日本之名辞也，吾国言之，其名辞已非国粹也。"并强调"日本之言国粹也，与争政论；吾国之言国粹也，与争科学"②，希望能够将"国粹"同科学联系起来，以期救亡图强。在国粹派中，邓实用力最多，形成了自己相对完整的理论体系（见前文）。1907年3月，邓实在《拟设国粹学堂启》一文中强调："夫国于天地，必有与立。学也者，政教礼俗之所出也。学亡则一国之政教礼俗均亡；政教礼俗均亡，则邦国不能独峙。试观波尔尼国文湮灭，而洼肖为墟；婆罗门旧典式微，而恒都他属。是则学亡之国，其国必亡，欲谋保国，必先保学。昔西欧肇迹，兆于古学复兴之年；日本振兴，基于国粹保存之论。前辙非遥，彰彰可睹，且非惟强国为然也。"③邓实把保存国粹同欧洲文艺复兴、日本振兴联系起来，热切希望"国粹"能够焕发新的生命力。

　　与黄节、邓实等人不同，章太炎对国粹的定义要宽泛得多。1906年6月底，章太炎出狱后到东京，在《东京留学生欢迎会演说辞》中，明确提出"用国粹激动种姓，增进爱国的热肠"，并解释说："为甚提倡国粹？不是要人尊信孔教，只是要人爱惜我们汉种的历史。这个历史，是就广义说的，其中可以分为三项：一是语言文字，二是典章制度，三是人物事迹。近来有一种欧化主义的人，总说中国人比西洋人所差甚远，所以自甘暴弃，说中国必定灭亡，黄种必定剿绝。因为他不晓得中国的长处，见得别无可爱，就把爱国爱种的心，一日衰薄一日。若他晓得，我想就是全无心肝的人，那种爱国爱种的心，必定风发泉涌，不可

---

① 黄节：《国粹保存主义》（1902）。见桑兵等编：《国学的历史》，国家图书馆出版社2010年版，第3页。

② 黄节：《国粹学社发起辞》，《政艺通报》甲辰（1904年）第1号。

③ 邓实：《拟设国粹学堂启》（1907年3月）。见桑兵等编：《国学的历史》，国家图书馆出版社2010年版，第89页。

遏抑的。"① 章氏从语言文字、典章制度、人物事迹三个方面立论，使国粹的范畴大大地扩展。为宣扬国粹，日本留学生发起成立国学讲习会，由章氏主讲。1906 年 9 月，国学讲习会发起人② 发表了《国学讲习会序》一文，其中进一步明确了章太炎宣讲内容："一、中国语言文字制作之原，一、典章制度所以设施之旨趣，一、古来人物事迹之可为法式者。"③ 文中也重申了国学、国粹的重要性："夫国学者，国家所以成立之源泉也。吾闻处竞争之世，徒恃国学固不足以立国矣，而吾未闻国学不兴而国能自立者也。吾闻有国亡而国学不亡者矣，而吾未闻国学先亡而国乃能立者矣。故今日国学之无人兴起，即将影响于国家之存灭，是不亦视前世为尤岌岌乎？"

从前文中我们也可以知道，"国粹说"明显针对的是当时流行的欧化思潮，我们这里再说一下许之衡、许守微的观点。1905 年 7 月，许之衡在《读〈国粹学报〉感言》一文中，虽说"仁者见仁，智者见智，欧化者自欧化，国粹者自国粹而已"④；但重点仍是"提议于国粹者"。许之衡强调："夫国学即国魂所在，保全国学，诚为最重要之事矣。然尤当亟思改良，不为守旧，俾于今日情势，而使必不可磨灭，斯真善言国学者矣。"⑤ 并在篇末说："呜呼！外人之灭我国也，必并灭其宗教，灭其语言，灭其文字。知文字语言之要，而不知宗教之要，非得也。保全国粹诸子，首要国学为倡，其识诚伟大。读其书，标民族之宏义，发神州之鸿秘。其志可哀，其旨可敬，其文辞尤可感而舞也。然而独不及宗教，无亦滞于远藤隆吉、白河次郎二氏之学说乎？近一二年来，有口氏之《论保教》⑥，章氏之论《订孔》，而后生小子，翕然和之，孔子遂几失其故步。彼二子者，其学皆与东洋有渊源，东洋之排斥孔子，则由彼爱国者，恐国人逐于汉化，又恐逐于欧化，故于孔子有微词，于耶稣亦多论议，以成彼一种东洋之国学，即国粹主义所由来也。论

---

① 章太炎：《东京留学生欢迎会演说辞》（1906 年 7 月 15 日），该文刊登在《民报》第六号（1906 年 7 月 25 日）。见汤志钧编：《章太炎政论选集》，中华书局 1977 年版，第 276 页。

② 由章士钊执笔。

③ 国学讲习会发起人：《国学讲习会序》。见桑兵等编：《国学的历史》，国家图书馆出版社 2010 年版，第 78—79 页。关于《国学讲习会序》一文的出处，《国学的历史》注明是"《民报》第 7 号，1905 年 11 月"，似有误。

④ 许之衡：《读〈国粹学报〉感言》。见桑兵等编：《国学的历史》，国家图书馆出版社 2010 年版，第 53 页。

⑤ 许之衡：《读〈国粹学报〉感言》。见桑兵等编：《国学的历史》，国家图书馆出版社 2010 年版，第 56 页。

⑥ 桑兵等编：《国学的历史》所录原文即"有口氏之《论保教》"，大概其所依旧文如此（或辨识不清）。看其内容，应为梁启超《保教非所以尊孔论》（1902）。

者不省,而据为典要,扬其流而逐其波,不亦误乎!"①许之衡虽对国粹派之立意、指归深表赞叹,但同时指出了宗教(孔教)之于国粹的重要性,指出了国粹派"独不及"宗教(孔教)受日本影响的原因。这里,许之衡对日本倡为国学、国粹之说,对日本国粹主义之由来,说得再简明不过;对梁启超、章太炎之弊及其不良影响,也有清楚的认识。

与许之衡相比,许守微的国粹说更为开放,主张中欧文明融合会通。在《论国粹无阻于欧化》一文中,许守微一方面强调:"国粹者,一国精神之所寄也,其为学本之历史,因乎政俗,齐乎人心之所同,而实为立国之根本源泉也。是故国粹存则其国存,国粹亡则其国亡。"②"是故国有学则虽亡而复兴,国无学则一亡而永亡。何者?盖国有学则国亡而学不亡,学不亡则国犹可再造。国无学则国亡而学亡,学亡而国之亡遂终古矣。此吾国所以屡亡于外族,而数次光复,印度埃及一亡于英,而永以不振者,一则仅亡其国,一则并其学而亡之也。"③另一方面,许守微也认为:"国粹者,精神之学也;欧化者,形质之学也。""国粹也者,助欧化而愈彰,非敌欧化以自防,实为爱国者须臾不可离也云尔。""是故国粹以精神而存,服左衽之服,无害其国粹也。欧化以物质而昌,行曾史之行,无害其欧化也。"④许守微从精神、物质两个方面理解中欧文明的交融会通,希望以此可以兴国。

其实,国粹派虽倡导古学,提出古学复兴之论,但从总体上来看,国粹派并不保守,而是希望在中欧文明调和会通中求创新。邓实在《拟设国粹学堂启》中写道:"思想日新,民智日沦,凡国学微言奥义,均可籍皙种之学,参互考验,可观会通,则施教易而收效远。……则二十世纪,为中国古学复兴时代,盖无

---

① 许之衡:《读〈国粹学报〉感言》(1905年7月)。见桑兵等编:《国学的历史》,国家图书馆出版社2010年版,第57页。

② 许守微:《论国粹无阻于欧化》(1905年8月)。见桑兵等编:《国学的历史》,国家图书馆出版社2010年版,第58页。

③ 许守微:《论国粹无阻于欧化》(1905年8月)。见桑兵等编:《国学的历史》,国家图书馆出版社2010年版,第60页。

④ 许守微:《论国粹无阻于欧化》(1905年8月)。见桑兵等编:《国学的历史》,国家图书馆出版社2010年版,第60—61页。

难矣，岂不盛乎！"①对国粹派来说，通过古学复兴，像欧洲"文艺复兴"一样实现国家的振兴，以摆脱中国亡国灭种的危机，是他们最大的梦想。马叙伦在评价国粹派及《国粹学报》时说，"那时，一位广东人邓实先生（别字秋枚），独自办了一份期刊，叫作《政艺通报》，约我写文。后来他更有兴趣了，又约我和他的同学黄节先生（别字晦闻，他们都是康有为的同学简朝亮的弟子，晦闻后来在北京大学任教授）办了一份期刊，名目是《国粹学报》。这个刊物有文艺复兴的意义，而鼓吹民族主义的革命很有卖力气，居然风行一时，柳亚子、陈佩忍、章炳麟、刘师培都是革命分子（刘师培后来拜了端方的门，并且袁世凯想做皇帝，他竟加入了筹安会），也先后加入写文。"②简单介绍了国粹派的来龙去脉，特别点出了《国粹学报》"有文艺复兴的意义"。

当然，在欧化思潮盛行时，自然会有人对国粹派颇有微词甚至激烈批判，如署名为反的《国粹之处分》一文，虽认为国粹派之"苦心之处，尚在崇仰之列"，但基本的倾向是否定的、批判的，其中说："近数年来，中国之号称识者，动则称国粹。环海内外，新刊之报章书籍，或曰保存国粹，或曰发挥国粹，甚至则曰国粹之不讲则中国其真不可救药。呜呼，此岂好现象乎！吾敢一言以断之曰：是受历史之毒，而不齿于尼采者也。……中国之国粹，若世人之所谓种种者，尤当早于今日陈诸博物馆。……然若专是古而非今，尊己而卑他，标异于人，而以助国界之愈严明，梦想草昧，而使人群之日退化，则其祸群罪，不啻应加以大辟之刑也。"③至于毛子水、傅斯年等人对国粹④、对中国文化的攻击，则在后文讨论。

（二）"国故说"

"国故"一词，中国古已有之，指的是国家遭遇重大的变故，但近代以来

---

① 邓实：《拟设国粹学堂启》（1907年3月）。见桑兵等编：《国学的历史》，国家图书馆出版社2010年版，第90页。郑师渠在《晚清国粹派的文化观》（《历史研究》1992年第6期）一文中引用上述内容时，注明该文作者是刘师培。笔者没有查找到原文出处，特此说明。

② 马叙伦：《我在六十岁以前》，生活·读书·新知三联书店1983年版，第21—22页。

③ 反《国粹之处分》（1908年4月）。见桑兵等编：《国学的历史》，国家图书馆出版社2010年版，第108—109页。

④ 傅斯年在毛子水《国故和科学的精神》文末"附识"中说："国粹不成一个名词，（请问国而且粹的有几？）实在不如国故妥协。至于保存国粹，尤其可笑。凡是一件事物，讲到保存两字，就把往博物院去的命运和盘托出了。"见桑兵等编：《国学的历史》，国家图书馆出版社2010年版，第151页。

词义发生了转移，如魏源在《定盦文录叙》中说："君名自珍……其文以六书小学为入门，以周、秦诸子吉金乐石为崖郭，以朝章国故、世情民隐为质干。"[①] 这里，朝章与国故对举，指的是朝廷的典章制度。1903 年，章太炎因苏报案入狱，作《癸卯口中漫笔》，其中说："上天以国粹付余，自炳麟之初生，迄于今兹，三十有六岁。……至于支那闳硕壮美之学，而遂斩其统绪，国故民纪，绝于余手，是则余之罪也。"[②] 这里同时出现了"国粹""国故"两个概念，笔者以为，国粹指的是"支那闳硕壮美之学"；而国故与民纪对称，指的当是国家典章制度，这与魏源所用义相同。1910 年，章太炎在日本东京将他在国学讲习会、国学振起社所宣讲内容以《国故论衡》为名出版，该书包括小学、文学、诸子学三类，近代意义上的"国故"一词由此产生。

1918 年 11 月，傅斯年、罗家伦、毛子水等人成立新潮社（胡适为顾问），并于 1919 年 1 月创刊《新潮》杂志，目的是"唤起国人对于本国学术之自觉心"；而 1919 年 1 月，薛祥绥、张煊、罗常培等人成立了国故社（刘师培为首），3 月创刊《国故》月刊，以"昌明中国故有之学术"为宗旨。1919 年 5 月，毛子水在《新潮》发表《国故和科学的精神》一文，针对国故社的宗旨提出了批评，并提出了"国故学"的概念："古人的学术思想，是国故；我们现在研究古人的学术思想，这个学问，亦就是我们的'国新'了。这个学问，应该叫做'国故学'：他自己并不是国故，他的材料是国故。"[③] 需要特别指出的是，傅斯年在毛氏文章篇末"附识"中，明确提出了"整理国故"的说法："研究国故有两种手段：一是整理国故；二是追摹国故。由前一说，是我所最佩服的：把我中国已往的学术、政治、社会等等，做材料研究出些有系统的事物来，不特有益于中国学问界，或者有补于'世界的'科学。中国是个很长的历史文化的民族，所以中华国故在'世界的'人类学、考古学、社会学、言语学等等的材料上，占个重要的部分。或者因为中华国故的整理、的发明，'世界的'学问界上，生一小部分新彩色，……亦未可知。"[④] 傅斯年能于中国历史文化中看到一抹"亮色"，比毛氏激烈的批判要和缓得多。同月，国故社张煊发表了

---

① 魏源：《定盦文录叙》。见《魏源集》（上册），中华书局1976年版，第239页。

② 章太炎：《癸卯口中漫笔》。见汤志钧编：《章太炎年谱长编》（上册），中华书局1979年版，第188页。

③ 毛子水：《国故和科学的精神》（1919年4月19日）。见桑兵等编：《国学的历史》，国家图书馆出版社2010年版，第145页。

④ 见桑兵等编：《国学的历史》，国家图书馆出版社2010年版，第151页。

《驳〈新潮·国故和科学的精神篇〉》予以回应，从而掀起了新潮社与国故社的论争。有关"国故说"的其他内容，请看本章附录一《胡适与"整理国故"运动》。

（三）"中国学术说"

在众多国学概念中，"中国学术说"大概是一个中性的、较让人能够接受的一个。1933年，沈庆佲在其著作《国学常识》中说："今试之学童而问之曰：'何谓国学？'吾恐十之九必能答曰：'国学者，中国之学术也。'使以此问为考题，而以此答应之，阅卷者不得不与以百分。岂非对于国学、无庸为定范围乎？然而吾人为学，当熟思其是非，深考其体用；切不可粗疏浅陋，食而不化。夫国学者，诚中国之学术也；惟使一考古今人心目中之所谓国学者果何如，则必大骇乎歧义横生而异说滋起焉。"[1] 该书封面注明是"初中参考书"，可见至少在沈庆佲看来，"中国学术说"在当时大家都耳熟能详，甚至是约定俗成，没有多少争议。

张岱年是"中国学术说"的支持者，在其著作中多有论及。1991年，他在《国学丛书·序》开篇即说："国学是中国学术的简称。二十世纪初，国内一些研治经史的学者编印《国粹学报》，其后章太炎著《国故论衡》，又作了《国学概论》的讲演，于是国学的名称逐渐流行起来。称中国学术为国学，所谓国是本国之义，这已是一个约定俗成的名称了。"[2] 1995年，张岱年在《国学与时代》一文中说："关于国学，首先应了解所谓国学的意义。所谓国是本国之意，国学即本国学术，亦即中国学术之意。从这个意义来说，每一个文明民族都有自己的国学。"[3]

金景芳、吕绍纲在《关于孔子及其思想的评价问题——兼评〈跳出国学，研究国学〉》一文中也认为："国学指未曾染指西学的中国学问。晚清学者讲'中体西用'的与西学相对而言的中学应当就是国学。近现代以来形成的新学不应在国学范围内。"[4]

---

① 沈庆佲：《国学常识》，杭州长兴信记印刷公司1933年版，第1页。

② 张岱年：《国学丛书·序》。见张岱年等著：《国学今论》，辽宁教育出版社1991年版，第1页。

③ 张岱年：《国学与时代》。见《张岱年全集》（7），河北人民出版社1996年版，第561页。

④ 金景芳，吕绍纲：《关于孔子及其思想的评价问题——兼评〈跳出国学，研究国学〉》，《哲学研究》1995年第1期。

（四）"大国学"说

季羡林在《国学应该是"大国学"》一文中认为："国学应该是'大国学'的范围，不是狭义的国学。既然这样，那么国内各地域文化和 56 个民族的文化，就都包括在'国学'的范围之内。地域文化和民族文化有各种不同的表现形式，但又共同构成中国文化这一文化共同体。"[①]胡适的"国故说"本就有失宽泛，季羡林的"大国学"说更无所不包了。

三、保留意见者

除国学概念的反对者与支持者之外，还有一些学者虽然使用国学概念甚至本人也对国学概念予以界定，但仍持有保留意见，如钱穆、马一浮。

钱穆先生著有《国学概论》一书，但在该书"弁言"中开篇即说："学术本无国界。国学一名，前既无承，将来亦恐不立。特为一时代的名词。其范围所及，何者应列国学，何者则否，实难判别。"其"用意在使学者得识二千年来本国学术思想界流转变迁之大事，以培养其适应启新的机运之能力"[②]。

马一浮《楷定国学名义》一文中也说："国学这个名词，如今国人已使用惯了。其实不甚适当，照旧时，用国学为名者，即是国立大学之称。今人以吾国固有的学术名为国学，意思是别于外国学术之谓。此名为依他起。严格说来，本不可用，今为随顺时人语，暂不改立名目。然即依固有学术为解，所含之义，亦大觉广泛笼统，使人闻之，不知所指为何种学术。"他因而提出："今揩定国学者，即是六艺之学。用此代表一切固有学术，广大精微，无所不备。"[③]马一浮的"六艺说"，获得了刘梦溪先生的坚定支持，他说："国学是六艺之学，这个定义能够准确地反映国学的基本义涵，是完全可以与东西方任何一国的学术区别开来的原初学术典范，是我国独创独有的民族文化的自性之原，我国学术的源头即在此，中华文化的原典精神亦出于此。"[④]

桑兵先生在《晚清民国的国学研究》一书中谈到国学概念时说："国学一词毕竟是对转型中学术笼统模糊的概括，确有成就的学者很少抽象地讨论这一

---

① 季羡林：《国学应该是"大国学"》，《人民日报》（海外版），2007年6月25日。
② 钱穆：《国学概论·弁言》（上），商务印书馆1931年版，第1页。
③ 马一浮：《楷定国学名义》。见刘梦溪主编：《中国现代学术经典·马一浮卷》，河北教育出版社1996年版，第10—11页。
④ 刘梦溪：《"国学"的三个定义》，《社会科学报》2008年8月28日。

概念，甚至反对教授《国学概论》之类的课程（如陈垣）。随着转型过程的完成，国学按现代学科分支被分解，失去了与西学、新学的笼统对应。"[1] 但实际情况并没有如此。当下，有关国学研究的论文、著作可谓汗牛充栋，研究者大都对国学的概念予以界定，可谓五花八门，众说纷纭。这一方面体现了中国人向自己文化回归的愿景；另一方面也反映了百余年来中国人在西方文化冲击下思想的混乱与无序。这些国学概念，笔者就不一一列举了。

第二节　国学范畴（书目）之争

国学概念既不明确，有关国学范畴的争议就是必然的事情。从上面论述我们知道，章太炎等人倡导的"国粹说"、胡适等人鼓吹的"国故说"、张岱年等人所说的"中国学术说"、季羡林倡导的"大国学说"、马一浮等人主张的"六艺说"，都各有其"成心"，国学所指的范畴并不相同。所以，界定国学的范畴，是一件很困难的事，以至于沈庆垓在《国学常识》中说"国学不必定其范围，亦不能定其范围"[2]。

但有概念，则必有其范畴。有关国学范畴的争议，我们这里重点从20世纪二三十年代有关国学书目的争议入手予以说明，其中最著名的是胡、梁之争。

一、胡梁书目之争

1923年2月，胡适应清华学生之请，开了《一个最低限度的国学书目》，开列工具之部15种、思想史之部96种和文学史之部78种，共计书籍189种[3]。胡适在前面序言中说：

> 这个书目是我答应清华学校胡君敦元等四个人拟的。他们都是将要往外国留学的少年，很想在短时期中得着国故学的常识。所以我拟这个书目的时候，并不为国学有根柢的人设想，只为普通青年人想得一点系统的国

---

① 桑兵：《晚清民国的国学研究》，上海古籍出版社2001年版，第23页。

② 沈庆垓：《国学常识》，杭州长兴信记印刷公司1933年版，第1页。

③ 胡适：《一个最低限度的国学书目》。见欧阳哲生：《胡适文集》（3），北京大学出版社1998年版，第87—97页。关于胡氏所列书目数量，若将其中《四书》算作4种书的话，思想史之部则为96种，总数计为189种；若将《四书》算作一种书的话，思想史之部93种，总数计186种。

学知识的人设想。这是我要声明的第一点。

这虽是一个节目，却也是一个法门。这个法门可以叫做"历史的国学研究法"。这四五年来，我不知收到多少青年朋友询问"治国学有何门径"的信。我起初也学着老前辈们的派头，劝人从"小学"入手，劝人先通音韵训诂。我近来忏悔了！那种话是为专家说的，不是为初学人说的；是学者装门面的话，不是教育家引人入胜的法子。音韵训诂之学自身还不曾整理出个头绪系统来，如何可作初学人的入手工夫？十几年的经验使我不能不承认音韵训诂之学只可以作"学者"的工具，而不是"初学"的门径。老实说来，国学在今日还没有门径可说；那些国学有成绩的人大都是下死工夫笨干出来的。死工夫固是重要，但究竟不是初学的门径。对初学人说法，须先引起他的真兴趣，他然后肯下死工夫。在这个没有门径的时候，我曾想出一个下手方法来：就是用历史的线索做我们的天然系统，用这个天然继续演进的顺序做我们治国学的历程。这个书目便是依着这个观念做的。这个书目的顺序便是下手的法门。这是我要声明的第二点。①

在笔者看来，胡氏书目在思想史之部开列佛经23部，对"窥国学门径的人"并不合适；在文学史之部，一方面开列《三侠五义》《九命奇冤》《恨海》等文学作品，而摒绝《汉书》等史书②的做法更让人莫名其妙，另一方面其开列的《全上古三代秦汉三国六朝文》《全汉三国晋南北朝诗》《唐文粹》《全唐诗》《宋文鉴》《南宋文苑》《宋诗抄》等著作都是文献文库类著作，即便是国学研究者也不知穷尽多少年才能看一遍，如何让"窥国学门径的人"去学习？另胡适把自己所写的《中国哲学史大纲》（上卷）列于思想史部之首，其后还列出了《章实斋年谱》③，在文学史之部则列出了自己的著作《五十年来的中国文学》，大概是要强调自己著作的重要性④。此书目作为参考书目尚可，但若作为"一个最

---

① 胡适：《一个最低限度的国学书目》。见欧阳哲生：《胡适文集》（3），北京大学出版社1998年版，第87页。

② 有关《史记》的著作，在思想史之部列出了崔适《史记探源》。

③ 章学诚（1738—1801），字实斋，清代学术大家，他的《文史通义》等著作影响深远，但把其年谱列为"窥国学门径的人"的必读书目，则显得过分。

④ 胡适也把梁启超的《大乘起信论考证》和《清代学术概论》列入。

低限度的国学书目"则并不恰当①。

胡氏书目发表后，引起很大争议。梁启超在《评胡适之的〈一个最低限度的国学书目〉》开篇即说："胡君这书目，我是不赞成的，因为他文不对题。"指出了胡适的两个错误，"第一在不顾客观的事实，专凭自己主观为立脚点。胡君正在做中国哲学史中国文学史，这个书目正是表示他自己思想的路径和所凭借的材料"，"第二点误处，在把应读书和备读书混为一谈"，并且说："我最诧异的：胡君为什么把史部书一概屏绝！一张书目名字叫做'国学最低限度'，里头有什么《三侠五义》、《九命奇冤》，却没有《史记》、《汉书》、《资治通鉴》，岂非笑话？若说《史》、《汉》、《通鉴》是要'为国学有根柢的人设想'才列举，恐无此理。若说不读《三侠五义》、《九命奇冤》便够不上国学最低限度，不瞒胡君说，区区小子便是没有读过这两部书的人。我虽自知学问浅陋，说我连国学最低限度都没有，我却不服。"并不断地发问：

> 试思一百多册的《正谊堂全书》千篇一律的"理气性命"，叫青年何从读起？何止正谊堂，即以浙刻《二十二子》论，告诉青年说这书该读，他又何从读起？至于其文学史之部所列《全上古三代秦汉三国六朝文》，《全汉三国晋南北朝诗》，《古文苑》，《续古文苑》，《唐文粹》，《全唐诗》，《宋文鉴》，《南宋文范》，《南宋文录》，《宋诗抄》，《宋六十家词》，《四印斋宋元词》，《彊邨所刻词》，《元曲选百种》，《金文最》，《元文类》，《明文在》，《列朝诗集》，《明诗综》，《六十种曲》等书，我大略估计，恐怕总数在一千册以上，叫人从何读起？青年学生因我们是为"老马识途"，虚心请教，最少也应告诉他一个先后次序，例如唐诗该先读某家，后读某家，不能说你去读全唐诗便了。宋词该先读某家，后读某家，不能说请你把王幼霞、朱古微所刻的都读。若说你全部读过后自会别择，诚然不错，只怕他索性不读便了。何况青年若有这许多精力日力来读胡君指定的一千多册文学书，何如用来读《二十四史》、《九通》呢？

> 还有一层，胡君忘却学生若没最普通的国学常识时，有许多书是不能

---

① 后来，应《清华周刊》记者的要求，胡适在自己书目的基础上圈出了39种，另加上《九种纪事本末》，共40种。（胡适：《一个最低限度的国学书目·附录二·答书》。见欧阳哲生：《胡适文集》（3），北京大学出版社1998年版，第99—100页）1961年6月7日，当有出版商打算重印胡适的《国学书目》及梁启超开列的《书目》时，胡适说："我的《国学书目》是三十多年前开的，早已不适用了。我相信梁任公先生如果活到现在，他一定不愿意谁来重印他的书目的。"（胡颂平：《胡适之先生晚年谈话录》，中国友谊出版公司1993年版，第183页）其实，不只三十年后不适用，即便在当时也不适用。

读的。试问连《史记》没有读过的人，读崔适《史记探源》懂他说的什么？连《尚书》，《史记》，《礼记》，《国语》没有读过的人，读崔述《考信录》懂他说的什么？连《史记·儒林传》，《汉书·艺文志》没有读过的人，读康有为《新学伪经考》，懂他说的什么？这不过随手举几个例，其他可以类推。假如有一位学生（假定还是专门研究思想史的学生），敬谨遵依胡君之教，顺着他所列书目读去，他的书明明没有《尚书》，《史记》，《汉书》这几部书，你想这位学生，读到崔述、康有为、崔适的著述时，该怎么样狠狈呢？胡君之意，或者以这位学生早已读过《尚书》，《史记》，《汉书》为前提，以为这样普通书，你当然读过，何必我说？那么，《四书》更普通，何以又列入呢？总而言之，《尚书》、《史记》、《汉书》、《资治通鉴》为国学最低限度不必要之书，《正谊堂全书》……《缀白裘》……《儿女英雄传》……反是必要之书，真不能不算石破天惊的怪论！（思想史之部，连《易经》也没有，什么原故，我也要求胡君答复）。

梁氏最后总结说，"总而言之，胡君这篇书目，从一方面看，嫌他挂漏太多；从别方面看，嫌他博而寡要，我以为是不合用的"[1]，直接否定了胡氏书目。

就连清华学生对胡适的书目也不认可，在给胡适的信中说："我们以为先生这次所说的国学太窄了。先生在文中并未下国学的定义，但由先生所拟的书目推测起来，似乎只指思想史及文学史而言。思想史与文学史就代表国学么？"并说："我们一方面嫌先生所拟的书目范围不广；一方面又以为先生所谈的方面——思想史与文学史——谈得太深了，不合于'最低限度'四字。"[2]

1923年4月26日，梁启超也应《清华周报》记者要求，"专凭忆想所及"开列了一个书目，题目叫《国学入门书要目及其读法》，其所列书目共分五类：（甲）修养应用及思想史关系书类（39种），（乙）政治史及其他文献学书类（21种，《二十四史》算作一种），（丙）韵文书类（36种），（丁）小学书及文法书类（7种），（戊）随意涉览书类（30种），计133种，并有《最低限度之必读书目》《治国学杂话》《评胡适之〈一个最低限度的国学书目〉》三

---

[1] 胡适：《一个最低限度的国学书目·附录三·国学入门书要目及其读法》。见欧阳哲生：《胡适文集》（3），北京大学出版社1998年版，第120—123页。梁氏这篇文章，文思敏捷，感情充沛，气势贯通，写得酣畅淋漓！

[2] 胡适：《一个最低限度的国学书目·附录一·〈清华周刊〉记者来书》。见欧阳哲生：《胡适文集》（3），北京大学出版社1998年版，第97—98页。

个附录①。其实，梁目同样存在着"博而寡要"的问题②。为使书目符合"真正最低限度"的特点，梁启超又对"入门书目"大加删削，成为《最低限度之必读书目》，它们是"《四书》《易经》《书经》《诗经》《礼记》《左传》《老子》《墨子》《庄子》《荀子》《韩非子》《战国策》《史记》《汉书》《后汉书》《三国志》《资治通鉴》（或《通鉴纪事本末》）《宋元明史纪事本末》《楚辞》《文选》《李太白集》《杜工部集》《韩昌黎集》《柳河东集》《白香山集》，其他词曲集随所好选读数种"，开列书目25种③；并强调说"以上各书，无论学矿学工程学……皆须一读。若并此未读，真不能认为中国学人矣"④。梁氏在《治国学杂话》一文中还特别强调一件事，他说："我在前项书目表中，有好几处写'希望熟读成诵'字样。我想诸君或者以为甚难，也许反对说我顽旧。但我有我的意思，我并不是奖励人勉强记忆。我所希望熟读成诵的有两种类。一种类是最有价值的文学作品；一种类是有益身心的格言。好文学是涵养情趣的工具，做一个民族的分子，总须对于本民族的好文学十分领略。能熟读成诵，才在我们的'下意识'里头，得着根柢，不知不觉会'发酵'。有益身心的圣哲格言，一部分久已在我们全社会上形成共同意识。我既做这社会的分子，总要彻底了解他，才不至和共同意识生隔阂。"⑤这也是梁氏在书目分类时强调"修养应用"之用心所在。

二、推荐国学书目的热潮

胡、梁书目之后，20世纪二三十年代掀起了推荐国学书目的热潮，徐雁平在《胡适与整理国故考论——以中国文学史研究为中心》一书中，附录《国学

---

① 胡适：《一个最低限度的国学书目·附录三·国学入门书要目及其读法》。见欧阳哲生：《胡适文集》（3），北京大学出版社1998年版，第100—123页。在书目中，梁氏也把其著作《先秦政治思想史》《清代学术概论》《中国历史研究法》以及胡适的《中国哲学史大纲》列入目录，并提及其《墨子学案》。

② 别的不说，仅阅读一遍《二十四史》就需要多长时间？

③ 若把《四书》作为一种书，则为25种；若作为4种书，则为28种。

④ 胡适：《一个最低限度的国学书目·附录三·国学入门书要目及其读法》。见欧阳哲生：《胡适文集》（3），北京大学出版社1998年版，第116页。

⑤ 胡适：《一个最低限度的国学书目·附录三·国学入门书要目及其读法》。见欧阳哲生：《胡适文集》（3），北京大学出版社1998年版，第119页。梁氏此论，甚合我心。我在给本科生上《国学经典导读》《中国文化概论》等课程时，总是倡导、怂恿甚至奖励学生背诵经典，我之用心亦是如此。

书目解题》（1917—1937），列书目 41 种[1]，兹择其要列举如下（序号如原文）：

7. 陈钟凡《治国学书目》，见《古书校读法》附录，1923 年，分七类：第一类"学术流别及目录学书目"（26 种），第二类"文字学及文法书目"（40 种），第三类"经学类书目"（52 种），第四类"史学书目"（66 种），第五类"诸子学术思想书目"（87 种），第六类"文学书目"（168 种），第七类"汇书及札记书目"（26 种），计 465 种。

9. 李笠《国学用书撰要》，1924 年，分五类：哲学部（群经哲学、诸子哲学、释氏哲学、哲学史）83 种，史学部（别史、通史、史志、史论）71 种，文学部（总集、专集、小说、文评）122 种，小学部（形义、声韵）60 种，类书辞典 11 种，总计 347 种。

14. 林语堂《青年必读书十部》，1925 年，10 种。该目林氏附注："中国书分十种，各类选一种。十种书读完，然后可与谈话，然后可谓受过'自由的教育'。"其中有戏剧《西厢记》，小说《红楼梦》，诗歌《诗经》，韵文《昭明文选》，散文《左传》，历史《九种纪事本末》，小学《说文释例》，闲话《四书》，怪话《老子》，漂亮话《庄子》。

22. 钟钟山（泰）《国学书目举要》，1925 年，无类别标识，在说文六书之学、程朱之学、学案、目录之后，按经、史、子、集编排，共收书 337 种。

25. 汤济沧《中小学国学书目》，1925 年，出自《治国学门径》一书，该书分小学时代的"诵读之书"、中学时代的第一类、中学时代的第二类三个层面；而中学时代的第二类专为"倾向国学者"而设，推荐了选读或选讲之书 30 种，参考书 3 种，曲本书 5 种。

26. 汪辟疆《读书举要》，1926 年，该目分为上下篇七类：上篇包括纲领之部 30 种[2]；丛载之部 12 种，稽考之部 13 种，下篇包括哲学之部 25 种，史学之部 15 种，文学之部 28 种，文字学之部 7 种，计 130 种。

27. 徐剑缘的国学基本书，1927 年，分两类：一类是基本书或者说是必读书；一类是专门研究书。基本书必须排在中等学校以上课程中，包括哲学类 11 种，文学类 13 种，历史类 6 种。

28. 支伟成《国学用书类述》，1927 年，分为 21 个（部）类：经学，小学，诸子学，义理学，考证学，历算学，术数，医学，艺术，史学，地理学，

---

① 徐雁平：《胡适与整理国故考论——以中国文学史研究为中心》之《国学书目解题》（1917—1937），安徽教育出版社 2003 年版，第 313—320 页。

② "纲领之部"，列出《汉书·艺文志》《史通》等 30 种书作为了解群籍的纲领。

金石学，谱录学，文学，别集，总集，丛书，佛学、传记、纂集、护教①。

30. 陈伯英《国学书目举要》，1929年，分八类：第一类目录学（流别、版本、提要）12种，第二类小学（字书、音韵、训诂）21种，第三类遽古书24种，第四类古今学术思想（周秦诸子、汉后诸家、理学、佛学）102种，第五类史学（事迹、文献）62种，第六类文学（文、诗、词、曲、小说）97种，第七类考证学30种，第八类评论（论学术思想、论文学、论史事）32种，计380种。

31. 黄侃青年二十五种必读书。据徐复《师门忆语》所载，黄侃增益其师章太炎为青年开列的21种应习书为25种，包括经学15种（十三经加《大戴礼记》《国语》），史学四书（《史记》《汉书》《资治通鉴》《通典》）、子部二书（《庄子》《荀子》）、集部二书（《文选》《文心雕龙》）、小学二书（《说文》《广韵》）②。

32. 鲁迅《开给许世瑛的书单》（见下文）。

33. 姜亮夫《研究国故应有的基本知识与应具备的工具书》，1931年，分五类：文字学8种，书目16种，历表年表类4种，地理沿革工具书3种，人名工具书2种，计33种。

36. 钱基博《近代提要钩玄之作者》，1934年，分六类13家之书：经部2种（皮锡瑞《经学历史》、陈澧《东塾读书记》），史部2种（梁启超《中国历史研究法》、赵翼《廿二史札记》），子部1种（陈钟凡《诸子通谊》），集部2种（姚永朴《文学研究法》、刘熙载《艺概》），通论3种（章学诚《文史通义》、张尔田《史微》、章炳麟《国故论衡》），余艺3种（叶德辉《书林清话续话》、叶昌炽《语石》、康有为《广艺舟双楫》）。

38. 汪辟疆《中学国学用书叙目》，1935年，分三类：基本书15种，阅览书2种，稽考书25种。

另外，华东师范大学梁进学硕士论文《试论清末民初举要目录的发展》也梳理了清末民初的书目，除去和徐雁平所列书目重复之外，还有吕思勉《经子解题》（29种），傅钝安《中学国文选读书目》（79种），徐敬修《国学常识书目》（262种）③，

---

① 梁进学：《试论清末民初举要目录的发展》中，总计3200种。

② 徐复：《师门忆语》，见程千帆等编：《量守庐学记：黄侃的生平和学术》，三联书店1985年版，第149—150页。

③ 徐敬修：《国学常识书目》分十类：一、研究小学入门之书籍；二、研究音韵之入门书籍；三、研究经学之入门书籍；四、理学入门书籍；五、研究历之必要书籍；六、子学必修书籍；七、重要之文学书籍；八、诗之取材；九、词之取材；十、重要之小说书籍。

沈信卿《国文自修书辑要》（50种）①，商务印书馆发行的《中学国文述教》②，等等③。

从上述书目可以看出：学者们出于国学观念与开列书目目的之不同，对国学范畴的勾画大相径庭，支伟成《国学用书类述》列21类3200种，可谓包罗万象；虽然学者还受传统经史子集四部分类法的影响，但西方的目录学分类法已经占了上风；从开列书目中，也可见当时学者对国学的态度，如林语堂把《四书》作为"闲话"，把《老子》作为"怪话"，把《庄子》作为"漂亮话"，则显得不伦不类；再如鲁迅"不看中国书"的说法（详见本章附录二），则更为怪诞。对书目分类标准的把握，我们也可窥见当时学者对国学的基本认识。

除上述学者所列书目外，我们从当时一些国学专著所设章目中也能了解人们对国学范畴的一些认识。如钱穆《国学概论》，除弁言外，分为上、下册，上册七章，包括孔子与六经、先秦诸子、嬴秦之焚书坑儒、两汉经生经今古文之争、晚汉之新思潮、魏晋清谈、南北朝隋唐之经学注疏及佛典翻译；下册三章，包括宋明理学、清代考证学、最近期之学术思想④。从上述目次中也可知道，钱穆的《国学概论》其实是一部中国的学术史。

我们现在还是回到有关国学的范畴上来。我们先看一下郭齐勇先生在《国学的核心价值与人格养成》一文中的观点：

> 简单地说，国学是中国传统文化的通称。中华各民族从古到今不同地域、不同时代的蒙学读物、习俗、礼仪、语言、文字、天学、地学、农学、医学、工艺、建筑、数学与数术方伎、音乐、舞蹈、戏剧、诗词歌赋、琴棋书画、思想、心理、信念、宗教、政治、伦理等，都在国学的范围之内。

> 这么说来，国学是无所不包的了。的确，国学的内容包罗致广，但我们还是可以作一点分梳。大体上说，国学有四个层面。第一是常识层面，即国学的ABC。例如称谓、谦词等，今天我们有的青年人闹了不少笑话，把"令尊""足下""家父""内人"用颠倒了。第二是学术与技艺的层面，即传统文化各门类各方面，包括地方文化、民间技艺、学术传统之传承，

---

① 沈信卿：《国文自修书辑要》列两类，（甲）在文字之范围者；（乙）在文章之范围者。
② 《中学国文述教》分为四纲：一曰识字；二曰论文；三曰取范；四曰积理。
③ 上述内容见梁进学：《试论清末民初举业目录的发展》，华东师范大学硕士学位论文，2004年，第37—54页。需要指出的是，梁所列出的书目书籍种数，与徐雁平《国学书目解题》所列种数，多有不同，本书未做考证。
④ 钱穆：《国学概论·国学概论目次》，商务印书馆1931年版，第1—2页。

比较专门。第三是道德价值与人生意义的层面，国学根本上是教人如何做人，懂得人生价值，培养人格操守，如何安身立命。第四是民族精神，或国魂与族魂的层面。

国学按传统图书与学术之分类有经、史、子、集四部，或义理、考据、辞章、经世之学的诸路向。国学的核心价值在第三、第四层面。从清末流亡日本的志士仁人使用"国学"这一名称开始，国学的内核主要指国家民族历史文化的根本精神价值。①

这大概是当下较为流行的有关国学概念、国学范畴的说法，即广义上是指中国传统文化，狭义上指国家民族历史文化的根本精神价值。笔者也赞成这种说法——这大概是目前众多学者的一个最大公约数，如就概念、范畴的问题争来争去，并无益于解决问题反而徒增混乱。——但如若非要给国学下个定义的话，笔者更倾向于把国学及其范畴界定为：国学是中国特有的学说，具体指中国以儒道学说为主体的道德学说。因为中华传统文化重道不重技，儒、道道德学说构成了中华传统文化的骨架；而中华文化辐射、影响周边国家（如日、韩及东南亚一些国家）的也主要是道德学说。或者可以说，中华传统文化形成了一种道德范式，在古代影响周边国家的道德生活，在现代也可参与世界文明的进程，并会成为世界文明格局中的重要组成部分。我们甚至可以说，中国古代是一个功利基础上的道德社会，而西方则是在宗教神圣光环之下的功利社会。

第三节　中国民族性（国民性）优劣之争

关于国民性批判问题，我在《国学弁言·中西之间》中，已经大量引用了周宁先生、程巍先生的研究成果；而在后文论及梁启超、鲁迅有关问题时，还会讨论——这可以说是贯穿本书的一个基本问题，对中国文化来说也是一个沉重得令人窒息的话题，甚至超出了国学研究的范围。我们这里主要以庄泽宣、陈学恂《民族性与教育》，潘光旦《民族特性与民族卫生》，明恩溥《中国人的气质》（详见本章附录三），罗素《中国问题》（详见本章附录四），林语堂《中国人》（详见本章附录五）等书中的材料为基础，讨论相关问题。王以芳在其博士论文《19世纪媒介形态下的美国来华传教士群体建构的中国形象与美国形象研究》中，针对明恩溥《中国人的气质》中的观点评论说："国民性

---

① 郭齐勇：《国学的核心价值与人格养成》，《中国德育·明德讲堂》2012年第21期。

格在某种意义上是一个民族素质优劣的总体判断，是一个国家或民族在自然环境、制度习俗、道德信仰等层面合力孕育出的某种性格特征，否定了中国的国民性，就等于否定了中国在以上三个层面的正当性存在。在传教士的话语空间中，中国正面形象绝不占主导地位，道德的败坏与国民性格上的劣根性交织在一起，将中国人的道德推向了野蛮人的境地。"同时指出："事实上，在传教士的形象建构中，'中国人'有两个层面的意义，一是物种上的意义，二是道德层面的意义。道德的优劣决定着物种意义上存在的正当性。而传教士建构的中国人堕落的道德形象证明了中国人在道德意义上失去正当性，从而也否定了物种意义上的正当性，这也就为传教士以'基督教拯救中国'提供了正当性。"[①] 见解可谓深刻。

一、庄泽宣、陈学恂《民族性与教育》之讨论

庄泽宣、陈学恂《民族性与教育》一书集中讨论了中国人及中国民族性问题。该书中专设"各家对于中国民族性的意见"一章（第六章），从"西人眼光中的中国民族性"（25 家）、"日人眼光中的中国民族性"（10 家）、"国人眼光中的中国民族性"（暴露弱点的 14 家、尽列优点的 8 家、优劣并举的 15 家、以测验方法来观察中国民族性的 2 家），共计 70 余家[②]。在该章开头，庄、陈二人说："中国的种族遗传、地理环境、历史文化与西洋的迥异，所受的自然与文化选择亦大不同，民族性方面自有许多特点。所可惜者中国民族自卜居黄河流域及渐向南迁以来，东南有大海，西北有高山，在近世交通未发达以前，与其他民族往还不多；而所往还者大都文化程度不及中国，其民族性除强悍外少有可与中国的相比较。因此中国在历史上除南北差异屡为人注意外，对于自身的特点的研究而发表著述的颇少。及至近代与西洋民族接触以后，虽渐有探讨中国民族特性的人，每震于西洋的富强，先存偏见，以为中国乃一病态衰老之民族，或觉中国民族性毫无足取，或为警惕计，亦仅暴露其弱点而不着重于优点的阐明。至于外人来华，偶有作中国民族性之观察的，因国情隔阂，语言鲜通，难期确切；且初来中国者更以中国人为未开化或半开化之民族，先存轻视之态度，尤多皮相之谈。东邻之日人虽国情较稔，语言较近，又常涉及中

---

① 王以芳：《19世纪媒介形态下的美国来华传教士群体建构的中国形象与美国形象研究》，山东大学博士论文，2013年，第124页。

② 见庄泽宣、陈学恂：《民族性与教育》，商务印书馆1938年版，第303—356页。

国社会、政治、经济等生活，对于民族的讨论，有见到一方面而不及另一方面之弊，其他带有宣传色彩之作品更无论已。"①持论也算全面、客观、公允。我们不妨先看一下庄、陈二人在列举"各家对于中国民族性的意见"后的归纳和总结：

（一）西人眼光中的中国民族性。在西人眼中看来，中国民族最重要的特性是：崇拜祖先、保守、实际、忍耐、知足、乐观、自私自利、爱面子、委婉、虚伪，缺乏创造力、同情心及团结组织力并能勤劳节俭。其次为：天命思想、重视孝道、家族观念、安土重迁、重视血缘地缘关系、敬长老、尊师傅、顺应自然、中庸、妥协、迷信、和平、文弱、礼让、宽容、慎重、迟钝、服从、淳朴、吝啬、刻苦、耐劳、猜疑、嫉忌、富于消极抵抗力及坚强顺应性，缺乏想象力、推理力、活动力、进取心、毅力、宗教信仰、科学技术及时间观念等。

（二）日人眼光中的中国民族性。在日人眼光中看来，中国民族最重要的特性是：天命思想、崇拜祖先、自私自利、猜疑嫉忌、保守、中庸、妥协、迷信、忍耐及爱面子。其次为重视孝道及血缘地缘关系、实际、知足、和平、文弱、重形式、富于坚强顺应性、缺乏毅力及团体组织力等。

（三）国人眼光中的中国民族性。在国人眼光中看来，中国民族最重要的特性是家族观念、中庸、妥协、自私自利、安分守己、洁身自爱、勤劳节俭、保守、实际、忍耐、知足、乐观、和平、文弱、礼让、宽容、虚伪、伟大、爱面子、富于大同观念、同化力、具有坚强适应性、缺乏团结组织力及竞争进取心。其次：为天命思想、重血缘地缘关系、安土重迁、猜疑嫉忌、重形式、爱好自然、幽默、冷淡、宁静、耐劳，缺乏毅力、同情心、自尊心、责任观念、国家观念、独立自治精神、宗教人生和科学技术，富于消极抵抗力，崇尚忠、孝、仁、爱、信义等。

我们如果再把西人、日人、国人的意见，加以归纳，可以发现中国民族最重要的特性为：（一）天命思想，（二）崇拜祖先，（三）家族观念，（四）中庸妥协，（五）安分守己，（六）洁身自爱，（七）自私自利，（八）猜疑嫉忌，（九）迷信，（十）保守，（十一）伟大，（十二）宽容，（十三）和平，（十四）文弱，（十五）礼让，（十六）委婉，（十七）爱面子，（十八）虚伪，（十九）忍耐，（二十）知足，（二十一）乐观，（二十二）实际，（二十三）

---

① 见庄泽宣、陈学恂：《民族性与教育》，商务印书馆1938年版，第303页。

勤劳，（二十四）节俭，（二十五）富于同化力，（二十六）富于适应性，（二十七）缺乏创造力，（二十八）缺乏组织力，（二十九）缺乏进取心，（三十）缺乏同情心。①

庄、陈二人指出了各家意见"偏于主观"，其分歧是"主观性的存在"，认为"民族性的表现，最好从文学、艺术、教育、社会组织、风尚习俗以及实际生活中去观察；这些表现的分析才是客观的，不过这些表现或太抽象，或具体而不易分析，因此我们仅从文学中的谚语、格言、联语、歌谣等加以分析；虽则它们仅占许多表现的一方面，但是我们希望分析后不独可以看出中国民族性的特点，并且还可以加以量的估定"②。进而，庄、陈在对中国文学中的大量谚语、格言、联语、歌谣等加以深层次分析之后，从民族理想和民族性两个方面③，得出的结论如下：

中国民族的理想：对于宇宙，产生天命观念；对于人生，重视伦常道德；对于事物，能守淳朴生活。重视天命观念的结果，消极地产生了听天由命的心理；积极地养成了自然放任的态度。重视伦常道德的结果，发扬了中庸调和的精神，对己恪守容忍谦恭之道，对人务求宽厚平和之德。重视淳朴生活的结果，消极地产生了安分知足的心理；积极地养成了笃实力行的态度。

中国民族性和民族理想互为因果。因为听天由命，所以迷信。由于自然放任，在好的方面，虽能放达；在坏的方面，就是保守。中庸调和的结果，重视持中，近于妥协；因为容让谦恭，故能忍耐，讲委婉。由于宽厚平和，固有和平的优点，也有文弱的劣点。安分知足的心理，促成乐观，知足，但易流于冷淡，寡情。基于笃实力行，所以好利、实际、勤劳和撙节。④

联系西人、日本、国人诸家意见，庄、陈二人进一步分析说："我们在前章里归纳各家意见，发现中国民族具有三十种重要的特性，如果把各家意见和我们分析结果来互相比较，可说除了名称略有差异外，大体都很相同。其中如迷信、保守、和平、文弱、委婉、忍耐、知足、乐观、实际、勤劳等特性和

---

① 见庄泽宣、陈学恂：《民族性与教育》，商务印书馆1938年版，第354—355页。

② 见庄泽宣、陈学恂：《民族性与教育》，商务印书馆1938年版，第357页。

③ 庄泽宣、陈学恂强调："民族理想和民族性是互为因果的，民族理想支配着民族性，而民族性也决定了民族理想。不但民族理想与民族性息息相关，就是各民族性的特点，也复相互联系。"见庄泽宣、陈学恂：《民族性与教育》，商务印书馆1938年版，第450页。

④ 见庄泽宣、陈学恂：《民族性与教育》，商务印书馆1938年版，第450页。

我们分析所得的结果，一般无二，其他如天命思想、家族观念、中庸调协、安分守己、洁身自爱、自私自利、伟大、宽容、礼让、爱面子、富于同化力、富于适应性、缺乏创造力、缺乏组织力、缺乏进取心，虽然名称略有不同，但是含意也是完全相同的。至于猜疑、虚伪，可说是重委婉的结果，而缺乏同情心，亦只是好利特性的一种表现而已。各家意见虽然偏于主观，不过精密观察的结果，未始不可供我们参考；各家意见能和我们分析结果不谋而合，我们对于中国民族理想及民族性所下的结论，似乎也得到了一个旁证。"[1] 这就又回到了同一个起点，彼此之间实可以互为"旁证"。庄、陈二人秉持科学精神，以所谓的科学方法，只不过是以"他者"的身份，对中国民族性进行了更为深入的"解剖"——在笔者看来，"解剖"民族性是一个非常危险的事情，人性本就复杂，民族性更是扑朔迷离，很难说得清楚，尤其对绵延五千年没有中断的中华文明而言更是如此——一个民族屹立于世界之上，自有其存在的合理性；况且，把一个民族说得一无是处，说它具有劣根性，把虚伪、自私、保守、麻木、嫉妒、迷信、贪婪、卑鄙、愚昧、残忍等品性都加之于身，其实往往是偏见、污蔑甚至别有用心，西方人（美国人）之于印第安人，希特勒德国之于犹太人，日本人之于中国人，其背后的选项即是屠杀、灭绝或者是侵略；而思想家所谓的改造国民性则尤为可笑——政治人物可以凭借自己的禀赋、运气、能力，把握时势，推翻或建立一个政权，而民族性是一个民族在漫长的历史进程中形成的，笔者化用"人民创造历史"这句话，更相信"人民群众造就民族性"的说法。

从庄、陈二人列举的 74 家观点看，同样存在着矮化、丑化、妖魔化中国人、中国文化的倾向。其中更不乏科学家，他们以科学的名义，从生物学、遗传学、优生学的角度，论证了中国人种[2]（生理结构）的特点，有学者甚至得出了中国人种"低劣"的结论，较有代表性的当是法国人勒戎德尔。他曾任成都医校校长，应该是位医学家，1928 年他在《现代中国文明》一书中说：

　　（1）中国人生理方面，血液循环比较缓慢，脑髓和神经都比较麻痹，而且反应动作迟钝。（2）中国人脑力衰弱，缺乏创造能力，工艺技术，停

---

[1] 见庄泽宣、陈学恂：《民族性与教育》，商务印书馆1938年版，第453页。

[2] 日本人也曾讨论过自己的人种问题。1884年，记者高桥义雄出版了《日本人种改良论》一书。他提出"日本人种无论是身体还是肉体都亚于西洋人，因此无法和西洋人竞争。唯有在日本人和西洋人之间产生混血儿，将西洋人的血液输入日本人体内，日本才能够和西洋竞争"。（见铃木善次：《日本优生学——其思想及运动轨迹》，三共出版1983年版，第34页）如此典型的、激进的劣等人种论，在当时日本曾引起激烈的讨论。

滞于原始状态，科学不发达。（3）中国人智力较低，缺乏先见之明，不能御防灾荒。（4）中国人脑髓机能有缺陷，感觉麻木，五官不甚敏锐。（5）中国人脑髓麻痹，注意力不能集中，也不能持久。（6）中国人判断力薄弱，缺乏一般的观念，推理力不良。（7）中国人缺乏批判精神，重视家族利益，社会上个人自成单位。（8）中国人虽然勤勉，不过要经人督促，才愿努力；中国人重文轻武，文弱和平。（9）中国人忍耐，不过也有因循、迟钝的特性，更缺乏时间观念。（10）中国人利己心强，有残忍性、复仇心。中国人自负，亦有迷信心理。①

在勒戎德尔笔下，中国人在生理方面，简直就是个傻子！

另外，国内的一些学者也热衷于探讨中国人生理、体质方面的特点，其中以潘光旦为代表。潘也是生物学、遗传学、优生学著名专家，代表作有《民族特性与民族卫生》（1936）等。该著作②绪论中，潘光旦不承认"中华民族是一个上了年纪的民族"③，主张"把我们的民族当作一个发育不甚健全的青年"，并且说"我们把我们自己和西洋各民族以至于日本民族相比，我们大都以为体格上很不健全，很不如人家"④；在《民族的病象》一篇中，在谈及民族的体格与活力时，即便承认中华民族在抵抗不良环境的能力、抵抗病菌的能力方面不比别的民族差（甚至要强），"尽可以不把它当作一种病象看"，但它具有随遇而安、逆来顺受的特点，"要它在这个竞争剧烈、不进则退的20世纪的大局里周旋中矩，不虞隙越，多少仍不免是个问题吧"⑤，因而称之为"消极的体格与活力"——在潘氏看来，大概没有问题也是个问题吧。在《民族卫生的出路》一篇中更进一步说："中国人的体格显然是千百年来饥馑荐臻人口过剩所淘汰成的一种特殊体格。说他坏，坏在没有多量的火气，以致不能冲锋陷阵，多做些冒险进取开拓的事业。说他好，好在富有一种特别的顺应力或位育力，干些、湿些、冷些、暖些、饿些、饱些，似乎都不在乎；有许多别的民族认为很凶险的病菌，他也能从容抵抗。有一位西方学者说，任何民族可以寂灭，但有两个民族不会，一是中国，一是犹太，大概因为这两个民族，饱经世故，最富有'牛

---

① 转引自庄泽宣、陈学恂：《民族性与教育》，商务印书馆1938年版，第312—313页。
② 潘氏在该书自序中说，"本书原是一个论文集，事前并没有什么计划，各篇稿子是在很不同的时候写的"，从该著作的整体架构来看，也确是如此。见潘光旦：《民族特性与民族卫生》，北京大学出版社2010年版，第19页。
③ 潘光旦此论，主要针对胡适等人把中华民族比作一个老英雄等说法。
④ 潘光旦：《民族特性与民族卫生》，北京大学出版社2010年版，第31、34页。
⑤ 潘光旦：《民族特性与民族卫生》，北京大学出版社2010年版，第158页。

皮糖'的劲儿的缘故。"① "牛皮糖"的比喻也算形象！而庄泽宣、陈学恂在《民族性与教育》一书中，在分析了中国人生理方面诸项特征（包括一些实验测验指标）之后认为："若以中国民族的体质与西洋民族相比较，虽略有逊色，但相差极微；至于智力，依据现在研究结果而论，则中国民族与西洋民族无甚轩轾。"② 东、西方人生理结构、体格方面存在一些差异，这是客观存在的；若以此来论证人种的优劣，则是个伪命题③。

二、潘光旦《民族特性与民族卫生》之讨论

潘光旦对中国人、中国文化的批判虽然相对温和，但仍然是全面的、貌似深刻的——作为生物学家、遗传学家、优生学家，他的观点看上去更为科学，更为客观，更有说服力。在《民族的病象》一篇中，潘氏在阐发完"民族病象的意义"之后，像医生之于病人，为中国民族病象"把脉"。他先在世界范围内，评价中国文化说："在狭义的文化方面，就是在哲学、宗教、艺术、科学等等方面，我们的贡献实在不能算多。宗教与科学的不发达是谁都知道的，至于艺术我们在画的一方面贡献较多，其余就谈不大上了。哲学，尤其是所谓形上之学，我们是很不讲究的。有人说，中国的传统文化太过于注意到人，所以对于人以上的神道（宗教）与形以上的哲理，以及人以下的物理，都不能兼收并蓄。这话

---

① 潘光旦：《民族特性与民族卫生》，北京大学出版社2010年版，第167—168页。潘光旦还指出"这种'牛皮糖'似的体格平日就没有锻炼的要求，也不容易养成锻炼的习惯，锻炼之后，也决不会变成西洋人一般的体格"（第168页），显然，潘光旦是以西洋人、西方文化为立论基础的。

② 庄泽宣、陈学恂：《民族性与教育》，商务印书馆1938年版，第466页。

③ 陈序经在《中国文化的出路》一书中，虽鼓吹"全盘西化"论，但对于人种优劣的学说还是提出了批评。他说："文化又有所谓生物的基础。一般的生物学者，以为人类因为受遗传分律的支配，所以人类所创造的文化，也受了遗传律的支配。把遗传律来做中心，而应用到人种上，遂发生所谓人种不平等说。这种学说的大意是，文化之差异的主因，是由于血统种族及遗传的不同。人类的行为及思想，是依赖其头脑的构造，而头脑的构造，是先天的。所有脑力的优劣是天生使然，脑力优越的人，其子孙世世也必优越。反之，脑力低劣的人，其子孙也必低劣。因为聪明脑力是天赋的，若是生而优秀于他种族，则其所创造的文化，也必优秀于他种族。设使这种族能够代代相传其优秀天性，不同低劣的种族相混杂，则其在文化上所占的优越地位，也必能世世保存。事实上现代学者相信这种学说的已不多了。原来文化的差异是基于人种遗传的不同的学说，不过是由于民族骄傲心，并没有实在的证据。文化的变迁和遗传的关系是很少的，文化可以日新月异，遗传仍可不变。所以我们觉得把人类天生优秀的学说来解释文化的异点，是靠不住的。"陈序经：《中国文化的出路》，商务印书馆1934年版，见《民国丛书》第三编（39），上海书店出版社，第8—9页。

恐怕是确实的。"①潘氏所谓"病象"，包括文化与社会的病象、经济生活的病象、消极的体格与活力（上文已提及）、民族竞存的意志等方面内容，涉及社会、人生方方面面。在分析中国人躲避不良环境和寻觅新环境的能力（即移徙的能力）时，潘氏评价中国人："移徙的冲动与能力一天比一天减少，也就等于安土重迁的性格一天比一天的发展，也就等于消极的抵抗环境的能力一天比一天的增加。一个民族遇到不良而又无法加以转变的环境，而不知躲避，结果，便会造成两种人，一是被淘汰的死人，二是被选择而苟延残喘、去死不远的人。这第二种人的唯一的长处，说来好像很矛盾，却就是不容易死，他们在体力上与心理上都有百折不挠的耐性，也有百推不动的惰性；你若能把他们推动的话，他们倒也会'随遇而安'，要是境遇再变本加厉的恶化的话，他们也始终能'逆来顺受'。他们生活的原则是'得过且过'，是'一动不如一静'。他们所用以自己慰藉的格言是：'抵死无大难，叫化再吮穷'（我所生长的家乡有此二语，但流行到何种程度，则不得而知）。消极的抵抗到这种程度的时候，其实已经没有多大抵抗的意味，大家所抵抗的，就只不过一个'死'而已，只要能不死，便什么都可以牺牲，什么都可以迁就。"②在该文"民族竞存的意志"一节中，潘氏更受人类学者对于土著民族研究成果的启发，指出目前中华民族竞存的意志"实在受好几方面的威胁。一是个体生存的意志大于团体生存的意志，一个人但愿身家性命可以委曲求全，别的便都可以不管，甚至于把公家当牺牲品，亦在所不惜；躲在租界里的富翁，甘心出卖国家的汉奸，全都受这种意志的支配。二是苟安的心理大于振作的精神，而维持现状的祈求大于开拓发展的愿望……三是自馁心理的变本加厉……四是种种风俗上的操切的改革所可能引起的一种生活上的不宁静与失望"③。

有"病象"就要找到"病根"。潘光旦在《民族卫生的出路》一文中说："我为《黄海环游记》做了一篇书评，我也承认'中国决不是不可为的国家'，但要可为，第一先得承认目下民族体力的不足、科学能力的薄弱、领袖人才与组织能力的缺乏、自私自利心的普遍深刻与夫团结的不易；应知我们目前所应力谋应付的不是一个自由意志的问题，而是一个遗传的能力问题。不承认这一点，便不知病根所在，不知病根所在，便不能开方下药，没有资格讲求民族卫

---

① 潘光旦：《民族特性与民族卫生》，北京大学出版社2010年版，第146页。
② 潘光旦：《民族特性与民族卫生》，北京大学出版社2010年版，第156页。
③ 潘光旦：《民族特性与民族卫生》，北京大学出版社2010年版，第162—163页。

生。"①下文中进一步明确为"中国民族品性上的四大缺点",即民族体力的不足,科学能力的薄弱,领袖人才与组织能力的缺乏,自私自利心的普遍深刻及贪污与公私不分。②在潘氏看来,这就是中华民族的"病根",是属于先天性的"遗传的能力问题"——什么是"遗传的能力问题"呢?这种说法只不过是中国国民劣根性的一个"翻版",或者说是对国民劣根性作了一个合乎科学标准的解释!找到了中华民族的"病根",就要为中华民族"治病",所以潘氏在自然环境(救荒)、经济生活、社会生活(都市化的控制、家庭制度的整顿)、政治生活、教育设施等方面提出了"民族卫生的路径",大多是纸上谈兵,书生意气。

潘光旦《民族特性与民族卫生》一书深受美国传教士明恩溥、美国人文地理学者亨丁顿③的影响。1936年6月,时任清华大学教授的李景汉为潘光旦《民族特性与民族卫生》作序,用了不少文字介绍了明恩溥及《中国人的气质》,其中可窥见中国学人对明恩溥的基本态度。李景汉也研究中国农村问题,与明恩溥有交集,有不少机会听明恩溥的演讲。在李景汉的眼中,明恩溥"他的身体,在西洋人中间,要算是比较矮的,但精神却颇健旺。他那充满着力量的躯干,再加上他那天然有趣的面貌,一站在台上,就立刻引起听众的注意。在他讲演的时候,带些山东的口音,声调或高或低,或长或短,极变化之能事,且好引用古今格言,民间谚语,全身随时都是表情,往往双手同时以指作声,且其语势,可谓出口成章,娓娓动人,使听众永无倦容。他是一个不可多得的大演说家",李景汉极力突出了明恩溥的演说才能,对他感佩之至;在谈到自己初中时最初阅读日译本《支那人的气质》这本书时,见到书页的空白处写了"胡说""放他娘的……"之类的话,自己也要忍不住作几声"岂有此理";李景汉到美国留学时细读了《中国人的气质》的英文原本,开始欣赏这本书,带回国内;而他自己研究中国农村问题后,认为"明恩溥毕竟是过来人。他对中国农村社会的现象,可谓观察精密,独具只眼,而且他那描摹入微、写实逼肖的能力,岂但在西洋人中没有几个可以与他比拟的,就是在我们自己的国人中间恐怕也是

---

① 潘光旦:《民族特性与民族卫生》,北京大学出版社2010年版,第166页。

② 潘光旦:《民族特性与民族卫生》,北京大学出版社2010年版,第164—170页。

③ 潘光旦在自序中介绍说,亨丁顿是耶鲁大学教授,1923年来到中国,1924年发表《种族的品性》,其中专论中国民族的文字竟有四章之多,散见于序文及其他章节里的片断又有好几十处;亨丁顿用自然淘汰和人口移殖的原则来解释中国民族性问题,对潘光旦影响巨大。参见潘光旦:《民族特性与民族卫生·自序》,北京大学出版社2010年版,第17页。

少如凤毛麟角吧"①。可以说，李景汉是明恩溥的忠实的拥趸，对明氏极尽赞美之能事："明氏终身的事业是在中国，也是对于中国极表同情的人。他的幽默的甚至刻薄语的或言过其实的笔调，的确使我们感觉不快或者不满；有时遇到修养稍差一点儿的人可以到怒发冲冠的程度。但我们读了他的描写以后，能使我们对于他所指出的特性留着很深的印象，也未尝不是受着他这种文体之赐。'良药苦口'，终就是对我们有好处的。我们最好是弃其糟粕而取其精华，得到他正面的益处。再者，一个民族的特性是要从大多数民众日常生活看出来，而中国大多数的民众是农民。明氏的书是根据农村社会生活写的，是他多年与农民接触所得的印象，所以都是第一手的材料。他的印象不一定都完全正确，但明氏确是一个胸襟阔大、动机纯正的人；是一个悲天悯人、救世为怀的人；也是一个对于中国有热烈感情的人。"②当有人指责《中国人的气质》时，李景汉也尽可能为其开脱："有人以为明氏所描述的不过是一些社会表面的现象，是一些拉杂的、平常的、肤浅的叙述。我们不要忘记，世间最平常的东西，往往也就是最重要的东西，例如日光、空气和水都是最普通的东西，但也是与人类生活最有利害关系的东西。明氏的贡献就是他能够把农村社会在日常生活里人与人之间的种种现象和为我们民族自己所未注意而实际上乃是左右社会行为的种种潜在的势力，以庄谐并用而极有力量的文体描写出来，使每个读者都能如身临其境的得到清楚的认识。这比一般拢统的、主观的、玄想的、而去事实生活很远的大议论，有价值多了。例如有人对明氏所提出的'私'的一点，曾引中国的'老吾老，以及人之老。幼吾幼，以及人之幼'或'见义勇为'等说法来辩护。对此，我们要取客观的科学态度，用客观的科学方法，在现实生活中仔细观察一下。若是我们不能在现实生活里找到这类行为的表现，那我们也只好认为这是古圣先贤的理想，是一种勉励人的教训。明氏是注重客观的现实生活的；我们在他许多片断的、琐碎的叙述里可以发见一般的原则与真理。"③或许在李景汉看来，明恩溥是用客观的科学态度，用客观的科学方法，在中国（山东）农村中发现了"一般的原则与真理"？明氏对山东农村"拉杂的、平常的、肤浅的叙述"，在李景汉看来，竟然成了和日光、空气和水一样的与中国人生活最有利害关系的东西？李景汉强调了明恩溥的演说家甚至是学者的身份，为什么忽略了他的传教士的身份呢？为什么不去看一下他的以基督教拯救中国的

---

① 潘光旦：《民族特性与民族卫生》之李景汉序，北京大学出版社2010年版，第5—6页。
② 潘光旦：《民族特性与民族卫生》之李景汉序，北京大学出版社2010年版，第9页。
③ 潘光旦：《民族特性与民族卫生》之李景汉序，北京大学出版社2010年版，第13页。

愿望呢？明恩溥真的是那种胸襟阔大、动机纯正、悲天悯人、救世为怀的人吗？在中国的土地上指手画脚，抱怨"我们吃不惯他们的饭菜，我们受不了太阳的曝晒，我们也无法在人群中、在嘈杂的或空气不畅的地方入睡"①——既然如此不习惯，那干脆就返回美国去不行吗？——我们一定要明确，明恩溥首先是美国的传教士，来中国的目的单一而明确，这是其基本的立场。为达到宣扬基督教的目的，必会贬损中国人，贬抑中国文化，李景汉对其褒扬、对其感恩戴德，或者只是一厢情愿。

潘光旦与李景汉一脉相承，在其《民族特性与民族卫生》一书中，高度倚重明恩溥的《中国人的气质》。他在明氏27章中，挑选并译出15章，重新编排次序，直接作为"中国人的特性"，即：活易死难的中国人、没有"神经"的中国人、耐性太好的中国人、不求准确的中国人、"寸阴是竞"的中国人、勤劳的中国人、撙节的中国人、知足常乐的中国人、有私无公的中国人、无恻隐之心的中国人、言而无信的中国人、尔诈我虞的中国人、爱脸皮的中国人、婉转的中国人、客气的中国人；其中，"最初五章所描写的是生理与心理的品性。其次三章，是经济的品性。后来六章全都是社会的品性。论自私的一章是兼具经济与社会两重意义，所以列在它们的中间。这样排列似乎要比原书合理一些"。这里需要指出的是，潘光旦选译的15章中，把《中国人的气质》中为数不多的中国人的优点大都略去了，或许在潘氏看来，明恩溥所说的中国人气质中那些滑稽的、负面的、阴暗的、丑陋的描述，才更符合"中国人的特性"。潘氏在自序中，回顾了明恩溥在中国的经历后，认为"明氏和中国的关系，既如是其长久而亲切"，并且"前平民教育促进会定县实验区调查主任今清华大学教授李景汉先生也和明氏相熟，同时认为《中国人的特性》一书，大体上很可以说是一幅逼真的写照。明氏以传教师的地位随意观察中国农民，李先生以社会学家的资格研究中国农民，而所见吻合如此，可见明氏这本作品，也决不能和一班走马观花、捕风捉影的西人著述等量齐观了。……《中国人的特性》中所历叙的中国人的特性，不但是一个事实，为明氏一班明眼人所见到，并且，就生物淘汰的学理言之，也确乎是一些无可避免的结果。"潘氏虽然承认明恩溥在《中国人的气质》中"穿插一些过火与挖苦的笔墨"，但同时强调"它们可以增加读者的趣味，而决不

---

① 明恩溥著，刘文飞等译：《中国人的气质》，上海三联书店2007年版，第72页。

会引起以辞害意的危险"①。这样，在潘氏看来，明恩溥所言，成了"事实"，而且还可以科学的理论来证实，明恩溥笔下的中国人的命运成为"无可避免的结果"，悲乎哉！

中国人确有一种宽容、包容的品性，甚至主张以德报怨②，所以对明恩溥之流汉学家对中国文化的批判，总有人或者用"良药苦口""医不自医"来形容，或者认为"当局者迷""旁观者清"，抱着所谓"有则改之、无则加勉"的态度；但是，中国还有另一类成语，如"三人成虎""曾参杀人""众口铄金、积毁销骨"，有些谎言、假话说得多了，就成了事实。而这种近乎"洗脑"的宣传、鼓动、教育，对年轻人影响最巨，他们初出茅庐，激情澎湃，理想远大，急欲建功立业，实现人生价值，但又往往轻信冒进，在文明批判大潮的引领下，他们自然就会把旧道德、旧风俗、旧文化乃至于整个旧社会全部踩在脚下了——他们要以自己的力量，把天给捅破——由西方学者、传教士、日本学者以及国人共同汇成的对中国文化批判的大潮，产生的最大的灾难性的后果也即在此。笔者本人即是李景汉所说的"修养稍差一点儿的人"，没有君子坦荡的胸襟，赞同孔子所谓"以直报怨"③的说法，在看到《中国人的气质》之类的著作时会达到"怒发冲冠的程度"——中国人就不该愤怒吗？程巍在谈到国民性批判时说："1910年代到1930年代也是中国新派知识分子的'国民性批判'的高峰，而其所谓'国民性'又被等同于'民族劣根性'。并非偶然的是，在西方各国都在致力于神化自己'民族性'（语言、神话、历史、风俗、地理、'精神'等）并将此作为民族认同的核心时，这种'民族性'理论在中国却成了种族自虐的工具。"④悲乎哉！

三、罗素的"实话"

20世纪初的国民性批判，在当时大概是深入人心，部分国人热切地欢迎别

---

① 上述引文均见潘光旦：《民族特性与民族卫生·自序》，北京大学出版社2010年版，第16—17页。

② 以德报怨是道家的说法，《老子》六十三章中说："大小，多少，报怨以德。"

③ 《论语·宪问》记载："或曰：'以德报怨，何如？'子曰：'何以报德？以直报怨，以德报德。'"

④ 程巍：《泰坦尼克号上的"中国佬"——种族主义想象力》，漓江出版社2013年版，第291页。

人的批评，热切地希望别人为自己指点迷津（甚至是国家发展的道路）①。英国哲学家罗素对中国人本不乏赞美之辞，但他在访华期间，据说，国人曾再三请求，让他批评中国人；于是，他在离华之前"老实不客气的说出几句实话"：

> 我所见到的贵国人的弱点只有三个，但这三个足够阻止一个民族进步，并且剥夺他的生气了。

> （一）贪财。贪财不单是中国人，只怕有好几国的人比中国人还要贪得厉害。但是别国人的贪财，贪在明处，甚至于以贪财为极体面极荣誉的事，中国人贪在暗处，人人嘴里都说"我不爱钱"，但是在事实上，无论大事或小事，几几乎无一日、无一处、无一事不极端表现其贪财，诸君恐怕不能否认我的话是不对的。

> （二）怕死。怕死贪生原是人类的通性。但是除受群众心理影响之外，中国人无论贫富，大概都把死这件事，看得比各国人来得可怕得多，不论那一国人没有像中国人这样的怕死的。

> （三）缺乏同情心。这在讲堂里、在办公室里、在火车上以至于在公共娱乐场所，处处都可以证明的，最显著的就是在戏馆里演悲剧的时候，可以四面听到笑声，也有流泪的人，但是大家都把可耻可鄙的事引作笑料，以有同情心为大众的笑料，这是世界各国所很少见的事。伶人有过失，观众大声鼓噪，电灯偶然有毛病，观众鼓掌叫好，这种幸灾乐祸的心理表演，都足以证明中国人的缺乏同情心。②

罗素所谓的"实话"，只是他在中国的见闻或感受，或不具备典型意义。

四、辜鸿铭、梁漱溟的看法

在国民性批判的浪潮中，中国文化的支持者也表达了自己的看法。辜鸿铭

---

① 20世纪20年代前后，杜威、罗素、泰戈尔等人访问中国。其中，杜威1919年4月抵达中国，历时两年多；罗素1920年10月抵达中国，1921年7月离开；泰戈尔1924年4月抵达中国，历时40余天。他们在中国或演讲，或讲学，或游历，当时中国知识界是热切地期盼着他们能为中国指点迷津，指明发展道路的。泰戈尔因说了几句西方文明的坏话，在中国很不受待见（参见胡俊修、唐媛媛：《杜威、罗素、泰戈尔访华及其不同际遇》，《光明日报》2016年12月7日）。

② 转引自庄泽宣、陈学恂：《民族性与教育》，商务印书馆1938年版，第310—311页。对于上述内容，罗素在1922年出版的《中国问题》一书中，也谈及此问题，与此处说法有出入。罗素在该书中认为中国人的三大缺点是贪婪、怯懦、冷漠，并详有论述（详见本章附录五）。

在《中国人的精神》（1915）一文中强调："事实上，要懂得真正的中国人和中国文明，那个人必须是深沉的、博大的和纯朴的。因为中国人的性格和中国文明的三大特征，正是深沉、博大和纯朴（deep，broad and simple）。"此外，"还应补上一条、而且是最重要的一条，那就是'灵敏'（delicacy）。"并且，辜氏还在此基础上比较了中国人与美国人、英国人、德国人、法国人的差别，指出若他们学习中国文明、中国书籍和文学，将会大有裨益：

> 在此，我可以指出，美国人发现要想理解真正的中国人和中国文明是困难的，因为美国人，一般来说，他们博大，纯朴，但不深沉。英国人也无法懂得真正的中国人和中国文明，因为英国人一般说来深沉、纯朴，却不博大。德国人也不能理解真正的中国人和中国文明，因为德国人特别是受过教育的德国人，一般来说深沉、博大，却不纯朴。在我看来，似乎只有法国人最能理解真正的中国人和中国文明，固然，法国人既没有德国人天然的深沉，也不如美国人心胸博大和英国人心地纯朴，——但是法国人却拥有一种非凡的，为上述诸民族通常说来所缺乏的精神特质，那就是"灵敏"（delicacy）。这种灵敏对于认识中国人和中国文化是至关重要的。为此，中国人和中国文明的特征，除了我上面提到过的那三种之外，还应补上一条、而且是最重要的一条，那就是灵敏。这种灵敏的程度无以复加，恐怕只有在古代希腊及其文明中渴望得到，在其他任何别的地方都概莫能见。
>
> 从我上述所谈中，人们自然会得出这样的结论。即，美国人如果研究中国文明，将变得深沉起来；英国人将变得博大起来，德国人将变得纯朴起来。而美、德、英三国人通过研究中国文明、研究中国的典籍和文学，都将由此获得一种精神特质，恕我冒昧，据我看，一般说来，他们都还远没有达到像中国这般程度的特质，即灵敏。至于法国人，如果研究中国文明，他们将由此获得一切——深沉、博大、纯朴和较他们目前所具有的更完美的灵敏。所以，我相信，通过研究中国文明、中国书籍和文学，所有欧美人民都将大获裨益。[①]

对国民性的整体上的评判，本是一件非常困难的事情；辜鸿铭完全从正面以深沉、博大、纯朴、灵敏4个形容词、8个字来评价中国人的国民性以及中国文明的特征，虽有些笼统，但也可作一说。

---

① 辜鸿铭：《中国人的精神》。见黄兴涛编：《辜鸿铭文集》（下卷），海南出版社1996年版，第6—8页。

另外，梁漱溟在《中国文化要义》（1949）中，综合潘光旦《民族特性与民族卫生》、庄泽宣《民族性与教育》以及日本人内山完造《一个日本人的中国观》、渡边秀方《中国国民性论》、原惣兵卫《中国民族性之解剖》等诸家学说，指出了"比较公认"的、"约得其要"的中国人十大特点，即自私自利、勤俭、爱讲礼貌、和平文弱、知足自得、守旧、马虎、坚忍及残忍、韧性及弹性、圆熟老到；并认为，这"十大特点"是"中国文化所结之果"，指出"中国文化以周孔种其因，至秦汉收其果，几于有一成不变之观"，"中国数千年风教文化之所形成，周孔之力最大。举周公来代表他以前那些人物；举孔子来代表他以后那些人物；故说'周孔教化'"[1]，周、孔是中国文化史上的伟人，在中国文化形成过程中确实起到了巨大的作用，这没有问题；但中国文化的因（根）与果是一个非常复杂的问题，因（根）、果也很难分得清楚，或者因即是果、果即是因，这需要全面地综合地分析；且梁氏只是概括了其他诸人的观点，人云亦云，缺乏深入地、审慎地讨论。

第四节　文明优劣之争

我在前文《国学弁言》中，首先强调的是"国学首先是一种态度"——由于学者们的态度与立场的不同，就有了中国文化好坏、优劣之争，就有了中华文明批判之痛——而这正是国学研究的根本性问题。我们前文中提到的国学概念、国学范畴（书目）、民族性优劣之争，后文中提到诸种争议，其实都属于文明批判的范畴，这里先做个"箩筐"，把不能单独成节的内容罗列一通。

一、章太炎弑孔子[2]

在中国文化的格局中，孔子是儒家学派的创始人，是承前启后的伟大人物；

---

[1] 梁漱溟：《中国文化要义》，上海人民出版社2011年第2版，第27、28、205、99页。

[2] 相较于那些彻底批判、否定、丑化、诅咒孔子的那些人，章氏所论虽有附会与歪曲，但总体上还算平和；因章氏在清末革命家、思想家、教育家之先驱者的身份，影响巨大；其流弊所致，不可谓不恶劣，故曰"章太炎弑孔子"，此春秋时（公元前607年）董狐所谓"赵盾弑晋灵公"也。对中国文化的批判，严复、章太炎、梁启超等大家实首开其端，影响至大至深至远；章、梁二人晚年都有修正，但在文化批判的巨大潮流中，早已于事无补……中国文化何以至此哉？！

或者可以说，孔子是中国文化的一个"标签"，是中国文化的一个代表性的符号。在文化批判、文明批判的浪潮中，孔子自然也是首当其冲，一直被推在批判的风口浪尖之上。近代以来，学者、文人乃至革命者对中国文化的批判，矛头都是直指孔子及儒家的。

清末批孔、非儒实肇始于国学大师章太炎①。1904年，章太炎《〈訄书〉重订本》在日本出版，收录了《订孔》《学变》等一系列学术史论文章。其中，《订孔》一文从日本学者远藤隆吉《支那哲学史》中"孔子之出于支那，实支那之祸本也"谈起，批评孔子道德文章致使"名辩坏，故言殽；进取失，故业堕"，称孔子"虚誉夺实"②。章氏当时已是风云人物、国学大家，《〈訄书〉重订本》的出版在日本年轻的留学生中掀起批孔的热潮，"孔子遂大失其价值，一时群言多攻孔子矣"③；钱玄同、鲁迅、周作人等人莫不从中受教，成为非儒反孔乃至批判中国文化的主将。而国学讲习会发起人也在《国学讲习会序》中说："作《訄书》之章氏者，即余杭太炎先生也。先生为国学界之泰斗，凡能读先生书者，无不知之。"④可见《訄书》在当时之影响——太炎先生之《訄书》之《订孔》，其流毒至深至远矣！若先生在天有灵，知悉后来中国文化、文明批判的情势，不知会有何感想？

1906年，章太炎又发表《诸子学略说》，更是全面地批判了孔子及儒家，说"儒家之病，在以富贵利禄为心"；认为孔子学问识见不高，道德人格低下，趋炎附势，醉心荣利，如说"盖孔子当春秋之季，……其教弟子也，惟欲成就吏材，可使从政……但欲假借事权，便其行事……是儒家之湛心荣利，较然可知"，"然则孔子之教，惟在趋时，其行义从事而变，故曰'言不必信，行不必果'……其诈伪既如此"⑤。其实，章太炎对孔子及儒家的批判并不见得高明。基于革命者的意志，《诸子学略说》中拉杂《墨子》《庄子》寓言中材料，不加梳理辨

---

① 章太炎对孔子及儒家的态度有一个变化的过程，这一点从《訄书（初刻本）》《訄书（重订本）》《检论》三部书稿篇目的选择、内容的修改等方面就能明显体现出来（见《章太炎全集》第三卷，上海人民出版社，1984年版）。

② 章太炎：《章太炎全集》（三），上海人民出版社1984年版，第134—135页。

③ 许之衡：《读〈国粹学报〉感言》，《国粹学报》第一年第六号，1905年7月22日。见桑兵等编：《国学的历史》，国家图书馆出版社2010年版，第53页。

④ 《国学讲习会序》。见桑兵等编：《国学的历史》，国家图书馆出版社2010年版，第78页。

⑤ 章太炎：《诸子学略说》，《国粹学报》第二年第8号、第9号，1906年9月8日、10月7日。转引自汤志钧编：《章太炎政论选集》（上册），中华书局1977年版，第289—290页。

析，甚至望文生义，如论及老子、孔子关系时，章氏说"老子以权术授之孔子，而征藏故书，亦悉为孔子诈取。孔子之权术，乃有过于老子者。孔学本出于老，以儒道之形式有异，不欲崇奉以为本师，而惧老子发其覆也，于是，说老子曰：乌鹊孺，鱼傅沫，细要者化，有弟而兄啼（见《庄子·天运》篇。意谓己述六经，学皆出于老子，吾书也成，子名将夺，无可如何也）。老子胆怯，不得不曲从其请。逢蒙杀羿之事，又其素所怵惕也。胸有不平，欲一举发，而孔氏之徒遍布东夏，吾言朝出，首领可以夕断。于是，西出函关，知秦地之无儒，而孔氏之无如我何，则始著《道德经》以发其覆。借令其书早出，则老子必不免于杀身，如少正卯在鲁，与孔子并，三盈三虚，犹以争名致戮，而况老子之凌驾其上者乎！呜呼，观其师徒之际，忌刻如此，则其心术可知，其流毒之中人，亦可知已"①，此完全乃小说家之演绎，可谓构陷、歪曲、丑化、污蔑，实不忍卒读！熊十力在《读经示要》亦指责"章炳麟作论文，甚至侮孔子以政客"②，大概也着意于此。章太炎后来对新文化运动颇有微词，但其《诸子学略说》等文章依旧有着很大的影响，以至于新文化诸人常引其论点，张昭军在《儒学近代之境——章太炎学思想研究》一书中评价说："他对五四新文化思潮反对尊孔设教、反对儒家独尊、反对封建专制等思想有着直接的影响，五四批孔运动中的许多学生都引用他的观点，吴虞更是极力回护《诸子学略说》。"③

戴明玺在《章太炎与二十世纪初中国思想裂变》一文中评价说："章太炎对孔子的批判流于独断成分多，缜密推理少，就其思想深度来看，尚不及戴东原的水平。"④但是，章氏思想所及，中国思想界的革命已势不可当了，傅斯年在1919年评价说，章太炎"当年破除孔子的力量，非常之大。……中国人的思想到了这个时期，已经把孔子即真理一条信条摇动了"⑤。许之衡在评论章氏《訄书》批判孔子的影响时说："孔子之于中国教，几于亘两千年，支配四百兆之人心久矣。而忽然夺其席，与老墨同视。夫老墨诚圣人，然能支配四百兆人心否耶？"⑥许之衡在这里提出了一个更为严峻的问题——无原则、无底线地批判

---

① 汤志钧编：《章太炎政论选集》（上册），中华书局1977年版，第292—293页。

② 熊十力：《读经示要》（1945），上海书店出版社2009年版，第8页。

③ 张昭军：《儒学近代之境——章太炎学思想研究》，北京师范大学出版社2011年版，第293页。

④ 戴明玺：《章太炎与二十世纪初中国思想裂变》，《南京社会科学》2003年第4期。

⑤ 傅斯年：《清代学问的门径书几种》，《新潮》第一卷第1号，1919年1月1日。

⑥ 许之衡：《读〈国粹学报〉感言》，《国粹学报》第一年第6号，1905年7月22日。见桑兵等编：《国学的历史》，国家图书馆出版社2010年版，第53—54页。

孔子，无原则、无底线地批判中国文化，即便是每个中国人都富得流油，中国的人心又如何安顿呢？人心不安，诸事难谐，这其实是当下诸多社会问题的症结所在。

另外，20世纪初输入中国的无政府主义在文化批判的进程中也扮演了重要的角色。1907年，巴黎和东京分别出现了由中国留学生建立的无政府主义组织"新世纪派"和"天义派"。"新世纪派"以刊物《新世纪》为阵地，"天义派"以《天义》《衡报》为阵地，他们在政治上鼓吹极端革命，文化上主张斩草除根，以至于"在文化革命的彻底性上，达到了晚清文化界的顶点"[①]。1908年，《新世纪》刊发吴稚晖《排孔征言》，提出反孔革命口号，认为"孔丘砌专制政府之基，以荼毒吾同胞者，二千余年矣。今又凭依其大祀之牌位，以与同胞酬酢……夫大祀之牌位一日不入火刹，政治革命一日不可凑功，更何问男女革命，更何问无政府革命，擒贼先擒王，不之知，抑毋亦有所迷信乎！吾请正告曰：欲世界人进于幸福，必先破迷信；欲支那人进于幸福，必先以孔丘之革命"[②]。在吴氏看来，孔子实在是罪大恶极。

二、批判的狂潮

最初由西方学者、西方传教士、日本学者引领的对中国文化的批判，在中国持续地发酵；而中国新派学者、文人更在"西风"的熏染下，在20世纪20年代掀起了批判中华文明的狂潮（上文已多有所论，下文还将涉及），这里仅列举胡适、钱玄同、鲁迅等人观点：

作为新派学人的代表，1919年，在吴虞《新青年》发表《吃人与礼教》一文后，胡适大加赞赏，后为《吴虞文录》作序时，称吴虞为"中国思想界的一个清道夫"、近年来攻击孔教最有力的两位"健将"之一（另一人是陈独秀），甚至说他是"四川省只手打'孔家店'的老英雄"，并在序文后面说："何以那种种吃人的礼教制度都不挂别人的招牌，偏爱挂孔老先生的招牌呢？正因为二千年吃人的礼教法制都挂着孔丘的招牌，故这块孔丘的招牌——无论是老店，是冒牌——不能不拿下来，捶碎，烧去！"[③]。1923年1月，胡适在其著名的《〈国学季刊

---

① 张全之：《从〈新世纪〉到〈新青年〉：无政府主义与五四文学革命》，《中国现代文学研究丛刊》2005年第5期。

② 绝圣：《排孔征言》，《新世纪》第52号，1908年6月20日。

③ 欧阳哲生编：《胡适文集》（2），北京大学出版社1998年版，第608—610页。

发刊宣言》中说："近年来，古学的大师渐渐死完了，新起的学者还不曾有什么大成绩表现出来。在这青黄不接的时期，只有三五个老辈在那里支撑门面。古学界表面上的寂寞，遂使许多人发生无限的悲观。……在这个悲观的呼声里，很自然地发出一种没气力的反动的运动来。有些人还以为西洋学术思想的输入是古学沦亡的原因；所以他们至今还在那里抗拒那他们自己也莫名其妙的西洋学术。有些人还以为孔教可以完全代表中国的古文化；所以他们至今还梦想孔教的复兴；甚至于有人竟想抄袭基督教的制度来光复孔教。有些人还以为古文古诗的保存就是古学的保存了；所以他们至今还想压语体文字的提倡与传播。至于那些静坐扶乩，逃向迷信里自寻安慰的，更不用说了。在我们看来，这些反动都只是旧式学者破产的铁证。这些行为，不但不能挽救他们所忧虑的国学之沦亡，反可以增加国中少年人对于古学的藐视。如果这些举动可以代表国学，国学还是沦亡了更好！"①1934年5月至6月间，胡适更是写了三篇论信心与反省的文章，对中华民族和中华文明进行"反省"，要求中国人认罪和忏悔（详见本书第三章第一节）——中国人生于这天地之间无数千年，生而有罪吗？要去找谁"忏悔"？找谁"认罪"？

　　钱玄同在《汉字革命与国故》一文中指出："国故本是'广义的中国历史'，我们若能用正确的眼光——进化论的眼光去看历史，这本是很有益的。因为我们看了祖先那种野蛮幼稚不学上进的样子，可以激起我们'干蛊'的精神。"②钱玄同在《致周作人》的信中说："我近来废汉文汉语的心又起了，明知废汉文容或有希望，而废汉语则不可能的。""我近来觉得这几年来的真正优秀分子之中，思想最明白的人却只有二人：①吴敬恒，②陈独秀是也。虽然他俩在其他种种主张上我们不表同意的也有——或者也很多。但就——将东方化连根拔去，将西方化全盘采用——这一点上，我是觉得他俩最可佩服的。""我年来对于'国故'，对于一切'道德、政治、文章'，久已认为博物院中之陈列品，决然反对拿来应用，故雅不愿青年去摩挲，而我自己（和几个同调的朋友）却想在博物院中做一个'分类''标签'的人而已。惟对于文章中之'纯文学'一部分不免尚有留恋之意。但最近觉得这也是博物院中的货色。'最'而言之，'高'而言之，所谓四千年来的国粹，没有一点儿是青年学子（至中学毕业而止）

---

① 胡适在《〈国学季刊〉发刊宣言》，原载《国学季刊》第一卷第1号，1923年1月。见欧阳哲生编：《胡适文集》（3），北京大学出版社1998年版，第5页。

② 钱玄同：《汉字革命与国故》（1923年11月20日）。见桑兵等编：《国学的历史》，国家图书馆出版社2010年版，第312页。

有研究之必要的。再说到一句尽头语：参观博物院，不如参观仪器室。故青年学子对于'国故'，'保存，昌明，宣扬'之固外，'整理'之亦外，即'知道'之亦大可不必也。日来与人抗辩中学生徒绝对无读古书之必要。有人说，倘使是天才，十六七岁便有聪明能了解古书文句，则读之也未为不可。我以为不然。有这天才，有这时间，为什么不去研究科学，研究有用的外国文，而要来研究这种'于式枚的尊粪'和'古文'呢？从前有一位某公（似乎是龚定庵），他说，有人实在闲得无聊，要去临帖，我则以为不如睡觉养神也。我今窃取其意，觉得实在闲得无聊，要去读古书，还不如到中央公园去吃杯冰淇淋，爬爬假山也。"①钱玄同于中国文化之态度何其决绝！

1918年，因刘师培等人计划复刊《国粹学报》和《国粹汇编》②，鲁迅在致钱玄同的信中，专门谈及此事："中国国粹、虽然等于放屁、而一群坏种、要刊丛编、却也毫不足怪。该坏种等、不过还想吃人、而竟奉卖过人肉的侦心探龙做祭酒、大有自觉之意……但该坏种等之创刊屁志、系专对《新青年》而发、则略以为异、初不料《新青年》之于他们、竟如此其难过也。然既将刊之、则听其刊之、且看其刊之、看其如何国法、如何粹法、如何发昏、如何放屁、如何做梦、如何探龙、亦一大快事也。国粹丛编万岁！老小昏虫万岁！！"③对鼓吹国粹的刘师培等人极尽嘲讽之能事，更有中国国粹"等于放屁"之讥。而在《灯下漫笔》中，鲁迅更将中国文明比作"人肉的筵宴"，他说："所谓中国的文明者，其实不过是安排给阔人享用的人肉的筵宴。所谓中国者，其实不过是安排这人肉的筵宴的厨房。""于是大小无数的人肉的筵宴，即从有文明以来一直排到现在，人们就在这会场中吃人，被吃，以凶人的愚妄的欢呼，将悲惨的弱者的呼号遮掩，更不消女人和小儿。"他大声疾呼："扫荡这些食人者，掀掉这筵席，毁坏这厨房，则是现在的青年的使命！"④——中国文明就只有残忍的、残暴的、血淋淋的"人肉的筵宴"吗？

---

① 钱玄同：《致周作人》（1923年8月19日）。见《钱玄同文集》（6），北京，中国人民大学出版社2000年版，第64—66页。

② 刘师培等人的计划并没有实现，后于1919年3月，他们另创办了《国故》月刊，以"昌明中国固有之学术"。

③ 鲁迅：《180705致钱玄同》（1918年7月5日）。见《鲁迅全集》（第十一卷），人民文学出版社2005年版，第363—364页。

④ 鲁迅：《坟·灯下漫笔》（1925年4月29日）。见《鲁迅全集》（第一卷），人民文学出版社2005年版，第228—229页。

这样，在清末民初，以章太炎、吴稚晖、陈独秀、胡适、钱玄同、鲁迅等人为代表的新派学人、各知识阶层就形成了批孔非儒、批判中华文化的潮流，讥讽、谩骂、诽谤、诅咒不绝于耳；其势所及，以至于"溃堤决坝"，中国文化竟一无是处了。钱穆先生在《柳诒徵》一文中谈及此时状况，说："当民国十年前后，学术界掀起了新文化运动之大浪潮，以北京大学为大本营，以《新青年》杂志为总喉舌，登高而呼，四野响应。所揭橥以相号召者，举其要者，为礼教吃人，为非教，为打倒孔家店，为线装书扔进毛厕里，为废止汉字，为罗马拼音，为全盘西化，其他惊众骇俗之谈，挟一世而以奔赴恐后者，不遑枚举。"①

三、文化坚守者的抗争

有批判自然会有抗争。在文明批判的声浪中，也不乏为中华文化呐喊呼号的学者，其中以辜鸿铭、梁漱溟等人为代表，另有学衡派、甲寅派也为之鸣不平。

（一）辜鸿铭

辜鸿铭生于南洋，受过广泛而系统的西方教育，可以说学贯中西。在清末政治腐朽、民不聊生、西方列强入侵的大背景下，似应该成为激烈的中国文化批判者，但令人奇怪的是，辜氏不仅没有批判中华文化，反而成为中国文化的忠实拥趸，并以其鲜明的学术个性，对批判乃至污蔑中国文化的东西方学者都予以了尖刻的批驳。

1910年，辜鸿铭出版了《中国牛津运动故事》一书。虽然在该书中，辜鸿铭的某些看法不合时宜，如歌颂满洲贵族统治，赞美慈禧皇太后等，但立足中国文化传统，他的某些看法却甚有远见，如书中《尾声》强调："孔子制止某种社会和政治罪恶及其改革世界的办法，即通过一种自尊和正直的生活，赢得一种道德力量，孔子曰：'君子笃恭而天下平'。因此，我认为，将中华民族的古老文明，将此种文明中最优秀的东西，从现代欧洲各国物质实利主义的破坏力中挽救出来的力量正在于此，并且这是唯一可靠的力量。"②指出了中国文化的道德特征，并赋予其拯救未来的希望。

---

① 钱穆：《柳诒徵》（1971年），见中华学术院编：《中国文化综合研究》，华冈出版部1973年版，第276页。

② 辜鸿铭：《中国牛津运动故事·尾声》。见黄兴涛编：《辜鸿铭文集》（上），海南出版社1996年版，第389页。

1915 年，辜鸿铭出版了《春秋大义》（The Spirit of the Chinese People）一书。辜鸿铭"针对的正是诸如明恩溥一类的西方汉学家有关中国的民族性的描绘，而且，他敏锐地抓住了第一次世界大战爆发后西方少数知识分子开始对西方文明产生怀疑而意欲从其他文明获得重要启示的契机，向长久以来西方针对中国的那些种族主义谬见发起一场逆袭，为中国人和中国文化辩护"[1]。该书中有《约翰·史密斯在中国》一文，对美国传教士阿瑟·史密斯(明恩溥)在《中国人的气质》一书中对中国人的污蔑，明确指出："在中国，那约翰·史密斯[2]极想成为一种凌驾于中国人之上的优越者，而阿瑟·史密斯牧师则为此写了一本书，最终证明他、约翰·史密斯确实比中国人优越得多。于是，阿瑟·史密斯牧师自然成为约翰·史密斯非常亲爱之人，他那本《中国人的特性》一书，也就成了约翰·史密斯的一部圣经。"[3]揭露了传教士与殖民者沆瀣一气的事实。

辜鸿铭从中西（欧）文明比较出发，批判西方文明，认为"欧洲人没有真正的文明，因为真正的文明的标志是有正确的人生哲学"，"欧洲文明是把制作更好的机器作为自己的目的，而东洋则把教育出更好的人作为自己的目的，这就是东洋文明和西洋文明的差别。常有人说，欧洲文明是物质文明，其实欧洲文明是比物质文明还要次的机械文明"[4]，而中国文明"是一个道德的、真正的文明"[5]，是一种成熟的有"道德力"的精神文明；中国人的精神是"能使我们洞悉物象内在生命的安详恬静、心沐天恩的心境（the serene and blessed mood），便是富于想象力的理性"[6]。在《义利辨》篇中，辜鸿铭更是指出了中西方义利观的不同："今夫新学也、自由也、进步也，西人所欲输入吾国者，皆战争之原也。我国之文明与欧洲之文明异：欧洲之文明及其学说，在使人先利而后义，中国之文明及其学说在使人先义而后利。孟子曰：'苟为后义而先

---

[1] 程巍：《泰坦尼克号上的"中国佬"——种族主义想象力》，漓江出版社2013年版，第289页。

[2] 约翰·史密斯：这里特指那些自以为比中国人优越，想要以盎格鲁·撒克逊观念开化中国人的英国人。

[3] 辜鸿铭：《中国人的精神》。黄兴涛编：《辜鸿铭文集》（下），海南出版社1996年版，第99—100页。

[4] 辜鸿铭：《东西文明异同论》（1924）。见黄兴涛编：《辜鸿铭文集》（下），海南出版社1996年版，第304、309页。

[5] 辜鸿铭：《英译中庸序》。见黄兴涛等编：《辜鸿铭文集》（下），海南出版社1996年版，第511页。

[6] 辜鸿铭：《中国人的精神》。见黄兴涛编：《辜鸿铭文集》（下），海南出版社1996年版，第69页。

利，不夺不餍。'列强以竞利之故，互相吞噬，穷极其残暴不仁之武力。"①基于此，辜鸿铭热情赞美孔教、礼教，以至于认为只有中国周孔之道才能够补救西方文明之弊病。其实，辜鸿铭比较中西文明的目的，他本人也说得很清楚："我既不是攘夷论者，也不是那种排外思想家。我是希望东西方的长处结合在一起，从而消除东西方界线，并以此作为今后最大的奋斗目标的人。"②

对在新文化运动中爆得大名的胡适，1919年7月12日，辜鸿铭在《密勒氏评论》③发表《反对中国文学革命》一文，称胡适为"套鸟圈套"管理人，并说："一个身为中国学者的人，能够说出中国的文言不适合创造活文学的话，他一定是一个——借用一位美国太太最近出版的题为《北京灰尘》书中的一句妙语——'外表标致的道德上的矮子'（Pretty well dwarfed ethically）。"在该文篇末，辜氏又联系到海外归国的留学生，说："在目睹了欧洲过去五年大规模的死亡之后，在观察到中国目前的这一代归国留学生如何变成道德上的矮子、矮到实际上连他们自己语言中的高雅、那种甚至像翟理斯博士那样的外国人也能鉴赏的高雅也不晓得和感受不到的时候，在看到这一切之后，当我再遇到那些仍然认为中国人所需要的是欧洲'新学'的外国人时，基督的这些话，就不期而然地进入到我的脑海：'你们真不幸啊，法律学家和法理赛人，伪君子们！你们跋山涉水为的是要造成一个（宗教）改宗者，可将他们改宗之后，你们（实际上）把他变成了比你们自己悲惨不啻两倍的地狱之子。'"④

当然，辜氏所论，有些内容虽不合时宜甚至走向极端，但他关于儒教、关于道德人心的论点，是我们当下需要认真检视的。

（二）梁漱溟

同辜鸿铭被称为"辜疯子"相比，梁漱溟则多一些赞誉。梁漱溟晚年在《我的努力与反省》一书中，回顾自己从事学术研究的初衷时曾说："民国六年，我应北京大学蔡子民先生之邀入北大教书，其时校内文科教授有陈独秀、胡适之、李大钊、高一涵、陶孟和诸先生。陈先生任文科学长。兹数先生即彼

---

① 辜鸿铭：《义利辨》。见黄兴涛编：《辜鸿铭文集》（下），海南出版社1996年版，第229页。

② 辜鸿铭：《东西文明异同论》。见黄兴涛编：《辜鸿铭文集》（下），海南出版社1996年版，第303页。

③ 《密勒氏评论》为美国《纽约先驱报》驻远东记者T.F·密勒1917年在上海创办的英文报纸。

④ 辜鸿铭：《反对中国文学革命》。见黄兴涛编：《辜鸿铭文集》（下），海南出版社1996年版，第166—167页、第169—170页。

时所谓新青年派，皆是崇尚西洋思想，反对东方文化的。我日夕与之相处，无时不感觉压迫之严重（我对于儒家思想之了解系先前之事，而思想转变由佛家而儒家则在此时之后也。）我应聘之前，即与蔡陈两先生说明，我此番到北大，实怀抱一种意志一种愿望，即是为孔子为释迦说个明白，出一口气（出气二字或不甚妥当）。其时文科教授中诸先生有讲程朱老庄之学的，更有其他教员亦是讲中国的学问。《新青年》杂志之批评中国传统文化，非常锋利，在他们不感觉到痛苦；仿佛认为各人讲各人的话，彼此实不相干；仿佛自己被敌人打伤一枪，犹视若无事也。而我则十二分的感觉到压迫之严重，问题之不可忽略，非求出一解决的道路不可。在我未肯定我的答案以前我一时可以缄默不言；但必是时时去找路子，探求答案，不稍甘一如他之不漠不关心也。"[①]从中，我们可以看到梁氏热爱中国文化的坚韧之心，在当时文明批判的浪潮中，在西化、日化学者面前，喊出一声"为孔子为释迦说个明白，出一口气"，真是振聋发聩！

1922年，梁漱溟出版了《东西文化及其哲学》，为他赢得了广泛的声誉。在本书中，梁氏提出了著名的"文化三路向"说，即"（一）向前面要求；（二）对于自己的意思变换、调和、持中；（三）转身向后去要求"，而西方、中国、印度分别是"文化三路向"的代表，"西方化是以意欲向前要求为其根本精神的"，"中国文化是以意欲自为、调和、持中为其根本精神的"，"印度文化是以意欲反身向后要求为其根本精神的"。梁氏认为，中西文化各有特点：西方文化有三大特点，即"征服自然之异彩""科学方法的异彩""德谟克拉西（民主）的异彩"；而"中国人的一切起居享用都不如西洋人，而中国人在物质上所享受的幸福，实在倒比西洋人多"。梁氏进而提出了中国文化"早熟论"，"我们东方文化其本身都没有什么是非好坏可说，或什么不及西方之处；所有的不好不对，所有的不及人家之点，就在步骤凌乱，成熟太早，不合时宜。并非这态度不对，是这态度拿出太早不对，这是我们唯一致误所由"。梁氏认为"我们现在应持的态度"是"第一，要排斥印度的态度，丝毫不能容留；第二，对于西方文化是全盘承受，而根本改过，就是对其态度要改一改；第三，批评的把中国原来的态度重新拿出来"，因为"我们此刻无论为眼前急需的护持生命财产个人权利的安全而定乱入治，或促进未来世界文化之开辟而得合理生活，都非参取第一种态度、大家奋往向前不可。但又

---

① 梁漱溟：《我的努力与反省》，漓江出版社1987年版，第66—67页。

如果不根本的把他含融到第二态度的人生里面，将不能防止他的危险，将不能避免他的错误，将不能适合于今世第一和第二路的过渡时代"，第一路向的西洋态度，也会"不能不转入第二路向"①。梁漱溟的文化观，应该说是独到、深刻、富有建设性的，但他仍被批判为文化保守主义者。陈来先生在论及此问题时说，"梁漱溟的主张，其实是'当下的西方化'和'未来的东方化'，并且这种思想并非从文化的民族性出发，而是从文化的普遍性出发，是从人类作为整体而面对的问题出发"，"说梁漱溟'反对科学与民主'，如果不是根本误会了梁漱溟的思想，便是抢占政治制高点，以求在政治上把论辩对手压倒；这差不多成了21世纪文化激进派的常见的态度，许多无谓的争论亦由此而起"②，此言颇中肯綮。

我们这里说一下梁漱溟的父亲梁济（1858—1918）。1918年11月10日，被称为"廿五史中最末一臣"的梁济跳湖自杀身亡。梁氏在其遗言《敬告世人书》中说：

> 吾因身值清朝之末，故云殉清。其实非以清朝为本位，而以幼年所学为本位。吾国数千年，先圣之诗礼纲常，吾家先祖先父先母之遗传与教训，幼年所闻，以对于世道有责任为主义。此主义深印于吾脑中，即以此主义为本位，故不容不殉。

> 清朝者，一时之事耳；殉清者，个人之事耳。就事论事，则清朝为主名；就义论义，则良心为公理。……故我身为清朝之臣，在清末之日，则必当忠于清，是以义为本位，非以清为本位也。且诸君亦知鄙人何为硁硁拘执以行此义乎？诸君试思今日世局因何故而败坏至于此极，正由朝三暮四，反复无常，既卖旧君，复卖良友，又卖主帅，背弃平时之要约，假托爱国之美名，受金钱买收，受私人嗾使，买刺客以坏长城，因个人而破大局，转移无定，面目觍然，由此推行，势将全国人不知信义为何物？无一毫拥护公理之心，则人既不成为人，国焉能成为国？欲使国成为稳固之国，必先使人成为良好之人，此鄙人所以自不量力，明知大势难救，而捐此区区，以聊为国性一线之存也。

> 今人为新说所震，丧失自己权威，自光宣之末，新说谓敬君恋主为奴

---

① 梁漱溟：《东西文化及其哲学》。见《梁漱溟全集》（第一卷），山东人民出版社1991年版，第382、383、382、478、529、528、537—538、495页。

② 陈来：《论梁漱溟早期的中西文化观》，《武汉大学学报》（人文科学版），2001年第3期。

性，一般吃俸禄者靡然从之，忘其自己生平主义。苟平心思之，人各有其尊信持循之学说，彼新学持自治无须君治之理，推翻专制，屏斥奴性，自是一说。我旧说以忠孝节义范束全国之人心，一切法度纲纪经数千年圣贤所创垂，岂竟毫无可贵？何必先自轻贱，一闻新说，遂将数十年所尊信持循者弃绝，不值一顾，对于新人物有自惭形秽、喏嚅不敢言之概，甚或迎合新人物，毁骂先代遗传，诟辱自家学理，岂国家数百年条教所颁以及吾人胜衣就傅数十年朝斯夕斯者全属虚伪无物？人人存怕死避祸、阿意曲学、以图苟合之心，世事能不沦胥，国家能不积弱乎？……吾人幼年所学，如觉太不适时，当玩味孟子之言孔子圣之时者也，可以为变通的，不可以为蔑弃的。①

一个人功业或有大小，见识或有高下，最难得是有至诚至敬之心。梁济以己之死，"以聊为国性一线之存"，其志光照日月，可与屈原颉颃矣！有梁巨川，则有梁漱溟，父子承业，青史流传，其心皎然！梁氏所言，当令中国人思之慎之！其实，中国人是讲求变通的，《周易·系辞下》中说"穷则变，变则通，通则久"，孟子谓"孔子圣之时者也"②，庄子谓"孔子行年六十而六十化"③，有问题解决问题，需革新则力求革新；但无论如何都不能丧失了中国人的气节！

---

① 梁济著，黄曙辉编校：《梁巨川遗书》，华东师范大学出版社2008年版，第51页、第52—53页、第55页。读梁巨川《敬告世人书》，不觉泪流满面。梁氏遗书中，曾设想后人对他之评价必"千奇百怪"，其中首提陈独秀："有大骂者。如极端主新之陈君独秀，以及江沪间迷信革命而未平心观察事理者，皆不能不骂。所骂之言不过头脑太旧，眼界不高，奴性太深，不知世界大势等等名词，各有是非，我自甘心受之。"（第57页）陈独秀也确实予以回应，有《对于梁巨川先生自杀之感想》一文，在引述梁济遗书中三段话之后，评价说："梁先生自杀的宗旨，简单说一句，就是想用对清殉节的精神，来提倡中国的纲常名教，救济社会的堕落。"并发表了五点感想，其中说"梁先生自杀，总算是为救济社会而牺牲自己的生命，在旧历史上真是有数人物"（第一感想），"梁先生自杀，无论殉清不是，总算以身殉了他的主义。比那把道德礼教纲纪伦常挂在口上的旧官僚，比那把共和民权自治护法写在脸上的新官僚，到底真伪不同"（第三感想），"他的几根老骨头，比那般满嘴道德暮楚朝秦冯道式的元老，要重得几千万倍"（第四感想），评价也颇不俗。对梁济的死，陈独秀也颇有遗憾："不知道梁先生的眼中，主张革新的人，是一种什么浅薄小儿！实在是遗憾千万！"（第五感想）见陈独秀：《对于梁巨川先生自杀之感想》，《新青年》第六卷第一号，1919年1月15日。

② 《孟子·万章下》。见金良年撰：《孟子译注》，上海古籍出版社1995年版，第212页。

③ 《庄子·寓言》篇中说："庄子谓惠子曰：'孔子行年六十而六十化，始时所是，卒而非之，未知今之所谓是之非五十九非也。'"《庄子·则阳》篇中也强调说"蘧伯玉行年六十而六十化"，都强调与时俱进，与时偕行。

（三）学衡派

学衡派是中国现代思想史上重要的学术流派。1922年1月，以南京东南大学创刊的《学衡》杂志为标志，学衡派正式成立。该派以梅光迪、吴宓、胡先骕、柳诒徵、汤用彤等人为核心，以白璧德新人文主义为指导，以《学衡》杂志为阵地[①]，以"论究学术，阐求真理，昌明国粹，融化新知"相号召。《学衡》杂志的刊发时断时续，持续时间较长，1933年7月停刊，共刊出79期。

学衡派代表人物梅光迪、吴宓、胡先骕、汤用彤等都毕业于美国哈佛大学，少时国学底蕴较为深厚，就学养水平而言，可谓学贯中西。梅光迪、吴宓等人"初心"即有与新文化派（新青年派）一较短长的意味。据《吴宓自编年谱》，1918年，吴宓初到哈佛大学，有人即告诉吴宓："有清华公费生梅光迪君，先在西北大学毕业，又在哈佛大学进修，（早已得硕士学位。）治文学批评，造诣极深。彼原为胡适之同窗好友，迨胡适始创立其'新文学'、'白话文'之说，又作'新诗'，梅君即公开步步反对，驳斥胡适无遗。今胡适在国内，与陈独秀联合，提倡并推进所谓'新文化运动'，声势煊赫，不可一世。故梅君正在'招兵买马'，到处搜求人才，联合同志，拟回国对胡适作一全盘之大战。"[②]吴学昭在《吴宓与陈寅恪》一书中谈及吴宓在哈佛大学的同窗好友时，也曾记载："父亲说，诸君多具有深厚的国学基础，对西方文化也相当了解，在对待祖国传统文化的问题上，不赞成胡适、陈独秀等的全面抨击、彻底否定、破旧立新，而主张昌明国粹，融化新知，重视传统与现代之间的继承性，在现有的基础上完善改进。又说当时在哈佛习文学诸君，学深而品粹者，均莫不痛恨胡、陈。张君鑫海表示，'羽翼未成，不可轻飞。他年学问成，同志集，定必与若辈鏖战一番'。"[③]梅光迪、张鑫海等人都是摩拳擦掌，准备回国展开论战。

其实，胡适与梅光迪之间的争议早已开始。早在胡适决定跟随杜威学习实用主义哲学后，梅光迪即写信给胡适：

---

① 周佩瑶在《何谓"学衡派"？》一文中，考察了学衡派的历史脉络及学术特点，最后归纳说："作为一个有着鲜明文化倾向的流派的'学衡派'，指的是以梅光迪、吴宓、胡先骕、柳诒徵及其门下弟子景昌极、缪凤林、徐震堮、向达等为主，以及其他在《学衡》上撰文批评反对新文化—新文学运动，或是译介白璧德及西方人文主义，认同于梅光迪等《学衡》主将的文化理想（或身份想象）的部分《学衡》作者，而非所有《学衡》作者。"见周佩瑶：《何谓"学衡派"？》，《鲁迅研究月刊》2010年第5期。

② 吴宓著，吴学昭整理：《吴宓自编年谱》，生活·读书·新知三联书店1995年版，第177页。

③ 吴学昭：《吴宓与陈寅恪》，清华大学出版社1992年版，第19页。

吾国之文化乃"人学主义的"（humanistic），故重养成个人。吾国文化之目的，在养成君子（即西方之 Gentleman and scholar or humanist 也）。养成君子之法，在克去人性中固有之私欲，而以教育学力发达其德慧智术。君子者，难为者也。故无论何时，社会中只有少数君子，其多数乃流俗（The profane vulgar）而已。弟窃谓吾国今后文化之目的尚须在养成君子。君子愈多则社会愈良。故吾国之文化尚须为孔教之文化可断言也。足下以为然否？[①]

梅光迪对胡适学习杜威的实用主义哲学不以为然，而注重"人学主义"，强调养成君子人格，并把孔教之文化作为中国文化之根本。这种思想，可以说是梅光迪乃至于学衡派的一个基本主张。《学衡》第1期发布的简章中要求，于国学则主以切实之工夫为精确之研究，"于西学则主博极群书，深窥底奥，然后明白辨析，审慎取择，应使吾国学子，潜心研究，兼收并览，不至道听途说，呼号标榜，陷于一偏而昧于大体也"，桑兵先生据此认为这是"隐指胡适派的伪西学或伪学术"[②]。有关学衡派的著作论文颇多，批评者有之，同情者有之，认同者有之。我们这里重点看梅光迪与吴宓的两篇文章（柳诒徵的重要论文《论近人讲诸子之学者之失》则在本书第四章中论及）。

吴宓长文《论新文化运动》可以说是学衡派纲领的具体的表述，是吴氏所拟的文化"建设之大纲"。我们看其中的几个段落：

昔之弊，在墨守旧法，凡旧者皆尊之，凡新者皆斥之。所爱者则假以旧之美名，所恶者则诬以新之罪状。此本大误，固吾极所不取者也。今之弊，在假托新名，凡旧者皆斥之，凡新者皆尊之。所恶者则诬以旧之罪状，所爱者则假以新之美名。此同一误，亦吾所不取者也。

今新文化运动，自译其名为 New Culture Movement，是固以文化为 Culture 也。Matthew Arnold 所作定义曰：文化者，古今思想言论之最精美者也，Culture is best of what has been thought and said in the word，按此，则今欲造成中国之新文化，自当兼取中西文明之精华，而熔铸之，贯通之。吾国古今之学术、德教、文艺、典章，皆当研究之，保存之，昌明之，发挥而光大之。而西洋古今之学术、德教、文艺、典章，亦当研究之，吸取之，译述之，了解而受用之。若谓材料广博，时力、人才有限，则当分别本末、

---

① 胡适：《梅光迪信四十五通》。见耿云志编：《胡适遗稿及秘藏书信》（第三十三卷），黄山书社1994年版，第466页。

② 《学衡》第1期，1922年1月。参见桑兵：《晚清民国时期的国学研究与西学》，《历史研究》1996年第5期。

轻重、大小、精粗，择其尤者而先为之。中国之文化，以孔教为中枢，以佛教为辅翼；西洋之文化，以希腊、罗马之文章哲理和耶教融合孕育而成。今欲造成新文化，则当先通知旧有之文化，盖以文化乃源远流长，逐渐酝酿，孳乳煦育而成，非无因而遽至者，亦非摇旗呐喊、揠苗助长而可致者也。今既须通知旧有之文化矣，则当于以上所言之四者，孔教，佛教，希腊、罗马之文章哲学及耶教之真义，首当着重研究，方为正道。若不读李杜之诗，何以言中国之文学？不知 Scholasticism，何能解欧洲之中世？他皆类此。乃事之大不幸者，今新文化运动，于中西文化所必当推为精华者，皆排斥而轻鄙之，但采一派一家之说，一时一类之文，以风靡一世。教导全国，不能自解，但以新称，此外皆加以陈旧二字，一笔抹杀。吾不敢谓主持此运动者，立意为是，然观年来国内学子思想言论之趋势，则其事实之影响，确是如此。此于造成新文化，融合东西文明之本旨，实南辕北辙，吾固不敢默然恶莠恐其乱苗也，恶紫恐其夺朱也。吾惟渴望真正新文化得以发生，故于今之新文化运动有所訾评耳。

　　孔孟之人本主义，原系吾国道德、学术之根本，今取以与柏拉图、亚力士多德以下学说相比较，融会贯通，撷精取粹，再加以西洋历代名儒巨子之所论述，熔铸一炉，以为吾国新社会群治之基。如是，则国粹不失，欧化亦成，所谓造成新文化，融合东西两大文明之奇功，或可企致。此非旦夕之事，亦非三五人之力，其艰难繁巨，所不待言。今新文化运动，如能补偏趋正，肆力于此途，则吾所凝目竚望，而愿馨香感谢者矣。此吾所拟为建设之大纲，邦人君子，尚乞有以教之。①

吴宓该文，既有理论深度，也有践行的指导意义；其对新文化运动的批评，也是迂回和缓，并没有论战的"火药味"。

　　与吴宓不同，梅光迪对新文化运动的批评则更直接而尖锐，其在《学衡》创刊号上发表的《评提倡新文化者》一文，从四个方面批评了新派学人："一曰彼等非思想家乃诡辩家也""二曰彼等非创造家乃模仿家也""三曰彼等非学问家乃功名士也""四曰彼等非教育家乃政客也"②，看上去拉开了架势，要与新文化派一决高下。其《评今人提倡学术之方法》一文，则更是话如刀锋，对新文化派大加挞伐：

----

① 吴宓：《论新文化运动（节录留美学生季报）》，《学衡》1922年第4期。见大成老旧刊全文数据库。

② 梅光迪：《评提倡新文化者》，《学衡》1922年第1期。见大成老旧刊全文数据库。

彼等固言学术思想之自由者也，故于周秦诸子及近世西洋学者，皆知推重，以期破除吾国二千年来学术一尊之陋。然观其排斥异己，入主出奴，门户党派之见，牢不可破，实有不容他人讲学而欲养成新式学术专制之势。其于文学也，则斥作文言者，为"桐城谬种""选学妖孽"，又有"贵族文学"与"平民文学""死文学"与"活文学"之分，妄造名词，横加罪庛，而与吾国文学史上事实抵捂，则不问也。某大学招考新生，凡试卷用文言者，皆为某白话文家所不录。夫大学为学术思想自由之地，而白话文又未在该大学著为功令，某君何敢武断如是。

彼等不容纳他人，故有上下古今，惟我独尊之概。其论学也，未尝平心静气，使反对者毕其词，又不问反对者所持之理由，即肆行谩骂，令人难堪。凡与彼等反对者，则加以"旧""死""贵族""不合世界潮流"等头衔，欲不待解析辩驳，而使反对者立于失败地位。近年以来，此等名词，已成为普通陷人之利器。如帝王时代之"大不敬""谋为不轨"，可任用以人入罪也。《新青年》杂志，以骂人特著于时。其骂人也，或取生吞活剥之法，如非洲南洋群岛土人之待囚虏；或出龌龊不堪入耳之言，如村姬之角口，此风一昌，言论家务取暴厉粗俗而温厚慈祥之气尽矣。

吾国近年以来，崇拜欧化，智识精神上，已惟欧西之马首是瞻，甘处于被征服地位。欧化之威权魔力，深印入国人脑中，故凡为"西洋货"，不问其良窳，即可"畅销"。然欧化之真髓，以有文字与国情民性之隔膜，实无能知者，于是作伪者乃易售其术矣。国人又经丧权失地之余，加以改革家之鼓吹，对于本国一切顿生轻忽厌恶之心，故诋毁吾国固有一切，乃最时髦举动，为弋名邀利之捷径。吾非言纯粹保守之必要也，然对于固有一切，当以至精审之眼光，最持平之取舍，此乃万无可易之理。

彼等以功利名誉为目的，作其新科举梦。故假学术为进身之阶。昔日科举之权，操于帝王；今日科举之权，操于群众；昔日之迎合帝王，今日之迎合群众，其所迎合者不同，其目的则一也。

夫国人谈及官僚军阀，莫不痛心疾首，以为万恶所从出，独对于时髦学术家，无施以正当之批评。然吾以为官僚军阀，尽人皆知其害，言之甚易动听；若时髦学术家，高张改革旗帜，以实行败坏社会之谋，其害为人所难测。[1]

---

[1] 梅光迪：《评今人提倡学术之方法》，《学衡》1922年第2期。见大成老旧刊全文数据库。

　　吴宓、梅光迪等学衡派的言论，自然引起胡适的关注。1922年2月4日，胡适在日记中写道："东南大学梅迪生等出的《学衡》，几乎是攻击我的。出版之后，《中华新报》（上海）有赞成的论调，《时事新报》有谩骂的批评，多无价值。"并"戏作一首打油诗题《学衡》"：

　　　　老梅说：

　　　　"《学衡》出来了，老胡怕不怕？"（迪生问叔永如此）

　　　　老胡没有看见什么《学衡》，

　　　　只看见一本《学骂》！①

　　在1922年3月3日，胡适在梳理五十年来中国文学状况时，再提到学衡派："民国九年十年（1920—1921），白话文公然叫作国语了。反对的声浪虽然不曾完全消灭，但始终没有一种'持之有故，言之成理'的反对论。今年（1922）南京出了一种《学衡》杂志，登出几个留学生的反对论，也只能谩骂一场，说不出什么理由来。"并引述梅光迪、胡先骕的话予以批评。后又说："《学衡》的议论，大概是反对文学革命的尾声了。我可大胆说，文学革命已经过了议论的时期，反对党已破产了。从今以后，完全是新文学的创造时期。"②

　　鲁迅对学衡派也是不屑一顾。1922年2月9日，他在《估〈学衡〉》一文中说："夫所谓《学衡》者，据我看来，实不过聚在'聚宝之门'左近的几个假古董所放的假毫光；虽然自称为'衡'，而本身的称星尚且未曾钉好，更何论于他所衡的轻重的是非。所以，决用不着校准，只要估一估就明白了。"并举学衡派文章予以批驳，强调字句之病，认为"诸公的说理，便没有指正的必要，文且未亨，理将安托，穷乡僻壤的中学生的成绩，恐怕也不至于此了"，而他们"'衡'了一顿，仅仅'衡'出来自己的铢两来，于新文化无伤，于国粹也差得远"，"我所佩服诸公的只有一点，是这种东西居然也有发表的勇气"③。在鲁迅眼里，学衡派所论显然是一钱不值。

　　1935年，郑振铎为《中国新文学大系·文学论争集》撰写导言时，把胡先

① 曹伯言整理：《胡适日记全集·1922年》（第三册），（台湾）联经出版事业股份有限公司2004年版，第422、425页。

② 胡适：《五十年来中国之文学》（1922），收入1923年2月《申报》五十周年纪念刊《最近之五十年》。见欧阳哲生：《胡适文集》（3），北京大学出版社1998年版，第261、262—263页。

③ 鲁迅：《估〈学衡〉》（1922年2月9日）。见《鲁迅全集》（第一卷），人民文学出版社2005年版，第397—400页。

骈、梅光迪、吴宓归入"复古派",并说:"他们当时都在南京的东南大学教书,仿佛是要和北京大学形成对抗的局势。林琴南们对于新文学的攻击,是纯然的出于卫道的热忱,是站在传统的立场上来说话的。但胡梅辈却站在'古典派'的立场上来说话了。他们引致了好些西洋的文艺理论来做护身符。声势当然和林琴南,张厚载们有些不同,但终于'时势已非',他们是来得太晚了一些。新文学运动已成了燎原之势,绝非他们的书生的微力所能摇撼其万一的了。"[1]郑振铎道出了学衡派没有掀起多大波澜的原因。《孟子·公孙丑章句上》中说:"虽有智慧,不如乘势;虽有镃基,不如待时。"此时文学革命、文化批判大势已成,人心思变,而胡适已成为众望瞩目的学术明星、新派学人的领袖,"乘势"而为,已远非梅光迪辈可比。

学衡派式微乃至分崩离析,还有两个方面的原因:

一是学衡派内部分裂。1925年,吴宓到了清华大学国学研究院,虽然清华国学研究院部分师生[2]也加入了《学衡》队伍,但也使东南大学与清华大学之间形成隔阂;吴宓作为《学衡》的总编辑,南京的学衡派心有不满;1932年,柳诒徵与缪凤林在南京创办钟山书局,提出将《学衡》收归钟山书局自印发行,吴宓遂辞去《学衡》总编辑,《学衡》再无出刊;而柳诒徵、缪凤林却又创办了新刊物《国风》(1932—1936),原《学衡》在南京的成员转投《国风》。

二是学衡派领袖人物梅光迪、吴宓私德有亏,授人以柄,自毁长城。梅光迪已有妻室,却与东南大学西洋文学系第一届女生李今英恋爱,闹得满城风雨[3]。而吴宓为追求毛彦文,也与发妻离婚;吴、毛之间的恋爱故事更是扑朔迷离,成为别人笑柄。梅、吴二人显然言行不一,以自己的行动颠覆了他们宣扬的理论,不仅予反对派以口实,亦为学衡派诸人所不齿,为世人诟病。

(四)甲寅派

章士钊是现代学术史上有重要影响的人物,曾三次创办《甲寅》杂志。第一次是1914年5月,章氏留日期间,在东京创办《甲寅》月刊,以"条陈时弊,朴实说理"为宗旨,抨击国内政治,批评袁世凯复辟,鼓吹宪政共和,1915年8月因被查禁停刊。第二次是1917年1月,章士钊在北京复刊《甲寅》,日刊,

---

[1] 郑振铎:《中国新文学大系·文学论争集·导言》,良友图书公司1935年版,第13页。

[2] 包括王国维、陈寅恪等人。

[3] 梅光迪作为西洋文学系的主任,自是被人诟病,不得已远走美国哈佛大学教汉语;1927年9月,梅光迪抛妻弃子,与李今英在上海结婚。

主张实行民主共和，出刊150期，同年6月因张勋复辟而停刊。第三次是1925年7月，章士钊复刊《甲寅》，周刊，提倡尊孔读经，提倡文言文，反对白话文，反对新文化运动，以文化保守主义为其特征，出刊45期，1927年4月停刊。鉴于《甲寅》杂志三个阶段内容风格的变化，有些学者把甲寅派分为前后两个时期，分阶段予以研究，如郭双林《前后"甲寅派"考》[①]。

在中国近现代思想史、学术史上，章士钊是个特殊的人物，一生多姿多彩，做过革命者、报人、高官、律师，也是学者、思想家。一方面，因他是甲寅派的核心人物，又因其曾担任段祺瑞政府的司法总长、教育总长，声名显赫[②]；另一方面，也曾因鲁迅骂其为"落水狗"[③]，恶名远播。章士钊之思想，主要包括政治调和论、以农立国论、文化调和论等。

（1）政治调和论，代表作是《调和立国论》。该文立足于欧洲战局、国内乱象，强调调和是立国之基。什么是调和？章氏认为："调和者立国之大经也。美儒罗伟，谓为政制传之永久所以必具之性。愚前论政力向背，已珍重而介绍之，实则此乃政象公言，初非罗氏一人之说，其理由内籀归纳而得，更非一时迁就之谈。""抑调和者，两让之谓也。"如何能够做到调和呢？章氏指出："愚闻调和生于相抵，成于相让。无抵力不足以言调和，无让德不足以言调和。""调和首义，在发现新旧之媒，使之接构"。章氏鼓吹调和论目的则在于："今日政局惟一解决之法，乃在觅一机会，使全国人之聪明才力，得以迸发，情感利害，得以融和。"[④]章士钊调和立国论得到了李大钊、高一涵、李剑农等人的响应。

---

① 郭双林：《前后"甲寅派"考》，《近代史研究》2008年第3期。

② 1924年，段祺瑞上台后，章士钊担任司法总长、教育总长，遂推行一系列改革，如整顿学风、大学统一考试、合并学校等，引发各校师生聚会抗议，要求罢免章士钊。因章氏所办《甲寅》封面绘有一虎，时人称之为"老虎总长"。1926年"三一八"惨案后，章出走天津，继续在日租界出版《甲寅》周刊。

③ 鲁迅《纪念刘和珍君》《论"费厄泼赖"应该缓行》等文章选入中学课本，文中影射、攻击章士钊。一般认为章士钊和"三一八惨案"有关，但章士钊本人至死也不承认。据张天社考证："1926年3月18日段执政府卫队旅枪杀学生一案，完全是卫队旅自行决定的，并非章士钊下令开枪镇压学生。"（见张天社：《章士钊与三一八惨案》，《历史教学》1997年第2期）但三人成虎，鲁迅"落水狗"之喻已入众口矣。

④ 章士钊：《调和立国论上》（1914年11月10日）。见《章士钊全集》（第三卷），文汇出版社2000年版，第253—254、276、253、277、277页。

（2）以农立国论①。1921年2月至9月间，章士钊再次游欧，回国之后反思欧洲文明，思想发生了很大变化，开始鼓吹"农国论"，先后发表了《文化运动与农村改良——在湖南教育会讲堂记》（1922年10月8日）、《农村自治——在学术研究会讲演》（1922年10月13日）、《注重农村生活——章行严在甲种农业讲演》（1922年10月14日）、《农国辨》（1923年11月1、2日）等。章氏所论，虽欲为中国文化在世界上争一席之地，但在西方物质文明引领的世界潮流中，在帝国主义全球殖民、掠夺的大背景下——作为贫国弱国，没有强大的工业支撑，根本就不会有农业"乐园"的——在世界格局中，显然不会有"世外桃源"；西方世界纵然不侵略、掠夺中国，纵然能够与中国和平相处，但中国人已经有了一个西方的参照系，必然受西方文化影响（西方也可能受中国文化影响）——章氏所论则显得不合时宜。

（3）文化调和论。章士钊宣扬调和论，从政治领域扩展到文化领域。1919年9月，章士钊在《新时代之青年》一文中强调："调和者，社会进化至精之义也。社会无日不在进化之中，即社会上之利益希望，情感嗜好，无日不在调和之中。……故今之社会道德，旧者破坏，新者未立，颇呈青黄不接之观，而在此欧战期后为尤甚。人心世道之忧，莫切于此。"指出当下道德状况堪忧，故只有新旧调和一途："由此而谈，无论改造，无论解放，俱不可不以旧有者为之基础。则此种名词悉可纳诸调和之中。新旧质剂之结果，因别形成一物，斯曰改造。新旧不相容之结果，旧者因为新者留出余地若干，己身不在留有余地之内更占一步，斯曰解放。调和时义之大，有如此者。"同时指出了新旧调和、中西调和的基本原则："凡欲前进，必先自立根基。旧者，根基也，不有旧决不有新，不善于保旧，决不能迎新。不迎新之弊止于不进化，不善保旧之弊，则几于自杀。……新机不可滞，旧德亦不可忘，挹彼注此，逐渐改善，新旧相衔，斯成调和。凡物号称调和，自以适宜于当时情况者为主旨，并不必下一最后之论断。……故道德有宜于古时者，有宜于今时者，吾人固不可以其曾宜于古时，

---

① 在章士钊之前，邓实在《国学通论》（1905）就曾强调中国"农国"的特点。他说："夫中国之地理便于农，而儒重农。中国之风俗原于文，而儒重文。中国之政体本于宗法，而儒重君父。则儒教之行中国，固繇乎其地理风俗与政体者矣，此其所以行之二千年，其于人心之微，未有背也。"在邓实看来，儒家则深植于农耕文明沃土之中，是对西周以来中国宗法制传统的升华，与中国地理、风俗、政体相契合，是中国安身立命之根本，因而对中国人而言具有不可替代的、强大的生命力。（见桑兵等编：《国学的历史》，国家图书馆出版社2010年版，第40页）邓实把中国的"农"与"儒"合论，颇有新意；章士钊的以农立国论，更侧重实践层面。

因执成见，亦断其宜于今时，亦不可以其不宜于今时，遂并其所含宜于古今时之通性而亦抛弃之。夫道德有宜于西洋者，有宜于吾国者，吾人固不可以其宜于西洋，因深闭固拒，以为必不宜于吾国，亦不可以其宜于西洋，因偏于欧化，以为必可行于吾国，亦斟酌调和之可耳。……至其不适宜，当然改易。"①可以说，章士钊秉持着开放的文化态度，在新与旧、中与西之间试图通过"调和"找到一个不偏不倚的平衡点，有儒家中庸之遗风。章氏《评新文化运动》一文，则是运用调和理论来批判新文化运动，其中说：

> 文化二字，作何诂乎？此吾人第一欲知之事也。以愚所思，文化者，非飘然而无倚，或泛应而俱当者也。盖不脱乎人地时之三要素。凡一民族，善守其历代相传之特性，适应与接之环境，曲迎时代之精神，各本其情性之所近，嗜好之所安，力能之则至，孜孜为之，大小精粗，俱得一体，而于典章文物，内学外艺，为其所代表人物所树立布达者，悉呈一种欢乐雍容、情文并茂之观，斯为文化。惟如斯也，言文化者不得不冠以东洋、西洋或今与古之状物词。……东西古今之辨，虽亦为心目中所恒有，而以此特文化偶著之偏相耳。人有通欲，材有能性，西方何物，有为者亦若是。因谋毁弃固有之文明务尽，以求合于口耳四寸所得之西方者使之毕肖。微论所得者至为肤浅，无足追摹也。即深造焉，而吾人非西方之人，吾地非西方之地，吾时非西方之时，诸缘尽异，而求其得果之相同，其极非至尽变其种，无所归类不止，此时贤误解文化二字之受病处，敢先揭焉。

> 其次，则状文化曰新，新之观念，又大谬误。新者对夫旧而言之，彼以为诸反乎旧，即所谓新。今既求新，势且一切舍旧。不知新与旧之衔接，其形为犬牙，不为栉比，如两石同投之连钱波，不如周线各别之二圆形。吾友胡适之所著《文学条例》，谓今人当为今人之言，不当为古人之言。此语之值，在其所以为古今之界者而定。若谓古人之言之外，别有所谓今人之言者，斩然离立，两不相混，则适之说乃大滑稽而不可通。……新者早无形孕育于旧者之中，而决非无因突出于旧者之外。盖旧者非他，乃数千年来巨人长德、方家艺士之所殚精存积，流传自今者也。……新云旧云，特当时当地之人以其际遇所环，情感所至，希望嗜好所逼拶，惰力生力所交乘，因字将谢者为旧，受代者为新已耳，于思想本身，何所容心。

---

① 章士钊：《新时代之青年》（1919年9月）。见《章士钊全集》（第四卷），文汇出版社2000年版，第111、112、114页。

若升高而鸟瞰之，新新旧旧，盖诚不知往复几许。……即新即旧，不可端倪，心通此藩，始可言变。……今之谈文化者不解斯义，以为新者乃离旧而僻驰。一是仇旧，而惟渺不可得之新是鹜。宜夫不数年间，精神界大乱，郁郁怅怅之象充塞天下，躁妄者悍然莫明其非，谨厚者蕳然丧其所守，父无以教子，兄无以昭弟，以言教化，乃全陷于青黄不接、辕辙背驰之一大恐慌也。

既假定文化为万应神膏，可不择病而施，复于新旧连续之理大有乖悟，其误已如前述。具此两误，因有必至固然之第三误立于其后者，则文化运动之方式是也。号曰运动，必且期望大众彻悟，全体参加可知。独至文化为物，其精英乃为最少数人之所独擅，而非士民众庶之所共喻。……今白话文之所以流于艰窘，不成文理，味同嚼蜡，去人意万里者，其弊即在为文资料，全以一时手口所能相应召集者为归，此外别无工夫。……呜呼，以鄙倍妄为之笔，窃高文美艺之名，以就下走圹之狂，隳载道行远之业，所谓俗恶俊异，世疵文雅。文欤化欤？愚窃以为欲进而反退，求文而得野，陷青年于大阱，颓国本于无形，甚矣运动方式之误，流毒乃若是也！方式之误何谓也？曰文化运动。[1]

章士钊所论，胡适自然会反击。1925 年 8 月，他甚至在《老章又反叛了》一文中戏谑调笑章士钊：“行严是一个时代的落伍者；他却又虽落伍而不甘心落魄，总想在落伍之后谋一个首领做做。所以他就变成了一个反动派，立志要做落伍者的首领了。”[2] 大概在胡适看来，给章士钊扣上“反动派”[3]的帽子，就没有论战的必要了。袁伟时先生在《章士钊思想演变的轨迹》中评论章士钊学术成就时说：“纵观章士钊一生，大体上可以得出这么一个结论：他在思想史上值得肯定的地方，大都来自西方现代主流思想的介绍和坚持；摭拾西方一些偏激之士的牙慧，执意回归传统，往往误入歧途。窃以为这个结论听起来不那么恰意，甚至可能有点伤害中国人的自尊心，却是难以抹杀的事实。”[4] 此当然也是一说。在笔者看来，章士钊有些观点，如“以农立国论”显然不合时宜，

---

[1] 章士钊：《评新文化运动》（1923年8月21、22日）。见《章士钊全集》（第四卷），文汇出版社2000年版，第211—216页。

[2] 胡适：《老章又反叛了！》（1925年8月27日）。见《中国新文学大系·文学论争集》，良友图书公司1935年版，第203页。

[3] 当然，胡适所谓“反动派”，其意与后来意识形态领域的“反动派”不同，更侧重于一种学术上的“反动”。

[4] 袁伟时：《章士钊思想演变的轨迹》，《炎黄春秋》2002年第3期。

但其有关政治调和论，文化新旧、东西调和论，还是能够给我们很多的启示。

四、科学与玄学之争①

科学与玄学之争的导火索，是1923年2月张君劢在清华大学所作的名为《人生观》的演讲。该演讲包括五个方面的内容：科学为客观的，人生观为主观的；科学为论理的方法所支配，而人生观则起于直觉；科学可以以分析方法下手，而人生观则为综合的；科学为因果律所支配，而人生观则为自由意志的；科学起于对象之相同现象，而人生观起于人格之单一性。张氏认为，"科学无论如何发达，而人生观问题之解决，决非科学所能为力，惟赖诸人类自身而已"②，而中国"自孔孟以至宋元明之理学家，侧重内心生活之修养，其结果为精神文明。三百年来之欧洲，侧重以人力支配自然界，故其结果为物质文明"③，所以解决人生观问题，还是要依赖中国的儒家哲学，特别是孔孟的人生哲学。丁文江不满张君劢的观点，于1923年4月发表了《玄学与科学——评张君劢〈人生观〉》一文，开篇即说"玄学是个无赖鬼……玄学的鬼附在张君劢身上"，之后逐一批驳张君劢的观点④。概而言之，丁文江认为科学是万能的，能够支配人生观；而科学的方法则是普遍适用的。为反击丁文江，张君劢又写了《再论人生观与科学并答丁在君》，正式掀起了两派的论战，支持张君劢的被称为"玄学派"；支持丁文江的被称为"科学派"。"玄学派"的首脑是梁启超⑤，"科学派"的首脑则是胡适，任叔永、孙伏园、张东荪、唐钺、吴稚晖等人都参与其中，各抒己见。

---

① 科学与玄学之争，乃是中国近现代学术史、文化史上的大事，相关的研究成果很多（可参见郭建宁：《科学与玄学论战的历史回顾和当代审视》，《学术论坛》2002年第6期），本书只是约略提及，并没有展开论述。

② 张君劢：《人生观》，见王明根、焦宗德：《民国丛书》第一编《科学与人生观》，上海书店出版社1948年版，第9页。

③ 张君劢：《人生观》，见王明根、焦宗德：《民国丛书》第一编《科学与人生观》，上海书店出版社1948年版，第9—10页。

④ 丁文江：《玄学与科学——评张君劢〈人生观〉》，王明根、焦宗德：《民国丛书》第一编《科学与人生观》，上海书店出版社1948年版，第1—30页。

⑤ 1918年年底，梁启超率团赴欧洲考察（张君劢、丁文江随同）。有鉴于欧洲的战乱，梁启超认为欧洲以科学为基础的物质文明破产，而未来的出路需要中国文明来拯救，这为科学与玄学之争埋下了伏笔。

随着论战的深入，马克思主义者陈独秀、李大钊、瞿秋白等人也相继发表文章参与论战，他们"运用唯物史观的基本理论对玄学派和科学派的观点进行分析和批评，从而形成了论战的第三方——唯物史观派，遂使论战形成玄学派、科学派、唯物史观派三家争鸣、三足鼎立的格局"[①]。科学与玄学之争影响较为深远，胡适在《一年半的回顾》一文中评价说："这一场大战的战线的延长，参战武士人数之多，战争的旷日持久，可算是中国和西方文化接触以后三十年中的第一场大战。"[②] 正如胡适所言，科学与玄学之争的实质是中西文明之争，是中西文明第一次大规模的论战；但不幸的是，玄学派并没有取得胜利。

五、中国本位的文化建设之争

1935 年 1 月 10 日，王新命、何炳松等十位教授联名发表了《中国本位的文化建设宣言》一文[③]。鉴于当时文化建设层面"没有了中国"的状况，十教授在回顾曾李洋务运动、康梁维新运动、孙中山辛亥革命等救国图强的努力后，提出了"我们该怎么办"，主要包括以下五条：

（1）中国是中国，不是任何一个地域，因而有它自己的特殊性。同时，中国是现在的中国，不是过去的中国，自有其一定的时代性。所以我们特别注意于此时此地的需要，就是中国本位的基础。

（2）徒然赞美古代的中国制度思想，是无用的；徒然诅咒古代的中国制度思想，也一样无用；必须把过去的一切，加以检讨，存其所当存，去其所当去；其可赞美的良好制度伟大思想，当竭力为之发扬光大，以贡献于全世界；而可诅咒的不良制度卑劣思想，则当淘汰务尽，无所吝惜。

（3）吸收欧、美的文化是必要而且应该的，但须吸收其所当吸收，而

---

① 郭建宁：《科学与玄学论战的历史回顾和当代审视》，《学术论坛》2002年第6期。

② 胡适：《一年半的回顾》（1923年10月21日）。见欧阳哲生：《胡适文集》（3），北京大学出版社1998年版，第397页。

③ 十位教授分别是：王新命、何炳松、武堉干、孙寒冰、黄文山、陶希圣、章益、陈高墉、樊仲云、萨孟武。该文发表在上海《文化建设》第1卷第4期月刊。对于《中国本位的文化建设宣言》引来的纷争，1935年5月10日，十教授又联名发表《我们的总答复》一文，予以整体回应。该文只是对宣言的进一步说明，并无增加实质性的内容。（《文化建设》第1卷第8期）而"总答复"之后，纷争仍在继续，如1935年5月22日，严既澄即发表《〈我们的总答复〉书后——向〈中国本位的文化建设宣言〉的起草者进一言》，为"全盘西化"张目。（天津《大公报》1935年5月22—23日）

不应以全盘承受的态度，连渣滓都吸收过来。吸收的标准，当决定于现代中国的需要。

（4）中国本位的文化建设，是创造，是迎头赶上去的创造；其创造目的是使在文化领域中因失去特征而没落的中国和中国人，不仅能与别国和别国人并驾齐驱于文化的领域，并且对于世界的文化能有最珍贵的贡献。

（5）我们在文化上建设中国，并不是抛弃大同的理想，是先建设中国，成为一整个健全的单位，在促进世界大同上能有充分的力。

十教授强调，"中国是既要有自我的认识，又要有世界的眼光，既要有不闭关自守的度量，也要有不盲目模仿的决心"，所以中国本位的文化建设要遵循"不守旧""不盲从"的原则。客观上说，十教授宣言对于中国本位的文化建设并无实质性的内容，但它提出了一个尖锐的问题，喊出了一个响亮的口号，掀起了一场旷日持久的论战，以至于"一时议论风生，颇呈百家争鸣的气象"①。

其实，所谓"百家争鸣"，常常是各说各话；对"本位"的理解也各不相同。潘光旦在《民族特性与民族卫生》一书中，曾较为详细地描述了当时讨论的状况："所谓'中国本位'的理论，在原则上是谁都不会不赞成的。不过'本位'二字，究竟有什么意义，它的内容究属包含些什么，倒是一个值得推敲的问题。《建设宣言》里固然已经加以解释，但似乎只说得六七成，并且连这六七成也没有说得清楚。何以见得没有说清楚呢？第一次的座谈会便是证据。座谈会席上的议论原是根据了宣言的内容而来的，照理应该有相当可供寻绎的总线索，但事实并不如此。例如，刘湛恩先生一面看到民族自信心的重要，一面却也提出'基督教本位'的意见；欧元怀先生提出的是'科学化、标准化、普通化'的'三化原则'；俞寰澄先生主张以农村为本位；黎照寰先生也申说'科学化'的重要；叶青先生则主张现代化；黄任之先生很看重中国旧有文化因素的分析与选择；李浩然先生注意的是城乡的平衡发展；陶百川、何西亚、谢俞三先生都主张以三民主义为最高原则；邰爽秋先生又以为应特别注重三民主义中的民生主义；吴子敬先生特别提出纪律化与脚踏实地的两点；李麦麦先生说'我们应接受欧化，应肯定的宣示资本主义的文化'；……这第一次座谈会的结果，似乎教我们对于'本位'二字的意义，越看越糊涂起来。许多发言人中间，有的就压根儿没有顾到它；有的把它和原则、标准等事物混为一谈；有的似乎于中国的大本位之外，又提出了一些小本位来；有的并且发为和'本位'观念根本上相冲突的

---

① 马芳若：《中国文化建设讨论集·何序》，龙文书店1935年版，第1页。

议论。我们不禁要问，目前文化界的领袖对于'中国本位'的见解，既若是其纷纭歧异，前途的文化建设工作又怎样着手呢？"①潘光旦所记、所问，正反映了当时思想界混乱无绪的状况。

此次论争最坚定最著名的反对者是"全盘西化"论者胡适与陈序经。我们这里重点谈一下胡适的观点，陈序经有关的内容留在下一章探讨。

1935年3月31日，胡适在天津《大公报·星期论文》（又载于1935年4月7日《独立评论》第145号）发表了《试评所谓"中国本位的文化建设"》一文，指出"'中国本位的文化建设'正是'中学为体西学为用'的最新式的化装出现"②而已，为批判该宣言奠定了一个基调。在该文中，胡适反复指陈十教授的错误，宣称："十教授口口声声舍不得那个'中国本位'，他们笔下尽管宣言'不守旧'，其实还是他们的保守心理在那里作怪。他们的宣言也正是今日一般反动空气的一种时髦的表现。"把十教授宣言贴上了"保守""反动"的标签，一切的批判就变得顺理成章。接下来，胡适重点从理论上分析了十教授宣言的错误，指出了"萨、何十教授的根本错误在于不认识文化变动的性质"，因为"文化变动有这些最普遍的现象"：

第一，文化本身是保守的。凡一种文化既成为一个民族的文化，自然有他的绝大保守性，对内能抵抗新奇风气的起来，对外能抵抗新奇方式的侵入。这是一切文化所公有的惰性，是不用人力去培养保护的。

第二，凡两种不同文化接触时，比较观摩的力量可以摧陷某种文化的某方面的保守性与抵抗力的一部分。其被摧陷的多少，其抵抗力的强弱都和那一个方面的自身适用价值成比例：最不适用的，抵抗力最弱，被淘汰也最快，被催陷的成分也最多。

第三，在这个优胜劣败的文化变动的历程之中，没有一种完全可靠的标准可以用来指导整个文化的各方面的选择去取。

第四，文化各方面的激烈变动，终有一个大限度，就是终不能根本扫灭那固有文化的根本保守性。这就是古今来无数老成持重的人们所恐怕要陨灭的"中国本位"。这个本国本位就是在某种固有环境与历史之下所造成的习惯；简单说来，就是那无数无数的人民。那才是文化的"本位"。那个本位是没有毁灭的危险的。物质生活无论如何骤变，思想学术无论如

① 潘光旦：《民族特性与民族卫生》，北京大学出版社2010年版，第23—24页。
② 胡适：《试评所谓"中国本位的文化建设"》（1935年3月31日）。欧阳哲生：《胡适文集》（5），北京大学出版社1998年版，第448页。

何改观，政治制度无论如何翻造，日本人还是日本人，中国人还是中国人。[①]

胡适以为，文化是保守的，而中国文化的惰性尤为强大，必须通过西方文明的强烈冲击以改变古老文化的"惰性和暮气"。他总结说："中国的旧文化的惰性实在大的可怕，我们正可以不必替'中国本位'担忧。我们肯往前看的人们，应该虚心接受这个科学工艺的世界文化和它背后的精神文明，让那个世界文化和我们的老文化充分自由接触，自由切磋琢磨，借它的朝气锐气来打掉一点我们的老文化的惰性和暮气。将来文化大变动的结晶品，当然是一个中国本位的文化，那是毫无可疑的。如果我们的老文化里真有无价之宝，禁得起外来势力的洗涤冲击的，那一部分不可磨灭的文化将来自然会因这一番科学文化的淘洗而格外的发挥光大的。"[②] 正如胡适所言，任何文化都有"惰性"，或者可以说，文化"惰性"是一个民族千百年来形成的文化根性、文化个性的正向表现、正向反映，不只有糟粕，更有精华，笔者并不认为这是一个贬义词。对于中国文化而言，中国文化延续五千年，文化的"惰性"尤其强大，这也是事实。但是，要改变甚至要打破文化的"惰性"，却是一个自发的、内生的过程，单纯靠外力的强力"撞击"，试图以另一种文明标准改变绵延五千年的文化精神，是很难完成的任务，因为这种文化"惰性"有其天然的内在的合理性，这一点胡适也是承认的，即他说的"终不能根本扫灭那固有文化的根本保守性"。当然，意外的情况也会发生，即这种文化"惰性"遭到了文化殖民，受到了武力的、权力的强力介入，遭受到了旷日持久的、大规模舆论宣传与"洗脑"，结果即是一种文化形态逐渐被消灭掉，不再有本民族的文化根性与个性。胡适又试图以"优胜劣败"的进化理论，说明消除中国文化"惰性"的必然性，其所鼓吹的方法无非即是"全盘西化"或"全力现代化"，以打掉"老文化的惰性和暮气"，去掉老文化中守旧的、陈腐的内容，结果又会如何呢？中西文化

---

① 胡适对当时中国西化进程感到失望，他说："对中国今日最可令人焦虑的，是政治的形态，社会的组织，和思想的内容与形式，处处都保持中国旧有种种罪孽的特征，太多了，太深了，所以无论什么良法美意，到了中国都成了逾淮之橘，失去了原有的良法美意。政治的形态，从娘子关到五羊城，从东海之滨到峨眉山脚，何处不是中国旧有的把戏？社会的组织，从破败的农村，到簇新的政党组织，何处不具有'中国的特征'？思想的内容与形式，从读经祀孔，国术国医，到满街的性史，满墙的春药，满纸的洋八股，何处不是'中国的特征'？"欧阳哲生：《胡适文集》（5），北京大学出版社1998年版，第451页。

② 胡适：《试评所谓"中国本位的文化建设"》（1935年3月31日），天津《大公报·星期论文》。欧阳哲生：《胡适文集》（5），北京大学出版社1998年版，第450—452页。

真的能够"充分自由接触，自由切磋琢磨"吗？这无非都是纸上谈兵。胡适文中后又回到了文化的"中国本位"，认为"无数无数的人民""才是文化的'本位'"，而"那个本位是没有毁灭的危险的"，事实真是如此吗？人确是文化的核心，但更为关键的，是他如何做人，做成什么样的人。从中国历史上来说，少数民族包括入主中原建立政权的少数民族，他们主动地接受汉族文化之后，即渐渐被汉族文化所同化；再如被贩卖到美国的黑奴，他们被完全西化、美化之后，已经不是非洲人了，而成了长着黑皮肤的美国人；中国人种即使不被灭亡，都要变成黄皮白心的美国人吗？况且，让所有中国人都接受西方（美国）文化，过美国式的生活，本身即是不可能的事情。

其实，胡适对西洋文化的态度是一贯的。1926年7月10日，他在《现代评论》上发表的《我们对于西洋近代文明的态度》一文，就针对一战后国内学者反思西方文明、认为西方文明是"唯物的文明"[1]的观点，极力予以批驳。我们先看一下这篇文章中胡适的观点。他强烈质疑："这个利用厚生的文明，当真忽略了人类心灵上与精神上的要求吗？当真是一种唯物的文明吗？"并"大胆的宣言"："西洋近代文明绝不轻视人类的精神上的要求。我们还可以大胆地进一步说：西洋近代文明能够满足人类心灵上的要求的程度，远非东洋旧文明所能梦见。在这一方面看来，西洋近代文明绝非唯物的，乃是理想主义的（Idealistic），乃是精神的（Spiritual）。"接下来，胡适竟拿出了庄子《养生主》[2]中的话，与西方科学文明进行对比，并称庄子为"东方的懒惰圣人"。胡适指出："这里正是东西文化的一个根本不同之点，一边是自暴自弃的不思不虑，一边是断续不断的寻求真理。"胡适从而引出了东西方文明的最大差异："东方的文明的最大特色是知足。西洋的近代文明的最大特色是不知足。"并具体阐释说：

> 知足的东方人自安于简陋的生活，故不求物质享受的提高；自安于愚昧，自安于"不识不知"，故不注意真理的发现与技艺器械的发明；自安于现成的环境与命运，故不想征服自然，只求乐天安命，不想改革制度，只图安分守己，不想革命，只做顺民。

---

[1] 胡适说："崇拜所谓东方精神文明的人说，西洋近代文明偏重物质上和肉体上的享受，而略视精神上和心灵上的要求，所以是唯物的文明。"胡适：《我们对于西洋近代文明的态度》（1926年7月10日），《现代评论》第四卷第83期。见欧阳哲生：《胡适文集》（4），北京大学出版社1998年版，第4页。

[2] 胡适引的是《庄子·养生主》中"吾生也有涯，而知也无涯，以有涯逐无涯，殆矣"一句话。

这样受物质环境的拘束与支配，不能跳出来，不能运用人的心思智力来改造环境改良现状的文明，是懒惰不长进的民族的文明，是真正唯物的文明。这种文明只可以遏抑而决不能满足人类精神上的要求。

西方人大不然。他们说"不知足是神圣的"（Divine Discontent）。物质上的不知足产生了今日钢铁世界，汽机世界，电力世界。理智上的不知足产生了今日的科学世界。社会政治制度上的不知足产生了今日的民权世界，自由政体，男女平权的社会，劳工神圣的喊声，社会主义的运动。神圣的不知足是一切革新一切进化的动力。

这样充分运用人的聪明智慧来寻求真理以解放人的心灵，来制服天行以供人用，来改造物质的环境，来改革社会政治的制度，来谋人类最大多数的最大幸福，——这样的文明应该能满足人类精神上的要求，这样的文明是精神的文明，是真正理想主义的（Idealistic）文明，决不是唯物的文明。①

在热爱美国文化的胡适眼中，不论是物质文明，还是精神文明，西方文化都是人类的标尺，中国文化确乎有西化的必要了。

有关中国本位文化问题的论争，近80年来，一起延续不断，批评者有之，赞成者亦有之，总之是各说各话，莫衷一是，史春风在《近80年关于中国本位文化问题论战研究状况综述》一文中有较为细致的梳理②，此不赘述。

第五节　汉字存废之争

汉字是中国文化传承的基础性工具。从现有的资料看，至少从甲骨文开始，汉字就成为中国文化的代表性符号，承载了中国人所有的生命密码与文化情怀。很难想象，如果废弃使用了几千年的汉字而改用字母文字，中国会变成什么样子，中国人还能不能称之为中国人。汉字的拉丁化、字母化，也少不了西方传教士的影子。我们先看一下意大利人利玛窦对汉字的认识：

我要冒昧地说，没有一种语言是象中国话那样难于被外国人所学到的。

① 胡适：《我们对于西洋近代文明的态度》（1926年7月10日），《现代评论》第四卷第83期。欧阳哲生：《胡适文集》（4），北京大学出版社1998年版，第5—6、6、7、12—13页。

② 史春风：《近80年关于中国本位文化问题论战研究状况综述》，《安徽史学》2010年第5期。

然而，上帝保佑，我们耶稣会的会友凡是献身于在这个民族中的传道工作的，都经过不懈的努力而学会了他们的语言。

在这个国家，以文为业的人们从小到老都要埋头学习他们的这些符号。毫无疑问，这种钻研要花去大量的时间，那本来是可以用来获得更有用的知识的，不过就其可以减少年轻人不顾一切的、荒唐放纵的危险而言，尤其是对那些大有闲暇而无所事事的人，那么即使是这样分散精力也有其好处。这种描画符号而不是组合字母以书写的方法就造成了一种与众不同的表达方式，它可以不仅是用几个短语而是用几个字就清楚明白地说出各种想法，而那在我们就必须啰嗦半天还没有说清楚。①

利玛窦在中国生活二十多年，下了大功夫，最后能够娴熟的使用汉语、书写汉文，对汉语、汉字的认识是深刻的。他尊重汉文化，虽然指出了汉字难学的特点，但同时也指出了汉字的简洁明了的优点。但后来，随着中国门户的开放，大量传教士涌入中国，"西方人已没有耐心像利玛窦那样潜心学习掌握汉语与汉字"②，他们也没有了对中国文化的最起码的尊重。他们在中国传播上帝的"福音"，最大的障碍就是汉字，所以他们一方面试图找到一条学习汉字的捷径，用他们熟悉的拉丁字母给汉字注音③；另一方面，他们也戴上有色眼镜批判汉字，明恩溥在《中国人的气质》（1890）一书甚至认为中文（汉字）是造成中国人"智力混沌"的根本原因：

正像如今一些人所知道的那样，中文的名词是没有词形变化的。它们完全没有"性"和"格"的变化。中文的形容词没有比较级。中文的动词也不受"语态"、"语气"、"时态"、"单复数"以及"人称"的限制。在名词、形容词和动词之间没有明显的区别，因为任何一个汉字都可以不加选择地用作每一种词类（或者说是非词类），而且不会出问题。我们并不是在抱怨，中文无法表述人类的思想，也不是说，人类思想中的很大一

① 利玛窦、金尼阁著，何高济等译，何兆武校：《利玛窦中国札记》，中华书局1983年版，第29、31页。

② 罗荣渠：《汉字：神奇的文字，文化的功臣》，《汉字文化》1994年第1期。

③ 早在明朝时，意大利人利玛窦为方便外国传教士学习汉字的发音，最早开始用罗马字母给汉字注音，并于1605年出版了《西字奇迹》一书；1626年，法国传教士金尼阁在杭州出版了《西儒耳目资》，是一部用拉丁字母给汉字注音的字汇。清鸦片战争前，1815—1823年间，英国传教士马礼逊在广州编了一部《中文字典》，其中开始用罗马字母来拼写广东方言；鸦片战争后，西方传教士大量涌入中国，用拉丁字母拼写汉字的风气开始初步形成。

部分在中文里是很难或无法被清晰地传达出来（尽管有时的确如此），我们只是认为，有着这样一种结构的语言会导致"智力混沌"，就像夏日的暑热会让人在午后昏昏欲睡一样。

事实上，中文的动词没有时态，没有表示时间或地点变化的标记，这样的动词无助于廓清一个人固有的混沌感。[1]

明恩溥是把"智力混沌"当作中国人的性格特征之一来讨论的，认为中文（汉字）无法准确地表达人类的思想，这应该代表了当时很大一部分西方人对中文（汉字）的认识；而这种认识，在西风东渐的背景下自然会传导到中国人身上来。

对汉字繁难的指责也是由来已久。早在1896年，文廷式（1856—1904）在《罗霄山人醉语》中，曾记载了文氏与西人李提摩太之间的一场对话：

> 西人李提摩太，尝谓中国文繁。余应之曰：中国文不繁。李提摩太请其说。余告之曰：西人拼音，凡数万音。而中国所用之音，不过数千。此简一也。西人字典不下十万字，其常用之字亦将近万。而中国所有之字，除别体讹体外，不过一万；所常用之字不过四千。其简二也。且数千之音，大半分以四声，道之语言，则平、上、去三音不甚分别，是音尤简矣。各国语言凡衬字馀音皆著之笔画。中国则以数虚字形似之，而一切起音、收音概置不用，此所以简而足用也。问曰：然则中国学童每至七、八年、十年，犹有文理不通者，其故何欤？余曰：此求工求雅之过，非文字之咎也。……故但令识字能书之后，即改学化学、算学等艺，度其用文字之功，虽至愚之人，三年，无不能操笔记事者矣。以是言之，不必再造简便文字也。

文廷式可谓是从理论上为中国文字辩护的第一人。其对汉字的态度非常明确："今日欲改文字以归简易者，余所知已有数人。度世变之亟，或不免行之。然余谓中国文字自是天地间最简之学，今习而不察，又后世文繁，自滋其弊耳。"并在比较日本、高丽文字的基础上，指出了中国文字不可走拼音化之路的原因："或曰：日本、高丽，何以皆有本国简字？中国独不宜效之乎？余曰：日本、高丽语言本与中国不同，且其言必兼用起语收声而后人人能识。若中国则各行省虽有言语不同之病，而一字为一言则举国同之，不必再学各国拼音之法，转令民间多一事也。"[2]文氏所强调的，中国方言众多，唯"一字为一言则举国同之"，自秦始皇"书同文字"（《史记·秦始皇本纪》）以来，文字在维护中

---

① 明恩溥著，刘文飞等译：《中国人的气质》，上海三联书店2007年版，第56—57页。

② 文廷式：《罗霄山人醉语》（1896年）。见《文廷式集》（下册），中华书局1993年版，第803—804页。

国统一方面无可替代，文氏见解可谓深刻！

在西方传教士给汉字注音风气的影响下，国人也开始了"切音运动"，早在 1891 年，宋恕在《六斋卑议》中就提出了"须造切音文字"的主张，卢戆章《一目了然初阶》（1892）、王照《官话合声字母》（1900）、劳乃宣《增订合声简字谱》（1905）等切音方案都产生了较大影响。据倪海曙《清末汉语拼音运动编年史》记载，1892 年至 1910 年间，全国范围内提出的切音字个人方案有 28 种[①]。需要指出的是，切音字运动的诸家人物并不主张废除汉字。我们重点看一下卢戆章、劳乃宣的主张。

卢戆章（1854—1928）被誉为"切音字运动的揭幕人"[②]，在《一目了然初阶》（以厦门话为基础）自序中，卢氏一方面说"中国字或者是当今普天之下之字之至难者"，但另一方面也强调"若以切音字与汉字并列，各依其土腔乡谈，通行于十九省各府州县城镇乡村之男女，编甲课实，不但能识切音字，亦可无师自识汉文，兼可以快字书信往来，登记数项，著书立说，以及译出圣贤经传，中外书籍。腔音字义，不数月通国家家户户，男女老少，无不识字，成为自古以来一大文明之国矣"[③]。1906 年，卢氏在《〈北京切音教科书〉首集》序文中同样认为："汉文高深美妙，最难学习，……由切音以识汉文，则各色人等，不但能读切音，兼能无师自识汉文。"[④] 在《中国字母北京切音合订》（1906）中仍然强调："汉字为我国国粹之泉源，文物之根本，在日本因袭既久，尚难一旦更张；在我国累代相传，岂可反行废弃。特以字形繁重，施诸初等教育，实有劳而少功、薄而寡要之患，故仿照国书及泰西诸国文字，成创别制切音字一种，以与固有之象形字相辅而行，亦今日不得已之举也。"[⑤] 强调切音字要与汉字并列，与"象形字相辅而行"，其目的在于解决汉字繁难之弊，做到人人"无师自识汉文"。

劳乃宣（1843—1921）是"切音运动"的理论家和活动家，在《清末文字改革文集》中收录劳氏自 1905—1910 年文章有 11 篇。我们且看他的一些观点：

---

① 王均主编：《当代中国的文字改革·绪论》，当代中国出版社 1995 年版，第 6 页。
② 王均主编：《当代中国的文字改革·绪论》，当代中国出版社 1995 年版，第 6 页。
③ 卢戆章：《〈中国第一块切音新字〉原序》。见《清末文字改革文集》，文字改革出版社 1958 年版，第 1—3 页。
④ 卢戆章：《颁行切音字书之益》。见《清末文字改革文集》，文字改革出版社 1958 年版，第 72 页。
⑤ 卢戆章：《中国字母北京切音合订》，文字改革出版社 1957 年版，第 1 页。

中国文字，渊懿浩博，其义蕴之精深，功用之宏远，为环球所莫及，顾学之甚难，非浅尝所能捷获。①

然则简字者，非惟不足湮古学，而且可以羽翼古学，光辉古学，昌明古学。②

或虑此字盛行，人人争趋简易，将习汉字者渐少，于中国古学，恐有妨损，不知中国六书之旨，广大精微，万古不能磨灭，简字仅足为粗浅之用，其精深之义，仍非用汉文不可。③

夫我中国文字，有形，有声，有义，孳乳相生，文成数万，阆括万有，贯通天人，为环球所莫及，然其精博在此，其繁难亦在此。……他日中国于汉字之外，别有一种主音简易之字以为辅助④。

劳乃宣与卢戆章的主张大同小异，认为中国文字义蕴精深，功用弘远，全球独树一帜；而切音字只会起到"辅助"作用，可以"羽翼古学，光辉古学，昌明古学"。在笔者看来，用拉丁字母为汉字注音，中西合璧，只要不喧宾夺主，未尝不是一个好主意——百余年来汉字改革的最大贡献也在于此。但不幸的是，在文明批判的背景下，清末的文字改革却误入歧途，走上了废弃汉字的道路。

虽然，早在1896年，谭嗣同在其《仁学》中就提出了"尽改象形字为谐声"的说法⑤，但态度较为和缓，且寥寥数语夹在五六万字的长文之中，并不引人注目。而最早明确提出废弃汉字的是20世纪初无政府主义者，代表人物是吴

---

① 劳乃宣：《〈重订合声简字谱〉序》。见《清末文字改革文集》，文字改革出版社1958年版，第52页。

② 劳乃宣：《江宁简字半日学堂师范班开学演说文》。见《清末文字改革文集》，文字改革出版社1958年版，第56页。这里，劳氏所谓简字指的是切音字母，所谓古学指的是汉字承载的中国传统文化。

③ 劳乃宣：《进呈〈简字谱录〉折》。见《清末文字改革文集》，文字改革出版社1958年版，第81页。

④ 劳乃宣：《致唐尚书函》（宣统二年三月）。见《清末文字改革文集》，文字改革出版社1958年版，第113、115页。

⑤ 谭嗣同：《仁学》（卷下）。见《谭嗣同全集》，生活·读书·新知三联书店1954年版，第69页。

稚晖①。1908年3月，吴氏在《前行〈中国新语凡例〉注》中说"汉字之奇状诡态，千变万殊，辨认之困难，无论改易何状，总不能免。此乃关于根本上之拙劣。所以我辈亦认为迟早必废也"，并认为应改用"万国新语"（即世界语），但恐不能骤然使用，所以他提出了改良的文法：一是"限制字数，凡较僻之字，皆弃而不用。有如日本之限制汉文"；二是"手写之字，皆用草书。无论函牍凭证，凡手写者，无不为行草，有如西国通行之法"②。之后，署名为"苏格兰"的作者，发表《废除汉文议》一文，认为"文字为开智利器，守古为支那第一病源，汉文为最大多数支那人最笃信保守之物。故今日救支那之第一要策，在废除汉文。若支那于二十年内能废除汉文，则或为全球大同人民之先进"，而"留欧美之学生，尚往往有夸张'汉文甚好'者，诚可谓不知人间有羞耻事"，因为，汉文"于实用上有丝毫价值乎？即充一文明事业之书记员，欲求其适用，非先练习一二年不可"；所以，"作一种语之达意文章，为人人应有之职，否则宛同半哑。然凡不哑者，皆视为天经地义之才，岂非荒谬之极？至于词章考据，不过美术而已。称美术家为办事才，非丧心病狂者不至此也"。而吴稚晖在按语中，"不仅赞同'苏格兰'废除汉文的提议，且进一步揶揄说，留学生'如果汉文甚好，则督抚处之条陈、监督处之报告，皆能丝丝入扣'，正'适用于野蛮事业之书记员'"③。无政府主义者所论，动摇中国文化之根本，章太炎

---

① 吴稚晖之前，1907年11月，李石曾已经提出了"文字革命"的说法。他（署名为"真"）在《进化与革命表征之一·文字进化与文字革命》一文中说："文字所尚者，惟在便利而已，故当以其便利与否，定其程度之高下。象形与表意之字，须逐字记之，无纲领可携，故较之合声之字画括于数十字母之中者为不便。由此可断曰：象形表意之字，不若合声之字为良。""于进化淘汰之理言之，惟良者存。由此可断言曰：象形表意之字，必代以合声之字。此之谓文字革命。""从进化淘汰之理，则劣器当废，欲废劣器，必先废劣字，此支那文字必须革命间接之原因也。"（《新世纪》第20号，1907年11月2日）当然，20世纪初对汉字的全盘性否定，"固是受到现实刺激，也和近代来华西人有意无意的文化'诱导'分不开"。可参阅王东杰：《从文字变起：中西学战中的清季切音字运动》，《中山大学学报》2009年第1期。

② 吴稚晖：（署名为"燃"）《前行〈中国新语凡例〉注》，《新世纪》第40号，1908年3月28日。

③ "苏格兰"《废除汉文议》及吴稚晖《按语》，前半部分见《新世纪》第67—69号，后半部分见第71号（1908年10月31日）。转引自罗志田：《国家与学术：清季民初关于"国学"的思想论争》，生活·读书·新知三联书店2003年版，第174—175页。关于此处引文，罗志田先生在注中有详细说明，此不赘述。

敏锐地察觉到这种言论的危害性，在同年发表了《驳中国用万国新语说》[1]，洋洋万言。

该文针对"以象形字为未开化人所用，合音字为既开化人所用"的说法，在开头部分即指出："欧洲诸语，本自希腊、罗甸，孳乳以成，波澜不二。然改造者不直取希腊、罗甸之言，而必以万国新语为帜者，正由古今异撰，弗可矫揉。以此相稽，则汉语之异于万国新语，视万国新语之异于希腊、罗甸，其远弥甚。在彼则以便俗为功，在此则以戾匡从事，既远人情，亦自相牴牾甚矣。若夫象形、合音之别，优劣所在，未可质言。今者南至马来，北抵蒙古，文字亦悉以合音成体，彼其文化，岂有优于中国哉？合音之字，视而可识者，徒识其音，固不能知其义，其去象形，差不容以一黍。故俄人识字者，其比例犹视中国为少。日本人既识假名，亦并粗知汉字。汉字象形，日本人识之，不以为奇恒难了。是知国人能徧知文字以否，在强迫教育之有无，不在象形、合音之分也。"（第337—338页）这里章太炎强调两点：一是文明优劣与使用拼音文字并没有直接的关系，马来、蒙古虽用拼音文字，其文明程度甚或不如中国；二是文字的普及程度，关键在于政府的"强迫"式的教育，跟文字本身并无直接关联。接下来，章太炎在理论分析的基础上，明确指出了尽废汉文者之谬误：

必欲尽废汉文，而用万国新语者，其谬则有二事：

一、若欲统一语言，故尽用其语者，欧洲诸族，因与原语无大差违，习之自为径易。其在汉土，排列先后之异，纽母简繁之殊，韵部多寡之分，器物有无之别，两相径挺。此其荦荦大者，强为转变，如其调达如簧，固不能矣。（第340页）

且万国新语者，学之难耶，必不能舍其土风，而新是用；学之易耶，简单之语，上不足以明学术，下不足以道情志。苟取交通，若今之通邮异国者，用异国文字可也，宁当自废汉语哉？（第341页）

二、若谓象形不便，但用其音者，文明野蛮，吾所不论，然言语文字者，所以为别，声繁则易别而为优，声简则难别而为劣。日本尝欲用罗甸字母，以彼发音简少，故罗甸足以相资。汉土则不然，纵分音纽，自梵土悉昙而外，纽之繁富，未有过于汉土者也。横分音韵，梵韵复不若汉韵繁矣。视欧洲音，直觳语耳。（第342页）

---

① 章太炎：《驳中国用万国新语说》。见《章太炎全集》（四），上海人民出版社1984年版，第337—353页。下列该文中引文，只随文标注页码。

顷者，日人创汉字统一会，欲令汉人诵读汉文，一以日本龙奇之音为主，今之欲用万国新语者，亦何以异是耶？且汉字所以独用象形，不用合音者，虑亦有故。原其名言符号，皆以一音成立，故音同义殊者众，若用合音之字，将芒昧不足以为别。况以地域广袤，而令方土异音，合音为文，逾千里则弗能相喻，故非独他方字母不可用于域中，虽自取其纽韵之文，省减点画，以相拼切，其道犹困而难施。（第344页）

章太炎强调，中国的文字之所以能够保存、传衍，是因为它与本国的语言相契合；且中国方音、乡音、土话、土音众多，地域广袤，用拼音文字则"芒昧不足以为别"，"方土异音，合音为文，逾千里则弗能相喻"，中国人与人之间无法有效地交流，自然会产生文化上的隔阂，时间久了，自会国将不国；章氏还特别警惕日人创立的汉字统一会，名义上虽称之"统一"，实质上则是文化殖民；章氏虽有贬抑拼音文字的倾向，但文章后面还是予以客观的评价："象形之与合音，前者易知其义，难知其音；后者易知其音，难知其义。……故象形与合音者，得失为相庚。"（第345页），认为汉字与拼音文字各有优劣。应该说，章氏所论是中情中理的——对汉语、汉字的理论分析更是汉字废弃论者远远不及，他在当时学者、文人、革命者之间也有较为崇高的地位，但文字革命的车轮已滚滚向前，不可阻挡了。

1919年3月，傅斯年（1896—1950）发表了《汉语改用拼音文字的初步谈》[①]，被钱玄同誉为"'汉字革命军'的第一篇檄文"[②]。该文开篇即说："中国人知识普及的阻碍物多得很，但是最祸害的，只有两条，第一，是死人的话给活人用；第二，是初民笨重的文字保持在现代生活的社会里。这两桩事不特妨害知识的普及，并且阻止文化的进取，因为它俩都是难能而不可贵……我希望这似是而非的象形文字也在十年后入墓。"（第160页）并采用问答的形式，直接表明该文的"意见的大纲"：

（1）汉字应当用拼音文字代替否？

答：绝对的应当。

（2）汉语能用拼音文字表达否？

[①] 傅斯年：《汉语改用拼音文字的初步谈》，1919年3月1日《新潮》第一卷第3号。见欧阳哲生编：《傅斯年全集》（第一卷），湖南教育出版社2000年版，第160—179页。下列该文中引文，只随文标注页码。

[②] 钱玄同：《汉字革命！》。见《钱玄同文集》（第三卷），中国人民大学出版社1999年版，第62页。

答：绝对的可能。

（3）汉字能无须改造用别种方法补救否？

答：绝对的不可能。

（4）汉语的拼音文字如何制作？

答：我有几条意见，详见下文。

（5）汉语的拼音字如何施行？

答：先从制作拼音文字字典起。（第160—161页）

傅斯年的问答可谓斩钉截铁。在这篇文章的末尾，傅氏补记了一段文章完成后（1919年2月11日）呼应朋友质询的话：

> 我这篇文章刚作完，一个朋友对我说，汉字改用拼音以后，学术上的名词，要丧失意义，而且容易混淆。我说，这是不然的：意义必须靠着那象形文字来表，不能靠语言来表，那意义的不足贵，也就不烦多说了。Philology 一个字，西洋人不曾误以为"爱学"。可见字面的来源，是无关重轻的了。（第179页）

傅氏所论令人咋舌。在傅氏看来，"文字的作用仅仅是器具，器具以外，更没有丝毫作用"（第162页），而"中国文字的起源是极野蛮的，形状是极奇异，认识是极不便，应用是极不经济，真是又笨、又粗、牛鬼蛇神的文字，真是天下第一不方便的器具。崇拜它以为神圣似的，是天下第一糊涂人"（第162页），"中国文字尤其有缺点的地方，就是野蛮根性太深了。造字的时候，就是极野蛮的时代，造出的文字，岂有不野蛮之理。一直保存到现代的社会里，难道不自惭形秽吗？"（第163页）好一个"野蛮根性"，好一个"自惭形秽"！24岁的傅斯年豪气干云——给他一根竹竿，他就能把天给捅破了！为汉字的辩解，前有文廷式、章太炎，都说得够透彻的了；我再说多余的话也没有什么意义了。

1923年3月，《国语月刊》出版了"汉字改革号"专刊，胡适写《卷头言》[①]，首篇即是钱玄同《汉字革命！》，树起了"汉字革命"的旗帜；其后

---

① 胡适在废弃汉字问题上似没有过激的言论，虽然他在20世纪20年代也曾支持钱玄同等人的"汉字革命"，还曾提倡"方言文学"（详见《胡适杂议》一章）。据胡颂平《胡适之先生晚年谈话录》中记载，胡适晚年，还曾谈到"文字统一的好处"："1961年1月9日：胡适谈姓名笔画数，说：大陆的'**適**'简笔字为'适'，省了五笔，但把'胡適'改为'胡适'了。像我的'适'字，上海人、湖南人、四川人的读音都不同，但写出来还是适字，这是文字统一的好处。"（中国友谊出版公司1993年版，第102页）

是黎锦熙《汉字革命军前进的一条大路》、蔡元培《汉字改革说》、周作人《汉字改革的我见》、沈兼士《国语问题之历史的研究》、赵元任《国语罗马字的研究》等等，对于汉字革命，态度或激或缓，理论研究或深或浅，实践层面或直或迂，基本的倾向却再明白不过，即响应钱玄同的主张，倡导汉字改革乃至汉字革命。

其实，早在1918年3月，钱玄同就发表了《中国今后之文字问题》，开篇即宣称："欲废孔学，不可不先废汉文；欲驱除一般人之幼稚的野蛮的顽固的思想，尤不可不先废汉文。"在该文后面，钱氏要"爽爽快快"说几句："中国文字论其字形，则非拼音而为象形文字之末流，不便于识，不便于写；论其字义，则意义含糊，文法极不精密；论其在今日学问上之应用，则新理新事新物之名词，一无所有；论其过去之历史，则千分之九百九十九为记载孔门学说及道教妖言之记号。此种文字，断断不能适用于二十世纪之新时代。"因此，钱氏再大胆宣言道："欲使中国不亡，欲使中国民族为二十世纪文明之民族，必以废孔学，灭道教为根本之解决，而废记载孔门学说及道教妖言之汉文，尤为根本解决之根本解决。"[1]1918年8月，在《关于Esperanto讨论的两个附言》一文中，则再次强调："我个人的意见，以为中国文字不足以记载新事新理；欲使中国人智识长进，头脑清楚，非将汉字根本打消不可。（近日与朋友数人编小学教科书，更觉中国文字之庞杂汗漫，断难适用。）"[2]同年10月，他在《对于朱我农君两信的意见》信中，针对朱我农"何不爽爽快快把汉文全然打消，用世界最通行的罗马字拼法"[3]的说法，明确表示："我主张注音字母，是因为汉字一时不能废去。所以想出这个'补偏救弊'的方法，绝无保存中国文字

---

[1] 钱玄同：《中国今后之文字问题》（1918年3月）。见《钱玄同文集》（1），中国人民大学出版社1999年版，第162页、第166—167页。

[2] 钱玄同：《关于Esperanto讨论的两个附言》（1918年8月）。见《钱玄同文集》（1），中国人民大学出版社1999年版，第212页。

[3] 1918年9月15日，朱我农在给胡适的信中说："吴稚辉先生曾说：'中国文字，迟早必废'；既然如此，何不爽爽快快把汉文全然打消，用世界最通行的罗马字拼法，为什么要用这白费一番精力，毫无益处的注音字母呢？……至于反对罗马字拼音法的人，不是那一班讲国粹的守旧鬼，就是不知道拼音文字好处的人。这种人不配反对拼音文字！！！诸君，诸君！我们受了这汉字古文的害，已经几千年了，还要用这注音字母去挽救它，再使我们的子孙受害吗？"（钱玄同：《对于朱我农君两信的意见》后附《朱我农的两信》之一，《钱玄同文集》（第一卷），中国人民大学出版社1999年版，第230页）可见朱我农废除汉字态度之坚决。

的意思。"① 而在《汉字革命!》一文中，钱玄同保持着一贯的论调，强调："汉字不革命，则教育决不能普及，国语决不能统一，国语的文学决不能充分的发展，全世界的人们公有的新道理、新学问、新知识决不能很便利、很自由地用国语写出。何以故？因汉字难识、难记、难写故；因僵死的汉字不足表示活泼泼的国语故；因汉字不是表示语音的利器故；因有汉字作梗，则新学、新理的原字难以输入于国语故。"而对于反对汉字革命的人，钱氏则站在道德的高点上，予以指责甚至谩骂："我想，除了迷恋骸骨的，保存（或维持）国粹的，卫道的，和那些做'鸳鸯'、'蝴蝶'、'某生'、'某翁'的文章的'文丐'、'文娼'们以外，只要是心地干净，脑筋清晰的人们，总不至于再发无理由的反对了。"——反对文字革命的人则是"文丐""文娼"；支持汉字革命的人则"心地干净，脑筋清晰"，这是什么逻辑？钱氏不停地数着"汉字的罪恶"，如"难识、难写，妨碍教育的普及、知识的传播"，并称"这是有新思想的人们都知道的"，是不是也有裹挟民意、绑架民意的嫌疑？钱氏也清楚废弃汉字、汉字革命的艰难，所以认为汉字革命有个"筹备期"；而在这个"筹备期"内，钱氏主张"写破体字""写白字""本国语——兼国语与方言——之没有汉字可写，或汉字表音不真切的，都改写注音字母""无限制的输入外国的词儿，最好是直写原字""鼓吹注音字母独立使用，承认它和汉字同样有文字的价值"②——这会是怎样的"神文"？

我看钱氏的文章，最大的困惑是：既然钱氏自诩为汉字革命的旗手，为什

① 钱玄同：《对于朱我农君两信的意见》（1918年10月）。见《钱玄同文集》（第一卷），中国人民大学出版社1999年版，第224页。在该文末尾，钱氏说"还有几句话，要请问朱君"："何以明治以前之日本书，对于汉字之旁不注假名，而五十年来旁注假名之书日见其多，大杂志如《太阳科学世界》等等，皆字字旁注假名。何以日本的新闻纸，除'一二百千'等字以外，无不旁注假名。新闻纸天天要印，论说，时事，文艺，小说，花样很多，而印刷时必须一一加以注音，不惮麻烦。这是什么缘故？有人说，因为新闻纸为全国人人须看之物，故不得不多费此一番手脚，以期通俗。这话究竟对不对？以上两层，请朱君赐答。"（第225页）钱氏所问，朱我农有没有作答，我没有查到相关资料。我们前面反复说，日本明治前后宣扬国学，其目的之一即为了排除"汉意"，为了去"中国化"；而日本受中国文化影响根深蒂固，其在汉字"旁注假名"，本身即是"去中国化"的手段之一，以期在某天彻底去除汉字，可惜钱氏对此不察。

② 钱玄同：《汉字革命!》（1923）。见《钱玄同文集》（3），中国人民大学出版社1999年版，第62页、第76页、第83—84页。钱玄同在《汉字革命!》一文结尾中说："我现在恭恭敬敬的捐起一面大旗，欢迎我们的同志。这旗上写着四个大字——两个词儿——道：'汉字革命!'"（第84页）。

么不给其他追随者树立一个榜样呢？在自己的文章中写破体字，写白字，写注音字母，无限制地使用外国词儿，甚至独立使用注音字母，这样会不会更能显示钱氏文章的风采呢？——而我遍看钱氏文集，竟然没有发现这样的"神文"！钱氏在理论上鼓吹注音字母而自己实际上并不使用，是不是也有"文丐""文娼"的嫌疑？若真有骨气与雄心，干脆就不说汉语、不写汉字，不更好吗？林语堂晚年在回忆钱玄同时，称他是个"精神病患者"[①]，宜也。

纵观整个 20 世纪，汉字经历了三次大的危机。

第一次是新文化运动之后，批判的主将除上面提到的傅斯年、钱玄同诸人之外，还有鲁迅、瞿秋白等著名人物。鲁迅在《关于新文字》（1935）一文里把汉字比喻成结核病菌，他说："方块汉字真是愚民政策的利器，不但劳苦大众没有学习和学会的可能，就是有钱有势的特权阶级，费时一二十年，终于学不会的也多得很。最近，宣传古文的好处的教授，竟将古文的句子也点错了，就是一个证据——他自己也没有懂。……所以，汉字也是中国劳苦大众身上的一个结核，病菌都潜伏在里面，倘不首先除去它，结果只有自己死。"[②] 在他去世前半年，还发出了"振聋发聩"的呐喊："汉字不灭，中国必亡！"[③]——但愿不会被他言中！而瞿秋白（1899—1935）对汉字的批判，言辞之激烈更是匪夷所思，如他说"汉字真正是世界上最龌龊最恶劣最混蛋的中世纪的茅坑"[④]，主张"完全废除混蛋糊涂十恶不赦的汉文"[⑤]。基于这样的立场，瞿秋白成为坚定的中国汉字拉丁化运动的中坚人物。瞿氏被称为汉字拉丁化的"开山老祖"[⑥]，1929 年其著作《中国拉丁化字母》在苏联出版，

① 林语堂：《三十年代》。见《林语堂名著全集·八十自叙》（第十卷），东北师范大学出版社1994年版，第297页。

② 鲁迅：《关于新文字》（1935）。见《鲁迅全集》（第六卷），人民文学出版社2005年版，第165页。

③ 转引自芬君：《鲁迅先生访问记》，《救亡日报》1936年5月30日。

④ 瞿秋白：《瞿秋白文集》（第二卷），人民出版社1998年版，第690页。

⑤ 易嘉（瞿秋白）：《五四和新的文化革命》，《北斗》第二卷第2期，1932年5月20日。

⑥ 胡愈之：《一个革命知识分子的模范》。见《胡愈之文集》（第五卷），生活·读书·新知三联书店1996年版，第254—255页。

拉开了"拉丁化中国字运动"的序幕①——中国字的拉丁化运动，持续二三十年时间，且已在一定范围内试用，真的就是极简易、极方便、极便于掌握、极便于普及吗？我不信也。单就瞿秋白的中国汉字拉丁化运动而言，其实是苏联为本国没有文字的少数民族创造的拉丁文字的中国版（山寨版）——中国可是有着几千年的文字呢？又岂能与苏联没有文字的少数民族相比？且汉字拉丁化运动，更强调各地方言（北方话、上海话、厦门话、潮州话、安徽话）的拉丁化，这带来的后果非中国承受之重。直到1955年11月，全国最后一个新文字团体"上海新文字工作者协会"宣告解散，推行二三十年的汉字拉丁化运动宣告结束。叶籁士曾评价汉字拉丁化运动说"这是一次中国拼音文字的伟大实验"②——一场实验而已，伟大吗？李敏生在《昭雪汉字百年冤案——安子介汉字科学体系·前言》中说："在中国近百年的文化史上，像汉字拉丁化这样规模之大，动员人力、物力之巨，持续时间之长，影响之深远的文化运动是绝无仅有的。"③

在笔者看来，汉字就如一个高雅雍容的贵妇，有一天突然被人扒光所有衣服裸露在大庭广众之下——而扒她衣服的人恰是她的子孙，如果汉字有灵，这是怎样的伤痛啊！早在1916年5月，闻一多就在《论振兴国学》一文中说："国于天地，必有与立，文字是也。文字者，文明之所寄，而国粹之所凭也。希腊之心以文，及文之衰也，而国亦随之。罗马之强在粤开斯吞时代，及文气薾敝，礼沦乐弛，而铁骑遂得肆其蹂躏焉！吾国汉唐之际，文章彪炳，而郅治跻于咸五登三之盛。晋宋以还，文风不振，国势披靡。洎乎晚近，日趋而伪，亦日趋

---

① 瞿秋白倡导的"拉丁化中国字运动"，不论是从理论层面，还是从实践层面，都有着强大的苏联背景。在理论层面，瞿秋白深受20世纪20年代末在苏联被奉为权威的语言学家马尔语言理论的影响；在实践层面，1920年，为解决本国没有文字的少数民族书写问题，苏联掀起了一场被列宁称为"东方伟大的革命"的文字拉丁化运动，统一创造一种用拉丁字母（罗马字母），拼写当地语言。苏联为其少数民族创造的这种新文字，总体看来简单易行，较为便利。这也成为苏联文字专家乃至于瞿秋白等中国人改造中国文字的基本思路（1921年瞿秋白到了苏联）。1931年9月26日，"中国新文字第一次代表大会"在海参崴召开，与会代表有两千余人。据苏联汉学家的回忆，苏联科学院东方学研究所、中国问题研究所、莫斯科东方共产主义大学的汉学家参与了汉字拉丁化方案的创制，并建立了直属全苏新字母联盟中央委员会的汉字拉丁化委员会。新字母联盟中央委员会特派委员参与了1931年的海参崴大会，且会后成立的远东新字母委员会仍陆续在支持汉字拉丁化活动（见湛晓白：《拼写方言：民国时期汉字拉丁化运动与国语运动之离合》，《学术月刊》2016年第11期）。

② 倪海曙：《拉丁化新文字运动的始末和编年纪事·序言》，知识出版社1987年版。

③ 李敏生：《昭雪汉字百年冤案——安子介汉字科学体系·前言》，《汉字文化》1994年第3期。

而微。维新之士，醉心狄鞮，幺麽古学。学校之有国文一科，只如告朔之饩羊耳。致有心之士，三五晨星，欲作中流砥柱，而亦以杯水车薪，多寡殊势，卒莫可如何焉。呜呼！痛孰甚哉！痛孰甚哉！"① 闻一多的哀叹呼号，在百余年后仍有余音！

第二次是中华人民共和国成立之后，成立了中国文字改革协会（中国文字改革委员会），汉字简化、拼音化已成为基本的"共识"。1956 年 1 月，《汉字简化方案》公布，1964 年 5 月公布了《简化字总表》；1977 年 12 月，《第二次汉字简化方案》（"二简字"）开始征求社会意见；1978 年 7 月中宣部发出通知，在报纸、刊物、图书等方面停止使用"二简字"，汉字简化暂告一个段落。

第三次则是在电子计算机技术兴起之后，汉字落后、汉字行将就木的说法又陈渣泛起，而电子计算机则会成为汉字的"掘墓人"。如吕叔湘认为"拼音文字能机械化，汉字不能机械化"，汉字书法"这一项艺术注定了要衰落"，汉字"现在通行的老宋体，实在丑得可以，倒是外国印书的 a，b，c，d，有时候还倒真有很美的字体呢"②；《语文现代化》丛刊则宣告"方块汉字在电子计算机上遇到的困难，好像一个行将就木的衰老病人"，"历史将证明：电子计算机是方块汉字的掘墓人，也是汉语拼音文字的助产士"③。好在汉字解决了计算机输入的问题，否则还不知会面临怎样的境地呢。这里我们需要感谢安子介、支秉彝（创造了"见字识码"法）、王永民（发明"五笔字型"输入法）等学者，是他们对汉字进行科学的研究，保留了汉字应有的尊严，并最终实现了汉字的华丽转身。其实，百余年来的汉字改革甚至革命，其最大贡献即在于产生了一套成熟的汉语拼音，为汉字的启蒙、学习起到极大的辅助作用；至于其他影响，则殊为可悲，忽视汉字的人文价值、人文情怀，而仅从工具——符号层面理解汉字的改革，实在是过于简单，实用主义的风行改变了整个中国人的精神风貌。

近一些年来，一些学者则试图用现代的科学理论、科学手段，来论证汉字

① 闻一多：《论振兴国学》。见桑兵等编：《国学的历史》，国家图书馆出版社2010年版，第135页。

② 吕叔湘：《吕叔湘文集》（第四卷），商务印书馆2004年版，第91—113页。

③ 陈明远：《电子计算机与汉字改革》，《语文现代化》1980年第1期，第71页。

优劣的问题。1999 年 7 月，张飞利利用"信息熵"的理论[1]，在《光明日报》发表《汉语的"信息熵"劣势》一文。该文针对中文高"信息熵"的情况（法文 3.98 比特，西班牙文 4.01 比特，英文 4.03 比特，俄文 4.35 比特，中文 9.65 比特），不无担心地指出："拼音文字的信息熵小，差别不大。汉字的信息量最大，因而，在信息管理和传递的时候，中文处于最不利的地位。"我们再摘录其中的两段话：

> 不管用什么中文输入方法，汉字输入输出的字符仍然需要多次转换，还是高成本和高消耗的。现有的中文输入方法跟语言文字的标准规范之间的差别依然存在，人的操作和学习等效率还是没有得到提高。电笔和声音输入是重要的技术，但是，这些技术突破并不能取代键盘输入，更不能解决中文的效率问题。

> 可以看出，汉字信息量大，是中文信息管理和传递成本高、消耗大和效率低的基本原因。汉字为中国文明的延续发展发挥了巨大的历史作用。今天，汉字方式是阻碍中文信息科学技术发展的头号困难因素。中国可以在信息工业的机械设计和制作方面赶上世界先进水平，然而，如果不能摆正和改善中文的信息熵和多余度之间的关系，那么，中国的信息产业的整体就总是低效率的，就总得跟着别人后面走，难免挨打。一些美国人担心中国发展计算机和导弹技术会造成"中国威胁"，那的确是夸张了。即便把美国所有的计算机技术和导弹技术都交给中国，只要中国还是按照汉字方式来操作，那么，在计算机和导弹技术方面，中国就总是处于不利地位。[2]

对于张飞利所论，雷海涛也曾以《古老汉字绝非中国信息化的障碍》[3]为题予以反驳，但所论不详。笔者对此一窍不通，近 20 年过去了，不知此种理论、此种技术发展到了什么程度，中文（汉字）在计算机编码与输入等方面又有怎样的变化——但在我的感觉里，计算机及其应用技术是西方人发明，当然是以拼音文字为基础，以拼音文字为标准；中文（汉字）是不是也应该有自己的标

---

[1] "信息熵"是信息论中用于度量信息量的一个概念，由被称为信息论之父的克劳德·艾尔伍德·香农在1948年提出。该理论认为，一个系统越是有序，信息熵就越低；反之，一个系统越是混乱，信息熵就越高。所以，信息熵也可以说是系统有序化程度的一个度量。根据信息熵的理论，一些学者得出了汉字优势论；而另外一些学者，则得出了完全相反的结论。

[2] 张飞利：《汉语的"信息熵"劣势》，《光明日报》1999年7月21日。

[3] 雷海涛：《评论：古老汉字绝非中国信息化的障碍》，《光明日报》1999年9月8日。

准呢？中国现在最需要有技术的创新与突破，不要动辄就赖到自己祖宗头上去——计算机技术刚刚兴起的时候，中国语言学家、文字学家自掘坟墓，首先想到的是废弃汉字——是不是还有更合理的、更优化的方案呢？在西方文化（科学）面前，百余年来根深蒂固的自卑心理会阻碍中国的正常发展。况且，在技术至上主义的引领下，以西方（美国）的标准为标准，动辄以启蒙的名义、以科学的名义、以民主的名义、以发展的名义指责中国，批判中国，这都不是好主意。技术的发展有一个积累的过程，中国改革开放40年来，已经发展得很快了，取得的成就也实属不易，不要指望着中国一下子飞到天上去。

另外，2012年，张学新则从"拼义符号"角度，论证了汉字的特点。他在《拼义符号：中文特有的概念表达方式》一文中说：

> 在西方语言学的理论框架下，作为中国文化核心要素的汉字被认为是落后和不科学的，应该被世界通用的拼音字母文字取代。最近的脑科学研究却发现，中国人阅读汉字时会出现一个特殊的脑电波N200，在西方人阅读字母文字时根本没有。这个发现引出了一个新的学术理论，指出汉字是世界上独一无二的拼义文字，同拼音文字存在本质不同，两者共同构成人类文字最高发展阶段仅有的两个逻辑类型。拼义文字的核心在于用两个旧符号的并置构造新符号，表达新概念，其意义同两个旧符号相关，但又不同于两者意义的简单组合。拼义理论指出，中国人的概念网络是基于数量有限的7千个意义单位，而西方人的概念网络由大量独立定义的概念构成，两者可能存在本质不同。拼义符号的提出，为理解中西思维和文化的差异提供了一个新的视角。
>
> 中文里，文字是第一性的，而口语受到文字的强烈反制，失去了主导地位；汉字不仅不落后，反而构成文字的一个最高发展阶段，与字母文字不分伯仲，不可能、也不必要字母化；中国传统语言学对文字的重视是符合中文的本质特点的。[①]

其实，我们在很多方面，对中文、对汉字的认识都有待进一步深入。拼音文字和表意文字是两个体系，纠缠于孰优孰劣并没有多少意义——文字只要与民族的语言、思维、习俗乃至与文化相契合，就是有生命力的、有价值的、有意义的文字，就是优秀的文字（所谓文字之优劣论，是西方话语霸权的结果），值得每个国人所珍重、爱护——张学新所论，为我们提供了新的论据。

---

① 张学新：《拼义符号：中文特有的概念表达方式》，《科学中国人》2012年第23期。

第六节　古籍真伪之辨 ①

中国是一个史的国度，先秦时即有"左史记言、右史记事"的传统，后世史书更是体例完备，内容丰赡；中国也是一个书的国度，受"三不朽"理论 ② 的影响，中国文人士人以著书立说为荣，希望自己达到"死而不朽"之境界，所以中国史书典籍汗牛充栋，代代传承，文脉悠远。但是，由于先秦时期书籍主要抄写于竹简、木简之上，流传以传抄为主，且往往是单篇流传，由于传抄人的态度（认真与否）、喜好不同，必然会产生疏漏、异文、讹误甚至窜改的情况，这是客观存在的事实。所以就有了典籍辨伪的问题。需要强调的是，古代典籍中存在的疏漏、异文、讹误甚至窜改等情况，或者说"伪"的问题，仅仅只是现象，绝不是主流。况且，退一万步讲，书籍是文化的载体，中国人对中国书籍应该有最起码的温情与敬意——这在前文范畴（书目）之争中也多有论及——任何无原则、无底线地批判甚至污蔑中国书籍的观点，笔者都坚决反对。不幸的是，古史辨派的导师人物钱玄同与胡适恰恰持有这样的观点。

典籍真伪之争由来已久。在宋代，就已出现对前代典籍"疑古辨伪"现象，如郑樵的《诗辨妄》即是一例。到了清代，"疑古辨伪"渐成风潮，姚际恒《古今伪书考》、崔述《读风偶识》《东壁遗书》便是此类代表。而在 20 世纪初，日本以白鸟库吉（1865—1942）为代表的"尧舜禹抹杀论"正尘嚣甚上，此二风气对新派学人中的革新者影响巨大 ③。在胡适倡导"整理国故"后，作为胡适的学生，顾颉刚以疑古的态度和胡氏倡导的科学精神投入到整理国故的运动中，形成了"古史辨派"，以对史学、经学的"怀疑""辨伪"为主要特征，1926—1941 年间先后出版《古史辨》七册，包罗 300 余篇文章，320 余万字，在学术界形成了很大的影响。

---

① 在本书下编专有《创新或借鉴——顾颉刚古史辨派与日本学术的关系问题》一章，重点谈顾颉刚与古史辨派的问题，本节内容只就古史辨派渊源，简而言之。

② "三不朽"即立德、立功、立言，出自《左传·襄公二十四年》。见洪亮吉撰，李解民点校：《春秋左传诂》，中华书局1987年版，第566—567页。

③ "古史辨派"应该受到白鸟库吉等日本学者的影响。如廖名春《试论古史辨运动兴起的思想来源》一文中认为古史辨抄袭自白鸟库吉"尧舜禹抹杀论"（载陈其泰、张京华主编：《古史辨学说评价讨论集》，京华出版社2001年版，第263页）；香港学者陈学然：《中日学术交流与古史辨运动：从章太炎的批判说起》（载于《中华文史论丛》2012年第3期、总第107期）更是洋洋数万言。详见第三编第八章。

古史辨派以钱玄同、胡适为导师，以顾颉刚为急先锋，1923年为其发轫期，其标志性成果则是1926年《古史辨》第一册的出版。这里，我们先看一下钱玄同、胡适二人的一些论点。

钱玄同在《中国今后之文字问题》（1918）一文中说："所谓《四库全书》者，除晚周几部非儒家的子书之外，其余则十分之八都是教忠教孝之书：'经'不待论；谓'史'者，不是大民贼的家谱，就是小民贼杀人放火的账薄，——如所谓'平定什么方略'之类；——'子''集'的书，大多数都是些'王道圣功'、'文以载道'的妄谈。还有那十分之二，更荒谬绝伦：说什么'关帝显圣'、'纯阳降坛'、'九天玄女'、'黎山老母'的鬼话；尤其甚者，则有'婴儿姹女'、'丹田泥丸宫'等说，发挥那原人时代'生殖器崇拜'的思想。所以两千年来汉字写的书籍，无论哪一部，打开一看，不到半页，必有发昏做梦的话。""欲祛除三纲五伦之奴隶道德，当然以废孔学为唯一办法；欲祛除妖精鬼怪，炼丹画符的野蛮思想，当然以剿灭道教——是道士的道，不是老庄的道——为唯一之办法。欲废孔学，欲剿灭道教，惟有将中国书籍一概束之高阁之一法。何以故？因中国书籍，千分之九百九十九都是这两类之书故；中国文字，自来即专用于发挥孔门学说，及道教妖言故。"[1]钱氏以《四库全书》为例，从经、史、子、集四个方面全面否定了古籍，并宣称将"中国书籍一概束之高阁"。在《汉字革命与国故》（1923）一文中，钱氏仍然强调："照中国目前学术界的状况看来，一般人不妨暂时将国故'束之高阁'；我从别一方面着想，并且觉得目前应该将国故'束之高阁'。你看！遗老还没有死尽，遗少又层出不穷了。"为什么要将中国书籍"束之高阁"呢？这是因为中国文字都是在"发挥孔门学说，及道教妖言故"；是因为"汉字书籍之中底国故，只是一大堆杂乱无章的国故底材料……若读那杂乱无章的旧书，必致'劳而无功'，而且'非徒无益而又害之'。因为旧书之中，'牛溲、马勃、败鼓之皮'到处皆是，若误信杜撰事实或淆乱真相的伪史，不是反有害吗？"[2]钱氏认为中国旧书中，"牛溲、马勃、败鼓之皮"到处都是，是不是有些恶毒？

---

① 钱玄同：《中国今后之文字问题》（1918年3月14日）。见《钱玄同文集》（第一卷），中国人民大学出版社1999年版，第163、164页。

② 钱玄同：《汉字革命与国故》（1923年11月20日）。见桑兵等编：《国学的历史》，国家图书馆出版社2010年版，第311页。

　　而在顾颉刚的成名作《古史辨》第1册^①中，钱玄同不但引导顾颉刚"把今古文的黑幕一齐揭破"（第213页），走上了疑古之路，而且他自己也提出了许多激烈疑古的论点。1923年6月10日，钱玄同在《读书杂志》第10期发表《答顾颉刚先生书》，其中说：

　　　　先生所说"层累地造成的中国古史"一个意见，真是精当绝伦。举尧，舜，禹，稷，及三皇，五帝，三代相承的传说为证，我看了之后，惟有欢喜赞叹，希望先生用这方法，常常考查，多多发明，廓清云雾，斩尽葛藤，使后来学子不致再被一切伪史所蒙。我从前以为尧舜二人一定是"无是公"，"乌有先生"。尧，高也；舜，借为"俊"，大也（《山海经》的《大荒东经》作"帝俊"）；"尧""舜"底意义，就和"圣人""贤人""英雄""豪杰"一样，只是理想的人格之名称而已。中国底历史应该从禹说起。……尧舜这两个人，是周人想象洪水以前的情形而造出来的；大约起初是民间底传说，后来那班学者便利用这两个假人来"托古改制"。（第67页）

　　　　"六经"固非姬旦底政典，亦非孔丘底"托古"的著作。（第69页）

　　　　《仪礼》是战国时代胡乱抄成的伪书。（第77页）

　　　　我以为原始的易卦，是生殖器时代崇拜底东西，"乾""坤"二卦即是生殖器底记号。……孔丘以后的儒者借它来发挥他们的哲理，有做《象传》的，有做《系辞传》的，有做《文言传》的，汉朝又有焦赣京房一流人做的《说卦传》，不知什么浅人做的《序卦传》，不知那位学究做的《杂卦传》，配成了所谓"十翼"。（第77页）

　　　　《春秋》，王安石（有人说不是他）说它是"断烂朝报"，梁启超说它像"流水账簿"，都是极确当的批语。……至于《左传》，……这部书底信实的价值，和《三国演义》差不多。……从实际上说，"六经"之中最不成东西的是《春秋》。（第77—78页）

　　在《论获麟后读经及春秋书》中，他对顾颉刚说：

　　　　我现在对于今文家解"经"全不相信，我而且认为"经"这样东西，压根儿就是没有的，经既没有，则所谓"微言大义"也者，自然"皮之不存，毛将焉附"了。（第280页）

　　在为汪荣宝《歌戈鱼虞模古读考》所作《跋》中，他甚至说：

————————

① 顾颉刚：《古史辨》（1），上海古籍出版社1982年版影印本。下文中所引《古史辨》（1）中的文字，只随文注页码。

许慎的《说文》是一部集伪古字、伪古义、伪古礼、伪古制和伪古说之大成的书。（第 66 页）

在钱氏眼中，凡是中国的东西都没有价值。廖名春先生在论及钱氏上述观点时说："否定尧舜、否定六经、否定六经与孔子的关系，甚至否定《说文》，就是要通过'将中国书籍一概束之高阁'，来达到'废孔教灭道教'的目的，这就是古史辨运动的真精神，是古史辨运动与历代辨伪活动不同的所在，也是古史辨运动代表人物与历代辨伪家的根本区别。所以，考辨古籍、考证人物的真伪并非古史辨运动的真谛，它只是手段。而钱玄同正是把握了这种'真谛'的人，胡秋原视他为古史辨运动的关键人物之一，是有眼力的。"①

胡适亦是古史辨运动的倡导者、鼓吹者。早在 1919 年，胡适在其成名作《中国古代哲学史》（即《中国哲学史大纲》）"导言"中就说："以现在中国考古学的程度看来，我们对于东周以前的中国古史，只可存一个怀疑的态度。至于'邃古'的哲学，更难凭信了。唐、虞、夏、商的事实，今所根据，止有一部《尚书》。但《尚书》是否可作史料，正难决定。梅赜伪古文，固不用说。即'二十八篇'之真古文，依我看来，也没有信史的价值。……我以为《尚书》或是儒家造出的'托古改制'的书，或是古代歌功颂德的官书。无论如何，没有史料的价值。古代的书，只有一部《诗经》可算得是中国最古的史料。……至于《易经》更不能用作上古哲学史料。《易经》除去《十翼》，只剩得六十四个卦，六十四条卦辞，三百八十四条爻辞，乃是一部卜筮之书，全无哲学史料可说。故我以为我们现在作哲学史，只可从老子、孔子说起。用《诗经》作当时时势的参考资料。其余一切'无征则不信'的材料，一概阙疑。"②。1921 年 1 月，胡适在《自述古史观书》短文中说："大概我的古史观是：现在先把古史缩短二三千年，从《诗三百篇》做起。将来等到金石学、考古学发达了上了科学轨道以后，然后用地下掘出的史料，慢慢地拉长东周以前的古史。至于东周以下的史料，亦须严密评判。'宁疑古而失之，不可信古而失之'。"③1921年 7 月，胡适在东南大学名为《研究国故的方法》演讲中，谈到"疑古的态度"。

---

① 廖名春：《试论古史辨运动兴起的思想来源》。见陈明主编：《原道·文化建设论集》（第四辑），学林出版社1998年版，第116—117页。

② 胡适：《中国古代哲学史》。欧阳哲生：《胡适文集》（6），北京大学出版社1998年版，第177—178页。

③ 胡适：《自述古史观书》。见顾颉刚：《古史辨》（第一册），上海古籍出版社1982年版，第22—23页。

他说："疑古的态度，简而言之，就是'宁可疑而错，不可信而错'十个字。……在东周以前的历史，是没有一字可以信的。以后呢，大部分也是不可靠的。如'禹贡'这一章书，一般学者都承认是可靠的。据我用历史的眼光看来，也是不可靠的，我敢断定它是伪的。在夏禹时，中国难道竟有这般大的土地吗？四部书里面的经、史、子三种，大多是不可靠的。我们总要有疑古的态度才好！"[①] 胡适"疑史"之激烈，态度之坚决，与钱玄同相比，不遑多让。

虽然，顾颉刚晚年否认胡适对古史辨派的影响，但或者只是他在批胡政治压力下为求自保的违心之言。1924年2月22日，胡适发表《古史讨论的读后感》，力挺顾颉刚，其中说："顾先生的'层累地造成的古史'的见解真是今日史学界的一大贡献，我们应该虚心地仔细研究他，虚心地试验他，不应该叫我们的成见阻碍这个重要观念的承受。这几个月的讨论不幸渐渐地走向琐屑的枝叶上去了，我恐怕一般读者被这几万字的讨论迷住了，或者竟忽略了这个中心的见解，所以我要把他重提出来，重引起大家的注意。"接着引述了顾颉刚"层累地造成的古史"的"三个意思"，可谓鼎力相助[②]。1926年9月，胡适在《现代评论》第四卷第91—92期发表《介绍几部新出的史学书》，其中重点宣扬《古史辨》第一册，评价说："颉刚的'层累地造成的中国古史'一个中心学说已替中国史学界开了一个新纪元了。中国的古史是逐渐地，层累地堆砌起来的，——'譬如积薪，后来居上'——这是决无可讳的事实。崔述在十八世纪的晚年，用了'考而后信'的一把大斧头，一劈就削去了几百万年的上古史。(他的《补上古考信录》是很可佩服的。)但崔述还留下了不少的古帝王；凡是'经'里有名的，他都不敢推翻。颉刚现在拿了一把更大的斧头，胆子更大了，一劈直劈到禹，把禹以前的古帝王(连尧带舜)都送上封神台上去！连禹和后稷都不免发生问题了。故在中国史学上，崔述是第一次革命，顾颉刚是第二次革命，这是不须辩护的事实。"[③] 而顾颉刚在《古史辨·自序》中也说："我自在《读书杂志》中发表了推翻相传的古史系统的文字之后，一时奖誉我的人称我'烛照千载之前，发前人之所未发'；反对我的人便骂我'想入非非，任情臆造'，

① 胡适：《研究国故的方法》。见欧阳哲生编：《胡适文集》(12)，北京大学出版社1998年版，第92—93页。

② 胡适：《古史讨论的读后感》。见顾颉刚：《古史辨》(第一册)，上海古籍出版社1982年版，第191—192页。

③ 胡适：《介绍几部新出的史学书》。见顾颉刚：《古史辨》(2)，上海古籍出版社1982年影印本，第338页。

对我怀疑的人也就笑我抨击古人只不过为的趋时成名。也有爱我的前辈肫挚地劝告道：'你是一个很谨厚的人，何苦跟随了胡适之钱玄同们，做这种不值得做的事情！'"① 所以，在当时人们看来，顾颉刚是"随了胡适之钱玄同们"的。余英时在《未尽的才情——从〈日记〉看顾颉刚的内心世界》中评论说，"他（顾颉刚）的彻底'辨伪'和'破坏伪古史系统'明明是承胡适的思路而来，《古史辨》第一册上编的文献俱在"，"他一方面接受了胡适的启发而推动'古史辨'"②，说得很清楚。1929 年，胡适由"疑古"转向"信古"，才与顾颉刚分道扬镳③。

　　我们这里再约略谈一下钱穆与古史辨派的关系。钱穆是中国文化坚定拥戴者，但他早年受学术潮流之影响，也曾是古史辨派的参与者，如他认为"《系辞》非孔子作"④，"《孙子》十三篇，洵非春秋时书。其人则自齐之孙膑而误"⑤，"余考《老子》书，盖兴于齐，出于庄周、宋钘之后，荀卿已及见，至韩非、吕不韦时已大行"⑥，"根据种种论证，《庄子》一书实在《老子》五千言之前。……《老子》五千言，则决然是战国末期的晚出书。如此说来，道家的鼻祖，从其著书立书，确然成立一家思想系统的功绩言，实该推庄周"⑦，疑古过勇，好在钱穆后来态度转变，成为古史辨派的严厉的批判者。廖名春先生在《钱穆与疑古学派关系述评》一文中，评述了钱穆先生对疑古学派态度的变化，"钱

① 顾颉刚：《古史辨·自序》。见顾颉刚：《古史辨》（第一册），上海古籍出版社 1982 年版，第 3—4 页。

② 余英时：《未尽的才情——从〈日记〉看顾颉刚的内心世界》，联经出版事业股份有限公司 2007 年版，第 23—24 页。

③ 顾颉刚在《我是怎样编写〈古史辨〉的？》一文中说："到了一九二九年，我从广州中山大学脱离出来，那时胡适是上海中国公学的校长，我去看他，他对我说：'现在我的思想变了，我不疑古了，要信古了！'我听了这话，出了一身冷汗，想不出他的思想为什么突然改变的原因。"见顾颉刚：《古史辨》（一），上海古籍出版社 1982 年版，第 13 页。

④ 钱穆：《论〈十翼〉非孔子作》（1928）。见顾颉刚：《古史辨》（第三册），上海古籍出版社 1982 年影印本，第 89 页。

⑤ 钱穆：《先秦诸子系年·孙武辨》。见钱穆：《钱宾四先生全集》（5），台北市联经出版事业公司 1998 年版，第 15 页。

⑥ 钱穆：《先秦诸子系年·老子杂辨》。见钱穆：《钱宾四先生全集》（5），台北市联经出版事业公司 1998 年版，第 261 页。

⑦ 钱穆：《庄老通辨·中国道家思想之开山大宗师——庄周》。见钱穆：《钱宾四先生全集》（7），台北市联经出版事业公司 1998 年版，第 1 页。

穆先生从疑古学派的同情者，一变为诤友，再变为劲敌"①，所论甚是。

1939年，钱穆先生在《国史大纲·引论》②中，把中国近世史学分为传统派（记诵派）、革新派（宣传派）、科学派（考订派）。其中评论说："'科学派'乃承'以科学方法整理国故'之潮流而起。此派与传统派，同偏于历史材料方面，路径较近；博洽有所不逮，而精密时或过之。二派之治史，同于缺乏系统，无意义，乃纯为一种书本文字之学，与当身现实无预。无宁以'记诵'一派，犹因熟谙典章制度，多识前言往事，博洽史实，稍近人事；纵若无补于世，亦将有益于己。至'考订派'则震于'科学方法'之美名，往往割裂史实，为局部窄狭之追究。以活的人事，换为死的材料。治史譬如治岩矿，治电力，既无以见前人整段之活动，亦于先民文化精神，漠然无所用其情③。彼惟尚实证，夸创获，号客观，既无意于成体之全史，亦不论自己民族国家之文化成绩也。"④这里，钱穆虽是针对"整理国故"而言，但同样适用于古史辨派，他们"往往割裂史实"，对国家、对历史、对文化漠然处之，无一丝一毫之情感，这样的研究于人、于世何益？

1958年，钱穆先生在《两汉经学今古文平议·自序》中，则明指古史辨派的学术渊源，并批评说："惟其⑤先以经学上门户之见自蔽，遂使流弊所及，甚至于颠倒史实而不顾。凡所不合于其欲建立之门户者，则胥以伪书伪说斥之。于是不仅群经有伪，而诸史亦有伪。挽近世疑古辨伪之风，则胥自此启之。夫史书亦何尝无伪？然苟非通识达见，先有以广其心、沉其智，而又能以持平求是为志，而轻追时尚，肆于疑古辨伪，专以蹈隙发覆、标新立异为自表襮之资，而又杂以门户意气之私，而又乌往而能定古书真伪之真乎？"⑥批评可谓一针见血。

---

① 参看廖名春：《钱穆与疑古学派关系述评》。见陈明等编：《原道》（第5辑），贵州人民出版社1999年版，第211—230页。

② 钱穆：《国史大纲》之"引论"，完成于民国二十八年一月（1939），而是书初版于民国二十九年（1940）。

③ 缪凤林在《历史之意义与研究》一文中也有类似的表述。他说："考据派于学问不事博通而能专精，但流于干枯。盖皆熟悉文字之源流，语音之变迁，其于文章惟以训诂之法研究之，一字一句之来源，一事一物之确义，类能知之，而于文章之义理、结构、词藻，精神美质之所在，以及有关人心风俗之大者，则漠然视之。"（《学衡》第23期，1923年11月）

④ 钱穆：《国史大纲》（上）。见钱穆：《钱宾四先生全集》（27），台北市联经出版事业公司1998年版，第24页。

⑤ 指康有为、廖平。

⑥ 钱穆：《两汉经学今古文平议·自序》。见钱穆：《钱宾四先生全集》（8），台北市联经出版事业公司1998年版，第6—7页。

对于古史辨派（顾颉刚）有名的"大禹是一条虫"的论点，钱穆晚年也予以专门考察。他在《晚学盲言》（1986）中考察了古代传说中取名的现象，其中说："中国人创业必垂统。如农业，百亩之田，父子相传，可以百世；其他工业亦然。工业为农之副，本由农业分出。如陶业，亦世代相传，故古有陶唐氏。'唐'者，搪塞其外而中空，陶器即然。其部落中之酋长，为其他部落酋长公推为共主。其时中国或尚未发明有文字，不知当时每一人如何取名。后人传述，乃姑名其酋长曰'帝尧'。'尧'字上从'垚'，乃为累土之象；下从'兀'，乃一高出而能转动之器。垚在兀上，陶业从事即如此。此酋长乃以其共主地位，让于另一部落之舜。舜为有虞氏，'虞'乃掌山泽之官，常巡行山泽草间，当时亦视为一工业。'舜'本草名，其弟名'象'，则乃山泽一兽，性善良，易受教，不似狮虎之难驯。舜弟亦终成为一善人。则舜与象之取名，或亦后世传述其事者姑讬名之而已。舜父'瞽瞍'，双目有病，非其本名。"谈到鲧与禹的名字，他认为："尧使鲧治洪水无效，舜殛鲧于羽山，又命其子禹继父业。'鲧'乃大鱼名。'禹'则乃一大虫，当亦水族动物。然则鲧与禹之名，亦以其父子以治水为业，后世取以名之。在当时则有其人，或无如后世相传之名。"由此，他批评古史辨派说："吾友顾颉刚，由此'禹'字生疑，创为古史辨。不知遇古史有疑，当就其时代善为解释，不当遽以疑古为务。傥中国古史尽为伪造，则中国人专务伪造，又成何等人？此岂不别生一甚大问题，令人无可回答。或谓中国古史乃一部神话。但中国人亦非好作神话，仍与中国国民性不合。明属人文社会事，中国人信而好古，本之传说，而姑为之假托一名。则中国古史之异于神话，亦显然可知。"[①]在钱穆看来，上古时期，有些部落的杰出人物（共主），人们纪念他们，宣扬他们的事迹；由于没有文字记载，人们只能口耳相传，转相述述，逐渐忘掉（或隐去）他们的名字而直接以他们所擅长的、具有突出事迹的某一行业或者具有突出特征的某一名物符号来称呼他们，如陶唐为制陶业，虞为巡行山泽的行业；而尧（制陶）、舜（草名）、象（兽名）、鲧（大鱼）、禹（大虫）则为代表某一名物符号。钱穆强调的是，这些人物并非是虚构出来的，在历史上是客观、真实存在的，只不过是他们的名称经过了一个转借的过程——当然，这只是钱穆先生的推测；在文字产生之前，由于史料的缺失，任何所谓科学的方法，往往是主观的偏见在作祟——对中国上古文明的研究尤是如此。

---

① 钱穆：《创业与垂统》。见钱穆：《钱宾四先生全集·晚学盲言（一）》（48），台北市联经出版事业公司1998年版，第773—774页。

桑兵先生说："胡适、顾颉刚等人早年治学，多先立论，再补充材料，本末倒置，确有悬问题以觅材料之嫌，所鼓吹的疑古辨伪即不免看朱成碧之讥。"① 或许，这是胡适、顾颉刚之流"大胆的假设"之学术研究的最大的弊端。

从整体上来说，"古史辨派"最大作用即是颠覆了中国的古史系统，胡适更是断言"东周以上无信史"②，其相应的结果便是古代典籍大都成了伪书，这一点连同样批判传统文化的鲁迅也颇为不满，说"其实，他（指顾颉刚）是有破坏而无建设的，只要看他的《古史辨》，已将古史'辨'成没有③"。④1931年，陈寅恪在《吾国学术之现状及清华之职责》一文中说："近年中国古代及近代史料发见虽多，而具有统系与不涉傅会之整理，犹待今后之努力。今日全国大学未必有人焉，能授本国通史，或一代专史，而胜任愉快者。东洲邻国以三十年来学术锐进之故，其关于吾国历史之著作，非复国人所能追步。昔元裕之、危太朴、钱受之、万季野诸人，其品格之隆污，学术之歧异，不可以一概论；然其心意中有一共同观念，即国可亡，而史不可灭。今日国虽幸存，而国史已失其正统，若起先民于地下，其感慨如何？"⑤ 国家虽没有亡，国史却没有了，岂不哀哉？廖名春在《试论古史辨运动兴起的思想来源》一文中也说："近代以来中华民族倍受外国霸权的欺凌和压迫，这种欺凌和压迫最大莫过于对民族精神和民族自信心的打击。在这一问题上，古史辨运动到底起了什么作用，的确是值得我们深思的。"⑥ 此话切中肯綮。中国一直以来，是个"大一统"的国家——司马迁《史记》最伟大的历史功绩，并不是开创了什么史书的体例，

---

① 桑兵：《厦门大学国学院风波——鲁迅与现代评论派冲突的余波》，《近代史研究》2000年第5期。

② 也称为"东周以上无史"论。此类观点，屡屡出现在胡适的著作、演讲中（见前文）。顾颉刚也主张"东周以上无史论"。1921年6月，顾颉刚在《自述整理中国历史意见书》一文中说："照我们现在的观察，东周以上只好说无史。现在所谓很灿烂的古史，所谓很有荣誉的四千年的历史，自三皇以至夏商，整整齐齐的统系和年岁，精密的考来，都是伪书的结晶。"（见顾颉刚：《古史辨》（1），上海古籍出版社1982年版，第35页）总体来看，胡适、顾颉刚等人的"东周以上无信史"的观点是明确的。

③ 这里需要说明的是，鲁迅与顾颉刚结怨较深。鲁迅此处论断，是出于学术判断还是个人恩怨，我们不得而知。

④ 鲁迅：《鲁迅全集》（第十三卷），人民文学出版社2005年版，第169—170页。

⑤ 陈寅恪：《吾国学术之现状及清华之职责》（1931年5月）。见卞僧慧：《陈寅恪先生年谱长编》（初稿），中华书局2010年版，第135页。

⑥ 廖名春：《试论古史辨运动兴起的思想来源》。见陈明主编：《原道·文化建设论集》（第四辑），学林出版社1998年版，第129页。

为我们留下了多少有价值的史料，而是确立了中国人的"大一统"的文化观念、文化传统(孔子《春秋》已开其端)，这是中国人民族精神与民族自信心的基础——而古史辨派竟然要以科学的名义将它全部解构了，岂不哀哉？！

在我看来，历史是有生命的，是生命有机体的重要组成部分，通过所谓科学的研究，抹杀历史的"生命"，是不道德的。

第七节　经学存废之争 ①

中国人经的观念源远流长。在《庄子》中就有多次记载，如《庄子·天道》篇中说："孔子西藏书于周室……往见老聃，而老聃不许，于是繙十二经②以说。"《庄子·天运》篇中说："孔子谓老聃曰：'丘治《诗》《书》《礼》《乐》《易》《春秋》六经，自以为久矣……'老子曰：'幸矣，子之不遇治世之君也！夫六经，先王之陈迹也，岂其所以迹哉！'"而《庄子·天下》篇则进一步说明了"六经"的作用："《诗》以道志，《书》以道事，《礼》以道行，《乐》以道和，《易》以道阴阳，《春秋》以道名分。""六经"当是孔子兴办私学之后，为传承文化、教育弟子确立的"教科书"，因儒家为显学，在先秦时期已有相当影响。汉武帝"罢黜百家，独尊儒术"之后，《诗》《书》《礼》《易》《春秋》"五经"的地位得以稳固。之后，历代统治者不断扩大经书的范围，至南宋时"十三经"最终得以确立，成为中国古代士人读书之圭臬。所以，不管如何界定国学，经学都是国学中的核心内容，是国学的重中之重。

清末民初或者说清朝以来的经学状况如何呢？熊十力先生在《读经示要》（1945）中说：

> 夫有清二百余年之学术，不过拘束于偏枯之考据。于六经之全体大用，毫无所窥。其量既狭碍，其识不宏通。其气则浮虚，其力则退缩。

> 清世经学已亡。士之慧敏者，或以考核名专家，或以文辞称巨子，而大儒竟不可得。国学建而无师，乃必然之势也。

> 经学既衰绝，古人成己成物之体要，不复可窥见。于是后生游海外者，

---

① 有关经学的问题，在前文中已多有论及。其实，凡论及儒学，必然涉及经学；而对儒学的批判，也即是对经学的批判。经学与儒学是一体的。本节只梳理经学存废之争的脉络。

② 陈鼓应先生认为，"十二经"应为"六经"之误。他在简要考察之后说："'十二'二字疑系'六'字缺坏，折而为二；核者不察，改为'十二'耳。"见陈鼓应：《庄子今注今译》，商务印书馆2007年版，第403—405页。

以短少之日力，与不由深造自得之肤泛知见，又当本国政治与社会之衰敝，而情有所激，乃妄为一切破坏之谈。而首受攻击者，厥为经籍与孔子。北庠诸青年教授及学生，始掀动新潮，而以打倒孔家店，号召一世。六经本弃置已久，至此又剥死体。然是时胡适之等提倡科学方法，亦不无功。独惜胡适不专注此，而随便之议论太多耳。自兹以后，学者视六经，殆如古代之器物。而其考核及之者，亦如西洋考古家，考察灭亡蕃族之遗物已耳。呜呼！自清儒讲经而经亡。[①]

确如熊先生所言，由于有清一代"文字狱"的高压，清代士人"拘束于偏枯之考据"，而对于经学的发展而言，毫无成就，以至于经学陷入"已亡""既衰绝"的窘境。而新学兴起之后，新派学人"游海外者"，对西方（日本）文化见识本就肤浅，为中国"情势所激"，"妄为一切破坏之谈"；对本已"弃置已久"的六经的批判，只能是"剥死体"，如考古学家"考察灭亡蕃族之遗物"。熊氏所谓"剥死体"，与毛子水"解剖尸体"有些相类，但熊、毛二人之于中国文化的立场，却截然不同——熊氏之痛心可知也。

百余年来，经学存废问题有过四个回合的正面交锋。

第一个回合发生在政府（政权）层面。1912年1月，中华民国成立不久即颁布了《普通教育暂行办法通令》和《普通教育暂行课程标准》，取消小学读经科；同年2月，教育总长蔡元培发表了《对于新教育之意见》，明确提出了五育并举[②]的教育方针；同年9月，民国政府颁发了《小学校令》《中学令》《大学令》等教育革新措施，确立了"壬子癸丑学制"，取消了大学以下各级各类学校的读经讲经课程，从而直接动摇了中国二千年来尊孔读经的传统。袁世凯上台后，1913年6月发布《尊孔令》，次年9月又颁发《祭孔令》，并率百官到孔庙祭典。1915年，袁世凯发布《国民学校令》，以法律形式确立"尊孔读经"。随着袁世凯的倒台，1916年10月9日，新政府又废除了读经科目。

第二个回合主要发生在学者、文人之间。新文化运动兴起后，以胡适、陈独秀、鲁迅、钱玄同等为代表，倡言"反传统、反孔教、反文言"，掀起"打倒孔家店"的潮流，彻底否定经学。在此运动影响下，1923年，全国教育联合会颁布的《中小学课程标准纲要》，彻底删除了"读经"的字样。而与此同时，支持读经的有识之士也不乏其人。1921年，梁启超发表《学校的读经问题》，既承认读经

---

① 熊十力：《读经示要》（1945），上海书店出版社2009年版，第10—11页。
② 即军国民教育、实利主义教育、公民道德教育、世界观教育和美感教育。

之难，又认为经"不读之不可"，提出了五条理由，并提倡分阶段、分层次读经[①]。为与"废经"（文化批判）潮流相抗衡，甲寅派、学衡派纷纷撰文予以提倡，而章太炎也于1923年创办《华国月刊》，以"甄明学术，发扬国光"[②]。这期间还有一个小插曲：1925年11月2日，教育总长章士钊主持的教育部部务会议，决定小学自初小四年级起开始读经，每周一小时，至高小毕业止；而鲁迅则于11月18日发表《十四年的"读经"》一文，指出"只有几个糊涂透顶的笨牛，真会诚心诚意地来主张读经"，而章士钊主张读经则"不过是这一回要把戏偶尔利用到的工具"，而"古国的灭亡，就是因为大部分的组织被太多的古习惯教养得硬化了，不再能够转移，来适应新环境。若干分子又被太多的坏经验教养得聪明了，于是变性，知道在硬化的社会里，不妨妄行"[③]，指出了读经的危害。由于章士钊在11月底即离职，这次中小学的读经活动也就不了了之。

第三个回合则是政府倡导下社会各方力量的交锋。国民政府原以革命者自居，是反对读经的；但随着政权的相对稳固，其态度也有了明显的变化。1934年2月，蒋介石以政府首脑的名义在南昌成立"新生活运动促进会"，发起新生活运动，以孔孟的"四维"（礼义廉耻）和"八德"（忠孝仁爱信义和平）为道德标准，统一人们的思想，读经活动又开始升温。一些地方政府如湖南省主席何键、山西省主席阎锡山、粤系军阀陈济棠也要求在中小学推广读经。

---

① 梁启超的《学校的读经问题》，非常简短，提出的五条读经的理由如下："第一，经训为国性所寄，全国思想之源泉，自兹出焉。废而不读，则吾今侪祖宗之精神，将失其连属，或酿国性分裂消失之病。第二，吾国言文分离，现在国语未能统一，所恃沟通全国人之情，使控抟为一体者，全恃文字。文字古今，虽微差别，然相去实不远，故我国古书，不能与欧西之希腊、罗马古文相提并论，自幼当即读也。第三，我国因言文分离之故，故文字无变化，欲用国文以表今日各种科学思想，已觉甚难。然古书训诂深厚，含意丰宏。能理解古书者，则籍此基础以阐发新思潮，或尚有着手处。若全国皆习于浅薄之文学，恐非惟旧学失坠，而新学亦无自昌明。第四，学童幼时，当利用其记性，稍长乃利用其悟性。盖悟性与年俱进，不患不浚发；若记性则一过其时，虽勤劳十倍，亦难收效。今若谓经终可不读，斯亦已矣。苟犹应读，则非自小学时即读之不可。长大以后，非特无此时日，即读亦不能受用。第五，今之学童，亦曷尝不朗诵坊间所编教科书者。实则此本不必诵，而皆诵之，亦可证其性宜诵也。与其费日力以诵此，费脑力以记此，何不反求诸圣经贤传乎？"（见《饮冰室合集·文集之四十三》，中华书局1989年据1936年上海中华书局本影印，第80—81页）其中不乏真知灼见，当下倡导读经者所论亦不外于此。

② 《华国月刊》由章太炎1923年9月创刊，1926年2月停刊，共出版28期，维持两年半时间。

③ 鲁迅：《十四年的"读经"》。见《鲁迅全集》（第三卷），人民文学出版社2005年版，第136—139页。

1935 年《教育杂志》刊发"读经问题"专号，71 位专家学者竞相争鸣，支持与反对杂陈。总体来说，此次争议支持者居多，根据何炳松先生的统计，在 71 位学者中，完全支持者为 16 人，完全反对者为 10 人，其余 45 人为相对支持（反对）者①。相关的争议仍在持续，我们且看较有代表性的胡适与章太炎的观点。胡适坚持其一贯地反传统文化的立场，1932 年 9 月 11 日，胡适在《论六经不够作领袖人才的来源（答孟心史先生）》一文中，强调"尊经一点，我终深以为疑"②；1935 年 4 月 14 日，胡适在《我们今日还不配读经》一文中，在引述傅斯年《论学校读经》③、王国维《与友人论诗书中成语书》④ 等材料后，通篇都是在大谈特谈读经之难，并在文章最后说："在今日妄谈读经，或提倡中小学读经，都是无知之谈，不值得通人的一笑。"⑤ 1937 年 4 月 18 日，胡适又发表《读经评议》一文，又在引述傅斯年《论学校读经》中的主要观点之后，在复述自己在《我们今日还不配读经》一文中的某些观点之后，强调"绝对的反对小学校读经"，认为初中高中可选读古经传中容易了解的文字，并奉劝提倡读经的文武诸公要身体力行、多读一些圣贤经传⑥，态度有所缓和。而章太炎在晚年，成为坚定的读经的鼓吹者。1935 年 6 月，章太炎在章氏星期演讲会上做了题为《论读经有利而无弊》的演讲，并于 6 月 15 日、16 日在天津《大公报》上发表。章氏"正告"国人"于今读经，有千利无一弊也"，并从三个方面予以阐释："一，论经学

---

① 洪明：《读经论争的百年回眸》，《教育学报》2012 年第 1 期。本节内容，对该文多有借鉴，特此说明。

② 胡适：《论六经不够作领袖人才的来源（答孟心史先生）》。见欧阳哲生编：《胡适文集》（5），北京大学出版社 1998 年版，第 419 页。

③ 胡适：《我们今日还不配读经》。见欧阳哲生编：《胡适文集》（5），北京大学出版社 1998 年版，第 439 页。

④ 王国维在《与友人论诗书中成语书》一文中说："《诗》《书》为人人诵习之书，然于六艺中最难读。以弟之愚暗，于《书》所不能解者殆十之五；于《诗》，亦十之一二。此非独弟所不能解也，汉、魏以来诸大师未尝不强为之说，然其说终不可通。以是知先儒亦不能解也。"（《观堂集林》卷一）

⑤ 胡适：《我们今日还不配读经》。见欧阳哲生编：《胡适文集》（5），北京大学出版社 1998 年版，第 443 页。

⑥ 胡适：《读经评议》。见欧阳哲生编：《胡适文集》（11），北京大学出版社 1998 年版，第 758—761 页。

之利①；二，论读经无顽固之弊；三，论今日一切顽固之弊，反赖读经以救。"②
赋予了读经以崇高的使命。接下来，由于抗日战争全面爆发，有关读经的讨论
没有再深入下去，抗日救国成为时代主旋律，读经活动也就烟消云散了。

　　第四个回合则是从民间发起获得官方响应形成声势后引发的争议③。1994
年，台中师范大学王财贵教授在台湾发起的少年儿童读经运动，即利用13岁之
前的儿童时期，大量诵读经典，旨在以此来提升少年儿童的文化修养，健全其
人格、道德和智慧。王财贵的主张得到杨振宁、南怀瑾等学者的大力支持。近
20年来，王财贵在台湾、美国、东南亚及大陆演讲2000多场，掀起了全球华人
"儿童读经"潮流。另外，1995年，赵朴初、冰心、启功等9位全国政协委员
以正式提案形式发出《建立幼年古典学校的紧急呼吁》，引起了中央的高度重视，
李铁映、李岚清等领导同志批示教育部门给予相应的办学政策，全国各地成立
了各种形式的读经班。但当下反对读经的声音也从没有停止过，代表人物有刘
晓东、薛涌等，洪明先生在《读经论争的百年回眸》一文中所论甚详，兹不赘述。

　　其实，百余年的经学存废之争，大都只是囿于读经与不读经的争论而已，
并没有上升到国家的意识形态层面、没有上升到治国理政的层面（除袁世凯之
外）；也就是说，读经与不读经只是文化传承的问题，其间竟有如此多的争议——
对中国人来说，本身即是一个尴尬的问题——一个国家的历史文化经典，读与
不读还是问题吗？还需要争来争去吗？这本是一个基本的立场问题。至于倡导
儿童读经有没有科学性、难易程度如何掌握、符合不符合现代教育理念，我国
著名核物理学家黄祖洽先生读私塾的经历，或可给我们以启示。黄先生在高小
毕业后有过半年私塾读经的经历，他在回忆这段经历时说："读旧书费了半年
时间，总算从此对传统文化有了些启蒙。小时背诵的东西，不容易忘记。随着
以后生活经验的积累和各方面知识的长进，对记住的内容理解得会越来越多，
有时甚至会成为某些感悟的源泉。私塾的这种教学方式，是不是也有它的可取
之处？"④——所谓的理论家，往往只是纸上谈兵，就概念谈概念，就理论而理论，

---

① 在该文中，章氏指出："且今日读经之要，又过往昔，在昔异族文化，低于吾华，故其入
　　主中原，渐为吾化，今则封豕长蛇之逞其毒者，乃千百倍于往日，如我学人，废经不习，
　　忘民族之大闲，则必沦胥以尽，终为奴虏而已矣。有志之士，安得不深长思哉！要之，读
　　经之利有二：一，修己；二，治人。治人之道，虽有取舍，而保持国性实为最要。"
② 汤志钧编：《章太炎年谱长编（1935）》（卷五），中华书局1979年版，第950—952页。
③ 洪明：《读经论争的百年回眸》，《教育学报》2012年第1期。
④ 黄祖洽：《三杂集》，北京师范大学出版社2004年版，第15页。

甚无谓也。而在信息多元、价值观念多元的当下，某些国人虽然想当然地说什么"读经"，对于"什么是经"则不去理会——我们还是把"经"理解为儒家经典、中国文化经典吧①，只要他们还能在中国人安身立命、修身养性等方面发挥作用，则善莫大焉！

第八节 学科体系之争

自近代国学的概念传入中国后，支持者为宣扬国学，必然要以教育为突破口，培养国学人才。在这方面，最早对国学学科体系有所勾画的是国粹派。1907年，国学保存会拟设国粹学堂，制定了《拟国粹学堂学科预算表》。该学科预算表，实际上也是一个课程表，从中我们也可看到国粹派的课程设置状况：学制6学期，共分社会学、实业学、博物学、经学、哲学、伦理学、考古学、史学、宗教学、译学等21个学科，开设《经学源流及其派别》《古代社会状态》《古代哲学》《文字学源流考》《历代实业学史》等约百门课程，其基本章程规定"略仿各国文科大学及优级师范之例，分科讲授，惟均以国学为主"②，这是一个规模宏大的复兴古学的计划，惜其因没有经费作罢。

20世纪20年代，有关国学的争议日趋激烈，国学运动也渐次进入高潮。在时代的激荡下，与国学有关的学术论著、学术刊物和大型丛书盛极一时，这也直接影响到了大学办学的格局。各大学纷纷设立国学研究机构。北京大学研究所国学门（1922）、东南大学国学院（1923）、清华大学国学研究院（1925）、厦门大学国学研究院（1926）、燕京大学国学研究所（1928）等国学研究机构相继成立。甘肃教育厅在1928年召开的全国教育会议上，提出了《融合并发扬中华民族文化案》，要求从融合五族文化入手，巩固共和。其八项办法中的两条，一是大学院设立国学研究所，以整理国故；一是全国各大学均设国学专科③，可见当时国学机构的设置影响极大。对于各国学机构的学科设置，桑兵在《晚清

---

① 或许正如熊十力先生所言，经学早已"衰绝"，我们所说的五经、十三经，只是个名词而已。

② 《国粹学报》1907年第1期。参见郑师渠：《晚清国粹派的文化观》，《历史研究》1992年第6期。

③ 中华民国大学院编：《全国教育会议报告》，第182—184页，引自沈云龙编：《近代中国史料丛刊续编》第43辑。参见桑兵：《晚清民国时期的国学研究与西学》，《历史研究》1996年第5期。

民国时期的国学研究与西学》一文中，则从国学与西学的关系入手，予以详细说明：

> 学术上最能体现国学与西学关系的，当属国学研究所和国学院。其建制按照近代西学分类设科，其研究方法与课程遵循国际学术范式。北大国学门分设文字学、文学、哲学、史学、考古学等5个研究室，并相继创立歌谣研究会、风俗调查会、整理档案会、古迹古物调查会（后改名考古学会）、方言调查会，以贯彻其学术宗旨。清华研究院国学科融合中国书院与英国大学制，分中国语言、历史、文学、音乐、东方语言，另设考古学陈列室。燕京大学国学研究所确定的国学范围是，历史、文学、哲学、文字学、考古学、宗教、美术。东南大学国学院计划分科学、典籍、诗文三部，从学说、图谱、器物三方面，运用各种相关学科的方法，研究中国的民族、语言文字、思想学术、文学、诗词曲剧、美术、天文数学、法制、经济学、交通及国际交通、农商工业、哲学、教育、宗教风俗等历史现状。齐鲁大学国学研究所分中国哲学、史地、文学、社会经济四科。厦门大学国学院筹备之际，该校文理商教各科主任均参与其事，结果所订章程囊括一切，分历史古物、博物（指动植矿物）、社会调查、医药、天算、地学、美术、哲学、文学、经济、法政、教育、神教、闽南文化等14组，后招聘到北京大学国学所的几位骨干，组织上基本继承北大风格，设语言文字学、史学及考古学、哲学、文学、美术音乐等5组，并组织风俗调查会。这些设置，均突破了传统学术七略、四部等分类，体现了近代西学的精神。[①]

国学机构、学科体系的设置，表面上看去红红火火，但私底下却暗流涌动。作为中国标志性的大学，北京大学研究所国学门、清华大学国学研究院于1927年、1929年相继停办，浇灭了大学建设国学学科的热情。究其原因，就在于大学学科体系的设置问题。我们知道，中国古代并没有现代意义上的大学，也没有细致的学科分类。晚清以降，为救亡图强，挽救国家颓势，中国开始出现现代意义上的大学。大学的学科体系，也逐渐参照欧美大学的样式设置起来。中国古代文、史、哲不分，这与现代大学学科设置相背离。到20世纪20年代末，清华大学、北京大学现代学科体系已经建立起来，相关的学科设置已经基本完成，国学独立的学科地位自然也就发生了改变，国学院的命运也就失去了支撑。

---

① 桑兵：《晚清民国时期的国学研究与西学》，《历史研究》1996年第5期。引文中有注释，略。

　　进入 21 世纪，在全国国学热的推动下，各大学开始设立国学院，国学的学科之争再次进入人们的视野，并在 2009 年至 2010 年达到了白热化的程度，论战集中在"南开方""人大方"两个阵营。先是，南开大学教授刘泽华发表了《关于倡导国学几个问题的质疑》[①]，从学科建设、国学与现代化、对传统文化的价值判断等三个方面对国学提出了质疑，并把矛头直指 2000 年 9 月入主中国人民大学、大力推动国学研究的纪宝成校长。该文被 2009 年 8 月《新华文摘》全文转载，产生了较大影响。为反击刘泽华，2009 年 9 月 23 日，陈来、黄朴民、吴光、龚鹏程、朱汉民、吴根友等 6 位著名学者举行了一场座谈，与刘泽华的观点针锋相对，强调建立国学学科的必要性；2009 年 11 月 27 日，中国人民大学校长纪宝成、武汉大学校长顾海良、山东大学校长徐显明、厦门大学校长朱崇实 4 位大学校长举行座谈，仍然强调建立国学学科，并在《光明日报》国学版发表了座谈纪要《该不该为国学上户口？》一文（2009 年 12 月 21 日）；2009 年 12 月 7 日，《光明日报》国学版发表人民大学教授梁涛的文章《论国学研究的态度、立场与方法——评刘泽华先生王权主义的"国学观"》。梁涛把刘泽华的观点概括为王权主义的国学观，直批刘泽华"片面""画地为牢"，缺乏"历史的态度"，把古代社会说得一团黑，将传统文化彻底妖魔化。对于"人大方"的批评，"南开方"也不示弱，2010 年 2 月起，相继发表的文章包括：林存光《也论国学研究的态度、立场与方法——评梁涛儒家道统论的"国学观"》[②]，刘泽华、宁宗一、冯尔康、魏宏运、刘健清、李喜所等 6 位学者《把国学列为一级学科不妥》[③]，张分田《"国学"不宜用于命名一级学科》[④]，张鸿《不应将"四书五经"列为大学生通识教育必修课——从是否应当设置"国学一级学科"的教育行政政策之争谈起》[⑤]。

　　国学的学科体系之争，至今仍没有结果。在西方现代学科体系的窠臼中，想为文、史、哲不分的国学上"户口"、设立一级学科并进而加强学科体系建设，实在是一件困难的事情。

---

① 刘泽华：《关于倡导国学几个问题的质疑》，《历史教学》（高教版），2009年第5期。

② 林存光：《也论国学研究的态度、立场与方法——评梁涛儒家道统论的"国学观"》，《学术界》2010年第2期。

③ 刘华泽等：《把国学列为一级学科不妥》，《中国社会科学报》2010年2月11日。

④ 张分田：《"国学"不宜用于命名一级学科》，《天津社会科学》2010年第3期。

⑤ 张鸿：《不应将"四书五经"列为大学生通识教育必修课——从是否应当设置"国学一级学科"的教育行政政策之争谈起》，《历史教学》（高教版），2010年第9期。

　　我们上面从八个方面简单回顾了在争议中前行的百年国学。文韬在《"国故学"与"中国学术"的纠结——民国时期两种"国学"概念的争执及其语境》一文中说："持续了一个多世纪的'国学'论争今日再度浮出水面，形势虽然不同，但如果对照晚清、民国与今日的国学论争文章，我们会惊讶地发现，相隔百年，国人总是在类似的问题上争吵不休。"[1]事实大致如此。

---

① 文韬：《"国故学"与"中国学术"的纠结——民国时期两种"国学"概念的争执及其语境》，《中山大学学报》2013年第5期。

附录一

胡适与"整理国故"运动

1919 年 11 月，胡适发表《新思潮的意义》一文，提出了"研究问题、输入学理、整理国故、再造文明"的口号，并强调说："我们对于旧有的学术思想，积极的只有一个主张，——就是'整理国故'。整理就是从乱七八糟里面寻出一个条理脉络来；从无头无脑里面寻出一个前因后果来；从胡说谬解里面寻出一个真意义来；从武断迷信里面寻出一个真价值来。为什么要整理呢？因为古代的学术思想向来没有条理，没有头绪，没有系统，故第一步是条理系统的整理。"① 于是，国故、国故学、整理国故都成为新文化运动背景下人们的热点话题。关于"国故说"，我们首先需要厘清三个方面的问题：

其一，概念范畴的扩大。与国粹派指国粹为"国家特别之精神也"（黄节《国粹保存主义》）、"一国所自有之学也"（邓实《国学讲习记》）、"一国精神之所寄也"（许守微《论国粹无阻于欧化》）等说法不同，"国故说"从章太炎开始其概念范畴就大得多。毛子水在《国故和科学的精神》一文中就明确指出："（1）国故的一部分是中国一段学术思想史的材料。（2）国故的大部分是中国民族过去的历史的材料。"要用"'中国过去历史的材料'代替国故这个名词"②。作为"国故学"、整理国故的积极倡导者，胡适对"国故"一词情有独钟。1921年7月，胡适在东南大学演讲时说："'国故'底名词，比'国粹'好得多。自从章太炎著了一本《国故论衡》之后，这'国故'底名词于是成立。如果讲是'国粹'，就有人讲是'国渣'，'国故'（National Past）这个词是中立的。"③ 1923

---

① 胡适：《新思潮的意义》（1919年12月1日）。见欧阳哲生编：《胡适文集》（2），北京大学出版社1998年版，第557页。

② 毛子水：《国故和科学的精神》（1919年4月19日）。见桑兵等编：《国学的历史》，国家图书馆出版社2010年版，第144—145页。

③ 胡适：《研究国故的方法》。见欧阳哲生编：《胡适文集》（12），北京大学出版社1998年版，第91页。

年1月，胡适在《〈国学季刊〉发刊宣言》中说："'国学'在我们心眼里，只是'国故学'的缩写。中国的一切过去的文化历史，都是我们的'国故'；研究这一切过去的历史文化的学问，就是'国故学'，省称为'国学'。'国故'这个名词，最为妥当；因为他是一个中立的名词，不含褒贬的意义。'国故'包含'国粹'；但他又包含'国渣'。"[①]1924年1月，胡适在东南大学国学研究班的演讲中再次重申："'国故'二字为章太炎先生创出来的，比国粹，国华……等名词要好得多，因为它没有含得有褒贬的意义。"[②]在胡适看来，"国故"作为一个中立词，可包含"国粹"和"国渣"，自然可指"中国的一切过去的文化历史"，所以，他在《〈国学季刊〉发刊宣言》中就要求："我们现在要扩充国学的领域，包括上下三四千年的过去文化，打破一切的门户成见：拿历史的眼光来整统一切，认清了'国故学'的使命是整理中国一切文化历史，便可以把一切狭陋的门户之见都扫光了。"[③]另外，吴文祺在《重新估定国故学之价值》一文中，也宣扬"中国过去的一切文化历史，便是中国的国故"[④]，更鉴于"从来没有人替国故学下过定义"，吴氏将"国故学"定义为："用分析综合比较种种方法，去整理中国的国故的学问，叫做国故学。"[⑤]

其二，科学方法的宣扬。新文化运动标榜德先生（民主）和赛先生（科学），民主、科学的旗帜可以说是迎着"西风"飘扬。由于民主在当时背景下不易在操作层面实施，科学却可以时常挂在嘴上，所以科学成为中国知识阶层的"标准"，一切唯"科学"马首是瞻。这在"国故学"、整理国故中表现得尤为突出。毛子水在《国故和科学的精神》中，即标举科学，指出"现在人的'国故学'，就是'国新'，就是科学的一种"，强调"科学的精神"是研究国故学的"根本"[⑥]。胡适在《新思潮的意义》一文中说，"新思潮对于旧文化的态

---

① 胡适：《〈国学季刊〉发刊宣言》。见欧阳哲生编：《胡适文集》（3），北京大学出版社1998年版，第10页。

② 胡适：《再谈谈整理国故》。见欧阳哲生编：《胡适文集》（12），北京大学出版社1998年版，第94页。

③ 胡适：《〈国学季刊〉发刊宣言》。见欧阳哲生编：《胡适文集》（3），北京大学出版社1998年版，第10页。

④ 吴文祺：《重新估定国故学之价值》。见桑兵等编：《国学的历史》，国家图书馆出版社2010年版，第377页。

⑤ 吴文祺：《重新估定国故学之价值》。见桑兵等编：《国学的历史》，国家图书馆出版社2010年版，第379页。

⑥ 毛子水：《国故和科学的精神》（1919年4月19日）。见桑兵等编：《国学的历史》，国家图书馆出版社2010年版，第149—150页。

度……在积极一方面，是用科学的方法来做整理的工夫"①。郑振铎在《新文学之建设与国故之新研究》一文中，指出："我的整理国故的新精神便是：'无征不信'，以科学的方法，来研究前人未开发的文学园地。"②吴文祺在《重新估定国故学之价值》一文中，则强调科学的求真原则："科学只是要求真，并不含什么浅狭的功利观念。而国故学的目的，也是要求真。科学用分析综合比较的方法，以求事物的秩序关系，国故学也是如此。科学家有'无征不信'的口号，国故学家也最重客观的证据。……所以真正懂得科学的人，都承认国故学是科学的一种。"③胡适等人倡导的科学方法，应该受到了德国兰克学派及日本学者的影响，陈学然在《中日学术交流与古史辨运动：从章太炎的批判说起》一文中说："'科学史观'成为1920年代整理国故运动的号召，同时也成为这一阵营的学者自我塑造学术身份的凭恃。这些概念化的思想表述工具虽然同是西学东渐以来的产物，但东洋史家鲜明揭扬以科学方法治史的风气比胡顾阵营早逾二十多年。"④但令人吊诡的是，同样是鼓吹科学方法，成仿吾却对整理国故的"科学方法"提出了尖锐的批评。在《国学运动的我见》一文中，成仿吾在指出了从事国学运动的三类人即"学者名人而所学有限，乃不得不据国学为孤城者""老儒宿学及除国学外别无能事乃乘机倡和者""盲从派"之后说："这三类人性质虽稍不同，然而他们纯袭古人的非科学的旧法，思用以显耀一时，却是一样的。要想取科学的方法为真切的研究，他们都欠少科学的素养。他们的方法与态度，不外承袭清时的考据家，所以他们纵然碰命研究，充其量不过增加一些从前那种无益的考据。"⑤此为科学乎？彼为科学乎？或者只是态度与立场的问题。

其三，"他者"身份的确立。梁漱溟在《今天我们应当如何评价孔子》长文中说，"从'五四'运动'打倒孔家店'以来，思想界一直把中国古学当学

① 胡适：《新思潮的意义》（1919年12月1日）。见欧阳哲生编：《胡适文集》（2），北京大学出版社1998年版，第558页。

② 郑振铎：《新文学之建设与国故之新研究》（1923年1月）。见桑兵等编：《国学的历史》，国家图书馆出版社2010年版，第205页。

③ 吴文祺：《重新估定国故学之价值》（1924年2月12日）。见桑兵等编：《国学的历史》，国家图书馆出版社2010年版，第381页。

④ 陈学然：《中日学术交流与古史辨运动：从章太炎的批判说起》，《中华文史论丛》2012年第3期。

⑤ 成仿吾：《国学运动的我见》（1923年11月）。见桑兵等编：《国学的历史》，国家图书馆出版社2010年版，第305页。

术研究资料看待"①，此言对整理"国故"来说甚为确当。在"国故派"学者的文章中，我们经常看到的是"中国的过去的文化历史""过去的历史文化""过去历史的材料""旧文化"一类的名词，强调"过去的"和"旧的"两个属性，努力与当下、与现代切割。更有甚者，毛子水认为"国故是过去的已死的东西"②，"倘若要研究国故，亦必须具有'科学的精神'的人，才能和上等医生解剖尸体一样得了病理学上的好材料"③；钱玄同认为"国故是过去的已经僵死腐烂的中国旧文化"④；吴文祺也说："我们退一百步讲，把中国的国故看作死尸吧，然而研究得奇病而死的死尸的结果，或许可以发明新医理。当它是细菌吧，然而研究细菌的结果，或许可以发明杀菌的药剂。"⑤把"国故"比作"死尸"与"细菌"，其属性则是研究"病理学上的好材料"。什么是"材料"？材料首先是无生命的死的杂乱无章的东西，它与研究者可以没有任何直接的关系，由研究者任意处理。如何处理呢？胡适在《新思潮的意义》一文中称："新思潮的根本意义只是一种新态度。这种新态度可叫做'评判的态度'。"并借用尼采的话，指出"'重新估定一切价值'八个字便是评判的态度的最好解释"。⑥重新"评判"一切，"重新估定一切价值"，就意味着打破一切、解构一切，而胡适的立场和标准是什么呢？而其所谓"输入学理""再造文明"也说得明白不过，"全盘西化"已向我们姗姗走来。虽然，胡适在《〈国学季刊〉发刊宣言》中说："国学的使命是要使大家懂得中国的过去的文化史；国学的方法是要用历史的眼光来整理一切过去文化的历史。国学的目的，是要做成中国文化史。国学的系统的研究，要以此为归宿。一切国学的研究，无论时代古今，无论问题大小，都要朝着这一个大方向走。"⑦但做成了文化史、专门史又如何呢？或者只是有

---

① 梁漱溟：《今天我们应当如何评价孔子》。见《梁漱溟全集》（第七卷），山东人民出版社1990年版，第271页。

② 毛子水：《国故和科学的精神》（1919年4月19日）。见桑兵等编：《国学的历史》，国家图书馆出版社2010年版，第143页。

③ 毛子水：《国故和科学的精神》（1919年4月19日）。见桑兵等编：《国学的历史》，国家图书馆出版社2010年版，第146页。

④ 钱玄同：《汉字革命与国故》（1923年11月20日）。见桑兵等编：《国学的历史》，国家图书馆出版社2010年版，第311页。

⑤ 吴文祺：《重新估定国故学之价值》（1924年2月12日）。见桑兵等编：《国学的历史》，国家图书馆出版社2010年版，第381页。

⑥ 胡适：《新思潮的意义》（1919年12月1日）。见欧阳哲生编：《胡适文集》（2），北京大学出版社1998年版，第552页。

⑦ 胡适：《〈国学季刊〉发刊宣言》。见欧阳哲生编：《胡适文集》（3），北京大学出版社1998年版，第14—15页。

了一门"学问"而已，只是让追求"科学"的人多了一份工作而已。在新派学人的"全盘西化"的理念下，"国故"并没有价值。在我看来，"国故派"或者说整理"国故"运动对中国学术最大的影响，就是确立了学者（研究者）的"他者"身份。他们坚持科学的客观原则，置身中国文化之外，或者高高在上，或者袖手旁观，对中国文化缺少最起码的"温情与敬意"（钱穆《国史大纲》）。这样的"杂乱无章的国故底材料"（钱玄同《汉字革命与国故》）研究，只会使中国文化分崩离析，不会产生文化的向心力——相反，离心力会越来越大。

　　胡适倡导"整理国故"，其动机或许是多方面的。王天根在《五四前后北大学术纷争与胡适"整理国故"缘起》一文中说："陈独秀离职北大后，面对章门弟子、梁启超门徒，胡适等要在北大站稳脚跟，除了继续文学改良运动外，在国学上也必须与章太炎及其弟子抗衡。1919年底胡适倡导'整理国故'，从思想层面看是针对旧派的阻力，为了'再造文明'；就北大学术纷争而言，则表明胡适意在破除章太炎及其门生对国学'资源'之垄断，取得自己一席发言之地。正如顾颉刚所称：'整理国故的呼声倡始于太炎先生，而上轨道的进行则发轫于适之先生的具体的计画。'[1]"[2] 不管胡适动机如何，整理"国故"运动在当时产生了很大的反响。而在当时，学衡派和甲寅派也在极力推动中国古代学术的研究，胡适倡导的"整理国故"运动虽然与甲寅派、学衡派动机、目的不同，但在表现上却是相似，因而就有"同流合污"之嫌[3]。这对当时以革新、革命为总基调的中国来说，对新派学人的领袖人物胡适来说，自然就是捅了"马蜂窝"，招致各方面的"围剿"。

　　许啸天对"国故学"这一说法极度厌恶，他在《国故学讨论集新序》开篇即说："提起'国故学'三个字，便可以从这三个字里看出我中华大国民浪漫不羁的特性来。这一种国民性，适足以表示他粗陋，怠惰，缺乏科学精神，绝少进取观念的劣等气质！前年我听印度诗人泰戈尔说：他幼年时候，住在恒河岸畔，偶然看到一面绣旗，又看到绣旗正面的流苏，随风飘荡着，便想起这流苏是丝做成的，丝是中国的特产，看到流苏的飘荡，很可以看得出中国人浪

---

① 顾颉刚：《〈古史辨〉自序》。见《古史辨》（1），上海古籍出版社1982年影印版，第78页。

② 王天根：《五四前后北大学术纷争与胡适"整理国故"缘起》，《近代史研究》2009年第2期。

③ 罗志田：《国家与学术：清季民初关于"国学"的思想论争》，生活·读书·新知三联书店2003年版，第312页。

漫的特性。因此他未到中国以前，便早已企慕中国人的浪漫生活。这浪漫生活，便是诗的生活。唉，泰戈尔先生，你错了！这浪漫性，并不是什么好名词，并没有使人可以企慕的意味，只可以叫人嘲骂，叫人鄙弃的劣等人种的贱性！……印度之所以亡国，中国之所以弄成不死不活的局面，也未始非这一点浪漫根性在那里作怪。"接下来他又说："'国故学'三个字，是一个极不澈底①极无界线极浪漫极混乱的假定名词。中国的有国故学，便足以证明中国人绝无学问，又足以证明中国人虽有学问而不能用。这样的惰性，这样的劣性，还不快快革除，却又去恭维他，说他是东方文化，又说他是大国风度。我实在是羞死了，气死了！""所以老实说一句，我们中国，莫说没有一种有统系的学问，可怜，连那学问的名词也还不能成立！如今外面闹的什么国故学，国学，国粹学，这种不合逻辑的名词，还是等于没有名词。……我们中国的有国故学三字发见，正是宣告我们中国学术界程度的浅薄，知识的破产，而是一个毫无学问的国家。"②在这篇不长的序文里面，许氏由对国故学概念的不满，进而批判"劣等人种的贱性"，进而批判中国、中国（东方）文化，典型地反映了 20 世纪 20 年代在文明批判背景下人们（学者）的躁动、狂乱的心理。我们再看其他诸家的批判：

陈独秀在《寸铁·国学》一文中，点名批评"胡适之、曹聚仁这几位先生，妙想天开，要在粪秽里寻找香水"，"自身多少恐要染点臭气"③。

吴稚晖在《箴洋八股化之理学》一文中说："这国故的臭东西，他本同小老婆吸鸦片相依为命。小老婆吸鸦片，以同升官发财相依为命。国学大盛，政治无不腐败。因为孔孟老墨便是春秋战国乱世的产物。非再把他丢在毛厕里三十年，现今鼓吹成一个干燥无味的物质文明，人家用机关枪打来，我用机关枪对打，把中国站住了，再整理什么国故，毫不嫌迟。"并说："什么叫国故呢？与我们现今的世界有什么相关？他不过是世界一种古董，应保存的罢了。埃及巴比伦的文字，希腊罗马的学术，因明惟识的佛经，周秦汉魏的汉学，是世界上人公共有维护之责的东西，是各国最高学院应该抽几个古董高等学者出来作

---

① "澈底"即"彻底"，民国学人著作中常常混用。下文中还会多次出现，不再注明。

② 许啸天：《国故学讨论集新序》（1927）。许氏虽然极度厌恶"国故学"三字，但他在后文中还是承认中国有学问的："所以我说的国故学不是学问，是说国故学不能成功一种学问的名词，那国故里面，自有他的真学问在。"见桑兵等编：《国学的历史》，国家图书馆出版社2010年版，第371—373页。

③ 陈独秀：《寸铁·国学》（1923年7月1日）。见任建树编：《陈独秀著作选》（第二卷），上海人民出版社1993年版，第516—517页。

不断的整理。这如何还可以化青年脑力，作为现世界的教育品呢？"①

成仿吾在《国学运动的我见》一文中批判说："这种运动的神髓，可惜只不过是要在死灰中寻出火烬来满足他们那'美好的昔日'的情绪，他们是想利用盲目的爱国的心理实行他们倒行逆施的狂妄。""我看我们这种所谓国学运动，充其量不过能造出一些考据死文字的文字，充其量不过能增加一些更烦碎的考据学者。近代的精神是就事物去考究，不闻是就死字去考究，我愿从事这种运动的人能够反省，我尤切愿他们不再勾诱青年学子去狂舐这数千年的枯骨，好好让他们把根基打稳。"②

张东荪批评说："我以为'整理国故'所负的使命实在很大，而可怜一班整理国故的人们完全见不及此。我们把国故当作欧洲学者研究埃及文字与巴比伦宗教一样看待，简直把中国文化当作已亡了数千年的骨董来看。所谓国学直是考古学。外国人研究中国学术取这样的态度原不足怪。最可笑的是中国人因为外国人如此，所以亦必来仿效一下而美其名曰科学方法。我愿说一句过激的话：就是先打倒目下流行的整理国故的态度，然后方可有真正的整理，有了真正的整理方可有所谓国故。不然全是骨董，我们今天救死不遑，那里有闲暇去玩弄骨董呢！"③

胡适本是白话文运动的领袖，是中国现代文学的奠基者之一——他"整理国故"的倡导、表面上的转向引起了激进文人的警惕，他们纷纷予以批判。1924年1月，鲁迅在北京师范大学附属中学校友会发表了《未有天才之前》的演讲，其中谈到"整理国故"：

> 自从新思潮来到中国以后，其实何尝有力，而一群老头子，还有少年，却已袁魂失魄的来讲国故了，他们说，"中国自有许多好东西，都不整理保存，倒去求新，正如放弃祖宗遗产一样不肖。"抬出祖宗来说法，那自然是极威严的，然而我总不信在旧马褂未曾洗净叠好之前，便不能做一件新马褂。就现状而言，做事本来还随各人的自便，老先生要整理国故，当然不妨去埋在南窗下读死书，至于青年，却自有他们的活学问和新艺术，各干各事，也还没有大妨害的，但若拿了这面旗子来号召，那就是要中国永远与世界隔绝了。倘以为大家非此不可，那更是荒谬绝伦！我们和古董商人谈天，

① 吴稚晖：《箴洋八股化之理学》（1923）。见桑兵等编：《国学的历史》，国家图书馆出版社2010年版，第261页。
② 成仿吾：《国学运动的我见》（1923年11月）。见桑兵等编：《国学的历史》，国家图书馆出版社2010年版，第305—306页。
③ 张东荪：《现代的中国怎样要孔子》，《正风半月刊》第1卷第2期，1935年。

他自然总称赞他的古董如何好，然而他决不痛骂画家，农夫，工匠等类，说是忘记了祖宗：他实在比许多国学家聪明得远。①

同是在 1924 年 1 月，郭沫若在《创造周刊》发表《整理国故的评价》一文，其中说：

> 整理国故的流风，近来也几乎成为了一个时代的共同色彩了。国内人士上而名人教授，下而中小学生，大都以整理相号召，甚至有连字句也不能圈断的人，也公然在堂堂皇皇地发表著作，这种现象，决不是可庆的消息。

> 善教者教人只在于无形无影之间使人不得不受他的感化，学他的步趋，但他却不能大锣大鼓四处去传宣，说"你们快来学我！快来学我！"如今四处向人宣传整理国故研究国学的人，岂不是大有这种打锣打鼓的风势了吗，国学运动才抬头，便不得不招人厌弃，实在是运动者咎由自取。②

相比较鲁迅、郭沫若，茅盾的批判要激烈得多。1924 年 5 月 12 日，茅盾发表了《文学界的反动运动》一文，其中说：

> 和其他反动运动一样，文学上的反动运动的口号是"复古"。不论他们是反对白话，主张文言的，或是主张到故纸里堆寻求文学的意义的，他们的根本观念同是复古。

> 文学上反动运动的第一支是反对白话主张文言的。他们自己也研究西洋文学，他们似乎也承让中国旧书里对于文学的研究不及西洋人那么精深；但是他们竭力反对白话。他们忘了自己所钦仰的英美文学大家原来都是用白话做文章的。

> 第二支的反动运动是于主张文言之外，再退后一步，要到中国古书——尤其是"经"里面去找求文学的意义。……这一等反动家，头脑陈腐，思想固陋，实在不值一驳；他们本不敢如此猖獗的，却因一则主张文言的一支反动派呶呶不休，引起了他们攘臂加入的热心，二则近年来"整理国故"的声浪大盛，"古书原来也有用处"，引得这班糊涂虫因风起波，居然高唱复古了。③

---

① 鲁迅：《未有天才之前》。见《鲁迅全集》（第一卷），人民文学出版社2005年版，第175页。

② 郭沫若：《整理国故的评价》。见桑兵等编：《国学的历史》，国家图书馆出版社2010年版，第326—327页。

③ 茅盾：《文学界的反动运动》（1924年5月12日）。见《茅盾全集·中国文论一集》（18），人民文学出版社1984年版，第436—438页。

5月19日，茅盾又发表了《进一步退两步》一文，其中说：

在白话文尚未在广遍的社会里取得深切的信仰，建立不拔的根基时，忽然多数做白话文的朋友跟了几个专家的脚跟，埋头在故纸堆中，做他们的所谓"整理国故"，结果是上比专家则不足，国故并未能因多数人趋时的"整理"而得了头绪，社会上却引起了"乱翻古书"的流行病，攘夺了专家的所事，放弃了自己眼前能做而且必须做的事情。

在这时期，我们必须用我们的工具去试做各种的工作；我们宁可被人家骂一声"执而不化"，必须相信白话是万能的，无论表现什么思想什么情绪，白话决不至于技穷，决不要文言来帮助。

我也知道"整理旧的"也是新文学运动题内应有之事，但是当白话文尚未在全社会内成为一类信仰的时候，我们必须十分顽固，发誓不看古书，我们要狂妄的说，古书对于我们无用，所以我们无须学习看古书的工具——文言文。①

对于各方面对整理国故的"围剿"，胡适显然感到了很大压力，于是他就改弦易辙，"忏悔"起来。1926年6月6日，在北京大学研究所国学门第四次恳亲会上，胡适第二个发表讲话②，他说：

说到整理国故，我很想把这个意见写出来，今天不妨先略说一说。因为这事我大约总得负一点点责任，所以不得不忏悔。我们所提倡的"整理国故"，重在"整理"（两）③个字。"国故"是"过去的"文物，是历史，是文化史；"整理"是用无成见的态度，精密的科学方法，去寻求那已往的文化变迁沿革的条理线索，去组成局部的或全部的中国文化史。不论国粹国渣，都是"国故"。我们不存在什么"卫道"的态度，也不想从国故里求得什么天经地义来供我们安身立命。北大研究所的态度可以代表这副精神，决不会是误解成"保存国粹""发扬国光"。然而看看现在，流风所被，实在闹出多少弊病来了！多少青年，他也研究国学，你也研究国学，国学变成了出风头的捷径，随便拿起一本书来就是几万字的介绍。有许多人，方法上没有训练，思想上没有充分的参考材料，头脑子没有弄清楚，就钻

① 茅盾：《进一步退两步》（1924年5月19日）。见《茅盾全集·中国文论一集》（18），人民文学出版社1984年版，第444—445页。

② 胡适所讲内容并不多，但较为典型地体现了胡适对中国文化（文、史、哲）的评价，兹收录之。

③ 此处应是漏字，补之。

进故纸堆里去，实在走进了死路！

我们应该了解两点：第一，国学是条死路，治国故只是整理往史陈迹，切莫以为这中间有无限瓖宝！第二，这种死路，要从生路走起；那不能在生路上走的人决不能来走，也不配来走！

国学所包的是所谓经学，文学，哲学，都是死路；这句话我现在可以武断的说一下。经学可以并进史学的有一部分，其余就归到哲学里；这两方面都没有什么宝贵东西可以给我们。例如哲学方面，有什么东西？二千五百年的人生哲学多脱不了"性善"的圈子。文学呢，旧的很少有有价值的，说来说去也没几篇伟大的代表作品，至多不过有几首好诗和几篇短文罢了。在白话的方面辟开生路的只有戏曲和小说；可是元曲能在世界文学上占一个位置的又绝无，明人虽较高，清人更较好点，也还不够。中国的戏曲，在意境，技术，结构各方面，都没有一部比得上世界的第一流作品的。小说最好的不过几部；然而这几部都不能说是没有毛病的杰作。文学哲学两方面，我们平常最自夸的，然而其实不过尔尔！这个武断的论结，将来大家研究的结果一定可以帮助证明的。

所以，我们治国故的人，始终不能不认清这是一条死路，方才可以减少那些不相干的"卫道""觅宝"的态度。譬如黄河久已改道了，但是历史家还得去研究那老河道在什么地方，是什么样子。研究国故正是这样。

为什么我说"这条死路要从生路走起"呢？生路就是一切科学、尤其是科学的方法。没有方法，无从下手，那是这研究所的同人都知道的。可是有了方法，没有参考比较的资料，也是没有结果。一切科学，都是我们的参考资料……我希望少年朋友大家要走生路。[①]

在忏悔之后，胡适又主张"整理国故"要"打鬼"。1927年2月，他在《整理国故与"打鬼"——给浩徐先生信》一文中谈到整理国故的目的，"披肝沥胆地奉告人们"："只为了我十分相信'烂纸堆'里有无数无数的老鬼，能吃人，能迷人，害人的厉害胜过柏斯德（Pasteur）发现的种种病菌。只为了我自己自信，虽然不能杀菌，却颇能'捉妖'、'打鬼'。这回到伦敦、巴黎跑了一趟，搜得不少'据款结案'的证据，可以把达摩、慧能，以至'西天二十八祖'的原

---

① 胡适在发言后，马幼渔、叶浩吾、伊凤阁、徐旭生等人相继发言，主旨均与"胡先生意见相发明"，但意见不尽相同，甚至相左。见《研究所国学门第四次恳亲会纪事》，《北京大学研究所国学门月刊》第一卷第1号，《近代中国史料丛刊二辑》，《北京大学研究所国学门月刊》（创刊号至第8号合订本），第143—147页。

形都给打出来。据款结案，即是'打鬼'。打出'原形'，即是'捉妖'。这是整理国故的目的与功用。这是整理国故的好结果。"①1928年11月，胡适又发表《治学的方法与材料》一文，在对比西方的自然科学（技术文明）之后说："我们的三百年最高的成绩终不过几部古书的整理，于人生有何益处？于国家的治乱安危有何裨补？虽然做学问的人不应该用太狭义的实利主义来评判学术的价值，然而学问若完全抛弃了功用的标准，便会走上很荒谬的路上去，变成枉费精力的废物。这三百年的考证学固然有一部分可算是有价值的史料整理，但其中绝大的部分却完全是枉费心思。"在该文的最后，胡适希望青年人"及早回头，多学一点自然科学的知识和技术：那条路是活路，这条故纸的路是死路"②。至此，胡适倡导的整理国故运动已经走进了死胡同。

不管动机如何、目的怎样，不管是激烈批判还是正面评价，也不管诅咒也好、赞扬也罢，胡适倡导的整理国故运动在当时造成了很大的声势，客观上促进了中国国学的研究，取得了一定的成绩③。刘固盛在《近代国故整理与老庄研究》一文中说："当时各种国学研究机构、国学刊物、国学社团不断出现，研究成果众多。……至于专门的国学研究刊物，有《国学季刊》《国学丛刊》《国学周刊》《国学月报》《国学月刊》《国学辑林》《国学年刊》《国学专刊》《国学论丛》《北京大学研究所国学门周刊》《北京大学研究所国学门月刊》《厦大国学研究院周刊》等，据王重民编《国学论文索引》统计，截至1928年7月，与国学研究相关的报纸杂志共计出版八十二种，先后发表国学论文三千多篇。当时的上海成为国学书籍的出版中心，如王云五主持的《国学小丛书》、朱经农主持的《学生国学丛书》、曹聚仁主持的《国故学丛书》、王治心主持的《国学丛书》、叶长清主持的《国学专刊丛书》等等。个人著作则以章太炎《国学概论》和钱基博《国学必读》为代表。"④当然，这些成绩都算到整理国故运动头上也不是事实，成绩的取得是20世纪初从日本引进近代国学概念以来各方面共同努力的结果。而对于国故派与国粹派乃至于晚清民国的国学研究，桑兵先生在《晚

---

① 胡适：《整理国故与"打鬼"——给浩徐先生信》。见欧阳哲生编：《胡适文集》（4），北京大学出版社1998年版，第117页。

② 胡适：《治学的方法与材料》。见欧阳哲生编：《胡适文集》（4），北京大学出版社1998年版，第112、114页。

③ 在笔者看来，由于态度与立场的原因，整理国故运动是以批判为主流的，同取得的成绩相比，它带来的流弊更大。

④ 刘固盛：《近代国故整理与老庄研究》，《华夏文化》2014年第2期。

清民国的国学研究》一书中评价说："无庸讳言，国学阵营中也有抱残守缺与舍己从人、或'国粹'与'国渣'两派。同时，时代的变化，年龄的增长，也会使一些人趋于稳健甚至保守。晚清国粹派的有些人，到了民国时期确有拉车向后之嫌。……在近代西学影响下发生，又建立起广泛的对外联系和开阔的国际视野，近代国学研究的成败得失也要相应纳入世界范围来权衡。由此看来，两派争论虽多，学术上均无大建树。即便提倡科学方法和疑古，思想鼓动作用远远大于学术的进步。对此，胡适自己也承认是'提倡有心，实行无力'[①]。原因之一，当在提倡者对自己倡行的西学不甚了然。刘复留欧，目标从文学与语言学兼治退到语言学，再退到语音学，最后龟缩于实验语音学，就是明证。而在学术上真有大贡献并得到国内外一流学者承认的，只是少数主张学不分中西的新旧的大师。1933 年 4 月 15 日，被胡适奉为'西洋治中国学泰斗，成绩最大，影响最广'的伯希和离开北京时，对前来送行的陈垣、胡适等人说：'中国近代之世界学者，惟王国维及陈先生两人。'[②] 此话在负有大名的胡适当面听来该是别有一番滋味在心头。"[③] 桑兵先生在国际视野中评价国粹派与国故派，认为二派"学术上均无大建树"，且更多的只是起到"思想鼓动作用"，自是一家之言。对于伯希和当着胡适的面，称赞王国维和陈垣为"中国近代之世界学者"，对于鼓吹"全盘西化"的胡适来说，自是"别有一番滋味在心头"。

---

① 《胡适日记》手稿本，1930年12月6日。——原文注
② 1933年4月27日尹炎武来函，《陈垣来往书信信集》，第96页。——原文注
③ 桑兵：《晚清民国的国学研究》，上海古籍出版社2001年版，第22页。

附录二

鲁迅"不看中国书"之争

在 20 世纪 20 年代诸多书目争议之中，还有一个著名的书目"白卷事件"。1925 年 1 月 4 日，《京报副刊》在头版征求"青年爱读书十部"和"青年必读书十部"，邀请当时的名人、学者推荐，从 2 月 11 日登出胡适之所选的"青年必读书目"开始，至 4 月 9 日，共登出了 51 期，开列书目者计有 78 人[①]。其中江绍原、鲁迅、俞平伯三人交了"白卷"。江、俞二人以为，书籍众多，每个青年喜好不同，不可能有所谓的必读书[②]，也算在情理之中。而鲁迅交"白卷"，本也无可厚非；但鲁迅在其"白卷"的附注栏里面却写着"要趁这机会，略说自己的经验，以供若干读者的参考"：

> 我看中国书时，总觉得就沉静下去，与实人生离开；读外国书——但除了印度——时，往往就与人生接触，想做点事。
>
> 中国书虽有劝人入世的话，也多是僵尸的乐观；外国书即使是颓唐和厌世的，但却是活人的颓唐和厌世。
>
> 我以为要少——或者竟不——看中国书，多看外国书。
>
> 少看中国书，其结果不过不能作文而已。但现在的青年最要紧的是"行"，不是"言"。只要是活人，不能作文算什么大不了的事。[③]

鲁迅的"不看中国书"的言论甫一见报，立即引起了轩然大波。柯柏森以《偏

---

① 刘超：《读中国书——〈京报副刊〉"青年必读书十部"征求书目分析》，《安徽大学学报》2004 年第 6 期。

② 江绍原认为："我不相信现在有哪十部左右的书能给中国青年'最低限度的必需智识'。"（见《京报副刊》1925 年 2 月 19 日）俞平伯则说："青年既非只一个人，亦非合用一个脾胃的；故可读的，应读的书虽多，却绝未发见任何书是大家必读的。我只得交白卷。"（见《京报副刊》1925 年 2 月 28 日）

③ 上述引文见《京报副刊》1925 年 2 月 21 日。

见的经验》为题，对鲁迅的观点予以批评。其中说：

> 啊！的确，他的经验真巧妙，……这种经验，虽然钱能训要废中国文
> 字不得专美于前，却是"万绿丛中一点红"的经验了。

> 所谓的"人生"，究竟是什么人生呢？"欧化"的人生呢？抑"美化"
> 的人生呢？尝听说：卖国贼们，都是留学外国的博士硕士。大概鲁迅先生
> 看了活人的颓唐与厌世的外国书，就与人生接触，想做点……事吗？①

对于柯柏森的指责，鲁迅以《聊答"……"》一文予以反击②；而柯柏森又
以《谢谢！》（1925年3月9日）一文予以回应，其中说："中国闹得'乌烟瘴
气'，虽然在军阀政客官僚无道德无良心；而推醉心外国文明打洋人马屁的学
者，却也难辞其咎。我这样说，不是故意反对留学外国，我信外国所长于中国
的，都可以补中国所短，不过你们留学外国'得鱼忘筌'一流人物，我要看为
一个奴……而已。"③火药味十足。

熊以谦则以《奇哉！所谓鲁迅先生的话》一文予以驳斥，兹摘录其中段落：

> 奇怪！真的奇怪！奇怪素负学者声名，引起青年瞻仰的鲁迅先生说出
> 这样浅薄无知识的话来了！

> 鲁先生！这不是中国书贻误了你，是你糟蹋了中国书。我不知道先
> 生平日读的中国书，是些甚么书？或者先生所读的中国书——使先生沉
> 静下去，与实人生离开的书——是我们一班人所未读到的书。以我现在
> 所读到的中国书，实实在在没有一本书是和鲁先生所说的那样。鲁先生！
> 无论古今中外，凡是能够著书立说的，都有他一种积极的精神；他所说
> 的话，都是现世人生的话。他如若没有积极的精神，他决不会作千言万
> 语的书，决不会立万古不磨的说。后来的人读他的书，不懂他的文辞，
> 不解他的理论则有之，若说他一定使你沉静，一定使你与人生离开，这
> 恐怕太冤枉中国书了，这恐怕是明白说不懂中国书，不解中国书。不懂
> 就不懂，不解就不解，何以要说这种冤枉话，浅薄话呢？古人的书，贻
> 留到现在的，无论是经，是史，是子，是集，都是说的实人生的话。舍

---

① 柯柏森：《偏见的经验》，见《京报副刊》1925年3月5日。

② 鲁迅：《聊答"……"》。见《鲁迅全集·集外集拾遗》（第七卷），人民文学出版社
2005年版，第258—259页；文末收录了柯柏森《偏见的经验》（第259—261页）作为
"备考"，上述两段引文见第260页。

③ 柯柏森：《谢谢！》。见北京鲁迅博物馆鲁迅研究室：《鲁迅研究资料》（第22辑），中
国文联出版公司1989年版，第52—53页。

了实人生，再没有话可说了。不过各人对于人生的观察点有不同。因为不同，说他对不对是可以的，说他离开了实人生是不可以的。鲁先生！请问你，你是爱做小说的人，不管你做的是写实的也好，是浪漫的也好，是《狂人日记》也好，是《阿鼠传》也好，你离开了实人生做根据，你能说出一句话来吗？所以我读中国书，外国书也一样，适与鲁先生相反。我以为鲁先生只管自己不读中国书，不应教青年都不读；只能说自己不懂中国书，不能说中国书都不好。

好的，鲁先生虽教青年不看中国书，还教青年看外国书。以鲁先生最推尊的外国书，当然也就是人们行为的模范。读了外国书，再来做事，当然不是胸无点墨，不是不学无术。不过鲁先生要知道，一国有一国的国情，一国有一国的历史。你既是中国人，你既想替中国做事，那么，关于中国的书，还是请你要读吧！你是要做文学家的人，那么，请你还是要做中国的文学家吧！即使先生之志不在中国，欲做世界的文学家，那么，也请你做个中国的世界文学家吧！莫从大处希望，就把根本忘了吧！从前的五胡人不读他们五胡的书，要读中国书，五胡的人都中国化了。回纥人不读他们回纥的书，要读中国书，回纥人也都中国化了。满洲人不读他们的满文，要入关来读汉文，现在把满人也都读成汉人了。日本要灭朝鲜，首先就要朝鲜人读日文。英国要灭印度，首先就要印度人读英文。好了，现在外国人都要灭中国，外国人方挟其文字作他们灭中国的利器，惟恐一时生不出急效，现在站在中国青年前面的鲁迅先生来大声疾呼，中国青年不要读中国书，只多读外国书，不过几年，所有青年，字只能认外国的字，书只能读外国的书，文只能作外国的文，话只能说外国的话，推到极点，事也只能做外国的事，国也只能爱外国的国，古先圣贤都只知尊崇外国的，学理主义都只知道信仰外国的，换句话说，就是外国的人不费丝毫的力，你自自然然会变成一个外国人，你不称我们大日本，就会称我们大美国，否则就大英国，大德国，大意国的大起来，这还不光荣吗，不做弱国的百姓，做强国的百姓！？

我最后要请教鲁先生一句：鲁先生既说"从来没有留心过"，何以有这样果决说这种话，既说了这种话，可不可以把先生平日看的中国书明白指示出来，公诸大家评论，看到底是中国书误害了先生呢？还是先生冤枉了中国书？[①]

对于熊以谦的批驳，鲁迅以《报〈奇哉所谓……〉》为题，分六条予以反击。在笔者看来，这篇文章写得既不充分，也有强词夺理、断章取义之嫌，且其国家观念也并不高明[②]。我们只看其中两段：

四、你所谓"五胡中国化……满人读汉文，现在都读成汉人了"这些话，大约就是因为懂得古书而来的。我偶翻几本中国书时，也常觉得其中含有类似的精神，——或者就是足下之所谓"积极"。我或者"把根本忘了"也难说，但我还只愿意和外国以宾主关系相通，不忍见再如五胡乱华以至满洲入关那样，先以主奴关系而后有所谓"同化"！假使我们还要依据"根本"的老例，那么，大日本进来，被汉人同化，不中用了，大美国进来，被汉人同化，又不中用了……以至黑种红种进来，都被汉人同化，都不中用了。此后没有人再进来，欧美非澳和亚洲的一部都成空地，只有一大堆读汉文的杂种挤在中国了。这是怎样的美谈！

五、即如大作所说，读外国书就都讲外国话罢，但讲外国话却也不即变成外国人。汉人总是汉人，独立的时候是国民，覆亡之后就是"亡国奴"，无论说的是那一种话。因为国的存亡是在政权，不在语言文字的。美国用英文，并非英国的隶属；瑞士用德法文，也不被两国所瓜分；比国用法文，没有请法国人做皇帝。满洲人是"读汉文"的，但革命以前，是我们的征服者，以后，即五族共和，和我们共存同在，何尝变了汉人。但正因为"读汉文"，传染上了"僵尸的乐观"，所以不能如蒙古人那样，来蹂躏一通之后就跑回去，只好和汉人一同恭候别族的进来，使他同化了。但假如进来的又像蒙古人那样，岂不又折了很大的资本么？

在笔者看来，国家首先是历史文化的共同体，亡国决不仅仅是政权更替那么简单，而语言、文字、典籍（书籍）所载录的价值观念则是一个国家、一个民族的基本特征，如果这三者消亡了，还是一个国家、一个民族吗？还有我们汉族人吗？蒙

[①] 熊以谦：《奇哉！所谓鲁迅先生的话》，见《京报副刊》1925年3月8日。另，2014年12月6日，《科技日报》发表了一篇名为《名人书单和读书法门》的文章，在谈到熊以谦对鲁迅"不看中国书"的批评时，评论说"这些话，从逻辑到语气，多么像现在所谓'自干五'啊！"这篇文章，人民网等各网站纷纷转载。我看了之后，竟然发现，我原来是一个标准的"自干五"啊！

[②] 鲁迅：《报〈奇哉所谓……〉》。见《鲁迅全集·集外集拾遗》（第七卷），人民文学出版社2005年版，第262—265页；文末收录了熊以谦《奇哉！所谓鲁迅先生的话》作为"备考"，见第265—270页。

古、满族入主中原之前，已经接受或开始接受中国文化，已经信奉并祭祀孔子；他们由游牧·渔猎民族转向农耕文明，是钦慕中国文化的，这是后来文化同化的基础；这与英国人、美国人来统治中国有本质的不同，因为有他们的基督（上帝）在，文明形态（工业文明）至少在技术、效率方面远远高于中国农耕文明，中国文化同化不了他们，所以，英国人、美国人也绝对不会像元朝和清朝一样"更加崇奉"孔子。鲁迅的国家观念，或许是受当时流行的世界主义影响——真的会有世界主义吗？

对于鲁迅在《报〈奇哉所谓……〉》一文中的"鲁六条"，袁小虚写了《为中国书打抱不平》（1925年3月8日）一文，逐条予以批驳，并在文章开头说："不要自以为著名文豪，不晓得反省自己错处，专向批评自己过处者，加以无谓谩骂的文字；要知人谁无过，闻过但知忏悔，这才是真正学者，有真正学问和涵养的，而他人亦可有相当之谅解；若闻过反恼羞成怒，出以无谓之强辩，这不但丢失自己的文格，并且他人亦不能默然，任其专横了。……即如此次鲁迅先生受了熊以谦先生的攻击，不自省过处，反而在熊先生篇中，断章取义的一阵瞎驳，是不由人的气动。"同时声明："我是极对不认得熊先生，与鲁先生也无仇无怨的。我写此篇文字完全是吐自己的骨梗，替中国书打抱不平，不是帮着熊先生来说话的。我注明了来历，于是要请鲁先生晓得不要以为埋名学子的中间，就目为'秦无人'啊！是专任一般会放洋屁，夜郎自大的洋奴来横行直撞的。"[1] 当然，对于熊以谦等人的批评，鲁迅的支持者也予以攻击，如董秋芳就专门写了《斥熊以谦》一文，开篇即说这篇文章"表尽了潜在暗处的许多僵蛆的复辟思想。我们看到这满纸圣经贤传和嘉言懿行不合逻辑的糊涂话……正在这提倡思想文艺的刊物上，能够见到这种腐败的卫道话，恰好像一个久伏在泥水里的黑沉沉的乌龟，忽然浮在阳光闪灼的水面上，自己暴露自己的丑态"；而熊以谦"迷恋古人的精神和替古人装腔的气概"，"始终在做一个旧书堆里的蠹鱼"[2]。董秋芳骂得可谓酣畅淋漓，熊以谦被骂得可谓狗血喷头！其实在我看来，熊以谦至多也是有些夸大其词，言辞激烈些；退一万步去，只要张只眼睛、明点儿事理的人，都能知道熊以谦至诚爱国之心，他的丑态表现在哪里呢？董秋芳何至于如此地谩骂？或许，那是一个只强调立场、不讲究道理的时代。

在《鲁迅研究资料》第22辑《有关青年必读书的一组材料》中，另有署

---

① 袁小虚：《为中国书打抱不平》。见北京鲁迅博物馆鲁迅研究室：《鲁迅研究资料》（第22辑），中国文联出版公司1989年版，第46—49页。
② 北京鲁迅博物馆鲁迅研究室：《鲁迅研究资料》（第22辑），中国文联出版公司1989年版，第57—58页。

名瞎咀的《我希望鲁迅先生"行"》（1925年3月5日）、《敬问鲁迅先生对我的提议只吗样？》（1925年3月23日）两篇文章，有张空空的《真是偏见的经验》①（1925年3月9日）。但他们的文章是没有几个人关注的，如果《鲁迅研究资料》第22辑不整理的话，大概就湮没无闻了；而鲁迅交的"白卷"及其附注，却有不少人直到现在还为其开脱、辩解，甚至要联系什么样的背景、寻出其中的"深意"来；而我也只如祥林嫂般不断地唠叨着：一个国家的知识分子，竟要把自己本民族的文字、书籍、价值观念全部抹杀掉，所为何来呢？思想的深刻性在哪里呢？即便是为了救亡图强，但救的是什么"亡"，图的是什么"强"呢？不看中国书，大概是鲁迅一以贯之的主张，早在1919年，鲁迅在《致许寿裳》的信中讨论孩子的教育问题时说："来书问童子所诵习，仆实未能答。缘中国古书，叶叶害人，而新出诸书亦多妄人所为，毫无是处。……汉文终当废去，盖人存则文必废，文存则人当亡，在此时代，已无幸存之道。但我辈以及孺子生当此时，须以若干精力牺牲于此，实为可惜。仆意君教诗英②，但以养成适应时代之思想为第一谊，文体似不必十分抉择，且此刻颂习，未必于将来大有效力，只须思想能自由，则将来无论大潮如何，必能与为沆瀣矣。少年可读之书，中国绝少……"③中国的少年不读中国书的话，又该读什么书呢？鲁迅自己应该是读中国书长大的吧？所谓"中国古书，叶叶害人"，所谓"汉文终当废去，盖人存则文必废，文存则人当亡"，是多么得触目惊心？！

在《京报副刊》征求的"青年必读书十部"中，根据得票数，超过3票（含3票）的书为：

> 《史记》19、《资治通鉴》15、《孟子》15、《胡适文存》14、《中国哲学史大纲》13、《论语》12、《左传》11、《庄子》10、《科学大纲》10、《老子》9、《汉书》9、《四书》8、《结婚的爱》8、《欧洲近百年史》8、《东西文化及其哲学》

---

① 张空空在《真是偏见的经验》一文中说："鲁迅先生是中国人，竟说要不看中国书，多看外国书，已经是轻重颠倒了，并加上了'或者竟不'四个字，岂不是过于崇拜外国书吗？中国人竟不看中国书，岂不是笑话吗？鲁迅先生于'竟不'二字上，加上'或者'两个狡猾的字，预备有人攻击时，可以拿出来挡他一阵。不知道那'或者'两个字，在字面上，固然不能掩护'竟不'两个字，在意义上，更不能掩盖住过于崇拜外国书的面目。"见北京鲁迅博物馆鲁迅研究室：《鲁迅研究资料》（第22辑），中国文联出版公司1989年版，第51页。
② 诗英，即许世瑛（1910—1972），许寿裳长子。
③ 鲁迅：《书信·190116致许寿裳》。见《鲁迅全集》（第十一卷），人民文学出版社2005年版，第369页。

7、《中国近百年史》7、《历史大纲》7、《科学方法论》7、《古文辞类纂》7、《互助论》7、《思维术》7、《墨子》6、《呐喊》6、《上下古今谈》6、《种源论》6、《建国方略》6、《独秀文存》6、《论衡》6、《昭明文选》6、《红楼梦》6、《传习录》6、《严译社会通诠》5、《社会学及现代社会问题》5、《社会主义讨论集》4、《政治学大纲》4、《（日用）百科全书》4、《蔡元培言行录》4、《自己的园地》4、《伦理学》4、《许氏说文解字》4、《毛诗》4、《经史百家杂钞》4、《十八家诗钞》4、《尔雅》3、《楚辞》3、《日知录》3、《明夷待访录》3、《自助论》3、《进化论》3、《西游记》3、《宋元戏曲史》3、《西洋哲学史》3、《孙中山著作》3、《先秦政治思想史》3、《中国历史研究法》3、《申报50年纪念册》3、《新文化辞典》3

刘超《读中国书——〈京报副刊〉"青年必读书十部"征求书目分析》一文中对上述数据分析后认为："在推荐数超过3人的近60部著作中，中国书占绝对优势，西洋书仅占十分之一。可见，'读中国书'是当时社会多数人的要求。如果结合同时进行的'青年爱读书十部'应征结果来看，'读中国书'的情形就更加明显。鲁迅在此时提出'不读中国书'，引起争议是当然的。"而"在参加开列书目的选者中，对鲁迅表示明确赞同的有徐炳昶、罗德辉和赵雪阳等人。全部开列外国书的，只有周建人、潘家洵二人。虽然没有选者对鲁迅的说法明确表示出反对，但相当多人的做法却显示出了不能赞同，像梁启超、马叙伦、罗庸、吴镜莊、马幼渔、沈兼士、黎性波、袁宏范、黎锦晖、刘书韵、顾颉刚、汪兆铭、秦黄胤、廖迪谦、李幼甦、任昶、莊更生、王劫刚、郑介石等人，所列的全部是中国书。"①从柯柏森、熊以谦等人的激烈批评乃至推荐书目的统计

---

① 刘超：《读中国书——〈京报副刊〉"青年必读书十部"征求书目分析》，安徽大学学报，2004年第6期。《京报副刊》征求的"青年爱读书十部"，超过20票（含20票，共计306票）的书为：《红楼梦》183、《水浒》100、《西厢》75、《呐喊》69、《史记》68、《三国志》62、《儒林外史》57、《诗经》57、《左传》56、《胡适文存》51、《庄子》47、《孟子》42、《超人》37、《独秀文存》37、《聊斋》31、《唐诗》31、《自己的园地》29、《中国哲学史大纲》29、《文选》26、《四书》25、《楚辞》25、《结婚的爱》24、《少年维特之烦恼》24、《饮冰室文集》23、《墨子》23、《镜花缘》22、《小说月报》21、《东方杂志》21、《沉沦》21、《老残游记》20、《浮生六记》20。刘超分析后认为："从得票超过20票的31种书目来看，外国书约十分之一，大多数青年是在读'中国书'。这与学者们所列的'必读'书目中中国书占绝对优势是相符合的。"

数据看，鲁迅在当时提出"不看中国书"的主张并不得人心。

　　其实，鲁迅自己还是开过读中国书的书单的。1930 年，鲁迅好友许寿裳的长子考入清华大学化学系，旋改入中国文学系。鲁迅为其开了一个中文书单，包括计有功《唐诗纪事》、辛文房《唐才子传》、严可均《全上古……隋文》（原文如此，即《全上古三代秦汉三国六朝文》）、丁福保《全上古……隋诗》（即《全汉三国晋南北朝诗》）、吴荣光《历代名人年谱》、胡应麟《少室山房笔丛》、《四库全书简明目录》、刘义庆《世说新语》、葛洪《抱朴子外篇》、王定保《唐摭言》、王充《论衡》、王晫《今世说》，并注明了作者年代、书籍特点及读书注意事项，计 12 种①。——鲁迅还是愿意或者说希望青年人读中国书的。

　　而 41 年之后，周作人对这一事件的评价更有意思。1966 年 2 月 19 日，周作人写信致鲍耀明说："'必读书'的鲁迅答案实乃他的'高调'——不必读书——之一，说得不好听一点，他好立异唱高，故意的与别人拗一调。他另外有给朋友的儿子开的书目，却是十分简要的。胡适之提倡'少谈主义，多谈问题'在'每周评论'上曾展开讨论过，那时反对的方面记得有李大钊，而他并不参加。后来说他曾反对胡适等有功，与李大钊并重，这也是追加的神话罢了。陆放翁说，'死后是非谁管得，满村听唱蔡中郎'，就是那么一回事。"②作为曾经朝夕相处的兄弟（二周反目之前），周作人比我们更了解真实的鲁迅，或许他的评价更有说服力。

---

① 鲁迅：《开给许世瑛的书单》。见《鲁迅全集·集外集拾遗补编》（第八卷），人民文学出版社2005年版，第497—498页。

② 《周作人致鲍耀明（七十三）》（1966年2月19日）。见周作人著，黄开发编：《知堂书信》，华夏出版社1994年版，第413页。

附录三

明恩溥及其《中国人的气质》

明恩溥（1845—1932），英文名 Arthur Henderson Smith，译为亚瑟·汉德森·史密斯，1872 年，作为美国公理会的传教士来到中国，先后在天津、山东、河北等地农村传教；1880 年后，他久居山东恩县庞家庄，达 25 年之久。作为上海英文报纸《字林西报》的通讯员，他陆续写了一些表现中国人生活习俗、性格特征的文章，广受在华外国人欢迎；1890 年，他把这些文章结集，以《中国人的气质》为名在上海出版，1892 年该书经删改后又在英国出版。1896 年，日本博文馆出版了该书的日译本，名为《支那人的气质》，在日本尤其在中国留日学生中产生了极大的影响。1903 年，该书从日语转译为汉语出版。鲁迅对这本书很感兴趣，在死之前还念念不忘，希望有人翻译出《支那人气质》来[①]。明恩溥在中国居留 50 余年，曾积极推动美国政府退还中国"庚子赔款"，用以发展中国教育事业，客观上推动了中国高等教育发展；但同时也培养了一些崇洋媚外、主张全盘西化的留学、海归人士，如胡适等，或者可以说，明恩溥是美国文化殖民政策的重要推手——因为在他看来，只有基督教才能拯救中国。

明恩溥《中国人的气质》分为二十七章，分别是：面子，节俭，勤劳，礼节，漠视时间，漠视精确，误解的才能，拐弯抹角的才能，灵活的固执，智力混沌，

[①] 1936年10月5日（去世前14天），鲁迅在《"立此存照"（三）》一文中说："我至今还在希望有人翻出斯密斯的《支那人气质》来。看了这些，而自省，分析，明白那几点说的对，变革，挣扎，自做工夫，却不求别人的原谅和称赞，来证明究竟怎样的是中国人。"见《鲁迅全集》（第六卷），人民文学出版社2005年版，第649页。

神经麻木，轻视外国人①，缺乏公共精神，保守，漠视舒适和便利，生命力，忍耐和坚韧，知足常乐，孝顺，仁慈，缺乏同情心，社会台风，相互负责和遵纪守法，相互猜疑，缺乏诚信，多神论、泛神论和无神论，中国的真实状况及其当今需求②。明恩溥所谓的中国人的26种气质，对中国学者文人影响巨大，我们下面分四个层面尽可能多地摘录其中的内容，以呈现该书的原始风貌。

首先，明恩溥意识到中、西是异质文明，指出了中西文明的差异，并触摸到中华文明实质性的特征，有了黄种人白种人（或说中西文明）在某个时代真正对抗时孰赢孰输的"明恩溥之问"。

中国人是亚洲人，他们的工作方式也是亚洲式的。试图以我们的模式来对这个富有活力的民族进行改造，将是徒劳的。（第16页）

从历史的黎明至今一直居住在中华大地上的这无数民众，是用什么方式被统治的呢？民族的衰落和死亡是一个普遍的规律，为什么只有他们构成了一个例外？那些对这个问题进行过最透彻考察的人士一致认为，导致这一结果的是这样一个事实，即其他民族依赖的是物质力量，而中华民族依赖的是精神力量③。（第221页）

---

① 这一点尤为荒唐可笑！刘文飞、刘晓旸在译后记中说："应该意识到，明恩溥笔下的中国，正是中国历史上一个最为贫弱的时代，清政府后期的无能统治，两次鸦片战争给中国带来的深重灾难，连年的自然灾害等，使亿万普通中国人生活、挣扎在水深火热之中。换句话说，明恩溥所接触的中国人，可能是中国历史上生活得最为贫困、最为屈辱的一代人。对中国和中国人不无感情的明恩溥，却又是以一个文化征服者、殖民者的身份来到中国的，这就决定了他的观察视野和他的解读方式。意识到这一点，我们也就不难理解了，这位仁慈的传教士为什么也会不时暴露出这样的刻薄乃至冷酷来：'在那些敌视外国人的地区，可随身携带的喷水枪可能就是外国旅行者最佳的防身武器。我们确信，两英寸粗细的水管里喷出的冷水能在五分钟之内驱散外国人在中国见到过的最凶狠的暴徒。霰弹的效果也会相形见绌，因为很多人会涌过来捡弹壳，而冷水却是自汉朝以来的每一个中国人都深感厌恶的一种东西，就像猫怕水一样。'……明恩溥尚且如此，当时在华的其他外国人对中国人会持一种什么样的态度，这就不难猜度了。在这样的情况下，再来指责中国人'轻视外国人'的'性格'，岂不荒唐！在那个年代一直遭受着外国列强欺辱、盘剥的中国人，内心充满着的不仅是'轻视'而应该是'仇恨'。"见明恩溥著，刘文飞等译：《中国人的气质》，上海三联书店2007年版，第261页。

② 本文所引内容，以刘文飞、刘晓旸译的《中国人的气质》（上海三联书店2007年版）为准。下文中所引《中国人的气质》中的文字，除特殊说明外，只随文注页码。

③ 其他译者，如乐爱国、张华玉等，把"精神力量"译为"道德力量"（见《中国人的性格》，学苑出版社1998年版）；笔者更倾向于"道德力量"的说法。该书后文中在谈到儒家时，也强调"道德力量"（第222页）。

　　在我们即将结束关于中国人的讨论时，我们想着重谈一谈儒学体系在道德上的优点①，因为只有正确地理解这些优点，我们才有希望正确地理解中华民族。这些优点使得中国人能出众地服从道德力量。在延续了很多年的文官考试中都要求引经据典地作文，这种做法使人们的思想统一达到了一个令人惊叹的程度，这形成一个强有力的动机，使每一位考生都把政府的稳定视为他个人成功的前提，毫无疑问，这就是中华民族延续至今的一个重要因素。②（第222—223页）

　　对于中国人程度惊人的孝道信条，有人做出了一个忧虑的评论，认为中国人的孝道不仅不是针对上帝的，而且也无法通过任何方式让人意识到上帝的存在。作为孝道之最完整、最终极表达方式的祖先崇拜，与多神论、不可知论和无神论是完全一致的。它使死人成为神，它所有的神也都是死人。它的爱、它的感恩和它的敬畏，都只献给尘世的父母。这里没有天父的概念，即便知道他的存在，也没有人感兴趣。祖先崇拜不被放弃，基督教便永远无法引入中国，因为这两者是相互对立的。在这两者决死的斗争中，只有适者才能得以生存。（第140页）

　　有人说过，使用英语的种族，其血液中流淌着某种不守法则的基因，这种基因使我们难以忍受各种规则，一受到约束就躁动不安。布莱克斯通说："我们英国人的强大祖先认为，在一个给定的精确时间里出现，或是做任何事情，这不符合一个自由民的身份。"不过，正是由于我们勇敢祖先的这一特性，个人自由和天赋人权的学说才不得不经过长久的等待之后才得以确立。但是，既然这些权利现在已经稳固地确立了下来，我们为什么不能清醒一点，多少强调一下个人意志服从集体利益的重要性以及法律

――――――――――

① 对于儒家，明恩溥是极尽嘲讽的，如在"轻视外国人"一章中描写儒家人物："对于他们来说，理想的学者就应该继续做那种文字化石，他什么都学，什么都能记住，获得好几个学衔，他努力工作以免挨饿，手上的指甲有几英寸长，他什么事情都干不了（除了教书），以此来保持心身一致，因为'君子不器'。"（第74页）在"缺乏诚信"一章中说："记住这样一点也很重要，即不仅儒家的教义在尊重历史方面存在着很大的缺陷，而且就连至圣先师本人的实际做法也未必是忠于史实的。"（第206页）但从道德的角度，从社会稳定的角度，明恩溥还是认可的，如他说："与此同时还得承认，儒学中有不少关于人际关系的优秀论述，其中的许多观点几乎都能与基督教的启示产生共鸣。"（第237页）当然，这里也需要明确，明恩溥所谓"共鸣"，其实是基于传教士的立场，讨论儒学体系的缺陷与不足（明恩溥共列举了二十四点），所以他认为，只有基督教才能救中国。
② 明恩溥有关中国道德的表述，给笔者国学概念的界定提供了一个旁证（见前文）。

的尊严呢？在这些方面，难道我们不能从中国人那里学到一些东西吗？（第183—184页）

一台像中国这样如此复杂的社会机器，必然会嘎吱作响，有时也会在极大的压力之下扭曲，但是它却很少在这样的压力之下破裂，正如我们所看到的那样，中国的政治体制就像是人的身体，具有许多充满润滑体液的小囊，在最需要的时间和地点，它就会分泌出一点，滴落下来。中国人平和的品性，使他们能够组成一个很有价值的社会联合体。中国人热爱秩序，遵奉法律，甚至在法律不值得遵奉的时候也是如此。（第171页）

人们不禁会预想到，总有一天，白种人和黄种人将展开一场空前激烈的竞争。当那一天不可避免地到来时，失败的将是哪一方呢？（第16页）

其次，也是最为主要的内容——明恩溥长于描述，其作品（非研究著作）在报纸《字林西报》上发表，为满足在中国的外国人的消遣的、猎奇的、并能表现其自大自尊的优越的欧美人民族心理的阅读趣味（甚至是低级趣味），他采用美国式新闻的写作方式，以其非凡的想象力、夸张的表现力，通过漫画式的黑色幽默，把他所见到听到的一些"现象"，反复地与他所认为的优秀的盎格鲁－撒克逊人的品性进行比较，迎合了英美人高高在上的征服者的心理，也迎合了欧美矮化、丑化甚至妖魔化中国文化的潮流——或者可以说，明恩溥及其《中国人的气质》本身即是矮化、丑化中国文化的重要组成部分。而明恩溥的笔下，主要描写的是清末中国最为贫弱时期的最底层的农民，所以，《中国人的气质》的绝大部分篇幅中，充满了对中国人、中国文化的偏见、嘲讽、挪揄、丑化甚至污蔑，实在有失神职人员的悲悯心肠。我在这里只摘录一些《中国人的气质》中漫画式的片段描写：

中国人在做饭的时候很少浪费，每样东西都会被最大限度地加以利用。一个普通中国家庭吃完一顿饭后，剩下的食物少之又少。要想为这个普遍的事实提供旁证，只需看一看中国的狗和猫的身体状况就会明白了。这些以人的残羹剩饭为生的小动物们艰难"生存"，它们的寿命始终在"死亡线"附近徘徊。新兴国家的人们惯于挥霍已经名声在外了，我们毫不怀疑，像美国这样生存条件优裕的国家在一天之内浪费掉的资源，可能足以让六千万亚洲人过上相对富足的生活。但我们倒是乐于看到，有许多许多的人能够吃上这些剩余东西，就像许多中国人在"酒足饭饱"之后让仆人和孩子来吃那些残羹剩饭一样！甚至在喝完茶之后，杯子里剩下的茶叶还会被倒回茶壶再冲泡一遍。（第5页）

就像是下一盘棋，先走的一方说："我卑贱的王翼兵向前两格。"对弈者则答道："我谦逊的王翼兵也向前两格。"对方又宣布："我用我可鄙的王翼马攻击你高贵的王翼兵，把你的王翼象向陛下调动三格。"如此你来我往，直到整盘棋下完为止。（第18页）

一个中国新娘子前去拜会一位外国女士，可她却特意转过身去，背对着这位夫人，朝着完全相反的方向行了一个礼，弄得女主人既惊又恼。后来经过询问才知道，因为皇帝住在北方，所以她必须向北叩拜，而并不在意应该受礼的人坐在这屋子的南边。既然这位外国夫人不知道屋子的哪一侧是她该站的地方，那么新娘也就不必考虑她在哪儿了；她至少表明了，她是知道应该朝哪个方向叩头的！（第19—20页）

一位仆人被问到身高多少，可他报出来的数据与他的身高显然不符，又经询问，他才承认他没有把他肩膀以上的部分估算进去！他当过兵，在军中，男人锁骨的高度最为重要，因为肩膀是要用来搬运物资的。既然一位中国士兵的脑袋没有任何实际的用途，这个部分也就被忽略了。（第28—29页）

在中国，"自己打自己嘴巴"的事情如此常见，使得大家都不以为怪了。一位外国人租用了一条船和一辆车，船夫和车夫应该把这个外国人送到一个地方去，可他们却会直截了当地、有时会毅然决然地拒绝履行他们的合同。在这种情况下，一位中国车夫的倔犟劲儿就像他那匹骡子，那骡子在路上遇到灰多的地方就会躺下来打滚，从容不迫地洗个泥土澡。车夫挥动鞭子，使出吃奶的力气抽打那匹骡子，结果却无济于事。骡子满不在乎这鞭打，觉得这就像是只苍蝇在给它挠痒痒。要找出一个与之相似的现象，我们往往会想起德·昆西的那个尖刻的看法，他做出一个宽泛的归纳，认为中国人"犟得像骡子"。（第37—38页）

在每一处外国人开有诊所或医院的地方，都一定能够看到一些足以佐证我们这个话题的现象。患者得到了仔细的检查，拿到了处方，并取到了一定剂量的药，为了避免出错，服药的方式和时间被重复了三四遍。为了记住这些细节，他会返回来一两次，加以确认，可是一回到家里，他就把两天的药量一口吞了下去，因为他以为，疗效与剂量之间应该有着直接的比例关系。（第51页）

中国人的头脑就像一门陈旧的滑膛炮，炮身已经锈迹斑斑，底座也早已不堪重负，在瞄准一个目标之前得调整好半天，然而它最终肯定还是打不中。当你向一个人提一个简单的问题，诸如："你多大年纪了？"他会十分茫然地盯着提问者，反问一句："我？"你回答："没错，就是问你。"他振作起精神，准备承受这个打击，又问道："多大年纪？""是啊，问你多大年纪。"他再次调整焦点，问道："我多大年纪了？"你说道："是的，你多大年纪了？""五十八岁。"他总算答到点子上了，他的脑筋现在开始正常运转了。（第58页）

中国人可以在任何一个地点入睡。那些会使我们陷入绝望的种种小烦恼，却不会让他们烦心。有一块砖头当枕头，他们就可以在草铺、泥炕或者藤床上呼呼大睡，将世间的万物置之脑后。他们不要求房间里的光线暗下来，也不需要别人保持安静。"夜哭郎"要哭就尽管哭去吧，因为这也不会对他们构成惊扰。在有些地区，全体居民似乎都有在夏日午后的头两个小时里睡觉的习惯，就像是一种共同的本能（就像冬眠的熊），他们的午睡是雷打不动的，无论他们身在何处。在正午的两个小时内，整个世界都像午夜的两个小时里那样万籁俱寂。睡觉的地点是无足轻重的，至少对于干粗活的人是这样的，其他许多人也同样如此。横躺在三轮手推车上，像蜘蛛一样脑袋朝下，大张着嘴巴，嘴巴里还有一只苍蝇①，——如果以这样的入睡能力为标准来招募一支军队，那么，在中国就可以轻而易举地招募到数百万人，不，可以招到上千万人！（第65—66页）

任何一个普通的中国人都可以轻而易举地完成的事情，外国人却干不来，这也让中国人看低我们。我们吃不惯他们的饭菜，我们受不了太阳的曝晒，我们也无法在人群中、在嘈杂的或空气不畅的地方入睡。我们划不走他们的船，也不会喊上两声"吁！吁！"就让骡队俯首帖耳地听我们使唤。有这样一件广为人知的事情，英国军队的炮兵部队1860年向北京进发时，雇来的当地车夫在河西务附近开了小差，这使得英军完全陷入了束手无策的窘境，因为英军中竟没有一个人能让那些中国牲口挪动一步！（第72页）

有一次要用到一些特殊的方砖，尺寸比当地常见的砖块要大一些，外国人就吩咐窑工们烧制一些这样的大砖。要烧制这样的砖，只要做一个与砖头尺寸一致的木头模子就行了。可是结果，需要的砖却没能烧制出来，接受了指示的那个人被喊过来解释他的失职，他却表示难以采用任何这样

---

① 明恩溥能在脑袋朝下、大张嘴巴睡觉的车夫嘴里看到一只苍蝇——他是如何观察到的呢？如此恶作剧的描写，是不是有低俗、媚欲、恶俗的嫌疑呢？也只会满足外国人的低级趣味吧？

的革新，还给出了一个十全十美的正面理由：天下就没有这样的模子！（第86页）

对一位西方人来说，一张理想的床应该既有弹性又很结实。近几年来人们普遍使用的弹簧床，或许就是一个最佳的样板。中国一家最好的医院也置备了一些这种豪华床，然而，那些安置下这些床铺的好心的医生却失望地发现，只要他们一背过身去，但凡还有力气动弹的病人，全都迫不及待地从弹簧床上爬起来，睡到了地板上，他们在地板上才觉得像在家里一样踏实。（第95页）

几年前，笔者与一家中国人同住在一栋房子里，一天下午，笔者听到窗户下面传来一阵惨叫，窗子是泥砖砌成的，底下有个洞，里面有一个大蜂窝，一个十四个月大的小男孩在院里玩耍，看见了窗下的洞，以为是一个能玩过家家的地方，就莽撞地爬了进去。孩子剃了个光头，头皮通红通红的。蜂群不知是被这非同寻常的入侵激怒了，还是把孩子的光头误认成了一朵大大的牡丹花，它们迅速地落在这颗光脑袋上，使劲蜇了起来。孩子被拖出来的时候，已经被群蜂蜇了三十多下[1]。孩子哭了一会儿，被放到"炕"上之后不久，就睡着了。手边什么药都没有，也没往皮肤上抹什么东西。这孩子也整夜都没有哭闹，第二天，头上的鼓包全都消了，没留下一点痕迹。（第109页）

中国人已经把骂人的技巧提高到了只有东方人才能达到的完美程度。争吵一开始，一些脏字秽语便汇成了一条肮脏的水流，英语中没有任何词汇能与之相比，即便是比林斯门卖鱼妇们那些恶毒、固执的用语也都望尘莫及。最简单的接触也时常会引起滔滔不绝的谩骂，就像某次触摸会引起电火花来一样，无论哪个阶层的人士，无论男女，骂人是一个常见的、几乎很普遍的现象，随时随地都会遇到。常常听到这样的抱怨，说女人的骂人话比男人的还要下流，她们的谩骂也往往持续得更久，就像一句俗话说的那样："中国女人脚短舌头长。"孩子们刚刚从父母那里学会这些骂人话，就常常把它们反过来用到父母的头上，这还被视为一件极大的乐事。对这种语言的使用，已经成了中国人的第二天性。每个社会阶层都会使用这样的语言。文人学士、各个级别的官员直至身居高位的重臣，一旦动怒，

---

[1] 作为神职人员，明恩溥竟是如此的尖酸刻薄；在这些富有美学色彩的文字里，包藏着明恩溥怎样的心肠呢？

也会像他们的苦力一样随意地破口大骂。普通人甚至会在大街上把骂人话当做见面的寒暄，对方也以同样的方式来回应。（第165—166页）

中国人本能地承认他们相互之间存在着猜疑，一个最为明显的例子就是，他们不愿一个人单独留在一个房间里。如果出现这种情况，客人就会感到局促不安，或许会赶紧走到走廊上来，这个举动似乎在表明这样的意思："不要怀疑我；你也看到了，我没拿你的东西；我不在乎这些东西。"在一个自尊的中国人前去拜访外国人的时候，有时也会看到与此相同的情形。（第194页）

我们并不是要论证这样一个命题，即在中国找不到真诚，而只是想说明，就我们的经历和观察而言，在任何地方都很难保证能找到真诚。一个对真实如此不在乎的民族，怎么会有别的结果呢？一个衣冠楚楚的学者碰到外国人时大言不惭地说自己不识字，过后递给他一本小书让他看一下时，他却毫不犹豫地拿着书从人群里溜走了，未付三个铜板的书钱。他这样做的时候一点儿都不觉得害臊，反而因为他欺骗了那个愚蠢的外国人而沾沾自喜，这个外国人实在不精明，竟然会相信一个根本不认识的人。（第216页）

再次，《中国人的气质》中也有少量篇幅描写了中国人善良的、优秀的品性——这一点内容虽然不多，但需要我们特别地指出来，因为中国的文化批判者为了更彻底地批判自己民族的劣根性，往往把它们忽略掉——并根据"适者生存"的理论，预言中华民族有一个伟大的、壮丽的未来。

我们必须把中国人的"常乐"也视为一种民族性格，这一点是与他们精神上的"知足"紧密地联系在一起的。幸福常常是令他们喜出望外的，但是与我们不同，他们总是想最大限度地显得快乐。过分挑剔的毛病在中国人这里很罕见。他们大多都是模范宾客。无论什么地方，无论什么食物，都能让他们感到满意。甚至连那些缺吃少穿的民众，也能以一种令我们惊讶的方式保持他们精神上的安宁。（第125页）

中国人有诸多令人钦佩的品质，其中之一就是他们天生的遵纪守法。这一素质究竟是他们社会制度的结果还是其原因，我们不得而知。但是我们知道，中国人是一个守法的民族，这既是天性使然，也是教育的成果。我们在介绍中国人"坚韧"的民族美德时已经提及这一点，但是我们还要特别注意这一素质与中国人的相互负责理论之间的联系。在中国，每个男人、女人和小孩都直接对某人负责，任何人都会时刻目睹这样一个重要的事实。

（第180—181页）

　　人们总是认为，灵魂不朽的一个有力证据就是，灵魂中那些最优秀的力量常常难以在此世获得施展的机会。如果这个论据是确凿的，那么，中华民族这种无可比拟的坚韧性格，应该是用来担当某种崇高使命的，而不仅仅是为了让他们去忍受生活中的常见灾难和饥饿的折磨，这样的推论应该是合理的吧？如果"适者生存"就是历史给出的教导，那么毫无疑问，一个天生具有这一品格、同时又具有旺盛生命力的民族，就必定拥有一个伟大的未来。（第120页）

最后，作为一名传教士，明恩溥来中国工作的目的是明确的，他写《中国人的气质》这本书，目的也是明确的。

　　在中国，多神论与无神论就是同一个骰子上相对的两个面，许多受过教育的中国人都或多或少地认为两者都正确，没有感觉到有什么矛盾之处。对人的本性中最深刻的精神真理的绝对漠视，是中国人心灵中一个最为可悲的特点，他们随时准备接受一个没有灵魂的肉体，一个没有精神的灵魂，一个没有生命的精神，一个没有起因的宇宙，一个没有上帝的世界。（第242页）

　　中国人所缺少的并不是智性能力，也不是忍耐精神、实践能力和乐观性格，他们的这些品质都非常杰出。他们所缺少的是品格和良知。（第245页）

　　要改革中国，就必须在品格方面追根溯源，良知就必须得到实际上的推崇……中国需要的是正义，为了获得正义，她就绝对必须了解上帝，了解关于人的全新概念，还要了解人与上帝的关系。中国的每一个人、每一个家庭和每一个社会都需要一种新生活。这样一来，我们就发现，中国的各种需要其实就是一种迫切的需要。这种需要，只有基督教文明才能持久、完整地提供出来。（第256页）

庄泽宣、陈学恂认为"美人明恩溥可说是西人中最早对于中国民族性作详尽讨论的一人"[1]，影响巨大。刘文飞、刘晓旸在《中国人的气质》译后记中说："一个外国人在一百多年前关于中国人性格的一番品头论足，居然曾引起包括辜鸿

---

[1] 庄泽宣、陈学恂：《民族性与教育》，商务印书馆1938年版，第304页。

铭、鲁迅①在内的中国思想大家们的广泛关注，直到如今仍能激起国人的阅读兴致；一个美国传教士从西方文明的基督教立场出发对中华民族的一阵指手画脚，居然成了西方汉学中最重要的'奠基作'之一，在西方人的中国观形成过程中发挥了持久而又巨大的作用。"并感慨说："译完全书，我们感觉到这似乎是一本善意和傲慢并存、真相和偏见同在的书，或者说，这本书三分之一是事实，三分之一是谎言，三分之一是误读。在本书辟出专章予以论述的二十多个'中国人的性格'中，绝大多数都是缺点，如死要面子、漠视时间、漠视精确、善于误解、拐弯抹角、固执、智力混沌、神经麻木、轻视外国人、缺乏公共精神、保守、漠视舒适和便利、缺乏同情心、相互猜疑、缺乏诚信和缺乏宗教精神等，能称得上优点的却只有区区几个，如节俭、勤劳、忍耐和坚韧、相互负责和遵纪守法等，而那些被作者当作'优点'来写的某些性格，最终却被写成了'缺点'，如注重礼节、知足常乐、孝顺、仁慈和富有生命力等。可见，在明恩溥看来，中国人即便不是一无是处，也是短处多于长处的。"②可谓深谙明恩溥之道。其实，根据一般的逻辑，为凸显基督教在异质文明的中国传布的重要性、合理性乃至于必要性，明恩溥揭露中国人的恶行，批判中国文化的黑暗，宣扬基督教精神——这是他们神圣的使命，原本也在情理之中；所可恨者，乃是国人鹦鹉学舌，人云亦云，乃至于自掘祖坟。其实，《中国人的气质》若改名为《19世纪末中国农村农民气质——以山东恩县庞家庄为中心》③，其中描写的部分内

---

① 除上文提到的鲁迅在去世前希望翻译明恩溥的《中国人的气质》外，1926年，鲁迅在《马上支日记》中还说：他偶然间买了一本日本人安冈秀夫所作的《从小说看来的支那民族性》一书，觉得安冈秀夫"似乎很相信Smith的《Chinese Characteristics》，常常引为据典"；而这书在日本，"二十年前就有译本，叫作《支那人的气质》，但是支那人的我们却不大有人留心它"，并简要介绍了《中国人的气质》第一章"体面"的内容，说"我们试来博观和内省，便可以知道这话并不过于刻毒"。安冈秀夫将中国人的性格总结为九点：过度置重于体面和仪容；安运命而肯罢休；能忍能耐；乏同情心多残忍性；个人主义和事大主义；过度的俭省和不正的贪财；泥虚礼而尚虚文；迷信深；耽享乐而淫风炽盛。鲁迅觉得"从支那人的我看来，的确不免汗流浃背"。见《鲁迅全集·华盖集续编》（第三卷），人民文学出版社2005年版，第343—344页。

② 见明恩溥著，刘文飞等译：《中国人的气质》，上海三联书店2007年版，第257、259、260页。

③ 在笔者看来，中国传统社会一直分为两个基本的层面，即仕人社会与乡俗社会。仕人社会重人文理性，由儒家、道家、法家思想建构起来；乡俗社会则重神道设教，重乡约民俗。二者虽然缠绕交织，互补共生，但还是有明显的分际。明恩溥主要以对中国（山东）农村社会的观察为依据，即冠以中国人如何，有失偏颇。

容，我还是同意的^①；但若把个案当作规律，把现象看成本质，以偏概全，冠以中国人如何如何、中国式如何如何——这都是百余年来中外人士在对中国现象、中国价值评判时惯用的手法——可称之为"明恩溥现象"，则有失客观、公允，我是坚决反对的！

---

① 笔者老家在山东农村，明恩溥用漫画手法描述的农村的丑态，所表现的黑色幽默，某些方面确有似曾相识的感觉；但他所描述的"故事"，往往是农村人的笑谈，是令人不齿、令人唾弃的，并不具备什么典型性。

附录四

罗素《中国问题》有关中国人性格的讨论

　　1920年10月12日至1921年7月11日，英国著名哲学家伯特兰·罗素（Bertrand Russell，1872—1970）应邀在中国讲学，发表了著名的《哲学问题》《心之分析》《物的分析》《数学逻辑》和《社会结构学》五大演讲。回国之后，他先是在各大报纸上发表了一系列有关中国的文章，1922年又出版了《中国问题》①一书，阐述了他对中国问题的见解。罗素在1965年重印《前言》中说："本书的大部分内容都是关于时事问题的……我觉得，书中不是谈时事的部分，总的来说仍然是正确的。我要特别指出的是传统的中国人与西方各民族之间性格的鲜明对比。"（第1页）在罗素看来，《中国问题》所记中国有关时事在43年之后都已经变迁，唯有中西文明对比尤其是对中国人性格的讨论仍有重要价值。

　　罗素认为："要判断一个社会的优劣，我们必须不仅仅考虑这个社会内部有多少善与恶，也要看它在促使别的社会产生善与恶方面起何作用，还要看这个社会享有的善较之于他处的恶而言有多少。如此说来，中国要胜于我们英国。我们的繁盛以及我们努力为自己攫取的大部分东西都是依靠侵略弱国而得来的，而中国的力量不至于加害他国，他们完全是依靠自己的能力来生存的。"（第3—4页）因此，对于中国文化面临主要问题应该选择的对策，罗素指出："中国的文化正发生着飞速的变化，这种飞速的变化无疑是必需的。……我相信，中国人如能对我们的文明扬善弃恶，再结合自身的传统文化，必将取得辉煌的成就。但在这个过程中要避免两个极端的危险。第一，全盘西化，抛弃有别于他国的传统。那样的话，徒增一个浮躁好斗、智力发达的工业化、军事化国家而已，而这些国家正折磨着这个不幸的星球。第二，在抵制外国侵略的过程中，形成拒绝任何西方文明的强烈排外的保守主义（只有军事除外）。"（第4页）

---

① ［英］罗素著，秦悦译：《中国问题》，学林出版社1996年版。下文中所引《中国问题》书中的文字，只随文注页码。

在比较中西文明时，罗素认为："我们的西方文明建立在这样的假设之上，用心理学家的话来说是精力过剩的合理化。我们的工业主义、军国主义、热爱进步、传教狂热、扩张势力、控制和组织社团，这一切都是因为精力太过旺盛。"（第7页）因此，罗素主张西方文明应该借鉴东方文明，从推崇竞争、开发、永不知足的怪圈中摆脱出来，他说："从人类整体的利益来看，欧美人颐指气使的狂妄自信比起中国人的慢性子会产生更大的负面效果。……中国人摸索出的生活方式已沿袭数千年，若能够被全世界采纳，地球上肯定会比现在有更多的欢乐祥和。然而，欧洲人的人生观却推崇竞争、开发、永无平静、永不知足以及破坏。导向破坏的效率最终只能带来毁灭，而我们的文明正在走向这一结局。若不借鉴一向被我们轻视的东方智慧，我们的文明就没有指望了。"（第7—8页）罗素能够直面西方现代文明中的恶，在文明比较时，能够直陈要害，一语中的，且看下面几段话：

> 我们的道德与中国人的道德并非没有区别，区别就在我们的道德更恶，因为我们的精力更充沛，因而每天都能作下更多的恶。所以，我们可以教中国人的并不是我们的道德，也不是治国箴言，而是科学与技术。中国的知识分子所真正面临的问题是学习西方人的知识而不要染上西方人机械的人生观。（第63页）

> 可以说，我们的文明的显著长处在于科学的方法；中国文明的长处则在于对人生归宿的合理理解。人们一定希望看到两者逐渐结合在一起。（第153页）

> 中国人不像白人那样，喜欢虐待其他人种。中国在国际上的贫弱，大多数人都以为政治腐败是唯一的原因。其实，"不恃"、"不宰"①的美德应该与政治腐败一样②负相同的责任。如果在这个世界上有"骄傲到不屑打仗"的民族，那就是中国。中国人天生宽容而友爱、以礼待人，希望别人也投桃报李。只要中国人愿意，他们可以成为天下最强大的国家。但是，他们所追求的只是自由，而不是支配。（第153—154页）

> 我认为，中国人的宽容，欧洲人根据本国经历是无法想像的。我们自认为宽容，但只不过比我们的老祖宗显得宽容一些罢了。但是在政治上、

---

① 所谓"不恃""不宰"，指的是罗素在文中引用的《老子》中的"生而不有，为而不恃，长而不宰"。

② 罗素在书中抨击中国的政治腐败，如说："他们的政治是腐败的，有权势的人用不光彩的方法弄钱。这一切都是无可否认的。"（第153页）

社会上仍实行各种压迫，称不上宽容。更严重的是，我们深信自己的文明和生活方式远胜于其他民族。如果遇到像中国这样的民族，就认为对他们最慈善的举动莫过于让他们全盘接受我们的文明——这真是大错特错。我认为，一个普通的中国人可能比英国人贫穷，但却比英国人更快乐。这是为什么呢？因为他们国家的立国之本在于比我们更宽厚、更慈善的观念。无休止的好勇斗狠不仅产生了明显的恶果，还使我们不知足，不能享受美，使我们失去思考的美德。（第155页）

在谈到"中国人的性格"时，罗素更多地是从正面给予了评价：

中国人，所有阶级的中国人，比我所知道的其他任何人种更爱逗乐，他们从世间万事中都找到欢乐，一句笑话就能化干戈为玉帛。（第158页）

中国人，从上层社会到底层百姓，都有一种冷静安详的尊严，即使接受了欧洲的教育也不会毁掉。无论个人还是国家，他们都不自我肯定；他们的骄傲过于深厚，无需自我肯定。虽然也承认兵力上敌不过外国列强，但并不因此而认为先进的杀人方式是个人或国家所应重视的。我觉得这是因为他们都在心底里自信中国是世界上最伟大的国家，拥有最完美的文明。西方人无法接受这种观点，因为这是基于各自完全不同的传统。但人们会逐步认识到这个观点无论如何不荒谬。事实上，它是一脉相承的价值观的逻辑结果。典型的西方人希望自己成为尽可能多地改变所处环境的原因；典型的中国人则希望尽可能多地享受自然环境之美。这个差别就是中国人和英语国家的人大相径庭的深层原因。（第159—160页）

我们在西方崇拜"进步"，"进步"成了一种伦理伪装，……我们之所以喜欢进步，十有八九是由于喜欢权力，欣赏这样一种感觉：我们一声令下，事情就发生了变化。……正是这样的天性促进了西方国家的"进步"。[①]（第160页）

外国人对中国人的"要面子"觉得很可笑。殊不知只有这样才能在社会上形成互相尊敬的风气。每个人，都有面子，即使最卑贱的乞丐。[②]（第161页）

中国人的性格中最让欧洲人惊讶的莫过于他们的忍耐了。（第163页）

[①] 这一点，很适合当下的美国及其总统特朗普。美国人大概喜欢高高在上的发号施令的感觉，动辄就惩罚某个国家。

[②] 自明恩溥《中国人的气质》中对中国人"爱面子"的特点予以讥讽之后，这是少有的能够从正面来理解中国人"爱面子"的观点。

中国至高无上的伦理品质中的一些东西，现代世界极为需要。这些品质中我认为和气是第一位的。（第167页）

当然，罗素也指出了中国人性格中的缺点。他说："中国人待我不薄，我不愿意揭他们的短处。但出于对真理负责，也出于对中国的考虑，隐讳不是好主意。只是我希望读者记住，中国是我所接触的国家中最好的之一，然而却遭到如此的虐待，我要对世界上每一个强国发出更严重的声讨。在我离开中国之际，有一位著名的作家请我指出中国人主要的弱点，我推辞不过，说了三点：贪婪、怯懦、冷漠。他听了之后，不但不生气，还认为评判恰当，进而探讨补救的方法。这是中国知识分子正直的一例，正直是中国的最大优点。"（第165页）对于上述三点，罗素并没有展开阐述，只是约略提及，其主要论点如下：

中国人的冷漠必定会让盎格鲁—撒克逊人大为惊异。他们没有人道主义的冲动，而正是这种冲动使我们用百分之一的精力能使另外百分之九十九的精力所造成的损害有所缓解。（第165页）

怯懦似乎是我们对中国人第一个坏印象；但我不敢肯定他们是否真的缺乏勇气。……如果把中国人与盎格鲁—撒克逊人、法国人、德国人相比又称不上勇敢，只不过他们的被动的忍耐力极强。如果要隐瞒什么，哪怕酷刑甚至死亡也无所畏惧，更加好斗的民族可能对此不屑。虽然中国人缺乏主动的勇敢，但从他们轻易地就会自杀这一点来看似乎比我们更不怕死。（第166页）

贪婪则是中国人最大的缺点。生计艰难，挣钱不易。除了少数留过学的，都会犯贪污罪。……这个缺点可能出于这样的事实：多年以来，诚实生活难以为继。（第166页）

在谈到中国文化的出路时，罗素指出："中国旧的本土文化已近死亡；中国的艺术和文学已有所不同。孔子已无法满足现代人的精神需要。接受过欧美教育的中国人意识到，必须使中国传统文化注入新的元素，而我们的文明正好投其所需。然而，中国人却又不照搬我们的全部，这也正是最大的希望之所在，因为如果中国不采用军国主义，将来所产生的新文明或许比西方曾经产生的各种文明更好。"（第164页）所以他强调："中国的问题不仅是政治独立的问题，文化独立在某种程度上也同样重要。"（第191页）

罗素对中国人的遭遇抱有同情，对中国遭受到的列强的欺凌、虐待甚至"要对世界上每一个强国发出更严重的声讨"；其对中西文化的比较以及对中国人性格的讨论，总体来看，肯定多于批评，易于中国人所接受。

附录五

林语堂及其国民性批判

林语堂（1895—1976），出身于基督教牧师家庭，1912年入上海圣约翰大学，毕业后在清华大学任教。先赴美国哈佛大学研究比较文学，获硕士学位；后赴德国莱比锡大学攻读语言学，获博士学位。在20世纪二三十年代，林氏是激烈地中国文化批判论者，钱玄同曾把他列于吴稚晖、鲁迅、陈独秀之后，可谓是批判中国人"根本败类的民族"之第四人[1]；亦被人誉为"打狗的急先锋"，在当时大概是较为耀眼的"学术明星"。基于其欧化中国的基本立场，林氏对中国国民性、对中国文化的批判是一贯的。在笔者看来，自我标榜"文章可幽默，做事须认真"的林语堂，首先是一个小说家，所谓才情惊艳，有着颇为浪漫的想象力，形成了独具特色的林氏幽默——幽默本是一种艺术的表达，这没有问题；但在国民劣根性批判的浪潮中，林氏笔下对中国国民性的摹画，就有了"明恩溥式"黑色幽默的效果，徒添了中国人一些带血的"笑料"。而20世纪50年代，林氏在新加坡南洋大学办学过程中的拙劣表现，则折射出林氏的人格并不完美，

---

[1] 钱玄同在1925年4月13日《回语堂的信》中说："你说中国人是根本败类的民族，有根本改造之必要，真是一针见血之论；我的朋友中，以前只有吴稚晖，鲁迅，陈独秀三位先生讲过这样的话。这三位先生的著作言论中，充满了这个意思。"还说："八九年来，我最佩服吴、鲁、陈三位先生的话；现在你也走到这条路上来了，我更高兴得了不得。"见《钱玄同文集》（第二卷），中国人民大学出版社1999年版，第150—151页。

也为林氏的幽默增加了另外一种注脚①。

我们先看一下林氏《萨天师语录》②中的一些话：

> 中国的文明确是世界第一——以年数而论。因为这种的民族，非四千
> 年的文明，四千年的读经，识字，住矮小的房屋，听微小的声音，不容易
> 得此结果。你不看见他们多么稳重，多么识时务，多么驯养。由野狼变到
> 家狗，四千年已太快了。你不看见他们多么中庸，多么驯服，多么小心，
> 他们的心真小了。因为我曾经看见文明（离开自然）的人，但是不曾看见

① 为保存华文血脉，新加坡华侨领袖陈六使（1897—1972）等人集资、筹建南洋大学。为
提高学校的知名度，把南洋大学办成东南亚一流的华文大学，陈六使等人决定聘请具有较
高影响力且同是福建人的林语堂担任校长。1954年10月，林语堂举家飞抵新加坡担任南
洋大学校长。在学校筹建过程中，林氏虽没有多少教育办学、行政管理的经验，但深谙
权力之道，强调"校长负大学行政全责""校董不得干涉大学行政"等办学理念，力争
把人权、财权、事权掌握在自己手中（他任命女婿黎明为行政秘书，职权相当于副校长；
又任命女儿林太乙为校长室秘书，侄儿林国荣为会计长），这样，南洋大学成了"林家
铺子"。由于在办学理念（林氏坚持西化的办学方针）、财务预算、基建设施等方面，
林氏与南洋大学执委会存在严重龃龉，半年后，双方谈判无果，不欢而散，"4月7日，
南大执委会给林语堂一方支付了一大笔遣散费，其中林语堂月薪定额为3000元，按21个
月支付，共计63000元，另津贴川资9241.5元，两项共72241.5元。女婿黎明薪金及川资共
21161元，女儿林太乙原订月薪为600元，但发遣散费时骤升为800元，理由是文学院准备
聘她为讲师——虽然她并没有讲过一堂课。累计起来，林语堂一行累计的遣散费为305203
叻币，相当于10多万美金。林语堂个人所得，相当于当时中国高校普通教师86年的工
资。林语堂的好友徐訏说：'拿一笔很大数目的赔偿而走，这不是老庄也当然不是孔孟之
道。'"为避免南大蒙受重大经济损失，陈六使个人承担了全部遣散费。陈漱渝在《折戟
狮城——林语堂与南洋大学》一文中评论说："由于恃才傲物，任人唯亲，计较钱财，以
及过于鲜明的政治态度，林语堂在新加坡华人社会留下的是一个'小丑扮青衣'的形象，
甚至影响了他作品在新马一带的流传。"（上述内容参见陈漱渝：《折戟狮城——林语堂
与南洋大学》，《新文学史料》2008年第4期）对于林语堂与南洋大学的是与非，陈平原
则在《记忆南洋大学·序》中评论说："以我对民国年间诸多私立大学的了解，以及对当
今中国民办高等教育的观察，林语堂好高骛远的办学思路，确实有问题。其诸多关于南大
的议论，不说哗众取宠，起码也是华而不实。办大学不是写文章，需要理想、需要才学，
更需要实干与牺牲精神；而这些，非林氏所长。"（胡兴荣：《记忆南洋大学·序》，广
西师范大学出版社2006年版，第3页）

② 《萨天师语录》是林语堂假借萨拉图斯脱拉（萨天师）之口，表达自己对中国国民性、中
国文化乃至于对中国社会现实的看法。文章共计八篇，写作时间跨度较大，其中第一篇写
于1925年，二至四篇写于1928—1929年，五至八篇写于1932年之后。本文节录内容出自
前四篇，文中只以随文注标示其页码。见《林语堂名著全集·大荒集》（第十三卷），东
北师范大学出版社1994年版，第315—326页。

这样文明的人。他们不但已由自然进入文明，他们并且已经由文明进入他们自造的鸽子笼。这一方一方固封的鸽子笼，他们叫做"家庭"。（第315—316页）

他们的男人都有妇德……他们的青年都是老成……他们的老人，自有可爱的风韵。（第316页）

中国文化的特长的确不少，但是叩头与哭，绝对非他民族所可企及。（第316页）

中国人的巴掌很深，但是眼眶很浅。他们的指头很黏，但是头颅很滑。（第316页）

他们只能看下，不能看上，只能顾后，不能观前。再四千年的文化，四千年的揖让，焚香请安，叩头，四千年的识时务，知进退，他们脑后非再长一对眼睛不可。（第317页）

东方美丽之神是扳面，无胸，无臀，无趾的动物——是一个无曲线的神偶。我诚实告诉你，我要拿她来做木工的绳尺。（第319页）

东方文明只有两层道德，噬人的与被噬的。一是王者之风，一是顺民之德。（第325页）

我听见杏眼圣人说，颡额的用处是磕头，足膝的用处是膜拜，喉舌的用处是要学唤主人，眼泪的用处是要泣谢天恩。（第325页）

他们已经学会鞠躬，揖让，叩头，请安，保全他们的皮肉，而美其名曰知礼。（第326页）

他们已经不会怒吼，只会啜泣，不会呐喊，只会呻吟，不会狂吠，只会欷歔。他们已经学会忍辱含垢，听天安命，唾面自干，安分守己，瞻前顾后，明哲保身，觳觫屏营，歌颂圣德。（第326页）

在萨天师的眼中，中国文化是老旧、破敝、无生气的代名词，东方大城"美丽之神"只是僵白的、满嘴金牙齿的"扳面，无胸，无臀，无趾的动物"，这赫然就是毛子水的解剖"尸体"的做派了！

对于中国国民性的评判，林语堂的代表作是《中国人》（1935）。在该书中，专设"中国人的性格"一章，以"试着描绘其民族性"，大致有如下特点：（1）稳健，（2）单纯，（3）酷爱自然，（4）忍耐，（5）消极避世，（6）超脱老滑，（7）多生多育，（8）勤劳，（9）节俭，（10）热爱家庭生活，（11）和平主义，

（12）知足常乐，（13）幽默滑稽，（14）因循守旧，（15）耽于声色。[①]并认为："以上这些特点，某些与其说是美德不如说是恶习，另一些则是中性的。这些特点即是中华民族的优点，也是它的缺陷，思想上过分的稳健会剪去人们幻想的翅膀，使这个民族失去可能会带来幸福的一时的狂热；心平气和可以变成怯懦；忍耐性又可带来对罪恶的病态的容忍；因循守旧有时也不过是懈怠与懒惰的代名词；多生多育对民族来讲可能是美德，对个人来讲又可能是恶习。但所有这些品质又可归纳为一个词'老成温厚'。这些品质都有消极性，意味着镇静和抗御的力量，而不是年轻人的活力和浪漫。这些品质是以某种力量和毅力为目标而不是以进步和征服为目标的文明社会的品质。这是一种能使人在任何情况下都可获得宁静的文明。"（第56—57页）

孟子是一个伟大的超脱老滑者，他宣扬人类主要的愿望是吃喝与女人，或者说是滋养与繁殖。（第65页）

麻木不仁与实利主义的态度是建立在对生活的精明看法之上的，这是只有老年人与古老的民族才能有的态度。（第66页）

道家学说无论在理论上还是实践中都意味着某种超脱老滑者的麻木不仁，该受诅咒的充满破坏性的怀疑主义，对人类干预的嘲笑态度，对所有人类制度、法律、政治及婚姻失败采取的嘲笑态度。这主要倒并不是因为缺乏毅力，而是因为缺乏信仰。（第67页）

中国人缺乏西方人的一些高尚品德，比如豪爽、雄心、改革热情、参与精神、冒险意识、英雄胆略等。（第70页）

极富闹剧性质的葬礼仪仗是中国式幽默的象征，其实质是只求外部形式而全然不顾其实际内容。（第80页）

林语堂的《中国人》是受赛珍珠夫妇之邀写成的，并且在美国销售[②]；也就是说，该书主要是为美国人写的，给美国人看的。林氏对中国人、对中国文化的了解究竟如何呢？他出身牧师家庭，完全接受的是西式教育；对中国文化既没有敬畏之心，也缺乏系统的、精深的把握，甚至只是一知半解，胡乱附会，

[①] 林语堂著，郝志东、沈益洪译：《中国人》（全译本），学林出版社1994年版，第55—86页。该书又译作《吾土吾民》《吾国吾民》等。下文节录内容，只以随文注标示页码。

[②] 林氏在《八十自叙》中说："由于赛珍珠和她丈夫J.P.Walsh，我才写成并且出版了我的My Country and My People（《吾国与吾民》），这本书之推广销售也是仰赖他们夫妇。"见《林语堂名著全集·八十自叙》（第十卷），东北师范大学出版社1994年版，第308页。

以一种先入为主的西化的观念，擅弄些文字。郭沫若曾在《啼笑皆是》一文中批判林语堂，其中说："中国人有的的确是把'自信心'失掉了，因为他既无自知之明，又无知人之雅，东方既未通，西方也不懂，只靠懂得一点洋泾浜的外国文，撷拾一些皮毛来，在那里东骗骗西骗骗。"[①]这话评判林氏《中国人》也甚为确当。或者，林氏的论调只是迎合了美国人对中国文化的接受心理，印证了美国人对中国文化的价值判断，这是该著作广受西方人欢迎的一个原因吧。1958年，新加坡一位叫吐虹的青年作家发表了一篇影射林语堂的小说《"美是大"阿Q别传》，其主人公"美是大"阿Q原名叫凌雨唐，在新加坡到处演讲，崇洋媚外，褒西贬中，宣扬美国文明；在提到《吾国与吾民》，则称之为《卖国与卖民》[②]，讥讽之意甚明。当然，林语堂的中国文化观，也有一个逐渐变化的过程，王兆胜《林语堂的中国文化观》一文中说："如要概括林语堂对中国文化的基本态度，大致有这样较为明晰的线索：早年是激进的反对派，此时他以欧风美雨的情怀希望'欧化'中国；人到中年，他开始逐渐认识中国文化之特性，并给予了辩证的理解；晚年，他目睹了世界的风云际会，认为中国文化精神更适合于人的生存、快乐和幸福，于是有了'倒转回归'之意趣。"[③]变化不可谓不大。

---

① 郭沫若：《啼笑皆是》（1943年10月）。见《郭沫若全集》（第十九卷），人民文学出版社1992年版，第402页。

② 参见陈漱渝：《折戟狮城——林语堂与南洋大学》，《新文学史料》2008年第4期。

③ 王兆胜：《林语堂的中国文化观》，《东岳论丛》2009年第7期。

第三章　百年国学研究误区 [①]

> 子曰:"人而无信,不知其可也。大车无輗,小车无軏,其何以行之哉?"
>
> ——《论语·为政》

在上一章中,我们不厌其烦地讨论了百年国学的诸多争议,从中我们可以看出,学者们往往以反传统的精神研究传统,以反国学的精神研究国学。即便是胡适鼓吹的"国故学",虽然声称是一个"中立"词[②],但其实还是包含贬义的,他晚年还曾对"国故"一词予以解释,说:"'国故'这一词那时也引起了许多批评和反对。……'故'字的意思可以释为'死亡'或'过去'。"[③]国故自然与"国新"相对。究其故,百年来的国学研究,存在五大误区:崇洋批中、全盘西化、厚今薄古、古今相悖、非白即黑,本章将予以重点讨论。

在进入正题之前,我们首先需要说明达尔文进化论对中国近现代社会的影响。

1859年,达尔文《物种起源》发表,在世界范围内产生了重大影响。严复在翻译《天演论》时,所选择的文本既不是达尔文的《物种起源》,也不是鼓吹进化论的斯宾塞的《社会学原理》,而是赫胥黎的《进化论与伦理学》;而在翻译《进化论与伦理学》时,严复也只是选中了前半部分进化论相关的内容,并时有增删,加大量按语,是一种"创造性的误读"[④]。严复拆解了赫胥黎的思想体系,所强调的"物竞天择、适者生存""优胜劣汰"等进化理论无疑给处

---

① 本章主体部分以《百年国学研究中的四大误区》为题,在《学术探索》(2017年第4期)发表,现有较大幅度增删、改动。另外,本章是《百年国学争议》一章的延续,一些材料在前文中已经出现,为避免重复,本章只引述相异者,简而论之。特此说明。

② 胡适:《研究国故的方法》。见欧阳哲生编:《胡适文集》(12),北京大学出版社1998年版,第91页。

③ 唐德刚译:《胡适口述自传》,华文出版社1992年版,第195—196页。

④ 岳凯华:《五四激进主义的缘起与中国新文学的发生》,华中师范大学出版社2004年版,第20页。

于亡国灭种边缘的中国当头一棒，该理论迅速被中国知识分子奉为圭臬，成为他们考虑当下问题的理论依据。在某些人看来，达尔文进化论也同样适用于人与人之间、族群与族群之间、国家与国家之间乃至文明与文明之间——文明即有先进与落后之分，先进文明掠夺甚至消灭落后文明自然也是顺理成章。所以，清政府腐朽就应该推翻，中国思想文化落后就应该废弃，落后挨打理所当然，社会达尔文主义（"庸俗进化论"）流行开来——可以说，达尔文进化论成了中国现代哲学、中国现代史学、中国现代文学的逻辑起点。

胡适在其《四十自述》中描述了当时进化论在中国的影响：

> 《天演论》出版之后，不上几年，便风行全国，竟做了中学生的读物了。读这书的人，很少能了解赫胥黎在科学史和思想史上的贡献。他们能了解的只是那"优胜劣败"的公式在国际政治上的意义。在中国屡次战败之后，在庚子辛丑大耻辱之后，这个"优胜劣败，适者生存"的公式确是一种当头棒喝，给了无数人一种绝大的刺激。几年之中，这种思想像野火一样，延烧着许多少年人的心和血。"天演"、"物竞"、"淘汰"、"天择"等等术语，都渐渐成了报纸文章的熟语，渐渐成了一帮爱国志士的"口头禅"。还有许多人爱用这种名词做自己或儿女的名字。……我自己的名字也是这种风气底下的纪念品。我在学堂里的名字是胡洪骍。有一天的早晨，我请二哥代我想一个表字，二哥一面洗脸，一面说："就用'物竞天择，适者生存'的'适'字，好不好？"我很高兴，就用"适之"二字（二哥字绍之，三哥字振之）。后来我发表文字，偶然用"胡适"作笔名，直到考试留美官费时（1910）我才正式用胡适的名字。[①]

从胡适的记载中，可知进化论在当时风靡全国的情况，进了中学教材，给了无数青年人热血沸腾的理由；甚至掀起了改名字的潮流，"胡适"字"适之"即是这种风气下的产物。

进化论之庸俗之最浅者，即是对青年人的态度，一任放纵青年，把他们推向社会"舞台"的中央；而清末民国诸名家，如梁启超、胡适、鲁迅诸人，即一直在相信青年人、鼓动青年人，对青年人寄予了绝大的希望。梁启超在《欧游心影录》中"中国人对于世界文明之大责任"一节中甚至说："我们可爱的青年啊！立正！开步走！大海对面那边有好几万万人，愁着物质文明破产，哀

---

① 胡适：《四十自述·在上海》（一），原载《新月》第三卷第7号，1931年3月18日。见欧阳哲生编：《胡适文集》（1），北京大学出版社1998年版，第70—71页。另见胡适：《胡适自传》，黄山书社1986年版，第46—47页，仅个别文字、标点有差别。

哀欲绝的喊救命，等着你来超拔他哩。我们在天的祖宗三大圣和许多前辈，眼巴巴盼望你完成他的事业，正在拿他的精神来加佑你哩。"①而胡适在《介绍我自己的思想》一文中说："少年的朋友们，现在有一些妄人要煽动你们的夸大狂，天天要你们相信中国的旧文化比任何国高，中国的旧道德比任何国好。还有一些不曾出国门的愚人鼓起喉咙对你们喊道：'往东走！往东走！西方的这一套把戏是行不通的了！'我要对你们说：不要上他们的当！"②——鼓动青年人，在王朝腐败、政权堕落、需要革命建立新政权的当口没有问题，青年人是革命的中坚力量，是革命的急先锋；但在和平时期，如果还一味地鼓动青年人，对社会来讲并不是什么幸事，因为任何政权都可能有弊政，都可能找出许多毛病来，都可能对一部分人有负面的影响，鼓动青年人的"斗争"只会造成社会的动荡，台湾地区"太阳花"运动、香港地区的学民思潮莫不如此。年轻人是需要不断加强学习的，是需要指导、引导、教导的，是需要修养心性的。

2016年5月15日，陆建德先生在澎湃新闻发表长文《民国校风究竟怎样：从钱玄同日记看女师大风潮》，表示"钱玄同的日记不是写出来供人观赏的，也可以用来发扬'疑古'先生的遗意，探究二十年代北京学界真相"，陆先生从《钱玄同日记》中探究的二十年代北京学界真相究竟如何呢？我们这里只看一下陆先生有关学生的部分记载（有关高校教师的表现我们后文中还要摘录）：

> 学校里的学生竟然取代了学校当局聘请或解聘教员的权力。如果所求不遂，他们就罢课闹事。教员如果考试严格或者赞成严格一点的纪律，学生就马上罢课反对他们。……总之，他们向学校予取予求，但是从来不考虑对学校的义务。他们沉醉于权力，自私到极点。有人一提到"校规"，他们就会瞪起眼睛，噘起嘴巴，咬牙切齿，随时准备揍人。（文中引蒋梦麟语）

> 女师因五月七日开纪念会，杨荫榆到场，学生不承认她为校长，令之退席，她大怒。次日开除学生六人，遂酿风潮。学生决心驱杨。（文中1925年5月9日钱玄同日记）

> 他（黎锦熙）说女师大昨晨已开大会驱逐杨荫榆。现在学生把守大门，

---

① 梁启超：《欧游心影录》（1919）。见汤志钧等编：《梁启超全集》（第十集），中国人民大学出版社2018年版，第85页。

② 胡适：《介绍我自己的思想·〈胡适文选自序〉》。见欧阳哲生编：《胡适文集》（5），北京大学出版社1998年版，第514—515页。

大门口贴有开除校长等布告。事已至此，调停亦无望。（文中引钱玄同1925年5月11日日记）

女师两班学生均打麻烦，要免考。其实予岂好考哉？予不得已也。因与之约，如学校认为可免考，必免，否则只好考。闻国三幼渔、士远不考。文预二，介石不考。然则有例可援，或可免考矣。国三学生忽要求不许讲书，要闲谈。原来伊们日前曾闻川岛夫人说钱先生甚严厉，我们一响，他便瞪眼。此说由启明转告我。我说并不如此，学生有话尽可谈天。川岛告之，遂有此闹。因之，向伊们胡说八道了一点钟。（文中引1925年1月7日钱玄同日记）

（学生）来学的多数是为熬资格而来，不是为求学问而来。因为要的是资格，所以只要学校肯给文凭便有学生。因为要的是资格，所以教员越不负责任，越受欢迎，而严格负责的训练管理往往反可以引起风潮；学问是可以牺牲的，资格和文凭是不可以牺牲的。（文中引胡适语）

从上述内容看，在女师大学潮中，学生已经被"惯坏"了：作风散漫，不守规矩；轻视学业，只混文凭；动辄罢课，开除校长——纵便是杨荫榆的改革有这样那样的毛病，对于在校的学生，不也应该严格要求吗？

我们还是回到进化论的正题。比较吊诡的是，同样运用达尔文"适者生存"的进化理论，美国传教士明恩溥对中国人的评论却与国人有明显不同：

人们总是认为，灵魂不朽的一个有力证据就是，灵魂中那些最优秀的力量常常难以在此世获得施展的机会。如果这个论据是确凿的，那么，中华民族这种无可比拟的坚韧性格，应该是用来担当某种崇高使命的，而不仅仅是为了让他们去忍受生活中的常见灾难和饥饿的折磨，这样的推论应该是合理的吧？如果"适者生存"就是历史给出的教导，那么毫无疑问，一个天生具有这一品格、同时又具有旺盛生命力的民族，就必定拥有一个伟大的未来。[①]

明恩溥的话是错的吗？但我却愿意相信，中华民族是可以"担当某种崇高使命的"，中华民族"必定拥有一个伟大的未来"！

[①] 明恩溥著，刘文飞、刘晓旸译：《中国人的气质》，上海三联书店2007年版，第120页。笔者很愿意重复引用这句话（本书第二章附录三《明恩溥及其〈中国人的气质〉》已摘录）。

第一节　崇洋批中

根据进化的理论，中国自然是老且旧的、日薄西山的、行将就木的"古国"，而中国传统文化则成了落后的、愚昧的、腐朽的中国的总根源。陈独秀即是运用社会达尔文主义理论批判中国文化的猛将，他在《答毕云程》一文中说："仆误陷悲观罪戾者，非妄求速效，实以欧美之文明进化，一日千里。吾人已处于望尘莫及之地位。然多数国人犹在梦中，而自以为是。不知吾之道德、政治、工艺甚至于日用品，无一不在劣败淘汰之数。"[①] 在西方物质文明面前，陈独秀自惭形秽；但试想一下，如果"吾之道德、政治、工艺甚至于日用品"，都因"劣败"而被"淘汰"了的话，中国人还剩下什么东西呢？

对中国人、对中国文化骂得肆无忌惮且至为毒辣的是胡适。在他眼中，中华民族是一个"又愚又懒的民族"，是一个"一分像人九分像鬼的不长进的民族"，是一个"百事不如人"的民族[②]，中国文化"都是使我们抬不起头来的文

[①] 陈独秀：《答毕云程》，《新青年·通信》第二卷3号，1916年11月1日。

[②] 胡适在《介绍我自己的思想·〈胡适文选〉自序》（1930）中说："但物质是倔强的东西，你不征服他，他便是征服你。东方人在过去的时代，也曾制造器物，做出一点利用厚生的文明。但后世的懒惰子孙得过且过，不肯用手用脑去和物质抗争，并且编出'不以人易天'的懒人哲学，于是不久便被物质战胜了。天旱了，只会求雨；河决了，只会拜金龙大王；风浪大了，只会祈祷观音菩萨或天后娘娘；荒年了，只好逃荒去；瘟疫来了，只好闭门等死；病上身了，只好求神许愿；树砍完了，只好烧茅草；山都精光了，只好对着叹气。这样又愚又懒的民族，不能征服物质，便完全被压死在物质环境之下，成了一个一分像人九分像鬼的不长进的民族。"又说："我们如果还想把这个国家整顿起来，如果还希望这个民族在世界上占一个地位，——只有一条生路，就是我们自己要认错。我们必须承认我们自己百事不如人，不但物质机械上不如人，不但政治制度上不如人，并且道德不如人，知识不如人，文学不如人，音乐不如人，艺术不如人，身体不如人"。（见欧阳哲生编：《胡适文集》（5），北京大学出版社1998年版，第514—515页）

物制度"①，因此，他提倡"反省的态度"②，要求中国人"认罪"和"忏悔"③；而"反省的结果应该使我们明白那五千年的精神文明，那'光辉万丈'的宋明理学，那并不太丰富的固有文化，都是无济于事的银样蜡枪头"④，他宣告："认清了我们的祖宗和我们自己的罪孽深重，然后肯用全力去消灾灭罪；认清了自己百事不如人，然后肯死心塌地的去学人家的长处。"⑤胡适的主张，在新派学人、文人中影响力很大，他的论断奠定了批判中国传统文化的基调，其影响在当下也根深蒂固。正如李春青先生在《论"古史辨"派〈诗经〉研究的得与失》一文中说："相当一批学者一谈起中国的学术文化，都是不屑一顾的，在他们看来只有西方才有学术，中国从古到今根本就谈不上真正的、现代意义的学术

---

① 胡适在《信心与反省》（1934）中说："……我们的固有文化实在是很贫乏的，谈不到'太丰富'的梦话。近代的科学文化，工业文化，我们可以撇开不谈，因为在那些方面，我们的贫乏未免太丢人了。我们且谈谈老远的过去时代罢。我们的周秦时代当然可以和希腊、罗马相提并论，然而我们如果平心研究希腊、罗马的文学，雕刻，科学，政治，单是这四项就不能不使我们感觉我们的文化是贫乏了。尤其是造型美术与算学两方面，我们真不能不低头愧汗。我们试想想，《几何原本》的作者欧几米德（Euclid）正和孟子先后同时；在那么早的时代，在二千多年前，我们在科学上早已太落后了！从此以后，我们所有的，欧洲也都有；我们所没有的，人家所独有的，人家都比我们强。……至于我们所独有的宝贝，骈文，律诗，八股，小脚，太监，姨太太，五世同居的大家庭，贞节牌坊，地狱活现的大监狱，廷杖，板子夹棍的法庭，……虽然'丰富'，虽然'在这世界无不足以单独成一系统'，究竟都是使我们抬不起头来的文物制度。"（见欧阳哲生编：《胡适文集》（5），北京大学出版社1998年版，第388页）

② 胡适在《〈独立评论〉的一周年》（1933）一文中说："我们希望提倡一点'反省的态度'。……我们最忧虑的是近二十年来中国人的虚骄与夸大狂，是我们不认识自己的弱点与危机。……我们要大家拿镜子照照我们自己的罪孽，要大家深刻的反省……必须自己认错了，然后死心塌地的去努力学上进。"（见欧阳哲生编：《胡适文集》（11），北京大学出版社1998年版，第340—341页）

③ 胡适在《信心与反省》一文中说："我们祖宗的罪孽深重，我们自己的罪孽深重；要认清了罪孽所在，然后我们可以用全副精力去消灾灭罪。寿生先生引了一句'中国不亡是无天理'的悲叹词句，他也许不知道这句伤心的话是我十三四年前在中央公园后面柏树下对孙伏园先生说的，第二天被他记在《晨报》上，就流传至今。我说出那句话的目的，不是要人消极，是要人反省：不是要人灰心，是要人起信心，发下大弘誓来忏悔，来替祖宗忏悔，替我们自己忏悔；要发愿造新因来替代旧日种下的恶因。"（见欧阳哲生编：《胡适文集》（5），北京大学出版社1998年版，第389页）

④ 胡适：《信心与反省》。见欧阳哲生编：《胡适文集》（5），北京大学出版社1998年版，第390页。

⑤ 胡适：《再论信心与反省》（1934年）。见欧阳哲生编：《胡适文集》（5），北京大学出版社1998年版，第391页。

研究。有相当一批做中国学问的人在西学面前感到自卑，无地自容，感觉一张嘴就说的是别人的话，一句自己的话说不出，于是只好'反对阐释'，躲到考证学、考据学中去保持自身的纯洁与独立。这样一来，真正有价值的中国学术在今天就很难建立起来了。"[①]

我们承认，胡适等人的崇洋批中有特定的历史语境，是有其所谓启蒙的意愿与爱国之心的，但究竟该如何理解中国古代传统文化、或者说对中国古代传统文化应该有一个怎样的基本的态度，这是一个很值得商榷的问题。我们知道，中国古代文化以黄河长江流域为中心、以农耕文明和宗法制社会为基础，这与在古希腊、古罗马、古希伯来文化基础上发展起来的、以商业文明为核心内容的西方文明有质的不同。而文化可分为器物层面、制度层面、理念层面等不同的层面，器物层面常变常新、制度层面也可以设计与规划，这都没有任何问题；但是，文化中理念层面的内容是一个族群、一个民族、一个国家，经历百年、千年甚至万年沉积下来的，并成为一个民族、一个国家标志性的东西，不是说改变就能改变、说取消就能取消的。中华民族真的就是一个"百事不如人的民族"吗？中国文化真的"都是使我们抬不起头来的文物制度"吗？中国社会真的只有"吃人"的礼教吗？杜维明教授在反思文化比较方法时，曾告诫人们警惕"强人政策"。他说："为了加强我们对自己文化的信念，加强我们自己的文化意识，乃至对自己文化的感受，我们就用我们文化中的精英来同其他文化（特别是敌对文化）中的侏儒相比。这是很不公平的事，也是在比较文化中经常出现的事。"[②] 他认为，五四以来，以鲁迅、胡适、陈独秀为代表的中国知识分子在进行文化比较时，恰好反用了这种"强人政策"，即为了对付那种保守的顽固派，为了证明中国文化不行，就特别把中国文化中糟粕的一面凸显出来，并且与西方文化精华的一面如民主科学等相比较[③]。这种文化比较的结果如何呢？在笔者看来，这必然会导致文化认同的危机，这是一件十分糟糕的事情。程巍在《泰坦尼克号上的"中国佬"——种族主义想象力》一书中说："通过'西方的眼睛'时常看看自己，无论善恶美丑，均是一种有益的参照，但把'西方的眼睛'当成自己的眼睛，就失去参照了，所得'尽是外国人旁观中国

---

① 李春青：《论"古史辨"派〈诗经〉研究的得与失》，《河南社会科学》2014年第10期。
② 杜维明：《儒家传统的现代转化——杜维明新儒学论著辑要》，中国广播电视出版社1992年版，第85页。
③ 杜维明：《儒家传统的现代转化——杜维明新儒学论著辑要》，中国广播电视出版社1992年版，第86页。

之见①，"。②中国人为什么要通过西方的"眼睛"看中国，而不是通过自己的"眼睛"看中国呢？

为避免国人"脱崇拜古人之奴隶性，而复生出一种崇拜外人、蔑视本族之奴隶性"，梁启超早在1902年，在《论中国学术思想变迁之大势》一文中曾谆谆告诫青年人：

> 且吾有一言，欲为我青年同胞诸君告者。自今以往二十年中，吾不患外国学术思想之不输入，吾惟患本国学术思想之不发明。夫二十年间之不发明，于我学术思想必非有损也，虽然，凡一国之立于天地，必有其所以立之特质。欲自善其国者，不可不于此特质焉，淬厉之而增长之……不然，脱崇拜古人之奴隶性，而复生出一种崇拜外人、蔑视本族之奴隶性，吾惧其得不偿失也。且诸君皆以输入文明自任者也，凡教人必当因其性所近而利导之，就其已知者而比较之，则事半功倍焉。不然，外国之博士鸿儒亦多矣，顾不能有裨于我国民者何也？相知不习，而势有所扞格也。若诸君而吐弃本国学问不屑从事也，则吾国虽多得百数十之达尔文、约翰·弥勒、赫胥黎、斯宾塞，吾惧其于学界一无影响也。故吾草此论，非欲附益我国民妄自尊大之性，盖区区微意亦有不得已焉者尔。③

梁启超对青年人的告诫，虽说得小心翼翼，但其眼光可谓深远，认识可谓深刻。每个国家都有自己的"特质"，国家的发展要立足于自己的"特质"，"淬厉之而增长之"，国家才会强大；而如果青年人都"吐弃本国学问"，被洋化西化，即便输入再多的西方理论对中国则毫无裨益；并且，梁启超已经注意到了中西文化的差异，"势有所扞格"，对西方的学习不能够简单地嫁接与移植。

梁氏所深忌者，所谓国人因盲目崇拜外人而滋生出的新的"奴隶性"，即崇洋媚外，数典忘祖，卑躬屈膝——不幸的是，由于百余年来的崇洋批中，恰恰造成了部分国人逢中必反，逢中必黑，对国家、对民族没有一丝一毫之情感，成为精美分子、精日分子。其实，对国家、对民族的热爱，应该是每一个中国

---

① 章太炎：《章太炎复蔡子民书》。见马勇编：《章太炎书信集》，河北人民出版社2003年版，第264页。
② 程巍：《泰坦尼克号上的"中国佬"——种族主义想象力》，漓江出版社2013年版，第308页。
③ 梁启超：《论中国学术思想变迁之大势》（1902—1903）。见汤志钧等编：《梁启超全集》（第三集），中国人民大学出版社2018年版，第16—17页。

人基本的内生的情感，是维系族群的天然的内在的力量；且在中国人的传统观念里，家国同构，家国一体，亵渎国家、民族罪莫大焉！正如法国学者吉尔·德拉诺瓦在《民族与民族主义》一书中强调："对民族、国家、文化的爱戴，属于个体对其所属群体的自然情感，是集体认同、文化归属的内在要求，并因此发出对外要求承认和要求尊重的愿望。"[①]——在这一方面，古今无二，中外一理。

但不幸的是，中国人的崇洋心理很快就突破理论的藩篱，在实践层面长驱直入。中华民国建立后，姑且不说作为教育总长的蔡元培废孔废经，即便他在任北大校长期间，也要求学生相互之间以"密斯"（英文"小姐"音译）、密斯脱尔（英文"先生"音译）相互称呼。当时的海归人员，只要是博士（甚至是冒牌博士）立马可以成为教授，如胡适1917年（26岁）回国时即被聘为北大教授，其实他当时只是冒牌的博士——作为一个留学期间先学农学后转文科，再转入哲学系仅仅学了两年哲学的"博士候选人"[②]，当时在学术上可有什么建树？在政府层面，也充斥着海归人员。1912年6月2日，曾任美国驻华公使的美国汉学家柔克义写信给英国《泰晤士报》驻北京记者莫里循，其中谈到中国政局时说："这个政府还很难说建立起来了，它还未得到各签约国家任何一国的承认，它深深陷入财政困境，而有关财政大事，总统和他的内阁则受制于看来是真正管事的机构参议院，其中没有人确有经过考验的才干，只是一批刚刚从美国、日本或英国留学回来的戴着眼镜、身穿大礼服的年轻空想家，脑子里装满了马上进行全面改革的乌托邦梦想等等。"另外还提到："在革命前，负责教育的官员没有一个受过一点西方的培养。现在的情形恰好相反，教育部的高级官员几乎没有一个不是西方培养出来的。最著名的是严复博士……他的一些助手都是英、美大学的毕业生。"[③]这样的情况，就注定了当时中国的教育好不到哪儿去。

---

① ［法］吉尔·德拉诺瓦著，郑文彬等译：《民族与民族主义》，生活·读书·新知三联书店2005年版，第6页。

② 胡适1910年赴美国留学，先在康奈尔大学读农科，后转文科；1915年秋才转入哥伦比亚大学哲学系（详见本书第六章）。

③ ［澳］骆惠敏编，刘桂梁等译：《清末民初政情内幕——〈泰晤士报〉驻北京记者、袁世凯政治顾问乔·厄·莫里循书信集》（上卷），知识出版社1988年版，第962、968页。

第二节　全盘西化 [①]

　　"全盘西化"是20世纪二三十年代胡适、陈序经等人叫响的口号，其实是欧化的翻版，或者说是欧化的进一步升级版本。从欧化开始，继而汉语欧化、万国新语（世界语）运动，直至全盘西化，其中或许有一个不断发展的过程。

一、欧化的主张

　　什么是欧化？清末人说得很清楚："日本有两派，一为国粹主义。国粹主义谓保存己国固有之精神，不肯与他国强同。……一为欧化主义，欧化云者，谓文明创自欧洲，欲己国进于文明，必先去其国界，纯然以欧洲为师。极端之论，至谓人种之强，必与欧洲互相通种，至于制度文物等类无论矣。" [②] 欧化主义（欧化说），同国粹主义（国粹说）一样，是受日本影响、从日本传入中国的；欧化说同国粹说相伴而生，背向而行。在1905年前后，欧化说已经成为国人中流行的思潮，如许之衡谓"仁者见仁，智者见智，欧化者自欧化，国粹者自国粹而已" [③]；而许守微《论国粹无阻于欧化》一文中开篇即说："或曰：今之见晓识时之士，谋所以救中夏之道，莫不同声而出于一途，曰欧化也，欧化也。兹而提倡国粹，毋乃与天择之理相违，而陷于不适之境乎？毋乃袭崇古抑今之故习，阻国民之进步乎？应之曰：否否！不然！夫欧化者，固吾人所祷祀以求者也。然返观吾国，则西法之入中国，将三十年，而卒莫收其效，且更弊焉。毋亦其层累曲折之故，有所未莹者乎？《语》有之：'橘逾淮则为枳。'今日之欧化，枳之类也。彼之良法虽善，一施诸我国而弊愈滋。无他，虽有嘉种，田野弗治弗长也；虽有佳实，场圃弗修弗植也；虽有良法，民德弗进弗行也。夫群学公例，文明之法制，恒视一群进化之度以为差。我不进吾民德，修吾民习，而兢兢于

---

① 因本节内容上一章没有涉及，这里详细考察，篇幅与本章其他节内容明显不成比例，特此说明。其实，有关欧化、汉语欧化、"全盘西化"等问题，20世纪前三四十年代，争议、非议不断，本也应是国学争议中的一环。

② 佚名：《日本国粹主义与欧化主义之消长》，《译书汇编》第5期，1902年7月。转引自郑师渠：《晚清国粹派：文化思想研究》，北京师范大学出版社1997年版，第5页。

③ 许之衡：《读〈国粹学报〉感言》（1905年7月）。见桑兵等编：《国学的历史》，国家图书馆出版社2010年版，第53页。

则效，是犹蒙马之技，而画虎之讥也。所以进吾民德修吾民习者，其为术不一途，而总不离乎爱国心者近是，此国粹之所以为尚也。"[1] 许守微所论，一方面可见当时欧化思潮之盛行；另一方面也可见国粹派相对包容的态度，对欧化说并无抵制，而是试图调和国粹与欧化，试图让"橘"（良法）不化为"枳"，让"欧化"与"国粹"相得益彰[2]，——其实也就是"中体西用"的翻版。"国故说"兴起后，激进的学者如毛子水等，则把"国故"与"欧化"完全对立起来，要彻底批判、彻底摒弃"国故"，如毛子水在《国故和科学的精神》一文中强调："国故是过去的已死的东西，欧化是正在生长的东西；国故是杂乱无章的零碎智识，欧化是有系统的学术。这两个东西，万万没有对等的道理。"[3]

至于 20 世纪 20 年代"欧化说"的情况，我们可从钱玄同与林语堂的通信中，管中窥豹，见其一斑。钱玄同是坚定的、彻底的欧化（西化、日化）主义者，早在 1918 年，他在《对于朱我农君两信的意见》中就表示："今后的中国人，应该把所有的中国旧书尽行搁起[4]，凡道理，智识，文学，样样都该学外国人，才能生存于二十世纪，做一个文明人。"[5] 而在 1925 年，钱氏在《写在半农给启明的信的后面》中更进一步强调说："我也很爱国，但我所爱的中国，恐怕也和大同世界一样，实际上尚未有此物，这便是'欧化的中国'这句话。（老实人若要误解，尽管请误解，我可不高兴负解释的责任。）至于有些人要'歌诵'要'夸'的那个中国，我不但不爱他，老实说，我对于它极想做一个'卖国贼'。卖给谁呢？卖给遗老（广义的）。他们爱磕头，请安，打拱，除眼镜，拖辫子，裹小脚，拜祖宗，拜菩萨，拜孔丘，拜关羽，求仙，求佛，静坐，扶乩，做古文，用夏历（手民注意！这里不可排'歷'字！），说'中国道德为世界之冠'，说'科

---

① 许守微：《论国粹无阻于欧化》（1905年8月）。见桑兵等编：《国学的历史》，国家图书馆出版社2010年版，第58页。

② 许守微在《论国粹无阻于欧化》中说："国粹者，精神之学也；欧化者，形质之学也。""国粹也者，助欧化而愈彰，非敌欧化以自防，实为爱国者须臾不可离也云尔。""是故国粹以精神而存，服左衽之服，无害其国粹也。欧化以物质而昌，行曾史之行，无害其欧化也。"（见桑兵等编：《国学的历史》，国家图书馆出版社2010年版，第60—61页）

③ 毛子水：《国故和科学的精神》（1919年4月）。见桑兵等编：《国学的历史》，国家图书馆出版社2010年版，第143页。按，上述材料，在前一章已经引用。

④ 这比鲁迅1925年提出"不看中国书"，要早很多年。

⑤ 钱玄同：《对于朱我农君两信的意见》（1918年10月）。见《钱玄同文集》（第一卷），中国人民大学出版社1999年版，第220页。

学足以杀人'……，爽性划出一块龌龊土来，好像'皇宫'那样，请他们攒聚到那边咬干屎橛去；腾出这边来，用'外国药水'消了毒，由头脑清晰的人来根本改造，另建'欧化的中国'，岂不干脆！讲到救国，我极愿意——也只愿意——'救救孩子'，救救那'没有吃过人的孩子'而已，其他则不敢闻命。"[①] 钱氏表示自己宁愿做一个"卖国贼"，也要一个"欧化的中国"——钱氏爱的是一个完全"欧化的中国"，要建设一个"欧化的中国"！

林语堂因读到钱玄同《写在半农给启明的信的后面》，于是给钱玄同写了一封信，发表在1925年4月20日《语丝》第23期上。林语堂在信中，对钱氏所论高度赞同，说："先生的'欧化的中国'论及'各人自己努力去变象'的话，说的痛快淋漓，用不着弟来赞一词。此乃弟近日主张，且视为唯一的救国办法，明白浅显，光明正大，童稚可晓，绝不容疑惑者也。"[②] 并进一步强调："今日谈国事所最令人作呕者，即无人肯承认今日中国人是根本败类的民族，无人肯承认吾民族精神有根本改造之必要。……惟其不肯承认今日中国人是根本败类，奴气十足，故尚喜欢唱高调，尚相信高调之效力……故此高调终是高调而不能成为事实。惟其不肯承认今日中国人是根本败类，故尚有败类的高调盈盈吾耳，（如先生所举'赶走直脚鬼'，'爱国'及'国民文学'三种及什么'国故'、'国粹'、'复辟'都是一类的东西），故尚没人敢毅然赞成一个欧化的中国及欧化的中国人，尚没人觉得欧化中国人之可贵。此中国人为败类一条不承认，则精神复兴无从说起。"[③] 林氏让中国人承认自己是"根本败类的民族"，承认"吾民族精神有根本改造之必要"，所以"欧化中国人之可贵，是至显而易见的事实"[④]。至于中国的出路何在，林语堂指出："今日中国政象之混乱，全在我老大帝国国民癖气太重所致，若惰性，若奴气，若敷衍，若安命，若中庸，若识时务，若无理想，若无热狂，皆是老大帝国国民癖气，而弟之所以谓今日

① 钱玄同：《写在半农给启明的信的后面》（1925年3月17日）。见《钱玄同文集》（第二卷），中国人民大学出版社1999年版，第128—129页。

② 钱玄同：《回语堂的信》后附《林语堂的信》（1925年4月7日）。见《钱玄同文集》（第二卷），中国人民大学出版社1999年版，第158页。另见东北师范大学出版社1994年版：《林语堂名著全集·剪拂集》（第十三卷）之《给玄同先生的信》，文中"象"字写作"像"，并有删节，此处以《钱玄同文集》为准。

③ 钱玄同：《回语堂的信》后附《林语堂的信》（1925年4月7日）。见《钱玄同文集》（第二卷），中国人民大学出版社1999年版，第159—160页。

④ 钱玄同：《回语堂的信》后附《林语堂的信》（1925年4月7日）。见《钱玄同文集》（第二卷），中国人民大学出版社1999年版，第160页。

中国人为败类也。欲一拔此颓丧不振之气，欲对此下一对症之针砭，则弟以为惟有爽爽快快讲欧化之一法而已。固然以精神复兴解做'复兴古人之精神'，亦是一法。然弟有两个反对理由。第一，此种扭扭捏捏三心两意的办法，终觉得必无成效。且若我们愿意退让以求博一般社会之欢心，则退让将无已时，而中国之病本非退让所能根治也。治此中庸之病，惟有用不中庸之方法而后可耳。第二，'古人之精神'，未知为何物，在弟尚是茫茫渺渺，到底有无复兴之价值，尚在不可知之数。就使有之，也极难捉摸，不如讲西欧精神之明白易见也。"①在林氏看来，中国的出路只有"爽爽快快讲欧化之一法"。钱玄同在给林语堂的回信中，对林氏高度赞赏，称自己"高兴得了不得"②，把林氏与吴稚晖、鲁迅、陈独秀并列；并大谈中国之革命，称"根本败类当然非根本改革不可。所谓根本改革者，便是先生所谓'惟有爽爽快快讲欧化之一法而已'。我坚决地相信所谓欧化，便是全世界之现代化，不过欧人闻道较早，比我们先走了几步。"③就这样，1923年学成回国的林语堂④，在钱玄同的提携下，以批判中国文化为突破口，开始在学术上崭露头角。

二、汉语的欧化

清末开始的欧化主张，除包括制度、器物、理念层面之外，还包括语言层面，即汉语言的欧化。汉语言的欧化是与白话文运动相伴而生的。其实，中国古代一直有文言（书面）、白话（口语）两个书写系统，如宋代《朱子语类》以白话讲理学；如顾起元《客座赘语》卷十"国初榜文"条记载："洪武二十二年⑤三月二十五日，奉圣旨：'在京但有军官军人学唱的，割了舌头；下棋、打双

① 钱玄同：《回语堂的信》后附《林语堂的信》（1925年4月7日）。见《钱玄同文集》（第二卷），中国人民大学出版社1999年版，第161页。

② 钱玄同：《回语堂的信》（1925年4月13日）。见《钱玄同文集》（第二卷），中国人民大学出版社1999年版，第151页。

③ 钱玄同：《回语堂的信》（1925年4月13日）。见《钱玄同文集》（第二卷），中国人民大学出版社1999年版，第155页。

④ 1919年，林语堂携新婚夫人廖翠凤赴美国哈佛大学留学，1921年1月获得硕士学位；之后，赴莱比锡大学攻读博士学位，1923年毕业，博士学位论文题目是《古代中国语音学》；求学期间，林氏夫妇生活比较艰难（参见林太乙：《林语堂传》，台湾联经出版社1990年版，第43—53页）。

⑤ 即西历1389年。

陆的，断手；蹴圆的，卸脚；作买卖的，发边远充军。'……奉旨：'但这等词曲，出榜后，限他五日，都要干净将赴官烧毁了，敢有收藏的，全家杀了。'"朱元璋通令全国的严苛的圣旨榜文，即全用白话写成；《三国演义》《水浒传》也都是白话小说，可以说，古代的白话系统也是相当成熟的。所以，白话文运动只是以平民的、大众的名义废黜了古代通行的文言系统而已，正如李春阳在《汉语欧化的百年功过》一文中说："'五四'之前，白话文已是相当成熟的书面语，有《红楼梦》等为证。至'五四'止白话文长达千年的演变，未曾有过丝毫'欧化'。'欧化'绝不是语言发展必须发生的变化，'欧化'之于汉语，不是规律使然，而是人为的事变。"①

最早提倡汉语欧化的是傅斯年。1919年2月，他在《新潮》发表《怎样做白话文？》一文，明确提出："新文学是白话文学。只有白话能做进取的事业，已死的文言，是不中用的。""仔细观察我们的语言，实在有点不长进；有的事物没有名字，有的意思说不出来；太简单，太质直；曲折少，层次少。我们拿几种西文演说集看，说得真是'涣然冰释，怡然理顺'。若是把他移成中国的话，文字的妙用全失了，层次减了，曲折少了，变化去了——总而言之，词不达意了。……要是想成独到的白话文，超于说话的白话文，有创造精神的白话文，与西洋文同流的白话文，还要在乞灵说话以外，再找出一宗高等凭籍物。这高等凭籍物是什么？照我回答，就是直用西洋文的款式，文法、词法、句法、章法、词枝（Figure of speech）……一切修辞学上的方法，造成一种超于现在的国语，因而成就一种欧化国语的文学。"傅斯年心中理想的白话文，包括"逻辑"的白话文、哲学的白话文、美术的白话文三个层面，而"这三层在西洋文中都早做到了。我们拿西洋文当做榜样，去摹仿它，正是极适当、极简便的方法。所以这理想的白话文，竟可以说是——欧化的白话文。"②从此，便开始了激流

---

① 李春阳：《汉语欧化的百年功过》，《社会科学论坛》2014年第12期。

② 傅斯年：《怎样做白话文》，1919年2月1日《新潮》第一卷第二号。见欧阳哲生编：《傅斯年全集》（第一卷），湖南教育出版社2000年版，第125页、第131—132页、第134页。李春阳在《汉语欧化的百年功过》一文中评论说："八十年后我们重读此文，感慨良多。傅孟真所说的欧化，把作为文章题旨的思想意识、美学风格、修辞取向和构筑文章的语言——当然包含语法、逻辑混为一谈。与其说文学家能变化语言，倒不如说他能以我们的语言讨论从未说过的内容。变化语言和以语言表述那正在变化的世界似乎不好区分，但又必须区分。'前人未造的句调''前人未发的词法'到底是什么，如果弄到大家不懂，结果只能退回去，退到大家都懂的地方，这正是语言作为工具的保守性所在。"（《社会科学论坛》2014年第12期）

澎湃的、暗流汹涌的汉语欧化运动，我们这里简单说一下鲁迅的主张与实践。

鲁迅一贯地坚持"拿来主义"，在汉语欧化方面亦是如此。他认为：

> 中国的文或话，法子实在太不精密，作文的秘诀，是在避去熟字，删掉虚字，就是好文章，讲话的时候，也时时要辞不达意，这就是话不够用，所以教员讲书，也必须借助于粉笔。这语法的不精密，就在证明思路的不精密，换一句话说，就是脑筋有些糊涂。倘若永远用着糊涂话，即使读的时候，滔滔而下，但归根结蒂，所得的还是一个糊涂的影子。要医这病，我以为只好陆续吃一点苦，装进异样的句法去，古的，外省外府的，外国的，后来便可以据为己有。这并不是空想的事情。[①]

> 我于艺术界的事知道得极少，关于文字的事较为留心些。就如白话，从中，更就世所谓"欧化语体"来说罢。有人斥道：你用这样的语体，可惜皮肤不白，鼻梁不高呀！诚然，这教训是严厉的。但是，皮肤一白，鼻梁一高，他用的大概是欧文，不是欧化语体了。正唯其皮不白，鼻不高而偏要"的呵吗呢"，并且一句里用许多的"的"字，这才是为世诟病的今日的中国的我辈。[②]

> 欧化文法的侵入中国白话中的大原因，并非因为好奇，乃是为了必要。我主张中国语法上有加些欧化的必要。这主张，是由事实而来的。

在鲁迅看来，中国的文法、中国的表达一无是处，只有"装进异样的句法去"，主张在"语法上加些欧化的必要"。与汉语的欧化相联系，鲁迅的译著则坚持"直译"与"硬译"[③]；坚持"宁信而不顺"，力求"不但在输入新的内容，也在输

[①] 鲁迅：《关于翻译的通信·回信》（1931）。见《鲁迅全集》（第四卷），人民文学出版社2005年版，第391页。该文包括瞿秋白（J.K.）的"来信"和鲁迅的"回信"两部分内容。瞿秋白在"来信"中也说："中国的言语（文字）是那么穷乏，甚至于日常用品都是无名氏的。中国的言语简直没有完全脱离所谓'姿势语'的程度——普通的日常谈话几乎还离不开'手势戏'。自然，一切表现细腻的分别和复杂关系的形容词，动词，前置词，几乎没有。……这种情形之下，创造新的言语是非常重大的任务。欧洲先进的国家，在二三百年四五百年以前已经一般的完成了这个任务。"（第380页）

[②] 鲁迅：《当陶元庆君的绘画展览时·我所要说的几句话》（1927）。见《鲁迅全集》（第三卷），人民文学出版社2005年版，第574页。

[③] 鲁迅在《关于翻译》一文中说："我要求中国有许多好的翻译家，倘不能，就支持着'硬译'。理由还在中国有许多读者层，有着并不全是骗人的东西，也许总有人会多少吸收一点，比一张空盘较为有益。"见《鲁迅全集》（第四卷），人民文学出版社2005年版，第569页。

入新的表现法"①。鲁迅的主张，早在1909年周氏兄弟翻译出版《域外小说集》时就已见端倪，但效果并不佳，据《域外小说集序》记载：周氏兄弟本是想出版《域外小说集》一二册之后，"待到卖回本钱，再印第三第四，以至于第 X 册的"，但是，"半年过去了，先在就近的东京寄售处结了帐。计第一册卖去了二十一本，第二册是二十本，以后可再也没人买了"，"至于上海，是至今还没有详细知道。听说也不过卖出了二十册上下，以后再没有人买了。于是第三册只好停板"②。鲁迅的"硬译"法，遭到梁实秋等人的批评。梁实秋在《论鲁迅先生的"硬译"》一文中，称鲁迅"硬译""近于死译"，而"死译一定是从头到尾的死译，读了等于不读，枉费时间精力。况且犯曲译的毛病的同时决不会犯死译的毛病，而死译者却有时正不妨同时是曲译。所以我以为，曲译固是我们深恶痛绝的，然而死译之风也断不可长"③。面对梁实秋的指责，鲁迅有一篇名为《"硬译"与"文学的阶级性"》的文章予以批驳④。

其实，汉语欧化运动是有着坚实的实践"基础"的。西方坚船利炮打开中国大门之后，大批传教士涌入中国，在"上帝"的光芒没有照耀到的地方辛勤传教；而他们面临的，首先是语言的障碍——不只是中国老百姓不懂外语（英语）的问题，还包括中国底层民众受教育程度低，看不懂中国的书面语（文言文），所以，他们必须另辟蹊径，让底层百姓听得懂、记得住上帝的"福音"。袁进在《重新审视欧化白话文的起源——试论近代西方传教士对中国文学的影响》一文中，详细地讨论了中国欧化白话文的起源问题，基本的进程如下：

> 中国自身的古白话是何时开始转化为欧化的白话？这要归结为近代来华的西方传教士，是他们创作了最早的欧化白话文。西方近代来华传教士

---

① 鲁迅《关于翻译的通信·回信》。见《鲁迅全集》（第四卷），人民文学出版社2005年版，第391页。

② 鲁迅《域外小说集序》（1921年），该文最初署名周作人，但周作人在《瓜豆集·关于鲁迅之二》一文中，说是鲁迅写的，只是署了周作人的名。见《鲁迅全集》（第十卷），人民文学出版社2005年版，第176页、第178—179页注[1]。据顾均考证，《域外小说集》第一册印了1000册，第二册印行了500册（顾均《周氏兄弟与〈域外小说集〉》，《鲁迅研究月刊》2005年第5期）这件事情，对刚从日本归国、踌躇满志的周氏兄弟而言，无疑是一个打击，或许他们因此而另谋出路。

③ 梁实秋：《论鲁迅先生的"硬译"》（1929），《新月》第二卷第六七号合刊（1929年9月）。转引自《鲁迅全集》（第四卷），人民文学出版社2005年版，第218页。

④ 鲁迅：《"硬译"与"文学的阶级性"》（1930年）。见《鲁迅全集》（第四卷），人民文学出版社2005年版，第199—217页。

最初所用的汉语，大都是文言。但是他们运用汉语的目的既然是传教，而传教又是"在上帝面前人人平等"的，他们就必须照顾到文化水平较低，无法阅读文言的读者。中国的士大夫由于具有儒家信仰，对于基督教的传教，往往持抵制态度。这就促使西方传教士必须更加注意发展文化水平较低的信徒，用白话传教正是在这种状态下进入他们的视野。

西方传教士最初创作白话文时运用的却是古白话，因为这时还没有欧化白话的文本。早在鸦片战争前，德国的新教传教士郭实腊在广州创办《东西洋考每月统纪传》，所用语言即是浅近文言和古白话。

然而，古白话毕竟是一种书面语言，它与当时的口语已经产生了距离。况且西方传教士在翻译西方《圣经》、《赞美诗》时，需要有一种更加切合西方文本能忠实于原著同时也更加切合当时口语的语言，以完整地对下层社会成员表达出西方典籍的意思。经过不断的翻译磨合，大概在19世纪60年代之后，古白话渐渐退出传教士翻译的历史舞台，欧化白话开始登场。这些译本是中国最早的欧化白话文本，也是最早的白话文学前驱。

我们先看欧化白话的小说，西方长篇小说最早完整译成汉语的，当推班扬的《天路历程》，翻译者为西方传教士宾威廉，时间在1853年。当时所用的翻译语言还是文言，后来因为传教的需要，又重新用白话翻译了一遍，时间在1865年。虽然是白话，却已经不是章回小说所用的古白话，大体上已经是崭新的现代汉语。

我们可以看到，早在五四新文学问世之前，运用类似于现代汉语的欧化白话文创作的文学作品已经存在，除了戏剧目前尚未发现外，小说、散文、诗歌等各种文体都已作了颇为有益的尝试，在西方传教士的支持下，它们在语言形式上走得比早期新文学更远，在欧化程度上有的作品甚至超过了早期新文学的作品。这些欧化白话文作品不绝如缕，在教会出版物中一直延续下来，延续到五四白话文运动，一直到现代汉语占据主导地位。①

袁进所论甚是。不管我们愿不愿承认，现代汉语在一定程度上，或者说在很大程度上已经欧化。关于这一点，我们可以对照张恨水1942年写的《通俗文的一道铁关》一文看一下：

---

① 袁进：《重新审视欧化白话文的起源——试论近代西方传教士对中国文学的影响》，《文学评论》2007年第1期。

现在又有许多人在讨论通俗文字运动。我以为文人不能把欧化这个成见牺牲，无论如何运动，这条路是走不通的。许多文人，有这么一点意思，觉得写出来的文字，如不带点欧化，会被人家笑他落伍。假如欧化文字，民众能接受的话，就欧化好了，文艺有什么一定的型式，为什么硬要汉化？无如这欧化文字，却是普通民众接受知识的一道铁关。他们宁可设法花钱买文白相杂的《三国演义》看，而不看白送的欧化名著。你有仙丹治病他不吃，仙丹也是枉然。试举两句《三国演义》为例："阶下有一人应声曰，某愿往，视之，乃关云长也。"这种其实不通俗的文字，看的人，他能了然。若是改为欧化体："我愿去"，关云长站在台阶下面，这样地应声说。文字尽管浅近，那一般通俗文运动的对象，他就觉着别扭，看不起劲。①

在张恨水看来，汉语欧化不符合中国普通民众的审美意识，并以《三国演义》为例，说明欧化的文字，在中国人看来"觉得别扭，看不起劲"。如果张恨水所言不差的话，那么，我们当下的审美趣味已经和七八十年前的中国人发生了很大的变化，对于"'我愿去'，关云长站在台阶下面，这样地应声说"这样的欧化表达早已经见怪不怪，习以为常了。正如袁进在另一篇论文《纠正胡适的错误——从欧化白话文在中国的演变谈起》中说："由于1949年以来数十年语言变迁，政府在中小学教育上一直以新文学作品作为课文训练学生，在二十世纪四十年代曾经使当时民众觉得别扭的'欧化白话'，在今天已经是中国无数文学作品中常用的叙述语言，成为当下现代汉语叙述的一部分。这件事实本身或许已经可以证明今天的汉语欧化程度，已经远远超过了40年代，以致使我们已经在阅读上感觉不到当年读者曾经强烈感觉到的语言'欧化'的存在。'欧化白话'在中国的潜移默化力量，它改变中国语言的能力，或许可以通过这个例子得到证明。这一事实本身，也大大增加了今天学者重新审视近现代语言文学变革的历史，研究欧化白话的难度。"②袁进从学术角度，要求审慎甄别，但汉语欧化已经是个不争的事实，又能奈何？！——只是希望别有"畸形欧化"③出现。

---

① 张恨水：《通俗文的一道铁关》，《新民报》1942年12月9日。见《张恨水散文全集·上下古今谈》，时代文艺出版社2015年版，第129页。
② 袁进：《纠正胡适的错误——从欧化白话文在中国的演变谈起》，《玉溪师范学院学报》2015年第12期。
③ 参见朱一凡：《翻译误区与汉语的畸形欧化》，《民族论坛》2008年第2期。

三、万国新语运动

除汉语欧化运动之外，还有万国新语运动[①]，且一直持续到20世纪80年代。我们前文曾说过，1907年，中国留学生分别在巴黎和东京成立了无政府主义组织"新世纪派"和"天义派"，其中"新世纪派"以吴稚晖为代表，"天义派"以刘师培为代表，他们共同发起了万国新语（世界语，Esperanto）运动。

1907年6月，《新世纪》在巴黎创刊后，"新世纪派"率先发轫，署名为醒、前行、燃（吴稚晖）等人相继在《新世纪》发表文章，鼓噪万国新语。从发表时间来看，"醒"是最早提出废弃汉字、改用万国新语的人。1907年7月27日，"醒"在《万国新语》一文中说："欲求万国弭兵，必先使万国新语通行各国，盖万国新语，实求世界和平之先导也，亦即大同主义之张本也。"[②]8月24日，他在《记万国新语会》一文中，畅想通过万国新语，实现世界"大同之境界"[③]；1908年2月19日，他又在《续万国新语之进步》一文中明确指出："以余观之，苟吾辈而欲使中国日进于文明，教育普及全国，则非废弃目下中国之文字而采用万国新语不可。"[④]稍后的3月28日，"前行"发表《编造中国新语凡例"以能逐字翻译万国新语为目的"》，宣称："中国现有之文字不适于用，迟早必废；稍有翻译阅历者，无不能言之；既废现有文字，则必用最佳最易之万国新语，亦有识者所具有同情者矣。"[⑤]但"前行"也认为，在国民间骤然使用万国新语，恐不易施行，作为过渡，他"编造"了一套"新语"以逐字翻译万国新语。吴稚晖则在《编造中国新语凡例》前加了按语，表示赞成"前行"君的主张，亦认为汉字"拙劣"，"迟早必废"，应改用"万国新语"[⑥]。但与"前行"不同的是，吴氏并不想有个过渡期，而是直接使用"万国新语"。为此，他为《新世纪》组织了专辑，名之为《新语问题之杂答》，选取"前行"、新语会会员君、笃信子的来信，并加以批注。他们一致否决了"前行"之前提出的编造中国新

---

① 万国新语运动与废弃汉字相联系，我在上一章已经简单提及。

② "醒"：《万国新语》，《新世纪》第6号，1907年7月27日。

③ "醒"：《记万国新语会》，《新世纪》第10号，1907年8月24日。

④ "醒"：《续万国新语之进步》，《新世纪》第36号，1908年2月19日。

⑤ "前行"：《编造中国新语凡例"以能逐字翻译万国新语为目的"》（又称《中国新语凡例》），《新世纪》第40号，1908年3月28日。

⑥ 详见第二章。

语的方案，认为"中国文字为野蛮，欧洲文字较良，万国新语淘汰欧洲文字之未尽善者而去之，则为尤较良。弃吾中国之野蛮文字，改习万国新语之尤较良文字，直如脱败絮而服轻裘"（笃信子）[①]。

在东京，1908年3月，刘师培在《天义报》上发表《ESPERANTO 词例通释》。在刘氏看来，世界上有两种争端，"一由生计而生，一由情感而生"；解决的办法，"一为平均财产，一为统一语言"，所以"欲期世界之统一，不得不统一言文。欲期言文之统一，又不得不创人为之文字。所谓人为之文字者，即 Esperanto 是也"。且在刘氏看来，世界语相较于英语、法语、德语、俄语等外国语，简单易学，"其便利略与肄习日本语相同，而所收之益，则较通欧美数国文字者为尤巨"[②]；掌握世界语，可使中国迅速融入世界，并助推实现世界主义[③]。与吴稚晖意在彻底批判中国文化相比，刘师培的热情却在于宣传、鼓动、推行世界语[④]。

而在国内，也有一批人相响应，共同助推万国新语运动。据张仲民在《世界语与近代中国知识分子的世界主义想象——以刘师培为中心》一文中介绍：

> 大约同刘师培于日本东京大力倡导世界语的同时，上海也有一批人（主要包括部分留学生、趋新知识分子和商人）受到沙俄商人及日本知识分子倡导世界语的影响，也在力推世界语，声势颇为浩大。如从1907年开始，几个大报《时报》《神州日报》《中外日报》《申报》等业已开始刊载推介世界语的文章，同时还登载有群益书社出版的译自日本的《世界语教科书》的广告，发布有创设世界语传习所的广告，其他一些国家正在应用世界语的广告，招收世界语学社会员的广告，世界语学社捐款人名录，对世界语第五次大会的编译报道，招收世界语学员的广告，等等。梁维岳等五十余人在上海还成立了专门的世界语学社，并打算编辑《世界语月报》。上海文明书局1909年还出版有杨曾诰编著之《万国新语》一书。此外，一批留

---

① "燃"（吴稚晖）等：《新语问题之杂答》，《新世纪》第44号，1908年4月25日。

② 刘师培：《ESPERANTO词例通释》，《天义报》第16—19卷合册，1908年3月。

③ 刘师培、何震所创办的《天义报》，标榜"实行世界主义"。

④ 参见张仲民：《世界语与近代中国知识分子的世界主义想象——以刘师培为中心》，《学术月刊》2016年第4期。张仲民在该文最后评论说："我们或可以说，就刘师培个人而言，他的世界语论述显示了青年刘师培思想的剧烈转变程度，乃至其中包含着的无政府主义关怀与乌托邦情结。但是，刘师培等人在清末开始提倡的世界语论述与为此付诸推广实践，实在不乏武断、幼稚、想象乃至专制、粗暴的成分，此类的建构与追求，固然为近代中国思想史上的宝贵经验，但亦为值得检讨的前车之覆。"张仲民的评论，适宜于提倡并推行万国新语运动的所有人。

法学生如秦玉麒、华南圭等还在法国创办了《世界新语杂志》，将有关信息传给上海的《神州日报》，希望能借此平台广为宣传世界语。①

这样，国内外相鼓荡，而学者文人竞相参与，一时间竟是热闹非凡。《新青年》（第二卷第三号）自 1916 年 11 月 1 日起，陆续发表了有关世界语的通信，更使世界语问题的讨论成为社会的一个热点。其中，孙国璋、区声白、钱玄同、陈独秀②等主张全力提倡，陶孟和、朱我农等坚决反对，胡适主张停止讨论。1918 年 8 月 15 日，钱玄同在《新青年》第五卷第二号"通信"栏里简单提及当时讨论的情况："刘半农、唐俟、周启明、沈尹默诸先生，我平日听他们的言论，对于 Esperanto，都不反对，吾亦愿其腾出工夫来讨论 Esperanto 究竟是否可行。"③我们这里重点讨论一下钱玄同的有关论述以及他与陶孟和的一次"交锋"。

1917 年 6 月，钱玄同在《论世界语与文学》（致陈独秀的信）一文中，先是回顾了世界语的发展历程以及自己对世界语的认识："考世界语自一八八七年六月二日出世，至今才三十年。其初出世之二十年中，不甚有人注意。犹忆丁未戊申之间，刘申叔、张溥泉诸君在日本，请彼国之大杉荣君教授此语，其时日本此语亦始萌芽。一面吴稚晖、褚民谊两先生在巴黎著论于《新世纪》周报，大加提倡。而中国内地尚无人知之。己酉秋冬间，上海始有世界语会。七八年以来，欧洲用此语出版之书籍，日新月盛，中国人亦渐知注意。私意谓苟非欧战，恐三四年来又不知若何发达。然现在虽因欧战，暂受濡滞之影响，异日欧战告

---

① 张仲民：《世界语与近代中国知识分子的世界主义想象——以刘师培为中心》，《学术月刊》2016年第4期。

② 陈独秀在致某人的一封信中，表明了自己支持Esperanto的坚定态度。他说："世界语犹吾之国语，谓其今日尚未产生宏大之文学则可，谓其终不能应用于文学则不可。至于中小学校，以世界语代英语，仆亦极端赞成。吾国教育界果能一致行此新理想，当使欧美人震惊失措。且吾国学界世界语果然发达，吾国所有之重要名词，亦可以世界语书之读之，输诸异域，不必限于今日欧美人所有之世界语也。高明以为如何？全部《十三经》，不容于民主国家者盖十之九九，此物不遭焚禁，孔庙不毁，共和招牌，当然挂不长久。今之左袒孔教者，罔不心怀复辟。"见1917年6月1日《新青年》第三卷第4号。转引自钱玄同：《论世界语与文学》文后附录，见《钱玄同文集》（第一卷），中国人民大学出版社1999年版，第25页。

③ 此处参照唐俟：《渡河与引路》（1918年11月4日）文后注[4]。见《鲁迅全集》（第七卷），人民文学出版社2005年版，第38—39页。按，唐俟即鲁迅。他在看到钱玄同说唐俟对Esperanto"不反对"后，仍以唐俟为笔名写了《渡河与引路》一文致信钱玄同，以表明自己的态度。从文中可知，鲁迅对于Esperanto，是持观望态度的，既不赞成，也不反对，甚至认为还没有讨论的必要。

终，世界主义大昌，则此语必有长足之进步无疑。中国人虽孱弱，亦世界上之人类，对于提倡此等事业，自可当仁不让。乃必欲放弃责任，让人专美，是诚何心！昔年吴稚晖先生著论，谓中国文字艰深，当舍弃之，而用世界语。章太炎师曾著论驳之。弟则以为世界未至大同，则各国皆未肯牺牲其国语，中国人自亦有同情。故今日遽欲废弃汉文而用世界语，未免嫌早一点。然不废汉文而提倡世界语，有何不可？"①钱氏所言，虽过于理想化，但也算客观。但不到一年，钱玄同即在《中国今后之文字问题》（致陈独秀的信）中指出，在废汉文后，"玄同之意，则以为当采用文法简赅，发音整齐，语根精良之人为的文字ESPERANTO。"② 对 Esperanto 的态度已有很大的不同。

钱玄同与陶孟和的论争则典型地体现了对于 Esperanto 支持者与反对者的立场。

1917 年 8 月，陶孟和在《新青年》第 3 卷第 6 号发表自己的观点，指出对Esperanto "夙抱怀疑之观"，并从言语学理论、民族心理、世界语功用等三个方面提出了质疑。在笔者看来，陶氏所论中肯而切合实际，多有精辟之见。在言语学理论方面，陶氏认为："夫一种之言语，乃一种民族所籍以发表心理、传达心理之具也，故一民族有一民族之言语，而其言语之形式内容，各不相同，语法有异，而所函括之思想观念亦复不齐。盖各民族之言语，乃天然之语言，各有其自然嬗变之历史，故言语乃最能表示民族之物质者也。……世界语既无永久之历史，又乏民族之精神，惟攘取欧洲大国之单语，律以人造之文法，谓可以保存思想、传达思想乎？吾未敢信也。更进而言之，今日世界上杂志书籍出版之数，其采用世界语者，视采用英、德、法、俄文者，其量其质，比测若何？当为识者所尽知。若谓将来世界语之出版物，且将日增，则英、德之人士，果肯舍其国语，而采用半生半死之人造乎？吾又未敢信也。且吾闻之，意大利人以世界语太与其国语相肖似……排斥甚力。是则将来世界语之发展，更遥遥不可期。……总之洋翰林之诋毁世界语，或自有其理由在，吾则以为稍窥各国文学蹊径，涉猎其散文韵文有所觉悟者，必以为一国民之思想感情，必非可以人造的无国民性的生硬之语言发表而传达之。"在民族心理方面，陶氏说："关于世界语最大之问题，厥惟世界主义之观念。……然世界主义是一事，而

---

① 钱玄同：《论世界语与文学》（1917年6月1日），《新青年》第三卷第4号。见《钱玄同文集》（第一卷），中国人民大学出版社1999年版，第20—21页。

② 钱玄同：《中国今后之文字问题》（1918年3月14日）。见《钱玄同文集》（第一卷），中国人民大学出版社1999年版，第167页。

世界语又是一事，二者未必为同问题。有世界语，未必即可谓世界主义之实现也，世人不察，以世界语为促进世界主义之实现者，误矣。吾尝默察世界之趋势，国民性不可剪除，国语不能废弃，所谓大同者，利益相同而已。……易言以明之，世界之前途乃不同之统一（Unity in diversity），而非一致之统一（Unity uniformity）也。吾以为世界语之观念，亦犹孔子专制之观念，欲罢黜百家也。"在世界语功用方面，陶特质疑："假使世界语之工用若说者之巨，其名亦殊未妥当。……世界语采用之单语，以英、法、德、意之语为多，若瑞典、挪威半岛之单语，采用极稀，若夫东洋之文字，更全不在世界语之内。吾民族之巨，吾国文学之丰实，奈何于世界所谓世界语，反无丝毫之位置耶？"[①]

1918年1月，钱玄同在《答陶履恭论Esperanto》信中，先是对陶孟和所谓洋翰林反对Esperanto现象予以说明——"他是不喜欢用ABCD组成的文字有如此容易学的一种；因为学ABCD愈难，他那读了十年'外国八股'造成的洋翰林的身份，愈觉名贵"——完全是想当然的推测；之后对于陶孟和的批评与诘问一一予以回应。钱氏在信中共列出五点：1. 对于陶氏所言各国语言有民族性、Esperanto为人造的、无民族性的观点，钱氏搬出了陈独秀的观点："关于此层之答复，玄同与独秀之意全同：即钞独秀之言曰：'Esperanto（原文作世界语，今改）为人类之语言，各国语乃各民族之语言，以民族之寿命与人类较长短，知其不及矣。'又曰：'重历史的遗物，而轻人造的理想，是进化之障也。'"2. 对于陶氏所谓人类未来之大同社会，科学思想与人类利益虽无国界，但"绝不能以唯一言语表出之"，钱氏反驳说："文字者，不过一种记号；记号愈简单，愈统一，则使用之者愈便利"，可使学习时间大大缩短，省出的时间可做公益事业；且"科学与人类利益既无国界可言，则人人皆知学问应为公有，人类必当互助；公心既如此发达，则狭隘之民族心理及国民性，自必渐归消灭，此一定之理也。玄同以为世界上苟无人造的公用文字，则各国文字断难统一；因无论何国皆不肯舍己从人；无论何国文字，皆决无统一世界之资格也。若舍己国私有之历史的文字，而改用人类公有之人造的文字，则有世界思想者，殆无不乐从；因为实为适当之改良，与被征服于他种文字者绝异也。"3. 对于陶氏Esperanto多采英法德意之语而不及东方（中国）文字的质疑，钱玄同以为："'世界语'三字的意义，大概是说世界公用的语言，并非说此种语言尽括世

---

① 钱玄同：《答陶履恭论Esperanto》文末附录《陶履恭的信》（致陈独秀的信），见《钱玄同文集》（第一卷），中国人民大学出版社1999年版，第101—104页。

界各种历史的语言在内。……东方之语言，实无采入 Esperanto 之资格。所谓东方语言，自以中国为主；中国之字形，不消说得，自然不能搀入于拼音文字之内；中国之字义，函胡游移，难得其确当之意义，不逮欧洲远甚，自亦不能采用；中国之字音，则为单音语，同音之字，多且过百，此与拼音文字最不适宜者。且所谓兼采各国语者，谓其寻常日用之字耳；若现代学术上之专名，则本非东方所有，即在东方文字中，亦以采用西名为当：如章行严君主张论理学当称'逻辑'，经济学当称'依康老密'之类，此则在 Esperanto 中更无采中国语之理。夫寻常日用之语，中国语既以字义函胡，字音混同而不能采；现代学术上之专名中国语又以本无此名而无从采。故鄙意 Esperanto 中不采中国文字，并无不合。"[①]4. 对于陶氏所谓文人哲士之伟著，读译本不如读原书之惑，钱氏以为，Esperanto 统一后，科学、哲学、文学诸书，即用 Esperanto 写出，则不存在译本的问题；而 Esperanto 统一之前的著作，浅尝者，可读 Esperanto 译本；欲求深者，学者可依原著作专门研究[②]。5. 对于陶氏所谓各国之地名人名，当依其国之书法读法的问题，钱氏以为："人名地名，本是一种无意识之记号，非如学术上之名词，尚有确当不确当之可言，但求统一，便算了事。此统一之事，不能依其原文为标准；非今人以最通行之字体，最通行之音读拼法统一之不可。"[③]

　　纵观陶、钱二人通信，陶氏从国家、民族立场出发，而钱氏则从世界主义、大同世界着眼（钱氏真不乏天真之热情），立场不同，争论自不会有结果。我们再看一看另一位反对者朱我农的观点。

　　朱我农虽鼓吹汉字"罗马字拼音法"，但对于 Esperanto 是坚决反对的，态度也比陶孟和激烈得多。他称 Esperanto 是"私造的符号"，并列出了 Esperanto 无用的证据：

　　（1）根据我的阅历说起来，我遇见的欧洲人，五百个里头至少有四百九十九个不懂 Esperanto 的，亚洲人更少。大凡学一种语言，是预备说出去使若干人懂的；懂 Esperanto 的人既然如此之少，就是 Esperanto 无用的铁证。

　　（2）用 Esperanto 做的书，请问有几部有文学价值的？大凡学一种文

[①] 钱氏认为，中国文字中应有一小部分，即古代历史学术名词可采入Esperanto。

[②] 如此，则各国历史文化就都成了"故纸堆"。

[③] 钱玄同：《答陶履恭论Esperanto》（1918年1月13日），《新青年》第四卷第2号。见《钱玄同文集》（第一卷），中国人民大学出版社1999年版，第96—99页。

字是预备看书的，用 Esperanto 做的书既没有好的，这也是 Esperanto 无用的铁证。

（3）用 Esperanto 来作文，请问到底能畅达深奥的思想么？据我的经验说起来，Esperanto 尚无这种价值。大凡学一种文字，是要能畅达思想的；既不能畅达深奥的思想，这种文字学了有什么用处呢？

（4）大凡一种文字，一定先有一种语言做他的根本，如果这种语言渐渐变了新面目了，那文字一定也要随着更变的；假使不更变，就可以认作没有语言做他的根本，就变成死文字了。拉丁是死文字，我们中国的古文骈文也是死文字。为什么缘故呢？因为今日没有说拉丁话的人，中国话已经改变了。如此推想起来，造 Esperanto 的时候，既没有一种语言做他的根本，现在没有人用他做语言，所以也不过是一种死文字。死文字是无用的，是不能随时进化的，所以 Esperanto 也是无用的。

（5）无论哪一种语言文字，只有因为文字不合语言，把文字改了的（先生所说，意大利人废拉丁文，就是好证据）；断没有用文字去改造语言的。如此推想，就知道私造了一种文字（这文字二字是假定的称谓），要世界的人拿他当作日常应用的语言，是万万做不到的，所以 Esperanto 断不能当作世界通用的语言，简直是一个无用的东西。[①]

朱我农所说的第五点，最有警示意义——用文字去改造语言，本末倒置，只会徒劳无功。在后文中，朱我农又批驳了钱玄同、陈独秀、孙国璋等人鼓吹 Esperanto 的言论，此不赘述。

在鼓吹世界语的中国学者文人中，持续时间最长、最为衷心拥护、信念最为坚定的是巴金（1904—2005）。巴金早年本是无政府主义者，他的创作也有鲜明的欧化色彩，说话总是层层叠叠，反反复复，惟恐留下空白。1982 年 9 月，魏以达把巴金的《家》译成了世界语，巴金为之作序；后该文收在巴金《随想录》（九四）《一篇序文》中，作为第一小节内容，其中称："四十几年过去了。中间我经历了八年抗战和十载'文革'，但是我对世界语的感情却始终不减。我为四十多年来世界语运动的发展感到兴奋。我个人的心愿也不曾落空，我想做而没有能做的事情魏以达同志替我做了，而且做得好。"[②]在该序文的第二

---

① 钱玄同：《对于朱我农君两信的意见》后附《朱我农的两信》之二。转引自《钱玄同文集》（第一卷），中国人民大学出版社1999年版，第232—235页。

② 巴金：《一篇序文》。见《巴金全集》（第十六卷），人民文学出版社1991年版，第445页。

小节中，巴金回忆了自己从 17 岁开始即学习世界语的经历：1921 年在成都《半月》上发表《世界语之特点》一篇短文，后来还曾筹划开办世界语讲习班（没有办成）；1924 年，到南京念书，正式学习世界语，阅读过柴门霍夫编译的《基本文选》以及《波兰作品选》《安徒生童话集》等，不到一年即可以自由使用世界语；1928 年从法国留学归来后，参加了上海世界语学会，后又当选为理事；1929 年开始翻译世界语作品，并为上海世界语学会编辑了几期《绿光》杂志；等等。

1980 年 8 月 2 日至 8 日，巴金率团赴瑞典首都斯德哥尔摩出席了第六十五届国际世界语大会，并在会上代表中国代表团致辞。回国后，8 月 24 日，巴金撰写《随想录》四十八《世界语》。在该文中，巴金又回顾了自己学习世界语的经历，重点描述了自己参加世界语大会的体会与心情。他说："在上海世界语学会里我只是偶尔听见有人用世界语交谈。现在来到大会会场，会场内外，上上下下，到处都是亲切的笑脸，友好的交谈，从几十个国家来的人讲着同样的语言，而且讲得非常流畅、自然。在会场里人们报告、讨论，用世界语就像用本民族语言那样地纯熟。坐在会场里，我觉得好像在参加和睦家庭的聚会一样。对我来说这是第一次，但是我多年来盼望的、想象的正是这样，我感到遗憾的只是自己不能自由地使用这种语言……"并强调："这些年我一直关心国际语的问题，经过这次大会，我对世界语的信念更加坚强了。世界语一定会成为全体人类公用的语言。"巴金在文中还指出："经过九十三年的考验，波兰人柴门霍夫创造的 Esperanto 成了全世界人民所承认的唯一的'世界语'了。它已经活起来，不断地发展、丰富，成为活的语言。我开始学习世界语的时候只有一本薄薄的卡伯（Kabe）博士的字典，现在可以使用一千三百页的插图本大字典了。世界语的确在发展，它的用途在扩大，参加大会的一千七百多人中间，像我这样的老年人只占少数，整个会场里充满了朝气，充满了友情。"[①]需要指出的是，巴金与钱玄同等人不同，他赞成世界语，只是希望世界语成为人类通用的辅助性语言，各国、各民族的语言依旧存在："我便向他们宣传，说明我的看法：世界语一定会大发展，但是它并不代替任何民族、任何人民的语言，它只能是在这之外的一种共同使用的辅助语，每个民族都可以用这种辅助语和别的民族交往。我常常想：要是

---

① 世界语的字典，由薄薄一册发展为一千三百页的插图本大字典，即使插图占去一些页面，在我的感觉里，它绝不是易学易懂的东西（我没有学过），这样的辅助语有价值吗？与其学习这样的世界语，还不如直接学习英语呢！——作者注。

人人都学世界语，那么会出现一种什么样的新形势、新局面！倘使在全世界就像在大会会场一样，那该有多好！世界语是易学易懂的，这是人造语的长处，不仅对于欧洲人，对于我们亚洲人，对其他的民族也是如此。但即使是人造语吧，它既然给人们使用了，活起来了，它就会发展、变化，而且一直发展、变化下去，由简单变为复杂，由贫乏变为丰富、更丰富……而且积累起它的文化遗产。"①巴金对世界语一直充满着天真的热情，也算是自得其乐吧。在这篇文章的结尾，巴金突然发表了一些对汉字改革、汉字拼音化的感想，显得与该文主旨不类，颇有况味②。

英国学者帕默尔说："使用一种语言就意味着某种文化承诺，获得一种语言就意味着接受一套概念和价值，在成长中的儿童缓慢而痛苦地适应社会成规的同时，他的祖先积累了数千年而逐渐形成的所有思想、理想和成见也都铭刻在他的脑子里了。"③此话甚确。语言文字首先是文化的载体，它承载着一个国家、一个民族的历史记忆，并由此形成了国家、民族的价值观念系统，潜移默化地影响着群体内的每一个人。这对汉语汉字来说尤是如此。而"钱玄同们"的认识过于幼稚、浅陋，正如张仲民在《世界语与近代中国知识分子的世界主义想象——以刘师培为中心》一文中说："若是以今日的后见之明看，从一百多年前世界语引入到中国，乃至今日逐渐消歇的历史事实表明，刘师培包括其他提倡世界语的许多人，对世界语的认知都止步于一个初学者的水平，很多时候都停留在宣传和想象的层面，悬鹄甚高，但论证过于简单化和抽象化，'热情多于分析'，观点也有不少重复与照搬日本乃

---

① 巴金：《世界语》。见《巴金全集》（第十六卷），人民文学出版社1991年版，第225—228页。

② 巴金说："想到我们的文字改革的工作，我不能不发生一些疑问：难道我们真要废除汉字用汉语拼音来代替吗？难道真要把我们光辉的、丰富的文化遗产封闭起来不让年轻人接触吗？我并不完全反对文字的简化，该淘汰的就淘汰吧，但是文字的发展总是为了更准确地表达人们的复杂思想，决不只是为了使它变为更简单易学。在瑞典、在欧洲、在日本……人们每星期休息两天，难道我们中国人就永远忙得连学习的工夫也没有！忙得连多认一两个字的时间也没有！忙得连复杂的思想也不会有？！我们目前需要的究竟是提高人民的文化水平，还是使我们的文字简单再简单，一定要鬥斗不分、麺面相同？我不明白。在九亿人口的国家里，文字改革是大家的事情，慎重一点，听听大家的意见，总没有害处。"（同上，第227—228页）在这里，巴金虽然声明"我并不完全反对文字的简化"，但从其后面要所说的"鬥斗不分、麺面相同"之类的话看，他是反对汉字的简化的，或许由于巴金特殊的身份，由于当时特殊的情境，他不便明说而已。

③ [英]帕默尔：《语言学概论》，商务印书馆1983年版，第148页。

至欧美之处，更有不少道听途说和自我标榜的成分，充满着误解与非理性因素。"① 所以，万国新语（世界语）运动在中国的历史长河中只能是一个小小的句点。

四、全盘西化

随着中国文化批判的一步步深入，随着欧化、汉语欧化、万国新语运动的一步步发展，"全盘西化"的主张已经呼之欲出。我们前文说过，1923年8月，钱玄同在《致周作人》的信中，表示要"将东方化连根拔去，将西方化全盘采用"②，已经出现了"全盘西化"的影子。1929年1月，郑振铎在《小说月报》发表《且慢谭（谈）所谓"国学"》一文。在该文中，郑振铎认为国学与国学家"在今日的中国是一无所用的废物——不仅无用，且还有阻碍于中国民族的进步与发展"，而"我们如要求中国的生存、建设与发展，则除了全盘的输入与容纳西方的文化之外，简直没有第二条（路）可走。在思想上是如此，在文艺上是如此，在社会上也是如此"，该文最后总结说："第一，打倒所谓国学家；第二，且慢谈所谓国学；第三，古书与古代文化的整理与研究，是最少数的最专门的工作，不必责之于一般人，一般青年；第四，即研究或整理古书与古代思想文化的人，也不可不懂得基本的科学知识与方法；第五，全盘输入，采用西方的事物名理，以建设新的中国、新的社会，以改造个人的生活。"③ 这里出现的"全盘的输入与容纳西方的文化""全盘输入"等字眼，也有"全盘西化"的意味。1929年，胡适在上海出版的英文刊物 China Christian Year-book（《基督教年鉴》）上发

---

① 张仲民：《世界语与近代中国知识分子的世界主义想象——以刘师培为中心》，《学术月刊》2016年第4期。

② 钱玄同：《致周作人》（1923年8月19日）。见《钱玄同文集》（第六卷），中国人民大学出版社2000年版，第65页。

③ 郑振铎：《且慢谭所谓"国学"》（十七年十二月二十五日，即1928年12月25日），《小说月报》第二十卷第1号，1929年1月。（见桑兵等编：《国学的历史》，国家图书馆出版社2010年版，第414—416页）郑氏在文中还说："宋版元版的精本，流入异国，由他们代为保存，也并不是什么可叹息的事。""我们不妨抛弃了对于古书的研究，我们不妨高叫着：打倒'国故''国学'。不知道'国故''国学'，并不是可羞耻的事，没有一种专门的学问，没有一种专门的工作能力，那才是可羞耻的事。"（第415页）"我再三的说，我们的生路是西方科学，与文化的输入与追求，我们的工作是西方科学与文化的介绍与研究。我们不要浪费了有用的工作力，我们且慢谈所谓'国学！'"（第416页）

表了 The Cultural Conflict in China（《中国今日的文化冲突》）一文，引起了潘光旦的关注。潘氏即在《中国评论周报》里写了一篇英文书评，提到 Wholesale westernization、Wholehearted modernization 两个英文短语的差异，并明确二词可分别译为"全盘西化""充分现代化"等，一些人据此认为这即是"全盘西化"一词的由来 [1]。

胡适提出"全盘西化"的口号后，遭到了许多的批评，为此，胡适于 1935年 6 月发表《充分世界化与全盘西化》一文，对"充分世界化"与"全盘西化"概念专门予以说明。在文中，他回顾了在《中国基督教年鉴》上发表的《中国文化冲突》一文的经过及其主要内容，说："这几个月里，我读了各地杂志报章上讨论'中国本位文化'、'全盘西化'的争论。因此我又联想到五六年前我最初讨论这个文化问题时，因为用字不小心，引起了一点批评。那一年（1929）《中国基督教年鉴》（China Christian Year-book）请我做一篇文字，我的题目是'中国今日的文化冲突'，我指出中国人对于这个问题，曾有三派的主张：一是抵抗西洋文化，二是选择折衷，三是充分西化。我说，抗拒西化在今日已成为过去，没有人主张了。但所谓'选择折衷'的议论，看去非常有理，其实骨子里只是一种变相的保守论。所以我主张全盘的西化，一心一意地走上世界化的路。"并指出：

　　"全盘西化"一个口号所以受了不少的批评，引起了不少的辩论，恐

---

[1] 胡适：The Cultural Conflict in China, 1929。见《胡适全集》（第三十六卷），安徽教育出版社2003年版，第383—393页。胡适在《充分世界化与全盘西化》一文介绍说："那部年鉴出版后，潘光旦先生在《中国评论周报》里写了一篇英文书评，差不多全是讨论我那篇短文的。他指出我在那短文里用了两个意义不全同的字，一个是Wholesale westernization，可译为'全盘西化'；一个是Wholehearted modernization，可译为'一心一意的现代化'，或'全力的现代化'或'充分的现代化'。潘先生说，他可以完全赞成后面那个字，而不能接受前面那个字。这就是说，他可以赞成'全力现代化'，而不能赞成'全盘西化'。"（见欧阳哲生编：《胡适文集》（5），北京大学出版社1998年版，第453—454页）令人汗颜的是，我在《胡适全集》中反复查找了这篇 The Cultural Conflict in China，只找到了Wholehearted modernization这个短语，竟然没有找到Wholesale westernization，实在奇怪（我又让两个博士生帮我确认了一下）。胡适这篇文章后有改动吗？安徽教育出版社出版《胡适全集》时有删改吗？或者胡适文中根本就没有出现Wholesale westernization，只是潘光旦评论时的发明创造，是对胡适文章内容的提炼升华？文中确有Wholeheartedly accepting the new, Wholesale acceptance of the western civilization等相似的短语。姑予存疑。

怕还是因为这个名词的确不免有一点语病。这点语病是因为严格说来，"全盘"含有百分之一百的意义，而百分之九十九还算不得"全盘"。……我赞成"全盘西化"，原意只是因为这个口号最近于我十几年来"充分"世界化的主张；我一时忘了潘光旦先生在几年前指出我用字的疏忽，所以我不曾特别声明"全盘"的意义不过是"充分"而已，不应该拘泥作百分之百的数量的解释。

所以我现在很诚恳的向各位文化讨论者提议：为免除许多无谓的文字上或名词上的争论起见，与其说"全盘西化"，不如说"充分世界化"。"充分"作数量上即是"尽量"的意思，在精神上即是"用全力"的意思。①

胡适所谓"充分世界化"，与"充分西化""充分现代化"并没有本质的差别；但这相对于百分之百的"全盘西化"而言，胡适已有退缩之意。

相对胡适而言，陈序经（1903—1967）则是更为坚定的、更为彻底、更为激进的"全盘西化"论者。根据陈序经本人的说法，他则是"全盘西化"论最早的提出者。陈氏在《〈南北文化观〉跋》一文中说："自民国十四年到美国读书之后，对于这个题目尤为注意。同时，因为友朋之中谈及东西文化的既是不少，而身处西洋，东望故国，感触良多。"②也就是说，陈氏早在1925年（22岁）的时候，就开始考虑西化的问题。在陈氏《全盘西化论》手稿中，则重点梳理了"全盘西化论"提出的过程，其中说："十年前，卢伟光、陈受颐两先生与我，已坚决的相信关于中国今日的文化问题，有全盘西化的必要，不过在名词上，我们最初所用的，是'全盘采纳西洋文化'或'全盘接受西洋文化'的字样。后来，我个人因为感觉到这个名词，一来似为较长，二来，好像呆板，三来，在字面上，也许有些人误解为全盘采纳西货，而徒事享受，不知创造，因而改用'全盘西化'四个字。我虽然这样的改用这四个字，然而在意义上，在实质上，可以说是没有什么变更。所以比方我在一九三一年所著的《中国文化的出路》一书里③，对于'全盘西化'这个名词，虽已极力提倡，然对于'全盘接

① 胡适：《充分世界化与全盘西化》（1935年6月23日天津《大公报·星期论文》）。见欧阳哲生编：《胡适文集》（5），北京大学出版社1998年版，第453—454页。

② 陈序经：《〈南北文化观〉跋》。见杨深编：《走出东方——陈序经文化论著辑要》，中国广播电视出版社1995年版，第462页。

③ 此处陈序经所说有误。陈氏：《中国文化的出路》民国二十三年（1934）一月由商务印书馆出版。

受西洋文化'的字样，仍然采用。"① 该手稿"前记"标识为"廿八年十一月十五日著者附记"，即1939年，十年前则是1929年，陈序经等人的"全盘西化"观念已经成型。而在《东西文化观》（二）一文中，陈序经则更为明确地说："差不多二十年前，卢观伟、陈受颐两先生与我已坚决相信中国要全盘西化。不过，在名词上，我们最初所用的是'全盘采纳西洋文化'或是'全盘接受西洋文化'的字样。到了民国二十年间，我开始用了'全盘西化'这个名词。我之所以用了这个名词，至少有了以下三个原因：一来全盘采纳西洋文化或是全盘接受西洋文化这些名词似为较长；二来这些名词较为呆板；三来这些名词至少在字面上也许有些人会误解为全盘接纳或接受西货，结果是往往徒事享受西洋文化而忽视创造西洋文化。反过来说，全盘西化这个名词不只简明，不只活动，而且充分地表示我们要自动地与积极地去创造西洋人所创造的文化。简单地说就是，西化的'化'字应当作为一个动词看，而并非只是利用西洋人所已做成的东西，这有些像我们吃了东西，不只是生硬的吞下去，而且要消化起来，才对于身体有了益处。但是同时，我在这里也要指出，我虽然采用全盘西化这个名词，可是在意义上与所谓全盘采纳西洋文化或是全盘接受西洋文化可以说是本来就没有什么分别。"在后文中又说："'全盘采纳西洋文化'这些字样以前虽是有人用过，然而主张全盘采纳西洋文化却是我们最先提出。梁漱溟先生用过'全盘迎受西洋文化'的字样，然而他的主张却正是与全盘西化的主张处于对峙的地位，他不只偏于折衷方法，而且偏于复古的论调。吴稚晖虽然也述用了梁漱溟先生所用的'全盘接受西洋文化'的字样，然而他也非主张全盘西化的，虽然他的主张是较近于全盘西化的论调。胡适之先生虽用过英文上的 Wholesale westernization 这个名词，然而在那个时候，不只中文方面他没有用过这个名词，而且他实在也没有打定主意去提倡这种主张。后来他用了这个名词，采了这种主张，可是过了不久，他对于这个名词以至这个主张又怀疑起来。最后，我们还可以指出，'全盘迎受西洋文化'的字样，在我们最初主张全盘接受西洋文化的时候，我既没有发现这些字样已经有了用过；而十余年来流行最广的'全盘西化'这个名词却是我用得最早，至少直到现在我还没有发现有

---

① 陈序经：《全盘西化论》。见余定邦等编：《陈序经文集》，中山大学出版社2004年版，第13—70页，上述引文见第14页。（该文末注明"该文系初次公开发表，手稿由陈其津教授提供"）该文包括"名词的来源""意义的说明""理论的发展""理论的阐释""理论的重述"五部分内容，只是全面梳理了"全盘西化"论的提出以及相关的论争（理论发展），相较于陈氏其他著作，没有多少新的内容。

人用了这个名词是较我为早的。"①可见，陈序经把提出"全盘西化"论当做自己重要的学术发明，引以为傲，反复地、甚至喋喋不休地去说明，似非要抢个头筹不可②。

1933年12月29日，陈序经在广州中大礼堂发表了名为《中国文化之出路》的演讲，鼓吹"全盘西化"（详见本章附录一）；该演讲稿在广州《民国日报·现代青年栏》（1934年1月15—16日）发表10天后，张磬即以《中国文化之死路》③予以反击，由此引起了较为广泛的关注，支持者有之，批评者亦有之，掀起了"中国文化出路"论战的高潮④。1934年4月，吕学海编辑了《全盘西化言论集》，收集了陈序经、张磬、吕学海、冯恩荣、卢观伟等人在广州《民国日报·现代青年栏》发表的文章9篇，其中陈序经4篇，吕学海2篇，其他人各1篇（张磬文章以附录形式出现）⑤；书尾有《附录文化论文要目》列论文15篇。编者吕学海在"引言"中说，因广州《民国日报·现代青年栏》改版等原因，这场论战"半途截断"，因而出版《全盘西化言论集》作为"一个小结束"，文中多次强调他们"主张全盘西化"的立场。当然，这场论战并没有因广州《民国日报》改版而结束，反而在1935年愈演愈烈。

为应对欧化、西化、"全盘西化"等各种思潮，1935年1月，王新命、何炳松等十位教授联名发表了《中国本位的文化建设宣言》一文，由此掀起了"中国本位的文化建设之争"（详见前一章），并汇入了"中国文化出路"的论战中，从而使论战更为复杂、更为激烈。张太原在《20世纪30年代的"全盘西化"思潮》一文概括了当时的情况："其主要表现是：其一，涌现了一批颇有影响的代表人物，如胡适、陈序经、陈受颐、卢观伟、沈昌晔、吕学海、冯恩荣、张佛泉、张熙若等。其二，出现了一批专门的文章和著作。发表了《'全盘接受西洋文化'的意义》、《全盘西化的辩护》、《趋于'全盘西化'的共同信仰》

---

① 陈序经：《东西文化观》（二）。见杨深编：《走出东方——陈序经文化论著辑要》，中国广播电视出版社1995年版，第388页、第425页。

② 陈序经作为"全盘西化"论的代表人物，影响较大，涉及的内容较多，篇幅过长，姑列为本章附录一。

③ 张磬：《中国文化之死路》，广州《民国日报·现代青年栏》八三四，1934年1月25日。

④ "中国文化出路"论战早在20世纪20年代初期就开始了，梁启超的《欧游心影录》（1919）、梁漱溟的《东西文化及其哲学》（1921），或反思欧洲（西方）文明，或倡导东方文明，引起了新派学人的激烈反弹，由此拉开了"中国文化出路"论战的序幕。

⑤ 张磬：《在文化运动战线上答陈序经博士》。见吕学海：《全盘西化言论集·引言》，《民国丛书》第三编（39），上海书店1991年版。

等文章，出版了《中国文化的出路》等专著，编纂了《全盘西化言论集》、《全盘西化言论续集》、《全盘西化言论三集》。这些文章和著作影响了相当一批人。其三，形成了比较完整的理论体系。"①有无完整的理论体系我们姑且不谈，但就其参与者及发表的相关论著而言，则可谓热闹一时。——而其时，日本的"铁蹄"正在中国大地上肆虐，而中国的部分学者却忙着要搞"全盘西化"；陈序经的"全盘西化"理论特别强调"时境"，日本侵华的"时境"就不在他的考虑范围之内吗？或者，中国"全盘西化"之后，中国有了西方列强撑腰，日本就不敢侵略中国了吗？所谓百无一用是书生，宜也。

吕学海是"全盘西化"论的重要人物，曾发表《再释"全盘西化"》等文章。而"全盘西化"论的反对者穆超，曾专门针对吕氏该文，写有《再论"全盘西化"》一文。从吕氏文章某些内容看，他大概认为中国文化的"全盘西化"就如从邻家借用一张桌子一样容易，我们且看他文章中的几段话：

……中国文化之任何方面，政治、经济、艺术、宗教、科学、伦理……都比西洋落后。我们已察见中国全部的文化已不及全部西洋文化，而中国全盘西化是可能的事。所以全盘西化的理想就确立起来。

中国国情究有什么影响呢？换言之，不管我国的地理环境是怎样（其实我国的地理环境与西洋并无根本上之不同），文化情况或社会状态如历史，宗教，风俗，习惯等怎样，我国都可以"全盘西化"。

其实上海一地，最西化的地方莫如租界，而租界的社会情形，在任何地方都驾乎华界上。尤其是物质建设及治安秩序②为最显著，故上海的中国富人们和要人们，多置物业于租界，每遇事变，也晓得跑进那里躲避，在西洋文化掩护下求安全。我以为既然如此，我们为什么不全盘西化，使他们也能在本国文化活动之下生活呢？

上海租界，原是中国地，他如天津租界，香港九龙，也是中国地。其国情根本是中国国情，何以一落在外人之手，便可以西化起来，一变而为现代化繁盛之区？因此我们又益觉国情之不能阻碍西化之进行。

根据吕学海的逻辑，是不是中国都变成西方的租界则更好呢？变为租界后，则社会稳定，经济繁荣，老百姓在西方统治者的荫庇下安居乐业；寻此思路，

---

① 张太原：《20世纪30年代的"全盘西化"思潮》，《学术研究》2001年第12期。

② 穆超在《再论"全盘西化"》文中，用1931年上海华界与租界犯罪状况来反驳吕学海。其中，华界发生盗案89件、绑案5件、暗杀案31件；而租界发生盗案197件、绑案35件、暗杀案35件。数据显示，租界的治安状况要比华界糟糕得多。

中国变成美国的一个州的话，是不是更好呢？但中国的主权呢？租界本是中国屈辱的象征，在吕学海看来，却是中国的"幸事"了。至于中国什么国情，如地理环境、历史宗教、风俗习惯都不是什么事儿，都可进行"西化"。穆超在《再论"全盘西化"》文中对"全盘西化"论者提出了批评："我们反对'全盘西化'的理论要点是：（一）'全盘西化'蔑视中国的国情决无好结果。（二）一国文化乃是数千年继续的创造品，'全盘西化'突然把旧的文化基础打倒，而新的文化基础又决非一时所能创立，所以免不了思想的陷于失去中心和酿成社会的混乱。（三）适于国情且合于需要的文化，在乎互相调和，但是，'全盘西化'收不到调和的益处。（四）中国今日民族的出路，根本在乎民族性的改良，中国民族性的弱点若不改进，虽然实行'全盘西化'也不能把西洋文化消化，变成自己的东西。"[①]穆超上述四点，除所谓改良民族性之外，其余三点说得合情入理，切中肯綮。

　　"全盘西化"讨论得轰轰烈烈，成为一时显学；而陈序经等人大有引领学术潮流的趋势，风头甚至盖过了胡适。1935年3月，胡适在《陈序经〈关于全盘西化答吴景超先生〉·编辑后记》短文中，对于吴景超把他列为文化折中派，对于陈序经称他"虽然不能列为全盘西化派而乃折中派中之一支流"，感到十分不满，认为是"错误"的，进而胡适指出："我很明白地指出文化折中论的不可能。我是主张全盘西化的。但是我同时指出文化自有一种'惰性'，全盘西化的结果自然会有一种折中的倾向。例如中国人接受了基督教的，久而久之，自然和欧洲的基督徒不同，他自成一个'中国基督徒'。……现在的人们说'折中'，说'中国本位'都是空谈。此时没有别的路可走，只有努力全盘接受这个新世界的新文明。全盘接受了，旧文化的惰性，自然会使他成为一个折中调和的中国本位新文化。若我们自命做领袖的人也空谈折中选择，结果只有抱残守缺而已。古人说'取法乎上，仅得其中；取法乎中，风斯下矣。'这是最可玩味的真理。我们不妨拼命走极端，文化的惰性，自然会把我们拖向折中调和上去的。……此时我只借此声明我是完全赞成陈序经先生的全盘西化论的。"[②]

① 穆超：《再论"全盘西化"》，原载广州《民国日报》1934年7月10日。见罗荣渠主编：《从"西化"到现代化——五四以来有关中国文化趋向和发展道路论争文选》（中册），黄山书社2008年版，第416页。本文所引吕学海《再释"全盘西化"》中的文字，也转引自穆超《再论"全盘西化"》，见第410—413页。
② 胡适：《编辑后记》（1935年3月）。见罗荣渠主编：《从"西化"到现代化——五四以来有关中国文化趋向和发展道路论争文选》（中册），黄山书社2008年版，第445—446页。

在陈序经、"全盘西化"派咄咄逼人的气势面前，胡适也不得不暂避锋芒，表示"我是完全赞成陈序经先生的全盘西化论的"。不过，在这篇短文里，与陈序经不同的是，胡适把"全盘西化"当做了一种手段，一种策略，所谓"取法乎上，仅得其中；取法乎中，风斯下矣"；由于"旧文化的惰性"，只有"拼命走极端"，全盘西化了，才能够有"折衷"，重回"中国本位新文化"。胡适所论，博得了不少的赞同或同情，一些人据此认为胡适并不是真正的"全盘西化"论者。但这里有两个问题，其一，既然中国旧文化有强大的惰性，所谓"全盘西化"还有可能吗？如果有可能，如何在实践层面上实施？"拼命走极端"即是全盘西化吗？结果会如何？其二，不只旧文化有惰性，新文化也有惰性，中国文化全盘西化后，自然是一种新文化——新文化的惰性还能让它走回到折中的路上来吗？尤其是在政治制度层面，在器物层面，一旦改变了，再往回走已决无可能，全盘西化的中国本位新文化，本身即是个矛盾。或许所谓中国本位新文化，也只是一种手段，一种策略，目的还是在"全盘西化"。其实，纵观胡适的学术思想，"事实上，胡适的改革主义不能从表面价值来理解，而应把它理解为一种假改革主义，也就是说，他的改革主义是在中国推行全盘西化的一种手段，而不是目的。……实质上，在胡适的意识中占统治地位的是他的以全盘西化主张为基础的全盘性的反传统主义。"①

我们再看一下张佛泉从"根上"的西化。1935年4月，张氏发表《西化问题之批判》一文，表示自己"大体上很同情于全盘西化论"，但认为"全盘西化论"也不是丝毫没有问题，强调要"从根上西化"。他说："为什么我们主张要从根上西化？因为我们四万万人如想继续在这世上生存，便非西化不可，而欲求西化则只有从根上西化才足以生效！我们是被逼西化，被逼从根上西化。近几十年的教训是我们最聪明的办法，便唯有诚意地，老实地，爽快地，不忸忸怩怩地从根上西化。我与主张保存国粹以图立国的人正正相反，我深信从根上西化才是我民族的出路。"如何做到从根上西化呢？张氏说："我所主张的可以说是从根上，或说是从基础上的西化论。……我们目前最主要的工作，就是要整个改造我们的头脑，而要将中式的头脑换上一个西式的头脑（Western type of mind），由一个'论语'式的头脑，换上一个柏拉图'共和国'式的头脑。"②

① 林毓生：《中国意识的危机——"五四"时期激烈的反传统主义》（增订），贵州人民出版社1988年版，第140页。

② 张佛泉：《西化问题之批判》。见罗荣渠主编：《从"西化"到现代化——五四以来有关中国文化趋向和发展道路论争文选》（中册），黄山书社2008年版，第456页、第461—463页。

所谓"基础上的西化"，所谓"将中式的头脑换上一个西式的头脑"，说到底还是一种全盘西化。

"中国文化出路"的大论战在 1935 年上半年达到高潮，然后渐渐偃旗息鼓，但其余绪则绵长悠远，时至今日也不乏拥趸。

对于"全盘西化"之争，对于激烈的中国文化批判论者，一些人强调历史的背景、历史的语境，强调历史的合理性；但笔者以为，"全盘西化"在当时并没有什么价值，只徒增思想之混乱，而在当下更是毫无意义。任何思想都有其历史的语境，任何事件都有其历史的背景，但这并不是掩饰某种思想（事件）缺陷甚至错误的理由。1840 年中英"鸦片战争"，站在英国的角度，也有其历史背景，或者说有历史的语境——清政府闭关锁国，中国的陶瓷、茶叶、丝绸是英国（欧洲）的奢侈品，英中之间存在巨大的贸易逆差，英国用坚船利炮轰开中国的大门，不也应该吗？是不是也具有历史的合理性？ 20 世纪三四十年代的中日战争，日本为侵略中国，鼓吹"大东亚共荣"，宣扬帮助东亚、东南亚各国摆脱西方的殖民统治，听上去不也合乎情理吗？是不是也有历史的合理性？相较于历史的合理性，笔者更看重历史的合法性。笔者以为，对文化文明发展而言，所谓历史合法性，一方面指民族文化的多样性以及历史的传承性，文明形态不应该被消灭；另一方面指文化文明发展的自在状态，它或可通过内部的改革、创新而生生不息；但若以一种异质文明强力介入文明的发展进程，并试图全盘推翻它，试图全盘移植另一种异质文明，则是不合法的，是错误的。所以，相对于文化文明的进程，历史合理性与历史合法性缺一不可。对 20 世纪三四十年代的"全盘西化"论者而言，他们有褊狭的爱国之心，所以他们可以被原谅；但他们的理论是错误的，不能不被批判[①]。且有错能改，善莫大焉！——笔者一直以为，中国人是能够办好自己的事情的。

第三节　厚今薄古

中国古代本有厚古薄今的传统，孔子、孟子、庄子等人的论述莫不是向上（古）着眼、引经据典的。但当清朝政府被迫打开国门、一个花花的西方世界呈现在部分国人面前时，对他们的冲击可想而知。尤其是当一些人走出国门、在日本

---

① 有关"全盘西化"论的讨论，我们在《陈序经"全盘西化"论的理论基础及基本观点》一节中（本章附录一）还有具体阐释。

或者西方国家接受西式教育后，西方的物质文明令他们眼花缭乱，相比之下清廷统治下的中国则是封建的、落后的、腐朽的旧中国。

1919 年 1 月，傅斯年在《〈新潮〉发刊旨趣书》中宣示"二千年前初民之宗法社会，不适于今日"。他说："中国社会形质极为奇异。西人观察者恒谓中国有群众而无社会，又谓中国社会为二千年前初民之宗法社会，不适于今日。寻其实际，此言是矣。盖中国人本无生活可言，更有何社会真义可说？若干恶劣习俗，若干无灵性的人生规律，桎梏行为，宰割心性，以造成所谓蚩蚩之氓；生活意趣，全无从领略。犹之犬羊，于己身生死地位、意义，茫然无知。此真今日之大戚也。"[①]1919 年 5 月，毛子水发表《国故和科学的精神》一文则强调"我们须记着，我们是我们，——是现在时候的人，古人是古人，——是古代的人"，把中国的"国故"比作"死人"，死尸是"病理学上的好材料"，而研究国故就如"上等医生解剖尸体一样得了病理学上的好材料"[②]。钱玄同也认为："若再迷恋旧文化的尸骸，真是'害于而家，凶于而国'，一定要闹到亡国灭种的地步！中国现在的新文化，就是'现代的世界文化'（有人称为'欧化'、有人称为'西方化'，都是不妥当的名称）。他们所说的'中国文化'，既是寄于汉字的书籍之中的，则当然是指过去的已经僵死腐烂的中国旧文化而言，不是现在的正在发荣滋长的中国新文化。过去的已经僵死腐烂的中国旧文化，可以称它为'国故'（有人称之为'国学'，很有语病）。"[③]并指出"研究中国的学术等于解剖尸体。就解剖而言，目的在求知该尸体的生理和病理，所以无论脑袋和生殖器，食道和粪门，白喉和梅毒，好肉和烂疮，都是研究的好材料，应该一律重视。若就尸体而言，它本是一个腐烂了的废物，万万没有把它放在活人堆里，与他酬酢的道理。……但我希望佢们'革面洗心'努力追求欧化，根本反对佢们再来承袭咱们祖宗那种倒霉的遗产。"[④]而"研究科学，才能得到思想精密，眼光放大，知识正确，生活改善，道德增进种种好处。这

①　傅斯年：《〈新潮〉发刊旨趣书》，1919年1月1日。见欧阳哲生编：《傅斯年全集》（第一卷），湖南教育出版社2000年版，第80页。

②　毛子水：《国故和科学的精神》（1919年5月）。见桑兵等编：《国学的历史》，国家图书馆出版社2010年版，第145—146页。

③　钱玄同：《汉字革命与国故》（1923年12月1日）。见《钱玄同文集》（第三卷），中国人民大学出版社1999年版，第137页。

④　钱玄同：《敬答穆木天先生》（1925年6月28日）。见《钱玄同文集》（第二卷），中国人民大学出版社1999年版，第188页。

些好处，国故里面是找不出来的"。[①]

在这样的立场指引下的中国史学就岌岌可危，"因为我们中国民族，从前没有什么重要的事业，对于世界的文明，没有重大的贡献，所以我们的历史，亦就不见得有什么重要"；"宇宙没有限际，真理日渐幽远，几段过去的历史，算得了什么东西"[②]。毛子水在《国故和科学的精神》中的论断在当时是很有影响的，傅斯年在该文后附识，说"毛君这篇文章，意思固然是妥当万分，就是文章也极畅快"[③]就是一个证明。对中国历史没有一丝一毫的敬畏之心，历史虚无主义甚至可以说是新派人物的一个共识。对于梁启超、黄节等人开展的国学运动，成仿吾批判说："这种运动的神髓，可惜只不过是要在死灰中寻出火烬来满足他们那'美好的昔日'的情绪，他们是想利用盲目的爱国的心理实行他们倒行逆施的狂妄。"[④]新派人物厚今薄古，他们对中国历史文化了解的程度又如何呢？他们往往幼年、少年受教于传统文化，青年出国留学，少年的叛逆与青年的热血好斗，在接受了西方现代观念后，就会变得褊狭、自私甚至狂妄，对中国文化缺少最起码的同情之理解。对于新派领袖人物胡适，章太炎曾回答访客的提问时说："哲学，胡适之也配谈么？康、梁多少有些'根'，胡适之，他连'根'都没有。"[⑤]章太炎所论可能过于偏颇，但胡适学术浅薄的评论也代表了一些人的看法（我们下文中还要论及）。

中华人民共和国建立之后，基本是照搬了苏联的教育模式。程水金在《"国学教育与国学研究"研讨会综述》一文中说："当代中国的高等教育以及文史哲的学科分类，是照搬前苏联的教育模式。这种教育模式除了按照中文、历史、哲学的学科划分，解构了人文学术体系之外，还有两个重要特点：一是根据'厚今薄古'的思想原则，大量砍削和压缩与传统人文知识体系相关的课程，不断增设与当下相关的教学内容。二是以'概论＋通史'的教学模式与课程体系为

---

① 钱玄同：《汉字革命与国故》（1923年12月1日）。见《钱玄同文集》（第三卷），中国人民大学出版社1999年版，第138—139页。

② 毛子水：《国故和科学的精神》。见桑兵等编：《国学的历史》，国家图书馆出版社2010年版，第144—145页。

③ 毛子水：《国故和科学的精神》。见桑兵等编：《国学的历史》，国家图书馆出版社2010年版，第144—145页、第152页。

④ 成仿吾：《国学运动的我见》，原载《创造周报》第28号，1923年11月。见桑兵等编：《国学的历史》，国家图书馆出版社2010年版，第305页。

⑤ 周黎庵：《记章太炎及其轶事》。见陈平原、杜玲玲：《追忆章太炎》，中国广播电视出版社1997年版，第570页。

基础，统编各类通用文科教材。"对于由此产生的弊端，该文认为在人才培养方面，"'厚今薄古'的教育思想，'概论＋通史'的课程体系，抽象化、教条化的观念灌输，抛弃传统，远离经典，人云亦云，导致了新生代人才的畸形发展"①。如果说厚古薄今不对，那么厚今薄古也同样存在问题，就当前的教育状况而言，程氏所言极是。

在研究方法上，厚今薄古则表现为"以今释古"。胡适在提出"整理国故"的同时，还提出要用科学的方法，对"国故"作精确的考证，并概括为著名的"大胆的假设，小心的求证"十字真言。该十字真言，赞成者有之，如季羡林给予充分肯定②；批判者有之，如许冠三贬得一文不值③，兹不细论。但毋庸置疑的是，该方法对中国学界产生了很大影响，古史辨派即是忠实的践行者。他们早年的学术研究，往往有一个大胆假设的、先入为主观念，然后再找材料证明自己的观点，即如桑兵先生所说的"多先立论，再补充材料，本末倒置"④的弊端。对于如何找材料论证自己的观点，傅斯年在《历史语言研究所工作旨趣》一文中说"西洋人作学问不是去读书，是动手动脚到处寻找新材料，随时扩大旧范围，所以这学问才有四方的发展，向上的提高"，"我们不是读书的人，我们只是上穷碧落下黄泉，动手动脚找东西"，要"改了'读书就是学问'的风气"⑤，这是与中国古代读书做学问的观点相背离的。

胡适鼓吹科学的方法本身或许并没有问题，但面对中国文化具体问题还需要具体的分析。就中国文化而言，中国是被誉为世界四大文明古国中唯一文明没有中断、保存完好的国度，有五千年的历史；也正因如此，古代先民的神话传说、英雄故事会积淀下来，成为整个民族历史的记忆，这是民族文化认同的重要方面。况且，中国人宗教观念不彰明，跪拜天地神灵，供奉列祖列宗，而同时又关注生产日用、道德文章，这就使中国文化常常处于虚实之间，文学史

---

① 程水金：《国学研究与国学教育是两个概念》，《光明日报》2013年9月2日。

② 季羡林：《牛棚杂忆》，中共中央党校出版社1998年版，第279页。

③ 许冠三：《新史学九十年》，岳麓书社2003年版，第181页。

④ 桑兵：《厦门大学国学院风波——鲁迅与现代评论派冲突的余波》，《近代史研究》2000年第5期。

⑤ 傅斯年：《历史语言研究所工作旨趣》，《史语所集刊》（创刊号）1928年10月。见欧阳哲生主编：《傅斯年全集》（第三卷），湖南教育出版社2003年版，第6、11、12页。

书莫不如此，某些内容很难以科学的方法进行精细地考察。而顾颉刚等人以科学的名义颠覆了中国的古史系统①，并把自己的研究成果编写为《中学用本国史教科书》，在当时国家危亡、民族危难的当口，无视学术伦理，这就有问题了，所以他受到了戴季陶的弹劾。戴季陶在提案中说："中国所以能团结为一体，全由于人民共信自己为出于一个祖先；如今说没有三皇、五帝，就是把全国人民团结为一体的要求解散了，这还了得！"又说："民族问题是一个大问题，学者们随意讨论是许可的，至于书店出版教科书，大量发行，那就是犯罪，应该严办。"②不管历史如何评价戴季陶，他对此事件的处理还是有分寸的。后来，顾颉刚的态度也有所修正③。李春青《论"古史辨"派〈诗经〉研究的得与失》一文中说："但是'古史辨'派的'疑古'也确实存在严重问题。首先，尽管他们大多是历史学家，但在对《诗序》的质疑时往往不能用历史的、语境化的眼光来看问题，对汉儒缺乏'了解之同情'，只是站在今天的立场上褒贬古人。汉儒说诗实际上乃是彼时士人阶层意识形态建构工程的重要组成部分，是'大一统'政治格局中知识阶层制衡君权的一种手段。他们说诗的目的其实并不是追问'真相'，更不是发掘诗歌的审美意义，而是在建构和弘扬一种价值观，是一种特殊的'立法'——为社会提供价值秩序——行为。"④历史有历史的逻辑，

---

① 如顾颉刚《讨论古史答刘胡二先生》一文中说："《广雅》说，'夏禹所治四海内地，东西二万八千里，南北三万六千里'（此本《山海经》）。我们就算他单走这两条直线，八年之中一天已经要走十八里半；何况人类不能走鸟道，他又不是单单定一个四至，一定要盘互萦回，绕山转水，每天岂不要走几百里路！这个样子，除非说他专在路上飞跑，总觉说不过去。但飞跑了，试问'高高下下，疏川导滞，钟水丰物，封崇九山，决汩九川，陂鄣九泽，丰殖九薮，汩越九原，宅居九隩，合通四海'（《周语下》）等大功绩又如何做法呢？就说全国的人民全来工作，他只是监工，试问他一个人到各处查勘一周已经要费多少日子？何况《皋陶谟》明说他'予乘四载，随山刊木，……予决九川，距四海，浚畎浍，距川'，而益稷的帮助只在'奏庶鲜食'，试问在我们的理性上能说他是一个'人'吗？若他可说为人，则六天造成世界的上帝也可以拉到人类中来了！"（见顾颉刚：《讨论古史答刘胡二先生》，《古史辨》（第一册），上海古籍出版社1982年版，第112页）——顾颉刚这里所算出的数字，所提的问题，表面上看似精确，但对中国先秦文化尤其是远古文化而言，有意义吗？
② 顾颉刚：《我是怎样编写〈古史辨〉的？》。见顾颉刚：《古史辨》（第一册），上海古籍出版社1982年版，第18—19页。
③ 张京华：《顾颉刚遭受"中华民国"文字狱问题述论》，《长沙大学学报》2006年第6期。
④ 李春青：《论"古史辨"派〈诗经〉研究的得与失》，《河南社会科学》2014年第10期。

有历史的叙事，有历史的语境，有历史的合理性与合法性，这是不能忽视的问题。

就中国学术而言，中国古代文史哲不分，并没有细致的西方现代学科分类，在以西方的学科专业、学术观念研究中国古代文学时，就会出现这样那样的问题。如对《诗经》问题的研究，钱玄同认为："《诗经》只是一部最古的'总集'，与《文选》《花间集》《太平乐府》等书性质全同，与什么《圣经》是风马牛不相及的。"① 这就抹杀了两千多年来《诗经》作为"经"的地位，抹杀了两千多年来《诗经》在中国文化史上的作用，与李春青先生上文指出的古史辨派在《诗经》研究方面存在的问题同是一例。再如中国古代的楹联，在清代泱泱大观，南怀瑾在《论语别裁》中甚至把楹联与汉文、唐诗、宋词、元曲、明小说并列，作为清代的代表性文体②，但在中国的文学史里却很少提到它，主要的原因即在于西方没有楹联，理论体系中没有它的位置。

第四节　古今相悖

我们所说的古今，首先是传统与现代的问题。在国学的诸多争议中，最大的纠结在于中国传统社会的封建性与西方社会的现代性相悖、不相融，中国要想进入现代社会，就必须与儒学为主体的传统文化割舍。这应该是新派学人早在 20 世纪初即做出的论断，如陈独秀说："窃以无论何种学派，均不能定为一尊，以阻碍思想文化之自由发展。况儒术孔道，非无优点，而缺点则正多，尤与近世文明社会绝不相容者，其一贯伦理政治之纲常阶级说也。此不攻破，吾国之政治、法律、社会道德，俱无由出黑暗而入光明。"③ 而"全盘西化"论的代表人物陈序经，其主张"全盘西化"理由也即包括："（1）欧洲近代文化的确比我们进步得多。（2）西洋的现代化，无论我们喜欢不喜欢，牠是现世的趋势。"④ 也是从现代化角度着眼的。前些年，摩罗等人对中国国民性批判进行反思，胡胜华则批判说："无论是在自审和自虐方面、还是在人性和制度方面、

---

① 钱玄同：《论诗经真相书》。见顾颉刚：《古史辨》（第一册），上海古籍出版社1982年版，第46页。

② 南怀瑾：《论语别裁》，复旦大学出版社2003年版，第53页。

③ 陈独秀：《答吴又陵（孔教）》，《新青年》第二卷第5号，1917年1月1日。见上海人民出版社1993年版，第258页。

④ 陈序经：《中国文化的出路》，商务印书馆1934年版。见《民国丛书》第三编（39），上海书店出版社1948年版；第98页。

抑或是在民族和西方方面，摩罗的认识都是一片含混、浅薄与无知。这种无知，据我看来，主要可以归结为对现代性的无知。而是否正确理解现代性、是否追求现代性，这是考查当代中国知识分子的根本方向和路线的重要问题。通不过这个选择的，其人便无足观。摩罗是所谓'知识精英'，可是，他的这篇对现代性充满无知的文章，却无处不显示了：鲁迅和柏杨的时代还远未结束、对国民性的反省与批判还远未终止，至少摩罗本人，就是一个活的标本。现代性是一面'照妖镜'，通过它的光照，我们清楚看到，黑马原来只是一匹黑驹而已。"①祭出了"现代性"的大旗，把"现代性"比作"照妖镜"，仿佛一下子就照出了摩罗的"含混、浅薄与无知"的"原形"。

我们这里再看一下刘泽华先生的观点，他在《对弘扬国学、儒学若干定位性判断的质疑》一文中说"作为传统文化的国学、儒学，其主要观念与现代观念分属不同的观念体系"，"前现代社会的儒学是专制君主选定的官方意识形态，其主干是经学。……经学是国学的核心。……经学、正史、先秦诸子是'国学'中政治观念最集中的部分，大致说也是处于领风骚的地位，其观念主流或占主导地位的，不可能不是专制皇权至尊至上观念及与之匹配的臣民、子民观念"，而"现代化社会观念的基础是公民观念。……中国现代的公民观念是引进的，在引进时，一些人力求使之与中国传统中的一些观念相勾连或嫁接，也不无某些道理，但现代公民的权利与义务观念，诸如民主、科学、自由、平等、人权、法律面前人人平等、人格独立、思想自由等等，从观念体系上说，在国学、儒学中基本是不存在的。"②在刘先生看来，儒学是中国君权至尊至上观念的维护者，与现代公民社会所标榜的民主、科学、自由、平等、人权等格格不入。③梁涛先生在《论国学研究的态度、立场与方法——评刘泽华先生王权主义的"国学观"》一文中对刘泽华的观点予以批驳，我们这里不再赘言。

可以说，"现代化""现代性"成了相当一部分中国知识分子甚至中国人之圭臬，成为他们反传统、反国学、反儒学的依据，成为他们的"真理"。

中国想要完成现代转型，一定要与古代传统相割裂吗？笔者并不这样以为，

① 胡胜华：《黑马原来是黑驹——评摩罗〈但愿柏杨的"自虐时代"就此结束〉》，《书屋》2008年第10期。
② 刘泽华：《对弘扬国学、儒学若干定位性判断的质疑》，《中国社会科学报》2010年1月15日。
③ 梁涛：《论国学研究的态度、立场与方法——评刘泽华先生王权主义的"国学观"》，《光明日报·国学版》2009年12月7日。

古代观念未必与现代观念相背离，关键是后人的继承与发展，要有继往开来之功。从理论层面讲，首先，中国传统文化是以儒家道家为主体的，法家为辅翼，儒家只是其中的一个主要方面；其次，儒家思想确实是古代君权政治的支撑，但这是统治者与知识阶层相妥协的产物，在君权之外还形成了一个绵延两千年的道统，对君权形成强有力制约，儒家伦理从来都是双向度的[①]；再次，儒家学说中的仁学，所倡导的礼义廉耻具有广泛的意义和积极的价值，是中国社会的核心价值观念；再次，儒家也是讲与时俱进的，并没有顽冥不化，晚清鼓吹国学运动的章太炎、梁启超等人也都是饱学之士；还有，清朝积贫积弱，沦为半殖民地社会，原因是多方面的，清朝实行闭关锁国政策、吏治腐败、技术落后、农民起义、军备松弛、西方列强军事侵略等是主要原因，不能算到儒家头上。若从文明程度来论证中国的贫弱，认为西方科学、民主属于先进的文明形态，故而中国不堪一击，此论也不甚确切，蒙古灭南宋、清朝灭明则都是落后的、野蛮的文明取得了胜利——南宋恰恰是政治相对昌明、人民生活富足的时代，但它禁不住蒙古铁骑的践踏。从实践层面讲，二战之后，尤其是20世纪六七十年代之后，韩国、日本、中国台湾地区经济迅速发展，成为世界经济的亮点，快速成为较为发达的现代国家和地区，但这些国家和地区并没有与传统割裂。如果有人论证说这几个国家和地区的发展与儒学、与传统无关，那我们看一看以色列。以色列可以说是一个高度现代化的国家，它背离了自己的文化传统了吗？没有！相反，它总是千方百计地恢复、继承、发扬本民族的文化传统，并把传统文化作为自己本民族的灵魂，从而走上了复国与强国之路，实现了民族的复兴与富强（详见本章附录二）。

笔者对现代化问题研究不多，见识浅陋，不复多言。罗荣渠（1927—1996）先生是现代化理论的大家，著述宏丰，既有世界眼光，也有学术情怀，接下来，我们主要引述罗荣渠先生《传统与现代化问题的理论思索》文中的内容——该文篇幅虽不长，只有三千余字，但应是罗先生对中国现代化问题、

[①] 以君臣关系为例，孔子说："君使臣以礼，臣事君以忠。"（《论语·八佾》）孟子说："君之视臣如手足，则臣视君如腹心；君之视臣如犬马，则臣视君如国人；君之视臣如土芥，则臣视君如寇仇。"（《孟子·离娄下》）再如父子关系，《孝经·谏诤章》记载："曾子问：'若夫慈爱、恭敬、安亲、扬名，则闻命矣！敢问子从父之令，可谓孝乎？'子曰：'是何言与！是何言与！'昔者天子有争臣七人，虽无道，不失其天下；诸侯有争臣五人，虽无道，不失其国；大夫有争臣三人，虽无道，不失其家；士有争友，则身不离于令名；父有争子，则身不陷于不义。故当不义，则子不可以不争于父，臣不可以不争于君。故当不义，则争之。从父之令，又焉得为孝乎？"儒家是反对愚忠、愚孝的。

对传统与现代化问题的理论总结——笔者对罗先生的观点深以为然。他在该文中说：

> 我认为，要想有所突破，必须对七十年来争论中西文化问题上人们的思维模式来一番反思。就我所见，以往的讨论中反映出三种有代表性的思维模式。

> 第一种思维模式，就是把中国的出路问题归结为根本是一个文化问题。

> 中国的新文化运动不是发生在资产阶级革命之前，而是发生在资产阶级革命失败之后，这本身就说明中国问题并非根本上取决于一个文化问题。

> 再从现实来看，位于东亚儒家文化圈中的中国，现代化受到了传统因素的阻碍。但处在同一大文化圈中的日本、南朝鲜、新加坡、台湾等国家和地区，或是早就取得现代化的成功，或是在第二次世界大战后取得现代经济的迅速增长。这些成功当然不是直接取决于文化的因素，而是取决于影响经济增长的许多直接因素和特殊有利的国际环境。但这也不是说要忽视文化传统因素。文化与历史的传统因素又是对经济发展具有长期潜在影响的非经济因素。就世界范围看，现代化的第一次浪潮发生在西欧北美的基督教文化圈；第二次浪潮出现在十九世纪下半叶到二十世纪初，还是在基督教文化圈（只有日本例外）；第三次浪潮发生在二十世纪下半叶，则转向东亚儒家文化圈（土耳其例外，拉丁美洲是基督教亚文化圈）。这说明文化传统又不是与现代化无关，但归结为文化决定论显然是错误的。

> 第二种思维模式，就是把现代化等同于西化，这是西方中心论或西方样板论的思想在作怪，是用西方资本主义工业文明的价值观来重新估定一切价值。现代西方文明被捧为世界文明发展的顶峰，不论在政治、经济、文化等各方面都高于其他一切文明，这样，后进国家只能承认自己"事事不如人"，现代化就变成一个被动适应西方文明挑战的单向历史运动。在五四时代，这一思想支配了当时的激进启蒙思想家，以胡适为代表，竭力否定自己的传统，一心一意地宣扬并接受现代西方文明。二次大战后，西方学术界正式提出一种现代化理论，鼓吹第三世界的国家按西方设计的模式发展经济和文化，这是一种新的全盘西化论，但其实施的结果，到处都遭到失败。

> 现代化过程的实质并不是西化，而是工业化，即传统农业社会向现代工业社会的转变。根据各国的历史传统与独特的政治经济条件，这一转变不同是多途径的，现代化是多模式的。传统对于外来的挑战并不只是被动

地接受，它本身是有很大的能动性，并对挑战做出选择性的反应。代表不同文明体系的国家根本不可能抛弃自己的传统文明去接受全盘西化。日本是非西方文明国家实现高度现代化制度的成功"范例"，而日本之所以成功的一个重要因素，正是在于它善于积极发掘传统中有助于现代化的因素，使之发挥正面的功能。

五四以来，中国的最激进的西化派都没有能取得成功，更不用说全盘西化派了。开始是说东方一切都不好，西方一切都好，及至马克思主义传入中国，又说西方也不好，只有苏维埃模式最好，后来甚至提出"百分之百的布尔什维克化"。但愈是"全盘"，愈是"百分之百"，就失败得愈彻底。碰得头破血流之后，才认识到再好的舶来品也必须"中国化"，而不能"化中国"。或曰，中国实现西化之艰难，正说明旧传统和旧势力的根深蒂固。这当然是非常值得重视之点。但是，我认为，第一，正因为它根深蒂固，不能连根拔除，故欲速则不达，必须充分认识改造旧文化的长期艰巨性，而脱离了经济革命的文化革命是无济于事的。第二，西方文明也是诸子百家，你往哪一家"化"，不能匆忙行事，必须进行认真调查研究，不能盲目地"化"，否则"化"过去之后发现不合适，如何能"化"回来？

第三种思维模式，就是把传统与现代性视为互相绝对排斥的两极，非此即彼，势不两立。这是一种形而上学的思维方法，它把极其错综复杂的社会变革过程简单化。这也是一种单纯思维方式：传统与现代性似乎都是绝对的不变的实体，要么是现代因素简单地摧毁传统因素，要么是被传统因素摧毁。陈独秀说："吾人倘以新输入之欧化为是，则不得不以旧有之孔教为非；倘以旧有之孔教为非，则不得不以新输入之欧化为是，新旧之间绝无调和两存之余地。"就是当时典型的两分法文化改造观。

事实上，世界上并没有绝对不变的传统，也没有与传统割断一切联系的现代化。任何国家的现代化都是相对的，而不是绝对的。传统之中除了某些核心价值有较牢固的稳定性外，它本身也在历史过程中不断变化。传统作为总的文化概念涵盖性太泛，作为历史的沉淀又惰性极强。具体地分析具体的传统：其中有很多东西是阻碍现代化的；有不少东西则可以促进现代化或可以转化为适应现代化的因素，还有一些东西具有广泛的相容性，与现代生活是可以并行而不悖的；而还有一些东西则是在一定的条件下和一定的时期内对现代化起正面或负面的影响。例如，宗教似乎是绝对反现代性的，但基督教就是西方文明中贯通从前现代到现代的生生不断的连续体，并在不同时代与不同地区生出巨大的变异体。英国是西方现代化的原型与发源地，而英国的传统与现代性的融合又是很突出的。儒学与家族本位在五四时期的启蒙思想家看来是绝对的恶，但儒教的世俗化与日本武士精神的结合，家族式企业精神对西方个人主义企业精神的否定，正是日本式的现代化的特色。

在现实的社会大转变过程中，现代性与传统两类因素并非简单地进行对立的线性运动，而是处在众多的其他因素一起互动的复杂网络之中，受许多因素的牵动。传统对于现代化的挑战并不只是被动的接受或是盲目的抗拒，它本身具有很大的能动性。新旧因素在相互斗争中、相互冲突中互相吸收、渗透、融合。在这一变革过程中，两者相互共变，最后表现为各种新旧力量交错的历史合力作用。

分析了以上三种思维模式之后，可以得出这样的结论：

中国的出路问题 ≠ 文化问题

现代化 ≠ 西化

传统 ≠ 反现代化

根据各国现代化的历史经验，近年来研究现代化理论的学者愈来愈认识到：现代化是外来的西方冲击与本国的能动回应相结合、向现代工业社会转变的过程。如果说可以简约化为一个公式的话，传统与现代性的关系不是简单的"现代性挑战→传统回应"的单向运动，而是"现代性挑战⇌传统回应"的双向运动过程。在历史上，凡是有强大生命活力的成功的现代化，都是有选择性的现代化，有自主性的现代化，而不是模仿、抄袭的现代化。尽管现代工业文明表现有总的共同特征与趋势，但并非只有欧洲的或西方的一种模式，而是有多种模式和形态的。每个民族要创造适合自己的历史和民族特征的现代工业文明。

只有尊重自己本民族的伟大传统的民族，才能获得世界上其他民族的真正的尊重。只有善于发扬本民族优秀传统的现代化，才能贡献于世界文明的现代化事业。[①]

这篇文章中，罗先生具体分析了七十年来[②]中西问题上的三种思维模式，即"把中国的出路问题归结为根本是一个文化问题""把现代化等同于西化""把

---

① 罗荣渠：《传统与现代化问题的理论思索》，《北京大学学报》1989年第3期。
② 罗荣渠所说的七十年，是相对1989年而言。

传统与现代性视为互相绝对排斥的两极，非此即彼，势不两立"，指出了三种思维模式的不足，并强调中国的出路问题≠文化问题、现代化≠西化、传统≠反现代化，可谓真知灼见！罗先生所强调的"只有尊重自己本民族的伟大传统的民族，才能获得世界上其他民族的真正的尊重"，在近30年后，仍然是振聋发聩！——《庄子·逍遥游》篇中说："瞽者无以与乎文章之观，聋者无以与乎钟鼓之声。岂惟形骸有聋盲哉，夫知亦有之。"——可惜有些人不只目盲耳聋，更是智盲心盲——"夫子犹有蓬之心也夫"[①]！

第五节　非白即黑

人们往往喜欢定性的评价，如黑与白、好与坏、先进与落后、精华与糟粕等等，对中国传统文化、对国学评价亦是如此。弘扬传统文化的人，看到的传统文化是好的、优秀的、精华的，是人类伟大的文明成果；批判传统文化的人则把传统文化看作是封建的、愚昧的、落后的，简直一无是处。笔者前面所论述的崇洋批中、全盘西化、厚今薄古（以今释古）、古今相悖等问题，莫不是非白即黑这种思维的结果。其实，中国传统文化绵延五千年，先进与落后共生，精华与糟粕同在，优秀与平庸交融，睿智与愚昧相济，其复杂程度不是几个形容词就能说清楚的；而西方文明亦是如此，早在1918年，斯宾格勒（Oswald Spengler）就出版了《西方的没落》（The Decline of the West）[②]一书，讨论西方文明中落后因素，这在20世纪初的中国几乎是没有人看得进去的。

作为新文化运动的旗手，陈独秀从开始就有黑白二分的观念，认为建设新文化，必须打倒孔子及儒家，必须打倒旧文化，1916年至1918年两年时间里，陈独秀先后发表了《驳康有为致总统总理书》《宪法与孔教》《孔子之道与现代生活》《袁世凯复活》《再论孔教问题》《复辟与尊孔》《驳康有为〈共和平议〉》等"批孔批儒"文章，把孔子及儒家批得体无完肤。如在《孔教与宪法》一文中，开篇即指出"'孔教'本失灵之偶像，过去之化石"；并分析了当时尊孔者的基本状况："今之尊孔者，率分甲乙二派，甲派以三纲五常，为名教之大防，中外古今，莫可逾越，西洋物质文明，固可尊贵，独至孔门礼教，固彼所未逮。此中国特有之文明，不可妄议废弃者也。乙派则以为三纲五常之

---

① 《庄子·逍遥游》篇中，庄子曾指责惠子"夫子犹有蓬之心也夫"，谓惠子心茅塞不通。
② ［德］斯宾格勒著，吴琼译：《西方的没落》，上海三联书店2006年版。

说，出于纬书，宋儒盛倡之，遂酿成君权万能之末弊，原始孔教，不如是也。"对孔教予以分析、诘难、抨击，最后指出："欲建设西洋式之新国家，组织西洋式之新社会，以求适今世之生存，则根本问题，不可不首先输入西洋式社会国家之基础，所谓平等人权之新信仰，对于与此新社会新国家新信仰不可相容之孔教，不可不有彻底之觉悟，猛勇之决心，否则不塞不流，不止不行！"① 而在 1919 年 1 月，陈独秀在《〈新青年〉罪案之答辩书》中更是强调："要拥护那德先生，便不得不反对孔教，礼法，贞节，旧伦理，旧政治；要拥护那赛先生，便不得不反对旧艺术，旧宗教；要拥护德先生又要拥护赛先生，便反对国粹和旧文学。"② 在陈独秀看来，新与旧是不可调和的，非旧即新，非此即彼，非黑即白，必然会挑起思想的、文化的乃至于整个社会的对立。陈独秀不遗余力地批判孔子及儒家，为后来胡适等人"打孔家店"口号的提出作了铺垫。董德福、史云波在《回首五四——百年中国思潮和人物》一书中，在揭示学衡派产生的学术背景时曾评论说："由于陈独秀、胡适等领导的文化启蒙运动发端于内忧外患、危机四伏的特殊时代，极易养成急功近利的文化性格，再加上社会达尔文主义的'及时'引入和形而上学思维方式的局限，他们对待文化的态度是情绪化的，所谓好就是绝对的好，所谓坏就是绝对的坏，盲目迎合'世界潮流'，以偏赅全，好为激语，对于'新'的，趋之若鹜，对于'旧'的，弃之如敝屣，且不容反对者有自由讨论之余地。"③ 所论甚是。新派学人仿佛成了先进的、光明的、正义的"真理"的化身，对反对者则斥之为保守的、落后的、封建的、愚昧的代言人，欲除之而后快。

1918 年年底，梁启超率团赴欧洲各国进行了为期一年多的考察，完成了《欧游心影录》一书。当谈及科学问题时，梁启超说："当时讴歌科学万能的人，满望着科学成功，黄金世界便指日出现。如今功总算成了，一百年物质的进步，比从前三千年所得还加几倍，我们人类不惟没有得着幸福，倒反带来许多灾难，好像沙漠中失路的旅人，远远望见个大黑影，拼命往前赶，以为可以靠它向导，那知赶上几程，影子却不见了。因此无限凄惶失望。影子是谁？就是这位'科

---

① 陈独秀：《孔教与宪法》，原载《新青年》第二卷第3号，1916年11月1日。见《陈独秀著作选》（第一卷），上海人民出版社1993年版，第224页，第226—227页，第229页。

② 陈独秀：《〈新青年〉罪案之答辩书》，原载《新青年》第六卷第1号，1919年1月15日。见《陈独秀著作选》（第一卷），上海人民出版社1993年版，第442—443页。

③ 董德福、史云波：《回首五四——百年中国思潮和人物》，人民出版社2008年版，第76页。本节内容对该书多有借鉴，特此说明。

学先生'。欧洲人做了一场科学万能的大梦，到如今却叫起科学破产来，这便是最近思潮变迁一个大关键了。"文后自注云："读者切勿误会，因此菲薄科学，我绝不承认科学破产，不过也不承认科学万能罢了。"[1] 按理说，梁氏立足欧洲对科学进行反思，批评的只是科学万能的说法，逻辑也算缜密，本无可厚非，任何文明不都是一把"双刃剑"吗？但在非白即黑的逻辑下，梁氏的主张自然会受到批判了。胡适在《〈科学与人生观〉序》中，首先指出科学在过去三十年中获得了"无上尊严的地位；无论懂与不懂的人，无论守旧和维新的人，都不敢公然对他表示轻信或戏侮的态度"，之后笔锋一转说："自从《欧游心影录》发表之后，科学在中国的尊严就远不如前了。一般不曾出国门的老先生很高兴地喊着，'欧洲科学破产了！梁任公这样说的'。……但我们不能不说梁先生的话在国内确曾替反科学的势力助长不少的威风。"之后即是对中国现状、中国文化劈头盖脸的批判："我们试睁开眼看看：这遍地的乩坛道院，这遍地的仙方鬼照相，这样不发达的交通，这样不发达的实业，——我们哪里配排斥科学？至于'人生观'，我们只有做官发财的人生观，只有靠天吃饭的人生观，只有求神问卜的人生观，只有《安士全书》的人生观，只有《太上感应篇》的人生观——中国的人生观还不曾和科学行见面礼呢！我们当这个时候，正苦科学的提倡不够，正苦科学的教育不发达，正苦科学的势力还不能扫除那迷漫全国的乌烟瘴气，——不料还有名流学者出来高唱'欧洲科学破产'的喊声，出来把欧洲文化破产的罪名归到科学身上，出来菲薄科学，历数科学家的人生观的罪状，不要科学在人生观上发生影响！"[2] 看胡适等人的文章，感到的往往是一种居高临下的气势，或在学理或在政治或在道德的制高点上纲上线，抡起一根大棒子，猛地把对手打倒甚至打死，至于合不合于理、合不合于事实他则不管，这是百余年来很多中国人的思维模式。

对胡适等人的偏颇，早在1922年，美国学者白璧德就曾发出警告："须知中国在力求进步时，万不宜效欧西之将盆中小儿随浴水而倾弃之。简言之虽可力攻形式主义之非，同时必须谨慎，保存其伟大之旧文明之精魂也。"[3] 白璧德所言，在当时文明批判的浪潮中，大概没有几个人能够听得进去——在西化的

[1] 梁启超：《欧游心影录》（1919）。见汤志钧等编：《梁启超全集》（第十集），中国人民大学出版社2018年版，第64页。

[2] 胡适：《〈科学与人生观〉序》。欧阳哲生：《胡适文集》（三），北京大学出版社1998年版，第152—154页。

[3] 胡先骕：《白璧德中西人文教育说》，《学衡》第3期，1922年3月。

潮流中，保留"旧文明之精魂"何其难也！

文言文作为中国古代延续二三千年（甚至更长时间）的书面语言，是古代中国人艺术地表达其思想与情感的载体。20世纪初的白话文运动，以知识传播和教育普及相号召，要推翻文言文的正统地位，以白话文取代文言文，说到底也无可厚非——不就是要扩大古代白话系统的功能与作用嘛，白话文取代了文言文的正统地位又如何？但对于通行了二三千年的一种文体，自然还会有一部分人喜欢，喜欢文言的表达与书写，这当然更无可厚非——自己家的老家当嘛！但鲁迅《二十四孝图》一文中开头即说："我总要上下四方寻求，得到一种最黑，最黑，最黑的咒文，先来诅咒一切反对白话文，妨害白话文者。即使人死了真有灵魂，因这最恶的心，应该堕入地狱，也将决不改悔，总要先来诅咒一切反对白话，妨害白话者。……妨害白话者的流毒却甚于洪水猛兽，非常广大，也非常长久，能使全中国化成一个麻胡，凡有孩子都死在他肚子里。只要对于白话来加以谋害者，都应该灭亡！"[①]这真是"最黑，最黑，最黑"的诅咒了，活着咒人死亡，死了咒人灵魂，无乃太过乎！

非白即黑的最极端的表现，则出现在任鸿隽写给胡适的信中。他说："吾国的历史，文字，思想，无论如何昏乱，总是这一种不长进的民族造成功了留下来的。此种昏乱种子，不但存在文字历史上，且存在现在及将来子孙的心脑中。所以我敢大胆宣言，若要中国好，除非把中国人种先行灭绝！可惜主张废汉文汉语的，虽然走于极端，尚是未达一间呢！"[②]在任鸿隽看来，废除汉字、汉语是远远不够的，还要废除中国的人种，即如希特勒灭绝犹太人一样，中国人不配在这个世界上存活。中国人种灭绝了，还有中国吗？任鸿隽是不是中国人呢，是不是也在灭绝之列？

所以，对待中国文化要有整体的眼光，要有包容的态度，不能师其成心，执其一端，非白即黑，致使理解偏离正常的轨道。《孟子·万章下》中曾提出"尚友古人"的理念，不管怎么样，作为一名中国人，对古人、对古代社会、对古代文化应该有最起码的尊敬与理解。古人也是人，他们曾经在这个世界上生老病死，不管尊贵还是卑微，不管富裕还是贫穷，不管是幸福还是痛苦，他们也曾是这个世界的"主人"，他们也有自己的尊严。我们现在强调人们都要

---

① 鲁迅：《二十四孝图》（1926年5月10日）。见《鲁迅全集》（第二卷），人民文学出版社2005年版，第258页。

② 胡适：《答任叔永·原书》。欧阳哲生：《胡适文集》（二），北京大学出版社1998年版，第76页。

有尊严地活着，也希望每个人都能意识到，每个古人也都应该有尊严地死去。因为有一天我们也会死去，也会成为古人，谁希望被自己的子孙挖坟鞭尸呢？林毓生在《中国意识的危机——"五四"时期激烈的反传统主义·增订再版前言》中说："我们必须认清传统与现代化的关系绝不应是黑白二分——要现代化就非全盘地推翻传统不可——的关系。我们可以并应该对一切传统中恶毒的、陈腐的成分加以严厉的排斥，但这一反传统思想却无需是全盘性的，怀海德（A.N.Whitehead）曾说：'生命有要求原创的冲动，但社会与文化必须稳定到能够使追求原创的冒险得到滋养；如此这种冒险才能开花结果而不至于变成没有导向的混乱。'有生机的传统对于维护自由和促导进步的重要性是怀海德、博兰尼（Midacl Polanyi）与海耶克（F.A.Hayek）——这三位二十世纪杰出而深刻的思想家——共同的识见。"① 林氏所论甚确。

受文化文明批判、西化潮流之影响，中国人生活中的中国文化元素，在快速地流失，这从张恨水《大雅云亡》短文中就可见一斑。在该文中，张恨水回忆说："在我十岁左右的时候，在南昌赶上祀孔，我在孔庙里，看到过佾舞，听到过韶乐。我二十六岁时在北平赶上祀孔，却只看到祀乐祀器的陈列了。三十岁，继续参观先农坛孔庙、太庙各种礼乐品的陈列，已零落得十剩四五。……其实，我们绝对不是骸骨的迷恋者。我们觉得一个有独立生存能力的民族，应当尽可能地保守他固有的文化，只是以不伤害民族思想进步为条件而已。中国的古乐古舞，有两千年的历史，仅仅以二十年的淡忘时间，葬送干净实在可惜。在我的记忆中，觉得中国古乐器八音合奏的礼孔一幕，实在雍容大雅，值得一听。假使我们能保留一点，也不致今日向美国播送音乐，而是德国贝多芬交响乐吧？于此一点，可以论二十年来文艺界之功罪。"② 其实，功与罪又如何论呢？在短短二十年的时间里，中国有着丰富文化内容的古乐古舞，就轻易被中国人葬送掉了。而在学术界亦是如此，"整个20世纪中国的人文学科研究实际上都患上了'失语症'，全盘套用西方的话语系统，没有自己的理论话语，大部分中国人文学科研究都削足适履地成了西方话语系统的注脚"③。而史书美在《现代的诱惑》一书中说："由于中国的启蒙思想家已经

---

① 林毓生：《中国意识的危机——"五四"时期激烈的反传统主义·增订再版前言》，贵州人民出版社1988年版，第2—3页。
② 张恨水：《大雅云亡》，原载1942年6月14日重庆《新民报》。见《张恨水散文全集·上下古今谈》，时代文艺出版社2015年版，第65页。
③ 曹顺庆等：《中国古代文论话语·序言》，巴蜀书社2001年版，第1页。

亲自动手系统地废黜了中国的本土文化，因此，人们无从获得用来对抗殖民主义的无瑕疵的和未受搅扰的本土文化。在这个意义上，半殖民主义的语境使得对反抗的清晰表达成了一件异常困难的事。本土文化已然被'解构'，再不能被当成是一种公认的对抗手段，即使对那些提出本土文化复兴的人来说也不例外。"[1]史书美夸大其词吗？若真如他所言，这才是真正让中国人最担心的事情。

---

[1] [美]史书美著，何恬译：《现代的诱惑：书写半殖民地中国的现代主义（1917—1937）》，江苏人民出版社2007年版，第44页。

附录一

陈序经"全盘西化"论的理论基础及基本观点

陈序经（1903—1967），海南文昌人，幼年时随父在新加坡读中小学；1919年回国后，在广州著名的教会学校岭南中学读书；1922年入上海沪江大学生物系，1924年转入复旦大学改读社会学系[1]；1925年夏大学毕业后留学美国伊利诺斯大学，1928年后获博士学位[2]，学位论文题为《现代主权论》；1929年赴德国柏林大学研究政治学、社会学；1931年回国，一直从事教育工作，曾任岭南大学校长、暨南大学校长等职务。从陈序经所受教育背景看，他具有明显的西化特征。

作为"全盘西化"论的代表人物，我们这里重点分析陈序经《东西文化观》《中国文化之出路》《中国文化的出路》等论文、著作，且以引用原文为主。

《东西文化观》是陈序经"全盘西化"论的第一篇论文，初稿完成于1930年他在德国留学期间，回国后发表于《社会学刊》1931年2卷3期[3]；1934年1月陈氏以演讲稿为基础发表在广州《民国日报》上的、引起巨大反响和争议的《中

---

[1] 上海沪江大学原名上海浸会大学，后改名沪江大学，有教会背景。至于陈序经转学的原因，据余定邦等编《陈序经文集·陈序经简历》中介绍说："由于他不愿意在毕业之后成为基督徒而在一九二四年转学到复旦大学社会学系。"（中山大学出版社2004年版，第1页）

[2] 从教育履历看，陈序经从1925年夏大学毕业后赴美留学，到1928年春获得博士学位，前后不到三年时间；期间还读硕士，1926年拿到硕士学位（参见陈其津：《我的父亲陈序经》，广东人民出版社1999年版，第34—63页）。或者我们可以说，陈序经在国外求学生涯中，和胡适不同，他应该是别无旁骛，把所有时间都用在了读书上；而他28岁回国后，即鼓吹"全盘西化"；如所料不差，他则只是从书本到书本，从理论到理论，并没有实践的、实际的支撑。

[3] 陈序经：《东西文化观》，《社会学刊》1931年2卷3期，第1—30页。大成老旧刊全文数据库收录此文，而余定邦等编《陈序经文集》未收录。本文中其引文只随文注页码（《社会学刊》二卷3期之页码）。

国文化之出路》是该文的压缩版；而其1934年1月出版的著作《中国文化的出路》则是其扩展版。该文可谓陈氏"全盘西化"论主张的代表作。

在该文中，陈氏首先指出："研究所谓东西文化，而寻出一种办法，以为中国文化前途计的人，大约不出下面三个派别：（1）主张全盘接受西方文化的。（2）主张复返中国固有文化的。（3）主张折衷办法的。"（第2页）并对文化概念予以界定："文化是人类适应时境以满足其生活的努力的结果和工具。这种努力以适应时境而满足其生活的单位，是个人。"（第2页）陈氏特别强调"时境"一词，在文中反复出现；或许在陈氏看来，正是因为"时境"的不同，才产生了中国文化"全盘西化"的可能性。接下来，陈氏为其"全盘西化"理论预设了一个前提，即文化变化、发展的一致与和谐。他说：

> 我们已经说过，设使数种文化相接触，他们的趋势是一致和和谐；所以和谐和一致成了文化的特性；正像上面所说的变化和发展是她的特性。（第6页）

> 我们已略将文化的发展及性质说明。总合起来，每一个时代在某一社会的文化的发展都有其特性。在时间上，文化是变动的。在空间看去，她的特质是一致及和谐。时间上的地层变换愈多，则其发展必愈速。空间的范围愈放大，则其所趋于一致及和谐的范围，也愈大。在空间上，设使两种各异的社会的文化，未曾接触，他们的发展也许各异；但是一经接触，则无论如何，他们总是趋于一致或和谐。……因此，人类文化在时间上的发展，是与人类的生存的时间的延长上成为正比例；而人类文化在空间上的趋于一致和和谐的范围，也是和人类在空间中所扩充的范围相等。（第7—8页）

陈序经大概秉持的是世界主义的观念，或者可称之为文化的世界主义，即所谓异质文化的"一致或和谐"；在陈氏那里，没有文化霸权，没有文化殖民，只有西方文化一统的清平世界。陈序经批判复古派（略），批判折衷派：

> 因为了文化本身上是分开不得，所以她所表现出的各方面都有连带及密切的关系。（第13页）

> 若是我们承认把世界的趋势来作评估我们的固有文化的特性，试问这种世界的趋势，是否容许我们固有的特性的存在？要是这种返答是是，那么我们所谓固有的文化的特质，并不是我们固有，也非我们的特质，因为她是世界所共同的，她是世界所共趋的，她是我们现在适应现在的环境的出产品。从历史眼光看去，她固然是与过去的特性偶合，也许是连带，然

而我们决不能说因为她是我们的过去的特质的优点，所以要保存她，因为我们的文化观的前提，也许是定义，是人类适应环境的出产品。因为她是适应环境的出产品，环境变了，她也变了。设使我们的回答是否，则我们的固有的文化特质已无存在的余地，因为她是不合乎世界趋势，不合乎世界的趋势，不但没有存在的余地，而且没有可以评估的价值，因为我们所把以为评估价值的标准，是现代世界文化的趋势。[①]（第 14 页）

在陈氏看来，文化是一个整体，保存中国"固有文化的特性"是不可能的，也不符合世界文化发展的趋势。所以，中国文化就剩下了全盘接受西方文化一条途径：

我们觉得中国目前的急需，是要格外努力去采纳西洋的文化，诚心诚意的全盘接受她。因为她自己本身是成一种系统，而他的趋势是全部的，而非部分的。（第 15 页）

我们已解释第三条路和第二条路不能跑得通。他们最大的缺点是：前者昧于文化的一致和和谐的真义，而后者昧于文化发展变换的道理。前者以为文化的全部，好像一间旧屋子，我们可以毁拆他，看看那几块石，或是木料，随便可以留用。他们忘记了文化的各方面的特质，不外是吾们自己的假定，而文化本身上，并没有这样的一回事。后者以为环境时代是不变的，所以圣人立法，可以施诸万世，而用于四海，他们忘记了这样的陋见，在数千年前的武灵王已经见及。（第 21—22 页）

从我们上面所说的话来看，无论在消极方面，或积极方面，都足以证明我们趋向第一条路的必要，我们这种主张，至少有下面两个理由：（1）欧洲近代文化的确比我们进化得多[②]。（2）西洋现代文化，无论我们喜欢不喜欢，她是现在世界的趋势。[③]（第 22 页）

在陈氏看来，中国诚心诚意地全盘接受西洋文化才是出路。陈序经又对社会上三种反对"全盘西化"的人予以批驳：

---

① 读陈氏文章，是一件比较困难的事情。因为预设了前提，预设了评价标准，而他自己绕来绕去，辩来辩去，甚至强词夺理，无非即证明自己是对的。另，从文章表述来讲，陈氏文章欧化现象也较为突出，如"的的"不休。

② 陈序经比较了中国与欧洲的文化发展、经济（日常生活、农业、工商业）、政治、道德后，认为中国样样比不上欧洲。

③ 陈序经强调："我们设使不愿意去适应这种新时代的要求，我们惟有束手待毙，我们惟有被时代环境的淘汰。"（第26页）

反对全盘采用西洋文化的人，以为每个民族，有一民族之文化，所以文化成为民族的生命。他们的结论是：文化亡则民族亡。这种意见的错误，在于不明了文化乃人类创造品。民族的精神固然可于文化中见之，然他的真谛，并不在于保存文化，而在于创造文化。因为过去的文化，是过去人的创造品。这种创造品，是他们适应他们时境的工具和产物。时境换了，我们应当随我们的新时境而创造新文化。反之，设使我们不愿意去采纳时境所要求的文化，则我们的民族，必趋于沦亡的地位。（第28—29页）

又有些人以为全盘采纳西洋文化，就使民族不至于沦亡，然吾祖宗固有之创作，必至沦亡。全盘采纳西洋文化或现代文化，对于固有文化并不因之而沦亡；因为固有文化乃世界文化发展史上一部分，固有的文化固不适用于现在，然他在历史上所占的位置，并不因此而消灭。中国固有文化，在文化发展上所占的位置，就使中国人不注意及，西洋人也必为我们注意，因为他已成为世界文化发展之一部。十九世纪的 Roteck 可以写本世界史而不包括中国史，二十世纪的历史家，若是对于中国史没有充分的了解，他只会写西洋史，断不会叫作世界史。况且我们已说过：文化是变化的，我们的祖宗会结绳以记事，我们用了文字已是变化，设若吾们一定要保存祖宗的创业，我们何不再结绳以记事？（第29页）

又有些人说西洋人近来会竭力提倡东方固有文化，难道我们东方人不要提倡东方文化吗？我们以为西方人来学东方是西方人的事，东方人欲救目前的急需去学西方，是东方人的责任。所谓西方人提倡东方文化，不外为研究起见。为研究而研究中国固有的文化，我们并不反对。吾们所反对的是要保存固有的文化。并且西方人之研究文化，非专以东方为范围，难道一般西方学者去研究非洲土人的文化或是澳洲土人的社会状况，是要提倡非洲或澳洲土人的文化吗？[①]（第29—30页）

陈氏的"驳诘"有道理吗？（1）保存文化与创新文化有矛盾吗？文化既是人的根本属性，是不是也是一个民族的根本属性？民族文化不应该有自己的特性与个性吗？"时境"虽然会常变常新，就一定要全盘采用所谓先进文化吗？（2）文化的创新不应该是在历史传承基础上的创新吗？文化不也是有生命的吗？设若只能在历史典籍、研究著作中了解某一种文化，这种文化不是已经消亡了吗？

---

① 对上述三个问题的驳难，也都出现在陈序经《中国文化的出路》一书中，只有个别文字有出入。见该书第103—104页。

中国文化何至于沦落至此？况且，保存祖宗的创业，就一定要去结绳记事？（3）西方人研究、提倡中国文化，只是为了"研究起见"吗？把一个世界上唯一没有中断的文明、把一个具有五千年璀璨文化的伟大民族等同于非洲土人的文化或是澳洲土人的文化，为什么看不到中国文化一丁点的好？

《中国文化之出路》① 原是陈序经 1933 年 12 月 29 日在广州中大礼堂的演讲词，1934 年 1 月 15、16 日发表于广州《民国日报·现代青年栏》。该文影响极大，"全盘西化"的论争即由此拉开序幕。该文基本框架、主要观点与陈氏《东西文化观》并无二致，但态度、言辞要激烈得多。该文开篇即指出："中国问题，根本就是整个文化的问题。想着要把中国的政治，经济，教育等等改革，根本要从文化着手……为中国的前途计，我们要给它寻出一条出路。关于中国文化底主张，大约可分作下列三派：（1）复古派——主张保存中国固有文化的。（2）折衷派——提倡调和办法中西合璧的。（3）西洋派——主张全盘接受西洋文化的。兄弟② 是主张第三派的，就是要中国文化澈底全盘的西化。"③（第 3 页）这里，陈氏非常着重强调"中国文化澈底全盘的西化"，这是在《东西文化观》文中所没有的。

陈序经批判复古派："复古不但是去做古人的奴隶，简直是要去再过茹毛饮血，穴居野处的生活！我们忘记了这二三百年来，我们太落后了！我们太不长进了！"（第 5 页）中国确有尚古的传统，如孔子尊崇周制、礼赞周公，如唐代古文运动以复兴古文为号召，但其目的是为了当下，是为了改制；况且，一说到复古，就是要回到茹毛饮血的时代，不也太极端了吗？欧洲从 14 世纪开始的、持续了几百年的文艺复兴运动，不也是以复兴古希腊、古罗马的文艺（文化）为号召吗？欧洲人则可，中国人则不可，这是什么逻辑？

陈序经批判复古派和折衷派："现在世界的趋势，既不容许我们复返古代的文化，也不容许我们应用折衷调和的办法；那么，今后中国文化出路，惟有努力去跑向澈底西化的途径。……第一条路和第二条路的缺点是：前者（复古派）昧于文化发展变换的道理；而后者（折衷派）昧于文化的一致及和谐的真义。前者误以为环境时代是不变的；所以圣人立法，可以用诸万世，而施诸四海；

---

① 陈序经：《中国文化之出路——民国廿二年十二月廿九日晚在中大礼堂讲词撮略》，原载广州《民国日报·现代青年栏》1934年1月15—16日。见余定邦等编：《陈序经文集》，中山大学出版社2004年版，第3—12页。本文中其引文只随文注页码。

② 陈序经张口闭口自称"兄弟"，这恰是最典型的中国式的称谓——何不"西化"了？

③ 陈氏对三派的顺序予以调整。

而后者则误以为文化的全部，好像一间旧屋子，我们可以拆毁他，看看那几块石或是料木，随便可以留用。但是他们简直忘却了文化的各方面的特质，实不过我们的假定：在文化本身上，并没有这么的一回事。其实文化是完全的整个，没能分解的。总之，无论积极方面，或消极方面，都可以证明中国文化之出路，是要去澈底的西化。照主张澈底全盘西化的人们的见解，以为目下我们的政治，经济，教育，社会，事实上，都已采用西洋的方法，这就是不只在思想上，并且在实行上，都已趋于完全采纳西洋的文化。他们的主张,有下面的两个理由:（1）西洋文化，的确比我们进步得多。（2）西洋现代文化，无论我们喜欢不喜欢去接受，它毕竟是现在世界的趋势。"（第8页）并具体论证说：

> 从文化发展上看来，西洋近代的文化的确比我们的进步得多，它的思想，也有确比中国的思想为高。西洋文化无论在思想上，艺术上，科学上，政治上，教育上，宗教上，哲学上，文学上，都比中国的好。至于在衣、食、住、行的生活上头，我们更不及西洋人的讲究。（第8—9页）

> 从理论方面说来，西洋文化，是现代的一种趋势。……一切政治，社会，教育，经济，物质方面，精神方面，理论上和事实上，都无一而非渐趋于西洋化。从空间上看去如此；从时间看来也是如此，西洋文化因它是由不同文化组合而成，所以中世纪的局势也比之中国好。（第9页）

> 从比较上看来，中国的道德，不及西洋；为的是中国的道德家本身不好。中国人无论公德私德都不好。教育亦的确落后。法律的观念薄弱。一国之本的宪法，素来也不很讲究。哲学也不及西洋的思想如柏拉图哲学之有系统。物质方面，更不用说。（第9页）

在陈序经看来，文化是一个整体，不可能被分解；西洋文化要比中国文化进步得多、优秀得多（即便是西洋中世纪亦是如此），中国已经是事事不如人；西洋现代化已经成为大势所趋，中国只能够"彻底全盘西化"。

《中国文化的出路》[①] 是陈序经第一部专著，分七章，近十万字。其中，第一、二章阐释文化的基础观念；第三、四、五章从批判折衷派、复古派入手，阐释"全盘西化"的理论主张；第六章"近代文化的主力"、第七章"南北文化的真谛"，与《东西文化观》《中国文化之出路》两篇文章相比，基本上是新写的内容，侧重于"全盘西化"的实践层面。我们具体说一下。

---

① 陈序经：《中国文化的出路》，商务印书馆1934年版。见《民国丛书》第三编（39），上海书店出版社。本文中其引文只随文注页码。

陈氏在"文化的根本观念"两章中，阐释文化上的根本理论问题，包括文化的概念、文化的基础（心理的基础、生物的基础、地理基础）、文化的成分、文化的层累、一致与和谐等内容。其基本观点与前述两文相同，但大量引用了西方人类学家、社会学家的理论、观点，其中提到的西方学者包括：路杜氏（Rutot）、赫德（Herder）、卫士莱（Wissler）、厄尔伍德（Ellwoo）、威尔理（Willey）、韩瑾斯（Hankins）、哥田威士（Goldenweiser）、骆易（Lowie）、泰勒（Tylor）、刺策耳（Ratzel）、米勒赖儿（Müller—Lyer）、琉克里绢阿（Lucretius）、哥本哈根（Copenhagen）、汤姆臣（Thomsen）、拉布克（Lubbock）、孔德（Comte）、飞尔康特（Fierkandt）、斯泰恩密斯（Steinmetz）、李士特（Liszt）、包斯（Bos）、春乃白（Schüueberg）、伊利（Ely）、摩尔根（Morgan）、海夷史（Hayes）、白芝浩（Bagehos）、基佐（Guizot），可以说，西方学者的理论，是陈氏"全盘西化"论的理论基础。

同样，陈序经先是把当下文化论者分为三类，即"（1）主张全盘接受西方文化的。（2）主张复返中国固有文化的。（3）主张折衷办法的"（第1页），并对文化的概念予以界定："文化可以说是人类适应时境以满足其生活的努力的工具和结果。"（第5页）指出了文化发展所有的改变、保存、模仿三种途径："人类因为有了创造文化的能力，他们也有了改变，保存及模仿文化的能力。他们若是觉得他们的文化的缺点，他们可以改变之。他们若觉得他们的文化，比他人的文化好得多，他们可以保存之。他们若觉得人家的文化比较他们自己的文化高一点，他们可以模仿之。"（第5页）陈氏在引述了卫士莱（Wissler）、刺策耳（Ratzel）、韩瑾斯（Hankins）等诸家学说之后，分析说："但是若照上面各家的文化成分的分析来看，这些文化的特质，即无论在幼稚或在比较进步的文化里，都可以找出来，则二种不同圈围的文化的差异，只有程度上的不同，而没有成分上的各异。比较进步的文化所以异于比较幼稚的文化，不外是因为前者复杂得多，后者较为简单罢。文化是人类所独有的东西，而且是人类适应时代环境以满足其生活的努力的工具和结果。所谓文明人固要生活，野蛮人也要生活。生活上的方式固甚多，然生活上所必要的条件，却有根本的相同。因为生活的根本条件相同，则为生活而努力的结果，和工具，也必有根本上的相同。"（第21页）在西方理论家看来，任何民族的文化，都没有质的差别，只有发展程度的不同；任何民族的生活方式固然不同，但诸种生活的"根本条件"相同，为生活而努力的"结果"和"工具"根本上必然相同，这样说来，世界上只有同一种文化，自然可以有一统的文化——西方的理论家自然不会让东方文化、非洲文化一统世界，所以一统世界文化的必然是西方文化——这应该是在西方帝国主义发展时期，为帝国主义全球扩张提供的理论支持，或者可以说，是西方典型的文化殖民理论。自然而然的，这个西方一统的理念必然有一个美好的前景"一致与和谐"。对此，陈序经详加分析。他先是分析了同一圈围的文化，文化的发展是一致与和谐（第36—37页）；并假设两种不同圈围的文化接触起来，分析的结果仍然是一致与和谐，"他们必需能够适合接触以后的新时代及新环境"（第37—38页）；并由此推论，"设使两种以上的文化接触起来，其结果也是趋于一致与和谐"，但要经过一个"过渡时代"（第38页）：

> 我们上面所说的和谐文化，是程度相等和时代环境趋向所容许二者合而为一的文化。设使因为程度上的差异，而时代及环境所要求的文化是甲种文化，那么其接触的结果，是怎样呢？我们的回答是：乙种文化不能适应于这时境，而逐渐的成为文化层累里的一层。这种接触也有他的过渡时代，在过渡时代里乙种文化和甲种文化，——特别是从乙方面看去，——也好像有两种文化平等并立，但是从文化的目的和趋势上看去，他们并非平行，他们的关系是乙种逐渐的成为陈迹，甲种逐渐伸张而成为送旧迎新的时代。这个时代，也许延长得很久，然她的趋势只有一致。（第39—40页）

> 同样在送旧迎新的时代，也没有所谓"保存固有"文化的可能。因为在乙方面，保存既为时境趋势所不许；在甲方面他的固有，也变作普通所有，所以他也不能保存他的固有，结果正像我们上面所说的不同文化接触之后，而趋于一致或和谐。二者的合一方面固不同，然他们的目的和趋向，却是一样。（第40页）

> 我们已略将文化的发展，及文化的性质说明。总而言之，在时间上，文化是变动无已的。在空间上，文化是连带关系的。因有变动，继有发展和演进。因为连带关系，所以才有一致或和谐。时间上的层累变换及堆积愈高，则其发展及演变必愈速。空间上的圈围愈放大，则其所趋于一致及和谐的圈围也愈大。在空间上，设使两种各异的社会的文化，未曾接触，他们的发展也许各异；但是他们一经接触，则无论如何，他们总是趋于一致或和谐。在时间上，他们接触之时，或成为一致或和谐以后，若有第三种不同或同的文化来和他们接触，他们也是趋于一致或和谐。因此人类文化在时间上的发展与演进是与人类的生存的时间的延长上成为正比例；而人类文化在空间上的趋于一致或和谐的范围，也是和人类在空间中所扩充的圈围相等。（第40—41页）

　　这样，陈氏辩来辩去，无非是要证明人类文明的发展，在时间上和空间上，都是趋于"一致与和谐"；而趋于"一致与和谐"，结论自然是西方文化一统世界文化了。

　　有了这样的理论基础，在文化的世界主义的大的理论框架下，在世界文化发展的趋于"一致与和谐"的图景之下，旧的、落后的、样样不如人的中国文化自然就没有生存的空间了，或者说，中国文化自然就没有存在的必要了，中国文化的出路只有"全盘西化"一途。陈序经在第三章中从中学为体与西学为用、精神文化与特质文化、静的文化与动的文化、所谓科学的分析办法、物的文化与人的文化五个方面批判了折衷派的办法；第四章则批判了辜鸿铭、梁漱溟等人的理论，从而批判了复古派，所以"折衷派和复古派既不能导我们可能通的途径，我们的唯一办法，是全盘接受西化"（第83页）。而"全盘西化的理由"（第五章）一章则重点论述了中国文化"态度上的西化""事实上的西化"两个方面，并在回顾中西交流（包括基督教、天算、兵器、教育等方面）的历史后，指出"中国在事实上是趋于全盘接受西洋文化"（第98页）；并强调："要是理论上和事实上中国已趋于全盘西化的解释，尚不能给我们以充分的明瞭，则全盘西化的必要，至少还有下面两个理由：（1）欧洲近代文化的确比我们进步得多。（2）西洋的现代化，无论我们喜欢不喜欢，牠是现世的趋势。"[①]（第98页）于是，作为"现世的趋势"的"全盘西化"，"无论我们喜欢不喜欢"，就都要落到中国人头上了。

　　如何评价"全盘西化"论代表人物陈序经呢？陈氏在当时有不少支持者，时至今日，仍有不少学者持有"同情之理解"之态度，如有人说："在陈序经西化思想从自发到自觉的过程中，蕴含着改变国家落后面貌的焦灼与急迫，体现着一种强烈的爱国情怀。"[②]再如有人评价："陈序经提出'全盘西化'论，是出于对当时万马齐喑时代的绝望、对父母之邦的挚爱和对中国文化'爱之愈深、责之愈切'的思想立场，其根本目的是要使当时的中国内审情势，外察潮流，兼收众长，创新图变，走向现代化（包括文化现代化），走向复兴与富强，而现代化是人类社会发展的客观规律。"[③]认为陈序经是一位坚定的爱国者。但是，针对胡适、陈序经等"全盘西化"派，早在1935年6月，叶青在《全盘西化？殖民地化？》一文中就曾喊出了"打倒文化界的洋奴买办！从历史发展的尖端

---

① 陈序经的这两条，是明确的，一贯的。

② 刘集林：《陈序经全盘西化思想成因探析》，《史学集刊》2002年第4期。

③ 陈鹏勇：《矫枉过正：陈序经"全盘西化"论》，《学术研究》2016年第8期。

创造新文化！"①的口号。陈序经当然不是什么买办，叶青显然是夸大其词。至于陈序经究竟是不是一位爱国者，又如何爱国，本文不作讨论。我们简单来评价一下陈序经的"全盘西化"理论（其实上文已多有涉及）。

王新命在《全盘西化论的错误》一文中，曾指出了陈序经、胡适二人"全盘西化"论的差别："陈序经是主张以西洋的文化代替中国的文化。并希望全盘西化的父亲能生出全盘西化的儿子。胡适是主张自己向着西化的怀抱猛扑，让中国固有的文化自然而然地从西化怀里曳自己回到'中国本位'。前者从西化到西化，后者从全盘西化到半盘西化，前者是极端的全盘西化论，后者是以折衷为目的的全盘西化。"并指出了二人的共同点："中国固有的文化纵有可存，也不应存，西方文化，纵有可舍，也不应舍。"②这当然是从中国文化本位的立场评价陈、胡二人。至于如何评价"全盘西化"论，我们还是应该首先回到文化本身，来澄清相关问题。

文化是特定人群生产和生活的综合体，是一个最为复杂的概念，或者说任何企图界定文化的努力都是徒劳无益的③。一般而言，文化具有民族性、地域性、历史性、时代性、多样性、层次性、整体性等特性。

民族性：文化是特定人群的产物，小到一个群体，大到一个种群（民族），都有自己的文化；民族性赖文化得以产生，得以发展。

地域性：文化的产生受地域（空间）的影响，时代越早（生产力水平低下），受地域（空间）影响越大。

历史性：文化是在历史上产生的，并在历史上发展，具有历史性特征；任何试图抹杀文化的历史、试图割裂文化发展进程的思想和行为，都是错误的。

时代性：文化的发展、变化受时代的影响。时代发展，生产力水平提高，人们的生活方式发生变化，都会为文化注入新的内涵。

---

① 叶青：《全盘西化？殖民地化？》，原载上海《申报》1935年6月22日。见罗荣渠主编：《从"西化"到现代化——五四以来有关中国文化趋向和发展道路论争文选》（中册），黄山书社2008年版，第598页。

② 王新命：《全盘西化论的错误》，原载《晨报》1935年4月3日。见罗荣渠主编：《从"西化"到现代化——五四以来有关中国文化趋向和发展道路论争文选》（中册），黄山书社2008年版，第465、469页。

③ 据介绍，1952年，美国人类学家克鲁伯和克拉克洪在《文化：关于概念和定义的探讨》中列举了161种文化定义；20世纪80年代末，日本名和太郎在《经济与文化》一书中认为，文化的概念多达260种（高增杰等译，中国经济出版社1987年版，第41页），可谓众说纷纭，莫衷一是。

多样性：民族的多样性揭示了文化的多样性[①]；任何文化、文明形态都具有历史的合理性与合法性，任何试图消灭一种文化、文明形态的思想或行为，都是不道德的。

层次性：从文化的构成而言，文化又有层次性，可分为器物层面、制度层面、理念层面等不同的层面。

整体性：文化是人们生产生活、思想情感、生命意识的综合体、复合体[②]，具有整体性的特征。

我们已在上文中不厌其烦地摘录陈序经《东西文化观》《中国文化之出路》《中国文化的出路》等论文著作中有关文化的基本理论，从中可以看出，陈氏为适应其"全盘西化"的理论，对文化的时代性、整体性予以特别重视，而完全忽视或者说漠视甚至无视文化的民族性、历史性，抹杀文化的多样性与层次性，而以文化发展趋势的"一致和和谐"作为文化发展变化的根本愿景，其理论本身即存在重大缺陷甚至错误。况且，陈序经从学校到学校，从书本到书本，从理论到理论，在其"西化思想的形成过程中，其对中西文化的现实认识实际是很有限的。无论是在美国的实地考察，还是在德国的实际感受，都是在戴着'凡西皆好'的有色眼镜进行的。从他的论著中，我们看不到即使在西方繁荣时期也存在的种种现实社会冲突与社会问题，更谈不上对现实西方文化的全面理性分析，从而影响了其根本主张的理性化"[③]。在笔者看来，陈序经的理论表现及

[①] 比如宗教，为寻求心灵的慰藉，各民族一般都有自己的宗教。陈序经在《全盘西化的辩护》（1935年7月21日）一文中说："我们三百余年来的理智，岂不是告诉我们不要基督教吗？然而，结果究竟如何？而况，我们今日的理智却使我们承认，基督教'比我们的道教佛教，高明的多多'。"（见罗荣渠主编：《从"西化"到现代化——五四以来有关中国文化趋向和发展道路论争文选》（中册），黄山书社2008年版，第605页）陈序经所说的，或可能是一件危险的"事实"，而陈氏把这一"事实"来论证"全盘西化"则是一件更危险的事情。基督教比中国道教佛教"高明的多多"吗？我并不这样认为。基督教作为一神教，其传教士精神要把上帝的"福音"传播到全世界，其实质即是要"消灭"其他宗教。

[②] 文化人类学奠基人泰勒强调文化"复合体"的观念。1871年，他在其代表作《原始文化》中说："文化，或文明，就其广泛的民族学意义来说，是包括全部的知识、信仰、艺术、道德、法律、风俗以及作为一个社会成员的人所掌握和接受的任何其他才能和习惯的复合体。"（爱德华·B.泰勒著，连树声译：《原始文化》，上海文艺出版社1992年版，第1页）

[③] 刘集林：《陈序经全盘西化思想成因探析》，《史学集刊》2002年第4期。在该文中，刘集林主要立足于陈序经的生平经历，以探讨陈序经"全盘西化"思想的成因，对陈序经的"全盘西化"思想是抱有同情之理解的。

其理论缺陷（错误）如下：

（1）就陈序经本人来说，他应该是信奉进化论和世界主义的。

（2）陈序经显然是个"战士"，他的文章常以批驳他人观点为主，而自己对理论的建构，则较为缺乏。

（3）陈序经的"全盘西化"论，以西方人类学和社会学理论为基础；在试图解决中国问题时，总体来看，是一种教条的、机械的、公式化的文化发展观。

（4）欧洲近代文化进步，西洋现代化是世界文化的趋势，所谓人类文化发展的一致与和谐，其结果必然是西方文化一统世界。

（5）在帝国主义扩张时期，所谓人类文化发展的一致与和谐，说到底是在为帝国主义扩张助势，为西方文化殖民张目。

（6）陈序经所谓文化发展趋于一致与和谐，本质上即是一种文化同化另一种文化而已；纵便有一个"过渡时代"，两种或两种以上文化，必有一个主导的方面，磨合的结果，也只是同化另外的文化，这也标示着被同化文化的消亡——陈氏所谓的"在历史上所占的位置，并不因此而消灭"，只是幼稚的、荒唐的、自欺欺人的说辞。

（7）"全盘西化"只是想象的理想化的口号，在当时全民抗战的大背景下，毫无实践价值，在当下则更没有实际意义——其实，陈序经及其"全盘西化"论，本身即是个错误。

附录二

以色列：建构本民族文化的典范

以色列历史上有光辉灿烂的文化，是世界主要宗教犹太教、伊斯兰教和基督教的发源地。但以色列人（犹太人）却命运多舛，数次被灭国，流落在世界各地。以色列人以坚忍不拔之志，百折不挠，以自己的聪明智慧重建了自己的家园，建构了本民族的文化。在近现代史上，犹太民族产生了诸如马克思、爱因斯坦、弗洛伊德、柴门霍夫、门德尔松、贝多芬、海涅、毕加索、爱伦堡、普利策等伟大人物；纳粹统治德国之前，犹太人约占德国人口的75‰，而德国的一流科学家中至少有25%是犹太人；在意大利，犹太人口只占总人口的1%，但在意大利杰出的数学家中，犹太人就占50%。[①]另据统计，"美国著名高校30%的教授是犹太人，名声卓著的犹太学者则数不胜数。诺贝尔奖有史以来共颁发750多枚奖牌，而仅占世界人口0.2%的犹太民族居然摘取了165枚，占整个获奖者的22%"[②]。犹太民族取得的成就实在令人惊叹。而更令人惊叹的，是犹太人传承并发扬光大本民族文化的决心与意志。1948年，以色列宣布独立，成为中东一个自主、富强的国家。

以色列可以说是高度发达的现代化国家，他们的历史文化、民族文化非但没有阻碍其历史的进程，反而成为其实现民族复兴、建设国家、实现国家富强的绝大助力。

一、把历史文化作为民族传承的基因

犹太人的远祖是古代闪族的后代希伯来人，早在三千多年前就在以色列建立了自己的犹太政权，世代繁衍。公元前6世纪，历史上著名的"巴比伦囚虏"

---

① 顾晓明：《犹太人与世界文化》，上海三联书店1996年版，第51页。

② 秦莉：《以色列多元化教育的历史与现状管窥》，《河南商业高等专科学校学报》2013年第6期。

事件发生，犹太王国两度被巴比伦国征服，大批犹太富人、手工业者和平民被囚禁在巴比伦城。直到公元前 538 年，波斯灭掉巴比伦之后，被囚掳的犹太人才获准返回家园。公元 70 年，罗马军队又攻占了耶路撒冷，从此犹太人被迫离开巴勒斯坦，流落在世界各地，在二千年的时间里成为一个没有领土的民族。

流亡的犹太人一直把耶路撒冷看作圣地，看作精神家园。犹太先知们更是奔走于犹太民众之间，告诫他们犹太人始终是上帝的选民，只要心中牢记上帝，上帝一定会来拯救他们。重回耶路撒冷，建设以色列国家成为世世代代犹太人的理想。如今以色列圣殿山下希律王时代遗留的石造西墙（即"哭墙"Wailing Wall），被视为犹太精神象征的圣地，每一个犹太人都把传承本民族的文化看作自己神圣的职责。早在巴比伦囚虏时期，犹太人就创建了犹太会堂——只要有 10 个犹太成年男子就可以设立，大门都要面向耶路撒冷方向。每逢犹太人的安息日（每周五日落至周六日落），世界各地的犹太居民就聚集在一起，听拉比（犹太神职人员）宣读先知书、各种训导以及犹太法律，一同唱诗；他们信仰同一个上帝，学同一本《圣经》，过同样的节日；他们捐款救济贫困人员，相互帮助。犹太会堂成为散居各地的犹太人民族教育的重要课堂。

另外，以色列从儿童开始就确立了宗教教育体系，以确保犹太人的民族认同感。犹太传统认为，教导儿子学习犹太经典是父亲对儿子应尽的三大义务之一；在正规教育中规定，儿童 6 岁开始学习《圣经》，10 岁学习《密西那》，13 岁学犹太戒律，15 岁学《革马拉》，形成了一个完整的系统。现在，宗教课程是每个犹太学生的必修课。即便在当代美国的犹太社区，犹太儿童在公共学校放学以后或在星期日仍然要去犹太会堂学习宗教课程。

从历史发展看，犹太民族在世界各地都为当地的繁荣稳定做出了重要贡献，但他们却往往遭到不公正的对待，甚至是各种迫害。在二战期间，希特勒法西斯政权屠杀犹太民族，约 600 万人死在纳粹屠刀之下。历史的苦难激发了以色列人自强自立的意识，并凝聚成为犹太民族最核心的灵魂。1967 年春，犹太神学家艾米尔·法肯海姆提出了一条被称为犹太人第614条戒律的"绝对律令"："真正的犹太人禁止给予希特勒死后的另一个胜利。他们必须作为犹太人生存下去，以确保犹太民族不会消亡；他们必须记住奥斯维辛的受难者，以免记忆消失；他们不得对人类和世界绝望从而遁于玩世不恭或消极避世，以免这个世界重新落入制造奥斯维辛的力量之手；他们不得对以色列的上帝绝望，以免犹太教消亡！" [1] 以色列第一位总理、被誉为"以色列国之父"的本·古里安认为：犹太文化和道德是历史上最优秀的文化和道德，犹太民族因此也是世界上最优秀的民族，为避免被异族同化，所有的犹太人都应回到他的古文明的摇篮——巴勒斯坦。他甚至认为，在以色列之外，不管一个犹太人的境况是多么好，他依然是一个"流亡者"。回到以色列，首先是所有犹太人的"责任"，其次才是他们的"自由"。

二、复活希伯来语

希伯来语是古代犹太人的语言，基督教的《旧约·圣经》和犹太教教义就是用希伯来语写成的。犹太人流散到世界各地之后，为融入当地人的生活，希伯来语渐渐被废弃了，只有在犹太宗教仪式中才会出现。可以说，希伯来语已经失去了生存的基础，被认为是"已经死亡的语言"。

1881 年，一个叫埃利泽·本·耶胡达的俄国犹太人举家回到了巴勒斯坦，立志要复活希伯来语。他首先从自己、从自己家庭做起，把希伯来语应用到日常生活中。他禁止妻子同孩子们用别的语言交流，禁止孩子们同邻家孩子玩耍，忍受了常人难以忍受的煎熬。在本·耶胡达和他的支持者的努力下，1884 年创办了第一份希伯来语报纸，传播希伯来语及其文化；1890 年组建了希伯来语委员会（即今希伯来语研究院），根据《圣经》《塔木德经》及其他来源创造了成千上万的新词汇和新概念；1904 年又出版了《新希伯来语辞典》第一卷，希伯来语在小范围内开始流行。到 1917 年前后，巴勒斯坦地区使用希伯来语的幼儿园、中小学和专业学校已达 64 所，会说希伯来语并在日常生活中用它交流的犹太人已达 3.5 万人，占当地犹太人的 40% 左右，取得了惊人的成就。在巴勒斯坦地区说希伯来语成为一种潮流，据说 20 世纪三四十年代，如果犹太人在公共场合不说希伯来语，便会遭到其他犹太人的批评和质问；而儿童不说希伯来语，则会受到其他儿童的嘲笑。

另外，20 世纪犹太复国运动也推动了希伯来语的流行和普及，他们发出了"一个民族、一种语言"的号召，要求全体犹太人都说希伯来语。在建国之前，犹太复国主义总委员会规定犹太复国主义者必须具备的条件包括：本人应移居

---

[1] Emil L. Fackenheim: "Jewish Values in the Post-Holocaust Future: A Symposium" Judaism, vol.16, No.3, Summer 1967; Emil L. Fackenheim: "Jewish Faith and the Holocaust: A Fragment" Commentary, August 1969.

巴勒斯坦、在社会上应为犹太复国主义利益而奋斗、谙熟犹太教义和在家恪守犹太教规、学会希伯来语。建国之后，以色列政府宣布把希伯来语和阿拉伯语作为官方语言。今天，说希伯来语的人已经达到七八百万人。这样，经过以色列全民族的努力，湮灭两千多年的希伯来语作为口语在犹太人中终于重新复活。

希伯来语的复活是犹太民族独立、自主的标志，它极大地提升了以色列人的民族自豪感和自信心，成为凝聚全体以色列人的民族血脉，这是犹太民族之大幸，也是世界文明之大幸。

三、把教育作为立国之本

犹太人被誉为"书的民族""智慧的民族"，有重视教育的传统。即便是犹太人在流亡，也把教育作为立身之本。阿班·埃班《犹太史》中曾谈到尼古拉一世统治下一个俄国小城科皮尔的文化生活情况：

> 科皮尔连一所国立或公立的世俗学校都没有。基督教居民都是文盲，而犹太人却办起了大量的学校，当然是些特殊类型的学校。大约有二十座初级小学。当时科皮尔约有三千居民，其中有犹太人、白俄罗斯人和鞑靼人，犹太人是少数。

> 在科皮尔，有个犹太人为了送自己的孩子去上学不惜倾家荡产。不少穷人为了交纳学费卖掉自己最后一个支形灯架或者仅有的枕头……除为浴池烧火和担水的呆子梅尔克以外，科皮尔的犹太人中没有一个文盲。[1]

犹太人在科皮尔的教育情况可以说是犹太人重视教育传统的一个缩影。19世纪末，俄国掀起了一场反对犹太人的运动，几百万犹太人被迫迁居美国，在"血汗工厂"里从事体力劳动或服装加工业，但他们却坚持让孩子接受尽可能好的教育，到20世纪20年代仅纽约就有近一半的在校大学生是犹太人[2]。以色列建国后，延续了犹太人重视教育的传统。根据统计数据，以色列教育经费占GDP比重多达7.7%，位居世界第一，高于最发达的美国2.5个百分点、日本3个百分点、法国2个百分点，更超过中国4个百分点以上。

从现实状况看，以色列绝对是个现代化国家，他们却没有考虑宗教、希伯来语与现代性矛盾的问题，而是把它们作为精神的皈依。如前所述，文化中器

---

① [以]阿班·埃班：《犹太史》，中国社会科学出版社1992年版，第255页。
② 徐新、凌继尧：《犹太百科全书》，上海人民出版社1998年版，第546页。

物层面的更新、制度层面的规划是当代人自己的事情，而理念层面的内容是一个民族、一个国家文化认同的依据，不要动不动就怪罪到祖宗那里去，更不要张口闭口骂自己的祖宗，毫无裨益。

笔者每次看到以色列人对自己历史文化的态度时，都深受感动——以色列人是值得尊敬的。如果以此反观一些中国人对待自己本民族历史文化的态度，实在让人寒心！中国有五千年灿烂的历史文化，在他们看来只是国故、只是一些历史垃圾；中国有丰富的美观的表达准确的语言文字，在他们看来只是人的肌体上的结核菌、中世纪的茅坑；中国有多元而深刻的道德生态，在他们看来只有"吃人"的礼教；在中国的土地上生活过数以百亿计的人口，同样有过歌声与欢笑、悲苦与哀愁、冲突与流血、出生与死亡，在他们看来都是封建的、浅薄的、落后的、愚昧的可怜的生物。以色列人的惨痛历史激起了他们重建家园、重构历史文化的坚忍不拔之志，中国人的惨痛历史反而让他们解构了自己的家国观念与历史文明，这实在是一件更为惨痛的事！退一步讲，我们即便不如以色列人那样热爱自己的历史文化，也应该有一种起码的尊重与同情。古人也是人，他们曾经在这个世界上生老病死，不管尊贵还是卑微，不管富裕还是贫穷，不管是幸福还是痛苦，他们也曾是这个世界的"主人"，他们也有自己的尊严。我们现在强调每个人都要有尊严地活着，也希望每个人都能意识到，每个人也都应该有尊严地死去——毕竟，死亡也是人生的过程！

第四章　国学之再认识

子路曰："卫君待子而为政,子将奚先?"子曰:"必也正名乎!"子路曰:"有是哉,子之迂也!奚其正?"子曰:"野哉由也!君子于其所不知,盖阙如也。名不正,则言不顺;言不顺,则事不成;事不成,则礼乐不兴;礼乐不兴,则刑罚不中;刑罚不中,则民无所错手足。故君子名之必可言也,言之必可行也。君子于其言,无所苟而已矣。"

——《论语·子路》

2018年5月21日,郑永年先生在其新书发布会(北京)上,发表了主题为《中国为何说不好"中国故事"》的演讲,其中说:"我有一个重大的发现,就是西方人解释中国有一个特点——以中国没有的东西来解释中国。从早期孟德斯鸠的'中国没有贵族',到后来的'中国没有私有产权',包括现在很多的自由派经济学家和左派都受西方影响,认为中国没有私有产权,没有法治,没有人权,没有民主,等等。他们以这些中国没有的东西来解释中国。但很简单的一个道理是:你要解释我的话,只能以我有的东西来解释我,不能以我没有的东西来解释我,这个道理是大家很容易能明白的。"[1] 按照郑永年先生的逻辑,西方人以中国没有的东西解释中国,自然不得要领。而不幸的是,百余年来,中国人恰恰也是以西方的理论解释中国的问题,自然便有"驴唇不对马嘴"的嫌疑。

但毋庸讳言的是,几百年来,西方的理论一直引领着世界的潮流,我们又不得不向他们学习,这就有一个西方理论中国化的问题,或者说坚持中国文化本位的问题,否则很容易迷失了自己。

---

[1] 郑永年:《中国为何说不好"中国故事"》,见FT中文网2018年6月7日。

第一节　用国粹激动种姓

1906年，章太炎在上海出狱后东渡日本，在《东京留学生欢迎会演说辞》中提出"用国粹①激动种姓，增进爱国的热肠"，因为"近来有一种欧化主义的人，总说中国人比西洋人所差甚远，所以自甘暴弃，说中国必定灭亡，黄种必定剿绝"②，这在当时是有明确的针对性和积极的现实意义的。一百余年过去了，当年章太炎面临的问题我们当下也同样面对，我们先看香港《星岛日报》2005年8月的一篇报道：

> 在京、沪、穗的城市商圈中，不论走到何处，举目环顾，高楼商厦、电视大屏幕、公共体育的巨幅广告，多是西方人面孔和西方的张扬风格与色彩，很难一见中国的拙朴，东方的恬淡。在人们的谈话中，某某知名西方企业家怎么说，某某获诺贝尔经济奖的学者怎么说，某某事情上西方政府处理的方法是……唯西方马首是瞻，唯西方人所言极是，唯西例为理政之所循。从学界到商圈，从官府到民间，都在迷失自己，症结就是迷失了自己的文化与传统，中国人差不多成了没有根的族群。
>
> 1840年以来，中国在经济上被殖民，但文化上并没有被殖民过。但是中国走到今天，很可能先从集体意识上自我殖民化，进一步在经济上自我殖民化。……我们见到的不少内地来的研究生们，他们英语极佳，英文的流行歌曲也唱得比中文好；他们常常看不起自己所在的国家，一开口就是批判，不见有建设之心；他们还未毕业，就在香港的外资机构四处觅职，且非外资不去。连我们这些生活在本港、在英式教育中熏习西风的人，还知道一点孔孟之好，而这些内地来的学生，甚至不知道孔孟好在哪里，真是匪夷所思。西方是东方人的向往，这才真是应该让中国人奇怪的事情。对一些中国人坚持"在向西的潮流中，我们向东"，我们应该向他们致敬。不仅是他们尊重自己东方的、中国的建筑风格，而是他们在灭顶的西潮中，保持一种文化传统，他们在呼喊自己的文化与传统。
>
> （我们）有责任、有义务继承中国的传统文化的精华，提高中国人在民族意识上的集体苏醒。只有这样，中国才不会从经济与文化上重新沦为

---

① 章太炎这里所谓国粹，主要指史学。在该演讲中，章太炎主要推崇佛教与史学。
② 章太炎：《东京留学生欢迎会演说辞》。见章太炎：《章太炎政论选集》，中华书局1977年版，第272页。

没有宗主国的殖民地。[1]

看了这篇报道，不知当年鼓吹欧化、全盘西化的诸君会怎么想？不可否认，当下中国已经成为全球第二大经济体，物质相对富足，取得了令世界瞩目的成就，但经济上的成功与文化建设、精神文明并不会成正比。这篇文章的作者是香港人，他提出的问题，在当下仍具有典型意义，值得我们认真地、深入地思考。为什么"中国人差不多成了没有根的族群"呢？为什么在香港学习的大陆学生一开口就批判自己的父母之邦、而某些中国人坚持"向西的潮流"呢？中国人在文化上会不会自我殖民化或者已经自我殖民化了呢？这些问题都是尖锐而深刻的。这则报道所涉及的在香港读书的大学生的情况绝不是孤立的个案，留学美国的、欧洲的学生都有这种现象，中国的观念、中国人的观念以至中国的情怀、中国人的情怀淡化、弱化甚至虚无化，已经到了很严重的程度。

我们上一章在讨论进化论的时候，曾提到进化论影响下梁启超、胡适等人的"青年观"。青年人正在成长的过程中，世界观、人生观、价值观尚没有形成，优点多，缺点也多，长辈、长者及领袖的鼓励当然少不了，但他们更需要指导、引导、教导。这在文化、文明批判的潮流中，尤其应该注意；否则的话，他们较容易出问题，甚至成为"精日""精美"分子。早在1903年，春水在《中国国学保存论之一：正气》篇中就曾痛心疾首地指出："一言以蔽之，今日中国青年之大患，莫甚于借新道德之影响之皮毛，以破坏旧道德。无所制约，无所信仰。其影响及于社会，荡无秩序，极其流弊，虽欲结犹太波兰亡国民之可怜团体，亦不可得。人道荡然，虽洪水猛兽，何足比其害也。"[2]可谓一针见血。1905年，留日学生因反对日本文部省颁布的《清国留学生取缔规则》而发生抗议运动，期间陈天华自杀。在陈天华《绝命书》中，明确表达了对部分留日青年学生的失望与批评："乃进观吾同学者，有为之士固多，有可疵可指之处亦不少。以东瀛为终南捷径，其目的在于求利禄，而不在于居责任。其尤不肖者，则学问未事，私德先坏。其被举于彼国报章者，不可缕数。"又说："近来青年误解自由，以不服从规则，违抗尊长为能，以爱国自饰，而先牺牲一切私德，此之结果，不可言想。"[3]陈天华批评部分留日学生"以东瀛为终南捷径""学

---

[1] 《中国人迷失西潮中——学界商圈唯西方是好》，原载《星岛日报》，转引自《参考消息》2005年8月26日第8版。

[2] 春水：《中国国学保存论之一：正气》，原载《政法学报》1903年第5期。见桑兵等编：《国学的历史》，国家图书馆出版社2010年版，第8页。

[3] 我这里引用陈天华《绝命书》中的内容，非反对留日学生的抗议活动，只是指出早在20世纪初，陈天华就强调指出青年人的教育问题。

问未事，私德先坏"，且以"爱国自饰"，实是恬不知耻。1921年，章太炎《太炎学说》出版（分上下两卷），其上卷收录《说今日青年的弱点》一文，指出了"今日青年"的四个弱点，包括："现在青年第一个弱点，就是把事情太看容易，其结果不是侥幸，就是退却"，"现在青年第二个弱点，就是妄想凭籍已成势力，就将自己原有之材能，皆一并牺牲，不能发展"，"现在青年第三个弱点，就是虚慕文明。虚慕那物质上的文明，其弊是显而易见的；就是虚慕那人道主义也是有害的"，"现在青年第四个弱点，就是好高骛远，在求学时代，都以将来之大政治家自命，并不踏踏实实去求学问"，并强调"故现在青年之好高骛远，在青年自身，当然亟应痛改。即前辈中好以'少年有大志'奖励青年者，亦当负咎"①。在章太炎看来，青年人应该脚踏实地，安心学业，不应该虚慕文明，好高骛远；而鼓动青年者亦当自醒。春水、陈天华、章太炎所言，即在当下也具有现实意义。

青年人若无道德（私德），无信仰，无制约，则会为求名利、功业而无节操、无廉耻、无底线，实在是很可怕的事情。道德建构是一件旷日持久、见效缓慢的事情，但破坏起来却非常容易；道德重构则需要更多的时间与精力，需要全社会尤其是国家权力机构、教育部门的大力推动。

当下的中国，与章太炎宣扬"用国粹激动种姓，增进爱国的热肠"时早已不可同日而语，不但经济高速发展，而且政治、军事、外交等各方面都有了巨大的进步。但是，发展中存在的问题也较为突出，如贫富差距悬殊、假冒伪劣横行、贪腐现象严重；再如人心浮躁、诚信缺失、道德塌方，一方面，拜金主义、享乐主义、自我中心主义膨胀（放飞自我），流行"快乐至死"的人生哲学，另一方面人情冷漠，仇富，仇官，充斥暴戾情绪；再如人的精神世界中也存在这样那样的问题，受疾病（抑郁症、癌症）、死亡困扰，"荒漠化"严重，心灵生态出现危机②。2018年6月20日，"李奕奕自杀事件"成为社会和网络的焦点——一个可怜女孩与世界悲苦的告别，竟然成了一些人的笑料与消遣！"李奕奕自杀事件"是当下中国社会各种"病症"的缩影。这些问题都需要我们正视，需要我们改过、改进、改善。

笔者一直以为，任何民族、任何国家在任何时代，都需要文化来凝聚人心、

---

① 汤志钧：《章太炎年谱长编》（下册），中华书局1979年版，第619—620页。
② 据各大网站报道：2007年《柳叶刀》月刊通过中国4省超过6万人调查数据得出，中国17%的人存在精神障碍，并推算当时中国存在1.73亿精神疾病患者。10年之后，我国学界统计精神疾病人数依然使用17%的比例。

鼓舞人心、规约人心、温养人心，章太炎宣扬的"用国粹激动种姓，增进爱国的热肠"并没有过时，在当下仍极具现实意义。中国人常说"世道人心"，只要人心不坏，这个社会就不会差到哪儿去。其实，当下中国的问题，在很大程度上是传统与现代的错位造成的。西方现代化可以给中国带来物质财富、物质文明，但却破坏了数千年来形成的中国人的心灵生态、心灵栖息地，这是一个非常严峻的现实问题。

第二节　文化批判论者的反思

我们前文中曾提到过冯友兰"人生境界说"，提到他的觉解的概念，我们这里再从觉解说起。冯友兰在《新原人》说："人是怎样一种东西？我们可以说，人是有觉解的东西，或有较高程度觉解的东西。若问：人生是怎样的一回事？我们可以说，人生是有觉解底生活，或有较高程度底觉解底生活，这是人之所以异于禽兽，人生之所以异于别的动物底生活者。"[①]从觉解的角度理解人与人生，把它作为人之为人、人之异于禽兽的本质特征。在我的感觉里，觉解之"觉"，是个人在物质世界中的观察、认知与实践，而觉解之"解"，则是在"觉"的基础上，个人在精神世界中的把握、取舍与放脱；觉解是一个体悟的过程。我们更愿意说，人生是一个觉解的过程，人生是一个体悟的过程。所以，人生的不同阶段，随着人生阅历的丰富、人生实践的酸甜苦辣，会对生命有不同的觉解与体悟，而对世事、时局、文化之理解把握亦显著不同。循此理路，近代以来尤其是新派学人激进的、极端的中国文化、文明批判论者，后来态度大都有所改变、改正，甚至真心悔过。我们这里重点说一下章太炎、胡适、钱玄同、刘半农这四人，再约略提一下蔡元培、林语堂、阿英、毛子水、巴金等人对孔子及儒家、对中国文化态度的转变，梁启超则设专章予以讨论。

一、章太炎："妄疑圣哲，乃至于斯"

我们在前文中有"章太炎弑孔子"一节，指出章氏《订孔》《诸子学略说》之恶劣影响，后来章太炎对孔子及儒家的态度有了根本的变化。1913年6月19日，袁世凯号令各省尊孔祀孔，章太炎发表《驳建立孔教议》，明确反对把孔

---

① 冯友兰：《三松堂全集》（第四卷），河南人民出版社1985年版，第522页。

教作为国教。该文开篇即说："近世有倡孔教会者，余窃訾其怪妄。"并把孔子与鲁班、轩辕、萧何并列："是则孔子者，学校诸生所尊礼，犹匠师之奉鲁班，缝人之奉轩辕，胥吏之奉萧何，各尊其师，思慕反本，本不以神祇灵鬼事之，其魂魄存亡亦不问，又非能遍于兆庶也。""今以士人拜谒孔子，谓孔子为教主，是则轩辕、鲁班、萧何，亦居然各为教主矣。"孔子与孔教并不是一回事，章氏反对孔教，似也无可厚非；但他把孔子与鲁班等人并列，则有欠客观公允。但在后文中，章氏又指出了孔子的历史功绩："盖孔子所以为中国斗构者，在制历史，布文籍，振学术，平阶级而已。……自孔子作《春秋》，然后纪年有次，事尽首尾，丘明衍传，迁、固承流，史书始粲然大备，矩则相承，仍世似续，令晚世得以识古，后人因以知前。故虽戎羯荐臻，国步倾覆，其人民知怀旧常，得以幡然反正。此其有造于华夏者，功为第一。"并予以具体阐释后明确指出设立孔教之非："今忘其所以当尊，而以不当尊者奉之，适足以玷阙里之堂，污泰山之迹耳！"[1]这篇文章中，虽无明显的尊孔意味，但已从正面阐述孔子的历史功绩，标志着章太炎对孔子、对儒家的态度已经有了明显的变化。

1914年，章太炎因反对袁世凯被幽禁于北京龙泉寺。期间，手定《章氏丛书》，将其中《訄书》改名为《检论》，其中有一些重大的改正，如《訄书》中多称孔子为"孔氏"，《检书》中则多称"孔子"；《订孔》一文分为了上下两篇，修正了一些《訄书》中的观点，肯定了孔子的学问和成就。另外，口授《菿汉微言》，由弟子吴承仕整理。其中，称"文、孔、老、庄，是为域中四圣"，并在篇末述及自己思想、治学经历时说："余自志学迄今，更事既多，观其会通，时有新意。思想迁变之迹，约略可言。……以为仲尼之功，贤于尧、舜，其玄远终不敢忘老、庄矣。……故唯文王为知忧患，唯孔子为知文王。《论语》所说，理关盛衰……"[2]称孔子"贤于尧、舜"，且与文王并列，且给予《论语》极高的评价。

1921年，《太炎学说》出版，分上下两卷，上卷收录《说新文化与旧文化》一文，其中说："我从前倾倒佛法，鄙薄孔子、老、庄，后来觉得这个见解错误，佛、孔、老、庄所讲的，虽都是心，但是孔子、老、庄所讲的究竟不如佛的不切人事。孔子、老、庄自己相较，也有这样情形，老、庄虽高妙，究竟不如孔

---

① 章太炎：《驳建立孔教议》。见《章太炎全集》（四），上海人民出版社1982年版，第194—197页。

② 章太炎：《菿汉微言》。见虞云国、马勇整理：《章太炎全集·菿汉微言等》，上海人民出版社2015年版，第37、70页。

子的有法度可寻，有一定的做法。那么，孔子可以佩服，宋儒不可佩服了吗？这却不然。宋儒也有考据学，不过因时代不同罢了。"① 章太炎笃信、推崇佛教，曾把佛教作为救治中国的一剂良药②，这里章太炎开始重视孔学，列为四家之首。

1921年，柳诒徵在《史地学报》创刊号上发表《论近人讲诸子之学者之失》③一文，批评章太炎、胡适、梁启超有关诸子之论。其中指责章太炎："章之论孔老，则似近世武人政党争权暗杀之风""章氏出以臆解""是直不知老孔为何等人物，故以无稽之谈诬之也"（第419页）、"坐儒家以万恶之名，不知是何心肝也"（第441页）。章太炎对柳氏指责，并没有再像1910年《答朱逷先问老子征藏故书书》那样强作辩解④，而是表示感谢，并诚心悔过。我们重点引述一下：

　　顷于《史地学报》中得见大著，所驳鄙人旧说，如云"孔子窃取老子藏书，恐被发复"者，乃十数年前狂妄逆诈之论，以"有弟兄呶"之语，作"逢蒙杀羿"之谈。妄疑圣哲，乃至于斯。是说向载《民报》，今《丛书》中已经刊削，不意浅者犹陈其刍狗。足下痛予箴砭，是吾心也。感谢感谢！（开头）

　　胡适所说《周礼》为伪作，本于汉世今文诸师；《尚书》非信史，取于日本人。六籍皆儒家托古，则直窃康长素⑤之唾余，此种议论，但可哗世，

① 汤志钧：《章太炎年谱长编》（下册），中华书局1979年版，第618页。
② 见1906年章太炎《东京留学生欢迎会演说词》。
③ 柳翼谋（柳诒徵）：《论近人讲诸子学者之失》，原载《史地学报》1921年创刊号。见钱基博：《国学必读》（下册），中华书局1924年版，第417—447页。下文中引文只随文注页码，包括批评胡适、梁启超之内容。该文评章太炎、胡适、梁启超有关诸子之失，开篇说："近日学者喜谈诸子之学，家喻户习，浸成风气；然撢骥诸子之原书，综贯史志，洞悉其源流者，实不多觏。大抵诵说章炳麟、梁启超、胡适诸氏之说，展转稗贩以饰口耳。诸氏之说子家学派，率好抨击以申其说，虽所诣各有深浅，而偏宕之词，恒谬鳌于事实。后生小子，习而不察，沿讹袭谬，其害匪细。故略论之，以救其失。"（第417页）该文最后说："吾为此论，非好为诸氏辩难，祇以今世学者，不肯潜心读书，而又喜闻新说；根柢本自浅薄，一闻诸氏之言，便奉为枕中鸿宝，非儒谤古，大言不惭，则国学沦胥，诸氏之过也。诸氏自有其所长，故亦当世之学者，第下笔不慎，习于诋诃，其书流布人间，几使人人养成山膏之习，故不得引绳批根，以箴其失，至所言之浅俚，故不值海内鸿博者一哂也。"（第447页）
④ 章太炎在《诸子学略说》中说"老子征藏故书悉为孔子所诈取"（详见前章"章太炎弑孔子"一节），朱逷先（朱希祖）写信询以"来源"者，章太炎坚持己说，强为之解。（见汤志钧编：《章太炎年谱长编》（下册），中华书局1979年版，第332—333页）
⑤ 康有为（1858—1927），原名祖诒，字广厦，号长素，后又号更生，别署西樵山人、天游化人。

本无实证。

　　鄙人少年本治朴学，亦唯专信古文经典，与长素辈为道背驰，其后深恶长素孔教之说，遂至激而诋孔。中年以后，古文经典笃信如故，至诋孔则绝口不谈，亦由平情覈论，深知孔子之道，非长素辈所能附会也。而前声已放，驷不及舌，后虽刊落，反为浅人所取。又平日所以著书讲学者，本以载籍繁博，难寻条理，为之略陈凡例，则学古者可得津梁。不意后生得吾辈书，视为满足，经史诸子，束阁不观。宁人所谓"不能开山采铜，而但剪碎古钱，成为新币"者，其弊正未有极。前者一事，赖足下力为诤友；后者一事，更望提契后进，使就朴质，非但依据新著，恣为浮华，则于国学庶有益乎！ [1] （结尾）

　　章太炎之反思沉痛、反省之深刻溢于言表！以至有"狂妄逆诈之论""妄疑圣哲，乃至于斯""前声已放，驷不及舌"之言，且表示自己中年以后"诋孔则绝口不谈"，但《訄书》《诸子学略说》之影响早已形成，且已无可挽回，后人著书立说不可不慎也！但章氏能够反思、反省，足见其磊落之胸襟，亦可让人佩服。自此，章太炎对儒家态度已经有了根本之转变。汤志钧在《章太炎年谱长编》中评价说："过去章太炎'激而诋孔'，使他和'纪孔'、'保皇'划清界线，走上革命道路，现在却后悔'前声已放，驷不及舌'；'后虽刊落，反为浅人所取'，他已'粹然成为儒宗'了。" [2] 也正因如此，才有1935年章氏所倡读经，才有"于今读经，有千利无一弊"的言论 [3]。

　　《论近人讲诸子之学者之失》不仅是柳诒徵重要学术论文，也是20世纪20年代研究诸子学的重要成果。为呈现该文整体概貌，姑且将其中所涉及胡适、梁启超之主要内容、观点罗列于此。

　　柳文涉及胡适的部分，专论其《中国哲学史大纲》。对于胡适所谓"诸子不出于王官论"批评说："胡适论王官，直同欧洲中世纪教会黑暗残酷之状。" [4]（第419页）对于胡适等引《荀子》谓孔子杀少正卯之事，柳氏坚决予以反驳，

---

① 章太炎：《致柳翼谋书》，原载《史地学报》第一卷第4期，1922年8月。见汤志钧编：《章太炎年谱长编》（下册），中华书局1979年版，第634页。

② 汤志钧：《章太炎年谱长编》（下册），中华书局1979年版，第634—635页。

③ 出处见本书《百年国学争议》章"经学存废之争"一节。

④ 吕思勉主张诸子之学出于王官，对此亦予以批判。他在《先秦学术概论》中说："近人胡适之，著《诸子不出王官论》，力诋《汉志》之诬。殊不知先秦诸子之学，极为精深，果其起自东周，数百年间，何能发达至此？且诸子书之思想文义，皆显分古近，决非一时间物，夫固开卷可见也。"见《吕思勉全集》（3），上海古籍出版社2016年版，第370页。

指出孔子杀少正卯之事可能是荀子等人虚构，少正卯或并没有其人；退一步讲：
"籍令孔子有杀少正卯之事，亦不得以此推之于老子，至于焚烧坑杀，则桀、
纣、白起、项羽之所为；何以断定古之王官，皆是桀、纣、起、羽？王制有'执
左道以乱政者杀'之语；未尝有执左道以乱政者焚坑之律也。欧洲教会焚杀哲
人，与古王官，直是风马牛不相及。王官行事，何以必同于教会？假使如此论
史，则世有嫪毐，便可断定古人无不奸淫，世有盗跖，亦可设想古人无非盗跖，
恐虽宋儒，亦无此等主观的见解也。"（第 420—421 页）指出胡适学术之弊端：
"胡氏论学之大病，在诬古而武断；一心以为儒家讬古改制，举古书一概抹杀，
故于书则斥为没有信史的价值。"（第 424 页）对于胡适《哲学史大纲》所取
材与立论，柳氏明确指出："《哲学史大纲》：'古代的书只有一部《诗经》
可算得是中国最古的史料。'而于《诗经》之文，又只取变风、变雅以形容当
时之黑暗、腐败，于风、雅、颂所言，不黑暗、不腐败者，一概不述。《哲学
史大纲》：'那时的政治除了几国之外，大概都是很黑暗很腐败的。'盖合于
胡氏之理想者，言之津津；不合于其理想者，不痛诋之，则讳言之，此其著书
立书之方法也。依此方法，故可断定曰：'古无学术。古无学术，故王官无学术。
王官无学术，故诸子之学，决不出于王官。'"（第 425 页）同时柳氏又强调："胡
氏属文，强词夺理，任举一义，皆有罅漏；如驳斥儒家出于司徒，谓儒家之六籍，
多非司徒之官所能梦见，不知司徒之官，何以不能梦见六籍？《诗》《书》之类，
经孔子删订；岂孔子以前无《诗》《书》乎？墨家时时称举《诗》《书》，与
今日所传之《诗》《书》相同者，如《兼爱》下引《周诗》，《明鬼》上引《甘誓》
之类。"（第 430 页）柳氏指出胡适文章之弊，如"诬古而武断""强词夺理"，
切中要害，我们前面也有分析。

　　柳文所涉梁启超部分，则强调梁氏诸子学术源流及其影响。柳翼谋认为：
"诸子之学之发源，即当从《七略》之说；而诸子之学之失传，亦不可以不考。
今之讲诸子之学者，不但不知其源；复不知其流，动以诸子之学之失传，归
罪于董仲舒请汉武帝罢黜百家。其说盖倡于日本人，（日本人久保天随等著
东洋历史多言之。）梁氏撰《新民丛报》时，拾其说而张大之。"（第 433 页）
柳氏指出了梁氏诸子学研究的思想来源，即受日人影响。对于梁启超在《中
国古代思潮》一书中把先秦学派分为北南二派说法[1]，柳氏认为"其说之谬，

---

[1] 梁启超：《中国古代思潮》："先秦学派：一北派，二南派。北派正宗：孔子孟子荀卿及
　　其他儒徒；南派正宗：老子庄子列子杨朱及其他老徒。"转引自柳翼谋《论近人讲诸子学
　　者之失》（第443页）。

殆莫之逾"（第443页），并指出："按孔老南北之说，亦出于日本人。日本人读中国书素无根柢，固不足责；梁氏自居学识高于刘歆者，何得出此不经之言耶？"（第444页）而梁氏此论，危害极大："有清之季，海内人物，并无南北之分。自梁氏为此说，而近年南北人乃分畛域；至南北对峙，迄今而其祸未熄，未始非梁氏报纸论说之影响也。"（第445页）日本学者认为中国地分南北，学分南北，没有问题——他们是日本人；但对作为政治家的梁启超来说，则不可不察也；尤其是在军阀割据、社会动荡的时代，中国南北既有如此大的差异，接下来，治分南北、国分南北就是可能的选项。梁启超在《中国古代思潮》篇中还认为："秦汉之交，为中国专制政体发达完备时代；不喜其并立，而喜其一尊。惟孔学则严等差，贵秩序，而措之施之者，归结于君权；于帝王驭民，最为适合。故霸者窃取而利用之以宰制天下。"（转引自柳文第437页）柳翼谋则批驳说：

> 不知自西汉至东汉，阴阳、名、法诸家，皆与儒家并立，何尝统于一尊？董仲舒请罢黜百家，未见汉武有何明文，禁人习此诸家之学说也。至谓"儒家归结于君权；于帝王驭民，最为适合"；则墨家尚同一义，何以不适合于君权？且汉之好儒独元帝耳！宣帝论汉之家法，杂用霸道；何尝纯任儒教？（第437页）

> 《汉书·元帝纪》："帝柔仁好儒，尝侍燕从容言：'陛下持刑太深，宜用儒生。'宣帝作色曰："汉家自有制度，本以霸王道杂之；奈何纯任德教，用周政乎？且欲儒不达时宜，好是古非今，使人眩于名实，不知所守；何足妄任？"迺叹曰："乱我家者，太子也！"（第437—438页）

> 董仲舒请罢黜百家之后；汉之诸帝，且不任儒；乃谓秦汉之交即为儒学统一时代；何其武断；一至于此！然今日信梁氏之说者，实繁有徒。稍涉古书之藩，即纵笔而讥儒教如胡氏者，亦中梁氏之毒者也！（第438页）

> 然则诸子之学之销沈者，董卓、李傕、郭汜、石勒、王弥、刘曜诸人之罪！与汉武何涉！与董仲舒何涉！捨奸恶凶顽之盗贼不问，而痛责一无权无勇之儒生，此吾国人之所以不乐为儒，而甘于从贼也！（第439页）

对于汉武帝"罢黜百家，独尊儒术"之后，中国古代思想状况（尤其是意识形态）究竟如何，学者当然是见仁见智；柳氏此论，也可成一家之言。

二、胡适："矫枉过正"

作为新派学人的领袖，胡适对中国文化的批判，是激烈的、极端的、极有破坏性的；但奇怪的是，当他还在鼓吹"全盘西化"的时候，他对孔子、对儒家的态度已悄然发生了变化。

1933年7月，胡适应邀去芝加哥大学讲儒教，发表了《儒教的使命》的演讲。胡适从现代宗教的角度，一方面说"我不是一个儒教徒""儒教真可算是死了"；另一方面，他又从正面评价了儒家：

> 孟子是儒家最伟大的哲学家，他的影响仅次于孔子，曾说过："人之患，在好为人师。"儒家的经典里又常说："礼闻来学，不闻往教。"儒教从来不教它的门徒跑出去站在屋顶上对人民宣讲，把佳音带给大地四方不归宿的异教徒，儒教也从来不是一个用传教士的宗教。

> 然而，这也不是说，孔子、孟子和儒家的学者们要把他们的灯放在斗底下，不把它放在高处，让人人可以看见。这只是说，这些人都有那种知识上的谦虚，所以他们厌恶独断的传教士态度，宁愿站在真理追求者的谦虚立场。这只是说，这些思想家不肯相信有一个人，无论他是多么有智慧有远识，能够说完全懂得一切民族，一切时代的生活与道德的一切错综复杂的性质。孔子就说过："丘也幸，苟有过，人必知之。"正是因为有这样可能有错误的意识，所以儒教的开创者们不赞成人的为人师的欲望。我们想要用来照亮世界的光，也许其实只是把微弱的火，很快就要消失在黑暗里。我们想要用来影响全人类的真理，也许绝不能完全没有错。谁要把这个真理不加一点批评变成教条，也许只能毁坏他的生命，使他不能靠后来的新世代的智慧不断获得新活力，不断重新被证实。[①]

这里，胡适大有把儒家、儒教与基督教一较短长的意味，认为儒家"厌恶独断的传教士态度，宁愿站在真理追求者的谦虚立场"；而基督教则好为人师，"完全懂得一切民族，一切时代的生活与道德的一切错综复杂的性质"，把"真理"变成了"教条"。有学者认为，胡适在国外讲学时，常常赞扬孔子和儒家、儒学，是其民族情感使然。在这一方面，早在1918年胡适在演讲中就提到："那些外国传教的人，回到他们本国去捐钱，到处演说我们中国怎样的野蛮不开化。

---

① 胡适：《儒教的使命》。见欧阳哲生编：《胡适文集》（12），北京大学出版社1998年版，第296—297页。

他们钱虽捐到了，却养成一种贱视中国人的心理。这是我所最痛恨的。我因为痛恨这种单摘人家短处的教士，所以我在美国演说中国文化，也只提出我们的长处。"[1] 胡适痛恨专挑中国文化"短处"的传教士，而他在国内做的，恰恰是专挑中国文化的短处——在胡适看来，传教士宣扬中国文化的短处，说"中国怎样的野蛮不开化"，因而形成了"贱视中国人的心理"；而他本人的做法却如出一辙，是不是也会形成中国人自己（当然也包括外国人）"贱视中国人的心理"呢？自轻自贱，没有民族自尊心，这不也是百余年来部分中国人的心理吗？

如果说胡适在《儒教的使命》中赞扬孔子和儒家，是一种"策略"的话，1934年，胡适五万多字的长文《说儒》[2]，可以说是他对孔子及儒家态度转变的一个标志。我们把其中一些颇有代表性的话摘录如下：

> 这个广义的，来源甚古的"儒"，怎样变成了孔门学者的私名呢？这固然是孔子个人的伟大成绩，其中也有很重要的历史原因。孔子是儒的中兴领袖，而不是儒教的创始者。儒教的伸展是殷亡以后五六百年的一个伟大的历史趋势；孔子只是这个历史趋势的最伟大的代表者，他的成绩也只是这个五六百年的历史运动的一个庄严灿烂的成功。（第31页）

> 孔子所以能中兴那五六百年来受人轻视的"儒"，是因为他认清了那六百年殷周民族杂居，文化逐渐混合的趋势，他知道那个富有部落性的殷遗民的"儒"是无法能拒绝那六百年来统治中国的周文化的了，所以他大胆的冲破那民族的界限，大胆的宣言："吾从周！"（第43页）

> 孔子是个有历史眼光的人，他认清了那个所谓"周礼"并不是西周人带来的，乃是几千年的古文化逐渐积聚演变的总成绩，这里面含有绝大的因袭夏殷古文化的成分。（第44页）

> 孔子的伟大贡献正在这种博大的"择善"[3]的新精神。他是没有那狭义的畛域观念的。（第45页）

> 有教无类。这四个字在今日好像很平常，但在两千五百年前，这样平

---

① 胡适：《美国的妇人——在北京女子师范学校讲演》，原载1918年9月15日《新青年》第五卷第3号。见《胡适全集·胡适文存一集》（1），安徽教育出版社2003年版，第632页。

② 胡适：《说儒》，原载1934年《国立中央研究院历史语言研究所集刊》第四本第三部分。见欧阳哲生编：《胡适文集》（5），北京大学出版社1998年版，第3—66页。下文中引文只随文注页码。

③ 胡适所谓"择善"，指的是孔子"选择三代礼文的立场"，"调和三代文化"（第45页）。

等的教育观必定是很震动社会的一个革命学说。（第 46 页）

仁就是做人。用那理想境界的人做人生的目标，这就是孔子的最博大又最平实的教义。（第 46—47 页）

从一个亡国民族的教士阶级，变到调和三代文化的师儒；用"吾从周"的博大精神，担起了"仁以为己任"的绝大使命，——这是孔子的新儒教。

"士不可以不弘毅：任重而道远"，这是这个新运动的新精神，不是那个"一命而偻，再命而伛，三命而俯"的柔道所能包涵的了。（第 47 页）

他提倡的新儒行只是那刚毅勇敢，担负起天下重任的人格。（第 48 页）

孔子自己的人格就是这种弘毅的人格。（第 49 页）

大概这种谦卑的态度，虚心的气象，柔逊的处世方法，本来是几百年来的儒者遗风，孔子本来不曾抹煞这一套，他不过不承认这一套是最后的境界，也不觉得这是唯一的境界罢了。（第 50 页）

《论语》里记载他和当时的国君权臣的问答，语气总是最恭慎的，道理总是守正不阿的。（第 50 页）

孔子改造的新儒行：他把那有部落性的殷儒扩大到那"仁以为己任"的新儒；他把那亡国遗民的柔顺取容的殷儒抬高到那弘毅进取的新儒。这真是"振衰而起懦"大事业。（第 53 页）

胡适《说儒》中"儒是殷民族教士"的基本观点，我们姑且不论；从上面摘录出的胡适评价孔子及儒家、新儒行的话来看，他对孔子的历史功绩给予了高度的肯定与赞美，甚至可以说是不吝赞美之词，甚至在把儒家比作基督教福音书里耶稣所攻击的犹太"文士"和"法利赛人"时，都要特加说明"不含贬义"[1]，这与胡适在《吴虞文录·序》所说的"打孔家店"之语已有天壤之别。我们再看两条评论：

1948 年 9 月 5 日，胡适在北平《世界日报》发表《自由主义》[2]一文，其中说："古代思想的第一位大师老子……另一位更伟大的人就是孔子，他也是一位'偏向左'的中间派，他对于当时的宗教与政治，都有大胆的批评，他的

---

[1] 胡适解释说："犹太'文士'和'法利赛人'都是历史上的派别名称，本来没有贬意。因为耶稣攻击过这些人，欧洲文字里就留下了不能磨灭的成见，这两个名词就永远带着一种贬意。我用这些名词，只用他们原来的历史意义，不含贬义。"并说："犹太'文士'和'法利赛人'都是精通古礼的，都是'习于礼'的大师，都是犹太人的'儒'。"（第64页）
[2] 原是9月4日北平电视台的广播词。

最大胆的思想是在教育方面：有教无类……"①

1954年3月12日，胡适在台湾大学做了题为《中国古代政治思想史的一个看法》演讲，其中说："孔子是一个了不得的教育家。他提出的教育哲学可以说是民主自由的教育哲学，将人看作是平等的。孔子提出四个字，可以说是中国的民主主义教育哲学，就是：有教无类。"并且反思自己："关于中国古代思想的三个大老——老子、孔子、墨子，我在《中国哲学史》上卷，提倡百家平等；认为他们受了委屈，为被压迫了几千年的学派打抱不平。现在想来，未免矫枉过正。当时认为墨家是反儒家的；儒家是守旧的右派，而墨家是革新的左派。但这几十年来——三十五年来的时间很长，头发也白了几根，当然思想也有点进步——我看墨子的运动是替民间的宗教辩护，认为鬼是有的，神是有的。这种替民间宗教辩护的思想，在当时我认为颇倾向于左；但现在看他，可以算是一个极右的右派——反动派。尤其是讲宗教政治的部分，所说的话是右派的话。"②

胡适是高度赞扬作为教育家的孔子的，对孔子提出的"有教无类"的教育思想颇为倾倒，反复予以陈说；胡适对自己"矫枉过正"的反思，虽有历史的痕迹，也没有章太炎反思的沉痛与深刻，但他总算对自己、对中国人、对历史有了个交代。

1958年，胡适在一次接受访问中说："很多人认为我是一个反孔主义者，而我的确曾对儒家漫长历史中的很多方面采取了批判、斥责的态度。但就整个而言，在我的所有著作中，我对孔子及其以后早期的追随者如孟子，都是相当尊重的。我对中国12世纪时期理学的创始人之一朱熹甚为敬佩。我根本没有把自己视为反孔主义者。"③表明自己对孔子及其后学，如孟子、朱熹等都相当尊重，并强调自己不是一个"反孔主义者"。

胡适秘书胡颂平撰写的《胡适之先生晚年谈话录》，记录了胡适从1958年

① 胡适：《自由主义》。见《胡适文集》（12），北京大学出版社1998年版，第806—807页。

② 胡适：《中国古代政治思想史的一个看法》，原载1954年3月13日台北《中央日报》《中华日报》等。见欧阳哲生编：《胡适文集》（12），北京大学出版社1998年版，第185、188页。

③ 胡适：《胡适博士个人的回忆录》，第263页。转引自林毓生：《中国意识的危机——"五四"时期激烈的反传统主义》（增订再版本），贵州人民出版社1986年版，第165页。

12 月 5 日至 1962 年 2 月 24 日去世前的言谈[①]，我们从中也可发现，胡适晚年对孔子及儒家态度的转变。现摘录其中有关内容：

1958 年 12 月 26 日：因胡颂平把"耳顺"解释为"耳闻其言，而知微旨"，胡适说："从前经师对于耳顺的解释都不十分确切。我想，还是容忍的意思。古人说的逆耳之言，到了六十岁，听起人家的话来已有容忍的涵养，再也没有逆耳的了，还是这个意思比较接近。"（第 4 页）

1959 年 6 月 1 日：今天谈《论语》。胡颂平说："我读《论语》，我在先生的身上得到了印证。"胡适听到这句话，先是愕然地一愣，然后慢慢地说："这大概是我多读《论语》的影响。"（第 27 页）

1960 年 2 月 23 日：中午的饭桌上有一盘"狮子头"的菜。胡适因说："'食不厌精，脍不厌细'这两句话是圣人最近人情的话，全世界两千多年的哲人中，没有第二人说过这些话。……孔子是很讲究吃的，这是圣人最近人情的地方。"胡颂平解释说："先生平日口头上说的'圣人'，都指孔子。"（第 47 页）

1961 年 1 月 11 日：胡适在介绍方孝孺时说：方孝孺是明初一个了不起的人。外人常说中国人很少殉道的人，或说为了信仰杀身殉道的人很少；但仔细想想，这是不确的。我们的圣人孔夫子在二千五百年前，就提倡"有杀身以成仁，毋求生以害仁"，这是我们的传统。在中国历史上有独立的思想、独立的人格而殉道的不少。方孝孺就是为主张，为信仰，为他的思想而杀身成仁的一个人。（第 103—104 页）

1961 年 1 月 17 日：有人向胡适请教"仁"字的问题，胡适好像说：孔子对他学生有浅的说法，也有深的说法，如对樊迟，资质差一点的，他就说"仁"是"爱人"；但对颜回，天分很高的，另有一种说法。如"有杀身以成仁，毋求生以害仁"，这个"仁"字是说人类的尊严。"仁以为己任"的"仁"字，可以说是代表真理。他对各人的说法都不同，因为各人不同，各人尽他的做去都是仁，有时是人道，有时是人类[②]。（第 108 页）

1961 年 1 月 26 日：……胡适又说："凡是大成功的人，都是有绝顶聪明而肯作笨工夫的人，才有大成就。不但中国如此，西方也是如此。像

---

① 胡颂平：《胡适之先生晚年谈话录》，中国友谊出版公司 1993 年版。下文中引文只随文注页码。

② 此处胡适对"仁"的理解，可谓真知灼见。可惜胡颂平没有记全。

孔子，他说'吾尝终日不食，终夜不寝，以思，无益，不如学也'，这是孔子作学问的功夫。孟子就差了。汉代的郑康成的大成就，完全是做的笨功夫。宋朝的朱夫子也是一个绝顶聪明的人，他十五六岁时就研究禅学，中年以后才改邪归正。他说的'宁详毋略，宁近毋远，宁下毋高，宁拙毋巧'，我时常写给人家的。……如陆象山，王阳明，也是第一等聪明人的。像顾亭林，少年时才气磅礴，中年时才做实学，做笨的工夫，你看他的成就！像王念孙、王引之、戴东原、钱大昕，都是绝顶聪明作笨的工作才能成功的。"（第110—111页）

1961年12月4日：胡适在与胡颂平谈到《民族晚报》所刊文章中说"其时去胡适之打倒孔家店未久"这句话之误时说："我在《吴虞文录》序文里说吴虞在四川只手打孔家店，并不是我去打倒孔家店①。我那篇序文是用撇水侠说起，人家看起来好像不是我的文章。我很少那样写的。我的文章都是开门见山的。"（第240页）

1962年1月24日：胡适对孔达生说："我们的老祖宗孔夫子是近人情的。但是到了后来，人们走错了路了，缠小脚、八股文、律诗、骈文，都是走错了路。"（第276页）

从上面摘录的内容看，胡适口称孔子为"圣人"，对儒家"仁"的核心理念给予高度评价，认为儒学史上的重要人物都是"绝顶聪明而肯作笨工夫的人"，都是有"大成就的人"；虽依旧会冒出"要把几千年的老东西搬出来"（第64页）、"中国的文化真不高明"（第205页）之类的话，但能心平气和地谈论儒家。整体上看，由于胡适晚年偏居一隅，他对孔子、对儒家的反思②已经少有人看到，已经失去了对中国文化的影响力；在一般中国人心目中，早已把胡适定格为激烈地、激进地批判中国文化的"斗士"，定格为新派学人的领袖，定格为"全盘西化"的代表人物，所以相对于他的文化批判而言，他的反思与反省只是肤浅的，并不深刻，也不全面，不能抵其文化批判影响之万一。

---

① 此处胡适有为自己推脱责任的嫌疑；他确实没有说"我去打倒孔家店"，但确实是他在《吴虞文录》序文提出了"打孔家店"的口号；在当时文化批判的高潮中，说吴虞还是胡适，没有什么区别——其实这也是作为新派学人代表人物胡适的主张。

② 与其说胡适的"反思"，不如说胡适思想上、认识上的变化；胡适并没有彻底地反省自己，也没有批判自己无底线、无原则批判中国文化的言论，只以"矫枉过正"轻轻带过。

三、钱玄同：①"排斥孔教，排斥旧文学的态度狠①应该变"

钱玄同（1887—1939），1906年19岁时赴日本留学，1910年回国任教，期间正是钱氏人生观、价值观形成的关键时期；且钱氏家族，自钱玄同长兄钱恂（1853—1927）开始，即有全家留日的传统——钱氏受日本文化影响根深蒂固，当是个不争的事实②。我们本书中经常提到钱玄同的观点，当然对中国文化是以激烈批判、全盘否定甚至谩骂诅咒为基调。但后来，钱氏对中国文化的态度还是有了很大的改变。

其实，钱玄同12岁之前，即受到过严格的经学、国学训练③；在后来经学学习中，则专注于今文经学。刘贵福在《钱玄同早年经学思想述论》一文中认为，钱氏"专宗今文，使钱玄同对今文经学的尊崇达到了顶点，同时也开启了他对儒家古文经典的全面怀疑"④；而杨天石在《哲人与文士》一书中认为："1908年钱玄同在东京师从章炳麟，和龚宝铨等人一起听章讲《说文》、《汉书》、《文心雕龙》等著作，一度主张复古。在这一方面，钱玄同甚至走得比他的老师更远、更彻底。"⑤可以说，早期的钱玄同是一个复古派，所以，1907年信仰无政府主义的刘师培在日本东京鼓吹世界语的时候，钱玄同还能站在乃师章太炎的立场，学习国学⑥。

纵观钱玄同的一生，他的立场、他的思想是易变的、多变的，甚至突然之

---

① "狠"即"很"字，这在钱玄同、胡适文章中多次出现（下文中不再注明）。

② 邱巍：《钱玄同家族留学日本考述》，《西北工业大学学报》2005年第1期。

③ 刘贵福在《钱玄同早年经学思想述论》中说："钱玄同自幼读经，5岁，读《尔雅》、《毛诗》。7岁，读《周易》，同时读张稷若《仪礼句读》，读《士冠》、《士昏》两卷，《士相见礼》只读第一节。8岁，读《尚书》。季秋后，读《礼记》郑注。冬，《礼记》读毕。10岁，开始读四子书。11岁读《左传》。12岁，读《公羊》《谷梁》。"（《中国社会科学院研究生院学报》2002年第6期）

④ 刘贵福：《钱玄同早年经学思想述论》，《中国社会科学院研究生院学报》2002年第6期。

⑤ 杨天石：《哲人与文士》，中国人民大学出版社2007年版，第502页。

⑥ 张仲民：《世界语与近代中国知识分子的世界主义想象——以刘师培为中心》。该文中说："钱玄同对世界语虽然很感兴趣，也非常想跟刘师培学习，但认为跟章太炎学习的机会更为难得，比较之下，钱玄同还是决定优先考虑去听章太炎讲国学。"（《学术月刊》2016年第4期）

间从一端走向另一端①，"钱玄同平时即有立论太过的特点，周作人说钱玄同'主张常涉两极端'，鲁迅则认为钱玄同喜欢十分话说到十二分"②，话说得太满、太过，问题并不大，关键是立场的变化。钱玄同为什么从复古派直接转化为激烈的、极端的、全盘的中国文化批判论者呢？钱玄同自己说是"自洪宪纪元，始如一个响霹雳震响迷梦，始知国粹之万不可保存"③，就是说，袁世凯复辟是其思想转变的根本原因，此说影响甚大；但倪伟在考察了钱玄同在袁世凯称帝前后的日记后，指出钱氏"言语中既无亡民国的哀痛，亦无对袁氏倒行逆施的愤怒"，而"印象更深的倒是他因个人生活不顺而不断发出的怨叹"；并认为，1917年后，钱玄同思想更趋激进，不仅视一切古文经为伪造，还进而"打破'家法'观念，觉得'今文家言'什九都不足信"④。此时适逢《新青年》举起反传统的旗帜，风云际会，他也便因疑古而转向了激烈地反传统。⑤综合各方面的情况看，钱氏思想的剧烈变化，其原因可简单概括为：（1）清代今文经学的影响；（2）钱氏留学日本，受日本学者批中之影响；（3）受西方无政府主义思想的影响（国内吴稚晖、刘师培等无政府主义者影响）；（4）更为关键的，是钱玄同个人善变的性格。钱玄同个性大概爱之如火，恨之如火，极端情绪化，以至于林语堂晚年忆及钱玄同时有"精神病患者"⑥之讥。倪伟在《〈新青年〉时期钱玄同思想转变探因》一文中最后总结说："钱玄同一生思想多变，常以今日之我否定昨日之我，且往往是那种大翻转式的变化。其多变、善变虽不能说是曲学阿世，却也并非缘于思想的不断精进。他终究还是没有一套从自己的生命经验中顽强生长出来、又经过艰苦的思考和反复的纠错而形成的想法，没有坚定的思想信念，更没有投身饲虎的勇气，就只能被时代潮流裹挟着东飘西荡了。当然，这么说并非要抹杀他在新文化运动中的功绩，因思想的简单而获得的自

---

① 钱玄同在《保护眼珠与换回人眼》（1918年12月15日）一文中，在回复陈大齐关于让钱氏做一部"粪谱"时，曾回顾了自己早年的思想经历，并予以全面地否定。见《钱玄同文集》（第一卷），中国人民大学出版社1999年版，第279页。

② 刘贵福：《钱玄同与五四思想革命》，《北京科技大学学报》2000年第2期。

③ 钱玄同：《保护眼珠与换回人眼》（1918年12月15日）。见《钱玄同文集》（第一卷），中国人民大学出版社1999年版，第281页。

④ 钱玄同：《论今古文经学及〈辨伪丛书〉书》。见《钱玄同文集》（第四卷），中国人民大学出版社1999年版，第225页。

⑤ 倪伟：《〈新青年〉时期钱玄同思想转变探因》，《杭州师范大学学报》2015年第4期。

⑥ 林语堂：《三十年代》。见《林语堂名著全集·八十自叙》（第十卷），东北师范大学出版社1994年版，第297页。

信和勇气让他很好地充当了急先锋的角色，为新文化运动的推进助了一臂之力，为实现废汉文的最终目标，他还积极参与了注音字母、国语罗马字、简体字等的制定和推广工作，这些实绩也许是更应当被铭记的。"[1] 这也是着眼于钱氏的性格因素的。近些年来，有人认为钱氏在 1939 年 1 月 17 日因脑溢血去世是"死得其时"，否则有可能沦落为"第二个周作人"[2]；当然这种观点遭到了众人的反对[3]。在这种涉及到民族气节、民族大义的问题上，最好不要推测，因为钱玄同死时毕竟没有成为"第二个周作人"。

钱玄同总是不断地反思、否定以前的自己。1920 年 9 月 25 日，钱氏致周作人的信中说："我近来很觉得两年前在《Sin cin nieno》[4] 杂志上做的那些文章，太没有意思。并且此等直观的感情的论调，于青年非徒无益，反足以养成《Sinĵeno》和《Sindisjǎ sˆǔ o'》[5] 之恶习。仔细想来，我们实在中孔老爹'学术思想专制'之毒太深，所以对于主张不同的论调，往往有孔老爹骂宰我，孟二哥骂杨、墨，骂盆成括之风。其实我们对于主张不同之论调，如其对方面所主张，也是二十世纪所有，我们总该平心静气和他辩论。我近来觉得要是拿骂王敬轩的态度来骂人，纵使所主张新到极点，终之不脱'圣人之徒'的恶习，所以颇惮于下笔撰文。"[6] 这里虽还在骂孔孟，但已经觉得应该"平心静气"地讨论问题。在 1921 年元旦，钱玄同又在日记里说："我在两三年前，专发破坏之论，近来觉

---

① 倪伟：《〈新青年〉时期钱玄同思想转变探因》，《杭州师范大学学报》2015年第4期。

② 谢村人：《"书斋生活及其危险"——从钱玄同的一封佚信所想到的》，《鲁迅研究月刊》1998年第1期。按：钱玄同参加亲日分子宴会的事情出自周作人的记述。张菊香《周作人年谱》1938年3月29日下记："午往玉华台，赴中国大学校长何其巩（何克之）之招宴，同座有山崎宇佐、罗文仲、孙蜀丞、方宗鳌、夏明家、钱玄同、沈兼士。"（张菊香、张铁荣：《周作人年谱》，天津人民出版社2000年版，第547页）

③ 如召南《钱玄同的盖棺论定》（《鲁迅研究月刊》1998年第6期）、姚力《对〈"书斋生活与其危险"〉的一点辩正——与谢村人先生商榷》（《鲁迅研究月刊》1998年第7期）、邱巍《境遇中的民族主义：从钱玄同的晚节说起》（《中共浙江省委党校学报》2006年第6期）、袁一丹《再说钱玄同的"晚节"》（《读书》2015年第4期）、陈福康《也谈钱玄同的晚节》（《读书》2015年第4期）等。

④ 指《新青年》。此为拉丁字母拼音。

⑤ 此处前一个j和最后一个s上面标有ˆ，笔者用了半个小时也没有能够复制或打上去（只能放到右上方了）。当年提倡世界语的钱玄同们，是何苦来？这些字母符号就好认、好记、好写、好用？我不信也。

⑥ 钱玄同：《致周作人》。《钱玄同文集·书信》（第六卷），中国人民大学出版社1999年版，第32—33页。

得不对。杀机一起，决无好理。我以为我们革新，不仅生活见解，第一须将旧人偏窄忌克之心化除。须知统一于三纲五常固谬，即统一于安那其、宝雪维兹也是谬。万物并育而不相害，道并处而不相悖，方是正理。"①指出"杀机一起，决无好理"，并引（化）用了《礼记·中庸》中"万物并育而不相害，道并行而不相悖"的名言。

1925年4月，钱玄同在《北京孔德学校旬刊》上发表的《青年与古书》一文。该文先是指出了当时人们对古书的态度分为三派，即（甲）主张应该读的，（乙）主张不应该读的，（丙）也主张应该读的，可是和甲派绝对不同，表示自己同意丙派；并指出："可是无论说扔下毛厕吧，说束之高阁吧，这自然都是指应该有这样的精神而言，自然不是真把一部一部的古书扔下毛厕或束之高阁。那么，古书汗牛充栋，触目皆是，谁有遮眼法不给青年看见呢？有人说，遮眼法之说不过是戏谈，而禁止阅看或者可以办到。我说：禁止之法，乃是秦之嬴政与清之爱新觉罗弘历这种独夫民贼干的把戏，我们可以效法吗？要是禁止了而他们偷看，难道可以大兴文字狱而坑他们吗？据我看来，青年非不可读古书，而且为了解过去文化计，古书还是应该读它的。古书是古人思想、情感、行为的记录，它在现代，只是想得到旧文化的知识者之工具而已。工具本是给人们使用的东西，但使用之必有其道。……使用古书之道若何？曰：不管它是经是史是子是集（经史子集这种分类，本是不通之至的办法），一律都当他历史看；看它是为了要满足我们想知道历史的欲望，绝对不是要在此中找出我们应该遵守的道德的训条，行事的轨范，文章的义法来。"②这里，钱玄同已经摒弃了自己在1918年《中国今后之文字问题》中所说的"惟有将中国书籍一概束之高阁"③的说法，态度已有所缓和，让青年把古书"一律都当他历史看"——但历史是什么呢？钱氏或者不懂。

1926年4月，钱玄同在给周作人的信中说："我近来觉得改变中国人的思想真是唯一要义。中国人'专制''一尊'的思想，用来讲孔教，讲皇帝，讲伦常……固然是要不得；但用它来讲德谟克拉西，讲布尔什维克，讲马克思主义，

---

① 杨天石编：《钱玄同日记（整理本）》（上册），北京大学出版社2014年版，第367页。
② 钱玄同：《青年与古书》，《北京孔德学校旬刊》第二期，1925年4月11日。见《钱玄同文集》（第二卷），中国人民大学出版社1999年版，第143—144页。
③ 钱玄同：《中国今后之文字问题》（1918年3月14日）。见《钱玄同文集》（第一卷），中国人民大学出版社1999年版，第164页。

讲安那其主义,讲赛英斯①,……还是一样的要不得。反之,用科学的精神(分析条理的精神),容纳的态度来讲东西,讲德先生和赛先生等固佳,即讲孔教,讲伦常,只是说明它们的真相,也岂不甚好。……我们以后,不要再用那'必以吾辈所主张者为绝对之是而不容他人之匡正'的态度来作'诇诇'之相了。前几年那种排斥孔教,排斥旧文学的态度狠应该变。若有人肯研究孔教与旧文学,鳃理而整治之,这是求之不可得的事。即使那整理的人,佩服孔教与旧文学,只是所佩服的确是它们的精髓的一部分,也是狠正当,狠应该的。但即使盲目的崇拜孔教与旧文学,只要是他一人的信仰,不波及社会——波及社会,亦当以有害于社会为界——也应该听其自由。此意你以为然否?但我——钱玄同——一个人的态度,则两年来早已变成'中外古今派'了。可是我是绝对主张'今外'的;我的'古中',是'今化的古'和'外化的中',——换言之,'受过今外洗礼的古中'。我不幸自己不懂'中外',但我总'承认'古中决非今后世界之活物。"②这里,钱玄同虽然说自己是"绝对主张'今外'的",但有两点需要指出:一是钱氏态度更为开放、包容,甚至对那些"盲目的崇拜孔教与旧文学"的人,也没有一棍子打死,认为只要不波及社会,也听之任之。二是反思自己排斥孔教、排斥旧文化的态度,强调"狠应该变";而用科学的精神来"讲孔教""讲伦常",也甚好,这也意味着,孔教与伦常不是不可以讲。

1927年8月2日,钱玄同在给胡适的信中说:"我近来思想稍有变动,回想数年前所发谬论,十之八九都成忏悔之资料。今后大有'金人三缄其口'之趋势了。"钱氏回想起数年前的"谬论"是什么,要"忏悔"什么,钱氏没有明言;而又据钱穆《八十忆双亲·师友杂忆》中记载:"闻钱玄同临亡,在病床亦有治学迷途之叹云。"③钱玄同的"治学迷途之叹"是什么呢?是后悔自己决绝地否定、批判、诅咒中国文化吗?

总体来看,钱玄同思想充满着矛盾,或者可以说钱氏本身即是一个矛盾体,典型体现了中国旧秩序破坏、新秩序未确立之际的思想动态,尤其体现了中国知识分子在各种西方思潮影响下的焦灼与不安,甚至无所适从。

---

① 此处几个名词,原文用的是注音字母,今替换为汉字。
② 钱玄同:《致周作人》(1926年4月8日)。见《钱玄同文集·书信》(第六卷),中国人民大学出版社1999年版,第74—76页。
③ 钱穆:《八十忆双亲·师友杂忆》,生活·读书·新知三联书店1998年版,第219页。

四、刘半农："打破了大同的迷信，应该觉悟只有自己可靠"

刘半农（1891—1934），早年曾写鸳鸯蝴蝶派小说，被归入旧阵营；1916年10月始在《新青年》发表文章[①]，转入新阵营。由于他的这种经历，在新阵营受到胡适等人的嘲讽，于是转而出国留学，获得博士学位，并荣获1925年法国康士坦丁·伏尔内语言学专奖——刘半农是货真价实的法国博士[②]。鲁迅在《忆刘半农君》记载了刘半农刚转入新阵营的情形："几乎有一年多，他没有消失掉从上海带来的才子必有'红袖添香夜读书'的艳福的思想，好容易才给我们骂掉了。但他好像到处都这么的乱说，使有些'学者'皱眉。有时候，连到《新青年》投稿都被排斥。……但这些背后的批评，大约是很伤了半农的心的。他的到法国留学，我疑心大半就为此。"[③] 周作人晚年在《知堂回想录》中也说："刘半农当初在上海卖文为活，写'礼拜六'派的文章。但是响应了《新青年》的号召，成为文学革命的战士，确有不可及的地方。来到北大以后……英美派的绅士很看他不起。明嘲暗讽，使他不安于位，遂想往外国留学，民九乃以公费赴法国。留学六年，始获得博士学位，而这学位乃是国家授予的，与别国的由私立大学所授的不同，他屡自称国家博士，虽然有点可笑，但这是很可原谅的。"[④] 能获得法国国家博士学位，这大概是刘半农引以为傲的——相对于当时众多的海归博士而言，刘半农确实是非常突出的，他们大都是私立大学的博士，

[①] 1916年10月，刘半农在《新青年》发表《灵霞馆笔记》一文。见徐瑞岳：《刘半农生平年表》，《徐州师范学院学报》1984年第1期。

[②] 秦贤次在《刘半农的面面观》一文中说："十四年（1925）春，以法文《汉语字声实验录》及《国语运动史略》两长篇论文，获得法国国家文科博士学位，并被推为巴黎语言学会会员，受有法兰西学院伏尔内语言学专奖，其《汉语字声实验录》一文且由巴黎大学出版，列为'语音学院丛书'之一。刘半农所得的文科博士，乃是国家授予的，与普通由大学本身所授的大为不同。据我所知，还是国人第一个获得此荣誉的。……刘半农通过博士口试的那一天是十四年三月十七日，据杨步伟女士在《杂记赵家》一书的生动描叙大约如下：刘半农带著仪器赴试，主考官有六人，一考就是六个小时，当中只出去吃了一点咖啡什么的，考完回家时，半农都要人架著走了。可见考国家博士激烈的一斑了。"（《海南师范学院学报》1991年第2期）

[③] 鲁迅：《忆刘半农君》（1934）。见《鲁迅全集》（第六卷），人民文学出版社2005年版，第74页。

[④] 周作人：《卯字号的名人》（三）。见周作人：《知堂回想录》，香港三育图书有限公司1980年版，第358页。

甚至是冒牌的博士。可惜天不假年，竟然早逝。

鲁迅在《忆刘半农君》一文中评价刘半农时说他："是《新青年》里的一个战士，他活泼、勇敢，狠打了几次大仗。譬如吧，答王敬轩的双簧信，'她'和'牠'字的创造，就都是的。"[1]的确，在一般人看来，刘半农最出名的事件便是与钱玄同的"双簧信"：钱玄同化名王敬轩，模仿"复古派"写信给《新青年》杂志，而由刘半农痛加驳斥[2]，在当时引起很大反响，刘半农也成了响当当的新派学人。

但刘半农赴欧留学后，并没有见到国人所吹嘘的"人间天堂"，无政府主义者及新派学人所鼓吹的"世界语"，在欧洲也不见踪影，这使他的思想发生了很大的变化。在1925年1月，刘半农在巴黎给周作人写信时说："《语丝》中使我最惬意的一句话，乃是你所说的：'我们已经打破了大同的迷信，应该觉悟只有自己可靠……所可惜者中国国民内太多外国人耳。'我在国外鬼混了五年，所得到的也只是这一句话。"并且说："我们虽然不敢说，凡是'洋方子'都不是好东西，但是好东西也就太少。至少也可以说：凡是腿踏我们东方的，或者是眼睛瞧着我们东方这一片'秽土'的，其目的决不止身入地域，超度苦魂！"[3]从这里看出，无政府主义者及新派学人所主张的大同世界或者说世界主义在刘半农心里破产，对西方文化的态度也发生了根本改变。

刘半农回国之后，面貌自是跟出国之前不同。1928年10月7日，刘半农在《关于外国话及外国字》[4]一文中，开头从周作人请吃午宴，诸人谈论中国人说外国话的话题说起：

> 记得三年前在巴黎时向某先生说过，"我回国后一定不说外国话，且将榜于门曰："不说中国话者不入吾门。若有外国人来看我，能说中国话的就说，不能说的自己带了翻译来。"当时某先生听了，只是一笑置之。（第130页）

回国后，也很想把这古怪主张提倡提倡，无如一说出口，便碰了一鼻

① 鲁迅：《忆刘半农君》（1934）。见《鲁迅全集》（第六卷），人民文学出版社2005年版，第73页。

② 刘半农、钱玄同"双簧信"，发表在1918年3月15日《新青年》第四卷第3号上。

③ 刘复：《寄周启明》（1925年1月28日于巴黎）。见《半农杂文》（第一册），上海书店，北平星云堂书店1934年版，第194—195页。

④ 刘半农：《关于外国话及外国字》（1928年10月7日）。见刘半农遗著《半农杂文二集》，上海良友图书印刷公司1935年版，第130—137页。下文该文中引文随文注页码。

子的灰。甚至于有一次，我向一位朋友说"做中国文章，不该把无谓的外国文字嵌入（必要时当然要嵌）"，也被那位朋友痛骂了一顿，而那位朋友却是不大懂得外国文字的！（第130页）

同时外国文字之在中国，仍日见其欣欣向荣。（第130页）

我不知道这是何种心理的结晶。若说为便于外国人起见，不得不如此，我却看见许多人，名片背面刻着煌煌洋文，自己却没有半个洋朋友，甚至于永世没有递进名片去拜见洋人的机会，——凭空画上几条蝴蟮丝，岂不是白天闹鬼！（第131页）

在殖民地上，有主有奴，所以钱币等物，必须数种文字并列，使主奴均便；其余报纸名称，商店招牌，也都有这样的需要。中国境内各租界和北平使馆界里，路牌用中西文字并列，门牌用阿拉伯码或中文并列，或只用阿拉伯码而不用中文，已是此种殖民地现象的见端（但我并不反对用阿拉伯码，因为这已是世界的公物，不是某一国的专有品了），在有心人看了，正应痛心疾首。而不料另有一部分人要先意承志：人家还没有能把我们看作殖民地上的奴才，我们先在此地替他作预备功夫，此诚令人悽怆感喟，欲涕无从也。（第132—133页）

于是另一位酸先生说："……还有许多人，如洋行小鬼之类，中国人碰中国人也大说其外国话，或者是在中国话里夹进了许多'寸碟'的外国话，我们在旁听了，真不免代为肉麻。不但洋行小鬼如此，有许多外国人所办的，或者是外国人占大势力的学校里的学生，也大都如此。……"（第136页）

（最后结语）我们并不反对研习外国语言文字，而且极主张今后的青年要多多研习外国语言文字。但要紧记牢：研习外国的语言文字为自己，不是为别人；是要借此吸取外国的文明，因而"即以其人之道，还治其人之身"，以达打倒帝国主义的目的，不是要借此卖身投靠，把自己送给帝国主义者作奴隶，替帝国主义者宣传，替帝国主义者装点门面。（第136—137页）

刘半农在该文中，具有鲜明的中国立场、中国情结。虽然，该文有鲜明的时代语境，有些话或可言过其实，但该文中所指出的诸种现象，在今天非但没有减少，反而有过之而无不及，中国话、中国文字的纯洁性殊为可危。

对于京剧，对于京剧的代表人物梅兰芳，鲁迅极为不喜，在《鲁迅全集》多有挖苦、嘲讽之言，如《论照相之类》《厦门通信》《文艺与政治的歧途》《宣传与做戏》《看萧和"看萧的人们"记》《最艺术的国家》《"京派"与"海派"》

《略论梅兰芳及其他》（上、下）①诸篇，都有或多或少地论及。当然，最著名的还是选入中学课本的《拿来主义》，可谓家喻户晓，其中说："别的且不说罢，单是学艺上的东西，近来就先送一批古董到巴黎去展览，但终'不知后事如何'；还有几位'大师'捧着几张古画和新画，在欧洲各国一路的挂过去，叫作'发扬国光'。听说不远还要送梅兰芳博士到苏联去，以催进'象征主义'，此后是顺便到欧洲传道。我在这里不想讨论梅博士演艺和象征主义的关系，总之，活人替代了古董，我敢说，也可以算得显出一点进步了。"②与鲁迅不同，刘半农对京剧的态度，能够立足中国，立足中国的语言特点来阐述，要客观、公允，也专业得多。

　　1929年，在梅兰芳赴美游历演出前，刘天华（刘半农二弟，1932年去世）编辑《梅兰芳歌曲谱》，刘半农为之作序。在该篇序文中，刘半农先是强调了乐歌与戏曲的多样性问题，他说："要是把世界上的事物全都统一了，把世界上的人的身体、精神、举动也全都统一了，我们张开眼睛看去，所有的人都好像是一个模子里翻出来的土偶，回头看看自身，也不过是这些土偶中之一，请问到了那时，还有什么人生的意趣；人生的意趣要是消亡了，世界也就跟着消亡了。"正因为世界各国、各民族乐歌与戏曲具有多样性，才显得异彩纷呈。接下来，刘半农解释了自己十年前反对旧剧的原因③，主要从三个方面反驳了那种"以为歌剧可以有，但中国的实在要不得，必须打倒了中国的而采用西洋的"观点：

　　　　第一，他们以为中国的音律太简单，而且只有单音，没有配音。这句
　　话并不十分真确：即使是真确的，也并不是中国歌剧的毛病。因为音律的

---

① 《论照相之类》（1924年11月11日），《鲁迅全集》（第一卷），第194—195页；《厦门通信》（1926年12月），《鲁迅全集》（第三卷），第388页；《文艺与政治的歧途》（1927年12月21日），《鲁迅全集》（第七卷），第453页、第115页；《宣传与做戏》（1931年11月20日），《鲁迅全集》（第四卷），第345—346页；《看萧和"看萧的人们"记》（1933年2月23日），《鲁迅全集》（第四卷），第510页；《最艺术的国家》（1933年4月2日），《鲁迅全集》（第五卷），第91页（未提梅兰芳名字）；《"京派"与"海派"》（1934年2月3日），《鲁迅全集》（第五卷），第453页；《略论梅兰芳及其他》（上）（1934年11月5日），《略论梅兰芳及其他》（下）（1934年11月6日），《鲁迅全集》（第五卷），第609—610页，第612—613页。上述内容，依据《鲁迅全集》人民文学出版社2005年版。

② 鲁迅：《拿来主义》（1934年6月7日）。见《鲁迅全集》（第六卷），人民文学出版社2005年版，第39页。

③ 刘半农解释说，十年前主要是旧剧一家独大，新派的白话剧难以出头，所以批判旧剧。

简单与否，及演奏时有无配音，只是音乐中所取材料的浓淡问题，并不是音乐本身的好坏问题。

第二，他们以为中国歌剧的情节不好，而且种种做工，不合于自然。我以为歌剧重在音乐，情节不过是音乐所寄附的一个壳子，好不好没有什么关系。

第三，他们以为中国歌剧在组织上及设备上太不进步：最显著的如男女老少之互扮，布景及彩光之简陋或无方，锣鼓之喧闹……诸如此类，我们也承认是很大的毛病，但与歌剧的本身无关。要是我们有意改良，改起来并不困难。

刘半农后又指出了"中国歌剧可以存在的理由"："我以为乐歌与戏曲，是和语言有基本的关系的。一国有一国特殊的语言，就应当自有其特殊的乐歌与戏曲，要不然，乐歌与戏曲的情绪韵调不能与语言相谐合，结果便成了个非驴非马的东西。"[①]刘半农从乐歌、戏曲与语言的关系入手，分析了中国歌剧得以存在的原因，这在当时是少有的专业的解释。当然，这也是刘氏的一家之言，但总比情绪化的挖苦、嘲讽好得多。

1930年5月，刘半农担任北平大学女子文理学院院长后，实行一系列改革，其中禁止女生入公共跳舞场、令学生间相互称"姑娘"等以代"密斯"，引起较大的争议。1931年4月1日，刘半农在《世界日报》发表《跳舞与密斯》一文回应质疑，其中说：

近来平市各舞场，空气太坏，往往容易引诱青年入于浪费，虚荣，旷时，耽恋之迷途，或竟至造成悲惨之结果。此等舞场，欧美都会中亦有之，然自爱者决不涉足。余为爱护青年及徇各生家长之请求，曾于一月半以前，布告禁止学生到舞场跳舞，盖雅不欲今日中国之大学生，仅成其为一对对跳舞之摩登青年也。

密斯互称，系去岁余就女子学院院长职时，向学生发表者。第一，女子称谓之名词，国语中并不缺乏，为保存中国语言之纯洁计，无须乎用此外来译音之称呼。第二，"密斯"在英语中，并非有何特别可贵处，英人对使女及饭店下女之类，亦称"密斯"，未必一受此称，便有何等光荣。第三，吾人口口声声呼打倒帝国主义之口号，而日常生活中尚将此不需要

<hr>

[①] 刘半农：《梅兰芳歌曲谱序》（1929年12月30日）。见刘半农遗著《半农杂文二集》，上海良友图书印刷公司1935年版，第186页、第188—190页。

之帝国主义国家语言中译来之名词引用，诚不知是何种逻辑。根据以上理由，余主张废弃带有奴性的"密斯"称呼，而以"姑娘""小姐""女士"等国语中固有之称呼代之，固非主张代替"密斯"称呼，非用"姑娘"二字不可；而废弃"密斯"之理由，亦非因其雅致或不雅致。[①]

蔡元培任北大校长期间，曾让学生以"密斯"互称，西化色彩明显；刘半农对此予以纠正，并强调要"保存中国语言之纯洁"，这在当时乃至现在都具有积极的意义。

刘半农态度的转变以及与新派阵营的脱离，引起一些人的不满，以致多有讥评，如施军《时代风雨中的自觉落伍——简论"五四"后的刘半农》[②]一文，单从题目就可以看出作者的态度与立场，刘半农"落伍"了吗？我觉得他做的工作更有意义。

五、蔡元培诸人态度的变化

（一）蔡元培

在我看来，蔡元培首先是个革命家，其次是个教育改革家，再次是思想家；或者可以说，蔡元培的思想，是受革命形势鼓荡的，这在蔡氏早期尤为明显。我们前面在讲经学存废之争的时候，说到蔡元培当上中华民国教育总长后，通过行政命令废弃了中国中小学、大学的读经科目；他在担任北京大学校长时，让学生间互称"密斯""密斯脱尔"，都典型地体现了蔡氏反传统的、西化的主张。看蔡元培一生行事风格，他应该是一位理想主义者。1919 年 7 月 10 日，严复在给熊纯如的信中曾评价蔡元培说："蔡孑民人格甚高，然于世事，往往如庄生所云：'知其过，而不知其所以过。'偏喜新理，而不识其时之未至，则人虽良士，亦与汪精卫、李石曾、王儒堂、章枚叔诸公同归于神经病一流而已，于世事不但无补，且有害也。"[③]这当然是严复个人的看法。

作为具有特殊身份、特殊地位的领导人物，蔡元培批判孔子及儒家、批判

---

① 刘半农：《跳舞与密斯》。见刘半农遗著《半农杂文二集》，上海良友图书印刷公司 1935年版，第229—230页。

② 施军：《时代风雨中的自觉落伍——简论"五四"后的刘半农》，《汉中师范学院学报》1995年第3期。

③ 严复：《与熊纯如书（1919年7月10日）》（八十一）。见王栻编：《严复集》（第三册），中华书局1986年版，第696—697页。

传统文化的"调门"没有陈独秀、胡适那么高昂，显得相对缓和，主要体现在实践层面。刘惠文在《蔡元培的传统文化观》一文中说："蔡元培由于担任领导文化、教育、科研方面工作的较高职务，是为新文化建设的设计师，当然不能完全像'新青年派'那样反思历史、毁弃传统、扫荡旧文化，也不能完全如《甲寅》、《学衡》派那样，留恋历史、固守传统、维护旧文化。他得从容设计，切实实行。"① 也是从实践层面着眼的。

时移世界，经过世事变迁洗礼的蔡元培，思想发生了根本的转变。他虽然没有如章太炎般痛加悔过，但已经切切实实地转变为一个民族主义者，甚至有了极端的民族主义情绪。我们这里简单摘录几句蔡元培的观点：

1928年8月17日，蔡元培在《在大学院拟定中华民国教育宗旨》中说："恢复民族精神，发扬固有文化，提高国民道德，锻炼国民体格，普及科学知识，培养艺术兴趣，以实现民族主义。"② 这里蔡氏所拟的中华民国教育宗旨，突出强调了发扬固有文化、实现民族主义的主张。

1928年9月16日，蔡元培在《三民半月刊》发表《三民主义的中和性》一文，其中明确指出："主张保存国粹的，说西洋科学破产；主张输入欧化的，说中国旧文明没有价值。这是两极端的主张。孙先生讲民族主义的时候，说中国要恢复民族的地位，要把固有的道德、固有的知识、固有的能力恢复起来，是何等的看重国粹！然又说恢复我一切国粹之后，还要去学欧美之所长。又说，我们要学外国，要迎头赶上去，不要在后赶着他。这又何等的看重欧化！"③ 蔡元培引用孙中山先生的话，强调国粹与欧化的中和；既以国粹为根本，又要学西方之所长，才能够迎头赶上西方。

1930年4月，蔡元培发表了《三民主义与国语》的演讲。其开篇即说："民族主义和国语关系最多。民族主义就是国族主义。"在谈到民族主义与世界主义的关系时，蔡氏指出："以一民族为单位，想同化别个民族是不容易的事。日本人要想同化高丽，历史上比较容易，可是仍办不到。中国受了世界主义的欺骗，所以把民族主义失掉。所以，我们不谈世界主义，谈民族主义；民族主义达到了，才好谈世界主义。"对于如何恢复中国的民族主义，蔡元培强调："孙先生说，把中国失去了的民族主义，要他恢复转来，一是把家族、地方的观念

① 刘惠文：《蔡元培的传统文化观》，《黄石教育学院学报》1996年第1期。
② 蔡元培：《在大学院拟定中华民国教育宗旨》（1928年8月17日）。见高平叔编：《蔡元培全集》（第五卷），中华书局1988年版，第276页。
③ 蔡元培：《三民主义的中和性》（1928年9月16日），原载《三民半月刊》第一卷第4期。见高平叔编：《蔡元培全集》（第五卷），中华书局1988年版，第283页。

扩大；一是要恢复旧道德和知识技能。旧道德，象忠孝信义仁爱和平，都是诚正修齐以至治国平天下，这种政治系统观念，尤其是外国人所没有。旧知识技能，象印刷、雕刻等都是。要恢复道德知能，就不能不靠教育，而教育的方法，不单靠着文字，还须靠着语言，才可以增加力量。"①这里，蔡元培所列举的旧道德"象忠孝信义仁爱和平，都是诚正修齐以至治国平天下"，都是新派学人痛加挞伐的——蔡元培已经高度重视这些价值了。

（二）林语堂

林语堂曾被钱玄同排在吴稚晖、鲁迅、陈独秀之后，是批判中国人"根本败类的民族"之第四人（见前文），批判传统文化之态度也甚为激烈。其对传统文化态度的转变，在其晚年著作中多有体现。我们这里只举一例。

1925年，林语堂在《给玄同先生的信》中，反复批判儒家"中庸"，强调"治此中庸之病，惟有用不中庸之方法而后可耳"②，对钱玄同感佩之至。但林氏在其《八十自叙·三十年代》一文中，评论钱玄同时却说："他专攻的学术是语言学。他倾全力提倡中文的拼音和中国文字的简化。在他反对儒家的一切思想，而且对一切都采取极端的看法这方面，我觉得他是个精神病患者。我认为在提倡社会改革上，应当采取中庸之道；但是在争论'把线装书都扔到厕所中去'，一般人听了确是心惊胆战，因此自然在宣传上颇有力量。钱玄同两眼近视，常常脸红。据我的记忆，他一直住在孔德学校，和太太分居。"③这里，林氏却认为"提倡社会改革上，应当采取中庸之道"，与年轻时对"中庸"的态度判若两人。前后对比，则殊为可笑！

（三）阿英

阿英（钱杏邨）在《孔夫子的新认识》一文中，反思了自己以至于新派学人对孔子的批判，我们节录其中一段话：

记得在二十年前，就是在新文化运动开始的时候，在我们的思想界，

---

① 蔡元培：《三民主义与国语》（1930年4月）。见高平叔编：《蔡元培全集》（第五卷），中华书局1988年版，第410、412、413页。该文是高平叔所收蔡元培演讲的记录稿，至于蔡氏在何处演讲，高平叔则谓"待考"。

② 钱玄同：《回语堂的信》后附《林语堂的信》（1925年4月7日）。见《钱玄同文集》（第二卷），中国人民大学出版社1999年版，第158页。另见《林语堂名著全集·剪拂集》（第十三卷）之《给玄同先生的信》，文中"象"字写作"像"。（东北师范大学出版社1994年版，第10页）

③ 林语堂：《三十年代》。见《林语堂名著全集·八十自叙》（第十卷），东北师范大学出版社1994年版，第297—298页。

曾经有过一番很激烈的"非孔运动"。

那理由，就是孔子之道，不适宜于现代生活！

当时我也很热中于这样的说法。到了现在，回想起来，对于即时的兴奋，却感到有些失笑。

何以言之呢？

因为这原则，是说明了当时的一班进步学者，不能教育大家发展的辩证的认识孔子，由于孔子的学术，是封建社会的产物，成为封建制度的护身符，便压根儿提出反对。

孔子诚然被历代的专制帝王利用，作稳定他们统治的工具，但这是由于孔子的政治思想，特别是孔子教育民众怎样服从君王的一点和他们的需要相契合。

但这并不是孔子本身的罪恶！

不应该只说孔子是"圣之时者也"，古往今来的大思想家，大政治家，实际上都是"圣之时者"。孔子生在的时代，是封建时代，孔子所处的社会，是封建社会，他一生所呼吸的，都是封建的空气。在这样的客观条件底下，事实上，只有他那样的哲学，才是真正的现实主义哲学。

我们不应该忘记他是生在二千四百多年以前的人。

我们不应该对他有超时代的要求！

我们也不能无原则的笼统地接受，有如一班腐儒，认为他的学术"万世不易"。在时代发展到新的一阶段时，我们必须把他的学术重新扬弃一番，给予新的认识，新的估价，强调那足以教育我们，有益国家民族的部分，来发扬光大！

孔子是"圣之时者"，对孔子哲学的认识，也可以说应该"因时而异"！[①]

这里，阿英把握了孔子"圣之时者也"的精髓，历史地、辩证地看待、评价孔子，并认为把孔子及儒家学说中那些"足以教育我们，有益国家民族的部分，来发扬光大"，可谓开明且有远见。

（四）毛子水

1919年5月，毛子水（1893—1988）发表《国故和科学的精神》一文，把国故比作尸体，把中国历史、中国文化骂得体无完肤，一钱不值。毛子水晚年

---

① 阿英：《孔夫子的新认识》。见《阿英全集》（第6卷），安徽教育出版社2003年版，第388—389页。

却专注于《论语》，1975年曾出版《论语今注今译》①。在1984年再版时，毛子水加了一个序文，内容不多，我们摘录前三段：

　　《论语》为中国的第一书，是世人所共同承认的。我记得英国近代一位文学家威尔斯（H.G.Wells）曾把《论语》列为世界十大书之一。他的选取，当然有他的标准，可惜我们不知道他详细的意思。三百年前，日本一位学者伊藤仁斋（1627—1705）在他所撰的《论语古义》的首页刻有"最上至极，宇宙第一"八个字。他这个"第一"，当是就孔子所讲的道理而言，想起伊藤仁斋的年代，我们自然可以说他的见解是很公正的。

　　但若专就人文方面的道理讲，即在现代，我们还可以赞同伊藤先生的意思。近世西方所称的"金律"（Golden Rule），乃指《马太福音》七章十二节或《路加福音》六章三十一节而言。这就是孔子所以为"终身可行"的"恕"。我们很正当地可以把恕道看作人类行为道德的基础。世界上文明民族的先哲，很多都曾说过恕道，但原始记载恕道的话而现在尚存的书，则实以《论语》为最古。希腊的柏拉图和亚里士多德的著作中都有意同"金律"的话，但他们的年代都后于孔子。如果我们要凭这一点说《论语》是现代世界上人文范围中的第一书，自然可以说得通。

　　但我以为，我们若把孔子生平的志虑作为选取这个"第一书"的依据，理由似更为正大。《论语》中曾记了孔子一句话："朝闻道，夕死可矣！"这个道字，不是"吾道一以贯之"的"道"，乃是"鲁一变，至于道"的"道"，它含有"天下有道"全句的意义。（孔子所说的"天下有道"，意思极近于后人所说的"天下太平"。）孔子一生栖栖，心中所期望的只是"天下太平"，到了老来，禁不住吐了心声："我若有一天听到'天下太平'了，我便什么时候死去也愿意！"我们从这句话可以想到孔子全副的心情。世界各民族古代的圣哲中有这样忧世忧民的志怀流露出来的，就我所知，以孔子这句话为最显著。《论语》确是世界上宣扬仁爱的首部经典，从人文的立场讲，自应为"第一书"。②

毛子水新版序文中的主旨，即论证《论语》为世界"第一书"；且毛氏对孔子充满敬意——此时的毛子水，已经是九十多岁的老人，对于他年轻时所说的话，不知还有没有记忆？"文章千古事"啊！

---

① 毛子水：《论语今注今译》，台湾商务印书馆1975年版。
② 毛子水：《论语今注今译·序》，重庆出版社2011年版，第1—2页。

（五）巴金

我们前文所说，巴金年轻时是无政府主义者，曾激烈地批判传统文化。1933 年 6 月，巴金在广州海珠戏院看了名伶薛觉先演出后，写了《薛觉先》一篇杂文，文中表露了对传统文化的强烈憎恨：

> 我的心是寂寞的。许多忧郁的思想包围着我。眼前一片阴暗，没有光明，没有前途，有的只是一些鬼影。一种强烈的憎恨在我的心中燃烧起来，我诅咒中国的一切旧戏，我诅咒中国的一切旧的遗产。我诅咒整个的东方文化。我绝望地问：现在是不是真有一个人关心着中国民族的前途？（我相信一定有的。）为什么就不看见一个人出来对那真正毒害着中国民族的所谓东方文化加以严厉的攻击？（我相信一定有的。）为什么就没有一个人知道现在充满中国的那些畸形的怪物都是所谓东方文化的产物，他们思想行为没有一样不是和那些鬼魂的相似？（我相信一定有的。）
>
> 《四库全书》是宝物，故宫里的古董是宝物，佛寺是宝物，古迹是宝物……凡是一切可以在这向新路上挣扎的民族脑里留下阴影的东西都是统治阶级的宝物！然而事实上没有这些东西，中国民众倒可以生活得更好一点。为什么现代的人就应该知道那些旧时代的鬼把戏？人类不是靠历史生活的。历史虽然叫人不要怎样做，结果反而是叫人去模仿了。游凡尔赛宫的人至少总有一半想做路易十四。游故宫的人在那一瞬间总会有一点异样的鬼影似的思想。
>
> 我们正需要忘掉一切，以一种新的力量向新的路上迈进。这是我们唯一的出路。然而别人却拿种种的古董来抓住我们的灵魂，使我们永陷在奴隶的深渊里。高等的绅士们提倡旧戏是无足怪的，现在连一些本来与笔墨无缘的人也在提倡读经了。在这种环境里想到中国民族的前途我不能不感到悲愤。[①]

1988 年，巴金在《致树基（代跋）》一信中写道："不过应该声明：我并不一贯正确，《薛觉先》文中就有偏激的言论，为了活下去，为了不做亡国奴，

[①] 巴金：《薛觉先》。见《巴金全集》（第十二卷），人民文学出版社1989年版，第174—175页。

几乎连祖宗也不要了。"①巴金的反思，字数虽然不多，但作为一位已经八十多岁的老人，作为曾经的无政府主义者（巴金晚年还在鼓吹世界语），作为曾经住过"牛棚"的饱经世事沧桑的觉解者，能够说出"几乎连祖宗也不要了"这样的话，也算深刻而沉痛。

袁伟时在《章士钊思想演变的轨迹》一文中提出一个"老问题"，即："我们面临一个尚未彻底解决的老问题：为什么近代中国许多思想家往往都由提倡学西方转向主张回归传统？"

袁先生认为，是三个因素造成的："第一，20世纪有几个影响世界全局的历史事件：两次世界大战；1929年开始的世界经济大危机；苏联的出现及其计划经济貌似成功。这些事件提供的信息可以归纳为一句话：资本主义主导的现代化出了大漏子，要赶快另谋出路。第二，20世纪中国思想的一大弱点是原创性不足。欧战爆发以后，被战争及其后果所震惊的西方思想家，正各抒己见，探幽烛微。章氏自己就说过：'以愚所知，今欧洲明哲之士，扬榷群制，思古之情，辄见乎词。如德之斯宾格勒，英之潘悌，其尤著也。'斯宾格勒的'西方没落论'固然是他立论的重要基础；农国论亦取自潘悌。他写道：'英伦作家潘悌之徒，倡为农业复兴之论，识解明通，无可辩驳。'西方文化中非主流的偏门，特别是其中的极端思想，往往成为中国思想家各种千奇百怪主张的智慧渊源。在一个思想自由的现代国家，思想多元增添了文化绚丽。而在中国，被那些极端思想裹挟的人们，常常有意无意与权力结合，压制任何不同的声音，造成十分严重的后果。第三，民族主义情绪的侵袭。这些西方思想家的思路也激活了他的文化民族主义情结。既然西方原路不通，正纷纷另找出路，其思想界非主流派中出现了回归传统的动向；而中国学西方的成绩又是如此不堪；于是，顺理成章应该回归本土和固有传统。中国人一再受挫而郁结已久的民族主义情结，正好找到勃发的释放口。梁启超、梁漱溟、章太炎、张君劢、章士钊等人在20世纪20年代无不在民族文化问题上讲了不少不切实际的大话。"②

袁先生所论三条自有其见解，但所谓梁启超等人"讲了不少不切实际的大话"

---

① 巴金：《致树基（代跋）》（1988年11月11日）。见《巴金全集》（第十二卷），人民文学出版社1989年版，第586—587页。这里，树基即王树基，王仰晨，《巴金全集》（第十二卷）编辑。此一小节内容，本应放到本书第一章"批判的狂潮"一小节去，因巴金有反思，承认自己"不正确"，"几乎连祖宗也不要了"，姑放于此。
② 袁伟时：《章士钊思想演变的轨迹》，《炎黄春秋》2002年第3期。

之说，笔者并不以为然。对于中国20世纪二三十年代新派学人向传统的回归，笔者更愿意从生命的角度来理解这个问题：

其一，人生是一个觉解的过程。人从出生到死亡，是一个过程，幼年、少年、青年、壮年、中年、老年，每个年龄阶段，对生命的觉解、体悟程度都不相同①。少年张狂、中年沉稳、老年消寂，人生就是这样一步一步走过来——在此过程中，人要知道自己从哪里来，到哪里去。当中国的国门被打开，当一批又一批的传教士涌入中国宣传"上帝"的福音，当西方的科学技术、人文社科各种思潮纷至沓来，中国人的生命进程被打乱，开始无所适从。而当一批批天真的少年青年走出国门，西方的花花世界令他们眼花缭乱，西方的各种学说、各种宣传尤其是矮化、丑化甚至妖魔化中国的言论他们信之凿凿；他们开始觉得生养他们的那个中国已是万恶之源，为求新生，他们必须要打破旧世界，包括旧道德、旧习俗、旧文化，都已在唾弃之列——他们认为，这就是他们人生的理想、生命的价值，于是就有了对所谓封建的、落后的、保守的、愚昧的旧文化的批判。但是，当他们生命的觉解程度高了，就会甄别，就会反思，就会有所变化。

其二，心灵栖息地遭到破坏。人有物质生活和精神生活，这就意味着，人必有物理空间、物质空间以安放身体，必有精神空间、心灵空间以安顿心灵——由此生成人的心灵栖息地，这是一个人幸福与否的关键——二者不可或缺；而二者是一个矛盾体，既可以共生共荣，相辅相成；也可以彼此疏离，互伤互害。这对一个民族、一个国家来说亦然。新派学人以西方的思想、学说为武器，对中国文化无原则、无底线地批判，直接的后果就是破坏了中国人的心灵栖息地，心灵少了支撑点，成了"空心人"，这是一个非常糟糕的问题。尤其是当曾经壮志凌云的少年青年渐渐步入中年甚至老年，他们逐渐明白西方的理论与学说

---

① 我们在"国学弁言"中，曾提到过冯友兰《新原人》中对"觉解"的解释。近来，我对冯氏"觉解"一词有了一些新的理解。或许，正是由于该词的不确定性与模糊性，才更符合中国文化的语境。在人生层面，儒家与道家都讲道德，但道德究竟是什么，恐怕也很难说清楚——儒家有儒家的道德，道家有道家的道德；再退一步讲，你有你的道德，我有我的道德，只要符合大道的前提与原则，彼此的"德"并不相妨，所以才有了庄子的"道在屎溺"（《庄子·知北游》），才有了王阳明的"圣人之道，吾性自足"（《王阳明全集·年谱一》），所以，人生即是一个人觉解的过程，在《论语·为政》中，孔子说："吾十有五而志于学，三十而立，四十而不惑，五十而知天命，六十而耳顺，七十而从心所欲，不逾矩。"这是孔子的人生觉解的过程。需要强调的是，每个人觉解的过程并不一致，广度、深度也不相同，而方式、方法更是千差万别，所以每个人都有自己的"道"，每个人都有自己的"命"。其实，对生命的觉解，是一个人心灵的体悟，是自己内力的觉醒，既不能程式化、知识化，也很难拔苗助长，所以它只能是道德的。

在没有"上帝"出现的时候，并不能救中国、救中国人；尤其当他们觉解了人从哪里来、到哪里去的时候，他们血脉中的文化基因就会重新苏醒。

其三，则是世异时移。自清末洋务运动开始，中国人就一直有强国富民的梦想，所以，在西方人面前，中国人弯下腰去，诚心诚意甚至诚惶诚恐地学习西方，甚至一部分人要把中国"全盘西化"。但欧化也罢，美化也罢，日化也罢，并没有给中国人带来想要的东西，反而战争与贫困依旧如影随形。这自然也会促使有识之士进行反思，从而为回归传统提供助力。

第三节　回归人本

1927年3月，王国维在信中曾批评顾颉刚的疑史辨伪工作，提出了"与其打倒甚么，不如建立甚么"[①]的观点。我们当下的国学研究，"打倒甚么"似已无必要——因为现在的世界已是一个信息多元、价值多元、信仰多元的社会——但我们该"建立甚么"呢？

一、对民国学术的一点异说

本书虽号称"百年国学"，其实也就集中在20世纪前期三四十年时间，也即清末民初几十年。我们当下某些人说到民国，往往说什么国学大师辈出、成就斐然之类，有一种民国情结。民国学人究竟怎么样呢？如果立足于中国文化发展的历史进程，民国学术究竟为中国文化贡献了什么呢？这里，我们先看一下陆建德先生在澎湃新闻发表的《民国校风究竟怎样：从钱玄同日记看女师大风潮》[②]一文中有关高校教师（民国学人）的一些记载（有关学生的记载前文已摘录）：

北京国立高校自从1919年秋季以来不断爆发教师"索薪"、"发现"（给发现金）运动，有些教师领不到足额薪水，就想办法到其他学校兼课，补贴家用，这是实实在在的"饭碗"问题。

国家财力不济，发不出教师薪金，固然不该，但是辛亥以来，不管由谁当政，都无法保证教育经费（甚至现在有的地方政府还欠教师工资）。

① 顾潮编：《顾颉刚年谱》，中国社会科学出版社1993年版，第139页。
② 陆建德：《民国校风究竟怎样：从钱玄同日记看女师大风潮》，《澎湃新闻》2016年5月15日。

借教员"索薪"之力推翻内阁的政客，自己组阁，依然欠薪。教师动辄维权停教，故意造成学生在校失学，以此为谈判筹码，在教育界内部也引起争议。

不计是非，止计利害；不要人格，止要权利。这种恶浊的空气，一天一天的浓厚起来，我实在不能再受了。我们的责任在指导青年，在这种恶浊气里面，要替这几千青年保险，叫他们不致受外界的传染，我自忖实在没有这种能力。所以早早想脱离关系，让别个能力较大的人来担任这个保险的任务。（文中引 1923 年 1 月 23 日蔡元培《关于不合作宣言》中语）

中国的智识阶级，是怎么样的人！劝他实行不合作主义，不但是对牛弹琴，实在还是与虎谋皮。他们除了"宫室之美，妻妾之奉"（底下一句用不着）以外，还有什么人生观！他们只会索薪罢了！要他们暂时牺牲高官厚禄，如何做得到！（文中引钱玄同 1923 年 1 月 23 日日记）

教育经费不足，教师又赖在学校不走，他们一方面"索薪"罢教，同时又在教育市场上抢夺其他学校的兼任职位。既得利益者形成排他性的关系网，四出兼课，占尽优势。

这是笔者看到的最早的反对杨荫榆的聚会，也是为时一年多的驱杨风潮的青萍之末。从此它将利用复杂的气温变化汇聚更大的能量"蹶石伐木，梢杀林莽"。从钱玄同的这则日记推断，席上另四位北大同事[①]担心杨荫榆另聘专任教员，故有此举。发难的途径不外是运动教员和学生，假借名义，攻讦揭发，损坏她的名誉，动摇她的地位。他们躲在暗处观察，随机应变。一旦杨荫榆处境尴尬，自然不敢将他们解聘，甚至还会乞援。汲汲于维护兼职利益，不像正人君子，因此必须说自己讲是非，要人格，对方只计"饭碗问题"。杨荫榆从上任到辞职的这一年七个多月时间里，罪名繁多，归根结底，她是"可恶的人"，要钱不要脸。大量声讨杨荫榆的檄文都设定仁人正其义不谋其利的前提，着力描状她死抱"饭碗"不放的丑态……

文中提到的民国学人当然是极少数，钱玄同日记所记也可能有偏颇，但我们或可管中窥豹。民国学人、民国学术究竟怎样呢？

在我看来，在中国旧秩序被打破、新秩序未建立之际，由于西方思潮的侵袭，民国初期是中国历史上的一个特殊时代。可以说，那是一个思想活跃的时代，也是一个任性妄为的时代（很多学者因骂中国而成为名家，他们仿佛能

[①]　指沈尹默、沈兼士、马裕藻（幼渔）和郑介石（奠），俱是浙江籍教师（后文中还提到周氏兄弟）。

够抓着自己的头发把自己从中国的土地上拎起来）；那是一个学术自由的时代，也是一个学术西化的时代；那是一个被污名化的时代，也是一个被神化的时代；那是一个奠定中国现代学术基础的时代，也是一个少有国学大师的时代①。——《庄子·逍遥游》篇中，飞翔"不过数仞"的斥鷃（蜩、学鸠），嘲笑"任天而游"的大鹏，我之谓也。

二、再说黑格尔

我们研究国学，研究中国传统文化，首先应该知道一个基本的事实，即中国文化绵延五千年，是一个超巨大体量的文化综合体——这与只有二百余年历史的美国（1776—？）不同，当然我们不是说历史越长久文明越优秀，但至少可以说历史悠久的民族、历史悠久的国家情况要复杂得多。况且，中国人有重史的传统，注重文明的承续，即便是少数民族入主中原，首先也要修史（元朝、清朝莫不如此），自觉纳入到中华民族的序列中来，所以，中国历史情况之复杂难以想象。换句话说，把中国历史讲清楚是个非常困难的事情，相对于中国文化五千年这棵参天"大树"来说，我们只如蚍蜉。说到这里，总忍不住对黑格尔（1770—1831）"抱怨"几句——其对中国的论述，影响恶劣之极！

我们在"国学弁言·文明的冲突"一节中，谈到中国人"国民劣根性"形成过程时，曾反复引用周宁教授的观点——西方的中国国民性话语批判"最后完成于黑格尔的历史哲学"。我们这里再摘录黑格尔有关中国国家与历史的几段话：

在《世界史哲学讲演录》（1822—1823）中，黑格尔说：

> 第一个方面是国家。我们在这里必须考察，国家是怎样建立在家族关系的基础上的——它是这样一个组织，这个组织建立在父系操持的基础上，通过处罚、警告、责打来维持整体，这是一个平淡的王国，一个持久的王国，一种没有历史的历史，没有在自身之内具有理想性的对立，以至于这样 [一种] 状态的变化不是在自身之内，而是 [仅仅] 来自外部。[但] 真正的变化只存在于内部；只有内部发生变化，一种外在东西才能突然来临。这样 [一种] 国家的形态存在于亚洲背部，主要是中华帝国的形态。这里存在的首先

---

① 民国期间的很多学人，往往被现代人美化甚至神化，动辄就称国学大师，大师何谓也？从中国历史文化进程看来，民国期间除王国维、梁漱溟、钱穆等人之外，少有国学大师。

是空间上的不分轩轾的状态。

更令人惊叹的是，这个民族拥有自远古以来至少长达5千年前后相连、排列有序、有据可查的历史，记述详尽准确，与希腊史和罗马史不一样，它更为翔实可信。世界上没有任何国家拥有这样一部连续翔实的古老历史。这个帝国始终保持自立，始终像它以往那样存在着。以后，它先是在13世纪被成吉思汗、在｛欧洲｝三十年战争之后的时间又被满洲—鞑靼人所占领，却从未因此而改变。在任何情况下，它都把自己的特性一直保持下来，因此它始终是独立的帝国。这样，它就是一个没有历史的帝国，只是自身平静地发展着，从来没有从外部被摧毁。其古老的原则没有被任何外来的原则所取代，因此说它是没有历史的，所以，我们在谈论这个帝国最古老的历史时，并不是谈论它的以往，而是谈论它当今的最新形态。（印度也是如此。）我们只是一般地讲述这个帝国的原则，它并没有超过它的概念，让人诧异的是，这只是一个国家的自然概念，它自身虽有发展提高，但并没有改变这个最初的单纯原则，但是我们在这里所看到的是最高级的文明。

由此可见，在这里不可能谈论一种真正的历史。①

在黑格尔名著《历史哲学》中，他这样评价中国：

历史必须从中华帝国说起，因为根据史书的记载，中国实在是最古老的国家；它的原则又具有那一种实体性，所以它既然是最古的，同时又是最新的帝国。中国很早就已经进展到了它今日的情状；但是因为它客观的存在和主观运动之间仍然缺少一种对峙，所以无从发生任何变化，一种终古如此的固定的东西代替了一种真正的历史的东西。中国和印度可以说还在世界历史的局外，而只是预期着、等待着若干因素的结合，然后才能够得到活泼生动的进步。

中国"历史作家"的层出不穷、继续不断，实在是任何民族所比不上的。其他亚细亚人民虽然也有远古的传说，但是没有真正的"历史"。

大家既然没有荣誉心，人与人之间又没有一种个人的权利，自贬自抑的意识便极其通行，这种意识又很容易变为极度的自暴自弃。正由于他们自暴自弃，便造成了中国人极大的不道德。他们以撒谎著名，他们随时随地都能撒谎。朋友欺诈朋友，假如欺诈不能达到目的，或者为对方所发觉时，

---

① [德]黑格尔著，刘立群等译：《世界史哲学讲演录》（1822—1823）。见《黑格尔全集》（第二十七卷第I分册），商务印书馆2014年版，第106—107页，第114—115页。

双方都不以为可怪，都不觉得可耻。他们的欺诈实在可以说诡谲巧妙到了极顶。[1]

以黑格尔为代表的西方学者，他们的学说是有严密的理论体系的；而其理论体系的建构，自然有他们的态度、立场与取舍。或者可以说，他们对"人"的界定，对"世界"的界定，对"历史"的界定，标准与中国人至少是与古代中国人的标准与尺度不同；而正是因为标准的不同，尺度的不同，中国人（包括印度人）就成了黑格尔眼中的"另类"甚至"异类"，中国也就没有了"真正的历史"，中国人也就有了"自暴自弃"，"以撒谎著名"的"极大的不道德"的特点；说到底，这是西方"一神教"（基督教）观念在作祟——他们容不下"异类"。其实，黑格尔没有到过中国，也不懂中文；他所了解的中国，只是道听途说的中国，只是他想象中的中国。2014年3月29日，习近平主席在德国柏林同德国汉学家、孔子学院师生代表座谈时曾说："有一些国家的政治家们滔滔不绝，我就问了一句话。我说，请问你去过中国几次？他说，很遗憾，我一次也没去过。我说，请问你还去过亚洲的什么国家？（他说）很遗憾我现在亚洲都没有到过。我说，我非常佩服你的这种自信心，我对于我没有去过的地方，我是不敢发表意见，因为我不了解它。由于难以简单地概括中国，这也正是中国文化的魅力所在。"习主席这里说的是政治家，对于黑格尔之流的哲学家也是同样适用的——习主席的讲话我是十分赞同的。这些西方哲学家，戴着"有色眼镜"看中国，往往是以偏概全，混淆视听。

黑格尔在《历史哲学》中对中国问题的讨论，最后归结为民族性问题。他说："以上所述，便是中国人民族性的各方面。它的显著的特色就是，凡是属于'精神'的一切——在实际上和理论上，绝对没有束缚的伦常、道德、情绪、内在的'宗教'、'科学'和真正的'艺术'—— 一概都离他们很远。皇帝对于人民说话，始终带有尊严和慈父般的仁爱和温柔；可是人民却把自己看作是最卑贱的，自信生下来是专给皇帝拉车的。逼他们掉到水深火热中去的生活的担子，他们看做是不可避免的命运，就是卖身为奴，吃口奴隶的苦饭，他们也不以为可怕。因为复仇而作的自杀，以及婴孩的遗弃，乃是普通的、甚至每天的常事，这就表示中国人把个人自己和人类一般都看得是怎样轻微。虽然没有因为出生门第而起的差别，虽然人人能够得到最高的尊荣，这种平等却适足以证明没有

---

[1] [德]黑格尔著，王造时译：《历史哲学》，上海书店出版社2001年版，第117、118、130页。

对于内在的个人作胜利的拥护，而只有一种顺服听命的意识——这种意识还没有发达成熟，还不能够认出各种的差别。"①这里，中国人的"奴性"，已经表现出来。在黑格尔的"叙述"中，我们都能看到后来中国国民劣根性话语的影子。中国人"把自己看作是最卑贱的"吗？"自信生下来是专给皇帝拉车的"吗？"因为复仇而作的自杀，以及婴孩的遗弃，乃是普通的、甚至每天的常事"吗？"中国人把个人自己和人类一般都看得是怎样轻微"吗？中国人的意识"还没有发达成熟"吗？不管黑格尔是多么伟大的哲学家，取得了多么伟大的成就，但就其对中国的论述来看，简直就是信口雌黄！

如果单就某一方面或某一极端个案来评价某一种文明形态的话，我们在西方国家找到的负面案例也比比皆是。比如，2017年10月，共享单车"小绿车"Gobee Bike登陆法国，但没过几个月，2018年2月底，Gobee Bike官方就宣布退出法国市场。Gobee共享单车公司在发布的一封公开信中说明了退出的原因：由于旗下共享单车被法国居民大量偷窃、破坏、据为己有等种种恶劣行径，导致公司无法继续经营。据统计，共有超过1000辆共享单车被盗窃或据为己有，3400多辆共享单车被恶意破坏。在短短一个多月内，工作人员对6000多辆共享单车进行过维修②。有人说，共享单车就是国民素质的照妖镜，是不是据此就认为法国人道德堕落、国民性卑劣？

再比如，2018年8月16日，《环球时报》以"美国曝出惊天丑闻震动全国！"为题，报道了震惊全美国宗教界的重磅丑闻：在过去70多年的时间里，美国宗教界的主流宗教"天主教"，竟包庇了总共300多名性侵、性虐待和猥亵儿童的"神职人员"；而被他们侵害的受害儿童人数，目前已经确定身份的就有1000余人——更有多达数千名的潜在受害者因为记录丢失或不敢站出来举报而没有被记入；美国CNN在其报道中还列举了一些恶劣的案例：有的女童是因病住院时遭到强奸，有的则被"神父"绑在柱子上用鞭子虐打，更有的神职人员在强奸女童并导致对方怀孕后，还逼对方堕胎；虽然这些例子都以女童为主，从大陪审团的报告原文来看，男童其实才是最主要的受害群体，而且他们遭到侵犯的方式也都极为病态；可令人发指的是，这些自称为"上帝"服务的神职人员，不仅没

① [德]黑格尔著，王造时译：《历史哲学》，上海书店出版社2001年版，第137页。
② 此事件，互联网上多有报道，如《在共享单车面前，外国人素质比你还差》《文明崩塌！共享单车被迫退出法国，原因令人难以启齿！》，题目有炒作之嫌疑。另见，金泽刚：《评论：共享单车为何被迫退出法国市场》，《南方都市报》2018年3月2日。其实，中国境内的共享单车亦是乱象丛生，并没有好到哪儿去。

有遭到惩罚，他们的罪恶反而还被美国的天主教会系统性地掩盖了起来——用大陪审团报告的原话说就是："宾夕法尼亚州所有的受害者都被教会无视了，因为在教会的领导们看来，保护那些作奸犯科者和教会的声誉比什么都重要"；更糟糕的是，一些性侵儿童或协助掩盖罪行的神职人员，甚至之后还得到了晋升，其中有的当上了地位崇高的"红衣主教"，还有的居然被天主教推荐去美国的"迪士尼主题公园"工作……① 看了这则报道，该如何评价美国的天主教呢？该如何评论美国呢？是不是美国神职人员都天良丧尽？是不是美国儿童也都处于水深火热、人间地狱之中？是不是也要喊出"救救孩子"的呐喊声？是不是也该说美国人人性堕落、国民性卑劣？

人和人是不同的。任何人群中，都有坏人，都有恶人，都有嚣张跋扈的人，都有为非作歹的人，都有天良丧尽的人，都有不是人的人；而人性更为复杂，在善与恶之间转瞬即可翻转，所以"人心险于山川，难于知天"（《庄子·列御寇》）——这些中国人都是有深刻的体认的（我们在"国学弁言"已有论及）。所以，动辄即说民族性如何、国民性如何，这只是从物种学上的机械的甚至是卑劣的划分，是为白种人优越论、为白种人在全球殖民统治（包括文化殖民）张目的。

三、基本的认识

写到这里，本书已基本上完成（分论已完成）。但我还想在本节中强调五个方面的问题：

其一，国民性问题是本书的一个重点问题，本书中多个章节予以讨论，如美国传教士明恩溥《中国人的气质》中对中国国民性的描述，如林语堂《中国人》对中国国民性的冷嘲热讽，如鲁迅作品中对中国国民性的批判。可以说，在文化批判语境中，说起中国人的国民性，即是中国"国民劣根性"的代名词。笔者在《中国文化"根性"与"新子学"》一文中，归纳了四个方面的原因，即：第一，西方学者歪曲甚至污蔑。第二，西方传教士推波助澜。第三，日本学者指鹿为马。第四，新派学人信以为真②。因其中论证材料本书中都已出现，兹不赘述。可以说，在欧美、日本学者的影响下，中国新派学人文人随其流而扬其波，

---

① 《环球时报》主要引述的是美国《纽约时报》、CNN等媒体的报道。上述内容，见于国内各大网站。

② 《中国文化"根性"与"新子学"》，《暨南学报》2018年第4期。

中国文化遭到激烈地批判与严重地破坏，中国人也被贴上了"国民劣根性"的标签。从世界思想史的角度看，像中国人这样批判、否定甚至是诅咒自己本民族的文化，且持续时间之长、规模之大、影响之深远的文化史现象，绝无仅有。杜维明在《新儒家人文主义的生态转向：对中国和世界的启发》一文中也说："在'封建过去'的阴影之下，五四时代的新儒家严厉批判儒家在实践中不符合现代精神的东西。……任何断言，甚至包括古代典籍里的论述，只要透露出权威主义、大男子主义和等级制度的意味，就会遭到唾弃。中国知识分子，包括新儒家，在解构儒家遗产时所表现出来的激愤之情在中国文化史上是空前的，在世界历史上可能也是独一无二的。"[①] 而文化批判的结果，就是让人觉得中国文化从根上就"烂透"了，想要生存必须要走"全盘西化"之路。中国传统文化真的就是无可救药吗？真的就是一无是处吗？真的就是根烂干朽吗？其实，这主要还是态度与立场的问题。中国文化绵延五千年，生生不息；中国人在自己家园里生存与生活，代代传承，这本身就是个奇迹，即便是激烈的传统文化批判者鲁迅在去世半年前也说："我们生于大陆，早营农业，遂历受游牧民族之害，历史上满是血痕，却竟支撑至今日，其实是伟大的。"[②] 在笔者看来，所谓中国"国民劣根性"，完全是子虚乌有的污蔑。中国人非但没有"国民劣根性"，中国文化非但没有文化"劣根性"，相反却有着绵长的支撑着中华文明数千年发展的优秀的"根性"。

其二，在西方文化中，"上帝"作为一个至上的存在，对西方人的属性予以规定，西方人不可违背"上帝"的规定性，或者说西方人的生命是属于"上帝"的，死后升入"天堂"。而中国文化则不同，中国文化至高的范畴是道，但道是什么，则玄妙难言。于是，儒家与道家就有了分工，儒家重在德，道家重在道。而道家的道，则具有创生性、遍存性、玄妙性等特点，人人都可以得道——通过"自我体悟、自我直觉，也就是自我超越"[③] 的方式来获得。所以，每个人的道又不同，中国人的生命是自己的。这样，相对于西方文化而言，中国文化的特点，就是赋予了每个个体无限的可能性。中国文化是人本主义的，西方文化是神本主义

---

① 杜维明：《新儒家人文主义的生态转向：对中国和世界的启发》，《中国哲学史》2002年第2期。

② 鲁迅：《致尤炳圻》。见《鲁迅全集》（第十四卷），人民文学出版社2005年版，第410页。

③ 蒙培元：《心灵超越与境界》，人民出版社1998年版，第213页。

的①。其实，中国文化中一直都有人与人之间平等、自由的潜在基因，只是与西方的平等自由表现形式不同——当《孟子》中说出"人皆可以为尧舜"（《孟子·告子章句下》）的时候，当庄子说出"道在屎溺"（《庄子·知北游》）的时候，当宋代开国皇帝赵匡胤与宰相赵普谈话时说到天下"道理最大"（沈括《梦溪笔谈》）的时候，当王阳明说出"圣人之道，吾性自足"（王阳明《年谱一》）的时候，中国文化真有新派学人批判得那么不堪吗？

其三，中国传统社会一直分为两个基本的层面，即仕人社会与乡俗社会。仕人社会重人文理性，主要由儒家、道家、法家等诸家思想建构起来；乡俗社会则重神道设教，重乡约民俗。二者虽然缠绕交织，但还是有明显的差别。中国"大门"被西方列强打开后，欧美各国传教士纷纷进入中国，他们传播上帝"福音"的最大一个障碍，是接受了孔子学说、儒家观念的中国士阶层，所以在文化水平相对较高人群传教受到了很大阻力，于是他们的注意点转而更关注普通老百姓。费正清编《剑桥中国晚清史》中说："虽然中国有教养的阶级的敌意（哪怕对其起因不甚了了）被普遍认为是理所当然的，但传教士认为，数目多得惊人的没有文化的群众心地却象白纸一样洁净：他们安定，有可塑性，能接受基督信仰。"②而中国的农村，正是普通老百姓聚居的地方，对传教士们来说是未开垦的"处女地"。所以，如明恩溥，在中国深入到农村去，接触更多的是农村与农民，他在《中国人的气质》一书中，也多以中国农村与农民为背景。而清末中国的农村，由于教育不能普及，非常落后。明恩溥把山东一带的农村状况，作为具有典型意义的中国的、中国人的特征来描述，自然会有失偏颇（鲁迅小说如《阿Q正传》者，只就农村取材，来批判中国人的"国民劣根性"，亦存在此问题）。但是，西方传教士（包括黑格尔等西方早期中国文化批判论者）对中国的描述，却在西方形成了一个话语体系，或者说形成了一个"审美"传统，只有描写保守的、落后的、愚昧的中国，才符合他们的心理预期。但这是有问题的，是不客观的。

其四，百余年来，儒家遭受到了不客观、不公正、不科学的对待，被批判、

---

① 牟钟鉴先生在《中华文化是人本主义，西方文化是神本主义》一文中也持此论（见《中国民族报电子版·宗教周刊》，2107年1月17日）。另，楼宇烈在《人本精神是中国文化的核心》一文中也说："以人为本是维持人的独立性、主体性、自我自律这样一种精神，而不是去支配这个、支配那个，这才是中国的传统的人本精神。我们一定要知道，人本主义不是从西方来的，是我们中国的土产，而且是这样一种原汁原味的土产。"

② ［美］费正清编：《剑桥中国晚清史》（上卷），中国社会科学出版社1993年版，第625页。

谩骂与诅咒；但儒家作为二千余年中国古代社会的显性的意识形态，作为中国人之所以成为中国人的重要标尺，作为中国几千年来代代传承所形成的文化基因，其地位则是不可废除，更是不可替代的，所以，我们需要"正说"儒家。（1）人类之异于动物者，在于人类对自己行为、情感的约束与节制，以正人心，祛邪说，并不是个人主义膨胀，放飞自我；而人对行为、情感的约束与节制，对中国人来说，则需要道德的力量，这正是儒家之所长。（2）在政治层面而言，在中国历史上，儒家通过教育的力量在"政统"之上形成了一个"道统"，以约束或矫正统治者的行为，正如余英时先生指出："儒家论政，本于其所尊之'道'，而儒家之'道'则是从历史文化的观察中提炼出来的。因此在儒家系统中，'道'要比'政'高一个层次，而儒家批评现实政治时必然要根据往史，其原因也在这里。"[1] 余先生另又指出："我们说君权是绝对的、最后的，是否意味着中国历史上的皇帝可以完全不受拘束而随心所欲呢？那当然也不是。事实上，自秦、汉以下，大一统的皇帝中也没有像传说中所渲染的桀、纣一类的暴君，至少我们可以说是昏君远多于暴君。这是因为君权虽无形式化、制度化的限制，但仍有一些无形的、精神上的限制。首先是儒家一直想抬出一个更高的力量来约束君权，汉儒的'天'和宋儒的'理'都显然具有这样的含义。同时儒家又不断企图用教育的方式来塑造皇帝于一定的模型之中。这些努力虽然都不曾发生决定性的效果，但多少也起了一些驯化权势的作用。这里我们也可以看到，儒家通过文化教育所发挥的对政治的影响力远大于它在政治方面的直接成就。"[2] 余先生强调的儒家"驯化权势"的作用，所言甚是。（3）儒家所谓仁、义、礼、智、信"五常"，以人性与人心为立足点，超越了时代的、阶级、民族的局限（当然，每个时代、每个阶级、每个民族对仁、义、礼、智、信的理解或许并不相同），笔者更愿意把儒家"五常"作为人类的普世价值——西方人以民主、自由等理念作为人类的"普世价值"，而它们往往在实践层面被施行，结果把一些没有西方文化"土壤"（传统）的国家弄得战乱不息，民众流离失所，民不聊生（如中东国家）。（4）孝是儒家仁之根本，也是整个儒家思想体系的逻辑起点与归宿——人都是父母所生，父母所养；中国人不是"上

---

[1] 余英时：《反智论与中国政治传统——论儒、道、法三家政治思想的分野与汇流》。见《余英时文集第二卷·中国思想传统及其现代变迁》，广西师范大学出版社2004年版，第281页。

[2] 余英时：《"君尊臣卑"下的君权与相权——〈反智论与中国政治传统〉余论》。见《余英时文集第二卷·中国思想传统及其现代变迁》，广西师范大学出版社2004年版，第316页。

帝"的子民，而是父母的儿女。但在文化批判的语境中，儒家的孝道，竟然被贴上了"封建"的标签。其实，孝与不孝与"封建"没有什么关系，"封建"社会要弘扬孝道，社会主义社会同样也应该弘扬孝道。对儒家孝道的批判，应该肇始于传教士的著作，如明恩溥的《中国人的气质》；而鲁迅的《二十四孝图》也产生了很大的影响（详见本章附录）。

其五，道家思想在中国人的精神生活中占有重要的地位，人在艰难困苦、彷徨无依时，道家思想能给人以解脱、洒脱、超脱，这本是精神修养的一个重要方面，毫无问题。笔者研究《庄子》多年，曾对庄子所建构的"心灵境界"予以重点讨论，相关论文包括《论庄子心灵境界》（《兰州学刊》2007年第10期），《论庄子思想的心灵抚慰作用》（《中州学刊》2008年第2期），《论庄子心学》（《诸子学刊》2012年第六辑），《论庄子消解负能量的方式方法——从庄子人生际遇说起》（《兰州学刊》2016年第9期）等；笔者另有《试论庄子思想中的负—负能量》一文[①]，提出了"负—负能量"的概念，作为慰藉心灵的一种正能量。可以说，笔者对庄子、对道家情有独钟，认为在西方科技文明、物质文明引领的世界中，庄子思想乃是特有的中国"气质"，是研究中国文化的一个重大课题。但是，道家思想包括后来的道教思想，是有流弊的——《老子》第一章中说："道，可道，非常道；名，可名，非常名。无名，天地之始；有名，万物之母。故常无，欲以观其妙；常有，欲以观其徼。此两者，同出而异名，同谓之玄。玄之又玄，众妙之门。"这是道家思想的根基。道家思想之于中国思想史之贡献在此，其流弊也正在此，所以，我们应该检视道家。

其流弊之一，故弄玄虚。道虽然给中国人带来了无限的可能性，但道又是"玄之又玄"的，这就为一些好事者提供了可能。中国历史上最典型的事例，如义和团号称刀枪不入，结果被洋枪打得稀里哗啦。当下则是五花八门，各类奇能异士层出不穷，甚至让人瞠目结舌。这些人，要么打着道的旗号，要么自己化身为"道"，为钱财，为名声，为利禄，为权势，一个个脸不红，心不跳，振振有词，岂不怪哉！

其流弊之二，盲信盲从。这一方面是与上者相联系的。道既"玄之又玄"，得"道"者高高在上，于是就有了众多的信众，趋之若鹜。中国人什么都信，对于"大师"们的奇谈怪论，往往选择宁可信其有。这恰恰违背了庄子的精神。在庄子所建构的"心灵境界"中，人是自主的、自在的、自由的，是不受任何

---

① 详见本书附录二。

约束的。而中国人的盲信盲从，正好为骗子们制造了可乘之机。

其流弊之三，精神胜利。鲁迅在《阿Q正传》中，发明了"精神胜利法"，以批判中国人的国民性。关锋在《庄子哲学批判》一书中，把阿Q"精神胜利法"与庄子联系起来，说"但阿Q的'精神胜利法'却正是庄子精神的一个特征。精神胜利法即起源于庄子，而为历代反动阶级、堕落的政客、文人所继承"[1]，笔者不赞同关锋的说法，庄子精神与阿Q"精神胜利法"当然不是一回事儿；但庄子精神之流弊，确有精神胜利的成分，这也是不能深悟庄子精神者之自然结果——毕竟只作用于个人之内心，似不能过于苛责，因为每个人都有无助的、脆弱的时候，都有灰色的、阴暗的心理，能以"精神胜利法"使自己得以解脱，也算是一种可以的选择，但不能过于愚蠢，不能过于自负。

四、当下国学研究之基本原则

习近平总书记有关中国传统文化的论述很多，我觉得都是高屋建瓴，有很强的指导意义与现实意义。兹举两例：2014年9月9日，习近平总书记在北京师范大学主楼参观"尊师重教、筑梦未来——庆祝第30个教师节主题展"时指出："我很不赞成把古代经典诗词和散文从课本中去掉，'去中国化'是很悲哀的。应该把这些经典嵌在学生脑子里，成为中华民族文化的基因。"2016年11月30日，习近平总书记在《在中国文联十大、中国作协九大开幕式上的讲话》中强调："文化是一个国家、一个民族的灵魂。历史和现实都表明，一个抛弃了或者背叛了自己历史文化的民族，不仅不可能发展起来，而且很可能上演一幕幕历史悲剧。"此论可谓振聋发聩，切中肯綮，百余年来的中国国学，恰恰存在这样的问题。

往者已矣，来者可追，今后的国学研究又该怎样展开呢？笔者才疏学浅，自然没有能力对这种宏大的课题予以勾画，但还是想谈一点自己粗浅的认识。2018年4月，笔者在《中国文化"根性"与"新子学"》一文中，曾指出了"新子学"研究的四个原则，这也同样适用于中国国学、中国文化的研究，现在把它稍作改动，作为本章的结束。

坚持整体性原则。先秦子学在周天子式微、诸侯争霸、礼崩乐坏的大背景之下产生，在人世、人心、人情方面虽各有侧重，相互制约，相互矛盾，互相

---

[1] 胡道静：《十家论庄·关锋论庄子》，上海人民出版社2004年版，第293页。

指责甚至互相批判，但诸子之学说都根植于先秦宗法制社会"沃土"之中，它们同气连枝，在一个文化共同体之中。单就儒家道家关系而论，儒家弘扬的仁、义、礼、智、信、温、良、恭、俭、让，宣扬人生的正能量；而道家以无、虚、静为支点，倡导无为、逍遥、齐物，旨在消解人生中的负能量①。它们虽相互攻讦，但同源互补，实乃构成了相互支撑的格局，完成了中国人"达则兼济天下，穷则独善其身"的人生状态。所以，中国国学、中国文化研究者既不能因儒家而全面否定中国文化，也不能因道家全面批判中国文化，因为文化本身就是一个矛盾体（正如人性复杂一样），反之亦如是。

坚持以正面评述为主的原则。中国文化绵延五千年，作为超巨大体量的文化综合体，可以说是先进与落后共生，精华与糟粕同在，优秀与平庸相济，睿智与愚昧交融，其复杂程度不是几个形容词就能说清楚的。如果只把眼光盯在她的阴暗面，自然也会是"罄竹难书"，这一方面是有很多教训的。如 20 世纪20 年代在"整理国故"运动中，胡适在名为《研究国故的方法》演讲中，谈到"疑古的态度"时说："疑古的态度，简而言之，就是'宁可疑而错，不可信而错'十个字。……在东周以前的历史，是没有一字可以信的。以后呢，大部分也是不可靠的。"②中国历史乃至中国文化，不是不可以怀疑、指责与批判，但全面地否定是不客观的、片面的，是错误的。所以，即使是激烈的文化批判论者鲁迅，即使是把中国历史说得暗无天日的鲁迅，在讨论中国人的自信力时，也不得不把目光转向古代，转向他嗤之以鼻的"正史"。在《中国失去自信力了吗？》一文中，他说："我们自古以来，就有埋头苦干的人，有拼命硬干的人，有为民请命的人，有舍身求法的人……虽是等于为帝王将相作家谱的所谓'正史'，也往往掩不住他们的光芒，这就是中国的脊梁。这一类的人们，就是现在也何尝少呢？……说中国失掉了自信力，用以指一部人则可，倘若加于全体，那简直是污蔑。"③"中国的脊梁"是由无数的古圣先贤以及时代英雄共同"浇铸"而成的，古与今根本就无法割裂。中国国学、中国文化研究应该汲取百余年来研究中国文化之教训，走出文化批判、文明批判的误区，坚持正面评述，以弘扬正能量，促进社会的稳定与和谐。

---

① 笔者称之为负—负能量，即负、负得正，转化为另一种形式的正能量。

② 胡适：《研究国故的方法》。见欧阳哲生编：《胡适文集》（12），北京大学出版社1998年版，第92—93页。

③ 鲁迅：《中国失去自信力了吗？》（1934）。见《鲁迅全集》（第六卷），人民文学出版社2005年版，第122页。

　　坚持以中国的逻辑思考中国的问题。几千年中国文化的发展，自然会形成中华文明的"个性"，形成中国逻辑与中国标准。作为中国文化的主干，儒家、道家思想都坚持道德至上的原则（客观上也造成了中华文化重道不重技的传统），形成了中国特有的、辐射周边朝鲜半岛、日本以及东南亚诸国的道德范式。需要强调的是，我们需要从整体上把握先秦诸子的道德观念，对道德的理解不能只与儒家学说联系在一起，儒家、道家道德处于一种互补的、动态的平衡状态。从道德角度理解生命的价值，以确立行为处世的原则，即是中国的逻辑，但百余年来，在西化思潮的冲击下，中国的道德逻辑、中国的道德标准遭到了空前的破坏，所以，中国国学、中国文化研究需要在儒家、道家学说的基础上，重构中国的价值体系。坚持以中国的逻辑思考中国的问题，就是要把中国的事情、中国的问题、中国的人心说清楚，并在现代社会参与世界文明的进程，成为世界文明格局中的重要组成部分。当然，其中有些"逻辑"和"标准"在"全球化"背景下已经不合时宜，应予以扬弃。

　　坚持开放的文化观。自西方在全世界范围内推行殖民主义以来，不少国家的"大门"被坚船利炮打开，世界越来越成为一个开放的体系；而当下由于互联网、交通工具、金融资本的"全球化"，全世界已经成为一个开放的体系，任何拒斥交流、封闭保守的企图都是没有出路的。毋庸讳言，当下西方文化仍然引领世界的潮流，中国在各个领域尤其是学术、思想领域已经向西方学习百余年，以至于现在很多学人或者成了"麦考利的孩子们"①，或者成了"外表标致的道德上的矮子"，这是在坚持文化开放的同时应该努力避免的。熊十力在《论六经》中曾说："新者利用过去之长而凭借自厚，力量益大，过去之长经新生力融化，其质与量皆不同以往，自不待言。"②这才是一种更为科学的态度，只有吸取西方文化的精华，与中国文化互融互通，根本目的还是为了中国文化的健康发展。2013年12月，在北京大学哲学系和中央编译出版社联合举办的"汤一介先生学术思想研讨会暨《瞩望新轴心时代》发布会"上，汤一介先生提出了"新轴心时代"的概念，并在采访时指出中国学术要"返本开新"，强调"西

---

① 指西化或英国化的东方知识分子。托马斯·麦考利是英国著名历史学家，《英国史》的作者。1834年至1838年，他担任英国印度殖民当局公共教育委员会主席，期间曾提交了《教育备忘录》，主张在印度废除本地语教育，将英语作为印度教学语言和官方语言，在印度产生了重大的影响，造就了无数的"麦考利的孩子们"。

② 熊十力：《论六经》。见《熊十力全集》（第五卷），湖北教育出版社2001年版，第773页。

方哲学文化对中国哲学文化的冲击的积极意义"，笔者虽服膺先生之言，但更希望实现中国哲学文化对西方哲学文化的冲击，让中国文化"走出去"，从而体现中国价值的意义。所以，我们在坚持吸收西方先进文化成果的同时，也要展现中国文化价值观念，为世界文化贡献中国智慧。

附　录

明恩溥与鲁迅之中国"二十四孝"批判

　　孝道本是中国社会的伦理基础。《论语·学而》篇中强调："孝弟也者，其为仁之本与！"把孝作为儒家仁之根本。如何做到孝？《论语·为政》篇中指出："今之孝者，是谓能养。至於犬马，皆能有养；不敬，何以别乎？"可以说，孔子把"敬"作为孝的根本原则，而仅仅赡养父母并不是真正的孝①。儒家的孝是"愚孝"吗？文化批判论者往往予以攻击，但《孝经》中专设《谏净第十五》一章，孔子言辞激烈地予以驳斥：

　　　　曾子问："若夫慈爱、恭敬、安亲、扬名，则闻命矣！敢问子从父之令，可谓孝乎？"子曰："是何言与！是何言与！昔者天子有争臣七人，虽无道，不失其天下；诸侯有争臣五人，虽无道，不失其国；大夫有争臣三人，虽无道，不失其家；士有争友，则身不离于令名；父有争子，则身不陷于不义。故当不义，则子不可以不争于父，臣不可不争于君。故当不义，则争之。从父之令，又焉得为孝乎！"

　　我们在《国学弁言》中已经说过，中国人的伦理关系、伦理原则是双向度的，君仁臣忠，父慈子孝，兄友弟恭；孔子不被用于鲁国，于是率弟子周游列国；孟子论商纣王被杀，称其为"一夫纣"（《孟子·梁惠王章句下》），即都是如此。《孝经》是十三经中唯一一部自开始即称之为"经"的书，其他如《诗经》《书经》等，最初只称为《诗》《书》，"经"字为后世所加。《汉书·艺文志》中说："夫孝，天之经，地之义，民之行也。举大者言，故曰孝经。"中国的历朝历代都重孝敬，都重孝道，汉代更号称以孝道治天下。对于人来说，对于中国人来说，重孝敬父母不应该吗？如果一个人连生养自己的父母尚且不敬、不孝，这个人的品质就很成问题。当然，《孝经》所讨论的，不只是孝敬父母的问题，

----

①　《大戴礼记·曾子大孝》中说："孝有三，大孝尊亲，其次不辱，其下能养。"把"能养"父母作为"孝"之最底层次。

而是立足每个人的社会角色，如天子、诸侯、卿大夫、士、庶人，各有各的"孝道"——或者可以说，《孝经》是对不同社会角色的社会责任予以规定，以期达到"始于事亲，中于事君，终于立身"的目的。

孝或者说孝道，也是中西文明的一个根本差别。庄泽宣，陈学恂在《民族性与教育》一书中曾说："中国人看见鸟反哺，羊跪乳，就想到怎样事亲，看见鸿雁行列，便想到怎样敬兄，而西方人看见叶子从树上落地就发明地心引力，看见热水壶盖因水沸而掀动就发明蒸汽机关。"[①]中国人重孝悌，重伦理亲情，强调"鸟反哺，羊跪乳"的父母恩情；而在基督教文化中，不管男女老少，长幼尊卑，都是上帝的"子民"，本无所谓孝道。

这里，我们主要谈一下明恩溥与鲁迅对中国"二十四孝"的批判[②]。

一、明恩溥《中国人的气质》对中国"二十四孝"的描述

明恩溥（1845—1932）在中国居留五十余年，作为一名传教士，积极在中国传布上帝的"福音"，因为在他看来，只有基督教才能拯救中国（我们前文中已多有论及）。明恩溥的名著《中国人的气质》[③]也有对中国"二十四孝"的描述，我们摘录如下：

> 如果我们的读者当中有谁想看一看这一理论是如何付诸实践的，那么就应该让他去读一读"二十四孝"的故事，这些故事收录在一本同名小书中，广为流传。其中一个故事是这样的：一个生活在后汉时代的六岁男孩，有一回前往一个朋友家，人家拿出橘子招待他。趁此机会，这个早熟的小家伙施展了一把中国人常用的伎俩，偷了两个橘子，藏在袖子里。但是，当他鞠躬告辞的时候，橘子却从袖口滚了出来，这使男孩陷入了十分尴尬的境地，可是他却面不改色。他跪倒在主人面前，说了一句令人难忘的话，这句话使他名留青史将近两千年："吾母性之所爱，欲归以遗母。"这个孩子的父亲身居高位，在一个西方批评家看来，他完全有其他机会来满足他母亲对橘子的爱好，但是在中国人的眼中，这个男孩却是一个尽孝的典

---

① 庄泽宣、陈学恂：《民族性与教育》，商务印书馆1938年版，第564页。
② 这里需要说明的是，明恩溥与鲁迅对中国孝道思想的批判并没有多少关联，只不过是二人都批判了中国的孝道思想，这里一并论之。
③ 明恩溥著，刘文飞等译：《中国人的气质》，上海三联书店2007年版。后面引文只随文注页码。

范，因为他小小年纪就懂得记挂母亲，或者是因为，他能如此之快地编造出一个借口来。另一个是晋朝的男孩，父母没有蚊帐，他在八岁时想出一个好办法，就是每天早早上床，整夜都一动也不动地躺着，连扇子也不摇，为的是让家里的蚊子只咬他一个人，让他的父母睡个安稳觉！同一朝代的另外一个男孩，和很不喜欢他的继母生活在一起，这个继母非常爱吃鲤鱼，冬天弄不到鱼，于是这孩子想出一个愚蠢的计划，他脱掉衣服躺在冰面上，一对鲤鱼从冰下看到了他的举动，深受感动，便在冰上钻出一个洞，跳了出来，好让那位可恶的继母把自己做成盘中餐。（第132—133页）

在刚才提到的"二十四孝"中，有这样一个关于地道孝行的典型事例，说一个生活在汉朝的人，他非常贫穷，发现自己没有足够的粮食同时养活他的母亲和他三岁的儿子。他对他的妻子说："贫乏不能供给，共汝埋子。子可再有，母不可再得。"他的妻子不敢反对，于是，他就挖了一个两英尺多深的坑准备埋掉儿子，结果却挖出了一坛黄金，坛子上刻着字，表明这些黄金是上天对孝子的嘉奖。如果这坛金子不曾出现，孩子就会被活埋，而根据一般人对孝道的理解，这种做法并无不妥。（第133—134页）

没有生下一个男孩，是休妻的七种理由中首要的一条。非生男孩不可，这样就会导致一夫多妻制以及随之而来的是各种悲剧。有了这样的背景，中国人自然会在生出儿子的时候喜气洋洋，在生下女儿的时候大失所望。中国传统观念的这一方面，是中国广泛存在的杀婴现象的一个原因。在中国的南方，这种罪行要比北方更为普遍，因为在北方我们似乎完全听不到这样的消息。但是必须记住，要想获得所有这些事情的确切信息是极为困难的，就像同样很难洞悉公众对此的态度一样。私生子的数目一直不小，无论在什么地方都存在着一种强大的动机，要杀死这些孩子，无论是男是女。尽管在每一个地区，能够得到直接证实的杀害女婴的事件都远远少于实际发生的数量，但是毫无疑问，在一个把为了奉养祖母而活埋三岁孩子的举动视为孝行的民族中，剥夺那些不受欢迎的女婴的生命，或许就不是什么太大的罪孽。（第134—135页）

对于中国人程度惊人的孝道信条，有人做出了一个忧虑的评论，认为中国人的孝道不仅不是针对上帝的，而且也无法通过任何方式让人意识到上帝的存在。作为孝道之最完整、最终极表达方式的祖先崇拜，与多神论、不可知论和无神论是完全一致的。它使死人成为神，它所有的神也都是死人。它的爱、它的感恩和它的敬畏，都只献给尘世的父母。这里没有天父的概念，即便知道他的存在，也没有人感兴趣。祖先崇拜不被放弃，基督教便永远无法引入中国，因为这两者是相互对立的。在这两者决死的斗争中，只有适者才能得以生存。（第140页）

基督教在中国的传布，最大的障碍即是中国人的孝道，即是中国人的祖先崇拜。在这一方面，传教士们是非常清楚的。费正清编《剑桥中国晚清史》中说："到1900年，中国有七十余万天主教徒，包括大约四百五十至五百名本地牧师。在入教时，这些人被要求放弃中国生活的许多特征：例如放弃全部'异教徒的'宗教信仰和习俗，不许贩卖和吸食鸦片烟，不参加民间节日（包括戏剧演出）和星期日工作，不纳妾，尤其是放弃祖先崇拜。"①——明令放弃祖先崇拜，这是让他们断绝自己作为中国人的"根"。

在上述引文中，明恩溥反复引述的是《二十四孝图》中的内容，这在下文中予以阐述。这里约略说一下明恩溥所谓中国弃婴的问题。在西方的话语体系里，弃婴问题可以说是黑暗中国的一个象征。我们前文中，说到黑格尔《历史哲学》。他在总结中国问题时就特意指出："因为复仇而作的自杀，以及婴孩的遗弃，乃是普通的、甚至每天的常事，这就表示中国人把个人自己和人类一般都看得是怎样轻微。"②把"弃婴"作为中国人"普通的、甚至每天的常事"。而明恩溥在《中国人的气质》中，又把"弃婴"改为"杀婴"（女婴），把地域范围缩小到"中国的南方"——中国南方的"杀婴"是一种普遍的现象吗？黑格尔没有到过中国，只是道听途说；明恩溥在中国时间虽然很长，但活动的范围大都在中国北方（他有没有去南方，我没有考察过），大概也只是道听途说；能把"弃婴"或"杀婴"当作一种普遍的现象，他们的数据是从哪里得来的呢？恐怕还是道听途说。弃婴、杀婴现象是古今中外都有的问题③；纵使清晚期南方弃婴现象比较突出，但如黑格尔、明恩溥之流夸大其词，甚至把这种现象归结为民族性的表现特征，笔者是坚决反对的。

---

① [美]费正清编：《剑桥中国晚清史》（上卷），中国社会科学出版社1993年版，第614页。
② [德]黑格尔著，王造时译：《历史哲学》，上海书店出版社2001年版，第137页。
③ 涉及西方杀婴现象的论文，可参见陈蕾蕾《西方文学中母亲杀婴母题和母性的重构》（《华南师范大学学报》2003年第3期），吴秀芳《传统杀婴母题的继承和重构：托尼·莫里森〈宠儿〉新解读》（《河南师范大学学报》2006年第1期），孙立盎《西方文学中杀婴母题的解读与反思》（《陕西教育学院学报》2012年第4期），舒小昀、褚书达《近代早期英格兰杀婴现象》（《中国社会科学报》2016年8月29日）等论文。

二、鲁迅的《二十四孝图》中对中国孝道的批判

鲁迅《二十四孝图》是其散文集《朝花夕拾》中的名篇[1]，我们在"百年国学研究误区"一章已经提到过该文。该文开头，即要把"最黑，最黑，最黑"的诅咒给那些反对白话文的人，其立论针对的是当时儿童读物匮乏的情况。其中关于《二十四孝图》的文字如下：

我所收得的最先的画图本子，是一位长辈的赠品：《二十四孝图》。这虽然不过薄薄的一本书，但是下图上说，鬼少人多，又为我一人所独有，使我高兴极了。那里面的故事，似乎是谁都知道的；便是不识字的人，例如阿长，也只要一看图画便能够滔滔地讲出这一段的事迹。但是，我于高兴之余，接着就是扫兴，因为我请人讲完了二十四个故事之后，才知道"孝"有如此之难，对于先前痴心妄想，想做孝子的计划，完全绝望了。

"人之初，性本善"么？这并非现在要加研究的问题。但我还依稀记得，我幼小时候实未尝蓄意忤逆，对于父母，倒是极愿意孝顺的。不过年幼无知，只用了私见来解释"孝顺"的做法，以为无非是"听话"，"从命"，以及长大之后，给年老的父母好好地吃饭罢了。自从得了这一本孝子的教科书以后，才知道并不然，而且还要难到几十几百倍。其中自然也有可以勉力仿效的，如"子路负米"，"黄香扇枕"之类。"陆绩怀橘"也并不难，只要有阔人请我吃饭。"鲁迅先生作宾客而怀橘乎？"我便跪答云，"吾母性之所爱，欲归以遗母。"阔人大佩服，于是孝子就做稳了，也非常省事。"哭竹生笋"就可疑，怕我的精诚未必会这样感动天地。但是哭不出笋来，还不过抛脸而已，一到"卧冰求鲤"，可就有性命之虞了。我乡的天气是温和的，严冬中，水面也只结一层薄冰，即使孩子的重量怎样小，躺上去，也一定哗喇一声，冰破落水，鲤鱼还不及游过来。自然，必须不顾性命，这才孝感神明，会有出乎意料之外的奇迹，但那时我还小，实在不明白这些。

其中最使我不解，甚至于发生反感的，是"老莱娱亲"和"郭巨埋儿"两件事。

我至今还记得，一个躺在父母跟前的老头子，一个抱在母亲手上的小

---

[1] 鲁迅：《二十四孝图》（1926年5月10日）。见《鲁迅全集》（第二卷），人民文学出版社2005年版，第258—264页。

孩子，是怎样地使我发生不同的感想呵。他们一手都拿着"咕咚"。这玩意儿确是可爱的，北京称为小鼓，盖即鼗也，朱熹曰，"鼗，小鼓，两旁有耳；持其柄而摇之，则旁耳还自击"，咕咚咕咚地响起来。然而这东西是不该拿在老莱子手里的，他应该扶一枝拐杖。现在这模样，简直是装佯，侮辱了孩子。我没有再看第二回，一到这一叶，便急速地翻过去了。

那时的《二十四孝图》，早已不知去向了，目下所有的只是一本日本小田海僲所画的本子，叙老莱子事云，"行年七十，言不称老，常着五色斑斓之衣，为婴儿戏于亲侧。又常取水上堂，诈跌仆地，作婴儿啼，以娱亲意。"大约旧本也差不多，而招我反感的便是"诈跌"。无论忤逆，无论孝顺，小孩子多不愿意"诈"作，听故事也不喜欢是谣言，这是凡有稍稍留心儿童心理的都知道的。

然而在较古的书上一查，却还不至于如此虚伪。师觉授《孝子传》云，"老莱子……常着斑斓之衣，为亲取饮，上堂脚跌，恐伤父母之心，僵仆为婴儿啼。"（《太平御览》四百十三引）较之今说，似稍近于人情。不知怎地，后之君子却一定要改得他"诈"起来，心里才能舒服。邓伯道弃子救侄，想来也不过"弃"而已矣，昏妄人也必须说他将儿子捆在树上，使他追不上来才肯歇手。正如将"肉麻当作有趣"一般，以不情为伦纪，诬蔑了古人，教坏了后人。老莱子即是一例，道学先生以为他白璧无瑕时，他却已在孩子的心中死掉了。

至于玩着"摇咕咚"的郭巨的儿子，却实在值得同情。他被抱在他母亲的臂膊上，高高兴兴地笑着；他的父亲却正在掘窟窿，要将他埋掉了。说明云："汉郭巨家贫，有子三岁，母尝减食与之。巨谓妻曰，贫乏不能供母，子又分母之食。盍埋此子？"但是刘向《孝子传》所说，却又有些不同：巨家是富的，他都给了两弟；孩子是才生的，并没有到三岁。结末又大略相像了，"及掘坑二尺，得黄金一釜，上云：天赐郭巨，官不得取，民不得夺！"

我最初实在替这孩子捏一把汗，待到掘出黄金一釜，这才觉得轻松。然而我已经不但自己不敢再想做孝子，并且怕我父亲去做孝子了。家景正在坏下去，常听到父母愁柴米；祖母又老了，倘使我的父亲竟学了郭巨，那么，该埋的不正是我么？如果一丝不走样，也掘出一釜黄金来，那自然是如天之福，但是，那时我虽然年纪小，似乎也明白天下未必有这样的巧事。

在上述文字中，鲁迅以成年人的"世故"，写小孩子的心理；又通过小孩子的心理，反衬成人世界孝道的虚伪、残忍、荒唐与愚昧，可谓入木三分。并且，鲁迅又采用漫画式的手法，对"二十四孝图"中的人物冷嘲热讽，使他们最终成为了现代中国人的"笑料"。鲁迅对"二十四孝"的指责，因其在现代思想史上的特殊地位，影响深远。

从本书着眼，鲁迅认为旧的中国的一切都是不好的，都在批判之列：中国人不好（国民劣根性），中国文字不好（废除汉字），中国书籍不好（提倡青年人不读中国书），中国艺术不好（如京剧，对梅兰芳明嘲暗讽），中国的孝道也不好。关键是，把中国彻底批判之后，新的中国又有什么呢？"雷峰塔"倒掉[①]之后，不需要重建吗？又如何重建呢？

三、如何理解"二十四孝图"？

明恩溥《中国人的气质》和鲁迅《二十四孝图》中，对"二十四孝图"中人物的描述，立意虽不同，但有很多相似甚至相同之处；对其是与非，我们还是应该从"二十四孝图"的产生说起。

（一）"二十四孝图"的形成过程

中国古代孝子的故事起源很早。汉代标榜以孝治天下，《孝经》大行其道；汉代察举（选官）制度中，也有孝廉（孝敬廉洁者）一类，孝行大行其道。但"二十四孝"概念产生却是后来的事。据魏文斌等在《甘肃宋金墓"二十四孝图"与敦煌遗书〈孝子传〉》一文中考证："'二十四孝'此一概念的产生，可以早到五代末或宋初，敦煌遗书《故圆鉴大师二十四孝押座文》约刻于五代末或宋初，这是目前所见最早的'二十四孝'称谓。"[②]又据董新林在《北宋金元墓葬壁饰所见"二十四孝"故事与高丽〈孝行录〉》一文中考证："北宋金元时期，'二十四孝'故事是北方地区墓葬壁饰中的重要题材之一。并且在题材方面表现出很强的一致性，与后世流行的郭居敬《全相二十四孝诗选》内容有较大差异，但却与高丽《孝行录》记载完全吻合。这表明在中国南北地区，民间曾存在两套不尽相同'二十四孝'故事系统。""从现有资料看，《孝行

---

① 鲁迅：《论雷峰塔的倒掉》（1924年11月17日）。见《鲁迅全集》（第一卷），人民文学出版社2005年版，第179—181页。

② 魏文斌等：《甘肃宋金墓"二十四孝图"与敦煌遗书〈孝子传〉》，《敦煌研究》1998年第3期。

录》所载的'二十四孝'故事，尽管北宋金元时期，在北中国一度十分流行，但是到明代，基本却销声匿迹了。而郭居敬《二十四孝诗选》的'二十四孝'故事题材逐渐占据上风。经明代末期的微调，《日记故事》之'二十四孝'故事体系最后定型，成为全国流行的'二十四孝'故事题材。从此，这个版本的'二十四孝'人物故事留传至今。"① 赵超在《"二十四孝"在何时形成（上）》一文中也说："通过大量文物，可知二十四孝义故事这一系统在北宋时已经广泛地于民间流行开来。其起源则更可以上推到唐代或更早时期。"② 可见，在郭居敬③《全相二十四孝诗选》之前，已有流传久远的多个版本的"二十四孝"；郭氏甄选收录虞舜、汉文帝、曾参、仲由、闵损、郯子、老莱子、董永、丁兰、江革、陆绩、郭巨、黄香、蔡顺、姜诗、王裒、唐夫人、王祥、吴猛、杨香、庾黔娄、孟宗、朱寿昌、黄庭坚等二十四人故事，于是就有了后世通行的"二十四孝"④。

至于郭居敬版的"二十四孝"，何时绘于图册，也应该是在元代。董新林在《北宋金元墓葬壁饰所见"二十四孝"故事与高丽〈孝行录〉》一文中说："元

---

① 董新林：《北宋金元墓葬壁饰所见"二十四孝"故事与高丽〈孝行录〉》，《华夏考古》2009年第2期。

② 赵超：《"二十四孝"在何时形成》（上），《中国典籍与文化》1998年第1期。赵超在《"二十四孝"在何时形成》（下）一文中进一步说："在宋代已经流行开了一套定型的二十四孝故事。与郭居敬编辑的二十四孝相比，这套二十四孝没有王裒、汉文帝、仲由、江革、唐夫人、吴猛、朱寿昌、庾黔和黄庭坚，而多出了韩伯瑜、田真、刘殷、赵孝宗、刘明达、王武子（妻）、鲁义姑、鲍山、原谷、曹娥等人。""这些孝子图画，与宋代墓中的孝子图在构图、人物形象、基本组合等方面都十分相似，应该是从同一来源传衍发展而成。这个源头可能就是唐代或者更早时期在中原形成的二十四孝体系。"见赵超：《"二十四孝"在何时形成》（下），《中国典籍与文化》1998年第2期。

③ 有关郭居敬的生平事迹，据清代李清馥撰《闽中理学渊源考》卷三十六《处士郭先生居敬》记载：元代"郭居敬，尤溪人。博学。事亲欢顺，亲殁，哀毁尽礼。尝撷虞舜而下二十四人孝行之概，序而系之以诗，用训童蒙。时虞集，欧阳元（玄）欲荐于朝，居敬牢让不起。终身隐于小村，以处士卒。"

④ 郭居敬版"二十四孝"虽然成为通行本，但之后仍然有不同的版本。赵超在《"二十四孝"在何时形成（上）》一文中说："明清乃至民国初年还有过多种不同的二十四孝选本，收入的人物各有不同。如：清家秘本《二十四孝诗注》，《二十四章孝行录抄》等就以田真、张孝代替江革与仲由。以后又有内容更多的《百孝图》《二百四十孝图》等作品。民国三十年郭立志《新辑二十四孝》序云：'元郭义祖性至孝，尝集虞舜以下二十四人孝行之概序而诗之，用训童蒙，流行于世，几于家喻户晓。坊间继出《后二十四孝》及《女二十四孝》，皆未知何人作。清道光中高月波别录二十四事。同光之际，俞诚甫广为《百孝图》。胡虎臣又广为《二百四十孝》。'"

代的'二十四孝'故事十分流行，除郭居敬的《二十四孝诗选》和权准、权溥[①]的《孝行录》外，还出现诸多的'二十四孝'图文等。如谢应芳的《龟巢稿》卷十四有《二十四孝赞序》、王克孝的《二十四孝图》、张宪的《玉笥集》卷五有《题王克孝二十四孝图》等。在元杂剧中也出现了诸如《孝父母明达卖子》、《孟宗哭竹》等剧目，这表明孝悌故事在民间流传之广。此外，在土耳其伊斯坦布尔（Istanbul）的托普卡普（Topkapi）宫殿美术馆，还保存有目前唯一的一张元代木刻'二十四孝图'，弥足珍贵。"[②]图与文的结合，更利于"二十四孝"故事的传播，这在元代也应该是件容易的事情。

（二）明恩溥与鲁迅之误

我们前面多次强调，中华文明是世界上唯一没有中断的文明，文化中保留了大量的远古遗存，当然也包括一些神话传说，这就使中国文化常处于虚实之间——有虚构的成分，有想象的内容，后人或现代人一看，就知道是不真实的，但它们却是为了突出一种理念，或者说在强调一种价值观念。"二十四孝"的故事即是如此，故事本身即在虚实之间，有很多虚构的内容，这是符合中国文化的特征的。再者，中国人宗教观念虽然淡漠，但中国人的头顶上是有一个超人格的"天"存在的——从来都有，他可惩罚或赏赐，是"神明"的代名词，所以，中国人心目中或者潜意识中是敬畏这个"天"的——在"天"面前，皇帝再大，也只是"天子"。

基于这种基本的认识，《孝经·感应章第十六》中说："子曰：'昔者明王事父孝，故事天明；事母孝，故事地察；长幼顺，故上下治。天地明察，神明彰矣。故虽天子，必有尊也，言有父也；必有先也，言有兄也。宗庙致敬，不忘亲也；修身慎行，恐辱先也。宗庙致敬，鬼神著矣。孝悌之至，通于神明，光于四海，无所不通。'"因为"天地明察，神明彰矣"，所以孝行能够得到"神明"或者"天"的降福佑助，逢凶化吉；且能够达到"通于神明，光于四海，无所不通"的境界。"二十四孝"，是本于《孝经》的，自然会体现《孝经》的这种基本精神。这在"二十四孝"中屡有出现：如在郭巨孝行中，当郭巨掘坑埋儿时，得黄金一釜，上云："官不得取，民不得夺"；在姜诗的孝行中，"后舍侧忽有涌泉，味如江水，日跃双鲤，诗时取以供母"；在王祥的孝行中，王祥卧冰为继母求鱼，"冰忽自解，双鲤跃出，持归供母"；在孟宗的

---

① 元代末期的高丽人，编撰《孝行录》。
② 董新林：《北宋金元墓葬壁饰所见"二十四孝"故事与高丽〈孝行录〉》，《华夏考古》2009年第2期。

孝行中，孟宗为母求竹煮羹食，抱竹而泣，则"孝感天地，须臾地裂，出笋数茎"。谢应芳[①]在其所撰《龟巢稿》卷九《二十四孝赞序》一文中说得很清楚："今观郡人王达善所赞二十四孝，哀为一编，其间言孝感之事什有八九，且以《孝经》一章冠于编首。盖取'孝通神明'一语，推而广之，欲使人歆羡而勉于企及，于名教岂小补哉！"[②]"孝通神明"，至孝则得到上天的福佑，即在鼓励人们多行孝道。

作为一名美国人，作为一名传教士，明恩溥不能从深层次上理解、把握中国文化；从其基本立场看，他也必须要批判并试图打倒影响基督教在中国传播的障碍——中国的孝道，所以，在他看来，陆绩"怀橘遗亲"的孝行则是"这个早熟的小家伙施展了一把中国人常用的伎俩，偷了两个橘子，藏在袖子里"；王祥"臣冰求鲤"的孝行则是"这孩子想出一个愚蠢的计划，他脱掉衣服躺在冰面上，一对鲤鱼从冰下看到了他的举动，深受感动，便在冰上钻出一个洞，跳了出来，好让那位可恶的继母把自己做成盘中餐"；郭巨"埋儿得金"的孝行则是"在一个把为了奉养祖母而活埋三岁孩子的举动视为孝行的民族中，剥夺那些不受欢迎的女婴的生命，或许就不是什么太大的罪孽"。

而鲁迅，作为激烈的传统文化批判者，在《二十四孝图》的开头，即反复强调要把"最黑，最黑，最黑"的诅咒给那些反对白话文的人，一看这架势，即是要来打架的。其对"二十四孝"的批判，有三点需要说明：一是郭居敬编选"二十四孝"，其目的是非常明确的，即"序而系之以诗，用训童蒙"——《二十四孝图》只是童蒙读物（不是给成年人看的），其中多有儿童故事，以儿童为典型，让儿童从小对孝行、对孝道有崇高感、神圣感，产生敬畏心。敬者，是对父母之孝敬，通过二十四孝人物之富有情节的故事，潜移默化，让儿童从小就养成对父母长辈的孝敬之心；畏者，则因孝通于神明，所以对不孝行为要畏于天罚。二是儿童有好奇心与想象力，"神明"的出现，翻转的故事情节，会引起他们极大的兴趣；但从《二十四孝图》看，鲁迅在最初听到"二十四孝"的故事时，只有惊惧之心——"'孝'有如此之难"，做个孝子也就是"痴心妄想"了，这应该不是一般儿童的心理。三是所谓二十四孝，只是一种榜样，通过一种近乎极端的行为，起到一种激励与鞭策的作用，告诉人们无论如何艰难困苦，对父母、对老人也应该不离不弃——如此，则最终会得到"神明"的福佑。

---

① 谢应芳（1296—1392年），江苏武进人，生活于元末明初，自号龟巢老人。
② 见台湾商务印书馆《景印文渊阁四库全书》第1218册《集部》157《别集类》。

明恩溥和鲁迅都重点说到"郭巨埋儿"一事，这该如何理解呢？我们强调中国文化常在虚实之间，保留着上古某些神性的特征，有些问题很难用现代人的科学理性去考察；所以文化中若有一个"天"存在，有一个"神明"存在，人的行为就都能得到解释。这里我们可以看一下《圣经·旧约·创世记》第二十二章中，神考验亚伯拉罕的故事：

> 神要试验亚伯拉罕，就呼叫他说："亚伯拉罕！……你带着你的儿子，就是你独生的儿子，你所爱的以撒，往摩利亚地去，在我所要指示你的山上，把他献为燔祭。"

> 亚伯拉罕清早起来，备上驴，带着两个仆人和他儿子以撒，也劈好了燔祭的柴，就起身往神所指示他的地方去了。

> ……

> 亚伯拉罕把燔祭的柴放在他儿子以撒身上，自己手里拿着火与刀。于是二人同行。

> 以撒对他父亲亚伯拉罕说："父亲哪！"亚伯拉罕说："我儿，我在这里。"以撒说："请看，火与柴都有了，但燔祭的羊羔在哪里呢？"

> 亚伯拉罕说："我儿，神必自己预备作燔祭的羊羔。"于是二人同行。

> 他们到了神所指示的地方，亚伯拉罕在那里筑坛，把柴摆好，捆绑他的儿子以撒，放在坛的柴上。

> 亚伯拉罕就伸手拿刀，要杀他的儿子。

> 耶和华的使者从天上呼叫他说："亚伯拉罕！亚伯拉罕！"他说："我在这里。"

> 天使说："你不可在这童子身上下手，一点不可害他。现在我知道你是敬畏神的了，因为你没有将你的儿子，就是你独生的儿子，留下不给我。"

> 亚伯拉罕举目观看，不料，有一只公羊，两角扣在稠密的小树中，亚伯拉罕就取了那只公羊来，献为燔祭，代替他的儿子。

这就是著名的"替罪羊"的故事。在这个故事中，亚伯拉罕并不知道神在考验他，但他还是听从上帝的命令，毅然决然地把他的独生子以撒捆绑，放到堆满柴的祭坛上，并拿刀要杀自己的儿子——亚伯拉罕能根据上帝的旨意杀自己的独生子（为了表示忠心），与郭巨在不得已的情况下"埋儿"（为了生存），如果没有上帝或神明出现的话，二者谁更为可恶呢？如果有上帝或神明存在的话，二者有什么不同吗？作为一名传教士，明恩溥肯定知道这个故事，为什么厚此薄彼呢？只是标准不同、立场变了而已。至于小时候的鲁迅，若看到亚伯拉罕杀儿子的故事的时候，是不是有同样的惊惧呢，害怕自己的父亲为向"上帝"表忠心而把自己给杀了？

中国"二十四孝"的故事源远流长，其影响不只在中国，在日本，在越南，在朝鲜半岛，在整个东亚文化圈，都有深远的影响。其在日本广为流传，其中"孟宗哭竹生笋"和"郭巨为母埋儿"影响最大，日本古都京都有著名的"三大祭"（葵祭、祇园祭、时代祭），其中祇园祭有三十二台神舆（称为某某山），"孟宗山"和"郭巨山"是其中两台，"郭巨山"排在十六位，可见孟宗和郭巨的孝行在日本家喻户晓。但日本明治维新之后，日本为去"汉意"，"二十四孝"也就成了被攻击的对象①。其在越南，被演绎为各种话本，其中最著名的是李文馥的《二十四孝演歌》，以越南"六八体"诗歌形式用越南国语字改写而成，流传极为广泛，已被翻译成现代越南语，于今也仍受重视。②其在朝鲜半岛，权准、权溥的《孝行录》影响深远③。

养儿方知父母恩。在中国文化语境中，一个人若没有生过孩子，若没有把孩子养大成人，就不要妄批孝道，更不要动辄就把"封建"的标签贴在中国的

---

① 秦岚：《"二十四孝"在日本》，《文史知识》2012年第5期。该文引用了福泽谕吉《劝学篇》对"二十四孝"的抨击，认为其"火力最猛"。这里也转引如下："古来和汉劝孝之说甚多。以二十四孝为核心，其外之著述亦难尽数。然就此书观之，所劝十之八九为人所难为之事，亦或所言之事痴愚可笑，甚或褒誉背理之事以为孝行。严寒之中裸身卧冰待其融化，乃人所不能为者。夏夜洒洒濡体饲蚊虫，以防其近父。如此以酒银购纸帐岂不为智者乎？无赡养父母之收入亦办法，却欲活埋无罪婴孩之心肠，当曰鬼当曰蛇，可谓伤天害理之极。早前云'不孝有三，无后为大'，在此反将既已出生之子活埋以绝后，则何者为孝哉？岂非前后矛盾之妄说乎？此种孝行之说，意在正亲子之名，明上下之分，而强逼子女而已。"福泽谕吉同闵恩溥、鲁迅所说同是一理。秦岚在文中评论说："没有了'同情之理解'，'二十四孝'中的故事，瞬间会变得'痴愚可笑'。可惜当时福翁不曾也不敢用这副科学化和逻辑化眼镜看《日本书纪》或《古事纪》。从这一意义上说，2009年日本画家缕衣香的《绘本二十四孝物语》出版并得到社会上好评，对于日本的'二十四孝'接受史来说，应该算是一个标志性的事件——重新审视东亚文化传统的时代也许真的到来了。"

② 王明兵：《理解越南的"孝"——评介〈ベトナムにおける「二十四孝」の研究〉》，《外国问题研究》2017年第3期。该文作者调查披露了29种有关"二十四孝"话本藏本，属于李文馥《二十四孝》系统的有17种，李文馥系统以外的有12种。该文作者认为："在越南'孝'不仅是政治法规，也是乡规民约，还是个人立身行事的最基本准则和行为规范。即便是今日，以'劝孝'为形式的'孝道'运动，也是中央和各级政府重要的政治活动之一，这也与越南传统之'祖先祭祀'密切关联，视为越南传统文化的重要构成部分。"

③ 详细情况可参见（韩）金文京：《高丽本〈孝行录〉与二十四孝》，《韩国研究论丛》（第三辑）1997年11月30日。

孝道上——在我的感觉里，子女孝敬父母、孝敬长辈，本就是中国人最朴素的情感。秦岚《"二十四孝"在日本》一文中，在谈到2009年日本画家缕衣香的《绘本二十四孝物语》获得好评时，曾表示"重新审视东亚文化传统的时代也许真的到来了"①，笔者亦希望如此。

---

① 秦岚：《"二十四孝"在日本》，《文史知识》2012年第5期。

下编　百年国学分论

于非闇　水仙图

第五章　批判与回归——论梁启超的国学思想

> 子贡曰："君子之过也，如日月之食焉：过也，人皆见之；更也，人皆仰之。"
>
> ——《论语·子张》

梁启超（1873—1929）在中国近代史上绝对是一个至关重要的人物，在中国近代学术、近代国学研究领域也是开创者，有重大影响。胡适谈到自己早年在上海求学的经历时说："我在澄衷（指澄衷学堂）一年半，看了一些课外的书籍。严复译的《群己权界论》，像是在这时代读的。严先生的文字太古雅，所以少年人受他的影响没有梁启超的影响大。梁先生的文章，明白晓畅之中，带着浓挚的热情，使读的人不能不跟着他走，不能不跟着他想。有时候，我们跟他走到一点上，还想往前走，他却打住了，或是换了方向走了。在这种时候，我们不免感觉一点失望。但这种失望，也正是他的大恩惠。因为他尽了他的能力，把我们带到了一个境界，原指望我们感觉不满足，原指望我们更朝前走。跟着他走，我们固然得感谢他；他引起了我们的好奇心，指着一个未知的世界叫我们自己去探寻，我们更得感谢他。我个人受了梁先生无穷的恩惠。现在追想起来，有两点最分明。第一是他的《新民说》，第二是他的《中国学术思想变迁之大势》。梁先生自号'中国之新民'，又号'新民子'，他的杂志也叫做《新民丛报》，可见他的全部心思贯注在这一点。'新民'的意义是要改造中国的民族，要把这老大的病夫民族，改造成一个新鲜活泼的民族。……《新民说》的最大贡献在于指出中国民族缺乏西洋民族的许多美德。……《新民说》诸篇给我开辟了一个新世界，使我彻底相信中国之外还有很高等的民族，很高等的文化；《中国学术思想变迁之大势》也给我开辟了一个新世界，使我知道《四书》《五经》之外中国还有学术思想。"①如胡适所言，梁启超《新民说》《中国学术思想变迁之大势》等著作，可谓影响了一个时代。

在戊戌变法失败后，梁启超东渡日本，在日本长达14年。桑兵先生在《国学与汉学——近代中外学界交往录》一书中评价梁启超学术时说："梁启超的学术研究，严格说来是从流亡日本后才正式发端，且一开始就与国学结缘。其生平一般分为戊戌、辛亥、民初、晚年四期，始终摇摆于政治与学术之间，而各有侧重。"②在我看来，梁启超首先是变革者、政治家，他对国学（中国传统文化）态度的变化很值得玩味。总体来看，梁启超的国学研究（思想），经历了一个批判——转变——回归的过程，由激烈的批判者，最终转向了卓有影响力的支持者、倡导者。换言之，就梁启超国学研究的路径来看，其在戊戌变法前后，激烈地批判中国人的奴隶根性，批判中国文化；其东渡日本之后，则深受日本国学界的影响，态度发生了明显的变化。与钱玄同、鲁迅、顾颉刚等人相比较，梁启超可谓学得日本国学之精髓者——即能领悟日本人鼓吹日本国学（日本精神）之用心，转而正面倡导中国国学；而非如钱玄同之流，仅学得皮毛，随日本人起舞，批中国，骂中国人，诅咒中国文化。或许，梁氏早已经认识到，批判中国的一切、否定中国的一切、打倒中国的一切，于中国的稳定、发展、繁荣并无裨益，只会徒增混乱，阻滞中国的进步，此乃梁氏聪明睿智之过人者！

第一节　国民性批判语境的传教士背景

我们前文曾引述刘禾③等人的观点，认为清末民初学者的国民性批判是受西方传教士（西方学者）影响而产生的，这里再申而论之。西方传教士到中国来传教的目的很明确，即是把中国基督教化，说白了，就是尽可能让中国每个人都信仰基督教——基督教传教士精神充分体现了一神教的特点。他们也很清楚基督教在中国传播所受到的阻碍。1877年5月，美国传教士狄考文（1836—1908）在来华传教士第一次全国性大会上发表的《基督教会与教育的关系》一文，其中就

---

① 胡适：《四十自述·在上海》（一），原载《新月》第三卷第7号，1931年3月18日。见欧阳哲生编：《胡适文集》（1），北京大学出版社1998年版，第71、72、73页。

② 桑兵：《国学与汉学——近代中外学界交往录》，浙江人民出版社1999年版，第277页。

③ 刘禾：《一个现代性神话的由来——国民性话语质疑》，陈平原、陈国球主编：《文学史》（第1辑），北京大学出版社1993年版。另见罗摩，杨帆编选：《人性复苏——国民性批判的起源与反思》，复旦大学出版社2011年版，第136—160页。

指出"中国并非没有教育，它有的只是传统的经典教育，这种教育集中于传统儒家学说及伦理道德，成为基督教在中国广泛传播的障碍。中国缺少的是近代自然科学知识和教育。"[①] 基于这种认识，他要求"由基督学校传授自然科学知识，来填补中国教育上的这个空白，并因此而影响中国的变革，掌握中国的未来"[②]。1896 年 1 月，傅兰雅[③]（1839—1928）在英文《教务杂志》上发表《一八九六年教育展望》一文，其中强调："中国最需要的是道德和精神的复兴，智力的复兴次之。只有智力的开发而不伴随道德和精神的成就，绝不能满足中国永久的需要，甚至也不能够帮她从容应付目前的危机。正因为如此，基督教传教士的教育和训练工作就成了不可缺少的因素。中国没有基督教是不行的，她也不能把基督教拒之于门外。基督教必须胜利。中国如要成为一个真正伟大的国家，那就必须把智力培养和基督教结合起来。"[④] 傅兰雅所论，从表面上看是精心为中国打算，但其实质是为了"基督教必须胜利"。1919 年，司徒雷登出任燕京大学校长后，也坚持新教传教要以中国的基督教化为根本目的，而提高学校学术标准，则是期待燕大毕业生"在国内一些关键性部门占有位置，可以影响中国的政局"[⑤]，这也是深谋远虑。费正清编《剑桥中国晚清史》中也说："因为孔子被认为是使中国不能皈依基督教的大敌，传教士自然要把他们的挫折、失望和愤怒的情绪倾泻到孔子影响最直接的体现者绅士阶级身上。有一个传教士写道：'在中国文人主要从儒家学到的温文尔雅的外表下面，几乎只有狡诈、愚昧、野蛮、粗野、傲慢和对任何外国事物的根深蒂固的仇恨。'[⑥]19 世纪在中国没有几个传教士认为这种评述是太过分了。""一旦把传教士对绅士的敌视与绅士对传教士的怨恨摆在一起来看，人们对于 19 世纪中叶以后在中国出现的文化冲突的深度和强度便有

---

① C.W. Mateer, The Relation of Protestant Missions to Education, Recorder of the General Conference 1877, pp.171–180.

② C.W. Mateer, The Relation of Protestant Missions to Education, Recorder of the General Conference 1877, pp.182–183.

③ 也有学者认为，英人傅兰雅不是一名传教士，只是"一个虔诚的基督徒"。参见孙邦华：《寓华英人傅兰雅的宗教与科学观刍议》，《学术月刊》1993年第8期。

④ 转引自顾长声：《从马礼逊到司徒雷登》，上海人民出版社1985年版，第244—245页。

⑤ 齐小新：《口述历史分析——中国近代史上的美国传教士》，北京大学出版社2003年版，第32页。

⑥ 湛约翰语，转引自保罗·笠恩：《中国和基督教》，第80页。

了一定认识。"① 中国文化尤其是儒家思想，成了阻碍基督教传播的屏障，传教士自然会大加挞伐，歪曲污蔑无所不尽其能。

宗教的传布是精神层面的。传教士们必然处心积虑，对中国人的精神生活以及体现出来的某些精神特质予以批判、攻击（日本人同样如此），由此摧毁中国人的价值体系，让中国人自觉或不自觉地接受基督文化，办教育（培养人才）、办报纸②（控制舆论）是他们首选的途径。美国传教士库思非③ 在谈到西方传教士在中国创办教育、兴办各级、各类教会学校的目的时说："基督教教育在中国担负了两方面的工作——破坏和建设，破坏现存教育制度，以基督教教育取而代之，我们才能打破偶像崇拜。"④ 这里所谓的偶像崇拜，即是中国的圣贤崇拜、祖宗崇拜、多神崇拜——打破偶像崇拜，也即是打破中国人的价值观念系统。传教士们觉得："只有从根本上改组中国文化，才能符合中国人民的利益。天主教徒和新教徒、自由主义者和保守主义者，全都有这种信念。他们的区别不在最终目标，而在用以达到此目标的策略。他们的共同目标是使中国皈依基督教，而且他们是不达目的不肯罢休的。"⑤ 著名传教士李提摩太甚至认为"上帝对全

---

① [美]费正清编：《剑桥中国晚清史》（上卷），中国社会科学出版社1993年版，第623—624页。

② 美国传教士创办的报刊，据美国传教士范约翰《中文报刊目录》中的统计，从1815年至1890年期间出版了76种中文报刊，其中有40种为宗教报刊；据汤因统计，1890年至1900年期间，基督教新教又出版了22家中文报刊。这些报刊成为新教传教士在中国宣传教义，传播西学，塑造中国人西方观的重要平台。美国传教士在华创办的中文报刊（1832—1910）主要有：玛高温（1814—1893）创办的《中外新报》，嘉约翰（1824—1901）创办的《广州新报》（后改名为《西医新报》），丕思业（1829—1877）创办的《中外新闻七日录》，林乐知（1836—1907）创办的《中国教会新报》《万国公报》《中西教会报》《益智新录》《教保》，丁韪良（1827—1916）创办的《中西闻见录》，武林吉（1845—1919）、普卢姆（？—1899）创办的《鄱山使者》（后更名为《闽省会报》），施美志（1854—1911）创办的《闽省会报》（后更名为《华美报》，后与《教保》合并为《华美教保》《兴华报》），范约翰（1829—1917）创办的《画图新报》《小孩月报》，李佳白（1857—1927）创办的《尚贤堂月报》，来会理（1870—1949）创办的《青年会报》（后更名为《青年》）。上述内容见王以芳：《19世纪媒介形态下的美国来华传教士群体建构的中国形象与美国形象研究》，山东大学博士论文，2013年，第97—101页。

③ 库思非（1852—1925），美国传教士，在中国创建九江同文书院等学校。

④ Mateer, The Relation of Protestant Missions to Education, Recorder of the General Conference 1877, p.182.

⑤ [美]费正清编：《剑桥中国晚清史》（上卷），中国社会科学出版社1993年版，第599页。

世界的统治就是进步，这即是说，承认进步便应自动地导致承认上帝"①——不知道中国人是否会相信？

王以芳在其博士论文《19世纪媒介形态下的美国来华传教士群体建构的中国形象与美国形象研究》中，详细梳理了美国传教士媒介话语中的中国形象，并称之为"他者的话语虚构"，包括六个方面：（1）偶像崇拜与迷信：中国人的精神形象。（2）从诗意的消失到颓败社会的形塑：中国的社会形象。（3）从败坏的德行到卑劣的族性：中国的道德形象。（4）创造力的禁锢者：中国的教育形象。（5）被桎梏的女性：中国女性及家庭伦理形象。（6）专制制度的代言人：中国的政治形象。② 现从中摘录几条美国传教士的言论：

（中国人）躲进无知与谬误的迷雾之中，成为虚幻的恐惧和迷信的俘获物，唯有真正的宗教与知识才能将其驱散③。

弼莱门认为中国人"无知、愚昧、冷漠、心灵与道德上的奴性、缺乏美德"，这些罪恶的根源是"中国人一切为了自己，而非为了荣耀上帝，从而使中国人心灵遭受奴役，道德贫乏，完全受自私自利原则主宰"④。

林乐知批判中国人普遍存在"骄傲、愚蠢、惧怯、欺诈、暴虐、贪私、因循、游惰"等八大积习⑤。

卫三畏认为，在中国人身上，"卖弄的仁慈与天生的多疑、讲究形式的礼貌与真正的粗鲁、偏爱发明与奴性十足的上行下效、勤俭与浪费、谄媚与自立混合在一起，阴暗的和明朗的性格特征交织在一起……所有这些构成了堕落的不能抑制的狂流，证实道德堕落到了一定的程度"⑥。

中国人的麻木、妄自尊大和无知使他们没有与其他国家一道加入思想文化的进步大潮。⑦

在过去漫长的两千多年中，中国人似乎从未有过任何革新进步的想法；而且，在任何科学领域，任何超越古人的想法都会被视为异端。几百年来，

---

① [美]费正清编：《剑桥中国晚清史》（上卷），中国社会科学出版社1993年版，第651页。
② 王以芳：《19世纪媒介形态下的美国来华传教士群体建构的中国形象与美国形象研究》，山东大学博士论文，2013年，第113—134页。
③ S.Wells Williams, The Middle Kingdom, Vol.Ⅱ, p.267.
④ A Plea in Behalf, Chinese Repository16.7,（July, 1847）, pp.322—331.
⑤ [美]林乐知：《险语对》，《万国公报文选》，第339—342页。该内容也见顾长声：《从马礼逊到司徒雷登》，上海人民出版社1985年版，第279页。
⑥ [美]卫三畏著，陈俱译：《中国总论》（上），上海古籍出版社2005年版，第583页。
⑦ Chinese Repository, 2.6（Oct.1833）, p.379.

这个国家的风尚在不断败落，单面典型与不良教育大行其道，良好的规范与优良的操守几乎被摧毁，这是中国人的教育方式所带来的必然后果。①

　　教育中国妇女这样摧残和扭曲造物主的杰作，以及将此等残忍的苦难强加于无辜的后代是一种罪孽……这种嗜好残暴超过西方任何一种变态趣味。西方的恶习只是偶发性的，或仅限于某一部落，而缠足在中国却是全民性的。②

王以芳针对美国传教士"他者的话语虚构"评论说："在对中国形象的建构中，传教士使用带有'宗教——基要主义'色彩的范畴来塑造中国形象，在传教士的观念中，'异教'意味着对'基督教真理'一无所知，意味着尚未进入'文明'的未开化或半开化阶段，中国人的精神世界被偶像崇拜所迷惑，社会生活极度贫困落后，国民性格与社会道德低劣，教育方式枯燥无味，女性地位低下，政治制度属于'最纯粹的专制制度'。从本质上来看，美国传教士对中国形象的建构与传教士在中国的宗教动机相对应，即'摧毁原先支撑他们的信仰'（狄考文语），'改变中国人固有的思想结构'（裨治文语），实现'中国的基督教化'。"③ 其实，不管美国（西方）传教士的说词如何动听，不管他们客观上为中国妇女解放、教育发展做出了多大的贡献④，他们总是在传教的神圣使命的感召下，"希望通过信仰的植入对中国人进行'精神征服'，从而改变中国人的心灵，进而达到逐渐改变中国文化和中国社会的目的"⑤。

---

① E.C.Bridgeman: Education Among the Chinese, Chinese Repository, 4.1（May.1935），pp.4-5.

② [美]丁韪良著，沈弘等译：《花甲记忆：一位美国传教士眼中的晚清》，广西师范大学出版社2004年版，第8—9页。

③ 王以芳：《19世纪媒介形态下的美国来华传教士群体建构的中国形象与美国形象研究》，山东大学博士论文，2013年，第114页。

④ 西方传教士在华大肆兴办教育，在客观上极大地推动了中国各级各类学校的发展，尤其是他们试图建立的美式教育体系，影响更为深远。

⑤ 王以芳：《19世纪媒介形态下的美国来华传教士群体建构的中国形象与美国形象研究》，山东大学博士论文，2013年，第185页。王以芳在《论美国传教士对中国晚清社会的"文明化"》一文中也评论说："在美国传教士构建的基督教符号体系中，他们首先将中国纳入到'文明化'的反面位置'野蛮化'上，构建了一种'需要被基督教拯救'的中国形象，当这种形象获得广泛认可的时候，对于中国的改造就获得了道德感和正当性。从美国传教士对中国社会改革的种种设想来看，美国传教士在其话语空间中为中国设计了一个美国式的基督教社会模式，这个社会模式以美国形象为外壳，以基督教符号体系为内核，对中国进行'文明化'改造。"（王以芳：《论美国传教士对中国晚清社会的"文明化"》，《山东社会科学》2013年第6期）

美国（西方）传教士在中国的传教活动，一方面抨击中国社会的黑暗，批判中国人的国民性；另一方面，也向中国人介绍美国（西方）社会的政治与经济情况，宣扬西方的民主与科学，并把它们与基督教联系起来，"引诱"中国人接受基督教。中国人尤其是精英人物面对新的思想、新的观念乃至新的社会形态时，可谓脑洞大开，影响不可谓不巨。尤其是以明恩溥为代表的西方传教士对中国国民性的批判，竟同西方国家由来已久的、竟同日本学者促狭偏颇的有关中国国民性的批判汇成巨流，而国内新派学人更是乘风破浪，形成了史无前例的学术批判乃至于文化批判的链条。

第二节　批判中国奴隶根性

在讨论梁启超国民性批判之前，我们先看一下严复等人相关的论点。

严复（1853—1921），中国近代史上著名的维新人物，被誉为"中国西学第一人"。1898 年，严复翻译出版《天演论》，给中国学术界、思想界带来了革命性的变化。1895 年中日甲午海战风云震荡之际，严复在天津《直报》上连续发表《论世变之亟》《原强》《救亡决论》《辟韩》等文章，抨击满清政治腐朽、吏治腐败、百姓混乱，探究中国社会积贫积弱的根源，以期救亡图强。在《论世变之亟》一文中说："尝谓中西事理，其最不同而断乎不可合者，莫大于中之人好古而忽今，西之人力今以胜古；中之人以一治一乱、一盛一衰为天行人事之自然，西之人以日进无疆，既胜不可复衰、既治不可复乱，为学术政化之极则。"[1] 严氏对照中西，指出中国"好古而忽今"之弊。在《原强》篇中，严复从达尔文《物类宗衍》[2] 说起，首先指出了中国面临的危局："呜呼！中国至于今日，其积弱不振之势，不待智者而后明矣。深耻大辱，有无可讳焉者。日本以寥寥数舰之舟师，区区数万人之众，一战而翦我最亲之藩属，再战而陪京戒严，三战而夺我最坚之海口，四战而覆我海军。今者款议不成，而畿辅且有旦暮之警矣。"在严氏看来，中国已经危如累卵，根本的原因在于"民智已下矣，民德已衰矣，民力已困矣"。这里强调的民智、民德、民力，突出了国民精神困境——严氏把中国积贫积弱的原因指向了国民精神层面的问题。如何解决中国存在的严重问题呢？严氏提出标本兼治，重在治本的方案："第由是

---

① 严复：《论事变之亟》。见王栻主编：《严复集》（第一册），中华书局1986年版，第1页。
② 即《物种起源》。

而观之，则及今而图自强，非标本并治焉，固不可也。不为其标，则无以救目前之溃败；不为其本，则虽治其标，而不久亦将自废。标者何？收大权、练军实，如俄国所为是已。至于其本，则亦于民智、民力、民德三者加之意而已。果使民智日开，民力日奋，民德日和，则上虽不治其标，而标将自立。"苟能治本，则标亦能"自立"，进一步强调改善民智、民力、民德的重要性。但是，民智、民力、民德早已成为中国社会之痼疾，难以疗救，严氏感慨说："嗟乎！外洋之物，其来中土而蔓延日广者，独鸦片一端耳。何以故？针芥水乳，吾民之性，固有与之相召相合而不可解者也。"①对于西方传入之物，竟只有鸦片在中国广泛流传，与萎靡、堕落的国民精神相契合，所以，严复认为"是以今日要政，统于三端：一曰鼓民力，二曰开民智，三曰新民德"②。另外，严复还涉及了国民的奴性问题，如《原强修订稿》中说："盖自秦以降，为治虽有宽苛之异，而大抵皆以奴虏待吾民。……夫上既以奴虏待民，则民亦以奴虏自待。"③《辟韩》结尾中说："夫如是则西洋之民，其尊且贵也，过于王侯将相，而我中国之民，其卑且贱，皆奴产子也。"④——"民亦以奴虏自待"、中国之民"皆奴产子也"，此等议论，皆开国人国民奴性批判之先声。

所以，在清末新派学人中，对于中国国民性的批判，如果说严复开其端的话，梁启超则奠其基。或者可以说，严、梁二人的批判，使国民性（奴隶性）问题得以成立。

梁启超在《三十自述》中说："时余以少年科第，且于时流所推重之训诂词章学，颇有所知，辄沾沾自喜。先生乃以大海潮音，作师子吼，取其所挟持之数百年无用旧学，更端驳诘，悉举而摧陷廓清之。……自是决然舍去旧学，自退出学海堂而间日请业南海之门。生平知有学，自兹始。"⑤梁启超接触康有为及其"新学"之后，深受其影响，斥"旧学"⑥之无用，欲"悉举而摧陷廓清之"，

① 严复：《原强》。见王栻主编：《严复集》（第一册），中华书局1986年版，第7、13、14、15页。
② 严复：《原强修订稿》。见王栻主编：《严复集》（第一册），中华书局1986年版，第27页。
③ 严复：《原强修订稿》。见王栻主编：《严复集》（第一册），中华书局1986年版，第31页。
④ 严复：《辟韩》。见王栻主编：《严复集》（第一册），中华书局1986年版，第36页。
⑤ 梁启超：《三十自述》（1902）。见汤志钧等编：《梁启超全集》（第四集），中国人民大学出版社2018年版，第108页。
⑥ 这里的"旧学"，指的是"数百年"间的清代学术。

所以"决然舍去旧学"，其态度之坚决、行动之迅速，胸襟与气魄亦非常人可比。

基于变革（维新）的需要，梁启超对中国文化、对中国国民性进行了激烈地批判，更是在国内第一次提出并激烈抨击了中国所谓奴隶根性的问题，相关论点集中于《国民十大元气论》《呵旁观者文》《中国积弱溯源论》《十种德性相反相成义》《新史学》《论中国国民之品格》等文章中，兹择其要者录之如下：

（1）《国民十大元气论·独立论第一》（1899）。梁启超针对中国人尚古等特点，把批判的矛头直指中国人的"奴隶根性"：

俗论动曰，非古人之法言不敢道，非古人之法行不敢行，此奴隶根性之言也。

阳明学之真髓曰：知行合一。知而不行，等于不知。独立者，实行之谓也。或者曰：我欲行之，惜无同我而助我者，行之无益也，吾以为此亦奴隶根性之言也。

天下不能独立之人，其别亦有二，一曰望人之助者，二曰仰人之庇者。望人之助者，盖凡民也，犹可言也。仰人之庇者，真奴隶也。不可言也，呜呼！吾一语及此，而不禁太息痛恨于我中国奴隶根性之人何其多也。

呜呼！吾不知我中国此种畜根、奴性，何时始能划除之而化易之也……此根性不破，虽有国，不得谓之有人；虽有人，不得谓之有国。[①]

（2）《呵旁观者文》（1900）。梁启超认为"天下最可厌可憎可鄙之人，莫过于旁观者"，并把旁观者分为浑沌派、为我派、呜呼派、笑骂派、暴弃派、等时派六派予以批判。

质而言之，即"旁观"二字，代表吾全国人之性质也，是"无血性"三字为吾全国人所专有物也。呜呼！吾为此惧。[②]

（3）《中国积弱溯源论》（1901）。梁启超把中国"积弱"的原因概括为"积弱之源于理想者""积弱之源于风俗者""积弱之源于政术者""积弱之源于近事者"四个方面。其中"积弱之源于风俗者"一节中，梁氏概括了中国人奴性、愚昧、为我、好伪、怯懦、无动等六个方面的特征，并予以激烈抨击，这是梁氏批判中国人、批判中国文化的名篇。

---

① 梁启超：《国民十大元气论·独立论第一》（1899）。见汤志钧等编：《梁启超全集》（第二集），中国人民大学出版社2018年版，第219—220页。
② 梁启超：《呵旁观者文》（1900）。见汤志钧等编：《梁启超全集》（第二集），中国人民大学出版社2018年版，第226页。

嗟乎！吾不解吾国民之秉奴隶性者何其多也！其拥高官、籍厚禄、盘踞要津者，皆禀奴性独优之人也，苟不有此性，则不能一日立于名场利薮间也。一国中最有权势者既在于此辈，故举国之人，他无所学，而惟以学为奴隶为事，驱所谓聪明俊秀第一等之人，相率而入于奴隶学校，不以为耻，反以为荣，天下可骇可痛之事，孰有过此者？

若是乎，举国之大，竟无一人不被人视为奴隶者，亦无一人不自居奴隶者，而奴隶视人之人亦即为自居奴隶之人，岂不异哉？岂不痛哉？

嗟乎！奴隶云者，既无自治之力，亦无独立之心，举凡饮食男女、衣服起居，无不待命于主人；而天赋之人权，应享之幸福，亦遂无不奉之主人之手；衣主人之衣，食主人之食，言主人之言，事主人之事；倚赖之外无思想，服从之外无性质，谄媚之外无笑语，奔走之外无事业，伺候之外无精神；呼之不敢不来，麾之不敢不去；命之生不敢不生，命之死亦不敢不死；得主人之一盼，博主人之一笑，则如获异宝，如膺九锡，如登天堂，嚣然夸耀侪辈以为荣宠；及婴主人之怒，则俯首屈膝，气下股栗，虽极其凌蹴践踏，不敢有分毫抵忤之色，不敢生分毫愤奋之心；他人视为大耻奇辱，不能一刻忍受，而彼怡然安为本分。是即所谓奴性者也。[①]

（4）《十种德性相反相成义》（1901）。梁氏从独立与合群、自由与制裁、自信与虚心、利己与爱他、破坏与成立等相反相成五个方面予以立论。

若夫思想自由，为凡百自由之母者，则政府不禁之，而社会自禁之。以故吾中国四万万人，无一可称完人者，以其仅有形质界之生命，而无精神界之生命也。[②]

（5）《新史学·论正统》（1902）。梁启超从历史角度，对中国人的"正统"意识进行了批判，并以为这是"奴隶根性"的体现。

中国史家之谬，未有过于言正统者也。言正统者，以为天下不可一日无君也，于是乎有统；又以为天无二日、民无二王也，于是乎有正统。统之云者，殆谓天所立而民所宗也；正之云者，殆谓一为真而余为伪也。千余年来，陋儒斷斷于此事，攘臂张目，笔斗舌战，支离蔓衍，不可穷诘。

① 梁启超：《中国积弱溯源论》（1901）。见汤志钧等编：《梁启超全集》（第二集），中国人民大学出版社2018年版，第257—258页。
② 梁启超：《十种德性相反相成义》（1901）。见汤志钧等编：《梁启超全集》（第二集），中国人民大学出版社2018年版，第287页。

一言蔽之曰，自为奴隶根性所束缚，而复以煽后人之奴隶根性而已。[1]

（6）《论中国国民之品格》（1903）。梁启超在该文中继续延续了对中国国民性的批判，但态度已有所变化。

> 我国民不自树立，柔媚无骨，惟奉一庇人宇下之主义，暴君污吏之压制也服从之，他族异种之羁轭也亦服从之，但得一人之母我，则不惜为之子；但得一人之主我，则不惮为之奴。昨日抗为仇敌，而今日君父矣；今日鄙为夷狄，而明日神圣矣。读二十四朝易姓之史，睹庚子以来京津之事，不自知其赧愧汗下也，品格之污下贱辱，至此极矣。[2]

另外，1900年4月29日，梁启超在给康有为的信中，也对中国人之奴隶性大加挞伐："中国数千年之腐败，其祸及于今日，推其大原，皆必自奴隶性来，不除此性，中国万不能立于世界万国之间。"[3]

梁启超对中国人的国民精神尤其是奴隶根性的批判，其思想成因是多方面的：其一，作为维新派的重要成员，救亡图强是其批判国民性的直接动因。梁氏在《十种德性相反相成义》中说得很清楚："今日之中国，又积数千年之沈疴，合四百兆之痼疾，盘踞膏肓，命在旦夕者也。非去其病，则一切调摄滋补荣卫之术皆无所用，故破坏之药，遂成为今日第一要件，遂成为今日第一美德。"[4]故批判、破坏、革命是年轻的、热血沸腾的梁启超的首要选择，批判国民性自也顺理成章。其二，受进化论影响，如梁氏《论强权》中说："世界之中只有强权，别无它力。强者常治弱者，实天演第一大公例也。然则欲得自由权者无它道焉，为当先自为强者而已。欲自由其一身，不可不先强其身；欲自由其一国，不可不先强其国。强权乎，强权乎，人人脑质中，不可不印此二字也。"[5]把"天演"作为"第一大公例"，以至于鼓吹强权。其三，受西方和日本学者、传教士影响，如梁氏在《中国积弱溯源论》中说："法国大儒孟德

① 梁启超：《新史学·论正统》（1902）。见汤志钧等编：《梁启超全集》（第二集），中国人民大学出版社2018年版，第505—506页。

② 梁启超：《论中国国民之品格》（1903）。见汤志钧等编：《梁启超全集》（第四集），中国人民大学出版社2018年版，第176页。

③ 梁启超：《上康有为书》（1900年4月29日）。见汤志钧等编：《梁启超全集》（第十九集），中国人民大学出版社2018年版，第193页。

④ 梁启超：《十种德性相反相成义》（1901）。见汤志钧等编：《梁启超全集》（第二集），中国人民大学出版社2018年版，第290页。

⑤ 梁启超：《论强权》（1899）。见汤志钧等编：《梁启超全集》（第二集），中国人民大学出版社2018年版，第78页。

斯鸠曰：凡半开专制君主之国，其教育之目的，惟在使人服从而已。日本大儒福泽谕吉曰：支那旧教，莫重于礼乐。礼也者，使人柔顺屈从者也；乐也者，所以调和民间勃郁不平之气，使之恭顺于民贼之下者也。夫以此科罪于礼乐，吾虽不敢谓然，而要之中国数千年来所以教民者，其宗旨不外乎此，则断断然矣。"①梁氏从孟德斯鸠、福泽谕吉的论断中找到了批判中国国民性的依据。毋庸置疑，梁启超批判中国国民精神，所依据的当然是西方标准。

第三节　梁启超国学态度之初步转变

戊戌变法失败后，梁启超在日本人帮助下，逃亡到了日本，从此开始了长达十余年的日本生活。而日本当时国学之风正炽，国粹主义流行，桑兵先生《国学与汉学——近代中外学界交往录》一书中，专设《梁启超的国学研究与日本》一章，其中认为："世纪之交，正值日本国粹主义盛行之际，这一大语境无疑促使梁启超萌生保存国粹之念，但具体到创造性使用国学概念，还有因人而异的殊遇。"②桑先生所谓殊遇，一方面指梁氏在日本结交了很多日本朋友，与"日本人订交，形神俱亲，谊等骨肉者数人，其余隶友籍者数十"③，其中陆实和古城贞吉④二人对梁氏有直接的影响；另一方面，梁氏也读了很多日本书，"广搜日本书而读之，若行山阴道上，应接不暇"，"畴昔所未见之籍，分触于目，畴昔所未穷之理，腾跃于脑，如幽室见日，枯腹得酒"，"脑质为之改易，思想言论，与前者若出两人。每日阅日本报纸，于日本政界、学界之事，相习相忘，几于如己国然"，所读不仅为日本翻译的政治、经济、哲学、社会学等西书，也有日本学者按照西学新法写的中国文史论著。不过，梁启超学习日文用的是"数

---

① 梁启超：《中国积弱溯源论》（1901）。见汤志钧等编：《梁启超全集》（第二集），中国人民大学出版社2018年版，第266页。

② 桑兵：《国学与汉学——近代中外学界交往录》，浙江人民出版社1999年版，第279页。

③ 《汗漫录》，《清议报》第35册（1900年2月）。此为1899年年底以前的情况。另见：丁文江、赵丰田编：《梁启超年谱长编》，上海人民出版社1983年版，第188页。

④ 陆实号称日本反对欧化、主张国粹、倡导日本主义的中流砥柱，以所办《日本》报为轴心，聚焦了不少汉学者和国文学者。古城贞吉，在戊戌变法前即与梁启超同在《时务报》共事，1897年便出版了号称世界上最早的《支那文学史》。1897年4月，他翻译了《东华杂志》所刊《汉学再兴论》，登载于《时务报》第22册。该文描述了明治维新前后日本汉学的兴衰起伏及其与西学、日本国学的关系。参见桑兵编：《国学与汉学——近代中外学界交往录》，浙江人民出版社1999年版，第279—280页。

日小成，数月大成"的和文汉读法，对于了解日本学术文化只能浅尝，难以深究。其所撰时论杂文、学术著作，就观念架构而言，日本的影响显而易见[①]。

梁启超在日本显然是受到了日本国学的影响，或者说日本国学触动了梁氏敏感的神经。一个显而易见的问题是：日本人大肆西化、日本强大之后为什么还要鼓吹日本国学？中国又当如何？当然，基于变革者的立场，梁启超坚持着对中国人、对中国文化的批判的立场，但其态度的变化却在悄然发生。

梁启超曾受人种优劣论的影响，认为白种人优于其他人种。1902年，他在《新民说》中说：

> 白人之优于他种人者何也？他种人好静，白种人好动；他种人狃于和平，白种人不辞竞争；他种人保守，白种人进取。以故他种人只能发生文明，白种人则能传播文明。发生文明也，恃天然也；传播文明者，恃人事也。试观泰西文明动力之中心点，由安息、埃及而希腊，由希腊而罗马，由罗马而大西洋沿岸诸国，而遍于大陆，而飞渡磅礴于亚美利加，今则回顾而报本于东方焉。其机未尝一日停，其勇猛、果敢、活泼、宏伟之气，比诸印度人何如？比诸中国人何如？其他小国，更不必论矣。然则白种人所以雄飞于全球者非天幸也，其民族之优胜使然也。[②]

梁氏认为白种人是优秀人种，以至于能够"雄飞于全球"。而1903年，他在《论中国国民之品格》一文中却说：

> 然我中国人种，固世界最膨胀有力之人种也。英法诸人，非惊为不能压抑之民族，即诧为驰突世界之人种。甚者且谓他日东力西渐，侵略欧洲，俄不能拒，法不能守，惟联合盎格鲁撒逊同盟庶可抵其雄力。迩来黄祸之声，

① 上述内容包括引文均见桑兵：《国学与汉学——近代中外学界交往录》，浙江人民出版社1999年版，第279—283页。肖朗、孙莹莹在《梁启超的〈和文汉读法〉及其对清末民初思想界的影响》一文中也说："在日期间，梁启超先后创办了《清议报》《新民丛报》《新小说》等刊物，他在这些刊物上发表的大部分文章均参考或摘录了日本人的论著或译著，用他自己的话来说，是以'读东西诸硕学之书，务衍其学说以输入于中国'为宗旨。梁启超的学生冯自由在投身革命派后曾措辞犀利地指责梁启超剽窃日本人的文章，这也从一个侧面佐证了梁启超当年发表在《清议报》《新民丛报》《新小说》上的大部分文章都取材于日本人的论著和译著，梁氏本人的思想也是在此过程中演变发展的。"见肖朗、孙莹莹：《梁启超的〈和文汉读法〉及其对清末民初思想界的影响》，《浙江大学学报》2017年第1期。
② 梁启超：《新民说》（1902—1906）。见汤志钧等编：《梁启超全集》（第二集），中国人民大学出版社2018年版，第537页。

不绝于白人之口，故使我为红番黑人斯亦已耳。我而为膨胀人种，不蓄扩其势力，发挥其精神，养成一伟大国民，出与列强相角逐，顾乃萎靡腐败，自污自点，以受他人之辱侮宰割，无亦我国民之不知自重也。……吾人其有伟大国民之欲望乎？则亦培养公德，摩厉政才，剪劣下之根性，涵远大之思想，自克自修，以蕲合于人格。①

这里梁氏却认为中国人种"固世界最膨胀有力之人种也"，甚至有了"东力西渐"的梦想，这与前文中对白种人的赞美发生了实质性的变化。虽然，梁启超仍然批判国民"萎靡腐败，自污自点，以受他人之辱侮宰割，无亦我国民之不知自重也"，但其基本的立场却是从正面来表述的，希望国民"培养公德，磨砺政才，剪劣下之根性，涵远大之思想"。

最能体现梁启超态度思想发生变化的，是他在1902—1904年写的长文《论中国学术思想变迁之大势》②。在这篇文章中，梁氏有赞美、有批判，以赞美为主流。在其《总论》中对中华极尽赞美："西人称世界文明之祖国有五：曰中华，曰印度，曰安息，曰埃及，曰墨西哥。然彼四地者，其国亡，其文明与之俱亡。……而我中华者，屹然独立，继继绳绳，增长广大，以迄今日，此后且将汇万流而剂之，合一炉而治之。於戏，美哉我国！於戏，伟大哉我国民！吾当草此论之始，吾不得不三熏三沐，仰天百拜，谢其生我于此至美之国，而为此伟大国民之一分子也。"（第15—16页）可谓以至诚之心，对中华文明顶礼膜拜。但同时，梁氏也论及中国国民的"奴隶性"，告诫青年说："自今以往二十年中，吾不患外国学术思想之不输入，吾惟患本国学术思想之不发明。……虽然，凡一国之立于天地，必有其所以立之特质。欲自善其国者，不可不于此特质焉，淬厉之而增长之。……不然，脱崇拜古人之奴隶性，而复生出一种崇拜外人、蔑视本族之奴隶性，吾惧

---

① 梁启超：《论中国国民之品格》（1903）。见汤志钧等编：《梁启超全集》（第四集），中国人民大学出版社2018年版，第177页。

② 梁启超：《论中国学术思想变迁之大势》（1902—1904）。见汤志钧等编：《梁启超全集》（第二集），中国人民大学出版社2018年版，第13—105页。本段落中，该文引文只随文注页码。该文写作时间跨度较大，其总论、胚胎时代、全盛时代、儒学统一时代、老学时代、佛学时代等内容完成于1902年；其"近世之学术"部分完成于1904年下半年（载1904年9月、10月、12月《新民》第53—55号、第58号）。桑兵先生在《国学与汉学——近代中外学界交往录》一书中评论这篇文章说："据说所著《新史学》《论中国学术思想变迁之大势》等，均本于日本学者的著作。"在评论梁启超的时论杂文时也说："其在报刊上所撰时论杂文，多有源自富德苏峰等人的著作而不注明者，因此留学生斥其抄袭剽窃。"（见《国学与汉学——近代中外学界交往录》，浙江人民出版社1999年版，第283页）

其得不偿失也。"（第16—17页）在"儒学统一时代"中，梁氏认为："儒学统一者，非中国学界之幸，而实中国学界之大不幸也。"（第49页）并指出了儒学"结果之良者""一曰名节盛而风俗美也""二曰民志定而国小康也"，其"不良者""三曰民权狭而政本不立也""四曰一尊定而进化沉也"（第60—63页）。在"老学时代"中，梁氏认为："三国、六朝，为道家言猖披时代，实中国数千年学术思想最衰落之时代也。申而论之，三国、六朝者，怀疑主义之时代也，厌世主义之时代也，破坏主义之时代也，隐诡主义之时代也，而亦儒、佛两宗过渡之时代也。"（第64页）并指出"老学之毒，虽不止魏、晋、六朝，即自唐以后至今日，其风犹未息"（第68页），以批判为主。在"佛学时代"中专设"中国佛学之特色及其伟人"一节，在论及佛学中国化时，梁氏说："美哉我中国，不受外学则已，苟受矣，而自现一种特色。吾于算学见之，吾于佛学见之。中国之佛学，乃中国之佛学，非纯然印度之佛学也。不观日本乎？日本受佛学于我，而其学至今无一毫能出我范围者。……吾每念及此，吾窃信数十年以后之中国，必有合泰西各国学术思想于一炉而治之，以造成我国特别之新文明以照耀天壤之一日。"（第77页）对佛学中国化的成功极尽赞美，并由此有了"窃信数十年以后之中国，必有合泰西各国学术思想于一炉而治之"（第77页）最美好的愿望！

相对于近代国学而言，该文中应该关注的还是梁氏1904年下半年完成的"近世之学术"部分。梁氏在论及乾嘉间学术时说：

> 惠、戴之学，固无益于人国，然为群经忠仆，使后此治国学者省无量精力，其勤固不可诬也。二百年来诸大师往往注毕生之力于一经，其疏注之宏博精确，诚有足与国学俱不朽者。（第96页）

> 平心论之，惠、戴之学与方、姚之文，等无用也，而百年以往，国学史上之位置，方、姚视惠、戴何如哉？（第97页）

在这里，梁启超自然而然地使用了近代国学的概念，"使后此治国学者省无量精力""诚有足与国学俱不朽者""国学史上之位置"，其内涵与当下无异。这说明国学的观念在梁启超思想中已经定型、已经成熟了。在《论中国学术思想变迁之大势》篇末，梁启超更以国学相号召：

> 自今以往，思想界之革命，沛乎莫之能御矣！始萌芽，虽庞杂不可方物，莫能成一家言，顾吾侪今日只能对于后辈而尽播种之义务，耘之获之，自有人焉。但使国不亡，则新政府建立后二十年，必将有放大光明、持大名誉于全世界学界者，吾诇诸我先民，吾能信之。虽然，吾更欲有一言：近顷悲观者流见新学小生之吐弃国学，惧国学之从此而消灭，吾不此之惧也。

但使外学之输入者果昌，则其间接之影响，必将吾国学别添活气。吾敢断言也。但今日欲使外学之真精神普及于祖国，则当转输之任者，必邍于国学，然后能收其效。（第 105 页）

梁氏国学观念，已经圆融无碍。梁氏所谓国学，也即其在该文前面所说的"凡一国之立于天地，必有其所以立之特质"——立国之"特质"即中国精神；倡导国学的目的即"欲自善其国者，不可不于此特质焉，淬厉之而增长之"——弘扬中国精神，凸显中国人的价值观念。这与日本国学并无二致。其实，在我看来，梁氏所倡国学，不管与日本国学有多少关联，但作为一个中国人，在全球西化的浪潮中，坚持本民族的主体价值实为立国、立人之根本——这一点，正是梁启超倡为国学的价值所在。

第四节　梁启超的"新国学"

我们前文说过，1902年夏秋间，梁启超曾致信黄遵宪，商办《国学报》。黄遵宪在回信中曾说："公谓养成国民，当以保国粹为主义，取旧学磨洗而光大之。至哉斯言，恃此足以立国矣。"[①]可见，在梁启超最初的规划中，"保国粹""磨洗而光大"旧学为国学的基点，而梁氏所倡导的国学，也一直遵循着这一理路。这里，我们先考察一下梁启超访美、访欧后思想的历程。

1903 年，梁启超受到美国保皇会的邀请，赴美考察近 10 个月，期间走访了纽约、华盛顿、费城、匹兹堡、芝加哥、洛杉矶等美国主要城市，广泛接触了美国社会各个层面，对梁氏思想产生了巨大的影响。返回日本后，梁氏完成了《新大陆游记》的写作，记录了自己在美国的见闻感想。《梁启超年谱长编》评论说："先生从美洲归来后，言论大变，从前所深信的'破坏主义'和'革命排满'的主张，至是完全放弃，这是先生政治思想的一大转变，以后几年的言论和主张，完全站在这个基础上立论。"[②]梁氏政治立场的改变，一方面是因为较为深入地了解了美国社会，既包括美国资本主义发展取得的成就、美国平等自由的价值观，也包括美国社会的阴暗面，如纽约贫民窟的脏乱破败、被机器"奴隶"的工人、总统竞选的"黑暗情状"、市政腐败之弊等；另一方面是因为梁氏在美比照华人与美国人人性人种的差异，进一步指出了华人乃至中国人的优缺点。

---

① 黄公度：《致饮冰室主人书》。见丁文江、赵丰田编：《梁启超年谱长编》，上海人民出版社1983年版，第292页。

② 丁文江、赵丰田编：《梁启超年谱长编》，上海人民出版社1983年版，第334页。

在《新大陆游记》中，梁氏以旧金山华人为代表，认为华人所长者是"爱乡心甚盛（即爱国心所自出也）""不肯同化于外人（即国粹主义、独立自尊之特性，建国之元气也）""义侠颇重""冒险耐苦""勤、俭、信（三者生计界竞争之要具也）"，华人所短者是"无政治能力（有族民资格，而无市民资格）""保守心太重""无高尚之目的"；进而梁启超认为中国人的缺点是"一曰有族民资格而无市民资格""二曰有村落思想而无国家思想""三曰只能受专制而不能享自由""四曰无高尚之目的（此实吾中国人根本之缺点也）"。梁氏还从一些现象出发，讨论中国人种的问题："试集百数十以上之华人于一会场，虽极肃穆毋哗，而必有四种声音：最多者为咳嗽声，为欠伸声，次为嚏声，次为拭鼻涕声。吾尝于演说中默听之，此四声者如连珠然，未尝断绝。又于西人演说场剧场静听之，虽数千人不闻一声。东洋汽车、电车必设唾壶，唾者狼藉不绝；美国车中设唾壶者甚稀，即有几不用。东洋汽车途间在两三点钟以上者，车中人假寐过半；美国车中虽行终日，从无一人作隐几卧。东西人种之强弱优劣可见。"所以，梁启超依据中国国民的性状，反对中国共和立宪，他说："夫自由云，立宪云，共和云，是多数政体之总称也。而中国之多数大多数最大多数，如是如是。故吾今若采多数政体，是无以异于自杀其国也。自由云，立宪云，共和云，如冬之葛，如夏之裘，美非不美，其如于我不适何。吾今其毋眩空华，吾今其勿圆好梦，一言以蔽之，则今日中国国民，只可以受专制，不可以享自由。吾祝吾祷，吾讴吾思，吾惟祝祷讴思我国得如管子、商君、来喀瓦士、克林威尔其人者生于今日，雷厉风行，以铁以火，陶冶锻炼吾国民二十年三十年乃至五十年，夫然后与之读卢梭之书，夫然后与之谈华盛顿之事。"[①]在此基础上，1906年年初，梁启超发表了《开明专制论》长文，集中阐述了在中国实行"开明专制"的思想，其中也有"人民程度未及格"[②]的原因。

同梁启超访美情况不同，1918年年底，梁启超率团赴欧洲考察，时间一年有余[③]，期间梁氏自1919年的10月至12月，完成了《欧游心影录》的写作，思想又有了一次大的转变。该书第一部分《欧游中之一般观察及一般感想》之下篇《中国人之自觉》，集中体现了梁氏在了解欧洲社会（战后欧洲）之后对

---

① 梁启超：《新大陆游记节录》（1904）。见汤志钧等编：《梁启超全集》（第十七集），中国人民大学出版社2018年版，第201页、第211—215页。

② 梁启超：《开明专制论》（1906）。见汤志钧等编：《梁启超全集》（第五集），中国人民大学出版社2018年版，第297—356页；所谓"人民程度未及格"一语，见第352页。

③ 梁启超访欧行程，自1918年12月28日至1920年1月23日。

中国文化的反思。梁氏仍然强调思想解放，要求"既解放，便须彻底"。如何做到彻底解放呢？梁氏说："就学问而论，总要拿'不许一毫先入为主的意见束缚自己'这句话做个原则。中国旧思想的束缚固然不受，西洋新思想的束缚也是不受。"①主张不受中国旧思想、西洋新思想束缚，强调思想独立性、主体性，而在《中国人之自觉》的最后一节，即第十三节"中国人对于世界文明之大责任"，开始探讨中国文化对世界文化的责任与贡献，表现了梁启超强烈的文化自信。在该文中，梁启超提出了"中西文明化合论""心物调和论"。

梁启超从责任说起："什么责任呢？是拿西洋的文明，来扩充我的文明，又拿我的文明去补助西洋的文明，叫他化合起来成一种新文明。"希望让中、西文明化合，产生第三种具有"更好的特质"的文明：

> 我在巴黎曾会着大哲学家蒲陀罗（Boutreu，柏格森之师），他告诉我说："一个国民，最要紧的是把本国文化发挥光大。好像子孙袭了祖父遗产，就要保住他，而且叫他发生功用。就算很浅薄的文明，发挥出来，都是好的。因为他总有他的特质，把他的特质和别人的特质化合，自然会产生第三种更好的特质来。你们中国，着实可爱可敬，我们祖宗裹块鹿皮、拿把石刀在野林里打猎的时候，你们不知已出了几多哲人了。我近来读些译本的中国哲学书，总觉得他精深博大。可惜老了，不能学中国文。我望中国人总不要失掉这分家当才好。"我听着他这番话，觉得登时有几百斤重的担子加在我肩上。

> 又有一回，和几位社会党名士闲谈，我说起孔子的"四海之内皆兄弟"，"不患寡而患不均"，跟着又讲起井田制度，又讲些墨子的"兼爱"、"寝兵"。他们都跳起来说道："你们家里有这些宝贝，却藏起来不分点给我们，真是对不起人啊！"我想我们还够不上说对不起外人，先自对不起祖宗罢了。

欧洲著名哲学家蒲陀罗认为，一个国家应该首先保护好自己的文化并使之发扬光大，并可借鉴其他文明，与之"化合"，催生出具有更好特质的文明来——蒲陀罗的文明观无疑更为客观，更具理性，也更加有利于文化的传承与发展；而蒲陀罗对中国文化的由衷地赞叹，无疑会深深触动一直从事文化批判的梁启超。而梁氏在同另外几位社会名士谈论先秦哲学时，"他们都跳起来"的赞美更让梁启超汗颜，以致有"对不起祖宗"的感慨。

---

① 梁启超：《欧游心影录》（1919）。汤志钧等编：《梁启超全集》（第十集），中国人民大学出版社2018年版，第76页。

"心物调和论"则是更具有中国文化特色的说法，即将理想与实际、唯心与唯物"调和"，将"理想纳到实际里头"：

> 近来西洋学者，许多都想输入些东方文明，让他们得些调剂，我子细想来，我们实在有这个资格。何以故呢？从前西洋文明，总不免将理想、实际分为两橛，唯心、唯物各走极端。宗教家偏重来生，唯心派哲学高谈玄妙，离人生问题，都是很远。科学一个反动，唯物派席卷天下，把高尚的理想又丢掉了。……所以最近提倡的实用哲学、创化哲学，都是要把理想纳到实际里头，图个心物调和。

"心物调和论"其实是"中西文明化合论"的另一种说法。梁启超认为，当下的欧洲鼓吹科学，走上了唯物的极端，会产生诸多精神问题。梁启超1923年曾在演讲中说："救济精神饥荒的方法，我认为东方的——中国与印度——比较最好。东方的学问，以精神为出发点；西方的学问，以物质为出发点。救知识饥荒，在西方找材料；救精神饥荒，在东方找材料。东方的人生观，无论中国印度，皆认物质生活为第二位，第一，就是精神生活。"[1]这大概是"心物调和论"最直接的诠释。

如何做到"中西文明化合论""心物调和论"呢？梁启超首先批判了国内两种极端的文化观：

> 国中那些老辈，故步自封，说什么西学都是中国所固有，诚然可笑；那沉醉西风的，把中国什么东西，都说得一钱不值，好像我们几千年来，就像土蛮部落，一无所有，不更可笑吗？

进而，梁启超提出了"四步走"的方案：

> 第一步，要人人存一个尊重爱护本国文化的诚意；第二步，要用那西洋人研究学问的方法去研究它，得它的真相；第三步，把自己的文化综合起来，还拿别人的补助它，叫它起一种化合作用，成了一个新文化系统；第四步，把这新系统往外扩充，叫人类全体都得着它好处。

在这里，梁启超把"尊重爱护本国文化"放在首位，并要求"用那西洋人研究学问的方法去研究它，得它的真相"，且"把自己的文化综合起来，还拿别人的补助它"，前三步都以本国文化为立足点，也就是说，梁启超坚持中国文化本位；所谓的"化合"，是在本国文化基础之上的生发与建构，是"磨洗

---

① 梁启超：《东南大学课毕告别辞》（1923年1月13日）。见汤志钧等编：《梁启超全集》（第十六集），中国人民大学出版社2018年版，第53页。

而光大"旧学的进一步升华。梁启超"四步走"文化观，是他访欧一年余的最大成果。在我看来，梁氏自维新变法始，继又革命，继又保皇，在文化批判的浊流中，终于步入了正确的轨道，正如蒲陀罗所说："一个国民，最要紧的是把本国文化发挥光大。好象子孙袭了祖父遗产，就要保住他，而且叫他发生功用。就算很浅薄的文明，发挥出来，都是好的。因为他总有他的特质，把他的特质和别人的特质化合，自然会产生第三种更好的特质来。"[①]如此朴素的甚至是浅显的道理，可惜大部分中国人竟然不明不白，或者是装着不懂不知，甚可哀哉！梁启超在欧洲访问时，国内的文化批判正如火如荼，而更大的更猛烈的文化批判风暴正在形成，梁启超早已无力回天。更为讽刺的是，与他同赴欧洲访问的丁文江，竟成了批判他所支持的"玄学派"的先锋和骨干，更可哀哉！

从欧洲访问回国后，梁启超的中国文化观已经成熟并定型。以1920年为例，他在《清代学术概论》中说："'清代思潮'果何物耶？简单言之，则对宋明理学之一大反动，而以'复古'为其职志者也，其动机及其内容，皆与欧洲之'文艺复兴'绝相类；而欧洲当'文艺复兴期'经过以后所发生之新影响，则我国今日正见端焉。"[②]把清代"旧学"比作了欧洲的"文化复兴"，这与其在《三十自述》中所谓要将旧学"悉举而摧陷廓清之"[③]的态度有天壤之别；在《老子哲学》（1920）一文篇末说："老子的大功德，是在替中国创出一种有系统的哲学。他的哲学，虽然草创，但规模很宏大，提出许多问题供后人研究。他的人生观，是极高尚而极适用，庄子批评他，说道：'以本为精，以末为粗，以有积为不足，淡然独与神明居。……常宽容于物，不削于人，可谓至极。关尹老聃乎？古之博大真哉！'这几句话可当得老子的像赞了。"[④]这与梁氏1902年写的《论中国学术思想变迁之大势》基本否定道家的态度截然相反。

另外，梁启超也反思所谓的康梁新学。1924年在《亡友夏惠卿先生》一文中，

① 梁启超：《欧游心影录》（1919）。上面几段引文，除特别说明外，均出自《欧游心影录·欧游中之一般观察及一般感想·中国人之自觉之十三小节·中国人对于世界文明之大责任》一文。见汤志钧等编：《梁启超全集》（第十集），中国人民大学出版社2018年版，第83—85页。

② 梁启超：《清代学术概论》（1920）。见汤志钧等编：《梁启超全集》（第十集），中国人民大学出版社2018年版，第218页。

③ 梁启超：《三十自述》（1902）。见汤志钧等编：《梁启超全集》（第四集），中国人民大学出版社2018年版，第108页。

④ 梁启超：《老子哲学》（1920）。见汤志钧等编：《梁启超全集》（第十集），中国人民大学出版社2018年版，第384页。

他说：

> 我们当时认为，中国自汉以后的学问全要不得的，外来的学问都是好的。
> 既然汉以后要不得，所以专读各经的正文和周秦诸子。既然外国学问都好，
> 却是不懂外国话，不能读外国书，只好拿几部教会的译书当宝贝。再加上
> 些我们主观的理想，——似宗教非宗教，似哲学非哲学，似科学非科学，
> 似文学非文学的奇怪而幼稚的理想，我们所标榜的"新学"，就是这三种
> 原素混合构成。我们的"新学"要得要不得，另一问题。但当时确用"宗
> 教式的宣传"去宣传他。①

为了那些"似宗教非宗教，似哲学非哲学，似科学非科学，似文学非文学
的奇怪而幼稚的理想"，而去进行狂热的"宗教式的宣传"，把几本传教士翻
译的书当作"尚方宝剑"，斩向中国的文化，是耶？非耶？过耶？罪耶？命耶？

1927年初夏，梁任公先生偕清华研究院诸同学游北海。期间，梁启超即席
发表演讲，其中说：

> 我这两年来清华学校当教授，当然有我的相当抱负而来的，我颇想
> 在这新的机关之中，参合着旧的精神。吾所理想的也许太难，不容易实
> 现。我要想把中国儒家道术的修养来做底子，而在学校功课上把他体现出
> 来。……凡此之类，都一面求智识的推求，一面求道术的修养，两者打成
> 一片。现世界的学校，完全偏在智识一方面，而老先生又统统偏在修养一边，
> 又不免失之太空了。所以要斟酌于两者之间。②

梁启超最后总结说：

> 归纳起来罢，以上所讲的有二点：（一）是做人的方法——在社会上
> 造成一种不逐时流的新人。（二）做学问的方法——在学术界上造成一种
> 适应新潮的国学。我在清华的目的如此。虽不敢说我的目的已经满足达到，
> 而终得了几个很好的朋友。这也是做我自己可以安慰自己的一点。③

作为清华研究院的导师，梁启超希望"把中国儒家道术的修养来做底子"，
把"求智识"与"求道术"结合起来，也即把做学问与做人结合起来；而做人
要做"不逐时流的新人"，做学问要"在学术界上造成一种适应新潮的国学"——
梁启超由此提出"新国学"的概念来，也即是以中国文化为本位的"中西文明

---

① 梁启超：《亡友夏惠卿先生》（1924）。见汤志钧等编：《梁启超全集》（第十七
集），中国人民大学出版社2018年版，第321—322页。
② 丁文江、赵丰田：《梁启超年谱长编》，上海人民出版社1983年版，第1138—1139页。
③ 丁文江、赵丰田：《梁启超年谱长编》，上海人民出版社1983年版，第1144页。

化合论"——这是梁启超对自己一生学术的反思吗?

梁启超以天真之热情、绝世之才情、爱国之激情,在古与今、旧与新、中与西、保守与进步之间徘徊,其情可叹,其心可悯。为救亡图强,梁氏在激烈批判中国文化之后,以其赤子之心,幡然醒悟,倡为中国国学,可谓中国学术之幸事。梁启超曾对中国学术满怀期许,谓"但使国不亡,则新政府建立后二十年,必将有放大光明、持大名誉于全世界学界者"①,现今可有"放大光明、持大名誉于全世界学界者"之学者乎? 惜哉,梁任公!

---

① 梁启超:《论中国学术思想变迁之大势》(1902—1904)。见汤志钧等编:《梁启超全集》(第三集),中国人民大学出版社2018年版,第105页。

第六章 伟大或平庸——胡适杂议

> 子曰："古者民有三疾，今也或是之亡也。古之狂也肆，今之狂也荡；古之矜也廉，今之矜也忿戾；古之愚也直，今之愚也诈而已矣。"
>
> ——《论语·阳货》

胡适，是本书中出现最多的一个人物，论及中国近现代的思想与学术，不能不提及胡适，谁也绕不开他。且胡适被誉为中国自由主义的典范，在当下社会中也有众多的拥趸。胡适可谓是风云际会、时势造就的英雄，此其伟大处，虽论其过不掩其德也。胡适本人对此也颇为自许。1961 年 1 月 26 日，胡颂平与胡适曾有一段简短的对话：胡颂平认为胡适学术成就大，"先生学问的方面多，无论哪一方面的，给别人终生也研究不了"，建议胡适多收几个徒弟。胡适说："我的方面是多，但都是开山的工作，不能更进一步的研究。"[①] 就中国现代学术体系而言，胡氏做了许多"开山的工作"并不是妄言。但是，我们并不同意把胡适偶像化，而更愿意把他看作一个普通的、活生生的人。基于中国国学的基本立场，本书对胡适是以批判为主的，本章所谓杂议，亦以批判为主。在中国文化语境中，有所谓"三不朽"的说法，即"太上有立德，其次有立功，其次有立言"（《左传·襄公二十四年》），对中国文人、士人影响甚大；胡适之于立德、立功、立言究竟如何呢？是否做到了"死而不朽"呢？这个问题大概要经过一百年甚至更长时间的检验，笔者不妄作评论。但中国文化传统，注重对人物的品评，注重人物的德性，所谓修身、齐家、治国、平天下是也；而"修身"则是儒家文化乃至中国文化的逻辑起点。

胡适为人如何？这是本章所着力讨论的问题。温源宁（1899—1984）与胡适、徐志摩曾是朋友，在其《一知半解》书中有《胡适博士》一文。温源宁笔下的胡适是这样的：

[①] 胡颂平：《胡适之先生晚年谈话录》，中国友谊出版公司1993年版，第110页。

四十出头了，胡博士还显得很年轻。脸刮得挺像样，衣服穿得挺像样，他真是干干净净，整整齐齐。头发漆黑，不见二毛；前额突出，跟奥古斯都大帝相似；一双坦率的大眼；两片灵活的嘴唇，显得能言善辩；面色红润，却不是由学者的"生活朴素，思想高超"而来，也不是由俗人的"饮食丰美，生活放荡"而来。中等身材，十分匀称，一举一动，轻快自如。从外表看来，胡博士是由俗人变为学者，而不是由学者变为俗人。①

温源宁的笔调，颇有英伦之风，这段话的最后"胡博士是由俗人变为学者，而不是由学者变为俗人"则说得非常有意思。黄恽有《不够知己：温源宁与胡适交恶内幕》②一文，梳理了胡适、温源宁交恶的过程。根据该文，1931年徐志摩去世后，北京大学英文系就空出了一个待遇极为优厚的月薪六百元的专任教授职位；为补空缺，作为英文系主任的温源宁与作为文学院院长的胡适在用人问题上开始"争权"（英文系归属文学院），成为二人矛盾的焦点，而胡、温二人的关系也以徐志摩之死为"分水岭"。最后，"官大一级"的胡适胜出，而温源宁败北，愤而辞职。钱锺书评该书是"富有春秋笔法的当代中国名人小传"，而黄恽分析该文时也认为"果然有春秋笔法在"。温文在表面上对胡适颇有赞美之意，最后也把胡适归为"哲人"③；但暗地里仍有揶揄与嘲讽，说胡适由"俗人变为学者"，即强调胡适的"俗"，绝不是表面上的温文尔雅；在《胡适博士》文中还说："因为胡适博士经常给一些期刊写文章，谈大家关心的问题，人们称他为小册子作家。不错，可以这么称呼；然而，假如有谁认为他也有小册子作家那种心理状态和机会主义思想，那就是极大的诬蔑。因为胡适博士从不摒弃现世的物质财富，人们说他是俗人。当然，他也是俗人；不过，只有仅仅在宴会上认识他的人，才有可能产生这个印象。"④胡适真乃俗人否？

沈尹默对胡适评价颇低，沈氏在《胡适这个人》一文中开头说："胡适这个人，我在北京大学和他共事一二年后，就把他的性格看得很明白了。他是个两面人：一方面自高自大，唯我独尊；一方面却很能够低声下气，趋炎附势的。所以我从头起就没有像社会上一般人士那样的重视他。"并评价胡适的学术成就说："我以为他对于一般人的影响，是一时的，不会是永久的。他自己曾说

---

① 温源宁著，南星译：《一知半解》，辽宁教育出版社2001年版，第8—9页。
② 黄恽：《不够知己：温源宁与胡适交恶内幕》，澎湃新闻2016年7月18日。
③ 黄恽认为，据温源宁解释，是那种俗人、学者、实干家和哲学家的成分都有的人，可见并不是一个褒词。
④ 温源宁著，南星译：《一知半解》，辽宁教育出版社2001年版，第10页。

过：但开风气不为师。所以开风气这一点，一般人都是认为他的功劳，其实新文学运动的发起人是陈独秀，打倒孔家店的主张者又是吴又陵，他不过跟着尽一些宣传力量。他又善于自吹自擂，一般人不知底里，却把这个功劳归到了他一个的身上去了。"该文最后又指出胡适"无疑地他是一个亲美崇美的人，是一个极端自由主义者"①。沈氏所言，是在批判胡适的运动中，而"胡适与沈尹默一贯是对手"②，其可信度尚待考证。

这几年来，通过学习胡适的文章著作，通过阅读相关的研究胡适的著作文章，我对胡适为人的总体感觉是：轻率且自负，精明且善变，风流且情多。在民国一些学人的著作中，他们仿佛掌握了"真理"，或者说，他们已经是"真理"的化身；换句话说，虽然世异时移，他们的思想在变，但他们从来都是对的——这是现代知识分子的通病，世界范围内亦是如此（因为他们把"思想"当作了一种"产品"，同瓦工建房、木工做家具并没有不同，是能够源源不断"生产"出来的；而且他们藉此养家糊口，甚至暴得大名）；至于他们思想乃至于行为所产生的坏的甚至恶劣的影响，他们却不去顾及——而胡适即是如此。所以，笔者一贯主张：文化优劣共生，人性善恶杂陈，信其然否？

第一节　从打麻将说起

1927 年 8 月 13 日，胡适在《现代评论》上发表了一组文章《漫游的感想》，其中有一篇名曰《麻将》③，痛斥了中国人打麻将的恶习。我们且看这篇短文中的一些段落：

> 前几年，麻将牌忽然行到海外，成为出口货的一宗。欧洲与美洲的社会里，很有许多人学打麻将的；后来日本也传染到了。有一个时期，麻将竟成了西洋社会里最时髦的一种游戏；俱乐部里差不多桌桌都是麻将，书店里出了许多种研究麻将的小册子，中国留学生没有钱的可以靠教麻将吃饭挣钱。欧美人竟发了麻将狂热了。

① 沈尹默：《胡适这个人》。转引自曹伯言整理：《胡适日记全编·1952年1月4日》（8），安徽教育出版社2001年版，第169、173页。
② 王天根：《五四前后北大学术纷争与胡适"整理国故"缘起》，《近代史研究》2009年第2期。
③ 胡适：《漫游的感想·麻将》，原载《现代评论》第6卷第145期，1927年9月17日。见欧阳哲生编：《胡适文集》（4），北京大学出版社1998年版，第38—40页。

谁也梦想不到东方文明征服西洋的先锋队却是那一百三十六个麻将军！

……麻将在西洋已成了架上的古玩了；麻将的狂热已退凉了。

这是我们意想得到的。西洋的勤劳奋斗的民族决不会做麻将的信徒，决不会受麻将的征服。麻将只是我们这种好闲爱荡，不爱惜光阴的"精神文明"的中华民族的专利品。

麻将平均每四圈费时约两点钟。少说一点，全国每日只有一百万桌麻将，每桌只打八圈，就得费四百万点钟，就是损失十六万七千日的光阴，金钱的输赢，精力的消磨，都还在外。

我们走遍世界，可曾看见那一个长进的民族，文明的国家，肯这样荒时废业的吗？一个留学日本的朋友对我说："日本人的勤苦真不可及！到了晚上，登高一望，家家板屋里都是灯光；灯光之下，不是少年人跪着读书，便是老年人跪着翻书，或是老妇人跪着做活计。到了天明，满街上，满电车上都是上学去的儿童。单只这一点勤苦就可以征服我们了。"

其实何止日本？凡是长进的民族都是这样的。只有咱们这种不长进的民族以"闲"为幸福，以"消闲"为急务，男人以打麻将为消闲，女人以打麻将为家常，老太婆以打麻将为下半生的大事业！

麻将确实是中国人的一种娱乐；确实有一些国人沉迷于麻将，在麻将声中消磨时日、浪费光阴；确实还有一些国人以麻将来赌博，甚至倾家荡产、妻离子散；这些都是该批判的。但我想，在中国打麻将的人再多，充其量也只是一小部分人——至少在我周围的亲戚、朋友中，打麻将的人并不多，沉迷于打麻将的人更少——我想当时的情况也大致差不多，为何动辄就怪罪到整个民族头上呢？动辄就指责整个民族是"不长进"的民族呢？——说到这里，我们还要引述胡适对"不长进"民族的指责与抨击：

这样受物质环境的拘束与支配，不能跳出来，不能运用人的心思智力来改造环境改良现状的文明，是懒惰不长进的民族的文明，是真正唯物的文明。这种文明只可以遏抑而决不能满足人类精神上的要求。[①]

我们这时候说东方文明是"懒惰不长进的文明"……[②]

---

① 胡适：《我们对于西洋近代文明的态度》，原载《现代评论》第四卷第83期，1926年7月10日。见欧阳哲生编：《胡适文集》（4），北京大学出版社1998年版，第12—13页。

② 胡适：《整理国故与"打鬼"——给浩徐先生信》（1927年2月7日）。见欧阳哲生编：《胡适文集》（4），北京大学出版社1998年版，第116页。

这样又愚又懒的民族，不能征服物质，便完全被压死在物质环境之下，成了一分像人九分像鬼的不长进民族。[1]

动辄就拿整个民族说事儿，是谁给了胡适如此的底气、胆气与豪气呢？纵便胡适是"高等华人"[2]，不也还是华人吗？退一万步说，胡适所说的都是对的，中华民族即是一个"不长进"的民族，需要从根本上改过；但在实际生活中，胡适本人、胡适亲人、胡适的朋友之于麻将又如何呢？胡适本人是不是绝对不打麻将，对麻将疾恶如仇呢？事实恰恰相反。胡适夫人江冬秀平常喜欢打麻将，是出了名的"麻友"。我们且看几部回忆录对胡适及其家人、朋友打麻将的记载：

罗尔刚《师门五年记·胡适琐记》记载，1930年11月，胡适一家自上海迁北平后：

> 胡师母与在上海蜗居时不同了，每天上午都在管理家务，下午2时去亲朋家打麻将，晚10时汽车接她回家，才去接胡适。

> 徐志摩就任北京大学教授，于1931年1月4日到北平，住在胡适家。……那时傅斯年还不曾和俞大綵结婚，晚上无聊，见汪原放来在胡适家，几乎每晚都来和我们打麻将，徐志摩从来不参加。[3]

唐德刚《胡适杂忆》记载，胡适夫妇1950—1958年侨居纽约期间：

> 那时胡伯母在纽约打起麻将来是日以继夜的。胡先生不但没有阻止她，而且有时也加入作战。

> 胡先生打麻将时最喜欢说的一句口头禅便是："麻将里头有鬼！"胡夫人上阵几乎每战皆捷，所以时以"技术高"自许；胡先生接手则几乎每战必败，所以时以"手气不好"解嘲。

> 她家里麻将之客常满；斗室之内，烟雾迷漫。胡家的麻将客也告诉我，胡太太在麻将桌上赢的钱，也是胡家的经常收入之一种，她每打必赢；不知何故！不打麻将了，胡老太太就烧饭，烧饭也是为着下次打麻将。侨居纽约，大家都没有佣人，所以必须先把饭烧好才能上牌桌。等到麻将八圈已过，人饥手倦之时，大家就辍牌、热饭；然后据牌桌而食之。食毕，丢

① 胡适：《介绍我自己的思想·〈胡适文选〉自序》（1930年12月）。见欧阳哲生编：《胡适文集》（5），北京大学出版社1998年版，第514页。

② 林语堂译，温源宁文：《胡适博士》（名之为《胡适之》）文中语。见《林语堂名著全集·拾遗集》（第十八卷），东北师范大学出版社1994年版，第368页。

③ 罗尔刚：《师门五年记·胡适琐记》（增补本），生活·读书·新知三联书店1998年版，第103、109页。

碗再战。其效率之高，真未可与港台间夫人女士道也。[1]

钱穆在《师友杂忆》中也说："子水北大同事，为适之密友，在北平时，常在适之家陪适之夫人出街购物，或留家打麻雀。"[2] 其实，早在胡适出国留学之前，1909年在中国新公学读书时，就跟何德梅等"狐朋狗友"学会了打麻将。他在《我怎样到外国去》一文中明确说："何德梅常邀这班人打麻将，我不久也学会了。我们打牌不赌钱，谁赢谁请吃雅叙园。我们这班人都能喝酒，每人面前摆一大壶，自斟自饮。从打牌到喝酒，从喝酒又到叫局，从叫局到吃花酒，不到两个月，我都学会了。"[3]

如此，胡适本人很早就学会打麻将，也常常加入"战局"；而在胡适家组局打麻将，胡适夫人江冬秀，朋友傅斯年、汪原放、毛子水，学生罗尔刚参与打麻将也是千真万确的事。胡适因中国人打麻将，就痛责中华民族"不长进"，有意思吗？自己做得又如何？胡适赞扬西洋的"勤劳奋斗的民族"，批判"咱们这种不长进的民族以'闲'为幸福，以'消闲'为急务，男人以打麻将为消闲，女人以打麻将为家常，老太婆以打麻将为下半生的大事业"，是事实吗？——中国人确以"闲"为幸福，究其原因，是一年从头到尾、一辈子从年轻到老去，都不得"闲"；我这几年接触过几个安徽（胡适老乡）、江苏的农民工，他们在沈阳或长春干室内装修，一天从天亮至天黑忙个不停，一年到头累死累活，哪有什么闲心打麻将？中国民族其实是世界上最勤劳的民族！

第二节　胡适早年生活与思想之惊鸿一瞥

胡适早年，受到了较好的国学训练，有较好的国学根基。这一点，从他老年时回忆少时学习（背诵）的情况即可窥见一二——我一直认为，对于古文、国文来讲，少时最好的学习方法就是背诵。我们看一下胡颂平《胡适之先生晚年谈话录》中有关的记载：

1960年1月27日：胡适谈到甲骨文时，说自己全不懂，文章中没有引用过。并接着说："在我们前一辈，在我们徽州，所谓江（永）戴（震）之乡，他们的小学功夫很深，从小就要背《说文》的。"胡颂平插嘴说："我

① [美]唐德刚：《胡适杂忆》（增订本），华东师范大学出版社1999年版，第10、48、182页。
② 钱穆：《八十忆双亲·师友杂忆》，生活·读书·新知三联书店2005年版，第218页。
③ 胡适：《四十自述·我怎样到外国去》，原载《新月》第四卷第4号，1932年9月27日。
　　见欧阳哲生编：《胡适文集》（1），北京大学出版社1998年版，第97页。

们温州人也有人背《尔雅》的。"胡适接着说:"《尔雅》是在《十三经》之内,当然是全背,不但背白文,连注也都要背的。《说文》不在《十三经》之内,而且比《尔雅》多得多,他们都背熟;他们对于《说文》是不需翻书来查的。《尔雅》的文章不通,他们也都要背的。我小时候读《诗经》只背朱(熹)注,但给老辈看来就认为不够了。他们要背毛(大小毛公)郑(玄)二注,不许背朱注的。我在家乡时,《十三经》还没有读完,《周礼》也未读,就到上海去了,所以对小学的功夫不深。"

1961年3月22日:胡适因心脏病住院。在病房,胡适看到胡颂平带一本《朱子小学》,就相问询。胡适说:"我小时候读《小学》都能背,嘉言懿行稽古三部分,因为故事有趣,所以容易记得,其余的都忘记了。朱子编的《小学》也太作偏了,不过在那个时候已经知道小学教育的重要,要从儿童教起了。"①

从这里可以知道,胡适老家在安徽徽州一带,人文底蕴深厚,儿童从小就接受严格的小学、国学训练;胡家本是官宦之家,胡适父亲虽然早死,但胡适三四岁时即进家塾读书,背诵过《小学》,读过《十三经》(虽然没有读完);受徽州人文风气之熏陶,胡适从小的国学素养远胜于我辈——在我有感觉里,胡适后来的学术根基,还是很"中国"的东西,或者说是国学的东西;只不过他留学美国,学会了美国人的治学方法,或者说学会了批判中国文化的方法。

随着《胡适日记全编》《胡适日记全集》的整理与出版②,胡适早年在上海求学时的"生活场景"显露出来,一个更为鲜活的胡适呈现在人们面前。陈占彪在《胡适的叫局与吃花酒》一文中说:"胡适给人们留下的总是一副谨肃而老成、理性而节制的印象,其实他内心有着放肆不惮、易于沉溺、毫不自制的一面。"在该文中,陈占彪较为全面地梳理了胡适喝花酒、逛窑子、招妓的情况,我们这里摘录该文的一些内容:

旧历1910年2月2日,君墨邀胡适去一名唤花瑞英的伎家,说有要事商量,其实并没什么事,他只是看胡适曾称赞过此妓,以为胡适意有所属,于是以有事商量之由将胡适招来。"花瑞英者,去年余于金云仙家观之,

① 胡颂平:《胡适之先生晚年谈话录》,中国友谊出版公司1993年版,第41—42页、第133页。在这方面,胡适《四十自述·九年的家乡教育》一节也有体现,兹不录。见欧阳哲生编:《胡适文集》(1),北京大学出版社1998年版,第43—56页。
② 曹伯言整理:《胡适日记全编》(全8册),安徽教育出版社2001年版;曹伯言整理《胡适日记全集》,联经出版事业公司2004年版。

时与金韵籁同处，皆未悬牌应客。君墨巫称此二人，谓为后起之秀，余亦谓然。乃今年，二人皆已应征召，君墨仅得金韵籁地址，而不知花瑞英所易姓名及所居何里，近始得之。君墨以余尝称此伎，遂以为意有所属，故今日遽尔见招"。"是夜酒阑，君墨已醉，强邀至金韵籁家打牌，至三时始归"（《日记》）。是年花瑞英年方二八，刚开始"挂牌营业"。胡适一干人便叩门而来。大约此妓确为上品……据胡适自云："宣统二年（1910）春间，我和林君墨都叫过花瑞英的'局'，那时她还是初出来的第一年。"（《日记》）

　　旧历1910年2月5日"夜，诸人聚饮于伎者白玉茹家，余亦在坐"，"归寓已十一时"（《日记》）。2月6日，这一干人又到花瑞英家"打茶围"，打牌打到一点钟，此后又同赴一伎陈彩玉家，把人家硬是叫醒，搞了一个通宵。"晚课即毕，桂梁来邀外出散步。先访祥云不遇，遂至和记，适君墨亦在，小坐。同出至花瑞英家打茶园［围］，其家欲君墨在此打牌，余亦同局。局终出门已一点钟"。……"君墨适小饮已微醉，强邀桂梁及余等至一伎者陈彩玉家，其家已闭房卧矣，乃敲门而入。伎人皆披衣而起，复欲桂梁打牌"（《日记》）。

　　看来这几个月，胡适几乎成为"问题青年"了，叫局吃酒，赌博学唱，一些坏的生活习惯都沾染上了……据不完全统计，此段时间，他接触过的妓女计有赵春阁、花瑞英、金韵籁、白玉茹、陈彩玉等人。要说明的是，逛窑子也并非只意味着皮肉交易。喝茶、打牌、作诗、献唱、陪聊亦是娼妓的种种服务项目，而胡适们也止于"打茶围"、"叫局"、"吃花酒"，只是在"池塘"走来走去，鞋子有点湿，但最终没有"落水"。

　　对于这几个月的放荡生活，胡适日后屡有忏悔。1914年，远在美国的胡适在日记中写道，"吾在上海时，亦尝叫局吃酒，彼时亦不知耻也。今誓不复为，并誓提倡禁嫖之论，以自忏悔，以自赎罪，记此以记吾悔"（《胡适留学日记》，安徽教育出版社1999年版）。1916年，他在戏赠朱经农的诗中写道："那时我更不长进，往往喝酒不顾命；有时镇日醉不醒，明朝醒来害酒病。一日大醉几乎死，醒来忽然怪自己：父母生我该有用，似此真不成事体。"（《胡适留学日记》）他从此要洗面革心，重新做人了。

在陈占彪看来，胡适一生逛窑子次数并不算少，他常常到一地方就"体察一下当地的窑子"，似乎有两个意图：一是"玩玩"，即娱乐式的狎玩；

二是"看看"，即体察中国社会民情，这大概也算是一大癖好。胡适年轻时自己逛窑子不说，爆得大名后的胡适竟然带着外国友人去逛妓院，也算是一大奇观。陈占彪还分析了胡适逛窑子的原因，包括性格弱点以及小时看淫秽小说之影响（如《肉蒲团》《金瓶梅》等）。至于胡适等人逛窑子是不是只"止于'打茶围'、'叫局'、'吃花酒'"，有没有真正"落水"，则只有天知道。胡适逛窑子之后，则经常忏悔，陈占彪认为，这说明胡适"一方面有内心放纵之一面，另一方面又视之为罪恶，这是他内心矛盾之处"①。

1921 年 8 月 26 日，在上海某一饭局上，曾有人用西洋手纹法给胡适看手相，胡适比较在意，较为详细地记在了当天的日记中："他看我的手纹，说的有些话不足为凭，因为他同我很熟。但有两事颇不是他平日能知道的：（1）他说，我受感情和想像的冲动大于受理论的影响。此是外人不易知道的，因为我行的事，做的文章，表现上都像是偏重理性知识方面的，其实我自己知道很不如此。我是一个富于感情和想像力的人，但我不屑表示我的感情，又颇使想像力略成系统。（2）他说，我虽可以过规矩的生活，虽不喜欢那种 gay 的生活，虽平时偏向庄重的生活，但我能放肆我自己，有时也能做很 gay 的生活。（gay 字不易译，略含快活与放浪之意。）这一层也是很真，但外人很少知道的。我没有嗜好则已，若有嗜好，必沉溺很深。我自知可以大好色，可以大赌。我对于那种比较严重的生活，如读书作诗，也容易成嗜好，大概也是因为我有这个容易沉溺的弱点。这个弱点，有时我自己觉得也是一点长处。我最恨的是平凡，是中庸。"②这是胡适 30 岁时对自己的评价。或许，正是因为胡适是"富于感情和想像力的人"，正因为胡适最恨平凡，最恨中庸，才形成了他易于"沉溺"的性格，其好色也易知。当然，这只是胡适复杂性格中的一个方面。

胡适早年对儒家、对中国传统文化并无恶感。1910 年 8 月 16 日，胡适赴美留学。即便是在美国的前几年，胡适也仍然以道德自励，讲究廉耻名节，是一个典型的传统的中国人。我们翻看胡适 1914 年 6 月之前的日记，类似的记载有不少，如 1912 年 10 月 24 日，胡适因戒烟失败，而立誓自警："胡适，汝在北田对胡君宣明作何语，汝忘之耶？汝许胡君此后决不吸纸烟，今几何时，而遽负约耶？故人虽不在汝侧，然汝将何以对故人？故人信汝为男子，守信誓，汝乃自欺耶？汝自信为志人，为学者，且能高谈性理道德之学，而言不顾行如是，

---

① 上述摘录内容及引文，均出自陈占彪：《胡适的叫局与吃花酒》，《中华读书报》2015年2月4日。

② 曹伯言整理：《胡适日记全编》（三），安徽教育出版社2001年版，第448页。

汝尚有何面目见天下士耶？自今以往，誓不再吸烟。又恐日久力懈，志之以自警。"①这里就强调了"性理道德之学"，且试图以"性理道德之学"来约束自己。我们这里重点看一下胡适早期对孔教（儒家）、对中国宗法伦理（家庭婚姻）的看法。

胡适早年对于儒家是能够以中国人立场，相对客观地予以评论的；并试图从中国文化的立场，予以发展或革新中国文化。1911年6月17日，胡适在读经课上，讨论《孔教之效果》，"既终，有Dr.Beach言，君等今日有大患，即无人研求旧学是也。此君乃大称朱子之功，余闻之，如芒在背焉"②。Dr.Beach的言论，让胡适"如芒在背"，甚至为"无人研求旧学"而汗颜。1912年12月13日："昨日作文论阿里士多德'中庸'说。尝谓宋儒'不易之谓庸'之说非也。中者，无过无不及之谓。《中庸》屡言贤者过之，愚不肖不及；又论勇有南北之别，皆过与不及之异也。又言舜执其两端，用其中于民，此则与阿氏中说吻合矣。庸者，寻常之谓，如庸言庸行之庸，书中屡及之。又言素隐行怪之非，以其非庸言庸行也。"③胡适把阿里士多德的"中庸"与儒家的中庸进行比较，以宋儒之说为非，并指出儒家中庸与阿氏之说"吻合"，不但没有贬低儒家中庸，反而有张扬其说的意味。1914年1月23日，胡适在思考国家宗教时，围绕孔教提出了一系列问题：究竟该立不立国教？孔教、佛教、耶教三者究竟何者为宜？如复兴孔教，究竟何者为孔教？孔教之经典是何书？"孔教"二字所包何物？究竟推行传统的孔教呢，还是推行革新后的孔教？如果革新孔教，究竟何以改之？从何入手？以何者为根据？我国古代学说（如《管子》《墨子》）为何不能与孔孟并尊？如不当有国家宗教，则将何以易之？④——胡适立足中国文化的实际，提出的这些问题，有很强的理论价值与实践意义，可惜胡适没有进一步的思考。

从胡适日记看，胡适在康奈尔大学期间常常发表演讲，其演讲的内容主要侧重中国传统文化。1914年1月28日，胡适受邀为康奈尔大学基督教青年会讲课，负责讲授（一）中国古代之国教；（二）孔教；（三）道教。并在日记中说："今欲演说，则非将从前所约略知识者——条析论列之，一一以明白易解之言

---

① 曹伯言整理：《胡适日记全编》（一），安徽教育出版社2001年版，第168—169页。
② 曹伯言整理：《胡适日记全编》（一），安徽教育出版社2001年版，第106页。
③ 曹伯言整理：《胡适日记全编》（一），安徽教育出版社2001年版，第190页。
④ 胡适：《孔教问题》。曹伯言整理：《胡适日记全编》（一），安徽教育出版社2001年版，第215—217页。

疏说之不可。向之所模糊领会者，经此一番炉冶，都成有统系的学识矣。余之得益正在此耳。此演说之大益，所谓教学相长者是也。"①这里明确提到教学相长，可见当时胡适也正在不断学习中国传统文化。

胡适对于中国宗法伦理（家庭婚姻）的看法，则更有况味。1911年9月17日，胡适日记记载："演说会第一次举行辩论，题为论《中国今日当行自由结婚否？》余为反对派，以助者不得其人，遂败。"②胡适反对自由结婚，这是很"中国"的、很传统的思想。更有甚者，1914年1月4日，胡适日记中记有《吾国女子所处地位高于西方女子》一篇短文：

> 忽念吾国女子所处地位，实高于西方女子。吾国顾全女子之廉耻名节，不令以婚姻之事自累，皆由父母主之。男子生而为之室，女子生而为之家。女子无须以婚姻之故，自献其身于社会交际之中，仆仆焉自求其偶，所以重女子之人格也。西方则不然，女子长成即以求偶为事，父母乃令习音乐，娴舞蹈，然后令出而与男子周旋。其能取悦于男子，或能以术驱男子入其彀中者乃先得偶。其木强朴讷，或不甘自辱以媚人者，乃终其身不字为老女，是故，堕女子之人格，驱之使自献其身以钓取男子之欢心者，西方婚姻自由之罪也。

> 此论或过激，然自信不为无据，觇国于其精微者，当不斥为顽固守旧也。③

1914年1月27日，胡适日记中又写《演说吾国婚制》一文，在上文基础上，又进一步说："西方婚姻之爱情是自造的（Self-made），中国婚姻之爱情是名分所造的（Duty-made）。订婚之后，女子对未婚夫自有特殊柔情。……及结婚时，夫妻皆知其有相爱之义务，故往往能互相体恤，互相体贴，以求相爱。向之基于想像，根于名分者，今为实际之需要，亦往往能长成为真实之爱情。"④胡适为中国"包办"婚姻叫好，为"父母之命、媒妁之言"张目，宣扬中国的婚姻观，并振振有词（"然自信不为无据"）；同时批判了西方青年人的自由恋爱，指出其"堕女子之人格，驱之使自献其身以钓取男子之欢心者，西方婚姻自由

---

① 胡适：《〈宗教之比较研究〉讲演》（1月28日追记）。曹伯言整理：《胡适日记全编》（一），安徽教育出版社2001年版，第225页。

② 曹伯言整理：《胡适日记全编》（一），安徽教育出版社2001年版，第136页。

③ 胡适：《吾国女子所处地位高于西方女子》。曹伯言整理：《胡适日记全编》（一），安徽教育出版社2001年版，第213页。

④ 胡适：《演说吾国婚制》。曹伯言整理：《胡适日记全编》（一），安徽教育出版社2001年版，第223—224页。

之罪也"，直斥西方婚姻自由之罪。

除日记外，1914年1月，胡适还曾发表《非留学篇》一文，其中说："吾国居今日而欲与欧美各国争存于世界也，非造一新文明不可。造新文明，非易事也。……先周知我之精神与他人之精神果何在？又需知人与我相异之处果何在？然后可以取他人所长，补我所不足，折衷新旧，贯通东西，以成一新中国之新文明。"① 这种观点则与学衡派梅光迪等人观点非常相近，"折衷新旧，贯通东西"，实在是一种响亮的口号，即便是现在，立足中国文化，也没有过时。

1914年6月，胡适的态度发生了急剧变化。6月7日，胡适在日记中写有《我国之"家族的个人主义"》一文，其中说："吾国之家族制，实亦有大害，以其养成一种依赖性也。吾国家庭，父母视子妇如一种养老存款（Old age pension），以为子妇必须养亲，此一种依赖性也。子妇视父母遗产为固有，此又一依赖性也。甚至兄弟相倚依，以为兄弟有相助之责。再甚至一族一党，三亲六戚，无不相倚依。一人成佛，一族飞升，一子成名，六亲聚噉之，如蚁之附骨，不以为耻而以为当然，此何等奴性！真亡国之根也！"又说："吾国陋俗，一子得官，追封数世，此与世袭爵位同一无理也。……又言吾国之家族制，实亦一种个人主义。西人之个人主义以个人为单位，吾国之个人主义则以家族为单位，其实一也。吾国之家庭对于社会，俨若一敌国然，曰扬名也，曰显亲也，曰光前裕后也，皆自私自利之说也；顾其所私利者，为一家而非一己耳。西方之个人主义，犹养成一种独立之人格，自助之能力。若吾国'家族的个人主义'，则私利于外，依赖于内，吾未见其善于彼也。"② 在这篇文章中，胡适开始批判中国人的奴性，批判中国"家族的个人主义"，认为是亡国之根——胡适对中国文化态度与立场的转变，是骤然间的，甚至毫无征兆，其中原因或还值得深入地讨论。

---

① 胡适：《非留学篇》，原载《留美学生报》第三年本1914年1月。见欧阳哲生：《胡适文集》（9），北京大学出版社1998年版，第675页。
② 胡适：《我国之"家族的个人主义"》。曹伯言整理：《胡适日记全编》（一），安徽教育出版社2001年版，第292—293页。

第三节　星星、月亮、太阳——作为"情圣"的胡适 ①

1914年6月，是胡适思想、情感的一个转折期②。6日，胡适写《得家中照片题诗》一诗，其中写江冬秀："图左立冬秀，朴素真吾妇。轩车来何迟，劳君相待久。十载远行役，遂令负此意。归来会有期，与君老畦亩。"③诗中颇有负疚之意，甚至在回国后想跟江冬秀归隐田园，怡然自乐④。但两天后的6月8日，胡适在日记中写有《第一次访女生宿舍》一文，在"今夜始往访一女子"⑤之后，全面反思了自己自离家至今十年来贫瘠的感情生活："盖余甲辰去家，至今年甲寅，十年之中，未尝与贤妇人交际。即在此邦，所识亦多中年以上之妇人，吾但以长者目之耳，于青年女子之社会，乃几裹足不敢入焉。……吾十年之进境，盖全偏于智识（Intellect）一方面，而于感情（Emotions）一方面却全行忘却，清夜自思，几成一冷血之世故中人，其不为全用权数之奸雄者，幸也，然而危矣！念悬崖勒马，犹未为晚，拟今后当注重吾感情一方面之发达。吾在此邦，处男女共同教育之校，宜利用此时机，与有教育之女子交际，得其陶冶之益，减吾孤冷之性，庶吾未全漓之天真，犹有古井作波之一日。吾自顾但有机警之才，而无温和之气，更无论温柔儿女之情矣。此实一大病，不可不药。吾其求和缓于此邦之青年有教育之女子乎！"并表示"吾在此四年，所识大学女生无算，而终不往访之。吾四年未尝入 Sage College（女子宿舍）访女友，时以自夸，至今思之，但足以自悔耳"⑥。或许，在胡适看来，他在中国新公学时逛窑子、喝花酒，跟女性接触，只是逢场作戏，算不得数；他在大学里虽然认识的女生很多，也算不得数；他要的是红颜知己，要的是情感的

---

① 这里，借用江勇振《星星、月亮、太阳——胡适的情感世界》一书中的说法，"星星"指的是陆小曼、瘦琴、徐芳、罗慰慈、哈德门太太等人，"月亮"指的是江冬秀、韦莲司和曹诚英三人，"太阳"指的是胡适；而"情圣"二字，则是哈德门太太在信中对胡适的称呼。

② 参见杨国良：《从〈胡适留学日记〉看胡韦之恋》，《中文自学指导》2005年9月18日。

③ 胡适：《得家中照片题诗》。曹伯言整理：《胡适日记全编》（一），安徽教育出版社2001年版，第291页。

④ 其实，这全是文人的附庸风雅——胡适怎么会跟江冬秀归隐田园？

⑤ 据江勇振先生考证，该女生是瘦琴小姐，并不是韦莲司。见江勇振：《星星、月亮、太阳——胡适的情感世界》，新星出版社2006年版，第44页。

⑥ 胡适：《第一次访女生宿舍》。曹伯言整理：《胡适日记全编》（一），安徽教育出版社2001年版，第294页。

交流与交融，这就为胡适的情欲乃至于性欲打开了一道危险的"闸门"。而事实上，从这一天之后，胡适的情欲突然地觉醒，开始去追求"温柔儿女之情"了。温源宁在《胡适博士》（1934）一文中曾说："交际界，尤其是夫人、小姐们，所欣赏的是'有一搭、没一搭，说些鬼话'的本领，看似区区小节，实则必不可少，在这方面，胡博士是一位老手。"[①]胡适最终成为一位调情的老手——他能够恰到好处地拿捏不同女性的心理，让他所交往的女性心甘情愿地、甚至死心塌地地围在他的周围。

唐德刚在《胡适杂忆·较好的一半》中说："说实在话，青年的胡适虽然颇受异性的爱慕，但是他本质上不是一个招蜂惹蝶的人；不像他的好友徐志摩，所到之处便蜂蝶乱飞！"又说："适之先生是位发乎情、止乎礼的胆小君子。搞政治，他不敢'造反'；谈恋爱，他也搞不出什么'大胆作风'。加以他对他的婚姻也颇能想出一套深足自慰的哲学；婚后蔗境弥甘，所以他也就与冬秀夫人和和平平四十年，始终一对好姻缘；他两老白首相依，是十分幸福的！"[②]胡适真的不是一个"招蜂惹蝶的人"吗？谈恋爱真的没有"大胆作风"吗？胡适与江冬秀"始终一对好姻缘"吗？唐德刚此言，要么是不清楚胡适与各色女人的关系，要么是为名者讳言，是不符合实际情况的。

关于胡适的情感世界，江勇振先生有《星星、月亮、太阳——胡适的情感世界》[③]一书，挖掘了大量的第一手文献资料，全面展现了胡适隐秘的情感世界。下文中对该书所谓江冬秀、韦莲司、曹诚英三个"月亮"予以重点关注，所用材料也大都依据该书。

一、江冬秀

江冬秀（1890—1975），年长胡适一岁，是安徽徽州大户人家女儿，其外曾祖父、外祖父都是进士出身，其父虽早亡，但其家境也算殷实。从胡适的回忆看，江家应该比胡家富裕得多。1904 年，在父母安排下，江冬秀与胡适订婚；同一年，胡适去上海读书。1908 年，胡适在中国新公学读书时，"母亲也知道家中破产就在眼前，所以寄信来要我今年回家去把婚事办了。我斩钉截铁的阻

---

① 温源宁著，南星译：《一知半解》，辽宁教育出版社2001年版，第8页。

② [美]唐德刚：《胡适杂忆》（增订本），华东师范大学出版社1999年版，第109页。

③ 江勇振：《星星、月亮、太阳——胡适的情感世界》，新星出版社2006年版。下文所引书中内容，只随文注以"江著第×页"字样。

止了这件事，名义上是说求学要紧，其实是我知道家中没有余钱给我办婚事，我也没有钱养家"①。胡适这里说的是大实话，作为一个17岁的少年，如果此时结婚，他根本没有能力养活一个家庭。胡适出国留学后，江冬秀每年都要到胡适家中住几个月，帮忙做家务。1961年6月7日，胡适曾回忆说，江家曾给胡家买了一个丫鬟，想替江冬秀在胡家做事，但他的母亲"仍旧要她做"②。可见少时的江冬秀即非常懂事、勤快，是个典型的中国女人。1911年4月22日，胡适第一次给江冬秀写信，主要嘱其读书学字③。

江冬秀和胡适订婚13年后，1917年胡适回国，12月30日二人举行婚礼。胡适结婚之后，感觉究竟如何呢？北京大学在其结婚10天后即发电报催其返校，但他在家又待了两周后，1918年1月24日才启程返京。1918年1月29日致江冬秀的信中说"阴历（十二月十七）为新婚满月之期。在夜行船上，戏作一词，调名'生查子'，以寄冬秀"，诗中有"相对说相思，私祝长相聚"④之语。4月19日，结婚七个星期后，胡适"喜滋滋"地写信告诉韦莲司："我已经结婚七个多星期了，还没有向你报告呢！我们夫妻俩相当快乐，相信我们可以相处得很好！"⑤4月27日，胡适在给江冬秀的信中说："你为何不写信与我了？我心里很怪你，快点多写几封信寄来吧！今夜是三月十七夜（农历），是我们结婚的第四个满月之期，你记得么？我不知道你此时心中想什么？你知道我此时心中想的是什么？……我昨夜到四点多钟始睡，今天八点钟起床，故疲倦了，要去睡了。窗外的月亮正照着我，可惜你不在这里。"⑥在文学家看来，这几封信和诗中，不也充满着蜜意柔情、郎情妾意吗？

但是，在胡适满是甜蜜地回忆了他们结婚第四个满月之期之后的第六天，5

① 胡适：《四十自述·我怎样到外国去》，原载《新月》第四卷第4号，1932年9月27日。见欧阳哲生编：《胡适文集》（1），北京大学出版社1998年版，第93页。关于胡适一家的经济状况，该文中也有说明："我家本没有钱。父亲死后，只剩下几千两的存款，存在同乡店家生息，一家人全靠这一点出息过日子。后来存款的店家倒帐了，分摊起来，我家分得一点小店业。"（第92—93页）
② 胡颂平：《胡适之先生晚年谈话录》，中国友谊出版公司1993年版，第181页。
③ 胡适：《致江冬秀》。见季羡林主编：《胡适全集·书信1911》（23），安徽教育出版社2003年版，第30页。
④ 胡适：《致江冬秀》。见季羡林主编：《胡适全集·书信1918》（23），安徽教育出版社2003年版，第147—148页。
⑤ Hu to Williams, February 19, 1918。转引自江著第93页。
⑥ 胡适：《致江冬秀》。此信《胡适全集·书信1918》（23）中未收。见杜春和编：《胡适家书》，河北人民出版社1996年版，第180页。

月 2 日，胡适致信他颇为亲近的叔叔胡近仁，其中说："今吾母既决令冬秀来，固是好事。惟自得足下书后，极忧冬秀出外后家中无人照应。吾母又极耐苦痛，平常不肯言病。此亦不是细事，真令我左右做人难矣。吾之就此婚事，全为吾母起见，故从不曾挑剔为难（若不为此，吾决不就此婚。此意但可为足下道，不足为外人言也）。今即婚矣，吾力求迁就，以博吾母欢心。吾之所以极力表示闺房之爱者，亦正欲令吾母欢喜耳，岂意反以此令堂上介意乎！"[1] 在该信中，胡适又特别叮嘱胡近仁："足下阅此书后，乞拉烧之，亦望勿为外人道，切盼！切盼！"胡适究竟想什么呢？究竟要干什么呢？哪是真的、哪是假的呢？胡适的"甜言蜜语"只是"哄"女人的手段吗？

胡适还有《新婚杂诗》五首，是他婚后离家回到北京以后写的，"可以说是他新婚燕尔最亲密、最缠绵的写照"（江著第 95 页）；并且，胡适热切地希望江冬秀早一天到北京与其同住，在与母亲交涉之后，江冬秀于 1918 年 6 月 11 日到了北京。接下来，胡适与江冬秀三年内生了三个孩子：胡祖望（1919）、胡素斐[2]（1920）、胡思杜（1921）。在江勇振先生看来，"胡适对江冬秀也有他的情、爱与感激，虽然他后来的生命中有过好几个江冬秀以外的月亮和星星，但他还是常常惦记着她"（江著第 106 页）。

在江冬秀、胡适的婚姻中，谁是受害者呢？一些学者认定胡适是"牺牲者"，但江勇振先生认为："夏志清会用'悲剧'这两个字来形容。他的理由是江冬秀'没有现代医药常识，也不知如何管教子女，弄得爱女夭折，二儿子思杜从小身体虚弱，教不成器。'[3] 周质平更进一步，以上'断头台'来形容胡适结婚时的心情。他'觉得胡适成婚那一刻的心情，与其说是洞房花烛的喜悦，不如说是烈士就义之前一种成仁的悲壮情怀。'因此周质平的看法是胡适对自己的婚姻，是经过了一番自我说服的功夫，而达到了'近乎自我欺骗的境界'。另外一位男性作家楚汛，也想当然地断定胡适跟江冬秀的婚姻，是'名分情谊

---

[1] 胡适：《致胡近仁》。见季羡林主编：《胡适全集·书信1911》（23），安徽教育出版社2003年版，第186页。

[2] 胡素斐1925年夭折。

[3] 见"夏志清先生序"。唐德刚：《胡适杂忆》，台北传记文学出版社1979年版，第20页。转引自江著第88页。笔者特别反对此类观点。生孩子是夫妻两个人的事，养孩子也应该是夫妻两个人的事。如果江冬秀"没有现代医药常识，也不知如何管教子女"，胡适有现代医药常识，知道如何管教子女，不也可以吗？江冬秀一个人辛辛苦苦地拉扯着三个孩子，竟遭到如此指责，不是很好笑吗？此时的胡适在忙着干什么呢？在杭州过他的"神仙生活"呢。

下同居'。这种把胡适视为'鲜花',而把江冬秀当成'牛粪'的观点,反映出这些男性作者在性别上的另一个盲点,即他们对江冬秀的存在视而不见。"(江著第88—89页)江冬秀就不是人吗?她与胡适订婚后,一等就是13年才结婚,她随时面临着被留美的胡适抛弃的窘境,也遭世人的白眼;她跟胡适结婚后,生儿育女,操持家庭,任劳任怨,在认识、了解江冬秀的人看来她是"有魄力,有决断,颇有才华和男子气概"(江著第104页)的女性;在知道胡适"出轨"后,江冬秀也最大限度地选择了隐忍,虽然在胡适提出离婚后有拔刀相向的惨烈[①],除此之外,她又有什么办法?同意跟胡适离婚就好吗?——而在另一个层面,韦莲司姑且不说,胡适与曹诚英在杭州烟霞洞过"神仙生活"的时候,蒙在鼓里的江冬秀还一直对胡适嘘寒问暖,对"照顾"胡适的曹诚英充满感激;而胡适的朋友,如徐志摩等一干人等,都在为胡适守口如瓶,共同骗一个已经为胡适生了三个孩子的可怜女人;陆小曼为了能够跟胡适通信,写英语、模仿男人笔体,就是为了骗不懂英文的江冬秀;胡适与徐芳热恋通信时,为不让江冬秀察觉,胡适与徐芳都用"障眼法",不以真名字称呼;胡适猎艳摘星,走马灯一样游走在各色女人中间,对江冬秀可觉得有一丝愧疚、一丝亏欠?

　　1950年6月,江冬秀赴美(纽约)与胡适团聚。1958年4月初,胡适自美赴台湾就任"中央研究院"院长之职,江冬秀独自留在纽约。江冬秀为什么没有随同胡适赴台湾呢?只是因为纽约有一帮麻友吗?还是因为已经看透了胡适,对他已经心灰意冷了呢?不得而知。1961年2月,胡适心脏病复发,住院长达两个月,江冬秀也没有从纽约回到台湾;直到10月18日,江冬秀才回到台湾;而4个月之后,胡适即因心脏病突发去世了。在胡颂平《胡适之先生晚年谈话录》中,胡适常常说起"我的太太如何如何",其他的女人呢,只是他生命中的一个小插曲,都成了过眼云烟。唐德刚在《胡适杂忆》中说:"在胡公有生之年,国人一提到'胡适之的小脚太太',似乎都认为胡博士委屈了;但是有几个人能体会到,他是中国传统的农业社会里,'三从四德'的婚姻制度中,最后的一位'福人'?!"[②]——胡适一生,亏欠江冬秀者多矣!

[①] 依江著:胡适在提出离婚后,江冬秀一气之下,拿起厨房的菜刀,另一说是剪刀,对胡适说:"你要离婚可以,我先把两个儿子杀掉,我同你生的儿子不要了。"江振勇先生接着说:"不管这个传言正确与否,胡适结果确实没有和江冬秀离婚。"(见江著第126页)

[②] [美]唐德刚:《胡适杂忆》(增订本),华东师范大学出版社1999年版,第200页。

二、韦莲司

作为一位美国女子，依德斯·库力弗多·韦莲司（1885—1971）对胡适毫无保留的爱，真是让人唏嘘。韦莲司比胡适大6岁，出身望族，祖父是绮色佳的银行家，父亲是康乃尔大学古生物学教授，她是家里最小的女儿，有一个姐姐，两个哥哥。韦莲司从小喜欢绘画，青年时期是"纽约达达派"——"达达派"对近代社会和艺术采取的根本怀疑和批判的态度对青年时期的韦莲司影响甚大。康乃尔大学罗巴斯教授曾与韦莲司共事长达九年，在他的印象中，韦莲司是一位身材矮小、聪明能干、待人和善的美国人[1]。

韦莲司与胡适相识，是在1914年夏天（江著第28页）；1914年10月20日，韦莲司的名字开始出现在胡适的日记中。胡适在与韦莲司初期的交往中，对韦莲司极为地佩服。他在1915年5月29日有《致C.W.书》，称韦莲司为"可以使他沿着正确航向前进的舵手"[2]，评价不可谓不高——韦莲司的思想，对胡适早期思想的形成有着重要的引领作用。这时，韦、胡二人虽然交往过密，胡适虽也萌生爱意，但大概还没有"大胆作风"，所以直到胡适1917年回国，韦、胡二人只是当下语境中的"闺蜜"。但是，当胡适回国后，1917年11月21日写信告诉韦莲司自己即将结婚时，韦莲司对胡适萌生的情意一下子爆发，她整个人都"崩溃"了。1927年4月，她回忆说："我今天重读旧信，读到那封宣布你即将结婚的信，又再次让我体会到，对我来说，那是多么巨大的一个割舍。我想，我当时完全没有想跟你结婚的念头。然而，从许多方面来说，我们【精神上】根本老早就已经结了婚了。因此，你回国离我而去，我就整个崩溃了。"韦莲司并在这句话旁边加了一个眉批："自从接到你一九一七年十一月的那封信以后，我就再也没有勇气去读你的旧信了。"[3]韦莲司已经坠入情网，对胡适魂牵梦萦。

1927年，胡适第二次访美时，韦、胡之间的关系没有更进一步的发展（胡适的心在瘦琴女士那边）；直到1933年，胡适再次访美时，韦、胡之间终于有了实质性的突破，二人合为一体，"一九三三年九月是他们关系的一个转折点；这是韦莲司一生当中对胡适最为痴恋、对他们的爱最有信心、对胡适最一无保留、最一无嗔怒的时候"（江著第238页）。但1933年10月底，胡适回到中国，

---

[1] 转引自[日]藤井省三著，王惠敏译：《她是纽约达达派——胡适的恋人E.库力弗多·韦莲司的一生》，《鲁迅研究月刊》1997年第6期。

[2] 曹伯言整理：《胡适日记全集》（第二册），联经出版事业公司2004年版，第122页。

[3] Williams to Hu, April 17, 1927. 转引自江著第94页。

"就立刻对韦莲司收了心。他感情收发自如的功力堪称一流。其绝决的程度，就仿佛他此行跟韦莲司身心合而为一的事实，并不曾发生过一样；就仿佛韦莲司对他刻骨铭心的誓言，只不过是过眼的云烟、'暂时的安慰'（借用他写给曹诚英的诗）。其实，这已经是他一贯的模式。一九二七年他从美国回中国以后，对为他而害相思病的韦莲司，同样也是不闻不问。他不止对韦莲司如此，对待瘦琴、徐芳也如出一辙"（江著第 241—242 页）。仿佛，胡适大脑中有一个"屏蔽"功能键，开合之间，随心所欲。直到 1934 年 8 月 8 日，为介绍"表妹"曹诚英到康奈尔大学读书，胡适才又给韦莲司写信（除此信外，前后三年间，胡适又对韦莲司"封笔"了）。

1936 年 7 月，胡适赴美参加太平洋学会在优胜美地的年会（8 月 16 日—29 日）。8 月 19 日，胡适给韦莲司写信，说会后可到绮色佳看望韦莲司。而此时的曹诚英正在康奈尔大学读硕士学位，胡适在信中提到了曹诚英。这封信"反映了胡适对待昔日恋人的态度。他在这封信里，用了极为生分、不以为然的口气数落曹诚英：'我很高兴从你那儿得知一点曹小姐的近况。自从她离开中国以后，我就从没写过信给她……你信中所描述的她相当正确。她的确是一个人人哄捧、夸她有小聪明、被惯坏了的孩子。'这就是我们在第一章'序曲'里所说的，在'新人'面前数落'旧人'。数落过后，胡适还特意摆出他跟曹诚英不熟、没有秘密怕人知道的姿态，随信附了一封请韦莲司转交给曹诚英的信，说他会在到了绮色佳以后，再跟曹诚英联系"（江著第 244 页）。因为行程有变，9 月 13 日，胡适又给韦莲司写信，除报告行程之外，还特意强调："务必不要邀请曹小姐来你家住。我可以去她那儿或者在你那儿跟她见面，但绝对没有必要请她过来同住。"[1]胡适想得比较周全，即不要让他的两个情人同时共住一堂，免得他尴尬万分。

但令胡适没有想到的是，韦莲司已经知道了曹诚英根本不是他的"表妹"，而是她的情妇——在此之前，韦莲司还一直认为自己是胡适婚姻之外唯一的女人；至于韦莲司如何发现了真相，江勇振先生推测："也许是韦莲司把信转交给曹诚英的时候，曹诚英见信生情，忍不住对韦莲司倾吐她和胡适的过去，以及她对胡适的相思。"（江著第 246 页）所以胡适这次四天绮色佳之行，韦莲司非常冷淡，甚至在刻意回避胡适；但善良的韦莲司即便受到如此大的伤害，

---

[1] Hu to Williams, September13, 1936。转引自江著第246页。

也没有跟曹诚英点明她跟胡适的关系，而在后来还特意照顾了曹诚英①。一个多月后，韦莲司还是给胡适写了一封"意味深远"的信；而胡适则回了一封近乎"讨饶"的信，其中说："我过的是一个非常寂寞的生涯。我一向在深夜工作。有时候我在清晨三点写成一个东西，自己觉得很满意，就真想能有一个人能够跟我分享。在过去，我会把我写的诗给一个侄儿看，他是一个有才华的诗人，跟我住在一起。但他已经死了十年了。我已经好多年没写诗了，我已经转向作历史研究。但这五年来，由于政治问题更为迫切，连要作这点都已经很困难。但我还是维持每年写出一篇主要论文的做法。我觉得即使是在做这种研究工作，我也需要有人跟我分享、给我鼓励。"并且说"没想到一个人会那么渴望能找到知己"，最后又说；"我最亲爱的朋友，你千万不能生我的气，一定要相信我是跟以前一样，一直是最常想到你。"②胡适真的是"过的是一个非常寂寞的生涯"吗？这时候，他跟曹诚英余情未了，跟徐芳缠绵悱恻，他还是在要"渴望找到知己"，要跟"知己"分享他的成果、他的成功（在别人看来，胡适身高位显，功成名就，他所做的都是伟大的工作，而这正是吸引女人的"致命武器"）。自然地，韦莲司又原谅了胡适，且"变得更为深刻、变得无嗔无怨、变得凡事宽容、变得一切尽在不言中"（江著第 250 页）。

1937 年年底，可以说是韦、胡二人关系的转折点，之后二人虽然交往、通信仍然频繁，虽然胡适任驻美大使后久住美国，但他们二人的关系却"回到了胡适留学时代的起点。他们还是继续讨论人生，互相给予鼓励，以及人生抉择的建议。唯一的改变的，是韦莲司刻骨铭心、痴痴的爱的呢喃不再"（江著第269 页）。1950 年 6 月，江冬秀到纽约与胡适团聚，受韦莲司之邀，胡适与江冬秀于 7 月上旬到绮色佳避暑，住了 27 天。胡适去世后，1962 年 3 月，韦莲司给江冬秀写信致哀，10 月又给胡祖望写信，并附一张支票，信中说："我希望能以信中所附的支票，全数用来支付翻译并出版你父亲中文的作品跟论文。请不用张扬我这个心意，就把它纳入'中央研究院'这项计划的专款里。请你酌情处理，只请不要让这件事情弄得复杂而横生枝节。"③而韦莲司本人，也收集到了胡适给她的信、明信片、电报共 167 件，并寄给了台北的"胡适纪念馆"。1960 年 8 月，韦莲司卖掉了绮色佳的房子，移居于中美洲加勒比海的巴贝多斯岛，

---

① 韦莲司让在外面租房子的曹诚英成了她的房客——"曹诚英可能至死都不知道韦莲司居然是她的情敌！"（江勇振语，第140页）

② Hu to Williams, October 31, 1936。转引自江著第248页。

③ Williams to Hu Tsu-wang October 1, 1962，转引自江著第296页。

1971年2月2日去世，享年86岁。纵观韦莲司的一生，在长达50年的时间里，她对胡适的爱，"由柏拉图式的关系、进展到肉体的关系、然后再成为忘年之交"（江著第8页），毫无保留，甚至毫无原则，为胡适可谓鞠躬尽瘁，死而后已！

三、曹诚英

曹诚英（1902—1973），乳名丽娟，字佩声。曹诚英同父异母的姐姐细娟嫁给了胡适的三哥，胡适称之为表妹亦可。胡适与江冬秀结婚时，曹诚英是伴娘之一。1918年或1919年，曹诚英跟据说是指腹为婚的胡冠英结婚，婚后胡冠英先到杭州读书，曹诚英也于1920年1月到杭州读书。曹诚英是深受新思想影响的现代女性，有新潮作派。据与她从小一起长大的汪静之说：1923年寒假，汪氏在杭州租屋自住，曹诚英也来租其隔壁房，有一天，曹诚英"夜入我房，说她已离婚，已经自由了，要实现童年和我相爱的愿望"。因汪氏已有相爱之人，不为所动，"她睡在床上，我坐在床边，谈了一夜"。至于这件事情的真假，汪静之曾保证"完全真事实情，无一丝虚构"[①]。其时，曹诚英并没有离婚[②]，由此可见曹诚英作风之大胆。

因为亲戚的关系，胡适、江冬秀、胡冠英、曹诚英四人间都比较熟悉。江冬秀与曹诚英关系也不错；当江冬秀听说曹诚英上学经济上有困难的时候，还曾寄钱给曹诚英，让曹颇为感激。胡适与曹诚英早在曹出嫁之前就已经通信，胡适在信中曾指导曹诚英诗歌创作。1923年4月，胡适因身体不好，南下养病[③]。4月29日，胡适到杭州游玩5天，期间，汪静之及胡冠英曹诚英夫妇等人陪他游西湖。5月3日，胡适写了《西湖》一诗，表示"这回来了，只觉得伊可爱，因而不舍得匆匆就离别了"，在聪明的曹诚英看来，这自然是一种暗示——

---

① 汪静之：《六美缘》，第69—70页。转引自江著第111页。

② 或许，曹诚英与胡冠英根本就没有正式离婚，只不过是曹诚英"新潮"，她觉得应该离婚了，就离开胡家出走了（后来胡冠英又娶了别的女人，有人也称之为纳妾）——一般文章所说的曹诚英离婚，很可能只是"娜拉出走"而已。1938年3月，与曹诚英关系密切的哥哥曹诚克以为曹诚英要与曾景贤结婚，试图阻止他们。曹诚克以为曹诚英身体不好，是因为缺乏性生活的调剂，劝曹诚英到胡冠英家，"何妨暂时跟冠英同居些时"，把曹诚英气得半死。江勇振先生因此怀疑"难不成他们根本就没有离婚"（见江著第143页）。

③ 自1920年秋天开始，胡适身体不好，先怀疑是心脏病，后来又怀疑是糖尿病。（后在协和医院检查，排除）1923年南下养病时，又有脚气、脚肿，还有给他带来极大困扰的痔疮。后来经中医调理，身体好转。

作为一名文艺青年，声名显赫的胡适对曹诚英的吸引力是显而易见的。6月8日，胡适结束在上海的会议，又到了杭州，6月23日住在了烟霞洞中，一直到10月4日才离开。期间，他与曹诚英之间的感情直线升温，据江勇振先生考证，胡、曹二人有肉体上的性爱当在7月28日，胡适在烟霞洞中过了他一辈子都回味无穷的三个月的"神仙生活"。胡、曹之间的热恋，显然不是什么秘密，徐志摩很早就知道，其日记、与胡适通信中多有记载；而汪静之在其1996年出版的《六美缘》中也记载："我到烟霞洞拜访胡适之师，看见佩声也在烟霞洞，发现他们两人非常高兴，满脸欢喜的笑容，是初恋爱时的兴奋状态。适之师像年轻了十岁，像一个青年一样兴冲冲、轻飘飘，走路都带跳的样子……适之师取出他新写的诗给我看，我一看就知道此诗是为佩声而作的。"[1]

这里有两个细节特别"有意思"：其一，胡适和曹诚英在烟霞洞中快活的时候，胡冠英的祖母一度病重；胡冠英写信给曹诚英，让她回家探望，曹诚英拒绝。她回信给胡冠英："你祖母有病，你家并不曾有信给我。"气得胡冠英写信骂她："我祖母是你的什么人？"曹诚英收到胡冠英骂她的信，气得把信撕了。而胡适看曹诚英生气，就写信批评胡冠英说："一个七十多岁的老人的病和死都不应该侵害少年人的幸福与工作。"胡冠英在给胡适回信时，很不以为然："但我要问先生奔丧时，可不是少年！可不是有工作的时期？"他又对胡适说："糜哥，我同佩声的感情，本来是不坏的，我哪一件事不替她想？哪一件事待差了她？但她时常以冷淡的态度对待我，这是我来北方后才发觉的。我不料她待我如此，我更不料我最亲爱最可信托的人以这样的手段对付我。"还说："我现在已经绝对地不相信女子，世界上没有一个女子是好的。"[2]通过上述通信中的内容，我们如何评价曹诚英呢？如何评价胡适呢？或许，胡冠英已经约略知道了胡适与曹诚英的关系。其二，曹诚英陪胡适在烟霞洞中，江冬秀也同样知情。江冬秀希望胡适在杭州好好养病，不要急着回到北京去工作。从胡适的信中，江冬秀知道曹诚英在烟霞洞中"照顾"胡适，很是感激！

10月4日搬离烟霞洞后，胡适曹诚英又在杭州住了一段时间。在胡适日记中，从9月13日开始至10月4日，每天都写和曹诚英形影不离的情形，当然没有过多的笔墨描绘。但很快，曹诚英怀孕了——曹诚英怀孕一事，在胡适日记中没有提及。刘维荣《胡适与曹诚英》一文中说："曹诚英怀上胡适孩子之事，

---

① 汪静之：《六美缘》，第217页。转引自江著第123页。
② 以上通信内容转引自江著第124—125页。

胡适日记中未记及，只在多处说到曹诚英有'病'，'走不动了'、'不能坐船'等，未能找到更确切的论证。惟一可以相信的材料来自胡适的外侄孙程法德与友人的通信中提到：1923年春，胡适去杭州烟霞洞养病，曹诚英（诚英）随侍在侧，发生关系。胡适当时是想同冬秀离异后同她结婚，因冬秀以母子同亡威胁而作罢。结果诚英（诚英）堕胎后由胡适保送到美国留学，一场风波平息（堕胎一事胡适仅告家夫一人）。"① 从刘文看，曹诚英堕胎一事似发生在1923年10月间。但沈寂《胡适与曹诚英的婚外恋》一文中则表明，胡适要求离婚及曹诚英堕胎事件发生在1925年下半年②。

曹诚英从杭州女子师范学校毕业后，进入南京东南大学（后改为南京中央大学）学农科。胡适1925年10月南下上海，住了半年，期间自然会与曹诚英幽会。这引起了江冬秀极大的不满，她写信告诫胡适："我实在告诉你，你再不觉悟，你自己不想做人了，家乡很多的人，说他（以下被剪刀剪掉）我劝你少与（以下缺）。"③ 江冬秀的警告归警告，但胡、曹之间仍在幽会。1932年2月初，胡适在协和医院割盲肠，住院45天。期间，江冬秀一天晚上去医院时，竟发现曹诚英睡在胡适枕边。1939年8月，她给胡适的信中回忆说："我那次晚七点在协和医院，推门看见他在你的枕边睡下，我当时放下面来，没有理你们。我三天没有理你，你后来再三申明，我知（之）后见着他没理过他。"④ 过了七年多，江冬秀对曹诚英仍是恨恨不已。1934年，在胡适帮助下，曹诚英赴美国康奈尔大学学农科。期间，1936年胡适访美时，发生了韦莲司知道曹诚英不是其"表妹"、而是其情妇的尴尬场面。1937年夏天，曹诚英学成回国；8月初，胡适在南京见到了曹诚英。曹诚英之后一直在大学任教。曹诚英给胡适写信，但两年没有收到胡适的任何回信；情急之下，曾去峨眉山当尼姑，被她哥哥劝了回来。因胡适在美国当大使，卸任后又勾留美国几年，曹诚英已经很难见到她的"糜哥"了。1949年2月，曹诚英与正要离开大陆的胡适见了最后一面，曹还试图劝说胡留在大陆。1952年，全国院系调整，曹诚英从上海调到了沈阳农学院，1958年退休，1973年在安徽绩溪去世。

---

① 刘维荣：《胡适与曹诚英》，《档案天地》2013年第4期。关于曹诚英出国留学，则一直到1934年才成行，曹氏堕胎与出国留学之间隔了十年时间，应没有直接因果关系。

② 沈寂：《胡适与曹诚英的婚外恋》，《江淮文史》1994年第5期。

③ 江冬秀致胡适，无日期。转引自江著第137页。

④ 江冬秀致胡适，1939年8月14日，杜春和编：《胡适家书》，第482页。转引自江著第137—138页。

除上面江冬秀、韦莲司、曹诚英三人外，胡适还有其他几颗"星星"，包括陆小曼、瘦琴①、徐芳②、罗慰慈③、哈德门太太④等，详情参见江勇振先生《星星、月亮、太阳——胡适的情感世界》。在我看来，胡适虽是鼓吹"全盘西化"的自由主义者，但其秉性仍没有摆脱旧式文人的窠臼。他只不过是把前代文人纳妾、狎妓的旧习运用到了所谓现代女性身上，并且还冠以了"灵魂上的伴侣"（曹诚英语）的名号。对于胡适混乱的情感生活，早在1937年，当胡适与韦莲司的感情出现转折的时候，韦莲司就曾在信中批评胡适说："我伤心的是，你恣纵自己，在情感上消耗你自己，忘却理性。但这也是你的一部分，而你又是那么珍贵，即使你又是那么容易受到冲动的感情所左右（impulsive）（而且也有一点被宠坏？）。蓬勃有朝气是一回事，不知节制而导致的紧绷、焦躁又是一回事，两者有别。我相信你自己知道什么时候做过了头。"⑤可谓一语中的。当然，也有人试图为胡适在情爱、性爱方面的"事迹"开脱。如周质平先生认为，"胡适是把婚姻与爱情分开来看的"，"很多人在讲胡适的婚外关系的时候，都不免从一个道德的角度来判断，这是一种很廉价的判断"，"由爱情方面讲，他后来在美国其实是很寂寞的，除了韦莲司之外，他还有其他的女友，像哈德曼，罗维茨，这个是完全可以理解的。我不认为这是道德有损，值得批评的"⑥——把"婚姻与爱情分开来看"，正常吗？从道德角度来评判胡适，就是一种"很廉价的判断"吗？那不"廉价"的或者说"高贵"的判断是什么呢？况且，总以"寂寞"之名为胡适开脱（包括胡适本人也以此为自己开脱），胡适在中国大陆寂寞吗？在美国寂寞吗？非得妻妾成群才算是不寂寞吗？我们退一步说，胡适即便是旧礼教的受害者，他

① 瘦琴（Nellie B. Sergent），1914年即跟胡适熟识，比胡适大8岁。

② 徐芳，文艺青年，胡适曾经的北大学生，上过胡适哲学史的课。徐芳该课程成绩并不高，只是61—70分一档5人中的一个（见曹伯言整理：《胡适日记全集》（第七册），联经出版事业公司2004年版，第45页）。徐芳的热情与烂漫让胡适颇为头疼。

③ 罗慰慈既是胡适老师杜威先生亲密的朋友，与杜威出双入对（罗慰慈比杜威小45岁，后嫁给杜威）；也是浪迹天涯的矿冶工程师葛兰特的恋人，葛兰特在世界各地写情书给罗慰慈；还是胡适"一颗扑朔迷离的星"（江勇振先生语）。

④ 哈德门太太是胡适心脏病住院期间的特别护士，是胡适"一颗死心塌地的星"（江勇振先生语）。她是江冬秀之外，与胡适同居时间最长的女人，热情如火。

⑤ Williams to Hu, November 11, 1937。转引自江著第266页。

⑥ 姜异新：《胡适在美国的26年——普林斯顿大学教授周质平访谈录》，《粤海风》2009年第1期。

不能与江冬秀离婚；就以旧式文人的作派，那他可以找红颜知己韦莲司，况且韦莲司也真心爱他，一辈子非他不嫁，他在美国时也可以与韦莲司相厮守，但胡适没有做到；如果再退一步说，韦莲司毕竟在美国，且年老色衰，那么，胡适可以再找一个国内的、年轻的、漂亮的——曹诚英总可以成为他"灵魂上的伴侣"吧，21岁就成为他的情妇，一辈子矢志不渝，就是要跟他长相厮守，但他这一点还是没有做到，他还有瘦琴，还有徐芳，还有罗慰慈，还有哈德门太太……这只是道德上的"廉价的判断"吗？周质平对胡适的评价，尚不如1937年的韦莲司。

第四节　有关胡适的博士学位

我们前文多次说过，胡适1910年到美国留学，先在康奈尔大学附设的纽约州立农学院学了三个学期农科之后，"作了重大牺牲"，转入该校文理学院，学习文科[1]。1915年9月，胡适注册进入哥伦比亚大学哲学系研究部[2]。至于转学的原因，胡适自己说："转学的原因之一，便是经过一系列的公开讲演之后，五年的康奈尔大学生活，使我在该校弄得尽人皆知。我在我的留学日记里便记载着，在这个小小的大学城内，熟人太多，反而不舒服。""平时我的访客也太多，绮色佳一带的教会、社团，尤其是妇女团体。经常来邀请我去演讲，真是应接不暇。"[3]胡适在康奈尔大学是热衷于政治与演讲的（后来也是如此），这是他功成名就的重要根基——胡适首先应该是一个演说家，他的文字是富有煽动性的——这正是他的长处；而胡适有着极好的女人缘——这是他天生的优点。至于胡适转学当然还有其他原因，胡适早在1914年5月11日的家信中即有考虑："儿在此甚平安，秋间即可毕业。惟仍须留此一年，可得硕士学位，然后迁至他校（尚未定何校），再留二年，可得博士学位，归期当在丙辰之秋耳。"[4]在1915年7月11日的家信中亦说："在一校得两学位，不如在两校各得一学位

---

[1] 唐德刚译：《胡适口述自传》，华文出版社1992年版，第40页。

[2] 在哥伦比亚大学，胡适主修是哲学，副修是英国文学和经济，第二副修事实上是经济理念。见唐德刚译：《胡适口述自传》，华文出版社1992年版，第98页。

[3] 唐德刚译：《胡适口述自传》，华文出版社1992年版，第61页。当然胡适在后文中还提到转学的原因，他说："在一九一五年的暑假，我对实验主义作了一番有系统的阅读和研究之后，我决定转学哥大去向杜威学习哲学。"（该书第102页）

[4] 胡适：《致母亲》，1915年5月11日。见季羡林主编：《胡适全集·书信1914》（23），安徽教育出版社2003年版，第53页。

更佳也。"① 胡适自然有更精细的考量。

胡适在哥伦比亚大学学习哲学，自1915年9月21日（注册）至1917年7月（回国），说是两年，大概只有20个月时间。期间，胡适还把很多时间拿出来"摆弄"中国的文学，1916年11月，"我开始把我们一整年非正式讨论的结果，总结成一篇文章在中国发表，题目叫作《文学改良刍议》"②——1917年1月，胡适在《新青年》上发表了《文学改良刍议》。当时，《新青年》经营不善，面临倒闭的危机，亟需扩大在国内的影响。胡适文学改良的"胡八条"引起了较为广泛的关注；而陈独秀更是青眼有加，非常赏识同是皖籍的胡适，极力邀请胡适入职北大。陈独秀致函胡适称："蔡孑民先生已接北京总长之任，力约弟为文科学长，弟荐足下以代，此时无人，弟暂充乏。孑民先生盼足下早日回国，即不愿任学长，校中哲学、文学教授俱乏上选，足下来此亦可担任。学长月薪三百元，重要教授亦有此数。"③ 这对胡适来说，待遇可谓优厚矣！

胡适自己的哲学专业，在哥伦比亚大学学得如何呢？胡适自己说："我自己却一直等到我在哥伦比亚大学考过博士学位的最后口试之后，才于七月回到国内。"④ 按理说，从康奈尔大学文学专业转到哲学专业，在短短20个月的时间内，就拿到了博士学位，自然是极为优秀的了。但胡适自己虽然说"考过"，但他究竟有没有通过哥伦比亚大学博士最后的口试，他的博士学位论文《中国古代哲学方法之进化论》⑤ 究竟做得如何呢？究竟有没有获得博士学位呢？一个基本的事实是，胡适1917年回国时并没有通过哥伦比亚大学博士最后的口试，没有获得博士学位；其博士学位是在10年后也即1927年，在杜威帮助下才获得的。

在这方面，唐德刚（1920—2009）先生在《胡适杂忆》⑥ 中有详细的说明，

---

① 胡适：《致母亲》，1915年7月11日。见季羡林主编：《胡适全集·书信1915》（23），安徽教育出版社2003年版，第85页。

② 唐德刚译：《胡适口述自传》，华文出版社1992年版，第167页。

③ 《陈独秀著作选》（1），上海人民出版社1993年版，第259页。

④ 唐德刚译：《胡适口述自传》，华文出版社1992年版，第181页。

⑤ 该博士论文后以《先秦名学史》出版。从博士论文选题的角度来讲，胡适在美国研究中国的古代哲学，而他的导师又不懂中文，如何对其指导？题目冠以"方法"又冠以"进化论"，这只是个时髦的选题。桑兵在《胡适与国际汉学界》一文中说："当年他转学哥伦比亚大学师从杜威，选题却是后者完全陌生的《中国古代哲学方法之进化论》（后以《先秦名学史》为题出版）。"（《近代史研究》1999年第1期）这从博士论文选题角度讲，本身即有问题。

⑥ [美]唐德刚：《胡适杂忆》（增订本），华东师范大学出版社1999年版。下文摘录内容，只随文标注页码。

我们这里按文中顺序摘录其中的部分内容。首先说明的是，笔者认同唐氏所列基本事实，但因其是胡适的"粉丝"，对胡适多溢美之词，对他的相关的评论笔者是不赞成的。

> 胡先生在哥大当学生时就犯了这个大毛病。按理他那时应该规规矩矩搞"哲学"，把"哲学博士"读完再说。他不此之图却丢下正当"庄稼"不搞，而去和陈独秀、蔡元培"捞鱼摸虾"。捞得热闹了，他就甩下哥大这个烂摊子不要，跑回北大做教授去了。一时声名赫赫，《中国哲学史大纲》第一版的封面上也印出了"胡适博士著"的头衔。其实他那时在哥大的注册记录上仍然只是个"博士候选人"或如今日很多人的名片上所用的"待赠博士"（PH.D.candidate），离正式学位尚差一大截。胡先生这个"待赠"阶段一直持续了十年。到一九二七年他再到纽约时才携来一百本一九二二年在上海印刷出版的博士论文，由杜威玉成，经过补交手续，始由校方正式颁予"哲学博士"学位的。胡氏原先在哥大注册时的英文名字是 SuhHu，拿到学位的名字则是 Hu Shih，二名分用，在哥大校史上可能也是没有前例的。（第 39 页）

胡适回国，哪是"捞鱼摸虾"呢？对胡适而言，那才是他正儿八经的"庄稼"，是他一夜成名的最好机会，是精明的胡适取舍、权衡之后的结果。唐德刚在后文中还谈到这个问题："1917 年一纸北大聘书就强迫这位留美的'新青年'非在他的前途上作一抉择不可：立刻回北京大学作教授？还是留在纽约作老童生？再熬两年？到那时北大是否仍能等着他，就很难说了。面对这个现实，那时的留学生恐怕任何人都会选择前者。性好热闹的胡适自然更认为机不可失，所以也就卷铺盖回国了。"（第 42 页）我们前文中也说过，杜威到中国讲学时，胡适等人鞍前马后，殷殷相待；而胡适在中国亦是大名鼎鼎，杜威投桃报李，哥伦比亚大学也只不过是做个顺水人情而已。而胡适进入哥伦比亚大学注册时的名字，与学位证上的名字都不一样，哥伦比亚也实在是网开一面了。

> 本来胡先生那样成就的学者，博士不博士是无伤大雅的。老实说那本论文，他在哥大的两位主要论文导师——杜威和夏德（Friedrich Hirth）都是看不懂的。胡适一个人在中国历史上的地位也足敌哥大一校在美国历史上的地位。一个空头学位，原不值一提。（第 39 页）

唐德刚先生此处所论过于轻率甚至于轻佻，我们有四点需要说明：

一是关于胡适博士学位的申请资格。胡适在哥大不到两年，按理说并不具备申请博士学位的资格。我们不能不说胡适之胆大，大概是想冒险一搏。唐德刚在该书后文中说："其实'胡适学'里的这个小小学位问题是不难理解的。胡适在哥大研究院一共只读了两年（1915—1917）。两年时间连博士学位研读过程中的'规定住校年限'（required residence）都嫌不足，更谈不到通过一层层的考试了。美国所谓'长春藤盟校'领袖学府内，正统的'哲学博士'学位是相当难读的。以创出哥大成绩空前记录的顾维钧先生，在哥大研究院也读了4年（实修5年）。顾氏的论文也只完成个'导论'。那时因辛亥革命的关系，校方鼓励他'返国服务'才特别通融毕业的，这是哥大校史中一个有名的'例外'。其他华裔名校友如马寅初、蒋梦麟、蒋廷黻、罗隆基、金岳霖等差不多也都是住校4年以上的。所以胡适以两年时间读完是不可能的。胡先生之所以放弃学位而急于回国的原因，实是个熊掌与鱼的选择问题。"（第41—42页）既然哥大的博士学位如此难读，胡适不能通过博士最后"口试"也顺理成章，其博士学位问题也就不是"胡适学"里的"小小"的问题，更不是"无伤大雅"的问题。我们自然可以说，胡适回国时是个假冒的博士，是公然的撒谎。

二是关于一个"空头学位"的问题。20世纪初，中国人普遍地崇洋媚外，"洋博士"则为"洋翰林"，头上有耀眼的光环，唐德刚所谓"博士不博士是无伤大雅的"这句话，则是典型的"马后炮"。胡适留学七年，给人的印象就是学业有成、衣锦还乡的，而他又自称"博士"，当时没有人会怀疑胡适是假冒的博士。而正因为"博士"的头衔，胡适才在北京大学这样一个"大平台"风生水起，在当时的中国任意驰骋。胡适后来虽然有很多的名誉博士学位，但没有哥伦比亚大学的第一个博士学位，其他的也未必能够得到。所谓的"空头学位"的说法，是不客观的，也有失公允，有替名人"遮羞"的嫌疑。——胡适在功成名就之后，一个博士学位对他来说或许"不值一提"；但1917年他刚从美国回国时、1919年出版《中国哲学史大纲》（署名"胡适博士著"）时，一个"洋博士"的头衔可谓是金光耀眼。

三是关于胡适两位主要论文导师——杜威和夏德的问题。杜威不懂中文，或许真看不懂；但夏德[①]则不一样。桑兵先生在《胡适与国际汉学界》一文中重点谈了这个问题。他对夏德教授予以重点介绍："胡适在哥大很快结识了德国籍中文教授夏德（F.Hirth），这是当时国际汉学界鼎鼎大名的学者。他生于

---

① 《胡适口述自传》中提到夏德教授时说："夏德教授的《中国上古史》和《中国与东罗马交通史》等著作，当时深受学术界的重视。"又说："夏德教授非常喜欢我，同我常常谈他自己有趣的故事。"见唐德刚译：《胡适口述自传》，华文出版社1992年版，第99—100页。

德国，在柏林等大学学习古典语言学，以研究罗马喜剧获得学位。后进入中国海关，先后在广东、厦门、上海、九龙、淡水、镇江、重庆等地任职。其间业余研究中国问题，曾任上海皇家亚洲学会北华分会（China Branch of the Royal Asiatic Society）委员、主席，获普鲁士政府授予的教授衔，并被推举为南德巴燕邦学士院会员。1895 年退职后专心中国研究，因在德国占领胶州事件上与李希霍芬（F.P.W.Richthofen）意见不合，在国内难以立足，经英国汉学名宿翟理斯（H.A.Giles）等人推荐，1902 年起应聘为哥大中国语言文学讲座教授。夏氏论著丰富，水准颇高，尤以广博著称，被视为在美德国籍学者的双璧之一。日本专门研究国际东方学史的石田干之助认为，如果 20 世纪前半叶称为'沙畹—伯希和—洛佛尔时代（Chavannes—Pelliot—Laufer age）'，前此则不妨叫做'夏德时代'。"并进而指出："据说夏德是胡适论文的主要指导教授之一，可惜胡适日记后来反而不记专业之事，不知两人交往的具体情形。参加胡适博士论文口试的 6 位导师中，夏德是唯一懂中文的人，则此番口试未获通过，夏德的意见相当关键。唐德刚称胡适博士学位稽延的最直接原因，是'那时哥大根本没有看得懂他的论文的导师'，夏德的中文'亦不足以读原著'①，未必属实。因为读原著与审论文并非同一事，胡适的读法也不免格义附会。况且夏德号称渊博，代表作之一又是《中国古代史》（The Ancient History of China，1908 年哥大出版），为其在哥大的讲义，由盘古至秦统一，虽然主要依据《绎史》，未一一深究基本史料，但在欧美汉学界，当是够格评审胡适论文的有数人物。"②在这方面，桑兵先生说得很清楚。

　　四是关于胡适的历史地位问题。胡适本是时势造出来的英雄，对他的评价还需要历史的"沉淀"；尤其是在现代价值多元、信息多元的社会，"英雄"是很容易被消解掉的，人类已经到了一个没有"上帝"的时代。况且，说"胡适一个人在中国历史上的地位也足敌哥大一校在美国历史上的地位"，则简直是在哗众取宠，轻率轻浮——哥伦比亚大学的人会怎么想呢？

　　胡适的博士学位问题，为文献学家带来了困扰。首先不明所以的是大东亚图书馆前馆长林顿（Howard P.Linton）先生。1952 年，为纪念哥大二百周年校庆，他开始编纂《哥伦比亚大学有关亚洲研究的博士硕士论文目录》。"这本目录包罗万有，独独把'胡适'的'论文''编漏'了。校园内一时传为笑谈。林

---

① 唐德刚：《胡适杂忆》，华文出版社1992年版，第71—89页（桑兵先生所依该书版本与笔者不同，特此说明）。

② 桑兵：《胡适与国际汉学界》，《近代史研究》1999年第1期。

氏也自认为一件不可恕的大'乌龙'而搔首不得其解。他是根据校方正式记录编纂的，为什么校方的正式记录里没有胡适论文的记录呢？"（第40页）第二个是台湾的袁同礼先生。1961年，袁氏出版了一本《中国留美同学博士论文目录》，费时十多年。袁氏根据哥大所提供的博士正式名单，胡适又成了问题人物（还包括其他一些人），"袁先生分明知道胡先生是哥大一九一七年的博士，为什么哥大提供的正式记录上却晚了10年呢？"（第40页）胡适是1927年取得的哥伦比亚大学的博士学位，他入学注册时的英文名字与他学位上的英文名字还不一样，林顿、袁同礼二位如何不被困扰呢？

唐德刚把胡适1917年假冒博士这一"小事"，引为胡适"平生憾事"，并且说："当我在替袁先生'复查'之时，礼貌上我是不能向胡先生这位长辈直说的，但是道义上我又非向他报告不可。所以我只有在适当的场合和气氛里，慢慢委婉地向胡先生透露；胡先生也就逐渐地向我说明其中的原委。每次向我解释时，他老人家都有一点苦笑的表情。他底尴尬的情况，反而使我对他益发尊敬其为人。"（第41页）博士学位问题是胡适讳莫如深的事，就如胡适身上附骨之痛疽，被唐德刚给他挑破了，尴尬的胡适也就只能苦笑笑，他能辩解吗？他又如何辩解？唐德刚反而"益发尊敬其为人"，这就有点莫名其妙。更可笑者，唐德刚进一步解释说："须知胡适是我亿万炎黄子孙中，唯一32个博士学位的真正的大博士。他对上述这一小插曲真可有一百种以上的解释而不感到丝毫尴尬。最直截了当的便是那时哥大根本没有看得懂他的论文的导师，所以学位才稽延了。这也是百分之百的事实。但是胡先生是个深染于孔孟之教的书生，他没有'好官我自为之'的厚脸皮，所以他就为这宗小憾事而感到尴尬了。"（第41页）哥大没有看懂胡适博士论文的导师吗？胡适是"深染于孔孟之教的书生"吗？唐德刚对胡适假冒博士一事，一直轻描淡写，一直认为是"小事""小憾事"，"不足为胡适盛德之玷"（第43页），并有了所谓"吓鬼论"：

当年的北京大学——这个挤满了全国鸿儒硕彦的太学，岂可随便插足？以一个乳臭未干的小伙子，标新立异，傲视士林，胡适之多少有点胆怯。"夜行吹口哨"，壮胆吓鬼，所以在《中国哲学史大纲》的封面上，也印上个"博士著"字样。在博士多如狗的今日，谁要来这一下，别人会嗤之以鼻的，但是六十年前却是另外一个时代啊！胡博士的新娘花轿太大，迎亲之夕，要拆门而入，在那时是顺理成章的。中个土举人，祠堂门前尚且要加一对旗杆，况高中洋进士乎？

那时的中国士大夫被洋人吓昏了头，对自己的文明完全失去了信心。

一个留学七载，行万里路、读万卷书，重洋归来的洋翰林是大可以唬人的。他们是那个文化真空时代里浪头上的风云人物，所以胡适在他底处女作上加个"博士著"来吓鬼是完全可以理解的。（第42—43页）

谁是鬼呢？在当时肯定是指维护孔孟之教的旧派人物，唐德刚所言既是想象，也是推测——把个假博士弄到著作封面上去还洋洋自得，口口声声"洋进士""洋翰林"，简直是逻辑混乱，真是需要有在家门前再立一对旗杆了！

但是，胡适本人对他早年的假冒博士一事绝口不提。假冒美国名校博士10年，对胡适来讲，是一件见不得光的事情，所以他讳莫如深。如不被唐德刚点破，大概现在还不为世人所知。所可笑者，是某些人文过饰非，百般为胡适辩解，其中较为典型的还是唐德刚。他说："读历史的人绝不可把那盛名之下而成为众矢之的的二十来岁的青年学者看成大世至圣或我主耶稣。在那种排山倒海的反胡阵营之前，一个才高北斗的浊世佳公子打点太极拳勉图自保，是完全正常的行为，也是绝对值得同情的。他不如此，反而不正常。请问出版了16年的《传记文学》里不诚实的故事还不是所在多有吗？年青胡适的那点小花招是任何人所不能免的。纵使是春秋责备贤者，也不应苛责于他。"（第43页）另，欧阳健《再提胡适的博士学位问题》①对相关论点亦有简单梳理，江忠宝《胡适"假冒博士案"》②、王成志《胡适"文凭"也造假？——适之先生荣誉博士学位考》③、魏邦良《胡适的肾病与文凭》④ 等文章也都论及，这里不再赘述。

毫无疑问，唐德刚先生是胡适的坚定拥护者，但令人奇怪的是，唐氏在论及胡适时，却常常把胡适与孔孟之道联系起来，如说"胡氏这种真正的可敬可爱的孔门书生的气习"（第7页），再如"胡适之先生可爱，就是他没有那副卫道的死样子。但是他的为人处世，真是内圣外王地继承了孔孟价值的最高标准。丢开'开来'不谈，专就'继往'来说，胡先生倒真是个归真返璞，复兴文艺'为往圣继绝学'的'孔孟之徒'"（第14页），大概唐德刚先生把胡适二三十年代对儒家、对中国传统文化的批判、鼓吹"全盘西化"以及游走于各色女人中间等"往事"统统给"屏蔽"掉了——若没有这些，胡适还是"胡适"吗？唐德刚甚至还比较了同是皖人的陈独秀与胡适（唐德刚亦是皖人），这本是题外的话，但我们可以更好地了解胡适的为人：

① 欧阳健：《再提胡适的博士学位问题》，《文学与文化》2017年第1期。
② 《江淮时报》2006年5月12日。
③ 《中华读书报》2012年10月24日。
④ 《开放时代》2004年第6期。

当时在北京居住的吾皖老辈对后起的青年学者则多鄙薄陈独秀（实庵）而推崇胡适之。政治思想问题倒是次要的。主要的是传统的礼教观念在作祟。陈实庵的偏激言论，本已不容于乡中前辈；而他以北大文科学长之尊，竟公然在北京嫖妓宿娼，甚至亲往妓院"打场"（宠妓暗结新欢，原狎客愤而动武之谓）。这行为使同乡前辈中的真道学、假道学都一起摇头叹息。此事胡先生曾亲口告我属实。

胡适那时的表现与陈独秀正相反。他是刚自美国学成归来的真正的新青年。学问上固然"中西俱粹"；在个人行为上，也循规蹈矩，为一时模范，在同乡长辈中，口碑极好。因而新文化运动中，一切为老辈所看不顺眼的什么"反贞操""仇孝""打倒孔家店"等等烂账，都上在陈独秀头上；而"新文化""新文学""新思想""新道德"等一切好的新的都封给了胡适。（第4页）

所谓人言可畏，一至于斯，在皖人老辈中，陈独秀竟做了胡适的"替罪羊"！其实，胡适一辈子好名、好色，李宗仁曾评价"适之先生，爱惜羽毛"（第15页），可谓知言。单就博士学位而论，胡适1927年获得哥伦比亚大学博士学位以后，一发不可收拾，收到各种各样的荣誉博士头衔，据统计，仅1938年至1942年，胡适担任国民政府驻美国大使期间，就接受了27个荣誉博士。胡适这一辈子到底接受了多少荣誉博士头衔，现在也是一笔糊涂账，如前文中唐德刚非常骄傲地说胡适获得了32个博士学位，现在一般认为是35个；2001年，张卫江在《胡适的第三十六个荣誉博士》一文中又考证，是36个[1]。其实，胡适的博士学位，哥伦比亚大学的那一个，至少在读博期间也没有下什么苦功夫；其他的都是因其声名、地位，别人（学校、研究机构）赠送的，本没有多少意思。但胡适却很看重，念念不忘。如1940年3月21日，胡适致江冬秀的信中说："我去年得了两个名誉博士学位（本有五个，因病后不能远行，辞了三个）。今年春、夏、秋三季可得八个名誉博士，连以前得的三个，共总有十三个名誉学位。一个'文学博士'，一个'人文博士'，十一个'法学博士'！三月廿五日，我要飞到旧金山去接受一个'法学博士'学位，完了仍飞回来，四月一日可到这里。"[2]据说，1941年1月20日，胡适前往华盛顿参加罗斯福总统第三次连任的就职典礼，因此错过了一个荣誉博士的头衔，胡适对此还感到非常惋惜。唐德刚把胡适作

---

[1]　张卫江：《胡适的第三十六个荣誉博士》，《北京大学学报》2001年第1期。

[2]　胡适：《致江冬秀》。见季羡林主编：《胡适全集·书信1940》（24），安徽教育出版社2003年版，第469页。

为华人中获得博士学位最多的人，其次则是蒋宋美龄，有12个（第55页注）。

第五节　胡适的政治观点

说起胡适的政治观点，褒贬不一。其实，终其一生，胡适还是以学者立"命"，他对政治的把握，并不够成熟，甚至还成为汪精卫等"低调俱乐部"的成员；他任驻美国大使四年，虽然周质平、余英时等人对其作为给予较高评价（尤其是力促美对日作战方面）[1]；但他四年演说几百场，领受了27个荣誉博士学位，他的"主家"——国民党政府对其作为是极其不满意的。1942年10月13日的"蒋介石日记"中，记录了蒋介石对胡适担任驻美大使的评价："胡适乃今日文士名流之典型，而其患得患失之结果，不惜借助外国之势力，以自固其地位，甚至损害国家威信而在所不惜。彼使美四年，除为其个人谋得名誉博士十余位以外，对于国家与战事毫无贡献，甚至不肯说话，恐其获罪于美国，而外面犹谓美国之不敢与倭妥协，终至决裂者，是其之功，则此次废除不平等条约以前，如其尚未撤换，则其功更大，而政府令撤更为难矣！文人名流之为国乃如此而已。"[2]胡适在美国虽然很"辛苦"，但蒋介石很不买他的账。

胡适早年在美国留学时，受到不抵抗主义的影响。1915年1月24日，胡适读到了美国人普尔写的《不争主义之道德》一文，感觉"羯鼓解秽，令人起舞"，并联系文章作者，与之通信探讨。2月24日，胡适去纽约旅行时，特意去会见普尔。二人"相见甚欢"，当面讨论不争之问题：普尔认为"'不争'二字殊未当，非不争也，但不以兵力强权争耳，欲名之曰'有效的抗争'（Effective

---

[1] 姜异新在《胡适在美国的26年——普林斯顿大学教授周质平访谈录》一文中，周质平谈到了胡适在任驻美大使期间的贡献："胡适在1938年—1942年做驻美大使期间的演讲是很重要的，有关中国文化历史的文章有几篇，从中可以看出胡适对抗日的贡献非常大。譬如，1941年在《民主中国的历史基础》这篇演讲中……他讲到的几点，我觉得真的是用心良苦，在1940年前后这样一个风雨飘摇，受日本欺凌的时候，胡适在美国拼命地讲中国文化的优长，尽管他在国内曾经那样地批评中国文化，到了海外却尽一切可能说中国绝对是属于民主制度的。后来美国的舆论，从珍珠港事变后，完全倒向中国，与胡适的作用是分不开的，在外交战场上胡适的作用是很大的。"（姜异新：《胡适在美国的26年——普林斯顿大学教授周质平访谈录》，《粤海风》2009年第1期）联系蒋介石对胡适的评价，周质平的论断或许只是文人的一厢情愿；而胡适有关中国历史文化的演讲，未尝不是他的一种策略——作为驻美大使，胡适更应该关注"现实"内容的。

[2] 转引自陈红民：《〈蒋介石日记〉中的胡适》，《记者观察》2018年第1期。

Resistance）。"胡适也认为，"'不争'（Non—resistance）二字固未当，惟普君之名亦不满余意。……余欲名之曰'道义的抗拒'（Ethical Resistance）似较佳耳。"普尔表示赞同。后来，胡适把二人的讨论告诉了韦莲司，韦莲司也表示赞同。[①] 大概，不抵抗主义对胡适影响甚大——改为"道义的抗拒"反而失去了这个"不抵抗"的神髓——胡适对于母亲安排的与江冬秀的婚姻，虽有抗拒，但后来还是顺从；胡适对与之交往的各个女性，纵便分手，也绝不争执（如对浪漫热情的徐芳，也只以《扔了？》《无心肝的月亮》两诗讨饶，后干脆"屏蔽"之[②]）；胡适对于骂他的人，表面上也都是温文尔雅，不做斗争（胡适骂中国人、骂中国传统文化骂得最狠，但这是个共名，不针对个体）；对日本的侵略，胡适最初同样奉行的是不抵抗主义。在这方面，胡适实有"忍人"之心（《孟子·公孙丑章句上》中有"人皆有不忍人之心"），只知道按照他自己的"理"去做事。

　　1915年1月，日本向中国政府提出"二十一条要求"，美国留学生义愤填膺，甚至有学生要回国投笔从戎。3月19日，胡适发表《致留美学界公开信》，面对当时留学生表现出的抗日情绪（主张对日作战），胡适开篇即直言"我恐怕我们都已完全昏了头，简直是发疯了"，并阐述了自己的观点，其中说：

　　　　这些在我看来简直是不折不扣的疯癫。我们都情感冲动，神经紧张——不是的，简直是发了"爱国癫"！弟兄们，在这种紧要的关头，冲动是毫无用处的。情感冲动，慷慨激昂的爱国呼号，和充满情绪的建议条陈，未尝有助于任何国家（的危难）。谈兵"纸上"，对我辈自称为"（留）学生"和"干材"的人们来说，实在是肤浅之极。

　　　　在我个人看来，我辈留学生如今与祖国远隔重洋；值此时机，我们的当务之急，实在应该是保持冷静。让我们各就本分，尽我们自己的责任；我们的责任便是读书学习。我们不要让报章上所传的纠纷，耽误了我们神圣的任务。

　　　　弟兄们，这才是我们的当务之急！

　　　　我敢说，在目前的条件下，对日作战，简单是发疯。我们拿什么去作战呢？……

　　　　所以出诸至诚和报国之心，我要说，对日用兵论是胡说和愚昧。我们

---

① 见曹伯言整理：《胡适日记全集》（第二册），联经出版事业公司2004年版，第20、44页。
② 参见江勇振先生：《星星、月亮、太阳——胡适的情感世界》，新星出版社2006年版，第184—185页。

在战争中将毫无所获，剩下的只是一连串的毁灭、毁灭和再毁灭。[①]

胡适此文为高涨的爱国热情泼了一盆冷水，引起了一些留学生极大的不满。1915 年 4 月 25 日，胡适日记中记载了《〈致留学界公函〉发表后之反响》："吾所作《致留学界公函》（见本卷二四则）登出后，大受流辈攻击：邝煦坤君（《月报》主笔）诋为'木石心肠，不爱国。'谌湛溪（立，战报主笔）来书云：'大著结论，盘马弯弓故不发，将军之巧，不过中日合并耳。足下果敢倡此论乎？东亚大帝国之侯封可羡，目前爱国者之暴行又可畏，作个半推半就，毕竟无甚大不妥。'王君复亦致书相诋，其书由叔永转致，叔永至毁弃其书，不欲转致，其词意之难堪可想。叔永忠厚可感也。"[②] 有人骂胡适过于难听，以至于任鸿隽直接把信给撕掉了，可见胡适的《致留学界公函》在当时留学生中产生的反响。1915 年 5 月 10 日，中日两国最后签署了条约。在胡适当天的日记中，把条约内容抄录一遍（4 月 1 日日记中已抄录一遍"日本要求二十一条全文"），并在抄录前说："中日交涉得暂时了结，日人似稍憬然觉悟侵略政策之非计矣，故有最后之让步。"在抄录后说："此次交涉，吾未尝不痛心切齿，然余之乐观主义终未尽消，盖有二故焉：一、吾国此次对日交涉，可谓知己知彼，既能持重，又能有所不挠，能柔亦能刚，此则历来外交史上所未见。吾国外交，其将有开明之望乎？二、此次日人以青岛归我，又收回第五项之要求，吾虽不知其骤变初心之原因果何在，然日人果欲以兵力得志于中国，中国今日必不能抵抗。日之不出于此也，岂亦有所悔悟乎？吾则以为此日人稍悟日暮穷途倒行逆施之非远谋之徵也。"[③] 这里，胡适作为一个二十多岁的热血青年，冷静得出奇，对于中国被迫接受的不平等的条约，颇有"欣欣然"接受的味道，因为"中国今日必不能抵抗"，所以干脆就放弃抵抗。

我们这里先看一下胡适在中国抗战中的表现。1931 年"九一八"事变日本侵华、全面占领沈阳后，9 月 19 日，胡适在日记中写道："今早知道，昨夜十点，日本军队袭攻沈阳，占领全城。中国军队不曾抵抗。午刻见《晨报》号外，

---

① 胡适：《致留美学界公开信》。见季羡林主编：《胡适全集·书信1915》（23），安徽教育出版社2003年版，第75—77页。该文在胡适日记中称为《致留学界公函》，见曹伯言整理：《胡适日记全集》（第二册），联经出版事业公司2004年版，第73—76页，无中文翻译。

② 见曹伯言整理：《胡适日记全集》（第二册），联经出版事业公司2004年版，第89—90页。

③ 见曹伯言整理：《胡适日记全集》（第二册），联经出版事业公司2004年版，第103页、第107—108页。

证实此事。此事之来，久在意中。八月初与在君（指丁文江）都顾及到此一着。中日战（指甲午之战）后，至今快四十年了，依然是这一个国家，事事落在人后，怎得不受人侵略！"①胡适对此事件没有愤怒，没有谴责，显得非常平静，简直是古井无波；而且，他把矛头指向"事事落在人后"的中国，或许在胡适看来，强者为尊，天经地义。而在1932年"九一八"事变一周年之际，胡适发表《惨痛的回忆与反省》一文，仍然强调："我们应该自己反省：为什么我们这样不中用？为什么我们的民族自救运动到于今还是失败的？"并指出："我们的大病原，依我看来，是我们的老祖宗造孽太深了，祸延到我们今日。二三十年前人人都知道鸦片，小脚，八股，为'三大害'；前几年又有人指出贫，病，愚昧，贪污，纷乱，为中国的'五鬼'；今年又有人指出仪文主义，贯通主义，亲故主义为'三个亡国性的主义'（《独立》第十二号）。……这些大毛病都不是一朝一夕发生的，都是千百年来老祖宗给我们留下的遗产。"胡适强调："所谓民族自救运动，其实只是要救治这些根本病痛。这些病根不除掉，什么打倒帝国主义，什么民族复兴，都是废话。"②这篇文章的重点，仍是反省，又把责任推到老祖宗头上去了。

胡适对日本侵华的主张，从1931年中日战争爆发至1937年9月赴美外交宣传之前，都以忍让、妥协、主和为主。1932年6月19日，胡适在《论对日外交方针》中，提出了9条对日外交方针，其中一方面强调中国与日本"交涉的目标要在取消伪满洲国，恢复领土及行政主权的完整"，主张东北的主权；但另一方面也说："中国不妨自动的主张东三省的解除军备，中国与日本、俄国皆不得在东三省驻扎军队。""中国不妨自动的主张：东三省原有军队现驻关内者，应该逐渐编遣，使他们有家可归的仍回关外，无家可归的应由东三省政府量移到北满各地留垦。其经费由东三省财政整顿后之盈余项下筹划供给；其编遣计划，应由中央政府与北平绥靖公署聘任国内外专家妥筹。"③东三省没有中国军队了，还有中国的主权吗？书生想当然耳！

1933年上半年，胡适在《独立评论》上连续发表了《全国震惊以后》《我们可以等候五十年》《我的意见也不过如此》《保全华北的重要》等有关对日

① 见曹伯言整理：《胡适日记全集》（第六册），联经出版事业公司2004年版，第607—608页。
② 胡适：《惨痛的回忆与反省》，原载《独立评论》第18号，1932年9月18日。见欧阳哲生编：《胡适文集》（5），北京大学出版社1998年版，第379—380页。
③ 胡适：《论对日外交方针》，《独立评论》第5号，1932年6月19日，见欧阳哲生编：《胡适文集》（11），北京大学出版社1998年版，第217页。

关系的文章，反复申明中国人要有长期抗战的准备，申明自己主和的立场。在《全国震惊以后》一文，胡适在分析了中国军队溃败的原因之后说："我们今天的最大教训是要认清我们的地位，要学到'能弱'，要承认我们今日不中用，要打倒一切虚骄夸大的狂妄心理，要养成虚怀愿学的雅量，要准备使这个民族低头苦志做三十年的小学生。"①胡适在《我的意见也不过如此》一文中表示："至于徐先生特别要知道我对于主战的意见，我可以说：我不能昧着我的良心出来主张作战。这不是说凡主战的都是昧着良心的，这只是要说，我自己的理智与训练都不允许我主张作战。我极端敬仰那些会为祖国冒死拼命作战的英雄，但我的良心不许我用我的笔锋来责备人人都得用他的血和肉去和那最惨酷残忍的现代武器拼命。"②在《保全华北的重要》一文中，对于日军侵略华北，胡适不赞成采取"准备牺牲平津，准备牺牲华北，步步抵抗，决不作任何局部的妥协，虽有绝大的糜烂，亦所不恤"的主张，而是主张"暂时谋局部的华北停战，先保全华北，减轻国家损失"。原因在于，"但我观察今日的形势，深觉得华北停战是一种不得已的救急办法，我们应该可以谅解"，"我们看了最近几十天之中两次的滦东大奔溃，看了长城南面各县人民的流离痛苦，我们深感觉政府在此时不能不为国家人民谋怎样减低损失的方法。到了华北又成了第二热河，那就太迟了。所以我们说，如果此时的停战办法可以保全平津与华北，这就是为国家减轻了一桩绝大的损失，是我们应该谅解的"③。华北停战即能保全平津与华北吗？就可以减轻国家损失吗？日本的亡华之心早已昭然若揭，在这里还侈谈什么停战？在国家民族生死存亡的危急关头，若惧怕牺牲，则会做稳了亡国奴；也只有和着血泪冲锋，还可为国家民族争得一线生机——胡适主和的立场是坚定的。但胡适也强调抗战，且强调持久抗战。在《日本人该醒醒了！》一文中，胡适记载了一段他与萧伯纳的对话：萧伯纳对胡适说："日本人决不能征服中国的。"胡适则说："是的，日本人决不能用暴力征服中国。日本人只有一个法子可以征服中国，即悬崖勒马，彻底地停止侵略中国，反过

---

① 胡适：《全国震惊以后》，《独立评论》第41号，1933年3月12日。见欧阳哲生编：《胡适文集》（11），北京大学出版社1998年版，第312页。

② 胡适：《我的意见也不过如此》，《独立评论》第46号，1933年4月16日。见欧阳哲生编：《胡适文集》（11），北京大学出版社1998年版，第323—324页。

③ 胡适：《保全华北的重要》，《独立评论》第52、53号合订本，1933年6月4日。见欧阳哲生编：《胡适文集》（11），北京大学出版社1998年版，第346页。

来征服中国民族的心。"①——为什么日本人非要征服"中国民族的心"不可？在《我们可以等候五十年》一文中，胡适强调："我们要准备牺牲，要准备更大更惨的牺牲。同时我们要保存一点信心。没有一点信心，我们是受不起大牺牲的。我们现在至少有这样的信心：'现在全世界的正谊的赞助是我们这方面，全世界的道德的贬议是在我们敌人的头上，我们的最后的胜利是丝毫无可疑的！一九一四年比利时全国被德国军队占据蹂躏之后，过了四年，才有光荣的复国。一八七一年法国割地两省给普鲁士，过了四十八年，才收回失地。我们也许应该准备等候四年，我们也许应该准备等候四十八年！在一个国家的千万年生命上，四五年或四五十年算得什么？'"②但胡适主张的抗战，却见不到排除万难的决心与不怕牺牲、争取胜利的意志。

随着中日战争局势的发展，尤其是"七七事变"之后，胡适在主和的道路上已经越陷越深，他参加了所谓"低调俱乐部"③，与该俱乐部成员汪精卫、周佛海、高宗武、程沧波、陶希圣等人往来密切。胡适对日本侵华战争全面爆发是"极端恐惧"的，1937年8月3日，时任国民党中央候补监察委员的王世杰在日记中写道："二三日来，首都一般人士，均深感大战爆发后之危险。无知识或无责任之人，感觉身家危险，有知识者则对国家前途不胜恐惧。故政府备战虽力，而一般人之自信力仍日减。今日午后与胡适之先生谈，彼亦极端恐惧，并主张汪、蒋向日本作最后之和平呼吁，而以承认伪满洲国为议和之条件。"同一天还说："胡（适之）、周（枚荪）、蒋（梦麟）均倾向于忍痛求和，三人以为与其战败而求和，不如在大战发生之前为之。"④而在两天后的8月5日，胡适与陶希圣访问陈布雷未遇，留下信函让陈转交蒋介石。信函中附条陈一份，其中明确表示"在东三省境内之人民得自由选择其国籍"等条件下，"可以承认东三省脱离中华民国，成为满洲国"。蒋介石以"某学者"（未点胡适之名）意见在

---

① 胡适：《日本人该醒醒了！》，《独立评论》第42号，1933年3月19日。见欧阳哲生编：《胡适文集》（11），北京大学出版社1998年版，第314—315页。

② 胡适：《我们可以等候五十年》，《独立评论》第44号，1933年4月2日。见欧阳哲生编：《胡适文集》（11），北京大学出版社1998年版，第319页。

③ 耿云志在《七七事变后胡适对日态度的转变》一文中说："所谓'低调'是相对于杭日的主张而言，即主避战求和。'低调俱乐部'则是他们自相标榜的雅号。"（《抗日战争研究》1992年第1期）

④ "中央研究院"近代史研究所：《王世杰日记（手稿本）：民国二十二年五月—民国二十七年十二月》（第一册），1990年版，第82—83页。

国防会议上介绍，参谋总长程潜直斥其为"汉奸"①。耿云志在《七七事变后胡适对日态度的转变》一文中也说："胡适这时期一再倡言和议，是颇冒舆论之大不韪的。程潜在最高层会议上曾指责胡适为汉奸，居正甚至声言应该逮捕胡适。但胡适自以为是为国家着想。所以甘冒不韪，与他的'低调同志'们继续活动对日妥协。""直到（1937）8月底，胡适还在为和议奔走，仍想避免全面战争。"当然，胡适与汪精卫等人对日本的基本立场不同，胡适主和并不是想投降日本。

1937年9月初，蒋介石确定派胡适、钱端升、张忠绂三人赴美，为中国抗战做宣传，"这是胡适对日态度转变的一个关键"②。从此，胡适由主和派转变为主战派，更在1938年9月，担任了国民政府驻美国大使——我们甚至可以说，蒋介石的任命在关键时刻"拉"了胡适一把，使他最终没有滑向汪精卫阵营，否则的话，以胡适"不抵抗主义"的心理，以胡适崇尚实力的作风（对西方文化亦然），后果不可预料。

我们上面主要谈了胡适对于日本侵华的主张。在其他方面，胡适的一些观点显然不很成熟，有时候会自相矛盾。1922年，因陈独秀发表了《对于现在中国政治问题的我见》一文，胡适写了《联省自治与军阀割据》一文，指出："我们如果进一步研究帝制运动的时代，就可以明白帝制的运动确可代表一种'强求统一'的迷梦。这个迷梦的来源长得很呢！自从秦始皇以来，二千多年的历史确然呈现一种'合久必分，分久必合'的大势。这二千年历史的教训是：中国太大了，不适于单一制的政治组织。"进而认为"中国不适宜于单一的国家组织"，应该建立各省自治的联邦制；文章最后强调："我们可以大胆说：打倒军阀割据的第一步是建设在省自治上面的联邦的统一国家。凡反抗这个旗帜的，没有不失败的。"③ 在这里，胡适把美国的联邦制作为最好的国家制度，竟然想在中国实行联邦制；中国能够实行联邦制吗？"大一统"是中国二千余年的传统，中国若实行联邦制，必定会四分五裂；而且，胡适强调"凡反抗这个旗帜的，没有不失败的"，仿佛他即是真理，武断专断，令人生厌！在10年之后，胡适又考虑国家的"向心力"问题了。1932年11月，胡适在《统一的路》一文中又认为"中国当前的唯一大问题"是："怎样建立一个统一的国家？

① 详情见杨天石：《胡适曾提议放弃东三省，承认"满洲国"——近世名人未刊函电过眼录》，《近代史研究》2004年第6期。
② 耿云志：《七七事变后胡适对日态度的转变》，《抗日战争研究》1992年第1期。
③ 胡适：《联省自治与军阀割据》，《努力周报》第19期，1922年9月10日。见欧阳哲生编：《胡适文集》（3），北京大学出版社1998年版，第371、375、376页。

怎样组织一个可以肩负救国大责任的统一政府？"并指出："今日之大患正因为五六十年来，离心力超过向心力，分崩之势远过于统一之势，二十二省无一省不曾宣告过'独立'，今日虽有名义上的服从中央，事实上各省自主的程度远过于美国与德国的各邦：军队是独立的，是可以自由开战的，官吏是各省的或防区军人派的，税收是各地自为政的，货物过境是须抽重税的，甚至于过防区也须抽重税的：省久已成为邦，所以有'由邦再组成国'的需要了。"①1934年1月，胡适在《政治统一的途径》一文中又说："中国统一的破坏，由于各省缺乏向心力，就形成了一个割据的局面。"并指出："辛亥革命以后，从前所有一切维系统一的制度都崩坏了。中央政府没有任官权，没有军队，没有赋税权；而各省的督军都自由招兵，自由作战，自由扣留国税，自由任命官吏。到了后来，有力的督军还要干预中央的政治，中央政治就变成军人的附属品了。离心力的极端发展，造成了一个四分五裂的局面。"②这时候，胡适已经不说联邦制了。

　　同政治家相比，胡适政治见解浅薄。书生论政，往往可笑。1961年9月5日，胡适去世前半年，他谈到美国移民的历史时说："回看我们的西北，是个没有水的地方。人类的生活，不能一天没有水的，所以遇到大雨的一天，他们把家里所有的东西如水缸、脸盆等等拿出来接水，储起来作为一年的吃用。澡也不洗了，脸也不洗了。连水也没有的地方，人民应该迁徙的；但是西北的人民安土重迁，这是表示这个民族太老了。像广东、福建的人，他们就到海外去发展了。他们到了美国后，成了中国种族的美国人，他们仍会帮助中国的，这是好的事。"对于胡颂平所说到美国去留学的青年男女在外国结婚不回来、遭到批评一事，胡适说："我是根据历史的演进说的。这是历史的看法。"③西北地区干旱缺水，这是事实；但因为缺水，就把整个西北的人民整体迁移则是个大问题；西北人民安土重迁，就证明"这个民族太老"了吗？或许在胡适看来，中国人迁居到美国的越多，则越能证明中国人的活力，则越能体现历史的演进。

---

① 胡适：《统一的路》，《独立评论》第28号，1932年11月27日。见欧阳哲生编：《胡适文集》（11），北京大学出版社1998年版，第271、273页。

② 胡适：《政治统一的途径》，《独立评论》第86号，1934年1月21日。见欧阳哲生编：《胡适文集》（11），北京大学出版社1998年版，第397、398页。

③ 胡颂平：《胡适之先生晚年谈话录》，中国友谊出版公司1993年版，第211—212页。胡颂平此时赞扬胡适说"从没有听说像先生的见识那么远大"。

第六节　胡适的学术品格

胡适自视甚高。在他看来，他做的许多工作"都是开山的工作"（见本章开头）。对于文化（国学）研究，胡适追求的是"重新估定一切价值"，即他所说的："用精密的方法，考出古文化的真相；用明白晓畅的文字报告出来，叫有眼的都可以看见，有脑筋的都可以明白。这是化黑暗为光明，化神奇为臭腐，化玄妙为平常，化神圣为凡庸：这才是重新估定一切价值。"[①] 胡适对于自己第一部学术著作《中国哲学史大纲》（卷上），1927年2月7日评价说："我自信，中国治哲学史，我是开山的人，这一件事要算是中国一件大幸事。这一部书的功用能使中国哲学史变色。以后无论国内国外研究这一门学问的人，都躲不了这一部书的影响。凡不能用这种方法和态度的，我可以断言，休想站得住。"[②] 胡适已自我封神！当然，这部书历来都有极高的评价，称之为"划时代的著作"。其实，在胡著之前，1916年年初，谢无量已经出版了第一部的《中国哲学史》，所以张耀南认为"谢无量先于胡适'划时代'"[③]。我们前文曾提到柳诒徵在《论

---

① 胡适：《整理国故与"打鬼"——给浩徐先生信》（1927年2月7日）。见欧阳哲生编：《胡适文集》（4），北京大学出版社1998年版，第117页。早在1919年12月1日，胡适在《新思潮的意义》就借用尼采的话鼓吹"重新估定一切价值"。

② 胡适：《整理国故与"打鬼"——给浩徐先生信》（1927年2月7日）。见欧阳哲生编：《胡适文集》（4），北京大学出版社1998年版，第117—118页。

③ 张耀南在《谢无量先于胡适"划时代"》短文中认为："谢无量所撰《中国哲学史》，是近代中国最早的一部《中国哲学史》。这是一部为以后《中国哲学史》之撰写奠定格式的'开山之作'。奠定什么样的格式呢？就是奠定'西学格式'，奠定典型的'中西哲学同质论'格式。具体言之，是'本体论思维'，是以西方的'本体论思维'去解读'中国哲学'。……这样的格式一定，后来者鲜能出其范围。"（《经纪人学报》2005年4月1日）谢著总体而言，影响不如胡著。原因大概有两个方面：一是胡适名声大，在该著作出版时，有蔡元培作序，又署以"胡适博士著"；而蔡元培又把胡适误作'徽州的'解经三胡'"的后人，家学渊源深厚，一时名声大噪；二是因为谢著没有深入汲取西方学术观念，存在某种"局限和缺失"，如田文军、杨姿芳在《谢无量与中国哲学史》一文中说："这种局限与缺失，首先是谢无量对西方学术文化，特别是对于作为西方文化深层内容的哲学的了解浮浅，在中国哲学史研究的方法论方面的理论准备不足。"（《江海学刊》2007年第5期）但覃江华在《"兼总百家，必归于儒"——谢无量的中国哲学史研究》一文中反驳说："传统观点认为，相比于胡适与冯友兰的同类著作，谢无量的《中国哲学史》影响甚微，原因在于缺乏明确的方法论指导。这无疑是后人对前人的一种苛责。谢氏此著后来重印（包括再版）不下27次，其影响可见一斑。谢无量的开拓性贡献，是在充分研究传统哲学（学术）史著作的基础上，深刻认识到这些著作'抑扬进退，恒各殊科'的弊病，充分吸收西方哲学史和日本学人的成果之后，所形成一种新的著作体例。"（《理论月刊》2013年第12期）

近人讲诸子学者之失》一文，对胡适《中国哲学史大纲》予以重点关注，且着重指出了胡适学术之弊端："胡氏论学之大病，在诬古而武断；一心以为儒家托古改制，举古书一概抹杀，故于书则斥为没有信史的价值。"强调"胡氏属文，强词夺理，任举一义，皆有罅漏"①。2017年年初，欧阳健先生发表《再提胡适的博士学位问题》一文，直指胡适博士论文《中国古代哲学方法之进化史》因袭谢无量《中国哲学史》，其中说：

胡适自诩他的《哲学史》是"开山之作"，似乎是无所依傍的独立著作。其实不然。他既然没挤时间阅读原典，就只好从他人成果中间接寻找材料，而所取主要对象，便是比他大七岁的谢无量。

谢无量1916年出版的《中国哲学史》，胡适的日记却没有提到。……然而，有充分的证据表明，胡适不仅读了谢无量的《中国哲学史》，而且袭用了它的体系与材料。

胡适借着批判谢无量《中国哲学史》，按他的思路反其道而行之，更大量采撷《中国哲学史》的现成材料，敷衍出自己的《中国古代哲学方法之进化史》。

胡适的做法，先是材料上斩头去尾，将谢著第一编上"上古哲学史"第一章"哲学之渊源"、第二章"六艺哲学"拦头砍去，径直从第三章"儒家"叙起。为了给自己壮胆，便祭出了"疑古"之法宝。……至于将谢著两汉以下部分砍去，那更是力不从心不得不为之事，也顾不得少了长达两千年的历史，是否适合"中国古代哲学方法之进化史"的题目了。

胡适需要《中国哲学史》的，是其中的材料。材料这东西，原要自己动手动脚去搜集。然所得材料不够，只能乞灵于他人的成果。对于谢无量《中国哲学史》的间接材料，或正用，或反用，凭着胡适的机敏，总能化解于无痕。书中颇多的"有人"、"有些人"，其锋芒所向就是谢无量，因而露出了作弊的马脚。

胡适向称文章快手，落笔成章，倚马可待，根本不需"披阅十载，增删五次"，而1917年4月19日家信却用了一个"抄"字——"连日因赶紧将论文抄完"，抄什么？抄谢无量《中国哲学史》也。反正宋钘、彭蒙、田骈、慎到之类，美国的导师们也闹不清。用中国人的玩艺儿糊弄老外，

---

① 柳翼谋（柳诒徵）：《论近人讲诸子学者之失》，原载《史地学报》1921年创刊号。见钱基博：《国学必读》（下册），中华书局1924年版，第424、430页。

再用老外的玩艺儿糊弄中国人，这就是到外国以中国学问拿博士头衔的诀窍。[①]

欧阳健先生在该文中所论，虽快意恩仇，但不是很严谨，如胡适的博士论文《中国古代哲学方法之进化史》，1922 年以《先秦名学史》为名由上海亚东图书馆出版，这跟 1919 年胡适出版的《中国哲学史大纲》还是有差别；胡适家信中用了"抄"字，如果因此就断定胡适在抄袭谢无量《中国哲学史》也有些牵强——胡适是在誊录其写的初稿也未可知。但是，欧阳健先生比较了谢著与胡著，所指出的现象与问题却值得进一步思考——胡适虽自我封神，但他毕竟不是神。而且，欧阳健先生所说的那些留学的博士生"用中国人的玩艺儿糊弄老外，再用老外的玩艺儿糊弄中国人，这就是到外国以中国学问拿博士头衔的诀窍"，确点出了部分中国留学生"金玉其外，败絮其中"的实质。

胡适的学问一直有"浅薄"之讥。我们前文曾说过，章太炎在评价胡适时曾说："哲学，胡适之也配谈么？康、梁多少有些'根'，胡适之，他连'根'都没有。"[②]胡适学问没有"根"，或许与其学术个性有关。唐德刚在《胡适杂议》中说："胡先生搞神会和尚永远搞不完也是这个道理。搞不完就拖，一拖二十年，再搞就兴味索然；《中古哲学史》也就出不来了。加以胡氏博学多才，兴趣广泛，生性又好凑热闹，一个题目未完，又赶着去搞另一个热门。一个接一个，结果一个也搞不完。"[③]胡适引领的白话文运动，在当时显然是如火如荼，风生水起；但对于白话文有关的理论问题，他则没有弄清楚（或者是不想弄清楚）。袁进在《纠正胡适的错误——从欧化白话文在中国的演变谈起》一文中说：

> 胡适试图理出一条脉络，寻求语言变革的历史渊源，树"白话文学"为数千年来中国文学之正宗。尽管《白话文学史》只写至宋朝，但如果我们将它与作为其蓝本的《国语文学史》以及胡适的其他论述参照来看，可以看出，胡适心目中"白话"的历史脉络，当是由《国风》开始，通过《史记》《汉书》及乐府歌辞的延续，至佛经译本和唐人绝句而有了较大的发展，在宋朝之后，随着白话的语录、话本、戏曲和小说的勃兴，最终蔚为大观。他自己明确指出，理出这样一条历史脉络的目的，是为了"要大家知道白话文学不是这三四年来几个人凭空捏造出来的；我要人人都知道白话文学是有历

---

① 欧阳健：《再提胡适的博士学位问题》，《文学与文化》2017年第1期。
② 周黎庵：《记章太炎及其轶事》。见陈平原、杜玲玲：《追忆章太炎》，中国广播电视出版社1997年版，第570页。
③ 唐德刚：《胡适杂议》，华文出版社1990年版，第70—71页。

史的，是有很长又光荣的历史的。我要人人都知道国语文学乃是一千几百年的进化的产物。国语文学若没有这一千几百年的历史，若不是历史进化的结果，这几年来的运动绝不会有那样的容易，绝不能在三五年内引起那么多人的响应和赞助"。胡适在此处的论断，我们可以部分地看作是对他在《中国新文学运动小史》和《逼上梁山》两篇文章中所阐释的对于新文学运动的"首倡之功"引起彻底的言文变革一说的修正和补充。而也正是在拥有了足够的历史渊源之后，"白话文学"才能上升至"国语文学"，将"文学革命"和"建设国语"这两大目标统合起来，为"新文学的语言"上升为现代汉民族书面共同语这一国族主义的根本目标确立合法性基础。

胡适在这样解释之后，仍旧是处在进退两难之中，他的《国语文学史》《白话文学史》都没有做完，《国语文学史》只做到唐代，《白话文学史》只做到宋代。大家都认为那是因为胡适太忙，各种事情太多，所以没有功夫做下去。在我看来，这种看法都没有从胡适本人的立场利益来考虑。我们只要为胡适设身处地地想一想，就不难发现：胡适是没有办法把这两本文学史做下去的，他幸好没有做下去，因为做下去的结果与他的初衷正好是适得其反，那是搬起石头砸了自己的脚。假如他按照这样的白话文发展线索一直做到五四，那么，五四新文学就不是中国白话文学的正宗，当时与新文学对立的鸳鸯蝴蝶派才是白话文学的正宗，因为他们做的白话才是按照中国古代白话章回体文学传统一直发展下来的白话。不仅是小说，还有诗歌；像晚唐派诗人易顺鼎就是擅长写白话诗的诗人。他们作为旧文学的继承人正在被新文学批判。①

胡适的《国语文学史》《白话文学史》都没有做完，大概他也没法做下去。胡适还曾大力提倡"方言文学"，在为顾颉刚主编的《吴歌甲集》所作"序"中说："所以我常常想，假如鲁迅先生的《阿Q正传》是用绍兴土话做的，那篇小说要增添多少生气啊！可惜近年来的作者都还不敢向这条大路上走，连苏州的文人如叶圣陶先生也只肯学欧化的白话而不肯用他本乡的方言。"并举徐志摩用硖石的土白（吴语的一个分支）作的诗《一条金色的光痕》为例说："凡懂得吴语的，都可以领略这诗里的神奇。这是真正白话，这是真正活的语言。"②

① 袁进：《纠正胡适的错误——从欧化白话文在中国的演变谈起》，《玉溪师范学院学报》2015年第12期。
② 胡适：《〈吴歌甲集〉序》（1925）。见欧阳哲生编：《胡适文集》（4），北京大学出版社1998年版，第575页。

鲁迅对此则很不以为然。1934年，绍兴话版的《阿Q正传》搬上舞台，鲁迅在《答〈戏〉周刊编者信》中说："这回编者的对于主角阿Q所说的绍兴话，取了这样随手胡调的态度，我看他的眼睛也是为俗尘所蔽的。"并且进一步说："倘是演给绍兴人看的，他得说绍兴话无疑。……但如演给别处的人们看，这剧本的作用却减弱，或者简直完全消失了。据我留心观察，凡有自以为深通绍兴话的外县人，他大抵是像目前标明明人小品的名人一样，并不怎么懂得的；至于北方或闽粤人，我恐怕他听了之后，不会比听外国马戏里的打诨更有所得。"① 在鲁迅看来，绍兴话版的《阿Q正传》，对不懂绍兴话的人说，如同看"外国马戏里的打诨"一样，没有什么意义。

在《胡适文集》(10)的扉页上，写着"胡适喜欢的两句治学格言"，分别是"大胆的假设，小心的求证""有一分证据，说一分话"；前一句好说，后一句胡适果真做到了吗？胡适才思敏捷，好发想当然之议论。熊十力先生在《读经示要》一书中，联系读经问题，批评胡适说："北庠诸青年教授及学生，始掀动新潮，而以打倒孔家店，号召一世。六经本弃置已久，至此又剥死体。然是时胡适之等提倡科学方法，亦不无功。独惜胡适不专注此，而随便之议论太多耳。"② "随便之议论太多"，确是胡适的"软肋"，与他所谓"有一分证据，说一分话"，似有云泥之别。在整理国故运动中，1921年7月，胡适在东南大学演讲，强调"要有疑古的态度"，主张"宁可疑而错，不可信而错"十个字，指出"在东周以前的历史，是没有一字可以信的"③。而1924年1月，胡适又到东南大学国学研究班演讲，则又强调："鄙人前年曾在贵校的暑期学校讲演过一次整理国故，故今天的题名曰再谈谈整理国故。那时我重在破坏方面提倡疑古，今天要谈的却偏于建设方面了。"④ 并从最低限度之整理——读本式的整理、索引式的整理、结账式的整理、专史式的整理四个方面，谈了整理国故的四种方式。在破坏与建设之间，并没有一个统一的标准。对于古史辨运动⑤亦是如此，胡适本是顾颉

---

① 鲁迅：《答〈戏〉周刊编者信》（1934）。见《鲁迅全集》（第六卷），人民文学出版社2005年版，第150页。

② 熊十力：《读经示要》（1945），上海书店出版社2009年版，第10—11页。

③ 胡适：《研究国故的方法》（1921）。见欧阳哲生编：《胡适文集》（12），北京大学出版社1998年版，第92—93页。

④ 胡适：《再谈谈整理国故》。见欧阳哲生编：《胡适文集》（12），北京大学出版社1998年版，第94页。

⑤ 作为胡适的学生，顾颉刚鼓动古史辨运动，起初只是对整理国故运动的响应。或可说，古史辨运动最初只是整理国故运动的一部分。

刚倡导的古史辨运动的坚定支持者、鼓吹者和参与者，主张"东周以上无信史"，但在1929年时，则对顾颉刚宣称"现在我的思想变了，我不疑古了，要信古了"[①]。疑古和信古之间，仿佛只是态度的"切换"，至于他鼓吹疑古时产生的影响，则不在考虑之列。

1932年9月11日，胡适发表《论六经不够作领袖人才的来源》一文：

> 吾国训育的工具有几个最大的弱点，遂成为致命之伤。第一，"儒门淡薄，收拾不住"一般的平常老百姓；试问《尚书》、《周礼》一类的书，即使人人熟读，岂能在人生观上发生什么影响？六经皆如此。即《论语》、《孟子》之中，又能有几十章可使一般人受用呢？第二，两个大宗教——佛与道——都不高明，都太偏于消极的制裁，都不曾产生伟大的范型人物足以供千百世人的歌泣模仿。第三，士大夫太偏重制举的文艺与虚伪的文学，全不曾注意到那影响千万人的通俗文学，所以通俗文学全在鄙人俗士的手里出来，可以诲淫诲盗，可以歆动富贵利禄才子佳人的迷梦，而不足以造成一种健全的最低限度的道德习惯。第四，传记文学太贫乏了，虽偶有伟大的人物，而其人格风范皆不能成为多数人的读物。第五，女子的教育太忽略了，没有好母教，则虽有士大夫门第而难于长久保存其门风。第六，人民太穷苦了，救死犹恐不赡，奚暇治礼义哉？
>
> 西洋所以见长，正因无此六病，而有六长。第一，自希腊以来，古典文学之内容丰富远非我国典籍所企及。第二，基督教的"人格的"影响远非佛道两教所能梦见。第三，通俗文学的制作多出于士大夫阶级，故多有极动人的伟大作品。第四，传记文学特别发达，其传记多能写生传神，而又纤细详尽，足为后人矜式。第五，女子教育发达的早，又非如我国之仅以做闺秀诗词为女子教育而已，故家庭教育特别优胜。第六，生活较高，教育易为力。[②]

在崇洋批中的立场下，胡适对《尚书》《周礼》《论语》《孟子》的批评，对佛教道教的批评，对中国的文艺与文学的批评，都轻浮而轻率，这当然是胡适的一贯作风。梁启超去世后，胡适在1929年2月2日日记中有一段评论："任

---

① 顾颉刚：《我是怎样编写〈古史辨〉的？》。见《古史辨》（一），上海古籍出版社1982年版，第13页。

② 胡适：《论六经不够作领袖人才的来源（答孟心史先生）》，原载《独立评论》第11号，1932年9月11日。见欧阳哲生编：《胡适文集》（5），北京大学出版社1998年版，第421—422页。

公才高而不得有系统的训练，好学而不得良师益友，入世太早，成名太速，自任太多，故他的影响甚大而自身的成就甚微。近几日我追想他一生著作最可传世不朽者何在，颇难指名一篇一书。"①桑兵先生对此评论说"胡适本人后来也不免重蹈覆辙"②。确如桑兵先生所言，胡适对梁启超的评价，亦适用于他本人。

作为国民党政府的最高领袖，蒋介石表面上对胡适很客气，1948年初还极力鼓动胡适出来竞选总统③。1958年，胡适从美国返回台湾就任"中央研究院"院长时，胡适当面批评蒋介石权力过大、台湾缺少言论自由等，从而与蒋介石发生正面冲突，使蒋介石大怒，从此怀恨在心。蒋介石在日记中开始经常痛骂胡适。在这方面，陈红民《〈蒋介石日记〉中的胡适》一文中有过梳理。如蒋介石1958年5月30日日记记载："以今日一般政客如胡适等无道义，无人格，只卖其'自由''民主'的假名，以提高其地位，期达其私欲，对国家前途与事实概置不顾，令人悲叹……经儿婉报胡适与其谈话经过，乃知其不仅狂妄，而且是愚劣成性，竟劝我要'毁党救国'，此与共匪之目的如出一辙，不知其对我党之仇恨甚于共匪之对我也。可耻。"1962年2月24日晚7时，胡适因心脏病突发去世。蒋介石在当天日记中写道："晚，闻胡适心脏病暴卒。""暴卒"一词，大有如释重负之感。3月1日，蒋介石去殡仪馆瞻胡适遗容。3月2日，蒋在日记中对胡适有个"盖棺"之论："胡适实不失为自由评论者，其个人生活亦无缺点④，有时亦有正义感与爱国心，惟其太褊狭自私，且崇拜西风，而自卑其固有文化，故仍不能脱出中国书生与政客之旧习也。"3月3日他又记道："胡适之死，在革命事业与民族复兴的建国思想言，乃除了障碍也。"据陈红民统计，随着蒋介石对胡的不满逐步升级，其日记中所用词语从"狭小妒忌"，"甚觉奇怪"到"猖狂""狂妄"，最后是骂胡适为"胡说""狐仙""无赖""可耻""可耻之极""政客""无耻政客""反动派""反对革命之学者""最无品格之文化买办"⑤。在这些词语的背后，是蒋介石对胡适的滔天恨意！因蒋介石是中国历史上的一个特殊的人物，兹把他对胡适的评价列于此。

---

① 曹伯言整理：《胡适日记全集》，联经出版事业公司2004年版，第530页。
② 桑兵：《国学与汉学——近代中外学界交往录》，浙江人民出版社1999年版，第284页。
③ 杨天石：《蒋介石为何提议胡适参选总统？——蒋介石日记解读》（《江淮文史》2013年第1期），马克锋、游国立：《胡适竞选总统内幕》（《炎黄春秋》1996年第3期）等文章所述甚详。
④ 蒋介石应该还不知道胡适的风流韵事吧。
⑤ 陈红民：《〈蒋介石日记〉中的胡适》，《南方都市报》2011年6月22日。

胡适一生，可谓毁誉参半。对此，他自己也很清楚。1961年9月5日，胡适请吴大猷回来做院长，吴大猷怕被骂。胡适说："我已被人骂了四十多年。我觉得应该做的，只要百分之六十对国家有利，百分之四十被骂，我还是不怕被骂的。为什么胡适之在外国，别人对他多少尊敬，回来后会被人骂呢？因我认为应该说的，应该做的，我不怕人家的批评！"① 或许，胡适至死都相信，他的"初心"是为中国，为中国人民的，胡适自有其可敬的一面；但他的崇美批中的立场，使他的"初心"大打了折扣；而他的自信与自负，他的轻率与善变，他的权衡与取舍，又使他的思想与行为扑朔迷离。殷海光先生晚年（在台湾）批评胡适，曾说"胡适一生享受自由主义，到处演讲，但是没有为自由流一份血汗"②，联系到胡适的为人，或许二者并不矛盾。更为可悲的是，胡适终身奋斗的西化的中国，本身即是一个虚幻的泡影，或可斑斓五彩，或可娓娓动听，但在一个拥有五千年历史的超巨大体量的文化综合体面前，只是蚍蜉撼树。从这个角度来说，胡适既不了解生养他的中国，也不了解他所痴迷的美国。唐德刚在《胡适杂忆》中指出："他不了解他终身颂之的所谓'现代西方文明'里的'生活方式'是以'契约''合同''利害''力量''斗争'等深入人心的概念为基础的。所谓'民主'，所谓'容忍'（这是胡适晚年政治哲学的精髓）只是力量、斗争、利害等均衡以后的契约行为。"③ 唐氏所言，才是学术上、思想上、行为上鼓吹"全盘西化"的胡适的最大问题。或许，胡适一辈子只知西方文化之"皮毛"，从未能够真正把握西方文化的精髓。

---

① 胡颂平：《胡适之先生晚年谈话录》，中国友谊出版公司1993年版，第209—210页。

② 张弘：《追忆雷震、殷海光与方东美——陈鼓应教授访谈录》，《社会科学论坛》2010年第14期。在该文中，多处涉及胡适，如介绍方东美与胡适交往时说："方东美少年气盛，觉得胡适哲学根本不行。两个人一交谈，方东美就批评胡适。"

③ [美]唐德刚：《胡适杂忆》（增订本），华东师范大学出版社1999年版，第7页。

第七章 有趣与有害——有关鲁迅
与日人关系及国民性问题

> 子曰："参乎！吾道一以贯之。"曾子曰："唯。"子出，门人问曰：
> "何谓也？"曾子曰："夫子之道，忠恕而已矣。"
>
> ——《论语·里仁》

本章在讨论鲁迅（1881—1936）与日本关系的基础上，重点讨论鲁迅研究领域有关国民性问题、有关中国（礼教）"吃人"的问题。笔者不是鲁迅研究专家，所论当然只是"皮毛"，是片断式的，偏颇甚至谬误之处，敬请方家谅解。在讨论之前，我们先看一下林语堂晚年对周树人、周作人兄弟的记载：

> 我们是每两周聚会一次……周作人总是经常出席。他，和他的文字笔调儿一样，声音迂缓，从容不迫，激动之下，也不会把声音提高。他哥哥周树人（鲁迅）可就不同了，每逢他攻击敌人的言词锋利可喜之时，他会得意得哄然大笑。他身材矮小，尖尖的胡子，两腮干瘪，永远穿中国衣裳，看来像个抽鸦片似的。没有人会猜想到他会以盟主般的威力写出辛辣的讽刺文字，而能针针见血的。他极受读者欢迎。在语丝派的聚会上，我不记得见过他那位许小姐，后来他和那位许小姐结了婚。周氏兄弟之间，人人都知道因为周作人的日本太太，兄弟之间误会很深。这是人家的私事，我从来没打听过。但兄弟二人都很通达人情世故，都有绍兴师爷的刀笔工夫，巧妙的运用一字之微，就可以陷人于绝境，置人于死地。①

作为一位八十岁的老人，林语堂的回忆是直观的、生活化的，能让人对周氏兄弟有一个基本的印象——或许，林语堂笔下的才是更为真实的鲁迅。

---

① 林语堂：《三十年代》。见《林语堂名著全集·八十自叙》（第十卷），东北师范大学出版社1994年版，第296—297页。

第一节　鲁迅与日人之关系

1902年—1909年，近8年时间，鲁迅官派日本留学。可想而知，日本的繁华与富强对生活在贫穷落后的清末的年轻的鲁迅必会产生强烈的冲击，会对他的世界观、人生观、价值观的最终形成产生重大的影响——鲁迅深受日本文化的影响，这是毋庸讳言的。鲁迅的两个弟弟周作人与周建人都娶了日本的妻子。虽然后来鲁迅与周作人、周作人与周建人皆因这二位日本女子反目，但这并不影响鲁迅与日本、与日本人的关系。早在1905年留学日本期间，鲁迅因拒绝参加留日学生组织的针对日本文部省颁布的《清国留学生取缔规则》而举行的退学回国等抗议活动，在12月9日为陈天华举行的追悼会上，被秋瑾判了"死刑"①；这场学生运动也有人认为是"乌龙"事件②，但还是能窥见鲁迅的态度与立场——对日本至少是没有恶意的，也缺少那种激情澎湃的反日热情。

孙良好、孙鹏程在《鲁迅笔下的日本形象》一文中说："鲁迅一生中有许多日本友人，据其日记和书信记载，有160人之多，其中大多数交往是愉快的……而日本人的敏捷、勤勉、认真都在在强化了鲁迅对日本的好感。……而晚年和内山完造的谈话则道明了他对日本的态度：'日本人的短处姑且不说，我主要在想日本人的长处，日本人的长处在于，他们凡事不是大把抓，正所谓认准一件事、倾尽所有精力和心血去做的认真精神。'"③鲁迅坚持正面评价日本、正面评价日本人，即使在中日战争期间亦是如此，如1931年11月，鲁迅在《"日本研究"之外》一文中说："在这排日声中，我敢坚决地向中国的青年进一个忠告，就是：日本人是很有值得我们效法之处的。"④1932年11月22日，鲁迅北上到辅仁大学做了题为《今春的两种感想》的演讲，谈及自己亲身经历的"上海事变"，谈及抗日战争，其中说：

打起来的时候，我是正在所谓火线里面，亲遇见捉去许多中国青年。

捉去了就不见回来，是生是死也没人知道，也没人打听，这种情形是由来

---

① 详见郭世佑：《日本学者笔下的秋瑾：曾与留日的鲁迅发生冲突》，《北京日报》2007年10月22日。

② 详见雪珥：《乌龙革命：一场学生运动的变异》，《中国经营报》2014年10月13日。

③ 孙良好、孙鹏程：《鲁迅笔下的日本形象》，《鲁迅研究月刊》2014年第11期。

④ 鲁迅：《"日本研究"之外》。见《鲁迅全集》（第八卷），人民文学出版社2005年版，第358页。

已久了，在中国被捉去的青年素来是不知下落的。东北事起，上海有许多抗日团体，有一种团体就有一种徽章。这种徽章，如被日军发现死是很难免的。然而中国青年的记性确是不好，如抗日十人团，一团十人，每人有一个徽章，可是并不一定抗日，不过把它放在袋里。但被捉去后这就是死的证据。还有学生军们，以前是天天练操，不久就无形中不练了，只有军装的照片存在，并且把操衣放在家中，自己也忘却了。然而一被日军查出时是又必定要送命的。像这一般青年被杀，大家大为不平，以为日人太残酷。其实这完全是因为脾气不同的缘故，日人太认真，而中国人却太不认真。中国的事情往往是招牌一挂就算成功了。日本则不然。他们不像中国这样只是作戏似的。日本人一看见有徽章，有操衣的，便以为他们一定是真在抗日的人，当然要认为是劲敌。这样不认真的同认真的碰在一起，倒霉是必然的。①

对于这段话乃至《今春的两种感想》整篇文章，有人评价说："鲁迅写出上述文字，心情无疑是非常沉痛的。但鲁迅之所以伟大，是他的沉痛与常人相比，是双重的：既为同胞被杀戮而沉痛，更为同胞之'不认真'而沉痛，以这双重沉痛之眼观察日本国民之性格——'认真'，当然地更加沉痛。"② 笔者文学修养不高，从字里行间里实在读不出"沉痛"来，我感觉到的只是鲁迅对中国人、对当时中国政府的冷嘲热讽，认为"不认真"的青年"倒霉是必然的""中国的事情往往是招牌一挂就算成功了"；鲁迅的反思往往是单向度的——只是反思、批判中国人。鲁迅常常以"认真"二字评价日本人，但"认真"就可以攻打别人的国家吗？就可以"认真"地侵略别的国家吗？日本人在中国"认真"地杀人，以为"日人太残酷"都没必要，竟然"完全是因为脾气不同的缘故"？这篇文章的后面，鲁迅又以"吃包子"为喻，又回到嘲讽、批判中国"事事不如人"的老调子上来。他说："譬如食物吧，近来馆子里是比较干净了，这是受了外国影响之故，以前不是这样。例如某家烧卖好，包子好，好的确是好，非常好吃，但盘子是极污秽的，去吃的人看不得盘子，只要专注在吃的包子烧卖就是，

---

① 鲁迅：《今春的两种感想——十一月二十二在北平辅仁大学演讲》。见《鲁迅全集》（第七卷），人民文学出版社2005年版，第407—408页。引文中有尾注序号，因行文不便，删之。
② 臧恩钰、李春林：《鲁迅对日本国民性格的观照》，《辽宁教育学院学报》1995年第1期。

倘若你注意到食物之外的圈儿，那就非常为难了。"①——在抗日战争的当口，作为青年人的导师，面对青年人演讲时，是不是应该有点同仇敌忾、鼓舞人心的文字？

1927 年，鲁迅与许广平到上海，从此在上海虹口居住。陈力君在《师者与他者——鲁迅笔下日本形象之镜观》一文中说："20 世纪 30 年代鲁迅从北京南下，曾在厦门、广州等地逗留，最后选择了上海为其长期的寓所，不少人对他为何选择嘈杂纷扰的大都市颇感费解，而忽视了鲁迅生活的虹口区为日本侨民聚居地的事实，这一区域空间有他熟悉的日本语言及日本朋友带来的情感认同。其时中国文坛纷争不断，处在文化矛盾中心的鲁迅备受困扰，身心俱疲，心力交瘁，那时的鲁迅时常出入内山书店，并与内山完造交往甚密。据鲁迅的日本朋友回忆，'要是想要会见鲁迅，4 点左右到内山书店就可以碰到'，'由于内山夫人是京都宇治人，经常以从宇治寄来的玉露茶，请鲁迅喝'。鲁迅通过自己的文笔深刻地表达了对中国文化、对中国人精神痛苦的极大关注，却愿意让自己在日本朋友的书店享受生活情趣，得到精神放松。在生活的最后十年中，在心灵承受最大强度的压力的情况下，他在上海通过内山书店结交了不少日本友人。1935 年鲁迅为镰田诚一所写的墓记情感真挚，令人感喟。为一位初显才干、品质优良的青年英年早逝的惋惜和悲悼，流露出鲁迅细腻、敏感又真诚的珍惜生命的真挚情感。这篇墓记体现了鲁迅对日本文化的深层体悟。这份发自内心超越国家民族疆界的情感符合鲁迅对爱的高境界的理解和定位。"②这篇文章，无疑是歌颂鲁迅的。在作者看来，鲁迅居住在虹口区是因为"有他熟悉的日本语言及日本朋友带来的情感认同"；"身心俱疲，心力交瘁"的鲁迅去内山书店，可以"享受生活情趣，得到精神放松"，一派其乐融融的景象。但这篇文章却忽略了一个大背景。1931 年"九一八"事变，中国进入抗战时期；1932 年"一·二八"事件，鲁迅所在上海处于抗日前线的洪流中，作为一直战斗着的鲁迅，为什么要跳脱出去呢？我们只能从"超越国家民族疆界的情感"的角度来理解鲁迅吗？

内山书店的老板内山完造，本身有日本文化侦探的嫌疑③。鲁迅在《伪自由书·后记》中引白羽遐《内山书店小坐记》一文，其中说："内山书店是日本

---

① 鲁迅：《今春的两种感想——十一月二十二在北平辅仁大学演讲》。见《鲁迅全集》（第七卷），人民文学出版社2005年版，第409页。

② 陈力君：《师者与他者——鲁迅笔下日本形象之镜观》，《学术月刊》2010年第7期。引文中有脚注序号，为行文方便，删之。

③ 天一：《内山完造底秘密》，《社会新闻》1934年第7卷第16期。

浪人内山完造开的，他表面是开书店，实在差不多是替日本政府做侦探。他每次和中国人谈了点什么话，马上就报告日本领事馆。这也已经成了公开的秘密了，只要是略微和内山书店接近的人都知道。"又说："内山不过是一个九州岛角落里的小商人，一个暗探，……"[1] 在《伪自由书·后记》中另引新皖《内山书店与"左联"》一文，其中说："《文艺座谈》第一期上说，日本浪人内山完造在上海开书店，是侦探作用，这是确属的……"[2] 对于上面两篇文章，鲁迅自己评论说："这两篇文章中，有两种新花样：一，先前的诬蔑者，都说左翼作家是受苏联的卢布的，现在则变了日本的间接侦探；二，先前的揭发者，说人抄袭是一定根据书本的，现在却可以从别的嘴里听来，专凭他的耳朵了。至于内山书店，三年以来，我确是常去坐，检书谈话，比和上海的有些所谓文人相对还安心，因为我确信他做生意，是要赚钱的，却不做侦探；他卖书，是要赚钱的，却不卖人血[3]：这一点，倒是凡有自以为人，而其实是狗也不如的文人们应该竭力学学的！"[4] 这里，鲁迅确信内山完造是做生意的，卖书赚钱，不卖"人血"，比哪些"狗也不如"的文人们好很多——这里立即有了鲁迅的战斗的架势了——来个"狗也不如"，连辩论的必要都省去了。鲁迅骂别人，别人当然也骂鲁迅——有作用力必然有反作用力，甚至有《鲁迅愿作汉奸》[5]一类的文章。

第二节　有关鲁迅之国民性问题

王小东在《当代中国民族主义论》中说："在（有关民族主义的）辩论中我收到过一封来自多伦多的电子邮件，寄邮件者声称是鲁迅先生的亲戚。他告诉我说，鲁迅先生关于中国国民性的很多说法来自于日本人当时的宣传，故此

---

[1] 白羽遐：《内山书店小坐记》，原载《文艺座谈》1933年第1期。见《鲁迅全集》（第五卷），人民文学出版社2005年版，第177页。

[2] 新皖：《内山书店与"左联"》。见《鲁迅全集》（第五卷），人民文学出版社2005年版，第178页。

[3] 鲁迅其实自己也知道内山完造别有目的。如鲁迅去世前，在《致尤炳圻》的信中说"内山氏的书，是别一种目的"（详见下文）。

[4] 鲁迅：《伪自由书·后记》。见《鲁迅全集》（第五卷），人民文学出版社2005年版，第178—179页。

[5] 思：《鲁迅愿作汉奸》，《社会新闻》1934年第7卷第12期——对于这类的文章，我们当然更愿意理解为，是对鲁迅的造谣诽谤，是对鲁迅的污蔑中伤。

告诫我不应把鲁迅先生看得太高。"① 王小东所说，大概是个"孤证"，不知会不会有人采信。

但有关国民性的问题，确是日本近代社会以来一直关注、研究的问题，日本的"国粹派"也以国民性为基石讨论问题。李冬木在《芳贺矢一〈国民性十论〉与周氏兄弟》一文中，梳理了"国民性"在日本发展的大致脉络："'国民性'问题在日本一直是一个与近代民族国家相生相伴的问题。作为一个概念，Nationality 从明治时代一开始就被接受，只不过不同时期有不同的叫法。例如在《明六杂志》就被叫做'人民之性质'和'国民风气'，在'国粹保存主义'的明治 20 年代被叫做'国粹'，明治 30 年代又是'日本主义'的代名词，'国民性'一词是在从甲午战争到日俄战争的 10 年当中开始被使用并且'定型'。日本两战两胜，成为帝国主义时代国际竞争场中的一员，在引起西方'黄祸论'恐慌的同时，也带来民族主义（nationalism）的空前高涨，'国民性'一词便是在这一背景下应运而生。最早以该词作为文章题目的是文艺评论家纲岛梁川（Tsu-nashima Ryosen，1873—1907）的《国民性与文学》，发表在《早稻田文学》明治三十一（1898）年五月号上，该文使用'国民性'一词达 48 次，一举将这一词汇'定型'。而最早将'国民性'一词用于书名的则正是 10 年后出版的这本《国民性十论》。此后，自鲁迅留学日本的时代起，'国民性'作为一个词汇开始进入汉语语境，从而也将这一思想观念一举在留日学生当中展现开来。"② 日本人在讨论其国民性问题时，往往与中国人对照——毕竟中国影响日本千余年，让日本人比中国人优秀、让日本文化比中国文化优秀，是日本人压在心底的梦想。我前面在讨论日本国学的时候，曾提及一些内容，这里再罗列几条：

江户前期贝原益轩（1630—1714）《自娱集》卷二有"本邦七美论"条，其中说："迨春秋战国之时，臣子弑其君父者往往有之，况自秦汉以来至季世，乱贼相踵，无罪而兄弟相残，无过而亲戚相仇，冤杀忠良，谗斥贤能，其视杀人也如猎狐兔，好食人肉也如虎狼。城中粮尽，则杀妇女幼稚食之矣。黄巢贼

---

① 王小东：《当代中国民族主义论》，《战略与管理》2000年第5期。王小东是坚定的民族主义者，批判逆向种族主义（开始称为"民族自虐"）。他在文中并没有进一步公开收到邮件的详情，尤其是没有公开所谓鲁迅亲戚的情况，令人遗憾。

② [日]李冬木：《芳贺矢一〈国民性十论〉与周氏兄弟》，《山东社会科学》2013年第7期。原文中有多个脚注序号，因行文不便，这里予以省略。李冬木另有《"国民性"一词在日本》一文（《山东师范大学学报》2013年第4期），专门梳理日本"国民性"一词的传承问题。

取蔡州时，民间无积聚，掠人为粮。五季汉隐帝时，赵思绾好食人肝。如此之类亦不少……如本邦民俗，有礼而不乱，质而好义，亲亲爱人，无残忍之行，其在城垒之中也，虽粮尽而饥饿濒死，不食同类……是吾邦之所以长而虽华夏所不及也。"①——从"吃人"角度批判中国，从而赞美日本民俗之好礼好义，亲亲爱人——以中国文化之极端现象，与日本（欧美）所谓"吾帮之所长"者相比较，此为近世以来，某些学者比较中日文化、中西文化所奉行之法；其比较之结果，殆甚谬矣！

江户后期香川景树（1768—1843）在《桂园漫笔》卷上说："性情之清浊，和汉不均。""汉乃水土溷浊之国，人性亦溷浊，有近于禽兽者。"②——以性情之清浊而区别和、汉，而中国人性"溷浊"，近于禽兽。

江户后期广濑旭庄（1807—1863）在《九桂草堂随笔》卷五中说："汉土之教法虽过于万国，然其人性元不佳，残忍、嗜杀、好淫，万国鲜有。"③——这里扯到中国人的人性上来，批判其残忍、嗜杀、好淫，一棍子打死。

明治时期藤田丰八（1869—1929）在《先秦文学：支那文学史稿》中认为："说支那历史为充满血痕的历史，亦无甚不可。暴君多暴戾，他国无可比类。如以人肝作酱，啖食人肉之类，普通开化国民闻之无不股栗之事，彼等则平然处之而不觉其可怪。"④——在藤田丰八看来，中国几千年的历史，都是充满血痕的历史，食人肝，吃人肉，连基本的"开化"都没有。

上述内容共同的特点，即是美化日本人，丑化中国人——或者可以说，日本人丑化中国人的目的，是为了突出日本优秀的文化与文明⑤。这样，在日本人的笔下，中国人就有了"吃人"的历史，中国人有"近于禽兽"的残忍、嗜杀、好淫，中国人连基本的"开化"都没有，甚至是"万国鲜有"的世界上最坏的种族。

当然，在西方的话语体系中，也一直有中国国民性问题的讨论——或者日本学者对中国国民性问题的讨论，也受到西方学者的影响。笔者曾在前文《国学弁言·文明的冲突》中大段引用周宁先生的成果，这里再摘录一段他《"被

---

① [日]贝原益轩：《自娱集》（卷二）。见《贝原益轩全集》（卷二），益轩全集刊行部，1911年，第202—203页。

② [日]香川景树：《桂园遗稿》（卷上），五车楼1907年版，第292页。

③ [日]国书刊行会编：《百家随笔》第一，国书刊行会，1917年—1918年，第90页。

④ [日]藤田丰八：《先秦文学：支那文学史稿》，东华堂1897年版，第9页。

⑤ 上述所引内容，参见祁晓明：《〈狂人日记〉"吃人"意象生成的知识背景》，《文学评论》2013年第4期。

别人表述"：国民性批判的西方话语谱系》一文中的一段话：

> 从梁启超最初提出国民性批判理论到鲁迅为这种理论创作了一个文学典型阿Q，国民性批判构成中国现代性话语中的一个重要话题。梁启超认为，中国历史上专制暴虐、战乱摧残、民生艰难造成国民的卑劣品性或奴隶根性，诸如"贪鄙之性、偏狭之性、凉薄之性、虚伪之性、谄阿之性、暴戾之性、偷苟之性"。欲建设新国家，必先改造国民性。陈独秀在梁启超"新民说"的基础上进一步批判"卑劣无耻退苟安诡易圆滑之国民性"，认它是"亡国灭种之病根"。鲁迅弃医从文，据说也是因为醒悟到医治国民之精神比医治国民之体格更重要。他塑造出的阿Q自欺欺人、欺软怕硬、麻木健忘、自贱又自大、怯懦又残忍、愚昧而充满奴性，为国民性批判提供了一个典型代表。从《清议报》、《新民丛报》到《东方杂志》、《新青年》，国民性讨论的高潮持续了近20年。在普遍的观念中，不仅国民性（或国民劣根性）要为中国现代化滞后的历史负责，改造国民性也肩负起实现中国现代化的重任。①

我们知道，鲁迅在日本之所以要弃医从文，其目的，鲁迅在《呐喊·自序》中说："……我便觉得医学并非一件紧要事，凡是愚弱的国民，即使体格如何健全，如何茁壮，也只能做毫无意义的示众的材料和看客，病死多少是不必以为不幸的。所以我们的第一要著，是在改变他们的精神，而善于改变精神的是，我那时以为当然要推文艺，于是想提倡文艺运动了。"②批判国民性乃至试图改造国民性，一直是鲁迅文章的"标签"。但从日本对中国国民性的批判情况来看，不论从思维方法还是批判内容，鲁迅都是受到日本学者的直接影响的。

关于鲁迅的国民性批判，还有一种说法是受到了西方传教士的影响。1993年，在陈平原、陈国球主编的《文学史》第1辑中，发表了刘禾的《一个现代

---

① 周宁：《"被别人表述"：国民性批判的西方话语谱系》，《文艺理论与批评》2003年第5期。另外，周宁先生在为这段话作注时，说："维新派讨论'国民性'问题，最早见于1898年梁启超发表在《清议报》（日本横滨）的《戊戌政变记》，但直到1903年3月第25号《新民丛报》刊载的梁启超《国民心理学与教育之关系》一文中，国民性才作为一个正式术语使用。梁启超的定义是：'取族中各人之心理特征而总合之，即所谓国民性也，即一民族之平均模型也。'以后孙中山、陈独秀、杜亚泉、蔡元培、鲁迅等人都讨论过中国人的国民性。'国民性'本来是一个中性名词，但在国民性批判与改造国民性的语境中，它却带有了明显的贬义与否定性，国民性经常带有国民劣根性的意义。"
② 鲁迅：《呐喊·自序》。见《鲁迅全集》（第一卷），人民文学出版社2005年版，第439页。

性神话的由来——国民性话语质疑》①。杨文军在其博士论文《新时期"非鲁"思潮研究》中评价说："刘禾的《国民性话语质疑》开创了用'东方主义'理论来重新审视鲁迅'国民性'话语的先例，当然，她也同时借用了福柯的'话语'理论。通过语源学的考察，刘禾发现'国民性'一词来自明治维新时期的日语，而日语又是译自英语 national character 或 national characteristic，它是世纪欧洲种族主义国家理论中的概念。这个理论的特点是：'它把种族和民族国家的范畴作为理解人类差异的唯一准则（其影响一直持续到冷战后的今天），以帮助欧洲建立其种族和文化优势，为西方征服东方提供了进化论的理论依据。'可是，梁启超等晚清知识分子在从日本引进'国民性'概念时，对这种西方话语霸权毫无觉察；后又经过'五四'知识分子之手，'国民性'已经成为一种关于中国人性的'本质论'表述。具体到鲁迅，刘禾认为19世纪的西方传教士——尤其是亚瑟·史密斯对他的'国民性批判'具有至关重要的影响。史密斯在《中国人气质》中结束了他对中国国民性的议论之后写道：'为了改良中国，首先要接近（reach）和纯化（purify）其国民性的根本，让良知占据统帅（be enthroned）的地位。'刘禾从中解读出'暴力'和'帝国主义'的因素。不仅如此，刘禾还发现传教士对中国国民性的描述并不完全得自亲身的观察。所以，《中国人气质》和其他西方传教士写的有关中国国民性的书既'粗制滥造'又'盛气凌人'。"②应该说，刘禾的长文在鲁迅研究领域是一篇具有开拓性的重要论文，但在当时并没有引起多少人的响应，直到很多年以后才有学者予以批判，如杨曾宪《质疑"国民性神话"理论——兼评刘禾对鲁迅形象的扭曲》③、王学钧《刘禾"国民性神话"论的指谓错置》④等。

亚瑟·史密斯，即明恩溥，其代表作《中国人的气质》我们前文已详作介绍。杨联芬在《晚清至五四：中国文学现代性的发生》一书中评价说，该书"极大地影响了日本人对中国民族性的评价，而且在中国读书界流传颇广。它对晚清舆论的影响，大都通过日本留学生传播——当时中国改革派知识分子在日本

---

① 刘禾：《一个现代性神话的由来——国民性话语质疑》。陈平原、陈国球主编：《文学史》（第1辑），北京大学出版社1993年版。
② 杨文军：《新时期"非鲁"思潮研究》，武汉大学博士学位论文，2011年，第129—130页。
③ 杨曾宪：《质疑"国民性神话"理论——兼评刘禾对鲁迅形象的扭曲》，《吉首大学学报》2002年第1期。
④ 王学钧：《刘禾"国民性神话"论的指谓错置》，《南京工业大学学报》2004年第2期。

发行的若干杂志，如《清议报》《新民丛报》《浙江潮》《湖北学生界》《江苏》《河南》等，都热衷于探讨国民性。鲁迅的国民性改造思想，就是产生于这一时期。20世纪初期的晚清新小说，经常涉及到对中国人'性质'或'气质'的分析，'性质'、'气质'的概念，显然也是character或characteristics的日译"①。1903年，该书中译本在上海发行。1936年，潘光旦又将该书节译为《中国人的素质》出版，并评价说书中"所历叙的中国人的特性，不但是一个事实，为明氏一班明眼人所见到，并且，就生物淘汰的学理言之，也确乎是一些无可避免的结果"②，从此，"中国的'国民性'就被牢牢系于种族的生物学特征，即等同于'种族性'"③。

　　这里，还需要特别提一下冯骥才先生的《鲁迅的功与"过"》一文。冯骥才也从西方传教士影响的角度，认为"鲁迅的国民性批判来源于西方人的东方观。……可是，鲁迅在他那个时代，并没有看到西方人的国民性分析里所埋伏着的西方霸权的话语。"④冯骥才的文章本来写得小心谨慎，在评论鲁迅之过时还特意在"过"之上加了引号——总是在赞扬鲁迅之后才指出其"瑕疵"；但因冯先生是文化名人，其主张还是引起了较大的关注（批评）⑤，相关的论文有余杰《鲁迅中了传教士的计？》⑥、刘玉凯《鲁迅国民性批判思想的由来及意义——兼评冯骥才先生的鲁迅论》⑦等，甚至刘禾的论文《国民性话语质疑》也借着对冯先生的批评开始进入人们的视野——其实，冯先生批评的深度与广度都没有超出刘禾的文章。

　　在我看来，有关国民性问题的讨论，中国人还是应该向近代以来的日本人学习。日本人讨论自己的国民精神、国民性等问题时，首先坚持正面评价的原则，坚持日本的文化本位（甚至把影响日本千年之久的中国文化全面打倒，踩在脚下）。所有的指责、批评、批判都应该有一个大的前提，就是中国的立场、

---

① 杨联芬：《晚清至五四：中国文学现代性的发生》，北京大学出版社2003年版，第193页。

② 潘光旦：《民族特性与民族卫生·自序》，北京大学出版社2010年版，第16页。

③ 程巍：《泰坦尼克号上的"中国佬"——种族主义想象力》，漓江出版社2013年版，第291页。

④ 冯骥才：《鲁迅的功与"过"》，《收获》2000年第2期。转引自罗摩，杨帆编选：《人性复苏——国民性批判的起源与反思》，复旦大学出版社2011年版，第263页。

⑤ 参见杨文军：《新时期"非鲁"思潮研究》，武汉大学博士学位论文，2011年，第58—63页。

⑥ 余杰：《鲁迅中了传教士的计？》，《鲁迅研究月刊》2000年第7期。

⑦ 刘玉凯：《鲁迅国民性批判思想的由来及意义——兼评冯骥才先生的鲁迅论》，《鲁迅研究月刊》2005年第1期。

中国人的立场；否则中国这不行、那不行、全都不行，中国人这卑鄙、那龌龊、又全都麻木愚昧，中国人就失去了安身立命的基石，中国包括中国人还有存在的必要吗？是应该让日本人来"接管"实现"大东亚共荣"呢，还是让美国人来"接管"成为美国公民？——中国人不应该笑着看中国人自己的眼泪。

第三节　有关中国（礼教）"吃人"之问题

1918年，鲁迅发表《狂人日记》，产生了巨大而深远的影响。其所控诉的"礼教吃人"（或称"礼教杀人"）主题，给予挣扎中的、沉沦中的传统文化又一深重打击。《狂人日记》也早已超出了小说的意义，被学者文人乃至无数的中国人"坐实"了——《狂人日记》发表后，作为坚定的支持者，吴虞考证的中国历史的吃人事例，列出了8例[①]。中国（礼教）"吃人"已堂而皇之成为中国古代文化的又一"标签"。

中国历代史书、小说、野史中确有吃人的记载，但只是几千年历史上极端的、个别的、惨死的现象，中国古代大概也没有人谈得"津津有味"，为何突然之间就无限地上纲上线了呢？2012年，李冬木发表了《明治时代"食人"言说与鲁迅的〈狂人日记〉》一文，指出"作为中国现代文学的奠基作，《狂人日记》从主题到形式皆诞生于借鉴与模仿"[②]；在《芳贺矢一〈国民性十论〉与周氏兄弟》一文，李冬木也强调："鲁迅对《国民性十论》的参考，主要体现在由芳贺矢一对日本国民性的阐释而关注中国国民性，尤其对中国历史上'吃人'事实的注意，促成了《狂人日记》'吃人'主题意象的生成。"[③]李冬木的文章，引发了中国学界的争论。我这里不讨论文学问题，但可以循着李冬木的思路，看一下日本对中国"吃人"史的描述。

李冬木在《明治时代"食人"言说与鲁迅的〈狂人日记〉》一文中，查阅了1875年至1926年50年间的相关文献资料，发现明治时期（1868—1912）有记载共125例，大正时期（1912—1926）共136例，并认为："日本近代以来关于'食人'或'人肉'言说，发生并成型于明治，完善于大正，延续到昭和

---

① 吴虞：《吃人与礼教》，《新青年》第六卷第6号，1919年11月1日。

② [日]李冬木：《明治时代"食人"言说与鲁迅的〈狂人日记〉》，《文学评论》2012年第1期。

③ [日]李冬木：《芳贺矢一〈国民性十论〉与周氏兄弟》，《山东社会科学》2013年第7期。

乃至现在。"在李冬木看来，日本"食人"言说的产生，与明治时期"食用牛肉之始""吃牛肉即等于文明开化"之看法有关；也与"知识的开放、扩充与'时代趣味'"有关 [①]；更与美国动物学者摩尔斯在日本的研究有关。1877 年，摩尔斯到日本考察，旋即被日本文部省聘请为东京大学动物学和生理学教授，他"既为日本带来了'言传身教'的进化论，也将关于'吃人'的言说带入进化论、人类学、法学、经济学乃至文明论的领域"。摩尔斯考察了一座日本"绳文时代"（16000 年前到 3000 年前）的"贝冢"，其最有冲击力的成果是据"贝冢"大量人骨推断出日本从前曾居住着"食人人种" [②]——于是，日本人大概成了"食人"族的后代。李冬木强调说，摩尔斯有关日本古代"食人"风俗的研究成果，"在思想史上的意义恐怕比作为考古学的一项推论更加重要，因为自摩尔斯开始，所谓'食人'就不一定只是'他者'的'蛮俗'，而是与日本历史和日本精神史密切相关的自身问题。换句话说，就是一个将'他者'转化为'自己'的问题。日本过去也存在过食人人种吗？也有过食人风俗吗？在这些问题的背后，就有着自己可能是食人者的后裔这样一种惶惑。" [③] 另外，长期在日本居住的英国传教士约翰·巴奇拉在 1900 年出版的《爱奴人及其说话》中也认为："爱奴最早居住在日本全国；富士山乃爱奴之称呼；爱奴为虾夷所驱逐；爱奴乃食人肉之人种也。"这对日本人来讲，就不只是"惶惑"那么简单了。

根据摩尔斯、巴奇拉的研究，日本人应该戴上"食人"族后裔、"食人风俗"的"桂冠"了。但随着日本国力的崛起，尤其是打败了亚洲老大中国之后，日本的种族优越感、文明优越感越来越强烈，他们怎么能是"蛮族"的后代呢？于是，早在 1881 年，神田孝平即发表《支那人食人肉之说》，把矛头直接指向中国，全文仅 2600 字，援引的支那"食人"例证却多达 23 个。李冬木评论说，这篇论文"虽然未提摩尔斯的报告，却视为是对摩尔斯的间接回应，所提出的问题是：野蛮人吃人并不奇怪，那么'夙称文明之国，以仁义道德高尚自我标榜'的'支那'，自古君臣子民食人肉之记载不绝于史，又该作何解释呢？"这篇论文"为此后'支那人食人肉之说'构筑了基本雏形"。之后，有关中国"食人"

[①] 李冬木说："'人肉故事'不独囿于猎奇和趣味范围"——在我看来，与其说它是"猎奇"和"趣味"，毋宁说它是低级恶俗甚至是文化上的"窥阴癖"。

[②] 1879 年，东京大学出版会出版的《理科会粹》第一帙上册，在《大森介墟古物篇》内的《食人种之证明》这一小标题下，明确记述了摩尔斯的推断。

[③] 1908 年，河上肇发表论文《食人论——论作为食料的人肉》，意在"'论破'摩尔斯的日本古人食人风俗说"。

风俗的研究成果，不断地出现在日本人的视野中，而桑原骘藏"是从明治到大正整个'支那人食人肉之说'的集大成者"①。李冬木总结说："'支那人食人肉之说'始于神田孝平，完成于桑原骘藏，其主要工作是完成对中国历史上'食人'事实的调查和确认，从而构成了一个关于'支那食人'言说的基本内容框架。"这样，在日本学者笔下，通过移花接木的伎俩，吃人肉就成了"支那固有之风习"，成了根深蒂固的"蛮种"的陋习；而日本人对于自己"食人"的风俗，却渐渐地忘掉了。在芳贺矢一的《国民性十论》中，在日本国民第十性之"温和宽恕"章中，在表现日本的"很宽容"时，指责中国"像白起那样坑杀四十万赵国降卒的残酷之事，在日本的历史上是找不到的。读支那的历史可以看到把人肉腌制或调羹而食的记载，算是食人时代的遗风吧"；但在该书中，"芳贺矢一有意无意回避了那些已知的本国文献中'食人'的事例，即使涉及到也是轻描淡写或一语带过，这在今天看来是显而易见的'例证不均衡论证'"②。我们前面说过，芳贺矢一《国民性十论》目的主要是赞颂日本的国民性的，是完全基于日本人的立场的。

对于李冬木日本"支那食人说"的观点，祁晓明在《〈狂人日记〉"吃人"意象生成的知识背景》一文中，予以反驳："日本的'食人'言说，肇端于江户前期的贝原益轩，完成于江户后期的古贺侗庵。由中国历史上的'食人'以阐释中、日文化差异，也是江户各个时期儒学、国学们的常谈，并为明治时代的学者所继承，构成了日本'食人'言说的知识背景。无论是对《资治通鉴》等文献中'食人'事例的发现，还是将其导入国民性的阐释，都是江户时代'食人'言说的延续和发挥。李冬木关于鲁迅《狂人日记》'吃人'意象是在明治时代'文明开化'背景下创造出来的，芳贺矢一《国民性十论》与之有决定性关联的推论，不能成立。"③祁晓明所论，虽然推翻了李冬木关于鲁迅《狂人日记》与芳贺矢一《国民性十论》之间的关联，但似乎只是从广度与深度上强化了日本学者的"支那食人说"——鲁迅《狂人日记》真的没有受到"支那食人说"的影响吗？大概这很难说清楚吧。

日本人为什么如此关注中国历史上的"吃人"事件呢？无非是为讨论中国

---

① 桑原骘藏在《支那人食人肉的风习》（1924）著作中，与西方文献相参照，援引中国"食人"例证200余例。

② 上述文中引文均见李冬木：《明治时代"食人"言说与鲁迅的〈狂人日记〉》，《文学评论》2012年第1期。

③ 祁晓明：《〈狂人日记〉"吃人"意象生成的知识背景》，《文学评论》2013年第4期。

国民的"劣根性"张目，并以此来突出日本人的优秀与文明。其实，中国历史五千年，不总是清平世界，朗朗乾坤；总会有极端的时代，如"五胡乱华"；总会有极端的事件，如惨绝人寰的战争、尸骨遍地的大饥荒；总会有极端的个人，如杀人狂、变态狂、食人魔①等，其中也包括昏君、酷吏、暴民。而中国人又深受"三不朽"思想的影响，总有"成一家之言"②的欲望，从国家层面到学者文人都要修史著文，故正史、野史汗牛充栋，诗词歌赋浩如烟海。不管正史还是野史，其目的都是警戒世人，以史为鉴——当然其中也可能有"猎奇"的成分。中国人对人性最明白不过，从来都知道世界上有坏人、有很坏的人，有恶人，有很恶的人，有害人的人、有不是人的人；他们谴责、批判、诅咒恶人恶行，告诉人们行世处事要小心谨慎——《资治通鉴》《朝野佥载》等正史、野史中记载的"吃人"事件，其立意也即如此。但意想不到的是，中国历史上的这些极端现象，在日本人笔下竟成了"支那固有之风习"；更意想不到的是，中国人尤其是精英人士竟然还会相信，并且还在此基础上演绎出了礼教吃人、礼教杀人的命题，真是让人莫名其妙！

对于中国文化、中国国学来说，鲁迅注定是个绕不开的话题。我在《国学弁言》部分说到钱理群、苏雪林二人对鲁迅的两种截然不同的评价，都是基于自己态度、立场的原因。著名学者许倬云在谈到鲁迅时也说："他一辈子跟日本人关系密切，内山书店跟他关系那么密切，可是内山书店搞不清是什么东西。他的弟弟周作人当然更密切了。鲁迅是左派捧出来的，好像中国只有一个鲁迅了，这是政治化的后果。鲁迅对同时代的人影响并没有那么大，我父亲那一代，兄姐那一代，到我这一代，都不会这么说，只是大陆关着门这么说。"③这当然只是许氏的观点。

---

① （唐）张鹭《朝野佥载》卷二多记残暴事件，其中就包括多起食人事例。如："隋末荒乱，狂贼朱粲起于襄、邓间。岁饥，米斛万钱，亦无得处，人民相食。粲乃驱男女小大仰一大铜钟，可二百石，煮人肉以餧（喂）贼。生灵歼于此矣。"再如："周杭州临安尉薛震好食人肉。有债主及奴诣临安，于客舍遂饮之醉，杀而食之，以水银和煎，并骨销尽。后又欲食其妇，妇觉而遁之。县令诘，具得其情，申州，录事奏，奉敕杖一百而死。"这两起"食人"事件，其一发生于隋末荒乱时期，其二薛震是个变态狂，俱为日本人"津津乐道"，但却没有了"生灵歼于此矣"、薛震"奉敕杖一百而死"的警戒意义。——见张鹭《朝野佥载》，中华书局1997年版，第29—30页。

② 司马迁在《报任安书》中谈到自己创作《史记》的目的时，说要"究天人之际，通古今之变，成一家之言"。

③ 许倬云口述，李怀宇撰写：《许倬云谈话录》，广西师范大学出版社2010年版，第186—187页。

我这里立足鲁迅与日本的关系，重点谈了中国国民性问题、"支那食人"说问题，只是泄了一下"私愤"而已；而从正面解读者、评论者比比皆是，如张梦阳《鲁迅杂文的勃兴与"鲁迅亲日说"的破产》[①]、王锡荣《鲁迅与中日关系》[②]等论文。这里不妨看一下鲁迅自己的态度。1929年，鲁迅在《〈奔流〉编校后记》中说："单是，忽然想起，在中国的外人，译经书，子书的是有的，但很少有认真地将现在的文化生活——无论高低，总还是文化生活——介绍给世界。有些学者，还要在载籍里竭力寻出食人风俗的证据来。这一层，日本比中国幸福得多了，他们常有外客将日本的好的东西宣扬出去，一面又将外国的好的东西，循循善诱地输运进来。"[③]这里，鲁迅还是一如既往地称赞日本人，但也认为中国的"文化生活"可以"介绍给世界"，有肯定的成分；尤其是对有些学者"还要在载籍里竭力寻出食人风俗的证据来"，虽然没有明确表态，但我觉得有些批评的意味。而1936年3月4日，鲁迅在去世半年前，写给尤炳圻的信更是意味深长：

> 日本国民性，的确很好，但最大的天惠，是未受蒙古之侵入；我们生于大陆，早营农业，遂历受游牧民族之害，历史上满是血痕，却竟支撑至今日，其实是伟大的。但我们还要揭发自己的缺点，这是意在复兴，在改善……内山氏的书[④]，是别一种目的，他所举种种，在未曾揭出之前，我们自己是不觉得的，所以有趣，但倘以此自足，却有害。[⑤]

这里，鲁迅对中国历史、文化的评价是相对客观的，或许揭示出鲁迅晚年对中国文化态度的转变？不得而知。鲁迅对内山完造著作的评价也让人回味，称其有"别一种目的"，显然不是为了中国的"复兴"与"改善"——这一方面鲁迅是心知肚明的；而对于书中的内容，也即从日本人的立场揭露与批判中国的内容，起初因不了解所以觉得"有趣"，倘若止步于此"却有害"——说得再明白不过。鲁迅此言，是不是也可以作为其批判中国国民性以及"礼教吃人"的注脚呢？也即是说，他最初在日本接触到的有关日本人批判中国国民性、

① 张梦阳：《鲁迅杂文的勃兴与"鲁迅亲日说"的破产》。见《内山完造纪念集》，2009年，第92—98页。

② 王锡荣：《鲁迅与中日关系》，《新文学史料》2015年第2期，第37—57页。该文文末更附《鲁迅论中日关系杂文篇目及内容提要》，解读了鲁迅的抗日主张。

③ 鲁迅：《〈奔流〉编校后记》。见《鲁迅全集》（第七卷），人民文学出版社2005年版，第186页。

④ 内山氏的书，指内山完造《活中国的姿态》，又被译作《一个日本人的中国观》。

⑤ 鲁迅：《致尤炳圻》。见《鲁迅全集》（第十四卷），人民文学出版社2005年版，第410页。

批判中国"吃人"风俗的著作、文章，是不是因为觉得"有趣"，即作为利器来批判中国文化呢？可惜他去世前才明确说出"有害"的字眼来。

　　鲁迅在其名篇《记念刘和珍君》一文中说："我向来是不惮以最坏的恶意来推测中国人的。"[①]——鲁迅也是中国人，就算是我以"最坏的恶意"来推测中国人鲁迅吧——当我读到陆建德《鲁迅与许广平的"三一八"记忆》的时候，非常痛心。鲁迅及其作品，为悠远的、绵长的中国文化徒增了一抹悲哀的血色；而在日本人的枪炮声中，更使这抹血色变成了殷红的颜色，干痂为中华民族沉痛的记忆。

---

① 鲁迅：《记念刘和珍君》。见《鲁迅全集》（第三卷），人民文学出版社2005年版，第293页。

第八章 创新或因袭——顾颉刚古史辨派与日本学术之关系

子曰:"夏礼,吾能言之,杞不足徵也;殷礼,吾能言之,宋不足徵也。文献不足故也。足,则吾能徵之矣。"

——《论语·八佾》

在现代学术史上,以顾颉刚为代表的古史辨派可谓风光无限,影响巨大且深远。因其合乎 20 世纪中国文化批判的潮流,更是为文化批判提供了理论依据,以至于风起影从,趋之若鹜。古史辨派的影响究竟有多大呢? 张京华在《古史辨派与中国现代学术走向·引言》中说:"在 20 世纪 40 年代,国内各大学的古史研究领域'几乎全被疑古派把持'。而古史辨派从一产生开始,其巨大影响并不仅限于史学,而且及于哲学思想史和文学史,举凡古典领域无不与之相关。……古史辨派的影响在政治、社会思潮方面也有体现,在新文化'思想启蒙'运动与五四'反封建'运动中,古史辨派起着不可低估的作用,这一层面的影响也持续至今。古史辨派的影响无时不在,无处不在。"[①] 情况大致如此。

第一节 古史辨派的价值取向

古史辨派从一开始,即有鲜明的价值取向和价值选择。1920 年 12 月,顾颉刚在给胡适的信中说:

中国号称有四千年(有的说五千年)的历史,大家从《纲鉴》上得来的知识,一闭目就有一个完备的三皇五帝的统系,三皇五帝又各有各的事实,这里边真不知藏垢纳污到怎样! 若能仔细的同他考一考,教他们涣然消释

---

① 张京华:《古史辨派与中国现代学术走向·引言》,厦门大学出版社2009年版,第2—3页。

这个观念，从四千年的历史跌到二千年的历史，这真是一大改造呢！①

1921年，顾颉刚在《自述整理中国历史意见书》中说：

> 我们的意思，要把中国的史重新整理一下，现在先把从前人的怀疑文字聚集，排比，做我们的先导。辨伪事的固是直接整理历史，辨伪书的也是间接整理。因为伪书上的事实自是全伪，只要把书的伪迹考定，便使根据了伪书而成立的历史也全部失其立足之点。照我们现在的观察，东周以上只好说无史。现在所谓很灿烂的古史，所谓很有荣誉的四千年的历史，自三皇以至夏商，整整齐齐的统系和年岁，精密的考来，都是伪书的结晶。②

1923年9月，顾颉刚在《启事三则》中说：

> 中国的古史全是一篇胡涂账。二千余年来随口编造，其中不知有多少罅漏，可以看得出它是假造的。但经过了二千余年的编造，能够成立一个系统，自然随处也有它的自卫的理由。③

顾颉刚晚年回忆说：

> 哪里想到，这半封题为《与钱玄同先生论古史书》的信一发表，竟成了轰炸中国古史的一个原子弹。连我自己也想不到竟收着了这样巨大的战果，各方面读些古书的人都受到了这个问题的刺激。因为在中国人的头脑里向来受着"自从盘古开天地，三皇、五帝到于今"的定型的教育，忽然听到没有盘古，也没有三皇、五帝，于是大家不禁哗然起来。多数人骂我，少数人赞成我。许多人照着传统的想法，说我着了魔，竟敢把一座圣庙一下子一拳打成一堆泥！④

顾颉刚对中国历史，可谓态度鲜明。同乃师胡适一样，张口闭口即污名化中国历史、污名化中国文化，说什么"藏垢纳污""随口编造""假造""伪书的结晶"等等，其目的则是要让"他们""三皇五帝"的观念"焕然消释"，"使根据了伪书而成立的历史也全部失其立足之点"；其"战果"即是"把一座圣庙一下子一拳打成一堆泥"！当顾颉刚口中说"他们"的时候，究竟是以

① 顾颉刚：《告拟作〈伪书考〉跋文书》（1920年12月15日）。见《古史辨》（1），上海古籍出版社1982年影印本，第13—14页。
② 顾颉刚：《自述整理中国历史意见书》（1921年6月9日）。见《古史辨》（1），上海古籍出版社1982年影印本，第35页。
③ 顾颉刚：《启事三则》（1923年12月2日）。见《古史辨》（1），上海古籍出版社1982年影印本，第187页。
④ 顾颉刚：《我是怎样编写〈古史辨〉的？》。见《古史辨》（1），上海古籍出版社1982年影印本，第17—18页。文中提到的《与钱玄同先生论古史书》的信，写于1923年2月。

怎样的身份、怎样的立场来讨论中国的问题呢？说"战果"的时候究竟与谁作战呢？是超越民族、超越国家的超然事外的旁观者吗？还只是为了研究而研究？更为糟糕的是，古史辨派"所采用的研究方法，是'以文献考证文献'，'以古书论古书'，是将假设直接判断为结论"[①]，所以古史辨派不是在辨"伪"，而是在证"伪"。顾颉刚在《古史辨·自序》中说："这是一个大问题，它的事实在二三千年以前，又经了二三千年来的乱说和伪造，哪里是一次的辩论所能弄清楚的！"[②] 既然已经知道是"乱说和伪造"了，只是为了来证明它的"乱说和伪造"吗？张京华在谈到古史辨派的研究方法与材料选择时说："以顾颉刚为代表的古史辨派，产生于20世纪初西潮泛滥之际，其理论方法虽以实验主义为标榜，实际上则始终以'对二千年之中国传统史学予以毁灭性的打击'的目标结论为预设。自由、独立观念渗透在学术之中，则有以百姓店铺流水账簿与六经正史意义等同的史料学出现，误解'六经皆史'为'六经皆史料'，经史子集的源流等差亦全然泯灭，而史官遂尽失职守。"[③] 中国历来都是重史的国度，虽曰经史，但史实际地位并不逊于经，且史学传统比经学更是绵长悠远，胡适、钱玄同、顾颉刚等人要从根上硬生生地斩断中国文化血脉，无乃太过乎？！

第二节　古史辨派的思想渊源

如果再进一步追问的话，古史辨派的"结论"是从哪里来的呢？我们知道，古史辨派开始时以胡适、钱玄同为重要推手，以顾颉刚为急先锋——如果没有声名显赫的胡、钱二人的奖掖提挈，单靠顾颉刚一人之力，古史辨派很难风生水起。从顾颉刚本人的表述看，古史辨派深受清代考据学者尤其是崔述的影响，《崔东壁遗书》更是被顾颉刚奉为圭臬。说古史辨派受到清代考据学者的影响，这没有问题；但古史辨派真的只是受到了崔述等清代考据学者的影响吗？我们先看几段章太炎在去世前几年对古史辨派的批评：

1933年3月，章太炎在名为《历史之重要》的演讲中说：

今之讲史学者，喜考古史，有二十四史而不看，专在细微之处，吹毛索瘢，此大不可也。昔蜀之谯周，宋之苏辙，并著《古史考》，以驳正太史公。夫上

---

① 张京华：《古史辨派与中国现代学术走向·引言》，厦门大学出版社2009年版，第4页。
② 顾颉刚：《自序》。见《古史辨》（1），上海古籍出版社1982年影印本，第2页。
③ 张京华：《古史辨派的研究方法与材料别择——顾颉刚〈三皇考〉读后》，《怀化学院学报》2006年第10期。

下数千年之事，作史者一人之精力，容有不逮。后之人考而正之，不亦宜乎？无如今之考古者，异于谯周、苏辙，疑古者流，其意但欲打破历史耳。古人之治经史，于事理所必无者，辄不肯置信，如姜嫄履大人迹而生后稷，刘媪交龙于上而生高祖，此事理所必无者也。信之则乖于事实。又同为一事，史家所记载有异，则辨正之，如《通鉴考异》之类，此史学者应有之精神也。自此以外，疑所不当疑，则所谓有疑疾者尔。日本人谓尧、舜、禹皆是儒家理想中人物，优自以其开化之迟，而疑中国三千年前已有文化如此。不知开化本有迟早，譬如草木之华，先后本不一时，但见秋菊之晚开，即不信江梅之早发，天下宁有此理？日本人复疑大禹治水之功，以为世间无此神圣之人。不知治河之功，明、清两代尚有之，本非一人之力所能办。大臣之下，固有官吏兵丁在，譬如汉高祖破灭项羽，又岂一身之力哉？此而可疑，何事不可疑？犹记明人笔乘，有丘为最高、渊为最深之言，然则孔、颜亦在可疑之列矣。当八国联军时，刚毅不信世有英、法诸国，今之不信尧、禹者，无乃刚毅之比乎？夫讲学而入于魔道，不如不讲。昔之讲阴阳五行，今乃有空谈之哲学、疑古之史学，皆魔道也。必须扫除此种魔道，而后可与言学。①

1933年5月，章太炎在名为《关于史学的演讲》中也说：

今之考古者，事事疑之，是疑古矣；疑古未尝不可，但须有疑根，如经之所无，而为俗人流说，其言荒诞，作者误取，遽入史籍，如《史记》记后稷、高祖之生，皆荒诞不经，固不可信，疑之可也。或迭见两书，异同其词，必求得失，斯有一当是，亦可疑，如司马温公作《通鉴考异》是也。今之疑古者，无所根据，遽尔相疑，斯真疑而成疾矣。日本有疑尧、舜非真有其人，亦群而和之，不知日人开化，晏于中国。……古学之不经者，虽动人于一时之风气，终不及于远，今之疑古者，害人更甚，厥祸尤烈！考其弊端，不究于史耳。是故吾辈不可不读史，而今日读史者，尤宜考其盛衰之迹，以见其政，用为国者鉴，盖读史固贵见其大也。②

1935年5月，章太炎在名为《论经史实录不应无故怀疑》的演讲中说：

今有人不假思索，随他人之妄见推波助澜，沿流而不知返者，其愚更可哂也。日本开化在隋唐间，至今目睹邻近之国，开化甚早，未免自惭形秽，

---

① 章太炎：《历史之重要》（1933年3月15日在江苏省立师范学校的演讲）。见马勇编：《章太炎讲演集》，河北人民出版社2004年版，第152—153页。
② 章太炎：《关于史学的演讲》（1933年5月在无锡国学专门学校的演讲）。见马勇编：《章太炎讲演集》，河北人民出版社2004年版，第173—174页。

于是不惜造作谰言，谓尧、舜、禹为中国人伪造。非但如此而已，即秦皇、汉武之丰功伟烈，《史》、《汉》所载彰明较著者，亦不愿称说。其所常言，多举唐太宗以后事。此其忌刻之心，不言可知，而国人信之，真可咍矣。

日人不愿居中国人后，不信尧、禹，尚无足怪。独怪神明之后，史籍昭彰，反弃置不信，自甘与开化落后之异族同侪，迷其本来，数典忘祖，信可哀已。……乃国人不肯披阅，信谬作真，随日人之后，妄谈尧、禹之伪，不亦大可哀乎？此种疑古，余以为极不学可笑者，深望国人能矫正之也。①

在这几次演讲中，章太炎激于民族大义，紧盯着古史辨派，指出其"望空生疑"，"造作谰言"，批评其"入于魔道""数典忘祖""厥祸尤烈"；尤为清楚的是，章太炎指出了古史辨派的思想来源，即受日人影响，拾日人"牙慧"，是日人矮化、丑化中国历史在中国国内的一种反响。陈学然在《中日学术交流与古史辨运动：从章太炎的批判说起》一文中明确指出："触发章氏激烈反弹古史辨的根本原因，在于意识到疑史学风乃步尘日本学界刮起，维护国史、国体和不禁严厉批判后学的言论遂一并应时而发，直把疑史看成破坏传统历史文化的行动，斥其遗害甚于秦皇焚书、满洲灭史。"②章太炎为什么会有如此批评呢？古史辨派与日本对中国历史的研究究竟有没有内在的、直接的联系？章太炎一生3次去日本，前两次时间较短，只有5个多月的时间；第三次自1906年6月至1911年11月，长达5年有余，与日本学人交往密切，对日本学界有较为深入地了解。早在1910年，章太炎在日本时就曾写信给罗振玉，其中即谈到白鸟库吉，说："白鸟库吉自言知历史，说尧、舜、禹三号，以为法天、地、人，尤纰缪不中程度。大抵东人治汉学者，觊以尉荐外交，不求其实宛名。况乎域中，更相宠神，日绳其美，甚无谓也！"可知章太炎熟悉白鸟氏的学说，并对其学术的取向深为不满；同时告诫国内学人："今以故国之典，甚精之术，不自校练，而取东鄙拟似之言，斯学术之大蝗，国闻之大稗。领学校者，胡可以忽之不愍哉？若乃心知其违，而幸造次偾起之华，延缘远人以为声誉，吾诚不敢以疑明哲也！"③强调国人要讲国格，不能自我矮化，不能自毁长城。按理说，章太炎不会也不能"栽赃陷害"古史辨派，那么，他对古史

---

① 章太炎：《论经史实录不应无故怀疑》（1935年5月在章氏星期讲演会上的演讲）。见马勇编：《章太炎讲演集》，河北人民出版社2004年版，第225、227页。

② 陈学然：《中日学术交流与古史辨运动：从章太炎的批判说起》，《中华文史论丛》2012年第3期，第285页。

③ 章太炎：《与罗振玉》。见马勇编：《章太炎书信集》，河北人民出版社2003年版，第285页。

辨派的批判究竟有没有道理呢？

我们知道，早在1909年8月，日本著名学者白鸟库吉（1865—1942）发表《支那古传说之研究》一文①，提出了著名的"尧舜禹抹杀论"，否定尧、舜、禹在历史上的存在，如他考证禹说：

> 据《说文》第十四，禹乃"虫也"，此不适合夏王之名。然禹、宇同音，又同属七麌之韵。而禹字通寓或廔，……《释文》云"四垂为宇"，孔颖达《正义》云"于屋前簷边为宇，于国则四垂为宇"，四垂（四至），即一特定之区域。若然，《尚书·禹贡》之文，可证夏王禹之命名决非偶然……禹之名，实得自其治九州四垂之水。

其考证的结论则是：

> 就吾人所见，尧、舜、禹乃儒教传说，三皇五帝乃易及老庄派之传说，而后者以阴阳五行之说为其根据。故尧、舜、禹乃表现统领中国上层社会思想之儒教思想，三皇五帝则主要表现统领民间思想之道教崇拜。据史，三皇五帝早于尧、舜、禹，然传说成立之顺序决非如是，道教在反对儒教后始整备其形态，表现道教派理想之传说发生于儒教之后，当不言自明。②

白鸟库吉"尧舜禹抹杀论"在当时日本即产生了强烈的反响，日本学者青木富太郎甚至认为："自博士（白鸟氏）这个新学说发表后，实在可以说是日本古代史研究界的一大转变，一脱向来以儒学者的见地研究古代史的错误，成为完全科学的研究。"③但亦有坚决的反对者，如日本著名汉学家林泰辅。据廖名春《试论古史辨运动兴起的思想来源》记载：1910年1月，林泰辅在《东洋哲学》第17编第1号上，就尧舜禹问题向白鸟库吉质询。1911年7月5日发行的《汉学》第2编第7号、1911年的《东亚研究》第1卷第1号、1912年1月的《东亚研究》第2卷第1号，连载了林泰辅的《关于尧舜禹抹杀论》，反驳白鸟库吉否定尧舜禹的理论。1911年12月4日，白鸟库吉在《东洋时论》第2卷第12号发表了《关于支那革命的史的说明》，强调"我不认为尧舜禹是实在的人物"。1912年4月，白鸟库吉又在《东亚研究》第2卷第4号发表了《尚书的高等批评——特关于尧舜禹》，号召对《尚书》作自由的研究。同年9月，

---

① 该文最初发表在1909年《东洋时报》第131号上，现国内著作常常译为《中国古传说之研究》。

② 白鸟库吉：《中国古传说之研究》。见刘俊文主编，黄约瑟译：《日本学者研究中国史论著选译》（第一卷），中华书局1992年版，第7—8页。

③ ［日］青木富太郎著，毕殿元译：《近五十年来日本人对于中国历史之研究》，《北华月刊》第1卷第4号，1941年8月。

林泰辅在《东亚研究》第2卷第9号上又刊登了《再论尧舜禹抹杀论》，再次批驳白鸟库吉。而白鸟库吉的学生桥本增吉也在《东洋学报》1912年至1914年间分4次连载了长篇论文《书经的研究》，声援白鸟库吉。所以，刘起釪认为，白鸟库吉、桥本增吉之说出，"于是对尧舜禹的怀疑，一时形成风尚"①。且已在1916年写入中学教科书，进入日本高级中学②。形成了"风尚"的、写入日本中学教材的"尧舜禹抹杀论"对古史辨派究竟有没有影响呢？陈学然在《中日学术交流与古史辨运动——从章太炎的批判说起》一文中说："很巧合地，白鸟氏早于1909年提出的古史质疑观点，在十四年后不少都重现于顾颉刚的论述之中。如顾颉刚在1923年下旬提出的禹是'地王'、禹不是历史实有之人、他不能仅凭一人之力治水等等言论，这些都是白鸟氏一早就提出的思想概念。"③这种关联只是"巧合"那么简单吗？

我们再看另一位与白鸟氏同时的著名"支那学"家内藤湖南（1866—1934）。内藤湖南自1915年起在京都大学讲《支那上古史》④，其讲义后来出版，即以《支那上古史》（国内译为《中国上古史》）名之。在内藤湖南《中国上古史》中有《传说的形成》一节，其中说：

> 神话传说和民间传说之类毕竟还有二种。一是来自地方原始信仰的口碑类，也称地方传说；二是开天辟地说或有关人的先祖的传说，这不属于那种只是来自原始信仰，而后来逐步丢掉其中旧事成分之类的传说，而是通过传说的自觉意识产生的，是属于比较进步一些的。此二者即形成了神话传说。后来出现一种风气，开始进行传说的统一，即将种种地方传说或各种类的传说归纳在一起，使之融会贯通，这姑且称之为统一传说。
>
> 这种传说的统一一旦开启，随后就会产生层累的增加。故在被统一的传说里，为了对种种传说进行调和，就会出现在空间方面将地方性的因素，纳入按时间段重加整理的倾向。这样一来，就会产生一种原则，新组合的传说几乎经常被置于古远的时代。
>
> 传说大体上如此形成，在研究古事中应用这种"加上"说的，是

---

① 见廖名春：《试论古史辨运动兴起的思想来源》。见《原道·文化建设论集》（第四辑），学林出版社1998年版，第121页。

② 王小林：《日本中国学的启示与课题》，《九州岛学林》2004年第二卷第4期，第231页。

③ 陈学然：《中日学术交流与古史辨运动——从章太炎的批判说起》，《中华文史论丛》2012年第3期。

④ 参看黄艳：《内藤湖南"宋代近世说"研究》，东北师范大学博士论文，2016年，第36页。

一百七八十年前著名的日本的佛教研究家富永仲基。①

这就是内藤湖南的"加上原则"，是日本疑古思潮的"四个标志性事件"之一②。仔细对照，内藤氏"加上原则"与顾颉刚"层累地造成的中国古史"的说法何其相似，但我们目前没有直接证据证明顾颉刚"抄袭"了内藤氏的观点③。1965年，日本学者宫崎市定在《独创的支那学者内藤湖南博士》一文中说："中国著名的古代史研究家顾颉刚，在其名著《古史辨》（1926年）的自序中，叙述了与'加上原则'完全一样的他自己的思想。这是否是受了内藤博士的影响，并不明确，但可以认为有这样的可能性。"④"这样的可能性"究竟有多大呢？

对古史辨派攻击最为猛烈的是胡秋原。他在《一百三十年来中国思想史纲》中说：

> 北大教授钱玄同和北大学生顾颉刚逐渐找到一个新工作，这便是《古史辨》——即专门否定中国尧舜禹之古史，说这都是神话而不是历史。

> 这工作的发起人是钱玄同。……他在《新青年》时代即热心于废止汉字，认为"二千年所谓学问，无非推衍孔二先生一家之学说"，或"道教妖言"。要"废孔教灭道教最彻底的办法，唯有将中国书籍一概束之高阁"。因此必须废止汉文。他认为中国文字"断不能适用于二十世纪之新时代"。他主张用世界语代汉文，而以英文法文为过渡。

> 废止汉字之事虽未成功，他觉得还有一事可做，因此"疑古"。梁胡诸人盛称阎若璩考证古文尚书是伪书，是科学方法。姚际恒的伪书考，康有为的改制考亦被推崇，他便想扩大范围考证"伪事"。他知道日本有一个幸德秋水，写过"基督抹杀论"，说基督无其人，十字架代表生殖器崇拜。

---

① [日]内藤湖南著，夏应元编译：《中国史通论：内藤湖南博士中国史学著作选译》，社会科学文献出版社2004年版，第18页。

② 李长银在《日本"疑古"思潮与"古史辨运动"》一文开篇即说："1934年3月，贺昌群在《日本学术界之'支那学'研究》一文中指出：自明治三十年以来，日本学界的'支那学'研究，'鸿篇巨制，不遑缕举'，唯有三事，在中国上古史研究上不可不特书者，其一为《崔东壁遗书》的印行，其二为白鸟库吉的'尧舜禹抹杀论'，其三为先秦天文历法论战。事实上，除贺氏所举外，应该再加上内藤湖南的'加上原则'。此即近代日本'疑古'思潮中的四个标志性事件。"（见李长银：《日本"疑古"思潮与"古史辨运动"》，《史学理论研究》2016年第1期）

③ 内藤湖南还在1921年至1923年间，相继发表了《尚书稽疑》（1921）、《禹贡制作的时代》（1922）和《易疑》（1923）等三篇文章，基本上是响应了白鸟库吉的观点，如《禹贡制作的时代》一文中，就认为大禹治水是战国人的传说。

④ [日]宫崎市定：《独创的支那学者内藤湖南博士》，《向中国学习》，朝日新闻社，1971年。

接着又有一个白鸟库吉，写了"尧舜禹抹杀论"，说古书所传尧舜禹之事皆为神话。此外，日本有一贱民阶级之著名作家名外骨者，自称"废姓外骨"，写了一些书，专讲日本希奇古怪风俗以及淫书酷刑之类。于是钱氏先仿废姓外骨，改名"废姓玄同"，继而改名"疑古玄同"，再学幸德与白鸟之舌，说易经代表生殖器崇拜，尧舜禹皆为神话。尧舜禹不足信，那言必称尧舜的儒家和依据易经的道家便不打自倒了。在他的启发下，顾颉刚"大胆假设"古史皆"层累地造成"，再来"小心求证"。他们求证的办法很简单，一，过去许多疑古、考证文字很多，如崔述考信录，再抄抄白鸟等人之说。二，因为没有发现夏代铜器，所以大禹治水不可能。三、抄一点外国讲神话的书，例如洪水是神话等。四、再加他们的想象和附会，例如说文说"禹，虫也"，便说禹为动物，出于九鼎。这是民国十二年的事。这既好玩，又"科学"，可以吓唬青年，可以使外国人觉得有趣。参加的人多起来，顾颉刚将这些文字、通信收起来，名曰《古史辨》，由朴社出版。（83、84 页，1973）[1]

胡秋原的批评可谓犀利，是不是空穴来风、无中生有呢？我觉得，胡秋原对钱玄同的批判并不为过，从日本留学归国的钱玄同，对中国传统文化甚至有一种莫名的"仇恨"，欲根除之而后快。陈学然在《中日学术交流与古史辨运动——从章太炎的批判说起》一文中也说："旧学湛深的钱玄同在新文化运动中风头紧随胡适之后。……他因耐不住寂寞而化名王敬轩，与刘半农合计'双簧信'的手段以求达到文学论争的目的，在其后的反文言文、废汉字以至自弃姓名等等举措中，钱玄同都显示出是一位为求学术目的而无所不用其极之人。就以自弃姓名为例，他在古史辨运动初兴即成激烈反传统文化之要员，无论撰文发表还是致函友人，均喜自署'疑古'。'将东方化连根拔去，将西方化全盘采用'一语足以道尽他在新文化运动中的心态。"[2] 对于顾颉刚，是不是也存在"为求学术目的而无所不用其极"的问题呢？胡秋原指出的顾颉刚"抄抄白鸟等人之说"，同章太炎所言国人"信谬作真，随日人之后，妄谈尧、禹之伪"同是一理——可惜的是，章太炎对"古史辨派"的质疑与批判，在当时并未起到多大的影响，连他的弟子钱玄同也充耳不闻，"古史辨派"的洪流已势不可当了。

---

[1] 转引自廖名春：《试论古史辨运动兴起的思想来源》。见陈明主编：《原道·文化建设论集》（第四辑），学林出版社1998年版，第113—114页。
[2] 陈学然：《中日学术交流与古史辨运动——从章太炎的批判说起》，《中华文史论丛》2012年3月。

第三节 古史辨派与日本学术的关系

近些年来，有关顾颉刚古史辨派与日本学术的关系问题，也时有争论。基本的观点包括抄袭说、无关说、部分关联说、讳言说四种说法。

一、抄袭说

（一）廖名春观点。沿袭胡秋原的理路，廖名春1998年发表《试论古史辨运动兴起的思想来源》一文，指出"否定尧舜、否定六经、否定六经与孔子的关系，甚至否定《说文》，就是要通过'将中国书籍一概束之高阁'，来达到'废孔教灭道教'的目的，这就是古史辨运动的真精神，是古史辨运动与历代辨伪活动不同的所在，也是古史辨运动代表人物与历代辨伪家的根本区别。所以，考辨古籍、考证人物的真伪并非古史辨运动的真谛，它只是手段。"[1] 应该说，廖先生在文中并没有直接的证据证明顾颉刚"抄袭"了日本学者白鸟库吉的"尧舜禹抹杀论"，但较为深入地探讨了存在的"可能性"：比如钱玄同对顾颉刚影响很大，而钱玄同有留日经历、深受日本人影响；比如顾颉刚曾任北京大学图书馆编目员[2]，又曾"清查外文书籍"，而廖名春实地考察，北京大学图书馆外文部收藏有《东洋学报》《东洋哲学》等日文刊物，顾颉刚想了解日本学者研究动态唾手可得，所以说顾颉刚"根本无缘与日本同时学者接触之说"是不能成立的。廖名春在该文末尾，一方面指出："否定尧舜禹，引发对中国历史的怀疑，动摇中华民族的自信心，这正是侵略者想干而难以干成的事，具有强烈的爱国主义感情的古史辨学者却替侵略者干到了。"另一方面也强调："严格地说，古史辨运动本来是学术层面上的问题，但人们往往从政治层面上来肯定它。本文写作的目的，只是提醒人们：即使从政治层面上来评价古史辨运动，我们也不能只对它作正面的肯定。近代以来中华民族倍受外国霸权的欺凌和压迫，这种欺凌和压迫最大莫过于对民族精神和民族自信心的打击。在这一问题上，古史辨运动的兴起到底起到了什么作用，的确是值得我们深思的。"[3] 这确实是

---

[1] 廖名春：《试论古史辨运动兴起的思想来源》。见《原道·文化建设论集》（第四辑），学林出版社1998年版，第117页。

[2] 1920年6月起，顾颉刚担任北京大学图书馆编目员，长达一年半时间。

[3] 廖名春：《试论古史辨运动兴起的思想来源》。见《原道·文化建设论集》（第四辑），学林出版社1998年版，第128—129页。

值得每个中国人深思的问题，即便是学术研究，不也应坚持一定的学术伦理吗？不也应该有国家、民族的大义吗？

（二）陈学然观点。2012年，陈学然发表《中日学术交流与古史辨运动——从章太炎的批判说起》文章，长达六七万字，可谓是讨论顾颉刚古史辨派与日本学术的关系问题的一大力作。该文除引论、结语外，分为五大部分：一、"古史辨"的日本因缘：章太炎的基本看法；二、文本比较：顾颉刚与日本学者的疑古辨伪；三、1921年以来胡顾师徒的日本接触；四、顾颉刚的隐衷与治学原则：古史辨运动思想源起不被正视的各种深层原因；五、秘而不宣：民初前后中国学者对东洋学的取态。陈学然的论文涉及古史辨派与日本学术渊源的方方面面，对顾氏人格也多有评价，矛头直指顾颉刚处心积虑地"抄袭"。对于古史辨运动，陈学然评价说："比白鸟、内藤二氏后出的顾颉刚，拆毁中国古史原构建的工作同样是围绕着大禹的有无、真假与属性等问题展开。他不但指出禹的虚构伪造，还对禹的来源、本质本性、在古史系统里的构成时间、构成目的等等一一细究，立意打破中国传统古史系统。中国上古史一旦被看成有意伪造，不但否定其固有古史系统，即连其信史年期也被大大缩窄；如此，民族历史之起源就需得重新诠释，而经书与诸子书中的上古史事也将连带被全盘否定掉，儒家政治思想因为圣王的虚构性而变得不可信，它们都被看成一堆未曾实行的不理性空想王政，无异于说明儒家的道德模范全是虚构伪造的，就是现世赖以实践理想政体的凭借——'黄金古代'也不过是虚无的。不但如此，大禹在经其考证下也立即浮现本相——'九鼎上铸的一种动物'、'大约是蜥蜴之类'[1]的爬虫类动物。"对于顾颉刚本人，陈学然批评说："在顾氏身上，我们看不见章太炎、陈寅恪，甚至傅斯年身上那种讲究治学与国家命运相联系的学人气质与不屈的治学精神，他更多的似乎只是关心个人名位而已。他在回应陈寅恪的讥评时赖以辩解的'公务员'身份，正好压倒了他作为'学人'的身份、原则与宗旨。由此观之，时人纷以顾氏治学'为图利禄'的谈资恐怕不是无的放矢。"在文章结尾，陈学然评论说："诚然，从抹杀尧舜禹的真实性、'大禹是一条虫'的古史辨运动到所谓采用《尚书》的《禹贡》为名展开'华夏不可侮，国土不可裂'的学术经世工作，我们看到的当然不只是世纪之交中日两国在学术、思想、文化交流的紧密而复杂情况，也不只是动乱时代知识分子在历史与价值间的张力问题，同时更看到了这一切后面知识分子在建立学术事业过程中如何看待个人名位与

---

[1] 此处陈学然引文，见顾颉刚：《与钱玄同先生论古史书》，《古史辨》（1），上海古籍出版社1982年影印本，第63页。

民族家国命运问题。当然，这一切最终让我们还原到个人身上，看到那隐藏在灵魂深处的那个渺小的自我。"[1] 其从国家、民族立场评判古史辨派，与章太炎是一脉相承的。

二、无关说

因顾颉刚自己从来不说古史辨派与日本学者白鸟库吉等人的学术关系，对章太炎的指责也没有任何回应[2]，故在古史辨运动风起云涌甚至"大快人心"的时候，没有人关注这个问题。在台湾地区，胡秋原《一百三十年来中国思想史纲》1973年出版，明确指责顾颉刚古史辨派"抄抄白鸟等人之说"后，王泛森在《顾颉刚层累造成说的特质与来源》一文中予以反驳，认为："这个说法是否影响到顾颉刚等人的古史观点，是深深令人怀疑的。一方面是因为顾氏本人并不懂日文，而且也没有任何的数据显示他曾接触过白鸟氏的作品。另方面是因为白鸟的说法在当时的中国并没有引起过热烈的讨论。不过白鸟氏的论点与康有为及崔适倒是非常相像。"[3] 在大陆，刘起釪1994年在《现代日本的〈尚书〉研究》一文中说："此说（白鸟库吉'尧舜禹抹杀论'）并没有对顾颉刚先生1923年所倡尧、舜、禹是神不是人的疑古学说产生影响，因顾先生倡其疑古学说时，并不知有白鸟、桥本等之说，当时他刚从大学毕业，所承受的学术源流实际主要是乾嘉经学，又接受了一点胡适等人介绍的西方学术，根本无缘与日本同时学者之说接触。但白鸟氏之说比顾氏之说早十四年提出，表示时代进入二十世纪，在接触了西方历史学说中以古史大都茫昧无稽之说后，通过各自的研究，都提出了大致相同的说法，反映了学术上新的风会到来了。"[4] 钱婉约也在《"层累地造成说"与"加上原则"》一文中持相同意见："这是历史性的巧合，可以视为日中史学在脱离传统、迈向近代的过程中，所必须经历的共同阶段，以及在此相同阶段上所表现出来的共同的文化学术现象。"[5] 刘、

---

[1] 陈学然：《中日学术交流与古史辨运动——从章太炎的批判说起》，《中华文史论丛》2012年第3期，第314、350、372页。

[2] 陈学然在《中日学术交流与古史辨运动——从章太炎的批判说起》一文中，也讨论了章太炎批评意见被"无视"的原因。见该文第340—342页。

[3] 王泛森：《顾颉刚层累造成说的特质与来源》，《古史辨运动的兴起》，允晨文化实业公司1987年版，第53页。

[4] 刘起釪：《现代日本的〈尚书〉研究》，《传统文化与现代化》1994年第2期。

[5] 钱婉约：《"层累地造成说"与"加上原则"》，载顾潮编：《顾颉刚学记》，生活·读书·新知三联书店2002年版，第223页。

钱二人，都否认顾颉刚受到白鸟氏等日本学者的影响，强调"偶合"——其实，白鸟氏的"尧舜禹抹杀论"是在日本国学勃兴的大背景之下产生的，通过矮化、丑化中国历史人物，以突出日本民族的主体价值——这是合乎日本人"理性"的历史的"逻辑"，顾颉刚等人是什么逻辑呢？"学术上新的风会"就如此地"巧合"吗？

吴少珉、张京华在《论顾颉刚与崔述的学术关联》一文中，在评价廖名春《试论古史辨运动兴起的思想来源》时说："本文认为，廖名春的文章对相关史料进行了仔细的挖掘，研究的问题也较为深入，对于活跃学术气氛也有一定作用。但是从方法论上来说，它并没有给出证明，还只是推测。因为：第一，文章论述钱玄同、顾颉刚与日本的关系，虽然提出了种种可能，但是到最后关键的结论上却并没有直接的证据。顾颉刚先生是位纤细而情绪化的学者，他记日记的习惯保持了 60 年之久，据其女顾潮和熟悉他的李学勤先生所见，无论是哪个年代，他都没有在日记上提到过白鸟库吉，那么这个证据是否存在呢？以廖名春先生评价顾颉刚的方法而反观他自己的论证，文章亦可谓'假设'有余而'求证'不足了。"[①] 这也是一说。

陈学然《中日学术交流与古史辨运动——从章太炎的批判说起》一文发表后，2013 年，李孝迁发表《域外汉学与古史辨运动——兼与陈学然先生商榷》[②] 文章，长达三四万字，与陈学然"商榷"。该文分为"西洋的新旧学说"、西方汉学疑古论、顾颉刚与白鸟库吉等三大部分，立足国际汉学大背景，探讨了古史辨派的思想来源，批评了陈学然的抄袭或剽窃说。李孝迁认为："理雅各[③]、沙畹[④]、夏德[⑤] 在国际汉学界具有广泛的影响力。在日本，白鸟库吉承袭欧洲汉学界的疑古论，提出'尧舜禹抹杀论'，在日本汉学界引起轩然大波，并且波及中国学界。"从欧洲汉学界说起，尤其是强调了德国人夏德的作用："夏德是胡适古史观念形成的来源之一，胡适又催生了顾颉刚疑古观念的形成，换言之，夏德亦间接影响了顾的古史观念。"关于白鸟库吉"尧舜禹抹杀论"

---

① 吴少珉、张京华：《论顾颉刚与崔述的学术关联》，《洛阳大学学报》2002年第3期。
② 李孝迁：《域外汉学与古史辨运动——兼与陈学然先生商榷》，《中华文史论丛》2013年第3期，第265—312页。
③ 理雅各（1815—1897），英国汉学家。因翻译四书五经而出名，代表作是《中国经典》。
④ 沙畹（1868—1918），法国汉学家。曾译《史记》。在《史记》第一卷《序论》中，谓尧舜禹都是模范人王的传说，其事迹大都是伪造的（《诗经》中竟未一见，尤为可怪）。
⑤ 夏德（1845—1927），德国汉学家。1908年出版《中国古代史》，怀疑尧舜等传说，以为都只是神话的幻影，而非实有其事。

之影响，李孝迁强调："我虽然不赞同陈学然先生把顾颉刚说成是'抄袭'者，但同样'感觉'顾氏极有可能在1923年之前已略知白鸟'抹杀论'。有学者说顾氏不太看外国书，恐不符合事实，恰恰相反，他对域外著作一直都很重视。"文章最后说："白鸟是顾氏疑古学说的'引导'，于是推动着他创造性地消化郑樵、姚际恒、崔述、康有为、胡适诸氏的疑古思想，配合从观看戏剧中获得的灵感，辅之以近代科学的理性思维，逐步形成有系统的疑古理论。"[①] 李孝迁否认顾氏疑古论与白鸟之间存在学缘关系，不知所谓"引导"究竟有着怎样的内涵。

三、部分关联说

一些学者在讨论古史辨运动与日本学术关系时，又采取了折中的方式，即承认顾颉刚受到白鸟氏等人的影响，但这种影响是有限度的。如李长银在《日本"疑古"思潮与"古史辨运动"》一文中说："在'古史辨运动'兴起之际，钱玄同、顾颉刚确实通过某种间接方式接触到了白鸟库吉的'尧舜禹抹杀论'，但决未受到该说的直接影响，'抄袭'之说更无从谈起！"[②] 紧接着，李长银又发表《古史辨"抄袭"公案新探——兼与廖名春、吴锐两位先生商榷》一文，同样强调："在'古史辨运动'兴起之前，钱玄同、顾颉刚虽然都通过间接文本对白鸟库吉的'尧舜禹抹杀论'有所了解，但了解不等于受其直接影响。推测此中缘由，要在钱、顾二氏并不认为'尧舜禹抹杀论'是一种'非常异义可怪之论'，故受其影响可以说微乎其微，'抄袭'之说更是无从谈起！"[③] 需要指出的是，在上述两篇文章中，作者反复强调了王桐龄的《中国史》、李泰棻《中国史纲》、梁启超《五千年史势鸟瞰》对古史辨派的影响。

---

① 李孝迁：《域外汉学与古史辨运动——兼与陈学然先生商榷》，《中华文史论丛》2013第3期，第282、291、292、310、311页。除该文外，李孝迁在2010年还发表《日本"尧舜禹抹杀论"之争议对民国古史学界的影响》一文，认为"顾氏大体上是从胡适、康有为、中国辨伪传统、戏曲等方面获得灵感，辅之以近代科学的理性思维，形成他的疑古思想"，所论大同小异。（见《史学史研究》2010年第4期）
② 李长银：《日本"疑古"思潮与"古史辨运动"》，《史学理论研究》2016年第1期。
③ 李长银：《古史辨"抄袭"公案新探——兼与廖名春、吴锐两位先生商榷》，《史学月刊》2016年第10期。

四、讳言说

　　杨鹏等在《古史辨运动与日本疑古史的关联》一文中说："为什么顾颉刚始终回避承认这一影响呢？笔者认为这主要是因为以白鸟、内藤为代表的日本'支那史'研究者虽然表面上埋头于考证古史，但在其'客观主义'的背后，不但反映了轻视中国历史的倾向，更反映了当时日本社会强烈的战胜国的优越感。史辨运动兴起之时，正值日本帝国主义加紧侵略中国，中日交恶的时期。具有强烈爱国主义感情的古史辨学者不愿意把自己的研究与日本攀上关系。众所周知，中国史学自甲午战后就走上了步伍日本的道路，经日本学者改造的欧美的史学知识和概念，以及日译历史教科书在 20 世纪初大规模进入中国，学本国史还采用日译教科书的情状极大地刺激了饱含民族感情的中国学人。……在强烈的耻辱感面前，陈寅恪还发出了'耻向东洋学国史'的悲愤之言。因此，在 20 世纪 20 年代强烈的反日氛围下，顾颉刚讳言受到了日本疑古史学的影响，并非不能理解。"[①] 这是一种有意思的假说，不知可否有人会相信——鲁迅在抗日战争如火如荼的时候，都从不讳言自己对日本人的好感；钱玄同、顾颉刚把中国文化骂得狗血喷头，会"不愿意把自己的研究与日本攀上关系"吗？在该篇论文末尾，作者还特意告诫说："我们今天讨论此类问题时，应该适当划分政治与学术的界线，无论是推断两者有关，还是坚持两者无关，都应该避免使用'灭亡古史'、'动摇民族自信心'一类的煽情之论。"作者肯定是真心相信为学术而学术了，但白鸟库吉提出"尧舜禹抹杀论"时大概不会这么想[②]。

　　本节最后，笔者还想重申以下五点：一是中日甲午战争之后至 20 世纪 20 年代，正是中国学者文人"哈日"现象最为突出的时期，日本的学术思想快速涌入中国，这当然也会包括白鸟库吉著名的"尧舜禹抹杀论"，身处学术中心的顾颉刚不受任何影响是说不过去的；二是对顾颉刚有重大影响的钱玄同留学

[①] 杨鹏、罗福惠：《古史辨运动与日本疑古史的关联》，《探索与争鸣》2010年第3期。该文是杨鹏博士论文《中国史学界对日本近代中国学的迎拒》（华中师范大学，2011年）第四章的主体部分。

[②] 杨宽在《历史激流中的动荡和曲折——杨宽自传》中说："白鸟库吉就是日本南满洲铁道株式会社所属'满鲜历史地理调查部'的主持人，白鸟曾四次奉命前往中国东北、华北、内蒙等地作实地调查，这个机构前后出版的研究成果，显然应合当时日本侵略的需要。因此中国史学界多数人对于白鸟的'尧、舜、禹抹煞论'，认为不是纯正的学术讨论，带有抹煞中国古代传统文化的意图。"（见杨宽：《历史激流中的动荡和曲折——杨宽自传》，台湾时报文化出版企业有限公司1993年版，第77页）

日本多年（钱氏家族有留学日本的传统），应该了解日本的学术动态，与古史辨运动有重大关切的理论不可能不涉及；三是顾颉刚1920年6月起担任北京大学图书馆一年半的编目员、又曾"清查外文书籍"，自然会接触日本的《东洋学报》《东洋哲学》等学术期刊、杂志，对自己感兴趣的问题不会不留意；四是从鲁迅与顾颉刚交恶的原因，即顾颉刚率先向陈源透露鲁迅的《中国小说史略》抄袭日本人盐谷温《支那文学概论讲话》一事看来，顾颉刚对日文应有所了解；五是日文中夹杂大量汉字，即便不懂日文，有时也会约略知道日文的大意（上述内容参考廖名春、陈学然等人观点）。所以，顾颉刚古史辨派到底有没有受到白鸟等人观点的影响，还是有待进一步深入研究的。

第四节　对古史辨派的评价

古史辨派或古史辨运动，虽取得了非凡的成就，但从上面的论述我们可以看出，古史辨运动自开始即毁誉参半。在批判者中，自章太炎、胡秋原乃至廖名春、陈学然，莫不坚持民族立场，强调国家情怀；在支持者中，则强调史学精神，提倡科学史观。国家情怀与史学精神是一对矛盾吗？顾颉刚1936年在《书经中的神话序》中说："马先生 [1] 这部书很可以作我们研究的先导。他的态度是客观的，他的方法是科学的，他的成绩也是值得相当钦佩的。读了这本书，我敢寄语国内一班研究古史的人：你们再不要作建设'真善美合一'的历史的迷梦了！——历史是只有'真'的，而那'美'的和'善'的历史的时代现在是早已过去了！" [2] 顾颉刚在这里强调客观、科学，要求摒弃"'真善美合一'的历史的迷梦"，以"真"为唯一的原则——问题是，什么是"真"呢？如何求"真"呢？

依我拙见，人类的历史便如人生一般，也有婴幼儿时期，也有牙牙学语、蹒跚走路的时候，总不能见他不会说话，就扇一个耳光；总不能见他不会走路，就打上一拳；总不能见他不会写字，就踢上一脚；总不能见他不会做事，就扯起他的头发想把他拎起来……我们都为人父母，自己的孩子牙牙学语、蹒跚走路时，是他一生中最可爱的时期——若不喜欢，也总不至于虐待——虐待儿童

---

[1] 马先生即马伯乐（1883—1944），法国汉学家。马伯乐是沙畹的弟子，1927年出版《中国上古史》，认为传统的夏商历史只是神话，尧舜禹皆是传说中的人物，中国的"信史"从商末开始。《〈尚书〉中的神话》是其另一部著作，旨在考证中国古代洪水等神话演变。

[2] 顾颉刚：《书经中的神话序》。见《顾颉刚全集》（8）之《顾颉刚古史论文集》（卷八），中华书局1910年版，第20页。

是会犯罪的。现在的父母，都会想方设法为孩子保留一些婴幼儿、儿童乃至少年、青年时期的影像资料，并要小心翼翼地保存，这既是作为父母的记忆（纪念），也是孩子成长的经历，弥足珍贵，没有记忆的童年不是人生的一大缺憾吗？况且，人在很大程度上也生活在记忆之中。我曾在网上看到一句话，说"人生没有白走的路，每一步都算数"，很是感动——历史不也如此吗？五千年的历史（或者更长），是中国人筚路蓝缕，历尽艰难，一步一步走过来的，哪一步都应该"算数"，动辄怀疑中国历史"藏垢纳污""随口编造"，动辄指责中国古籍是"伪书的结晶"，何至于此？

其实，中国人本是万分幸运的。虽然命运多舛，但最终没有被消灭掉，所以历史绵远悠长，文化血脉一直畅流不息，文化基因代代相传——这应该是每个中国人都引以自豪的。在上古时期，囿于客观条件的限制，尤其是在文字产生以前，神话传说、英雄故事口耳相传，转相沿袭，最终积淀成为民族的记忆——历史的真相即是如此！这就使中国历史尤其是上古史具有了虚实相间的特点——这些口耳相传的历史如何用所谓现代史学的方法来考证呢？如何用"实验主义"的方法去验证呢？历史悠长并不是罪过，没有文字记载的历史同样是历史！而这些中国"童年"的记忆本弥足珍贵，成为中国文化根性特征的主要依据，或者说是形成中国人国民性特征的最初原动力，是中华民族精神的最直接体现。退一步讲，如果1899年国子监祭酒王懿荣没有发现甲骨文的话，那么埋于地下的甲骨文所记载的殷商的历史就全是虚假的吗？同样的道理，或许在甲骨文之前中国还有更古老的文字，我们或者没有发现，或者早已在历史长河中彻底消失，它们所记载的历史就该视作没有发生吗？即便在文字产生以后，历史上的真实情况我们也未必真正地了解——不了解、不能证明的就没有发生吗？这就是史学精神？王和在《何必强求五千年》一文中说："'中华文明具有5000年的悠久历史'这一习惯说法在学术上其实是无法证明的。"还是强调要"证明"——中国人就是大方，动辄就把自己的历史削去一二千年——要"证明"给谁看呢？该文还强调："而且坦率地讲，文明历史的时间长又如何？短又如何？倘若文明历史长便值得自豪，那么，莫非文明历史短的民族就该感到自卑？……实际上，历史长但终归于衰落和消亡的文明适足以引起我们的警戒，历史短但生气勃勃的文明恰值得我们学习。"[①] 这就是历史学家的历史观吗？根据这样的逻辑，大概当下只有美国文明最好，建国二三百年，经济发展迅猛，依托两次

---

① 王和：《何必强求五千年》，《光明日报》2002年7月2日。

世界大战成为世界头号强国；美国的史学家们既不用疑古也不用辨伪，历史都清清楚楚的摆在那里；况且他们也不用在乎美国屠杀印第安人的历史①，因为那些血污早就清洗干净了——文明历史短的民族当然不用感到自卑，文明历史长的民族就不能感到自豪吗？我不明白历史学家的历史逻辑，我只知道民族自豪感在凝聚人心方面会起到重要作用，日本人如此，韩国人如此，美国人亦如此。悠久的历史应该是每个中国人的"财富"，而不是负担，更不是罪恶。

在先秦诸子百家争鸣时，儒家推崇尧舜，墨家推崇大禹，道家推崇黄帝，这有问题吗？这就会"层累地造成"了中国的古史？至少孔子、墨子、老子、庄子不这样认为。诸子百家争鸣时，是要辩论的，是要争锋的，道家对儒家、儒家对墨家、墨家对儒家的批评比比皆是，他们为什么没有直接指出对方论据"造假"而直接摧毁他们立论的基础？他们都不懂得说理、不明是非吗？再者，《诗经》中没有出现尧、舜、禹又如何呢？十五《国风》中就一定要歌唱尧舜禹吗？大雅、小雅中就一定要歌唱尧舜禹吗？作为宗庙祭祀舞曲的颂就一定要歌颂尧舜禹吗？——亦或者《诗经》中原有类似的内容，是不是有被整理者删芟的可能？我们不是神，也不是裁判者；我们只是历史长河中的一滴水，转瞬即逝，宜敬畏历史、敬畏先人。

从顾颉刚本人来讲，毋庸讳言，他是有着强烈的功名与事业心的②。1920年，顾颉刚28岁时从北大哲学系毕业，留校担任图书馆编目员。这样的职位当然不会合乎顾颉刚的心意。1922年夏，顾颉刚经胡适介绍进了上海商务印书馆当编辑员，期间几次给钱玄同写信，均未得到回复③。1923年2月，顾颉刚突然收到

---

① 卡尔·贝克尔在《弗雷德里克·杰克逊·特纳》一文中说："驱赶印第安人不是什么'文明的推进'，那些倒霉的家伙也不是死于'文化能力'的欠缺。他们死于从丹尼尔·布恩之流手中的来复枪里射出的子弹。那些人射出这些子弹，不是为了文明或社会的进程，而是为了自己的利益，因为他们需要土地狩猎和种植，以养活自己和家人，并且像年景不错的时候一样过上好日子。"见卡尔·贝克尔著，马万利译：《人人都是他自己的历史学家：论历史与政治》，北京大学出版社2013年版，第180页。

② 钱穆《八十忆双亲·师友杂忆》云："颉刚人极谦和，尝告余，得名之快速，实因年代早，学术新风气初开，乃以枵腹，骤享盛名。乃历举其及门弟子数人，曰，如某如某，其所造已远超于我，终然不能如我当年之受人重视。"见钱穆：《八十忆双亲·师友杂忆》，生活·读书·新知三联书店1998年版，第230页。

③ 至于不回信的原因，顾颉刚在《我是怎样编写〈古史辨〉的？》一文中说："不过他（钱玄同）有一个毛病，就是白天上课之外，专门寻朋友谈天，晚上回到宿舍时便专看友人的信札和新出版书报，直看到黎明才就枕，可是那时已接近上课时间了。因此，他看了书报想作些批评，总不得闲暇；朋友们去的信札，往往一搁半年，或竟不复。"（见《古史辨》（1），上海古籍出版社1982年影印本，第16—17页）

了钱玄同的长信，顾氏"不禁大大地喜欢接受"，并花了"整整一天的工夫写了一封答书"，但"等候了两个月，依然落了一个空"。这时胡适在上海治疗痔疮，把学术上的事情托付给顾颉刚办理，于是顾颉刚就把自己写给钱玄同信的下半篇，以《与钱玄同先生论古史书》为名在《读书杂志》第九期上发表，顾颉刚的目的很明确："钱先生那里接到我的信好久了，还没有得到他的复信，我就借了这个机会催他一催，岂不很好！"《与钱玄同先生论古史书》的发表，"竟成了轰炸中国古史的一个原子弹"①，使顾颉刚急速成名。顾颉刚大概对这个过程比较得意，叙述得特别仔细。顾颉刚野心与雄心并具，早在1934年，他的学生牟润孙便在背后骂他："野心太大，想做学问，是一政客。"②而他自己也在1942年5月31日日记中说："许多人都称我为纯粹学者，而不知我事业心之强烈更在求知欲之上。我一切所作所为，他人所毁所誉，必用事业心说明之，乃可以见其真相。"③余英时则评论顾颉刚说："为了事业，他辗转奋斗于学界、政界和商界之中。"④或许，学术只是顾颉刚实现其事业的手段而已。张京华在《古史辨派与中国现代学术走向·引言》中开篇，概括了顾颉刚性格的多面性以及行事风格的多样性："特别是顾颉刚一生矛盾特多，变量最大，平生所作研究计划宏大而多反复，著作体例繁乱而多改易。仅一篇万言的《大诰译证序》，现在竟有十二稿之多。'成与不成并无界限'，故罕有定稿。需要时，他可以'为学术而学术'，也可以'贯穿经世致用的精神'。可以'把自己想得到的意思随时发表'，也可以告诫学生'论文脱稿后千万不要急于送出去'。可以'将许多有志有为的人'的'不能用的稿子通体改写'而'仍用原作者姓名发表'，也可以让学生以自己的名义发表论文以期提高稿酬标准。在他的一些著作中，很难用现代著作版权观念标识他个人的按语跋语，尤其是屡见的删节和改易标题。而这所有的一切，又正是顾颉刚极尽苛责地对着古人古书责难的。"⑤或许人性本来就是复杂的，而人心更为复杂。

2006年8月，《中华读书报》发表了祝晓风名为《一桩聚讼八十余年的学

① 上述内容见顾颉刚：《我是怎样编写〈古史辨〉的？》。见《古史辨》（1），上海古籍出版社1982年影印本，第17页。
② 余英时：《未尽的才情——从〈日记〉看顾颉刚的内心世界》，联经出版事业股份有限公司2007年版，第7页。
③ 顾颉刚：《顾颉刚日记》（4），联经出版事业股份有限公司2007年版，第689—690页。
④ 余英时：《未尽的才情——从〈日记〉看顾颉刚的内心世界》，联经出版事业股份有限公司2007年版，第5页。
⑤ 张京华：《古史辨派与中国现代学术走向·引言》，厦门大学出版社2009年版，第1页。

术公案再起波澜》的文章，并声称《文史哲》杂志连续载文探讨"走出疑古"问题，立场明显是为古史辨派"站台"，或者说为古史辨派鸣不平的，其中说："近年来，'走出疑古'有两点最受非议：一是对'疑古'的评价有失公允，有些评价甚至歪曲事实。……二是借新出简帛反思古书之机，由'疑古'向后倒转，跳回到'信古'，盲目信从古书和古书中所载古史传说，试图借'古来如此'和'事实素地'等观念，肯定包括'三皇五帝'谱系在内的传统古史观。"① 还要进一步"疑古"吗？还要进一步打破"包括'三皇五帝'谱系在内的传统古史观"吗？思想自由，学术自由，当然也无可厚非，但不知还会有什么样的突破。20 世纪30 年代，卫聚贤在《十年来的中国考古学》一书中说："中国的历史，尤其是上古史，将神话与事实混在一起，若不加考证，便真相不明，演变之由莫知②。但考证的方法，多在书本上找材料，闹来闹去，没有甚么结果，如顾颉刚提出没有'禹'的问题，虽则《古史辨》出了几册，但仍是根据《诗经》上的几句话，反来复去，这是他不知考古之故。"③ 这是考古人士的告诫。据钱穆《师友杂忆》中说起顾颉刚时，曾谓顾氏"对其早负盛誉之《古史辨》书中所提问题，则绝未闻其再一提及"，且其"晨夕劬勤，实有另辟蹊径，重起炉灶之用心"④——顾颉刚本人是否对古史辨运动有过深切的反思呢？或者他本人也曾否定过古史辨运动也未可知。

李孝迁在谈到古史辨派与日本学术关系有关争议时强调："就目前学界所披露的史料来看，要证实顾颉刚疑古辨伪思想是'抄袭'或'剽窃'日人旧说，无疑缺乏说服力，在没有出现更有力证据之前，我们不妨存而待证。"⑤ 这个主张，我是万分赞成的，人的认识有局限，资料有缺失，所以最好不要主观臆断。话又说回来，古史辨派（包括域外汉学家）为什么没有坚持这样的原则呢？在其"大

---

① 祝晓风：《一桩聚讼八十余年的学术公案再起波澜》，《中华读书报》2006年8月30日。

② 中国上古时期，"神话与事实混在一起"即是事实，能分得开吗？还是应该呵护人类"童年时期"的一点"童趣"与"童真"吧；而考古只是提供了一些事实而已，"演变之由"则需要从精神层面深入挖掘。

③ 卫聚贤：《十年来的中国考古学》，中国文化建设协会编：《抗战十年前之中国（1927—1936）》，商务印书馆1937年版，第637页。

④ 钱穆：《八十忆双亲·师友杂忆》云："对其早负盛誉之《古史辨》书中所提问题，则绝未闻其再一提及。余窥其晨夕劬勤，实有另辟蹊径，重起炉灶之用心。"见钱穆：《八十忆双亲·师友杂忆》，生活·读书·新知三联书店1998年版，第230页。

⑤ 李孝迁：《域外汉学与古史辨运动——兼与陈学然先生商榷》，《中华文史论丛》2013年第3期，第310页。

胆假设"的背后,对中国历史有着怎样的"科学"态度呢?钱穆在《国史大纲》卷首《凡读本书请先具下列诸信念》中说:"所谓对其本国已往历史有一种温情与敬意者,至少不会对其本国已往历史抱一种偏激的虚无主义(即视本国已往历史为无一点有价值,亦无一处足以使彼满意),亦至少不会感到现在我们是站在已往历史最高之顶点(此乃一种浅薄狂妄的进化观),而将我们当身种种罪恶与弱点,一切诿卸于古人(此乃一种似是而非之文化自谴)。"[1]在我看来,这是每一个中国人对历史、对先人都应该恪守的原则。

---

① 钱穆:《国史大纲》(上),第19页。见钱穆:《钱宾四先生全集》(27),台北市联经出版事业公司1998年版。

附录一

天人观念的历史传承与现代转化

自工业革命以来，西方文化引领着世界文化发展的潮流，人类在以知识论为基础的机械文明的列车上滚滚向前，创造了呈几何级增长的物质财富；人类也欣然地、贪婪地享受着物质文明的成果。但任何文明都如一把双刃剑，一方面，对自然的过度攫取带来了灾难性的后果，如环境污染、能源危机、气候变暖、物种灭绝等等；另一方面，因为尚智崇智，恃智以争强，人类的道德水准并没有得到提升，反而有恶化的趋势，在人类肌体上产生了极端恐怖主义这样的"毒瘤"，核辐射甚至是人工智能也威胁到了人自身。我们应该反思单一的西方机械文明的发展模式，立足中国传统文化，既重学习借鉴，更重传承转化，为中国实现可持续发展繁荣提供借鉴，也可为人类文明的发展贡献中国的智慧。本文就古代天人意识的传承与转化展开讨论，以期对当下的文化建设有所裨益。

一、天人观念的中国视阈

人生于天地之间，吃穿住用皆取之自然，皆受制于自然。而自然时而慷慨，和煦温暖；时而暴虐，残酷无情；时而与人丰衣足食，时而让人一无所有；对自然的赞美、崇敬乃至紧张、惊惧，都沉淀在原始先民的记忆中。自然的崇高伟大与人类的渺小卑微形成了强烈反差，但人毕竟是有主观意识、有想象力、有思想尤其是有理想、有梦想的动物，必然会考虑人与自然的关系，想方设法摆脱窘境，寻求突破，以使自己的心灵（灵魂）有安栖之地。为达此目的，基本做法是把人与自然（天）的关系抽象化，试图赋予人以超自然的力量，以期突破自身限制、赋予人生以意义——人生的意义都是人自己赋予的。大体上可以分为三个层面：一是在万物有灵论的基础上，产生原始宗教和神话；人赋予自然万物以灵性、神性，既是人了解、认识自然的努力，也是人跟自然妥协的结果。二是在神性光芒的照耀下，产生一神教。人的心比"天"大，万物有灵论已经凸显不出人的价值，人要超越自然、掌控万物，于是又想象、虚化出一个至上神来，撇开自然万物直接与至上神对话，死后升入"天堂"，从而使人成为万物的主宰。这以西方基督教为代表。三是立足人本，致力于德性道性的自觉。人从万物有灵、原始宗教的窠臼中跳脱出来，以人证天，以天证人，天人和合，从而提升道德境界，成为圣人。这以儒道思想支撑的中国古代文化为代表。

一般认为，儒家、道家坚持道德至上的原则，其天人观念即在道德范畴内展开。儒家立足现世，关注人伦，强调人与人之间的关系。但儒家人伦学说，是以天人关系为基础的。孔子作为儒家的创始人，我们先看一下他的天人观念。总体来看，孔子可谓是"天人合德"论者。一方面，孔子承认天、天命、天道的存在，认为其公正无私，人应该顺天承命、敬畏天命，如"五十而知天命"（《论语·为政》）、"唯天为大"（《泰伯》）、"畏天命"（《季氏》）。另一方面，孔子讳言天道，认为天道静穆，运行不息，如《公冶长》篇中，子贡说："夫子之文章，可得而闻也；夫子之言性与天道，不可得而闻也。"《阳货》篇中，当子贡听孔子说"予欲无言"后，子贡问："子如不言，则小子何述焉？"孔子感慨说："天何言哉？四时行焉，百物生焉，天何言哉？"对天道、天命的认识，折射到孔子的人生层面，他认为自己是天德的承继者，如他在周游列国，人身遭遇桓魋威胁时说："天生德於予，桓魋其如予何？"（《述而》）在礼崩乐坏、世事动荡的春秋时期，孔子以极其崇高的使命感，以恢复周礼为己任；或许在孔子看来，这也正是天命所归，故在意识中能承天庇祐——这是其人生、事业信心的源泉。孔子虽重视天道，但其与天道、天命相联系的鬼神观却较为模糊，不语怪、力、乱、神（《述而》）。孔子回避鬼神、死亡的问题，强调"未能事人，焉能事鬼"，"未知生，焉知死"（《先进》），或许在孔子看来，鬼神、死亡之事本属于天道的范畴，而天道不言，人的超越或者说超越的企图并没有益处。但是，儒家强调慎终追远（《论语·学而》），确立了一套严格的祝祷祭祀制度，要求"祭如在，祭神如神在"（《八佾》），这是儒家天人观的另一种表现形态。在孔子影响下，儒家注重天人合德，其天人观念贯穿着整个儒学史，如《易传》中说"夫大人者，与天地合其德，与日月合其明，与四时合其序，与鬼神合其吉凶，先天而天弗违，后天而奉天时"。在此基础上强调天人感应，如孔子说："邦大旱，毋乃失诸刑与德乎"[1]，董仲

---

[1] 马承源：《上海博物馆藏战国楚竹书》（二），上海古籍出版社2002年版，第51页。

舒借鉴战国阴阳家思想,使天人感应学说理论化,臻于成熟。北宋张载在《正蒙·乾称》中明确提出"天人合一"的说法,标志着儒家天人观念的最终定型,成为其以仁为中心的道德学说的重要组成部分。当然,儒家也有"天人相分"的观点,强调"制天命而用之"(《荀子·天论》);也有"天人交相胜"(刘禹锡《天论上》)的观点,但这在儒家天人观中只是末节支流,并不影响儒家"天人合一"天道观的整体格局。

相对儒家而言,道家更重视天道。作为道家的创始人,老子一方面礼赞天道,如《老子》七十三章说:"天之道,不争而善胜,不言而善应,不召而自来,繟然而善谋,天网恢恢,疏而不失。"天道善胜、善应、善谋,利众生万物,无私无欲;另一方面,老子以天道来反观人道,认为"天之道,损有余而补不足。人之道则不然,损不足以奉有余"(《老子》七十七章),借以批判人道。在天道、人道的对比中,凸显了二者之间不协调、相矛盾的一面。老子从天道看人道,尊天而卑人,尤显深刻。作为老子之后的道家重要的代表人物,庄子的天人观念同样深刻而又丰富。庄子强调天道与人道的不同,《在宥》篇中说:"何谓道?有天道,有人道。无为而尊者,天道也;有为而累者,人道也。主者,天道也;臣者,人道也。天道之与人道也,相去远矣,不可不察也。"天道"无为而尊",人道"有为而累",譬如君逸臣劳,相去甚远;《秋水》篇中河伯与北海若的对话中也说:"牛马四足,是谓天;落马首,穿牛鼻,是谓人。故曰:'无以人灭天,无以故灭命,无以得殉名。'谨守而勿失,是谓反其真。"人道有欲望有目的有手段有功利,破坏了天道之纯真自然,所以人应该"知天之所为,知人之所为"(《大宗师》),更应该"不以人助天"(《大宗师》)、"无以人灭天"(《秋水》),这样才能够顺天道而行,保守人之真性情。基于此,庄子第一次明确提出了"天与人不相胜也"的命题,因其层次、境界不同,人无法胜天,天也不屑于胜人。道家天人观念中最引人注目的还是"道法自然"的思想。老子以大智慧,在人、地、天之上抽象出一个"道"来,并以"道法自然"为根本原则,这是对中国文化乃至人类文化的重要贡献。《老子》第二十五章中说:"人法地,地法天,天法道,道法自然。"什么是"道法自然"呢?历来众说纷纭,如汉代河上公注曰"道性自然,无所法也"[1],都不甚明了。王中江先生在《"道法自然"本义》一文中说"道法自然"即"道

---

[1]　王卡点校:《老子道德经河上公章句》,中华书局1993年版,第103页。

效法或遵循万物的自然"①，笔者认同王中江先生观点。"道法自然"即道效法万物的自然而然，也即效法人、地、天的自然而然。正是在这个意义上，万事万物（包括人）在道面前就有了平等的可能性，就有了自主、自在、自由的内在基因。庄子在"道法自然"的基础上，更强调道的遍存性，提出了著名的惊世骇俗的"道在屎溺"（《知北游》）说法，无非是强调万事万物都有道，都有着自己的运行规律。

二、人类中心主义的现实困境

西方"人类中心说"源远流长。古希腊时期智者普罗泰戈拉早在公元前 5 世纪就明确提出"人是万物的尺度，是存在者存在的尺度，也是不存在者不存在的尺度"②，亚里士多德则说得更为清楚，更为具体："植物的存在是为了动物的降生，其他一些动物又是为了人类而生存，驯服动物是为了便于使用和作为人们的食品，野生动物，虽非全部，但其绝大部分都是作为人们的美味，为人们提供衣物以及各种器具而存在。如若自然不造残缺不全之物，不作徒劳无益之事，那么它必然是为着人类而创造了所有动物。"③而《旧约全书·创世纪》中也表达了同样的意思：神赐福给挪亚和他的儿子说："凡地上的走兽和空中的飞鸟，都必惊恐、惧怕你们；连地上一切的昆虫并海里一切的鱼，都交付你们的手。凡活着的动物，都可以做你们的食物，这一切我都赐给你们，如同菜蔬一样。"④由此奠定了西方"人类中心说"的基础。在欧洲中世纪，基督教神学占统治地位，以神为中心，贬低人的地位和价值，结果导致从文艺复兴到启蒙运动几百年间的反动。在所谓理性光芒的照耀下，西方社会以知识论（科学技术）为先导，唱响"知识就是力量"（弗兰西斯·培根）的号角，勾引起人类无穷无尽、无边无际的欲望，堂而皇之地"使人成为自然界的主人和统治者"（笛卡尔），明确提出"人是自然的立法者"（康德）。康德在《未来形而上

---

① 王中江：《"道法自然"本义》，《寻根》2009年第3期。另外，王中江先生还发表《道与事物的自然：老子"道法自然"实义考论》一文，强调"'道法自然'的确切意思是道遵循或顺应万物的自己如此"（《哲学研究》2010年第8期）。

② 北京大学哲学系外国哲学史教研室：《西方哲学原著选读》（上卷），商务印书馆1981年版，第54页。

③ 亚里士多德：《政治学》。见《亚里士多德全集》（第9卷），中国人民大学出版社1994年版，第17页。

④ 中国基督教协会：《圣经》，中国基督教三自爱国运动委员会，2010年，第7页。

学导论》中说："自然界的最高立法必须是在我们心中，即在我们的理智中，而且我们必须不是通过经验，在自然界里去寻求自然界的普遍法则；而是反过来，根据自然界的普遍的合乎法则性，在存在于我们的感性和理智里的经验的可能性的条件中去寻求自然界。"[①] 人的主观能动性得到无限制的张扬——人类高高在上，自然界只是成为人类利用的工具，只是成为人类压榨的对象。在笔者看来，西方人类中心主义只不过是一神教思维的产物，可以说，启蒙主义者打倒了神学的上帝，但同时又把自己装扮成为知识、智力的"上帝"，借此以统治世界。

在西方人类中心主义指引下，更在知识论（机械文明）的配合下，人类开始全方位、多层面、立体化地占有自然界，进行野蛮开发、无情掠夺，造成了诸多环境问题，乃至于产生了重大的生态灾难。其实，早在19世纪，恩格斯在《自然辩证法》中早就告诫："但是我们不要过分陶醉于我们人类对自然界的胜利。对于每一次这样的胜利，自然界都对我们进行报复。每一次胜利，起初确实取得了我们预期的结果，但是往后和再往后却发生完全不同的、出乎预料的影响，常常把最初的结果又消除了。"[②] 恩格斯之后，被誉为"生态伦理之父"的美国著名学者奥尔多·利奥波德（1887—1948）在其著作《沙乡年鉴》中，提出土地共同体或称为大地伦理学理论，从人与人、人与社会、人与自然三个层面构建伦理道德，产生了较为广泛的影响；1962年，美国海洋生物学家蕾切尔·卡逊出版了《寂静的春天》，猛烈抨击了工业文明带来的恶果，引起了较为广泛地讨论，非人类中心主义的思想开始发展。但是，在物欲狂欢中的人类却很难被惊醒。

近代以来，人类中心主义对中国影响巨大而强烈，甚至可以说摧毁了中国人赖以安身立命的道德观念，当下中国人的天人观念即在人类中心主义诸形态间游移徘徊，中国人变得更加贪婪和自私。从大的文化背景看，中国自古以来的农业社会本身即有唯物是趋的传统，但在儒道思想的制约下隐忍不发，一旦放任开来，中国人主张的天人合一的"天"就变了，试图战天斗地，改天换地。一方面，达尔文生物进化论在清末传到中国后，中国人脑洞大开，立即奉为圭臬——达尔文进化论其实是一种人类中心主义的理论形态，而进化的标准无非是在"物竞天择、适者生存"指引下以人为中心的对自然的"合理""合法"

---

① 北京大学哲学系外国哲学史教研室：《西方哲学原著选读》（下卷），商务印书馆1981年版，第286页。
② 《马克思恩格斯选集》（第四卷），人民出版社1995年版，第383页。

地掠夺①，人与自然之间极端地对立；另一方面，本来作为细枝末节的、中国古代天人观念中"制天命则用之"的思想被无限放大，中国人的壮志豪情要革天的"命"，变得无所不用其极。我们当前面临着严峻的环境问题、生态问题，空气污染、水污染、土壤污染，严重雾霾、沙尘暴天气时而肆虐，如 2016 年 12 月中旬，整个华北笼罩在重度雾霾中，北京、天津、太原、石家庄、郑州等 23 个城市空气质量连续 4 天达到重度及以上污染，北京不得已自 16 日至 21 日间启动空气重污染红色预警措施，在市区内机动车采取临时交通管理措施；再如 2017 年 5 月初，中国北部以至安徽等十几个省市被沙尘笼罩，污染物 PM10 指数爆表，空气质量严重污染。在如此严重的雾霾、沙尘面前，所有的发展成果都打了折扣，而更为严重的是食品安全问题，如三聚氰胺奶粉、瘦肉精、染色馒头、毒生姜等等，常常触动人们的神经，挑战人们的底线。这些问题的存在，说到底都是人的问题，都是道德问题。

所以，人类亟需从根本上确立一种良性的人与自然的关系。而天人关系大框架下的中国传统文化恰恰包含了丰富的、深刻的生态伦理思想——甚至可以说，利奥波德的生态伦理学说只不过是为中国传统天人意识做一个新的注脚——需要深入地挖掘，并从理论上予以升华。

三、生态道德建构的基本原则

至于中国古代天人意识的转化，首要的任务还是应该从人本身入手，构建良好的生态道德——环境问题说到底还是人的问题。从思维方法的角度讲，中国古代坚持由己出发，推己及人，如老子强调"以身观身，以家观家，以乡观乡，以天下观天下"（《老子》五十四章），孔子强调"修己以敬"、"修己以安人"、"修己以安百姓"（《论语·宪问》），更要遵循"己所不欲，勿施于人"（《论语·颜渊》）的原则，这与西方动辄关怀人类前途、拯救宇宙的宏大愿景迥异其趣。所以，中国传统文化是人本主义的，从人本身修身养性，到人与人、人与社会、人与自然之间的关系，都体现出和而不同的特点。而和而不同的基本态势，正是构成生态道德的基础。在当下，人类应当且必须树立人与自然的命运共同体

---

① 在某些人看来，达尔文进化论也同样适用于人与人之间、族群与族群之间、国家与国家之间乃至文明与文明之间——文明即也有先进与落后之分，先进文明掠夺甚至消灭落后文明自然也是顺理成章；由此也确立了厚今薄古的原则，中国古代的文化、传统被弃之如敝屣。

意识，摒弃人类中心主义观念，汲取中国古代天人意识的精华，构建良性的生态道德系统。为达此目的，须遵循以下几个原则：

整体性原则。在显性层面上，中国古代文化以儒、道为骨架，二者虽相互攻讦，但它们是同源互补的。儒家继承了《周易》阳道的功能与特征，道家继承了《周易》阴道的功能与特征，如太极图中的阴阳鱼，是一个整体，生生不息。二者对道德的追求虽不同，但从道的角度思考问题、观察世界的方式方法是一致的，即都具有整体性的特征；儒家"天人合一"、道家"天人合道"，即都是从整体上观照天人关系。从整体观念出发，则天与人会成为利益相关者，相利而不相害。而当下在西方人类中心主义指导下，人们往往黑白二分，从利己的目的出发，把其他物种分为有益、有害两大类，如鸟分为"益鸟""害鸟"，甚至不择手段把"害鸟"消灭殆尽。一个物种的消灭，势必也会影响到其他物种的生存繁衍，如把麻雀消灭干净，则会带来农作物、树木的虫害，产生更大的生态问题，这方面中外都有深刻的教训。所以，人对自然要树立起生命共同体意识，树立起命运共同体意识，努力达到天人和合的境界，笔者下文所说的多样性原则、制约性原则、平衡性原则也都是从人与自然的整体性方面着眼的。

多样性原则。我们前文说过，中国古代天人意识，从最初的万物有灵论并没有走向一神教，而是进入道德范畴。一方面，遗存了万物有灵论的观念，万物都有神性；另一方面，延伸了人性的光辉，赋予万物以道性德性（如庄子所谓"道在屎溺"）。这就意味着，自然界的万物都有其存在的合理性。张载在《西铭》中强调"民吾同胞，物吾与也"，即是以儒家的仁心推及万物，亲近自然，与自然和谐相处。换句话说，地球或者说自然界是人、动物、植物、有生物乃至无生命物质的共同家园，非人类所能够专断，所能够独有；自然界中的每一个成员都有其存在的价值，他们共同组成一个巨大的生命链条，而这正是地球生机与活力的体现——自然界本也应该是物种丰富、鸟语花香的世界。但是，近百年来，随着工业化的逐渐深入，自然界物种灭绝的速度却比以往提高了百倍、千倍，据世界《红皮书》统计，20 世纪有 110 个种和亚种的哺乳动物以及139 个种和亚种的鸟类在地球上消失；另据《联合早报》引《科学》期刊 2016年 7 月 14 日报告的数据，地球陆地上 58% 地区的物种多样性完整指数已低于安全值[1]，这些数据都触目惊心。其实，地球生物的多样性是人类正常生存的首要条件——试想一下，如果地球上只剩下了人类一个物种，该是多么地无聊——

---

[1] 《地球近六成陆地物种多样性遭严重破坏》，《联合早报》2016 年 7 月 16 日。

人与自然万物应该是相依互存、共生互荣的关系。

制约性原则。相对于自然界而言，人是生产者，更是消费者，衣、食、住、行都取自自然界。人类同自然界其他物种的最大区别，在于使用工具、制造工具基础上的智力的提升，人开始有手段、有能力、有欲望对自然界万物生杀予夺。但人类不能忘乎所以，应该有效地管控手段、约束能力、节制欲望。中国古代在此方面的观念、思想乃至行为都可圈可点。殷商时，商汤有网开一面的故事（《史记·殷本纪》），对动物不赶尽杀绝。周文王时发布《伐崇令》，规定"毋坏屋，毋填井，毋伐树木，毋动六畜。有不如令者，死无赦"，有明确的环保动机。东周时，孔子"钓而不纲，弋不射宿"（《论语·述而》），强调不用渔网拦河捕鱼，也不射杀夜宿之鸟。《礼记》中有诸多环保方面的要求，《月令》篇中记载，季春之月"田猎罝罘罗网毕翳餧兽之药，毋出九门"；《王制》篇中记载"草木零落然后入山林。昆虫未蛰，不以火田。不麛，不卵，不杀胎，不殀夭，不覆巢"；《祭义》篇中引孔子话说"断一树，杀一兽，不以其时，非孝也"，把不按时令滥砍滥杀同儒家大伦孝联系在一起，其重要性可想而知。秦统一前颁布的《田律》，对环保提出了更为明确、更为具体的要求，被誉为世界上最早的自然保护法典[1]。在对人的能力、智力的约束方面，道家则走得更远，要求"绝圣弃智""绝学无忧"（《老子》十九章），对机械、机事、机心予以批判（《庄子·天地》），以保持心性的纯良，或不具备实践价值，但具有强烈的警示意义。当下，由于人类主体意识的张扬，更由于机械文明（技术技能）的飞跃，人类把大自然当成了"婢妾"、地球成了"奴仆"，结果遭到猛烈的反噬，为现代文明涂上了深灰的底色，这教训是极为深刻的。人类应该把自身还原为自然界的一个"物种"，不是高高在上的统治万物的"神"，摒弃"自杀式"的发展模式，这样人类才可以在这最适合人类生存的地球上更长久地生存，不要动辄就想逃离地球。

平衡性原则。自然界本身就是一个大的生态系统，人与人之间、人与其他物种之间、物种与物种之间都在动态中维持一种平衡的关系，生态链条的某个环节出了问题，其他环节都会受到影响。儒道思想就是在中国文化大背景下阴、阳平衡的结果。在儒道思想指导下，人既可入世，也可出世；既可奋进，也可隐退，注重内心修养，人本身的正、负能量基本上可维持平衡的态势；在人与自然之间，

---

[1] 杨巨中：《世界上最早的自然保护法典——云梦秦简〈田律〉刍议》，《人文杂志》2000年第5期。

中国人整体观照的方式、民胞物与的观念、对自然物取用的标准与限制，一方面能够让自然界较为充分地自净、自化和自为，使自然界各物种间维持平衡，另一方面也使中国人不以征服自然为人生旨趣，与自然和谐共生。而西方文化则在一神教"庇护"下，成为名副其实的"天之骄子"，人在探索自然、征服自然的欲求下战天斗地，过多地干预了自然界方方面面、角角落落，破坏了自然界的生态平衡。现在则需要纠偏，尽可能克制人盲动的热情——有克制才能平衡，在核能（核武）利用、人工智能开发等方面要慎之又慎，不要给人类自己掘了坟墓。

总之，21世纪是一个生态的世纪。我们应该遵循整体性原则、多样性原则、制约性原则、平衡性原则，汲取中国古代天人意识的精华，并努力实现创造性转化，构建起良性的生态道德系统，以期实现全面协调可持续发展。

附录二

试论庄子思想中的负—负能量

庄子是继老子之后道家学派的代表人物，在中国思想史上具有举足轻重的地位，对中国人具有广泛而深远的影响。我们知道，一种思想的产生与发展必会有深厚的背景渊源与社会现实基础，并由此形成其思想学说的核心价值，确立它在历史以至在现实社会中的牢固的地位。庄子思想的核心价值体现在哪里呢？它对中国人的影响主要表现在哪些方面呢？笔者以为，除历史背景、物质条件有很大不同之外，历史人与现代人生老病死、吃穿住行、爱恨情仇等方面并没有本质的不同，尤其是在情感领域，历史人与现代人会面临许多相同的窘境、逆境、困境甚至险境，所谓人同此心、心同此理就是这个道理。我们要尚友古人，借鉴古人智慧，解决现实生活中的难题。

当下，由于社会上存在诸如信仰危机、诚信缺失、人性堕落、精神颓废等问题，人们常常谈论、倡导甚至鼓吹社会"正能量"，希望能够改变人们生存发展面临的困境。所谓正能量，一般指健康乐观、积极向上的情感与动力，社会的发展需要正能量。与正能量相对，则为负能量，指人生困境中消沉、沮丧、焦躁、自我怀疑等不良情绪以及这些不良情绪带来的人生阻力。在实际生活中，负能量如果得不到及时宣泄而积聚、沉淀而后爆发，往往带来不可估量的可怕后果，及时地、有效地消解负能量是人生大智慧。在中国古代，儒家弘扬的仁、义、礼、智、信、温、良、恭、俭、让，自然是社会的正能量；道家思想在中国人的精神生活中也起到了至关重要的作用，但在思维方式、价值取向、思想指归等方面表现却与儒家明显不同。在这一方面，庄子思想尤为突出。它产生于逆境、困境之中，以无、虚、静为支点，消解逆境困境中的负能量，并最终升华为瑰奇、曼妙的心灵境界。庄子思想整体的路径，即是通过负的方法消解负能量，从而获寻人心的宁静与平和，正如数学法则中负负得正一样，笔者称之为"负—负能量"。

一、庄子的"世界"

思想的芦苇需要深厚的土壤才能够生长。庄子所处的时代、社会以及他家族、个人的遭遇，是他思想产生的"土壤"。关于庄子的生平事迹，史书中记载不多，但从《史记·老子韩非列传》及相关研究成果看，庄子的生活乃至他的生命体验无不充满了负面的因素。

乱世之民。庄子所处的时代，周天子式微，礼崩乐坏，诸侯争霸，战争频繁，国君权贵横行无忌，人民朝不保夕。如庄子所在的宋国，"今宋国之深，非直九重之渊也；宋王之猛，非直骊龙也"（《庄子·列御寇》[①]），宋国的黑暗与宋王的残暴可见一斑；宋国之外，历史上的楚王"形尊而严。其于罪也，无赦如虎"（《则阳》），鲁侯"以己养养鸟"（《至乐》）愚蠢可笑，卫灵公则是"赋敛以为钟"（《山木》）、"饮酒湛乐，不听国君之政；田猎毕弋，不应诸侯之际"（《则阳》），统治者残暴愚蠢，社会动荡不安。

弱国之民。庄子所处的宋国，本是殷商灭亡后旧贵族的封地，成王败寇，宋人的地位本就尴尬，《韩非子·五蠹》中"守株待兔"、《孟子·公孙丑上》中"揠苗助长"等故事，嘲笑的对象都是宋人；而在战国时期，宋国在齐国、楚国等大国的夹缝中生存，常常成为战争的牺牲品，国势更是衰弱。弱国之民，受其他诸侯国嘲笑冷落，缺少尊严。

没落贵族。关于庄子的身世，史书中并没有记载。庄子的学识渊博，司马迁在《史记·老子韩非列传》中说他"其学无所不窥"，应该在小时候受到良好的教育。而根据战国中期的教育状况，虽然私学已经兴起，但受教育的对象还是很有限的。所以，一些学者推断庄子是贵族的后裔。崔大华先生认为，庄子"可能是在楚国吴起变法期间（约在楚悼王十五年至二十一年，即前387—前381年），被迫迁移到楚国边陲，最后流落到宋国的楚国公族后裔。"[②] 而王葆玹认为，"然而从庄子的姓氏来看，他应当是宋庄公的后裔，是宋国公族庄氏的不得意的子孙"[③]，刘生良也认为，"庄周乃是一位出身于宋国公族、由贵族

---

① 本文所引《庄子》原文，依据陈鼓应《庄子今注今译》（中华书局1983年版）；为避免重复，下文中仅以三十三篇篇目随文作注。

② 崔大华：《庄学研究》，人民出版社1992年版，第29页。

③ 王葆玹：《老庄学新探》，上海文化出版社2002年版，第154页。

沦为平民的人物"①。综合各方面的情况，庄子很可能是没落贵族的后裔，家族由显贵而势衰。

生活贫穷。《外物》篇中说"庄周家贫，故往贷粟于监河侯"，家中甚至连饭也吃不上，去找别人借粮；《山木》篇中说"庄子衣大布而补之，正緳系履而过魏王"，而庄子在反击魏王时也说自己"衣弊履穿"——穿着带补丁的粗布衣服、磨破了的鞋子，其生活可谓是穷困潦倒。

朋友背叛。惠子是当时有名的政治人物、名家学派的代表人物。在《庄子》中，庄子与惠子可以说是一对辩友，二人经常就某个问题展开辩论，如《逍遥游》篇中就"无用之用"的辩论、《秋水》篇中的"濠梁之辩"等。在《秋水》篇中，说惠子在梁国做相时，庄子去拜访他，但惠子听信别人谗言，认为庄子到梁是想谋取他的相位。为保住自己的地位，惠子在国内大肆搜捕庄子。庄子径直去见惠子，并以"鸱嚇鹓鶵"的寓言抨击惠子②。此事若真，以庄、惠二人的关系，对庄子则是重大的打击。

丧妻丧友。庄子生卒年不详，依曹础基先生《庄子活动年表》，庄子大概生于公元前 369 年，死于公元前 286 年③。《至乐》篇中有"庄子妻死"的寓言。庄子妻子去世后，惠子前去吊唁。惠子死于公元前 310 年，《徐无鬼》篇中，庄子用"运斤成风"的寓言，来表达他与惠子间的密切关系；并说"自夫子之死也，吾无以为质矣，吾无与言之矣"，表达了对惠子的深切怀念。如此，庄子在 60 岁之前死了妻子、挚友。

世人冷眼。由于庄子贫困落魄，他还遭到世人的冷眼，有人甚至当面挖苦他、嘲笑他，当然他对此予以猛烈回击。庄子因家贫借贷于监河侯，他却说："我将得邑金，将贷子三百金，可乎？"庄子以"涸辙之鲋"的寓言嘲讽他的虚伪（《外物》）。宋人曹商，为宋王使秦，得车百余乘，在庄子面前趾高气扬，庄子以"舐痔得车"的寓言来反击他的狂妄自大（《列御寇》）。宋人因宋王赏赐得车十乘，并"以其十乘骄稚庄子"，庄子以"探骊得珠"的寓言告诫他（《列御寇》）。

其实，一个人即是一个世界，庄子以自己的笔墨描画了他生活的世界。作为乱世之民、弱国之民，作为没落的失势的贵族的后裔，生活贫困的、被人轻视的庄子在他的世界里表现了他的怨愤。明人陈子龙在《庄周论》说："庄子，

---

① 刘生良：《鹏翔无疆——〈庄子〉文学研究》，人民出版社2004年版，第64页。

② 此故事出现在《庄子》中，但真假未知。《徐无鬼》篇中，庄子又对惠子去世表达深切的怀念，或许二人又和好如初。

③ 曹础基：《庄子活动年表》，《华南师范大学学报》1989年第3期。

乱世之民也，而能文章，故其言传耳。夫乱世之民，情懑怨毒，无所聊赖，其怨既深，则于当世反若无所见者。……而辨激悲抑之人，则反刺诟古先，以荡达其不平之心，若庄子者是也。"① 庄子的世界里充斥着负能量，需要排解、宣泄。

二、庄子负的思维方式

一般认为，庄子继承并发展了老子学说，是道家学派重要代表人物。但庄子的师承究竟如何，我们不得而知，《天下》篇的作者也没有把庄子归为老子一派。从《庄子》三十三篇看，庄子虽常常嘲讽、揭露、批判儒家学说，但与儒家又确乎有密切的关系，否则庄学史上在宋代以后也不会形成以儒解庄的潮流，台湾学者杨儒宾曾写了一篇名为《儒门内的庄子》②的长文来阐释这一问题。在笔者看来，庄子最初可能接受的是儒家教育，学习的是儒家经典，但后来由于生活的某种变故而顿悟③，接受了老子学说，走向了儒家的对立面。从思维角度来讲，冯友兰曾经说："真正形上学的方法有两种：一种是正底方法；一种是负底方法。正底方法是以逻辑分析法讲形上学。负底方法是讲形上学不能讲，讲形上学不能讲，亦是一种讲形上学的方法。犹之乎不屑于教诲人，或不教诲人，亦是一种教诲人的方法。"④ 可以说，儒家在西周礼乐文化的基础上，用正的方法即"什么是什么"的逻辑方法，构建了仁、义、礼、智、信等人生价值体系；道家尤其是庄子则采用了负的方法即"什么不是什么"的逻辑方法，从解构人生价值出发，构建了自己的学说体系。

负的思维方法即否定的方法，亦可称为否定思维、逆向思维，《老子》七十八章所说的"正言若反"即有此特点。李炳海在《道家与道家文学》中指出：

① 上海文献丛书编委会：《陈子龙文集》（卷三），华东师范大学出版社1988年版，第152—153页。

② 刘笑敢主编：《中国哲学与文化：第四辑》，广西师范大学出版社2009年版。

③ 如《庄子·至乐》篇"庄子妻死"的寓言中，庄子在妻子死后鼓盆而歌，当受到惠子指责时，庄子说："是其始死也，我独何能无概（慨）！"表达了对妻子去世的哀伤；但接下来，庄子对生与死的问题进行了哲学上的思考："然察其始而本无生；非徒无生也，而本无形；非徒无形也，而本无气。杂乎芒芴之间，变而有气，气变而有形，形变而有生。今又变而之死，是相与为春秋冬夏四时行也。人且偃然寝于巨室，而我噭噭然随而哭之，自以为不通乎命，故止也。"从而参破了生与死的玄关。

④ 涂又光编选：《冯友兰选集》，天津人民出版社1994年版，第281页。

"道家对现实社会处处看不惯，对历史的评价也与儒家的传统观念截然不同，无论在历史观上，还是价值观、美丑观上，它的对立心理都是极其明显的。"指出这种思维方法是一种倒转的思维[①]；林庚在《中国文学简史》中具体谈到庄子思维特点更明确说："庄子思想方法的特点是否定……庄子如果真有所肯定，那就是执此否定的智慧。"[②]总体而言，儒家正的思维方法做的是人生的"加法"，以仁、义、礼、智、信来附丽人生；而道家（庄子）负的思维方法做的是人生的"减法"，其特点是"损之又损，以至于无为"（《老子》四十八章）。究其原因，这与道家对道的体认有关，所以在《齐物论》篇中，庄子强调"道枢"，"人们一旦懂得从'道'或'全'的观点看问题，就获得了'得其环中，以应无穷'的大智慧，从而不再为'小成'之见（是非）所困扰和烦恼"[③]。

庄子负的思维方法形成了负的价值取向。他消解人生，泯灭欲望，解构社会价值，为排解、宣泄这些负面情绪及其带来的负能量提供了一个"闸口"。

庄子认为，人生短暂，充满了苦难。《知北游》中说："人生天地之间，若白驹之过隙，忽然而已。注然勃然，莫不出焉；油然漻然。莫不入焉。已化而生，又化而死。生物哀之，人类悲之。"人生刚开始生机昂然、青春洋溢，转眼之间即日薄西山、垂垂老去，就如白马穿过缝隙一样短暂，怎不令人哀叹。人生的百年间又如何呢？《齐物论》中说："一受其成形，不亡以待尽。与物相刃相靡，其行尽如驰而莫之能止，不亦悲乎！终身役役而不见其成功，苶然疲役而不知其所归，可不哀耶！人谓之不死，奚益！其形化，其心与之然，可不谓大哀乎？人之生也，固若是芒乎？其我独芒，而人亦有不芒者乎？"人生在世，即为外物所役，挣扎有时，彷徨无端，到头来只是白忙活一场。在这方面，庄子把孔子树立为典型。孔子儒家学派的创始人，也是《庄子》三十三篇中出现最多的人物。《天运》篇中说他"伐树于宋，削迹于卫，穷于商周""围于陈蔡之间，七日不火食，死生相与邻"；《山木》篇中孔子自言："吾再逐于鲁，伐树于宋，削迹于卫，穷于商周，围于陈蔡之间"，并且"亲交益疏，徒友益散"；《渔父》《让王》篇也都有类似的记载。孔子作为儒家学派的创始人，作为中国私学的开创者，在去世一百多年后的庄子时代，在社会上应该有广泛的影响力，

---

① 李炳海：《道家与道家文学》，东北师范大学出版社1992年版，第388、413页。
② 林庚：《中国文学简史》，北京大学出版社1995年版，第53—54页。
③ 李振刚、邢靖懿：《庄子对人类知性及逻辑思维的责难——〈齐物论〉解读》，《河北大学学报》2008年第2期。

但他的遭遇竟然这样凄惨，生命是何等地悲摧！ ①

人生在世，欲望无穷无止，每个人都希望得到势位富贵、功名利禄，为达目的甚至不择手段。庄子对人的种种欲望进行了全面的否定，《庚桑楚》篇中说："贵富显严名利六者，勃志也；容动色理气意六者，谬心也；恶欲喜怒哀乐六者，累德也；去就取与知能六者，塞道也。"这些性情和欲望都会使人勃志、谬心、累德、塞道，因而人们便被层层的假面遮盖起来，失去了本真。庄子本人则忠实地践行自己的主张，摒弃功名利禄，《秋水》篇中，写楚王派二使者聘用庄子，庄子以神龟作喻，表示自己宁愿"生而曳尾于涂中"，也不出仕。对于儒家所鼓吹的仁义，庄子在《骈拇》中指责其让天下之心"失其常然"，在《在宥》中又称仁义"为桎梏凿枘"，让人们迷失本性，《外物》篇中更以"儒以《诗》《礼》发冢"的寓言批判儒家，大儒以儒家经典《诗》、礼（丧礼）指导小儒盗墓，滑稽至极！而在《庄子·至乐》篇"庄子妻死"的寓言里，庄子把生命描述成"杂乎芒芴之间，变而有气，气变而有形，形变而有生"、生"又变而之死"的循环往复的过程，就如春秋冬夏四时变化循环一样自然而然，附丽在生命身上的爱恨情仇并没有意义。《至乐》篇"髑髅乐死"寓言，对世俗社会中人生、人世、人情批判得最为彻底。髑髅认为活着有亡国之事、斧钺之诛、不善之行、冻馁之患、春秋之累、礼义之烦等等，而死了之后，才能生活于"无君于上，无臣于下，亦无四时之事"的境界里，生前与死后的对比形成了强烈的反讽。

这样，庄子思想的价值取向就指向了"无"。"无"是《庄子》的核心概念之一，三十三篇中有 800 余处，并由此衍生出很多概念，如无己、无功、无名、无为、无待、无有、无欲、无穷、无情、无常、无辩等等。庄子把"无"作为了生活的、生命的底色。在生与死的问题上，庄子（道家）和儒家的思想路径截然相反，儒家由生入死，道家由死入生，二者相反相承，成为中国人特有的思想标签。

三、庄子消解负能量的具体方法

以负的思维方法消解负能量，本身就是消解负能量的方法。这里笔者想联系《庄子》文本内容，从安时处顺、安贫乐道、死生一体、心性修养等方面进一步讨论庄子消解负能量的具体方法。

---

① 这里需要说明的是，《庄子》中虽常常批判儒家，但在讲孔子类似遭遇时庄子却对孔子充满了同情，尤其是借孔子之言以释道时（如文中所列《让王》篇中相关内容，目的是让孔子讲穷通之理）充满了尊敬。

安时处顺。《养生主》篇中，写老聃去世后，秦失前去吊唁。当他见到"有老者哭之，如哭其子；少者哭之，如哭其母"，即"三号而出"，对吊唁者颇有微词。因为在秦失看来，老聃顺时而生，循常理而死，是最正常不过的事情，人们哀伤痛苦是"遁天倍情"，应该像老聃那样"安时而处顺"，不以哀乐之情扰乱心境。人生在世，常常是福无双至、祸不单行，安时处顺往往是最明智的选择，《大宗师》篇中子祀、子舆、子犁、子来四位特殊的人物，也是安时处顺的典型。他们莫逆于心，相与为友。不久，子舆生病，"曲偻发背，上有五管，颐隐于齐，肩高于顶，句赘指天，阴阳之气有沴"，但他仍"心闲而无事"，行步艰难地走到井边顾影自照，感叹造物者的伟大："嗟乎！夫造物者又将以予为此拘拘也。"当子祀问他是否厌恶身体的变化时，他说："亡，予何恶！浸假而化予之左臂以为鸡，予因以求时夜；浸假而化予之右臂以为弹，予因以求鸮炙；浸假而化予之尻以为轮，以神为马，予因以乘之，岂更驾哉！"如果造物者把他的左臂化为公鸡，他就用它来报晓；如果造物者把他的右臂化为弹弓，他就用来打鸮烤肉；如果把他的尾骨变成车轮，把他的精神变成骏马，他就用它们作为车驾，强调安时处顺，随物变化。后来，子来生病，快要死去，子犁看望他时，他们同样对病痛、死亡不以为意，仍然赞美造物者的伟大。

安贫乐道。颜回虽是儒家人物，但《庄子》中却对其极尽赞美。《让王》篇中，写孔子劝颜回出仕，颜回明确表示不愿出仕，且说自己"有郭外之田五十亩，足以给飦粥；郭内之田十亩，足以为丝麻；鼓琴足以自娱，所学夫子之道者足以自乐也"，是一位安贫乐道的典型。在当今物欲横流的社会里，说安贫乐道容易，但真正做起来却是件很困难的事情，这需要一种高尚的精神追求，亦或者说这本身即是一种较为纯粹的精神生活。安贫乐道的基点是"安"字。《列御寇》中说："圣人安其所安，不安其所不安；众人安其所不安，不安其所安。"即是说，圣人无欲无求，安分守己，谨守自己已有的生活，没有额外的、不切实际的追求；而众人被世俗物欲所吸引，绞尽脑汁，营营役役，追名逐利，以这种"不安"为其生活的常态，而对那种平静的安稳的生活反而无法适应，感到不安。"乐道"即是坚持自己个体的特征，坚守自己的"道"，不为外物所奴役。颜回安贫乐道的本事出自《论语》。孔子说他"一箪食，一瓢饮，在陋巷，人不堪其忧，回也不改其乐"，赞扬他乐于学的品德。其实，一个人若没有自己的合于道的品德，只能算是个"空心人"而已。

死生一体。一个人生老病死，谁也无法摆脱自己最终的归宿，对病痛与死亡的恐惧会伴随着人的一生，所以人类就有了宗教，希望从彼岸世界里寻求解脱，得到慰藉。庄子自然同样要面对死亡问题，但他却没有归依宗教，而是完成了思想上的升华。庄子首先对人们悦生恶死的心理提出疑问，《齐物论》中借长梧子之口说："予恶乎知说生之非惑邪！予恶乎知恶死之非弱丧而不知归者邪！……予恶乎知夫死者不悔其始之蕲生乎？"既然死之后的情景谁也不曾经历，谁也不曾知道，说不定死亡的人会后悔他活在世上呢。其次，人们对生与死都要安之若命，"死生，命也；其有夜旦之常，天也"（《大宗师》），就如白天黑夜交替一样平常；同时也不要厚此薄彼，"不以生生死，不以死死生"（《知北游》）；再次，庄子认识到，生与死都是气变化的不同形式，《知北游》中说："生也死之徒，死也生之始，孰知其纪！人之生，气之聚也。聚则为生，散则为死。若死生为徒，吾又何患！"这与"庄子妻死"中表达的思想是一致的。就如我们前面所说，庄子在妻子死后或有顿悟而勘破生死玄关，所以，《列御寇》写庄子将要死去时，拒绝弟子为其厚葬，说自己"以天地为棺椁，以日月为连璧，星辰为珠玑，万物为赍送"；当弟子担心他的尸体会被乌鸢吃掉时，他说"在上为乌鸢食，在下为蝼蚁食，夺彼与此，何其偏也"，思想境界已十分旷达超脱。

心性修养。庄子虽然无情地批判世俗社会，消解人生价值，但庄子并没有因此激烈地对抗社会或者自残自戕，而是转向了内心，通过修心养性来实现道德的圆满。从这个角度来讲，庄子是一介良民。心是《庄子》中的核心概念之一，出现180余次，由此衍生的众多的概念，既有庄子推崇的心性修养的法门，如出现在《人间世》中的心斋、自事其心、乘物以游心等，也有庄子批判的干扰人自然心性的成心（《齐物论》）、机心、趣舍滑心（《天地》）等，庄子的心性修养工夫也即从这两方面展开，下面予以简要说明。《人间世》中出现的上述三个概念，都与险境困境逆境有关，庄子要以内心的虚静，破解相关的难题，做到"至人之用心若镜"（《应帝王》）。"心斋"出现在孔子与颜回的对话中。因为卫国国君残暴不仁，"其年壮，其行独。轻用其国，而不见其过；轻用民死，死者以国量，乎泽若蕉，民其无如矣"，颜回想救民于水火，向孔子请教自处之道。孔子不厌其烦地对其进行教诲，要求颜回做到"若一志，无听之以耳而听之以心；无听之以心而听之以气。听止于耳，心止于符。气也者，虚而待物者也。唯道集虚，虚者，心斋也"，也即要排除任何杂念，使心灵纯静守一，虚而待物，以化解"暴人之所行"。"自事其心""乘物以游心"两概念出现在叶公子高与孔子的对话中。叶公子高将出使齐国，齐国对使者表面尊敬实则推诿应付，他"朝受命而夕饮冰"，已有"阴阳之患"（内心焦灼）；而他若完不成使命，必然会有"人道之患"（国君的惩罚），因而请教孔子处理的方法。孔子告诫他要"自事其心"，即内修己心，自我调养心性，使"哀乐不易施乎前"，不被喜怒哀乐之情所左右；同时告诫他要"乘物以游心"，把万物喻为水，使心游于其中，毫无约束，了无滞碍①，这样才不会有阴阳之患与人道之中患。另一方面，庄子也认识到人心之复杂，"凡人心险于山川，难于知天"（《列御寇》），极力批判的"成心"与"机心"。"成心"即人的先入之见、主观成见，即人的是非观念；"机心"即机巧之心，《天地》篇中说"有机械者必有机事，有机事者必有机心。机心存于胸中，则纯白不备；纯白不备，则神生不定"，机心与道不相容，让人失去纯白素朴的本性，投机取巧；"趣舍滑心"之"趣"通取，"滑"即乱之意，人总是在取与舍之间彷徨挣扎，人与人之间也因此勾心斗角甚至你死我活，让人变得自私、狂悖、贪婪。正因为有"成心""机心""趣舍滑心"等干扰人心性，人们才有了是非、辩论、争斗，才有了困难、挫折、失败，才有了困惑、沮丧、绝望，所以要弃绝之、消解之。因此，庄子心灵修养的工夫具有明确的指向性，即都从有到无、从实到虚，化有为无，化实为虚，在无、虚中升华，从而构建起心灵的"长城"。

四、庄子的心灵境界

如果身陷逆境困境中，只是自怨自艾、叫苦连天，那庄子只能算是一个"怨妇"；即便如林云铭在《庄子因·庄子杂说》中所说"庄子似个绝不近情的人，任他贤圣帝王，矢口便骂，眼大如许"②，或者如胡文英在《庄子独见·庄子论略》中所说"庄子眼极冷"、"到底是冷眼看穿"③，也只能是在一定程度上排解庄子心中的怨愤之气，并不能从根本上解决问题。如果只是采用负的思维方法，消解人生、社会价值，那庄子并不算是一个智者；因为人毕竟还要活着，人毕竟还是社会中的人；毕竟还要去解决矛盾、克服困难，努力去做一个自在自由的人，做一个自己世界的主人。但庄子毕竟是道家继老子之后的代表性人物，他把附着在人生、社会之上的"外衣"层层剥离之后，最终从逆境困境跳脱出来，在老子道的旗帜下，开创了中国思想史上独树一帜的心灵境界。从这一层面来讲，庄子成功地以负的方法消解了负能量，负负得正，从而获得了一种负—负能量。

---

① "游心"一词是庄子比较喜欢的一个词，在《庄子》其他篇章中也多次出现，如"游心于德之和"（《德充符》）、"游心于淡，合气于漠"（《应帝王》）、"游心于物之初"（《田子方》）、"游心于无穷"（《则阳》）等。"游心"，即使心游于逍遥之境。
② （清）林云铭：《庄子因》，华东师范大学出版社2011年版，第11页。
③ （清）胡文英：《庄子独见》，华东师范大学出版社2011年版，第6页。

庄子思想温养了二千多年的中国人的心灵。

我们这里先简略说一下庄子的道。在庄子看来，道有三个方面的特点：第一，道极为崇高，是万物的本源，是万物生存发展的依据，如《大宗师》篇中说"自本自根，未有天地，自古以固存；神鬼神帝，生天生地"；第二，道极为卑微，《知北游》"每下愈况"寓言中，庄子在回答东郭子"所谓道，恶乎在"的问题时，分别以"在蝼蚁""在稊稗""在瓦甓""在屎溺"来回答，说明道无所不在；第三，也是最特别的，道幽妙玄通，无法用言语说清楚，具有"不可闻""不可见""不可言""不当名"等特点（《知北游》）。在这三个方面，道的崇高赋予其神圣性特点，不管帝王将相还是平民百姓，在道面前都是渺小的，只有得道才能彰显其价值；而道的卑微凸显了道的普适性原则，任何人、任何事、任何物本应自在平等；而道的幽妙玄通则强化了其神秘性特点，让人难以捉摸。所以，客观存在的道，却不可言说、不可名状、不可方物，人们只能用体道的方式来把握、感知它，《知北游》篇中明确说："夫体道者，天下之君子所系焉。"因为个体的不同，体道的方式就千差万别，这就使庄子之道就具有了极大的张力。在这种张力作用下，庄子之道能高能低，能上能下，能贵能贱，能大能小，能远能近……庄子最终把视野停留在自己的内心，通过"自我体悟、自我直觉，也就是自我超越"①，寻找道与心灵的契合点，使"精神上与道为一体"②，从而做到"独与天地精神往来"。这样，在庄子的思想体系中，每个人都可成为得道的个体，无贵贱尊卑，都可以在自己的"无何有之乡"（《逍遥游》）逍遥自在。

正因为道极崇高幽妙又极卑微玄远，人们养心修道，心灵既可因其崇高幽妙而趋于逍遥，也可因其卑微玄远而趋于浑沌，所以庄子努力构建的心灵境界，大体上可分为逍遥之境和浑沌之境两个方面。

逍遥之境。《逍遥游》作为《庄子》三十三篇的首篇，"逍遥游"成为庄子思想标签性的特征。何谓逍遥游？林希逸《南华真经口义》中说："游者，心有天游也；逍遥，言优游自在也。"林云铭《庄子因》中亦云："逍遥，倘徉自适之貌；游，即所谓心有天游是也。此三字，是庄叟一生大本领，故以为内篇之冠。"怎么才能做到逍遥游呢？《逍遥游》篇中在描写鲲鹏奋飞九万里，蜩、学鸠飞不过榆枋，朝菌、蟪蛄生命短暂，楚之冥灵、上古之大椿、彭祖以长寿

---

① 蒙培元：《心灵超越与境界》，人民出版社1998年版，第213页。
② 徐复观：《中国艺术精神》，春风文艺出版社1987年版，第42页。

闻名等等之后，指出世间万物虽然在外形上有所区别，但各有其性，各有所待，本质上都是一样的，都没有达到逍遥的境界，只有做到"无己、无功、无名"，才能实现真正的逍遥。所以说，逍遥游的首要特征是无待。我们上文中说到《庄子》中多次出现"游心"的概念，庄子的逍遥游也即游心，是心灵无待的状态，是心灵漫游于冥漠之间，是一种自在自得的境界。庄子的逍遥之境呈现出两种态势：一种是人与自然的合一，即《逍遥游》篇末描绘的"无何有之乡、广莫之野"，人们在大树下"彷徨乎无为其侧，逍遥乎寝卧其下"，优哉游哉。另一种是人与物的合一，即《齐物论》结尾"庄周梦蝶"寓言所描绘的景象，庄子以自己的形体与蝴蝶相互观照，强调一种物我不分的境界，不知是自己梦见了蝴蝶，还是蝴蝶梦见了自己，心灵中出现了幻象，精神产生极大的愉悦。《庄子》中，还提出了一些达到逍遥之境的方法，如《养生主》中所说的"依乎天理"、《达生》篇中的"以天合天"等，这里的"天"，也即老子强调的"自然"。

浑沌之境。《应帝王》篇末有著名的"浑沌之死"寓言："南海之帝为儵，北海之帝为忽，中央之帝为浑沌。儵与忽时相与遇于浑沌之地，浑沌待之甚善。儵与忽谋报浑沌之德，曰：'人皆有七窍以视听食息，此独无有，尝试凿之。'日凿一窍，七日而浑沌死。"这则寓言虽然简短，却凸显了庄子思想的一个典型特征，即强调无为、虚无的状态，而浑沌代表的则是无知无欲、纯白素朴的境界。需要指出的是，《庄子》中的虚无境界，并不是真正意义上的虚无，而是心灵的无知、无欲、无求、无虑，从而达到的一种心灵无所系累、无拘无束的状态。要做到浑沌之境，就要加强心性修养，去掉"成心"与"机心"，去掉智与欲，因为"同乎无知，其德不离；同乎无欲，是谓素朴"（《马蹄》）。《齐物论》中借南郭子綦之口提出的"吾丧我"的观念，需要引起我们的特别关注。何为"吾丧我"？从南郭子綦的表现及其与颜成子游的对话中看来，有三个方面的特点："荅焉似丧其耦"、形"如槁木"，心"如死灰"。南郭子綦好像完全遗弃了自己的形体，不再有六骸七窍，主观心志中没有了自我，从而与道俱化。这即是典型的浑沌之境。

逍遥之境的强调"无待"，浑沌之境强调"无为"，二者都以"无"为基本点。相对于"有"的繁杂与富丽，"无"就显得简、素、朴、拙；庄子思想从"无"入人生之"有"，以"无待""无为"解除人生羁累，并最终通过负的方法把人生的负能量转化为正能量。自庄子以后，逍遥和浑沌的概念深入中国人心——说到庄子不能不提这两个概念，而逍遥之境和浑沌之境成为中华文明的基因，其影响至深至远。

　　《庄子》是弱者之书，庄子学说是弱者、失意者、失败者、失魂落魄者的心灵慰藉的良药，纵有阿Q精神胜利法之讥，但毕竟每个人不可能都成为战士、斗士，不可能总是如打了鸡血般地保持着昂扬向上的斗志。关锋在《庄子哲学批判》中说："……而超乎这一切、主宰这一切的是绝对的、'无待'的'道'，他扩张主观精神就是在自己的头脑中想象与'道'合而为一，因此，他也就'无待'了，他也就超乎得失、利害、死生了。于是精神得救了，精神胜利了。这种阿Q精神浸透了庄子哲学的整个体系，尤其是他的处世哲学。"[①]但在笔者看来，关氏所论正是庄子思想的优点甚至是过人之处，谁的内心从没有失望、迷茫、落漠、彷徨、苦闷的时候？人生需要庄子，社会需要庄子，人类也需要庄子。

---

① 胡道静：《十家论庄》，上海人民出版社2004年版，第293页。

附录三

从韩愈 "以文为戏" 说起

韩愈（768—824）是中唐古文运动的倡导者，是被苏轼誉为 "文起八代之衰，道济天下之溺，忠犯人主之怒，勇夺三军之帅"（《潮州韩文公庙碑》）的伟大人物，道德文章彪炳青史，但他 40 岁左右时写的一篇《毛颖传》，却把他推向了舆论的风口浪尖。

在《毛颖传》中，韩愈为毛笔立传，考证毛颖先祖（兔子），叙述毛颖才能，因其 "老且秃"，不复被皇上任用，篇末又模仿太史公笔法予以评论。这篇文章一反史家为人物立传的传统，以微末之物戏庄重之举，调笑谐谑，一经出现便招致多方非议。张籍写信批评《毛颖传》"多尚驳杂无实之说"；当时的大政治家裴度在《寄李翱书》中批评韩愈 "不以文立制，而以文为戏"，告诫人们 "当大为防焉尔"；以至于在韩愈去世一百多年后，《旧唐书》的作者仍批评《毛颖传》"讥戏不近人情，此文章之甚纰缪者"。在上面出现的几个人物当中，韩愈对张籍有举荐之恩，二人亦师亦友，张籍不顾师道尊严，竟然两次写信指责《毛颖传》；裴度则是韩愈的老朋友，两人关系甚笃，而李翱从韩愈学古文，是韩门弟子，裴度向人弟子指责其师，毫不留情面，从这里我们也可以看出《毛颖传》在当时可谓是惊世骇俗。究其原因，一则是文章内容违背了中国古代文以载道、文以明道的传统，与儒家 "温柔敦厚" 的诗教有悖；二则是文章创作手法上的 "以文为戏"，荒唐无端。其实，中国古代文学一直有雅俗并存、庄谐互现、实虚相生的特点，裴度提出的 "以文为戏" 的说法，则概括了中国古代文学载道言志之外的另一种创作路径。唐以后，这种创作手法渐次被人们认识并成为一条重要的文学批评原则，人们对《毛颖传》的评价也有了根本性的改观，明人胡应麟《诗薮》中甚至说："今遍读唐三百年文集，可追西汉者仅《毛颖》一篇。"

我们上面围绕着人们对《毛颖传》的评价，简单勾勒了 "以文为戏" 创作方法的提出及人们对其态度的转变。不可否认，文学艺术是具有娱乐功能的，板着面孔的说教往往让人生厌，"以文为戏"本也无可厚非。但是，文学的思想内容与艺术形式的关系是一个既简单又复杂的问题。思想内容要道德高远、涵养心灵，艺术形式要喜闻乐见、新鲜活泼，二者高度统一，是优秀文学作品生命力的源泉。韩愈《毛颖传》即是这样的典型，其取法《史记》列传体例，采用拟人、双关、戏仿等手法，借古讽今，感慨士人之遭际（老而见疏），具有极高的思想性与艺术性。而如果忽视作品的思想内容，完全追求"以文为戏"的嬉戏功能，低俗、媚俗甚至恶俗，则文将不文，会出现大问题。如何看待"以文为戏"的问题呢？结合当前文学尤其是网络文学现状，我们认为：

一方面，我们应该承认文学的娱乐功能。文学本就与游戏有着很深的渊源，以至于有学者认为文学即产生于游戏。韩愈在回应张籍的指责时说："昔者夫子犹有所戏。《诗》不云乎'善戏谑兮，不为虐兮'。"抬出了孔子、《诗经》两面大旗为自己开脱，认为"戏谑"（开玩笑）而不"虐"（刻薄伤人）并无伤大雅，实际上是承认文学的消遣娱乐的功能。与中国古代注重文以载道、文以明道的传统不同，西方文论中从古希腊开始就对文学的游戏功能、消遣娱乐功能有较为深刻的认识，柏拉图称之为"无害的快乐"（《法律篇》），亚里士多德则认为能"使紧张的生活得到弛懈之感"（《政治学》），到文艺复兴时期更是明确地将游戏与文学活动联系在了一起。中国现当代文学深受西方文论的影响，中国古代文学所坚持的道统、教化功能渐渐弱化，消费娱乐功能凸显出来。

另一方面，也是更重要的，我们应警惕文学的过度娱乐化。"文变染乎世情，兴废系乎时序"（刘勰《文心雕龙》），当今社会，物质文明飞速发展，技术更是日新月异，互联网、智能手机、电视、广播、报纸充斥着人们的生活，娱乐化、时尚化的文字满天飞，浅思维阅读盛行，人们仿佛只会读轻浅、时尚的东西了。这种状况使文学的地位有些尴尬，甚至陷于边缘化的境地。这对作家来说是一个严峻的考验，是苦心创作经典还是走上"生产线"炮制时尚文字随波逐流？是个很现实的选择。不幸是的，很多作家选择了后者。在"眼球经济"时代，谁的书畅销，谁在互联网上点击量大，谁有更多的"粉丝"，谁就会赚得盆满钵满、名利双收，这怎能不让人动心呢？于是乎，在各类作品中，多角恋、婚外恋、一夜情、私生子、凶杀色情等"噱头"充斥其间，把人性变成人欲，文学过度娱乐化，"快餐文化"成为主流；而作家呢，一个个都成为名利场中"螺钉"，谁能够吸引人眼球就是成功，谁能够赚到钱就会星光闪烁，人们看到的往往是某某作家登上富豪榜、某某成为作家财富排行榜的首富、某某作家豪宅极尽奢华等等，一身"铜臭气"，实在有辱斯文。作家及其作品是社会的"良心"，钱再多也是买不来的。

这里，我们重点说一下网络文学中的玄幻小说（也有纸制版）。当下由于网络的普及，形成一个漫无边际的虚拟的空间，文学的创作与传播同传统介质相比，已发生翻天覆地的变化，人们只要愿意即可在博客、微信甚至各类贴吧里发表自己的"作品"，原先笼罩在文学作品身上的神圣光环已逐渐黯淡，炫丽的外衣也已经剥落。几年前，笔者曾听一位知名作家说起，当他到一个初中班级做讲座，当问及学生喜欢阅读什么样的作品时，没有想到的是，学生们异口同声地喊出了一部玄幻小说的名称，这令我大感诧异。为了了解这类小说，笔者在网络上浏览了几部知名的玄幻小说，并用了一年多时间每天阅读一部小说的更新。此类小说动辄几百万字，每天两章或者更多更新，故事情节玄之又玄，吊足人胃口。小说主人公都是少年英雄，往往集万千"气运"于一身，从最初的无名小卒甚至是"废物"一步步过关升级，或者意外奇遇、得重宝神技；或者劫后余生，大难不死；或者扮猪吃老虎、神采艳艳，由人化为神，最终获得长生甚至永生。他们唯我独尊，是绝对的宇宙的主宰，稍不顺意，即杀人百万，流血漂橹。他们（一般是男性）往往又是爱情至上主义者，恋爱的对象既有最美丽、最痴情、最优雅、最高贵的"主角"，又有成群的爱慕者、思慕者、追求者，她们如"花痴"般无怨无悔地围绕在"男主"周围……这类作品完全符合了青少年好奇心重、想象丰富、憧憬爱情、"少则猖狂"（《淮南子》）、梦想"君临天下"等特点，因而成为青少年（中学生）最为追捧的"作品"。不过笔者愚见，此类小说纯粹以文嬉戏，只是"消费"青少年的想象力，满足其好奇心，徒增其戾气而已，对于语文能力、道德涵养并无用处，其负面影响是不容低估的。如果一个学生同时"追更"几部网络小说，就会与网瘾一样，沉迷其中①，成为一个"书虫"，无心学习了。而此类小说，一有名气、人气之后，

---

① 网络小说（玄幻小说）会让人上瘾，会让人沉迷不可自拔。2017年3月16日，《南方周末》以《"愿'道'与你同在，中国网络文学闯入英文世界"》为题，报道了美国男子卡扎德以中国玄幻小说戒除毒瘾的故事：2014年，卡扎德失恋后，精神苦闷，用毒品自我麻醉；一次偶然的机会，他接触了中国玄幻小说，开始阅读并沉迷其中（通过翻译网站翻译）；多的时候，同时追更15部中国玄幻小说，半年后彻底戒掉了可卡因。"过去我回家后只想着吸毒，现在我回家后满脑子想的都是中国小说"，卡扎德说。中国互联网各大网站纷纷以《沉迷中国网络小说半年，美国男子成功戒除毒瘾》《中国玄幻小说让美国男子成功戒除毒瘾》等为题报道。这是读玄幻小说上瘾的典型案例。在我看来，玄幻小说能让美国青年上瘾，自然也会让成千上万的中国年轻人（中学生）上瘾，这对中国家长来说，对中国社会来说，对中国未来来说，实在不是一件幸事。

则游戏公司开发的"网游""手游"立即跟上，更是一发不可收拾。

我们以为，在文化生态多元化的大背景下，文学当然可以有不同的类型、不同的风格、不同的价值追求，但无论如何，文学作品还是应该坚守社会底线，坚守社会良知，即便着眼于消遣娱乐，也要俗中致雅、寓庄于谐、谑而不虐，否则就会成为社会的负能量。毕竟，文学艺术是整个社会肌理的重要组成部分，文学艺术的浮华和堕落会侵蚀社会肌体。在当前市场经济的大潮中，我们虽已不敢奢望作家能够为"为天地立心，为生民立命，为往圣继绝学，为万世开太平"，但起码还应该有一些社会道义与责任感，文以明道，以文化人，把作品的思想内容与艺术形式结合起来，创作出一些无愧于时代、无愧于国家、无愧于民族的高水平的艺术作品来。

主要征引书（篇）目 [①]

一、特别鸣谢

庄泽宣、陈学恂：《民族性与教育》，商务印书馆 1938 年版。

林毓生：《中国意识的危机——"五四"时期激烈的反传统主义》，贵州人民出版社 1988 年版。

江勇振：《星星、月亮、太阳——胡适的情感世界》，新星出版社 2006 年版。

周宁：《天朝遥远——西方的中国形象研究》，北京大学出版社 2006 年版。

桑兵等编：《国学的历史》，国家图书馆出版社 2010 年版。

程巍：《泰坦尼克号上的"中国佬"——种族主义想象力》，漓江出版社 2013 年版。

二、全集文集选集

《半农杂文》（第一册），上海书店，北平星云堂书店 1934 年版。

《半农杂文二集》，上海良友图书印刷公司 1935 年版。

《中国文化建设讨论集》，龙文书店 1935 年版。

《谭嗣同全集》，生活·读书·新知三联书店 1954 年版。

《魏源集》，中华书局 1976 年版。

《章太炎政论选集》，中华书局 1977 年版。

《王国维遗书》，上海古籍出版社 1983 年版。

《章太炎全集》，上海人民出版社 1984 年版。

《茅盾全集》，人民文学出版社 1984 年版。

《三松堂全集》，河南人民出版社 1985 年版。

《林琴南文集》，北京市中国书店 1985 年版。

---

① 以出版年月为序。

《左宗棠全集》，上海书店 1986 年版。

《严复集》，中华书局 1986 年版。

《独秀文存》，安徽人民出版社 1987 年版。

《蔡元培全集》，中华书局 1988 年版。

《巴金全集》，人民文学出版社 1989 年版。

《饮冰室合集》，中华书局 1989 年版。

《朱自清全集》（第四卷），江苏教育出版社 1990 年版。

《梁漱溟全集》，山东人民出版社 1991 年版。

《巴金全集》，人民文学出版社 1991 年版。

《全盘西化言论集》，见《民国丛书》（第三编），上海书店 1991 年版。

《王阳明全集》，上海古籍出版社 1992 年版。

《文廷式集》，中华书局 1993 年版。

《陈独秀著作选》，上海人民出版社 1993 年版。

《林语堂名著全集》，东北师范大学出版社 1994 年版。

《走出东方——陈序经文化论著辑要》，中国广播电视出版社 1995 年版。

《辜鸿铭文集》，海南出版社 1996 年版。

《张岱年全集》，河北人民出版社 1996 年版。

《胡愈之文集》，生活·读书·新知三联书店 1996 年版。

《胡适文集》，北京大学出版社 1998 年版。

《钱宾四先生全集》，台北市联经出版事业公司 1998 年版。

《瞿秋白文集》，人民出版社 1998 年版。

《钱玄同文集》，中国人民大学出版社 1999 年版。

《胡适演讲录》，河北人民出版社 1999 年版。

《傅斯年全集》，湖南教育出版社 2000 年版。

《章士钊全集》，文汇出版社 2000 年版。

《熊十力全集》，湖北教育出版社 2001 年版。

《〈饮冰室文集〉点校》，云南教育出版社 2001 年版。

《三松堂全集》，河南人民出版社 2001 年版。

《范仲淹全集》，李勇先等校点，四川大学出版社 2002 年版。

《林则徐全集》，海峡文艺出版社 2002 年版。

《阿英全集》，安徽教育出版社 2003 年版。

《胡适全集》，安徽教育出版社 2003 年版。

《陈序经文集》，中山大学出版社 2004 年版。

《余英时文集》，广西师范大学出版社 2004 年版。

《吕叔湘文集》，商务印书馆 2004 年版。

《三杂集》，北京师范大学出版社 2004 年版。

《鲁迅全集》，人民文学出版社 2005 年版。

《李大钊全集》，人民出版社 2006 年版。

《从"西化"到现代化——五四以来有关中国文化趋向和发展道路论争文选》，黄山书社 2008 年版。

《梁巨川遗书》，华东师范大学出版社 2008 年版。

《欧阳修诗文集校笺》，洪本健校笺，上海古籍出版社 2009 年版。

《吕思勉全集》，上海古籍出版社 2016 年版。

《梁启超全集》，中国人民大学出版社 2018 年版。

三、日记传记（含年谱长编回忆录）

汤志钧编：《章太炎年谱长编》，中华书局 1979 年版。

马叙伦：《我在六十岁以前》，生活·读书·新知三联书店 1983 年版。

丁文江，赵丰田：《梁启超年谱长编》，上海人民出版社，1983 年版。

梁漱溟：《我的努力与反省》，漓江出版社 1987 年版。

唐德刚：《胡适杂忆》，华文出版社 1992 年版。

唐德刚译：《胡适口述自传》，华文出版社 1992 年版。

胡颂平：《胡适之先生晚年谈话录》，中国友谊出版公司 1993 年版。

耿云志编：《胡适遗稿及秘藏书信》，黄山书社 1994 年版。

吴学昭整理：《吴宓自编年谱》，生活·读书·新知三联书店 1995 年版。

陈平原、杜玲玲：《追忆章太炎》，中国广播电视出版社 1997 年版。

罗尔纲：《师门五年记·胡适琐记》（增补本），生活·读书·新知三联书店 1998 年版。

唐德刚：《胡适杂忆》（增订本），华东师范大学出版社 1999 年版。

曹伯言整理：《胡适日记全编》，安徽教育出版社 2001 年版。

姜义华：《章炳麟评传》，南京大学出版社 2002 年版。

马勇编：《章太炎书信集》，河北人民出版社 2003 年版。

曹伯言整理：《胡适日记全集》，（台湾）联经出版事业股份有限公司

2004 年版。

　　顾颉刚：《顾颉刚日记》，（台湾）联经出版事业股份有限公司 2007 年版。

　　许倬云口述，李怀宇撰写：《许倬云谈话录》，广西师范大学出版社 2010 年版。

　　杨天石编：《钱玄同日记》（整理本），北京大学出版社 2014 年版。

四、史料文库

　　文渊阁：《四库全书》，（台湾）台湾商务印书馆影印本。

　　昆冈等修：《续修四库全书》，上海古籍出版社影印本。

　　王云五：《万有文库》，商务印书馆 1940 年版。

　　司马迁：《史记》，中华书局 1959 年版。

　　《新编诸子集成》，中华书局 1962 年版。

　　张廷玉等撰：《明史》，中华书局 1974 年版。

　　脱脱等：《辽史》，中华书局 1974 年版。

　　脱脱等：《宋史》，中华书局 1977 年版。

　　赵尔巽等撰：《清史稿》，中华书局 1977 年版。

　　《清代史料笔记丛刊》，中华书局 1980 年版。

　　《清实录》，中华书局 1985 年版。

　　李焘：《续资治通鉴长编》，中华书局 1995 年版。

　　中仁主编：《康熙御批》，中国华侨出版社 1999 年版。

　　毕沅：《续资治通鉴》，岳麓书社 2008 年版。

五、学术著作

（一）国学

　　江起鹏：《国学讲义》，上海新学会 1905 年版。

　　钱穆：《国学概论》，商务印书馆 1931 年版。

　　沈庆佽：《国学常识》，杭州长兴信记印刷公司 1933 年版。

　　马瀛：《国学概论》，上海大华书局 1934 年版。

　　张岱年等著：《国学今论》，辽宁教育出版社 1991 年版。

　　桑兵：《晚清民国的国学研究》，上海古籍出版社 2001 年版。

（二）诸子

毛子水：《论语今注今译》，台湾商务印书馆1975年版。

朱熹：《四书集注》，中华书局1983年版。

陈鼓应：《庄子今注今释》，中华书局1983年版。

何建章：《战国策注释》，中华书局1990年版。

陈奇猷：《韩非子新校注》，上海古籍出版社2000年版。

南怀瑾：《论语别裁》，复旦大学出版社2003年版。

杨伯峻译注：《论语》，中华书局2006年版。

毛子水：《论语今注今译》，重庆出版社2011年版。

（三）历史

顾颉刚：《古史辨》，上海古籍出版社1982年影印本。

周良霄、顾菊英：《元代史》，上海人民出版社1993年版。

周宗奇：《文字狱纪实》，中国友谊出版公司1993年版。

桑兵：《国学与汉学——近代中外学界交往录》，浙江人民出版社1999年版。

周良霄：《皇帝与皇权》，上海古籍出版社1999年版。

徐复观：《两汉思想史》，华东师范大学出版社2001年版。

胡奇光：《中国文祸史》，上海人民出版社2006年版。

（四）其他

陈序经：《中国文化的出路》，商务印书馆1934年版。

王明根、焦宗德：《民国丛书》第一编《科学与人生观》，上海书店出版社1948年版。

《清末文字改革文集》，文字改革出版社1958年版。

李迪：《中国历史上杰出的科学家和能工巧匠》，内蒙古人民出版社1978年版。

许维遹：《韩诗外传集释》，中华书局1980年版。

陈寅恪：《金明馆丛稿二编》，上海古籍出版社1980年版。

罗大经：《鹤林玉露》，王瑞来点校，中华书局1983年版。

吴学昭：《吴宓与陈寅恪》，清华大学出版社1992年版。

杜维明：《儒家传统的现代转化——杜维明新儒学论著辑要》，中国广播电视出版社1992年版。

林语堂著，郝志东、沈益洪译：《中国人》（全译本），学林出版社1994年版。

王均主编：《当代中国的文字改革》，当代中国出版社1995年版。

茅海建：《天朝的崩溃：鸦片战争再研究》，生活·读书·新知三联书店1995年版。

刘梦溪主编：《中国现代学术经典·马一浮卷》，河北教育出版社1996年版。

顾晓明：《犹太人与世界文化》，上海三联书店1996年版。

蒙培元：《心灵超越与境界》，人民出版社1998年版。

许明龙：《欧洲18世纪"中国热"》，山西教育出版社1999年版。

温源宁著，南星译：《一知半解》，辽宁教育出版社2001年版。

陈其泰、张京华主编：《古史辨学说评价讨论集》，京华出版社2001年版。

曹顺庆等：《中国古代文论话语》，巴蜀书社2001年版。

王泛森：《中国近代思想与学术的系谱》，河北教育出版社2001年版。

杨联芬：《晚清至五四：中国文学现代性的发生》，北京大学出版社2003年版。

沈括：《梦溪笔谈》，上海书店出版社2003年版。

徐雁平：《胡适与整理国故考论——以中国文学史研究为中心》，安徽教育出版社2003年版。

罗志田：《国家与学术：清末民初关于"国学"的思想论争》，生活·读书·新知三联书店2003年版。

高拜石：《新编古春风楼琐记》（第七集），作家出版社2004年版。

张岱年、方克立主编：《中国文化概论》，北京师范大学出版社2004年版。

岳凯华：《五四激进主义的缘起与中国新文学的发生》，华中师范大学出版社2004年版。

钱理群：《追寻生存之根：我的退思录》，广西师范大学出版社2005年版。

杨天石：《哲人与文士》，中国人民大学出版社2007年版。

余英时：《未尽的才情——从〈日记〉看顾颉刚的内心世界》，（台湾）联经出版事业股份有限公司2007年版。

熊十力：《读经示要》，上海书店出版社2009年版。

张京华：《古史辨派与中国现代学术走向》，厦门大学出版社2009年版。

潘光旦：《民族特性与民族卫生》，北京大学出版社2010年版。

张幼仪著，谭家瑜译：《小脚与西服》，黄山书社2011年版。

梁漱溟：《中国文化要义》，上海人民出版社2011年版。

张昭军：《儒学近代之境——章太炎学术思想研究》，北京师范大学出版社2011年版。

张昭军：《中国近代文化史》，中华书局2012年版。

徐复观：《学术与政治之间》，九州出版社 2013 年版。

（五）外人著作

［日］河野省三：《国学の研究》，（东京）大冈山书店 1934 年版。

［日］古田良一著，章钦亮译：《日本通史》，（台北）国立编译馆 1942 年版。

［日］河野省三：《神道文化史》，地人书馆 1943 年版。

［德］《马克思恩格斯选集》，人民出版社 1966 年版。

［意］利玛窦、［法］金尼阁著，何高济等译：《利玛窦中国札记》，中华书局 1983 年版。

［英］帕默尔：《语言学概论》，商务印书馆 1983 年版。

［澳］骆惠敏编，刘桂梁等译：《清末民初政情内幕——〈泰晤士报〉驻北京记者、袁世凯政治顾问乔·厄·莫里循书信集》，知识出版社 1988 年版。

［美］保罗·肯尼迪著，蒋葆英等译：《大国的兴衰》，中国经济出版社 1989 年版。

［以］阿班·埃班：《犹太史》，中国社会科学出版社 1992 年版。

［美］费正清编：《剑桥中国晚清史》，中国社会科学出版社 1993 年版。

［法］佩雷菲特著，王国卿等译：《停滞的帝国——两个世界的撞击》，生活·读书·新知三联书店 1993 年版。

［英］罗素著，秦悦译：《中国问题》，学林出版社 1996 年版。

［美］萨缪尔·亨廷顿：《文明的冲突与世界秩序的重建》，新华出版社 1999 年版。

［德］黑格尔著，王造时译：《历史哲学》，上海书店出版社 2001 年版。

［美］弗朗西斯·福山著，黄胜强等译：《历史的终结及最后之人》，中国社会科学出版社 2003 年版。

［英］麦迪森著，伍晓鹰等译：《世界经济千年史》，北京大学出版社 2003 年版。

［法］古斯塔夫·勒庞著，冯克利译：《乌合之众——大众心理学研究》，中央编译出版社 2004 年版。

［法］吉尔·德拉诺瓦著，郑文彬等译：《民族与民族主义》，生活·读书·新知三联书店 2005 年版。

［德］斯宾格勒著，吴琼译：《西方的没落》，上海三联书店 2006 年版。

［美］史书美著，何恬译：《现代的诱惑：书写半殖民地中国的现代主义（1917—1937）》，江苏人民出版社 2007 年版。

［美］明恩溥著，刘文飞等译：《中国人的气质》，上海三联书店 2007 年版。

［德］黑格尔著，刘立群等译：《世界史哲学讲演录》（1822—1823）。见《黑格尔全集》（第二十七卷第Ⅰ分册），商务印书馆 2014 年版。

［美］艾恺：《这个世界会好吗？》（增订本），生活·读书·新知三联书店 2015 年版。

六、重要论文

柳翼谋（柳诒徵）：《论近人讲诸子学者之失》，原载《史地学报》，1921 年创刊号。

陈序经：《东西文化观》，《社会学刊》1931 年第 2 卷第 3 期。

罗荣渠：《传统与现代化问题的理论思索》，《北京大学学报》1989 年第 3 期。

刘禾：《一个现代性神话的由来——国民性话语质疑》，见陈平原、陈国球主编：《文学史》（第 1 辑），北京大学出版社 1993 年版。

廖名春：《试论古史辨运动兴起的思想来源》，见陈明主编：《原道·文化建设论集》（第四辑），学林出版社 1998 年版。

赵超：《"二十四孝"在何时形成》（上、下），《中国典籍与文化》，1998 年第 1 期、第 2 期。

袁伟时：《章士钊思想演变的轨迹》，《炎黄春秋》2002 年第 3 期。

刘贵福：《钱玄同早年经学思想述论》，《中国社会科学院研究生院学报》2002 年第 6 期。

周宁：《"被别人表述"：国民性批判的西方话语谱系》，《文艺理论与批评》2003 年第 5 期。

袁进：《重新审视欧化白话文的起源——试论近代西方传教士对中国文学的影响》，《文学评论》2007 年第 1 期。

王天根：《五四前后北大学术纷争与胡适"整理国故"缘起》，《近代史研究》2009 年第 2 期。

陈学然：《中日学术交流与古史辨运动：从章太炎的批判说起》，《中华文史论丛》2012 年第 3 期。

洪明：《读经论争的百年回眸》，《教育学报》2012 年第 1 期。

王以芳：《19 世纪媒介形态下的美国来华传教士群体建构的中国形象与美国形象研究》，山东大学博士论文，2013 年。

祁晓明：《〈狂人日记〉"吃人"意象生成的知识背景》，《文学评论》2013 年第 4 期。

陈占彪：《胡适的叫局与吃花酒》，《中华读书报》2015 年 2 月 4 日。

袁进：《纠正胡适的错误——从欧化白话文在中国的演变谈起》，《玉溪师范学院学报》2015 年第 12 期。

李长银：《日本"疑古"思潮与"古史辨运动"》，《史学理论研究》2016 年第 1 期。

张仲民：《世界语与近代中国知识分子的世界主义想象——以刘师培为中心》，《学术月刊》2016 年第 4 期。

陆建德：《民国校风究竟怎样：从钱玄同日记看女师大风潮》，《澎湃新闻》2016 年 5 月 15 日。

欧阳健：《再提胡适的博士学位问题》，《文学与文化》2017 年第 1 期。

［日］李冬木：《明治时代"食人"言说与鲁迅的〈狂人日记〉》，《文学评论》2012 年第 1 期。

［日］李冬木：《芳贺矢一〈国民性十论〉与周氏兄弟》，《山东社会科学》2013 年第 7 期。

后 记

我写《百年国学导论》这本书，到现在已有三年半的时间。这几年时间以来，我时常有胆战心惊的感觉。我开展的所谓研究，让我接触到一个全新的领域，之前对近现代学人的认识，有了根本的改变；我在书中对他们的评价，对他们的批评与批判是否合适呢？是不是我的"成心"在作祟？我对此惶恐不安——我只是个小人物，也只想平静地过自己的生活，本不想沾惹什么是非。

但我仿佛已是欲罢不能了。因为特殊的机缘，2014年8月至2015年3月，我曾在国务院参事室中国国学研究与交流中心借调。当时，我对所谓国学所知甚少。2015年3月，我重返东北师范大学后，先是在"尔雅东师"作了一场有关"国学与国学教育"的报告；6月又去陕西师范大学参加了"国学与中国传统文化教育学术研讨会"，提交的会议论文是《国学首先是一种态度——从争议中的百年国学说起》[①]；而之后，我将这次会议论文拆分成《百年国学研究中的五大争议》《百年国学研究中的四大误区》两篇论文，分别在《学术探索》2016年第7期、2017年第4期发表，这是本书的雏形。而我在收集资料、撰写论文的过程中，知道了很多我以前不曾知道的事情，发现了许多我以前不曾想到的问题，这让我如鲠在喉，不吐不快，于是就有了这本书的勾画。

我的这本书并不像是严谨的学术著作，有太多的"情绪"在里面，所以我在"国学弁言"中首先声明，我是文化保守主义者，坚持不讨论、不辩论、不争论的原则。我觉得，作为一个中国人，首先应该实实在在、堂堂正正地做一个中国人；对于中国文化，当然可以批评与批判，但不能全盘否定，更不能全盘西化——这应该是作为一个中国人的基本的立场，没有讨论的必要。中国文化的优点是"实在"，缺点是"太实在"，动辄以贫富、贵贱、尊卑、善恶来区分人群，不如西方文化以平等、自由、博爱相号召来得冠冕堂皇（这些观念其实是西方基督教伦理下"力量、斗争、利害等均衡以后的契约行为"——唐德刚语，背后可能是赤裸裸的利益诉求、强权逻辑）。但是，中国文化却一

---

① 该文可见会议论文集，没有正式出版。

直把"和而不同"作为最基本的理念，且儒、道、法三足鼎立，形成超稳定的社会结构。尤为重要的是，儒家之仁义礼智信温良恭俭让，从正面响应人性中积极的正能量；而道家则从无、静、虚三个方面消解人性中消极的负能量，儒道互补，从整体上形成了较为良性的道德生态，这是中国文化之所以能够绵延五千年、生生不息的根本原因——这是笔者在书中反复强调的。当然，我对中国文化的理解只是一孔之见，但我对中国文化确有诚敬之心。

其实，我本无意于学术研究。本科毕业后，在中学教了两年书；努力考上硕士研究生，也只是想改变一下自己的处境，所以1999年研究生毕业时选择到了中国刑警学院（沈阳），做了办公室的秘书。我在2000年上半年在公安部办公厅研究室"锻炼"①四五个月后，我开始喜欢北京的生活，梦想着有一天能够调到北京去。像我这等小人物，能够改变命运的，大概只有通过考试这条途径。所以，从2001年开始，我便在紧张、繁忙的工作之余，准备考博士。在接下来的三年中，我考过首都师范大学、北京师范大学、中国社科院、东北师范大学四个单位的博士生，进过八次考场；尤其是2003年，我已经竞聘成为中国刑警学院办公室副主任，大概是最后一年有机会考博，所以，上述四个单位我全部报考（前两年只报考其中两个单位）。那年三月份，每到周五晚上，我都坐火车（卧铺）到北京，下车后直接打车到考场考试，周日晚上再坐火车返回沈阳上班，其中辛苦自知。

我博士毕业后，却没有找到机会调到北京去，于是又去华东师范大学做博士后。而经过几年的"折腾"，我调到北京的想法逐渐淡了下来，而对于从事学术研究的信念开始树立起来——我实在不忍心放弃我坚持这么多年、千辛万苦才得来的"文凭"，我也想为中国文化做点儿事情。2008年博士后出站后，我已经没有能力带着爱人一起调动，所以，我只身一人到了东北师大，一直到现在都与爱人分居两地。调离刑警学院之前，在沈阳与同学聚会时，有同学劝我慎重选择，我对他们说："我选择，我承担。"——这仿佛已经成了我的"座右铭"了，仿佛还有些"底气"。我热切地希望我的学术研究能够有点起色，但我却渐渐发现，由于"先天"不足，我的学术研究之路困难重重——哪怕是申请一项教育部或国家的课题，对我来说都异常艰难；况且即便我如何如何努力，有些事情并不以我的主观意愿为转移，我是做不成的。现在QQ、微信流行，我给自己起的网名是"吉诃德""蒥夫"，实在是一种悲哀的称谓。好在我是研究《庄

---

① 主要是学习公文写作。

子》，研究道家的，总能给自己找到一个排解的"法门"，我竟然由此想到了庄子思想中"负—负能量"的问题（我既"建构"不起我的人生，就干脆把它消解掉了），想到了建立良好的道德生态的问题。我快五十岁了，已经到了知"天命"的年龄——"天命"是什么？在我看来，天命是自然的大法，是人生的归宿，是生而后的死亡；王阳明所谓"圣人之道，吾性自足"，我眼看着"圣人之道"已是无法实现，就只顾着自己的"吾性自足"了。孔子当年曾经感慨："甚矣吾衰也！久矣吾不复梦见周公！"（《论语·述而》）我只是一个普普通通的教师，是缺乏孔子情怀的。辛弃疾在《贺新郎》词中也曾引用孔子这句话，说："甚矣吾衰矣。怅平生、交游零落，只今余几！白发空垂三千丈，一笑人间万事。"其实，我连辛弃疾的这点儿情怀都没有——"交游"有无都好，有何可怅？人间万事自有他人去做，有何可笑？白发则与生俱来——老则老矣，只希望自己生不多余，死不可惜，如此而已。

梁漱溟先生年轻时就想为孔子"出一口气"，不管成功与否，他都坚持了一辈子。我既没有梁先生的学养声望，也没有他的铮铮傲骨，但还是希望跟在梁先生身后，能为中国文化"呐喊"几声。我看百余年来的国学，实在有一种很悲哀的感觉；而我在写作此书的过程中，很多次不由自主地流下眼泪来：百余年来，帝国主义的侵略、殖民、战争乃至屠杀；百余年来，中国人自己的改良、变革、革新乃至革命；百余年来，中国人心灵的惊惧、彷徨、挣扎乃至狂妄，早已彻底改变了中国人原有的从容与自信，且在中国人心底增添了一种戾气。这种戾气让当下的中国人焦躁不安，人人都如一个"火药罐"，说不定触动哪根错乱了的神经，就会爆炸开来——中国人的心灵何以安顿呢？在我看来，小到一个人，大到一个民族，都需要心灵栖息地；而百余年来的文化批判，破坏了中国人的心灵栖息地，以至于当下中国人无所适从——中国或许存在这样那样的问题，中国人或许存在这样那样的问题，中国文化或许存在这样那样的问题，但批判一切、打倒一切、破坏一切，并不是解决问题的办法。相反地，只会在社会上造成混乱，致使社会人群分裂。我在这里"呐喊"几声，至于声大声小、声远声近，就不是我所顾及的了。

梁启超先生在《论中国学术思想变迁之大势》中曾说："虽然，近世史之前途，未有艾也，又安见此伟大国民，不能恢复乃祖乃宗所处最高尚最荣誉之位置，而更执牛耳于全世界之学术思想界者！吾欲草此论，吾之热血，如火如焰，吾之希望，如海如潮。吾不自知吾气焰之何以坌涌，吾手足之何以舞蹈也。

於戏，吾爱吾祖国，吾爱我同胞之国民！"[1] 梁启超先生早年批判中国奴隶根性，其学术研究或也存在一些问题，但其爱国之热忱当为吾辈楷模。我虽力有所不逮，但最大的希望是中国文化早日恢复到"最高尚最荣誉之位置"，如此而已。

想起一件"有趣"的小事：去年冬天的一个晚上，九点多钟，我在公交站点等我爱人回家；见马路对面三楼有个70岁左右的老人在收拾厨房（在阳台上）；没想到，他打开了窗户朝楼下瞅了一眼后，竟然连续三次，把三个垃圾袋扔到了楼下的马路上，然后迅速关上窗户；我走到马路对面，把三个垃圾袋捡起来，从黑漆漆的楼道里走到三楼，把垃圾袋挂在了老人家的门把手上……

最后，我要感谢东北师范大学社科处与文学院，因我的这部著作没有国家社科、教育部社科等相关项目经费资助，本来是想努力自费出版的。同时，感谢人民出版社孙兴民先生、邓文华先生在出版此书过程中付出的辛劳；感谢师兄王立民以及博士生郭强等诸位同学在该书查证资料、校核过程中所做的工作。

2018 年 7 月 8 日夜于长春

---

[1] 梁启超：《论中国学术思想变迁之大势》（1902—1904）。见汤志钧等编：《梁启超全集》（第二集），中国人民大学出版社2018年版，第16页。

策划编辑:孙兴民
责任编辑:孙兴民　邓文华
封面设计:徐　晖　刘芷涵
责任校对:湖　催　闫翠茹　毕宇靓

图书在版编目(CIP)数据

百年国学导论/张洪兴 著. —北京:人民出版社,2020.11
ISBN 978－7－01－022463－3

Ⅰ.①百…　Ⅱ.①张…　Ⅲ.①国学-研究-中国-近代　Ⅳ.①Z126.275

中国版本图书馆 CIP 数据核字(2020)第 167132 号

百年国学导论

BAINIAN GUOXUE DAOLUN

张洪兴　著

人 民 出 版 社 出版发行
(100706　北京市东城区隆福寺街 99 号)

保定市北方胶印有限公司印刷　新华书店经销

2020 年 11 月第 1 版　2020 年 11 月北京第 1 次印刷
开本:710 毫米×1000 毫米 1/16　印张:33
字数:558 千字

ISBN 978－7－01－022463－3　定价:98.00 元

邮购地址 100706　北京市东城区隆福寺街 99 号
人民东方图书销售中心　电话 (010)65250042　65289539